经以济世

辅德扶民

贺教育部

新文科项目

心手相牵

李晓林

教育部哲学社會科学研究重大課題攻関項目

"十三五"国家重点出版物出版规划项目

高校内部权力运行制约与监督体系研究

THE SYSTEM TO RESTRICT AND SUPERVISE THE OPERATION OF POWERS IN COLLEGES AND UNIVERSITIES

张德祥
等著

中国财经出版传媒集团

经济科学出版社
Economic Science Press

图书在版编目（CIP）数据

高校内部权力运行制约与监督体系研究/张德祥等著.
—北京：经济科学出版社，2021.1
教育部哲学社会科学研究重大课题攻关项目　"十三五"
国家重点出版物出版规划项目
ISBN 978 - 7 - 5218 - 2372 - 1

Ⅰ.①高…　Ⅱ.①张…　Ⅲ.①高等学校 - 学校管理 -
研究 - 中国　Ⅳ.①G647

中国版本图书馆 CIP 数据核字（2021）第 027494 号

责任编辑：孙丽丽　撒晓宇
责任校对：郑淑艳
责任印制：范　艳

高校内部权力运行制约与监督体系研究

张德祥　等著

经济科学出版社出版、发行　新华书店经销
社址：北京市海淀区阜成路甲 28 号　邮编：100142
总编部电话：010 - 88191217　发行部电话：010 - 88191522
网址：www. esp. com. cn
电子邮箱：esp@ esp. com. cn
天猫网店：经济科学出版社旗舰店
网址：http://jjkxcbs. tmall. com
北京季蜂印刷有限公司印装
787 × 1092　16 开　29.5 印张　580000 字
2021 年 3 月第 1 版　2021 年 3 月第 1 次印刷
ISBN 978 - 7 - 5218 - 2372 - 1　定价：120.00 元
（图书出现印装问题，本社负责调换。电话：010 - 88191510）
（版权所有　侵权必究　打击盗版　举报热线：010 - 88191661
QQ：2242791300　营销中心电话：010 - 88191537
电子邮箱：dbts@ esp. com. cn）

课题组主要成员

首席专家： 张德祥

主要成员： 李成恩　韩梦洁　别敦荣　姜　华
　　　　　　宋　伟　姚化成　杨炳君　迟景明
　　　　　　黄福涛　王　旭

编审委员会成员

主　任　吕　萍

委　员　李洪波　柳　敏　陈迈利　刘来喜
　　　　樊曙华　孙怡虹　孙丽丽

总　序

哲学社会科学是人们认识世界、改造世界的重要工具，是推动历史发展和社会进步的重要力量，其发展水平反映了一个民族的思维能力、精神品格、文明素质，体现了一个国家的综合国力和国际竞争力。一个国家的发展水平，既取决于自然科学发展水平，也取决于哲学社会科学发展水平。

党和国家高度重视哲学社会科学。党的十八大提出要建设哲学社会科学创新体系，推进马克思主义中国化、时代化、大众化，坚持不懈用中国特色社会主义理论体系武装全党、教育人民。2016 年 5 月 17 日，习近平总书记亲自主持召开哲学社会科学工作座谈会并发表重要讲话。讲话从坚持和发展中国特色社会主义事业全局的高度，深刻阐释了哲学社会科学的战略地位，全面分析了哲学社会科学面临的新形势，明确了加快构建中国特色哲学社会科学的新目标，对哲学社会科学工作者提出了新期待，体现了我们党对哲学社会科学发展规律的认识达到了一个新高度，是一篇新形势下繁荣发展我国哲学社会科学事业的纲领性文献，为哲学社会科学事业提供了强大精神动力，指明了前进方向。

高校是我国哲学社会科学事业的主力军。贯彻落实习近平总书记哲学社会科学座谈会重要讲话精神，加快构建中国特色哲学社会科学，高校应发挥重要作用：要坚持和巩固马克思主义的指导地位，用中国化的马克思主义指导哲学社会科学；要实施以育人育才为中心的哲学社会科学整体发展战略，构筑学生、学术、学科一体的综合发展体系；要以人为本，从人抓起，积极实施人才工程，构建种类齐全、梯队衔接的高校哲学社会科学人才体系；要深化科研管理体制改革，发挥高校人才、智力和学科优势，提升学术原创能力，激发创新创造活力，建设中国特色新型高校智库；要加强组织领导、做好统筹规划、营造良好学术生态，形成统筹推进高校哲学社会科学发展新格局。

哲学社会科学研究重大课题攻关项目计划是教育部贯彻落实党中央决策部署的一项重大举措，是实施"高校哲学社会科学繁荣计划"的重要内容。重大攻关项目采取招投标的组织方式，按照"公平竞争，择优立项，严格管理，铸造精品"的要求进行，每年评审立项约 40 个项目。项目研究实行首席专家负责制，鼓励跨学科、跨学校、跨地区的联合研究，协同创新。重大攻关项目以解决国家现代化建设过程中重大理论和实际问题为主攻方向，以提升为党和政府咨询决策服务能力和推动哲学社会科学发展为战略目标，集合优秀研究团队和顶尖人才联合攻关。自 2003 年以来，项目开展取得了丰硕成果，形成了特色品牌。一大批标志性成果纷纷涌现，一大批科研名家脱颖而出，高校哲学社会科学整体实力和社会影响力快速提升。国务院副总理刘延东同志做出重要批示，指出重大攻关项目有效调动各方面的积极性，产生了一批重要成果，影响广泛，成效显著；要总结经验，再接再厉，紧密服务国家需求，更好地优化资源，突出重点，多出精品，多出人才，为经济社会发展做出新的贡献。

作为教育部社科研究项目中的拳头产品，我们始终秉持以管理创新服务学术创新的理念，坚持科学管理、民主管理、依法管理，切实增强服务意识，不断创新管理模式，健全管理制度，加强对重大攻关项目的选题遴选、评审立项、组织开题、中期检查到最终成果鉴定的全过程管理，逐渐探索并形成一套成熟有效、符合学术研究规律的管理办法，努力将重大攻关项目打造成学术精品工程。我们将项目最终成果汇编成"教育部哲学社会科学研究重大课题攻关项目成果文库"统一组织出版。经济科学出版社倾全社之力，精心组织编辑力量，努力铸造出版精品。国学大师季羡林先生为本文库题词："经时济世　继往开来——贺教育部重大攻关项目成果出版"；欧阳中石先生题写了"教育部哲学社会科学研究重大课题攻关项目"的书名，充分体现了他们对繁荣发展高校哲学社会科学的深切勉励和由衷期望。

　　伟大的时代呼唤伟大的理论，伟大的理论推动伟大的实践。高校哲学社会科学将不忘初心，继续前进。深入贯彻落实习近平总书记系列重要讲话精神，坚持道路自信、理论自信、制度自信、文化自信，立足中国、借鉴国外，挖掘历史、把握当代，关怀人类、面向未来，立时代之潮头、发思想之先声，为加快构建中国特色哲学社会科学，实现中华民族伟大复兴的中国梦做出新的更大贡献！

教育部社会科学司

摘　要

构建高校内部权力运行制约与监督体系，是现代大学制度建设的核心内容，究其本质是大学治理问题。从这个意义上，本课题对于构建现代大学制度、完善大学治理结构、提升大学治理能力等具有极其重要的价值和意义。总体而言，在理论和实践层面上，本书为完善高校内部权力的风险防控，健全高校权力运行约束机制，预防高校权力腐败和权力滥用等提供了理论支撑和政策建议。

本书从政治学、法学、管理学、教育学等多学科分析的视角，历史考察与现状分析相结合，以利益相关者、分权制衡、新制度主义等为高校内部权力体系研究的理论基础，构建了高校内部权力运行制约与监督"两维—多体—多向"的分析框架。所谓"两维"，是指从权力运行的维度、权力制约与监督的维度；所谓"多体"，是指高校内部以党委权力、行政权力、学术权力为核心的多元权力主体；所谓"多向"，是以权力对权力的制约与监督、制度对权力的制约与监督、民主对权力的制约与监督等权力运行中制约与监督的不同权力流方向。

基于此分析框架，本书首先梳理了我国高校内部权力运行特征，阐述了中国特色权力运行制约和监督的理论创新。从政策分析的视角，全面而系统地回顾和剖析了中华人民共和国成立以来大学治理、院系治理以及权力制约与监督体系形成的历史脉络及其制度基础，提出以"政治导向、经济驱动、文化冲突、国际借鉴、大学自主选择等"为动力因素的中国特色大学治理体系变迁的内在逻辑。从大学组织"底部沉重"特性的观点，指出我国大学的院系治理具有显著的历史惯性，携带着文化基因，烙印于现行的制度之中，体现于政策变革的过程。

　　本书坚持问题导向，定量研究与定性研究相结合，多层次多维度地对中国高校内部权力进行深入剖析。在校级层面上，选取 23 所高校进行调查，并对十二轮中央巡视反馈的高校问题，从权力运行的结构制约、制度规约与文化治理进行分析。在职能部门层面上，从学理上分析大学组织变革的内在要求，考察高校在干部人事、财务管理、基建维修、招标采购、招生录取等环节的现实问题，提出高校权力运行体系创新路径。在院系层面上，倡导重视二级学院治理，提出构建新型校院关系与完善二级学院治理结构的新思想。运用调查问卷和深度访谈，考察分析了院系中不同权力运行的现实问题，并采用社会网络分析法对我国高等学校中学院权力的结构、校际差异、权力重心等进行实证性分析。基于不完全契约理论的剩余权力概念，考察我国一流大学建设高校章程中表现的现实问题及其成因，辨析高校内部剩余权力引发道德风险的类型，并提出风险规避的路径。从社会关系的理论视角，分析高校场域中关系类型及其异化现象嵌入高校权力运行的过程，最后从文化引领和制度建设上提出阻断这种异化的对策。

　　从权力的概念与特性出发，基于定性与定量的分析过程和多维、多层的分析视角，提出权力运行制约与监督机制包括"权责、程序、透明、监控、问责"五大核心要素，并在我国高校中表现为"五要素—三层级—五大事务流"模型。所谓"五要素"，是指高校内部权力必然受权责等五大要素的规约；所谓"三层级"，是指高校内部权力以学校层级、职能部门、院系层级的三层治理结构为载体；所谓"五大事务流"，是指高校权力运行在以干部人事、招生工作、基础建设、物资采购、科研经费的五大事务流为主的权力场域。基于此，采用主题分析方法，对教育部直属高校巡视报告进行系统剖析、问题验证、归纳主题，从实证角度提出加强权力运行制约与监督的策略。进而，分别从权责统一、程序正义、信息公开、权力监控及权力问责的角度，阐述这些要素各自在高校内部权力运行制约与监督的重要内涵，剖析在这些领域存在的现实问题和失范行为，最后分别就如何完善高校内部权力运行机制提出针对性的建议。

　　本书运用国际比较的分析视角，以美国威斯康星大学系统内部治理体系为研究对象，剖析了大学董事会体系、以校长为首的行政体系、以教授为核心的学术体系等共同治理模式与多元权力运行系统；以罗素大学集团为代表，分析英国研究型大学治理体系中校院关系的历史变迁、主要模式及其特点；以墨尔本大学为案例，分析其学术治理体系与权力运行机制，并从角色定位、权力范围、组织规模等分析澳大利亚公立大学的理事会制度；选取美国密歇根大学为案例，分析学院治理的权力结构及其行政管理和委员会制度的两套系统与特点；从风险防控的角度，分析风险管理与内部控制的理论发展及其核心思想，考察美国高校风险防控实践的探索历程，以哈佛大学等为案例剖析了美国高校风险防控体系的制度设计。此外，分析了牛津大学内部权力运行风险防控机制的主要特征。

最后，本书创新性地提出以"体制""机制""技术""文化"为四个维度的高校内部权力运行制约与监督体系框架：以坚持完善党委领导下的校长负责制为根本、以权力运行制约监督机制为核心、以现代信息科学技术为手段、以良好的高校组织文化为基础，从而构建和完善中国特色的高校内部权力运行制约与监督体系。在这四个维度中，"体制"是我国高校内部权力运行制约与监督体系建构的根本保障，要坚持和完善高校党委领导下的校长负责制，完善高校内部权力运行制约和监督体制；"机制"是我国高校内部权力运行制约与监督体系建构的核心内容，可细化为以"权责""程序""透明""监控""问责"为要素的，在我国高校内部权力结构中联动运行的关系网络系统；"技术"是我国高校内部权力运行制约与监督体系建构的重要手段，在信息时代对技术系统的应用是确保权力运行的程序化与规范化，是推动高校内部权力运行制约与监督体系现代化的有效途径；"文化"是我国高校内部权力运行制约与监督体系建构的基础形态，充分发挥高校组织文化的整合功能与凝聚力。

Abstract

Establishing a system for restricting and supervising the internal power within universities is the core content of the construction of a modern university system, and its essence is the issue of university governance. In this sense, this study is extremely valuable and significant for constructing a modern university system, improving university governance structure, and enhancing university governance capabilities. In general, on the theoretical and practical level, this study provides theoretical support and policy recommendations for improving the control of the internal power, perfecting the restriction of power operation, and preventing the corruption and abuse of power within universities.

The study is carried out from a multidisciplinary perspective of social sciences such as politics, law, management, and education, combining historical investigation with the analysis of current situations. Based on the theories of stakeholder, power division and balance, new institutionalism, etc., this study purposes an analysis framework with "two-dimension-multi-body-multi-direction" to restrict and supervise the power with universities. The so-called "two-dimension" refers to the dimension of power operation, power restriction and supervision; the so-called "multi-body" refers to the multiple subjects with the core power from Party Committee, the administrative system, and the academic system in universities; the so-called "multi-direction" refers to the different power flow directions to restrict and supervise powers, including power to power, institution to power, democracy to power.

Based on this analysis framework, this study first sorts out the characteristics of the internal power operation of Chinese universities, and elaborates the theoretical innovation of the restriction and supervision of the power operation with Chinese characteristics. From the perspective of policy analysis, it comprehensively and systematically reviews and analyzes the historical context and institutional foundations of university governance, faculty governance, and power restriction and supervision systems since the founding of the People's Republic of China. This study propuses the internal logic of the change of university governance system with Chinese characteristics, which is driven by the dynastic factors including "political orientation, economic drive, cultural conflict, international reference and independent choice of universities". From the view of the "heavy bottom" characteristic of university organizations, it points out that the governance of Chinese universities has a remarkable historical inertia, which carries the cultural gene and is imprinted in the current system and reflected in the process of policy reform.

Adhering to the problem orientation, this study combines quantitative research with qualitative research, and makes an in-depth analysis of the internal power of Chinese universities in multi-levels and multi-dimensions. At the level of institutes, 23 universities were selected for investigation, and the problems of power operation reported by the 12 rounds of central inspection were analyzed from the perspective of the structure restriction, institution regulation and cultural governance. At the level of functional departments, beginning with the theoretical analysis on internal requirements of university organization reform, this study examines the practical problems of cadre personnel, financial management, infrastructure maintenance, bidding and procurement, enrollment and admission, and then proposes innovative paths of the power operation system of universities. At the level of colleges and departments, it advocates the importance of the governance of secondary colleges, and puts forward the new ideas of building a new relationship between universities and colleges and improving the governance structure of secondary colleges. Using questionnaires and in-depth interviews, this study investigates and analyzes the practical problems of the operation of different powers in colleges and departments, and uses social network analysis to conduct an empirical analysis on the structure of college power, intercollegiate differences, and power centers in Chinese universities. Based on the concept of residual power in incomplete contract theory, it examines the actual problems and their causes in the constitutions of World Class Universities in China, distinguishes the types of moral hazards caused by residual power in universities, and proposes ways to avoid risks. From the theoretical perspective of social relations, it analyzes the types of relationships in the university field and the process of their alienation embedded in the power operation of universities, and finally proposes countermeasures to block this alienation from the perspective of cultural guidance and system construction.

Starting from the concept and characteristics of power, based on a qualitative and quantitative analysis process and a multi-dimensional and multi-layered perspective, this study proposes the restriction and supervision mechanism of power operation including five core elements of "responsibilities, procedures, transparency, monitoring, and accountability", which is represented as a "five elements-three levels-five transaction flows" model. The so-called "five elements" refers to the five elements, such as the regulation of power and responsibility. The so-called "three-level" means that the internal power of a university is carried by the three-tier governance structure at the school level, functional level, and department level. The so-called "five transaction flows" refers to the power field in which the power of universities operates mainly in the five flows including cadre personnel, enrollment, infrastructure, material procurement, and research fundings. Based on these foundations, using the thematic analysis method, this study systematically analyzes the inspection reports of universities directly under the Ministry of Education, verifies the problems and summarizes the topics, and puts forward the strategies to strengthen the restriction and supervision of power operation from the empirical perspective. Furthermore, from the perspectives of unification of powers and responsibilities, procedural justice, information disclosure, power control, and power accountability, the important connotations of these elements in the internal power operation restriction and supervision of universities are explained, and the actual problems and improper behaviors in these fields are analyzed. Finally, this study puts forward specific suggestions on how to improve the internal power operation mechanism of universities.

From the perspective of international comparison, a case study on the University of Wisconsin System is made to deeply analyze the common governance model and the multiple power operation systems such as the university board system, the president-led administrative system, and the professor-core academic system. The study on Russell Group is made to analyze the historical changes, current models, and their major characteristics of the relationship between universities and second-level colleges in British research universities. The study on the University of Melbourne is conducted to analyze the academic system and power operation mechanism, and then analyze the board system of Australian public universities from the perspective of role positioning, the scope of power, and organizational scale. The study on the University of Michigan is to analyze the power structure of university governance and the two systems and characteristics of its administrative management and committee system. From the perspective of risk preven-

3

tion and control, the study reviews the theoretical development and main ideas of risk management and internal control, investigates the practical explorations and institutional designs of Australian universities. Besides, a case study is done to analyze the power risk control mechanism at Oxford University.

Finally, this study innovatively proposes a framework for the internal power operation restriction and supervision system of universities with "system", "mechanism", "technology" and "culture" as the four dimensions: taking the president responsibility system under the leadership of the Party Committee as the principle, taking the restriction and supervision mechanism of power operation as the core, taking modern information science and technology as the means, and taking the good organizational culture of universities as the basis, then the system of restriction and supervision of power operation in universities with Chinese characteristics is constructed and improved. In these four dimensions, "system" refers to the principal accountability system under the leadership of the Party Committee as the prerequisite and guarantee to construct the whole model; "mechanism" refers to the five-elemental mechanism as the core of the model, which is the network interconnected by responsibility, procedure, transparency, monitoring, and accountability; "technology" refers to modern information technology as the important means to guarantee the routinization and standardization of power operation, which is an effective way to promote the modernization of the internal power operation restriction and supervision system; "culture" refers to the university organization culture as the fundamental form to play its roles of integrative function and cohesive force, all of which help to construct and perfect the Chinese characteristic model of restricting and supervising power operation within universities.

目 录

Contents

Contents

第一章

绪　论

权力问题是社会科学领域的核心概念之一，也是 20 世纪 90 年代以来我国高等教育研究的一个热点。进入新世纪以来，随着高校办学自主权的逐步落实，大学治理研究进一步兴起，在大学治理框架下加强对高校内部权力运行制约与监督问题的研究，理论意义和现实需要日益凸显。本章简要交代了本书的背景和国内外学者的相关研究进展，对基本概念进行了界定，确立了理论基础与分析框架，确定了主要内容、研究方法与技术路线，可视为全书的总纲。

第一节　研究背景与文献综述

一、研究背景与研究价值

构建高校内部权力运行制约与监督体系，是完善现代大学制度的核心内容，也是推动高校内部治理体系和治理能力现代化的重要途径。十八大报告明确提出，要建立健全权力运行制约和监督体系；十九大报告进一步提出，要加强对权力运行的制约和监督。习近平总书记作出重要论述："反腐倡廉的核心是制约和监督权力""要把权力关进制度的笼子里"①。在高等教育领域，同样如此。权力运行制约与监督，究其实质是高校内部的治理问题。《国家中长期发展与改革规划纲要》《中国教育现代化 2035》先后提出了"完善中国特色现代大学制度"和"推进教育治理体系和治理能力现代化"的战略目标，就大学内部治理而言，其内涵不仅包括要完善高校内部治理结构，也必然包含建立科学有效的权力运行机制，有效实现对高校内部权力运行制约和监督。研究高校内部权力运行，不仅要在理论层面对构建现代大学制度、完善大学治理结构进行学理上的梳理和分析，为提升大学治理能力与治理体系提供理论支撑；还要在实践层面上，为完善高校内部权力运行的风险防控、健全高校权力运行制约和监督体制与机制、预防高校内部权力腐败和权力滥用提供切实可行的政策建议。

二、国内、外相关研究综述

（一）国内相关研究综述

自 20 世纪 90 年代以来，国内关于高校内部权力研究逐渐增多，主要体现在"大学内部治理""内部管理体制""大学章程""现代大学制度"等相关研究。

高校权力及权力制约研究呈多理论视角、多研究方法、多研究议题的趋势。就理论视角而言，主要有政治学理论、法学理论、组织理论、治理理论等分析视角；在研究方法上，主要有理论思辨、实证研究、质性研究、案例研究等；从研究主题上看，包括高校内部权力的基本概念、权力结构、不同权力之间的关系、大学治理结构、高校内部权力运行模式，以及高校内部权力监督与制约等方面研究。

有关大学内部权力的观点，有一元论权力、二元权力、三元权力、四元权力说以及多元权力说。国内持学术权力"一元论"的有张维迎、韩水法等。二元权力论认为大学权力主要包括行政权力与学术权力两种形式，或称之为科层管理结构与专业权力结构，持这种观点的有张德祥、别敦荣、谢安邦、闫光才、刘献君、眭依凡等。三元权力论是把高校内部权力划分为政治权力、行政权力和学术权力，有李硕豪、毕宪顺、费坚、刘士民等。除此之外，有学者将教师权力、学生权力及其他利益相关者权力统视为"民主权力"，从而形成四元权力说乃至多元权力说。

---

① 习近平：《在中国共产党第十九次全国代表大会上的报告》，2017 年 10 月 18 日。

关于高校内部权力运行的研究。高校内部权力运行的基础是权力体系的设计，在静态上体现为权力分配的制度安排与载体组织安排，包括校、院、系的权力体制、学校领导体制、集权与分权体制等；在动态上表现为学术权力运行过程，包括咨询、审议、决策、执行、监督、协调、控制等运行环节以及学校人、财、物、信息等资源的支配方式。然而，当前我国高校内部运行中仍然存在着"行政权力泛化、学术权力弱化""权力运行程序不规范、激励与约束机制不完善、决策机制不健全、保障机制缺失以及反馈机制不灵敏"（潘懋元等，2001）问题。由此，须明确界定学术权力与行政权力的作用领域是协调二者关系的前提；强化学术民主制度建设是协调行政权力与学术权力关系的关键；健全管理运行机制是协调行政权力与学术权力关系的保障（钟秉林，2005）。进一步健全"教职工代表大会"制度，落实民主管理和监督的权力；健全校务委员会制度，吸收教授代表参与决策；健全学术委员会制度、专业委员会以及学科委员会制度等（眭依凡）。必须遵循法治社会的正当程序原则；完善司法权力对权力的审查与监督；以制度化的道德信念对权力的规制（赵春华，2005）。

关于高校内部权力制约和监督的相关研究。以权力运行监督为重点，推进适合教育规律的惩治和预防腐败体系建设，是高校党风廉政建设的重大课题。由此，坚持科学发展观的指导，积极稳妥地推进高校权力运行监督机制建设，要始终抓住五点：一要坚持党委领导。二要突出监督重点。三要探索权力结构制约。四要切实加强程序制约。五要推进阳光运行机制（王立英，2011）。高校权力运行制约应在国家的法律框架内，保障党委核心领导地位的前提下，建立差异决策、优势互补的权力制约格局；健全以章治校、程序正当的制度制约体系；探索利益相关者多元参与的权力制约途径；塑造规范有序、和谐共荣的权力制约文化（刘献君，2013）。坚持协调性原则，充分发挥高校党代会和党委全委会的监督作用；坚持独立性原则，强化高校纪检监察部门的监督作用；坚持公开性原则，构建上下左右相互结合的群众监督体系；坚持系统性原则，加强对权力运行起点和结果的全程监督（曲雁，2014）。

总体而言，国内的相关研究主要为价值层面的规范研究和思辨研究，而从现实权力运行状态和问题出发的实证研究较少。已有文献主要提出"以权力制约权力""以制度制约权力""以文化制约权力""以权利制约权力""以道德制约权力""以程序制约权力"等。然而，当前的相关研究主要集中体现在权力结构、权力运行等方面，而关于高校内部权力运行制约与监督机制的研究仍处于探索阶段，尚未提出系统、全面又行之有效的制约与监督体系。

（二）国外相关研究综述

国外对高校内部权力结构、权力运行、权力运行中的问题以及权力运行制约和监督等进行了一系列研究。

对高校内部权力结构的研究。研究权力结构首先要明确权力主体，权力主体有委托人（政府、社会组织和团体、股东等）、校长、教务长和各学院院长及各部门领导、教师、学生、后勤服务人员、社会组织和群体及个人等。分配给各权力主体的权力构成了高校内部权力结构。玛丽安（Marian，1973）、帕拉蒙顿（Palamountain，1955）等认为高校内部的权力有委托人的权力、以校长为首的校长办公室拥有的权力、教务长和各学院院长及部门领导的权力、教师权力、学生权力、高校技术和服务人员的权力、社会团体权力等。

对高校内部权力运行问题的研究。高校内部权力在运行过程中，不可避免地存在一些权力异化问题，如董事会成员会进行权力让渡，使得校长权力过于集中。有些权力主体的决策权处于从属和被动的地位，导致某些权力主体的决策权缺失。同时市场经济的发展，使得拥有经济资源的主体和创造效率的主体权力越来越大，导致权力失衡。再者，与行政人员相比，教师群体权力行使意识不强，以及教师行使权力的积极性不高，造成行政权力作用越来越大，学术权力逐渐被侵犯等，这些都是高校内部权力运行中存在的问题。

对高校决策和执行中权力分配的研究。弗莱彻（Fletcher，2008）、米勒（Miller，1967）、斯科特（Scott，2010）认为高校内部决策权的分配是很复杂的，高校内部的决策不仅有组织层面决策，还有学校组织成员（如学生、教师、管理者、服务人员）个人层面的决策，这些决策构成了高校决策整体，影响高校权力运行。西方高校内部权力运行过程中，受利益相关者理论影响，不同权力主体拥有不同的权力，演化并建立一套权力分享或共治（shared governance）机制，如在英国的一些高校，校委员会负责高校管理和行政，校长负责学校外部事务和高校发展战略，同时对校委员会负责，评议会负责学术事务；教务长负责教学科研发展方向和战略，校秘书负责大学法规和管理等。

对高校内部权力运行模式的研究。一方面，基于不同学术组织类型的权力运行模式，如伯恩鲍姆指出适合于社区学院的官僚组织模式，适合于小型专业学院的学会组织模式，适合于巨型大学的政党组织模式，适合于学术性强的研究型大学的有组织无政府组织模式，基于此提出了综合的大学控制（治理）模式。另一方面，基于国别进行的研究，如罗宾·米德尔赫斯特（Robin Middlehurst，2010）

从动态的角度讨论了英国高校内部治理中领导角色和管理结构的变化，指出过强的学术权力和较弱的行政权力逐渐得到适当的调整；劳伦斯·韦西（Laurence R. Veysey，1966）、威廉·沃（William L. Waugh Jr.，2006）等研究了美国高校内部权力行政化问题，分析了美国大学实行共同治理、捍卫学术权力、强化管理伦理等变革趋势；黄福涛、贾德永、王晓燕等对日本高校内部治理改革进行了研究，指出日本大学内部权力运行中具有政府集权管理和相对学术独立与自治的两重性。

对高校内部权力监督和制约的研究。为保障高校内部权力有效运行，国外大学从不同方面对内部权力进行制约和监督。高校内部权力之间互相制衡，如美国高校内部董事会的权力、以校长为首的行政权力、以教授为首的学术权力以及其他权力之间互相制衡，外部州政府或投资人对高校内部权力的制约和监督。政府层面和高校内部的规章制度对高校内部权力具有制约和监督作用，如英国帝国理工大学就明确规定了学校委员会的权力。社会组织或群体等民主力量对高校内部权力进行制约和监督，如美国大学教授协会（AAUP）致力于保障大学教授学术权力的落实和学术自由，试图制约掌握财政大权的董事会权力和掌握管理大权的行政权力。

总体而言，无论在理论上还是在实践上，国外学者对高校内部权力结构、权力主体、权力运行模式、权力制约和监督等研究比较全面，从多学科、多视角的维度对高校权力以及作用于高校的权力进行了较全面的研究。但是，国外缺乏整体的、系统的对高校内部权力运行机制和监督体系的研究。此外，关于高校内部权力运行制约和监督的中外比较研究，基本上属于一个真空带，尚无相关研究成果的出现。

第二节　概念界定、理论基础与分析框架

一、基本概念

（一）高校权力

权力，是一种带有强制性的力量，可以说是影响或控制（支配）他人行为的能力或力量，某些人借此可以迫使或支配他人或组织按照自己的意愿行

事。高校权力包括高校内部的权力和高校外部的权力：（1）高校内部权力是以高校内部人员为主体的权力形式，诸如校长、教师和行政人员的权力等；（2）高校外部权力是以高校外部人员为主体的权力，包括个人和组织层面的利益相关者如政府、企业、家长、社区等的权力。本书主要以高校内部权力为分析对象。

（二）高校权力结构

高校权力结构，是指权力的组织体系、权力的配置与各种不同权力之间的相互关系。关于高校的权力结构有许多不同的观点，诸如一元论、二元论、三元论乃至多元论等。笔者曾在 20 世纪 90 年代提出高校内部存在行政权力与学术权力的二元论。然而，随着我国高校内部管理体系的不断变革，党委权力越来越呈现出区别于行政权力的自身特征。而且，我国高校内部的学生与其他利益相关者等的权力，也表现出越来越大的影响力。基于此考虑，在本书的研究设计中，笔者完善了"二元权力论"，提出我国高校内部权力系统，是一种以党委权力、行政权力、学术权力为核心的多元权力结构。

党委权力：党委权力是指在高等学校中校级和院（系）级党组织对于贯彻党和政府的方针政策、高等学校发展战略以及组织人事的安排等方面的影响和干预力量。

行政权力：行政权力是指在高校党委领导下，以校长为中心的校、院（系）级行政领导和学校职能部门所拥有的对于学校行政事务管理的影响和干预力量。

学术权力：学术权力是高等学校的学术机构和学术人员依据其学术水平和学术能力，对高等学校的学术事务和学术活动施加影响和干预的力量。

（三）高校权力运行

权力运行从字面上解释为权力往复运转的过程。权力运行是权力主体分配和行使权力的过程。权力的行使过程即权力主体对客体施加影响，并使客体按照主体意愿采取行动。权力运行包括权力的授予、权力的分解和权力的实施等过程。权力授予有权力分散、权力委托和权力下放三种形式；权力分解：通常将权力分解为决策权、执行权和监督权三种权力，以便于相互制约与监督；权力实施包括确定目标、人力调配、计划组织、检查纠偏等环节。权力运行的结果实现了组织的目标，即为权力的正向运行；权力运行的结果偏离或者违背了组织的目标，即为权力的逆向运行，逆向运行主要的表现是权力异化与权力失范。

（四）高校权力制约和监督

权力的制约和监督是权力运行中必不可少的部分，权力运行中如果缺乏制约和监督，权力就会失控而被滥用。权力的制约和监督是预防权力失范和权力寻租的重要手段。权力制约与监督之间既有区别又紧密联系。

权力制约：权力制约即对权力的制衡与约束，是指权力主体之间的相互牵制与博弈的行为。权力制约通常是一种双向的关系，多发生在同级的权力主体之间。

权力监督：权力监督即对权力的监察与督促，是指各类监督主体，对公共权力机关及其工作人员是否合法实施、行使公共权力的检查及纠正的行为。权力监督通常是一种多向的关系，多发生在不同级的权力主体之间。

二、理论基础

权力是一个复杂的概念，在管理学、政治学、社会学等社会学科领域产生了诸多观点和理论。在本书中，我们依据高校内部权力的特征而主要采用了利益相关者理论、分权制衡理论、新制度主义理论和社会制约权力理论。

（一）利益相关者理论

1984年，弗里曼定义了利益相关者"是能够影响一个组织目标的实现，或者受到一个组织实现其目标过程影响的人"。按照这一定义，不仅影响企业目标的个人和群体是利益相关者，在企业实现目标过程中受到影响的个人和群体也应被视作利益相关者。高等学校是一个典型的利益相关者组织，因此，其权力的制约与监督也需要发挥各个利益相关者的作用。

（二）分权制衡理论

西方政权组织原则是立法、行政、司法三种权力，相互牵制，称之为分权制衡或三权分立。在高校内部权力运行中，体现了高校事务的决策、执行和监督三种权力的制约和监督。西方思想家提出的办法之一就是以权力制约权力，洛克、孟德斯鸠与联邦党人在分权理论的发展上做出重要贡献。基于分权的思想，高校内部权力的制约也要强调分权，以便相互监督、相互制约。

（三）新制度主义理论

制度就是某种规则，该规则界定、约束了权力主体在追求自身效用最大化时所采用的策略；制度是可以设计的，其结果主要取决于所设计制度内含的激励与约束。高等学校内部要对权力的行使与运行进行制度性约束，强调各级管理部门和人员要遵守学校各种规章制度，以制度制约和监督来预防高校内部权力的滥用和腐败。

（四）社会制约权力理论

西方思想家托克维尔强调，权力的内部控制，难以防止权力的衰败腐化，因而提出了以社会制约权力的办法。托克维尔强调社会制约权力的途径就是通过自治、法制化、结社自由和舆论监督等作用，只有这样才能够在分权的基础上制约权力的滥用。罗伯特·达尔认为，一个相对独立的多元社会能够有效地制衡统治者的权力。这种社会存在着利益各异的社会组织和利益集团，而权力被高度分化，国家权力不再是唯一的权力中心，共享权力的利益集团和社会组织通过各种途径影响和参与政治决策制定，从而达到制约国家（政府）权力，避免权力失控的目的。

三、分析框架

根据上述的理论基础，结合高等学校内部权力运行的实际情况，在高校内部权力运行的制约与监督的分析中，提出一个"两维多体多向"分析框架。

"两维"是指高校内部权力分析的两个维度，即：从权力运行的维度，包括权力的决策与执行等过程；另一个是从权力制约与监督的维度。

"多体"是指高等学校权力运行的多个权力主体，包括以党委权力、行政权力、学术权力为主体的多元权力结构。权力主体不仅体现在不同的类型，而且还表现在不同的层次上，构建涵盖校级、院级、职能部门等权力网络体系。

"多向"是指权力制约与监督中权力运行的模式与方向，包括权力对权力的制约与监督、制度对权力的制约与监督、民主对权力的制约与监督。

具体而言，高校内部权力运行制约与监督体系的分析框架如图 1-1 所示。

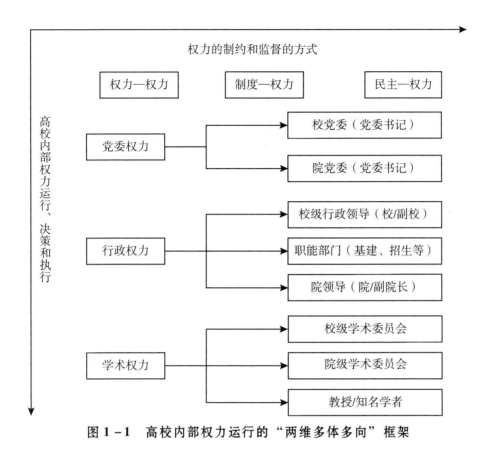

图 1-1　高校内部权力运行的"两维多体多向"框架

第三节　主要内容、研究方法

一、主要内容

本书研究内容包括权力运行制约与监督的理论基础，从历史的角度梳理高校内部权力运行制约与监督体系的演变历程，从现实问题的角度深入分析高校内部权力运行制约与监督的现状，关注国外高校内部权力运行制约与监督体系的趋势与经验，进而结合中国国情与传统特点，构建中国特色的高校内部权力运行制约与监督的体系，最后提出完善高校内部权力运行制约与监督体系的政策建议。

具体而言，本书共分为十二章：

（一）绪论

构建科学合理的大学内部权力制约与监督体系，规范大学权力运行，是推进我国现代大学制度建设的重要前提。本章作为全书绪论，从总体上构建一个权力运行制约与监督的分析框架，以剖析高校内部权力运行制约与监督问题。主要研究内容包括：权力、党委权力、行政权力、学术权力、制约、监督等高校内部权力概念；"权力—权力"：权力制约监督权力运行机制；"制度—权力"：制度制约监督权力运行机制；"民主—权力"：民主制约监督权力运行机制。

（二）权力运行制约与监督的理论基础

理论是研究的基础和逻辑起点。本章通过综述政治学、管理学和教育学等多种学科中关于权力运行制约与监督的相关理论与思想，分析利益相关者理论和权力的约束与监督理论的核心内容，寻找对权力制约与监督不同方式的理论依据，为形成我国高校内部权力运行制约和监督的分析框架，构建理想的约束与监督体系模型并提出有针对性的政策建议提供理论支撑。主要研究内容包括：高校权力与权力制衡理论基础、我国高校内部权力的运行逻辑、中国特色权力制约和监督理论创新。

（三）我国高校内部权力运行制约与监督的历史变迁

历史的研究是一个多面镜。它既是历史经验的"反光镜"，可以通过对我国高校内部权力运行的历史反思，把握规律；也是现实的"透视镜"，以历史透射现实，认清实践中存在的权力异化问题；更是未来的"望远镜"，本章通过历史总结经验得失，探究我国高校内部权力运行制约和监督的内在规律。主要研究内容包括：我国高校内部治理的历史变迁、我国高校二级学院治理的历史变迁、我国高校内部权力监督体制机制的历史变迁。

（四）我国高校内部权力运行制约与监督——校级层面的考察

考察我国高等学校校级层面上权力运行中重大事务、执行和监督的现状，进而分析当前存在的现实问题及其深层原因，这对于厘清校级党委权力、行政权力、学术权力的边界与权责，进一步完善与落实高校党委领导下的校长负责制，完善校级权力运行的制约与监督体系具有重要意义。本章主要考察大学校级治理结构及党委权力、行政权力、学术权力三者之间关系，并从结构、制度、文化的角度出发，考察校级权力运行的制约与监督。

（五）我国高校内部权力运行制约与监督的现状——职能部门的考察

高等学校职能部门是学校行政权力的主要实施单元，职能部门，特别是一些重要部门和关键领域权力集中，职能部门的权力制约与监督至关重要。本章将职能部门单独进行研究，主要考察高校职能部门与大学治理、我国高校职能部门权力运行分析、高校职能部门权力运行制约与监督的探索创新。

（六）我国高校内部权力运行制约与监督——院级层面的考察

院系是高等学校履行教学、科研、社会服务的主体力量，也是高等学校权力的聚集区。厘清院党委权力、院行政权力、院学术权力的边界与权责，对分析院级层面的党委权力、行政权力、学术权力关系具有一定指导意义与价值；同时有助于了解我国高校院级层面的党委权力、行政权力、学术权力运行制约与监督体系，以及制约与监督体系的有效性。本章从大学院系治理角度，通过二级学院权力运行分析和权力社会网络分析，考察了学院层面上权力运行中重大事务的决策、执行和监督的现状、问题及其原因，提出对策建议。

（七）高校内部的剩余权力及道德规避

本章基于不完全契约理论的视角，研究高校内部的剩余权力及道德风险规避问题。"不完全契约"思想从"有限理性、信息不对称、交易费用"等前提出发，认为完全契约是不存在的，契约都是不完全的，那么"剩余权力"及其风险规避就成为大学权力运行制约与监督过程中不可回避的问题。本章主要从高校内部治理中剩余权力的内涵、表现、成因以及高校内部剩余权力引发道德风险的类型与表现，并从正式契约与非正式契约两个维度提出剩余权力引发道德风险的规避路径。

（八）关系视角下高校内部权力运行制约与监督

本章基于"关系取向"的视角研究高校内部权力运行制约与监督问题，关系取向中的主体通常根据他已关系亲疏的前提来判定相互关系并选择互动方式。这一特征不仅深刻体现在日常的社会生活中，其影响也渗透到权力场域。因此，本章主要研究高校内部的关系及其异化、关系影响高校权力运行的嵌入过程、关系视角的高校权力制约与监督三个问题。

（九）我国高校内部权力及其制约与监督的机制分析

构建科学合理的大学内部权力制约与监督机制，规范大学权力运行，是推进我国现代大学制度建设的重要一环。本章针对这一实际问题展开基础研究，为我国高校内部权力制约与监督体系构建提供分析框架和分析工具，剖析高校内部权力运行制约和监督的内在机制。主要研究内容包括：权力运行制约与监督的原理和核心要素；高校内部权力运行制约与监督的机制框架；高校内部权力运行制约与监督机制的完善路径。

（十）高校内部权力及其制约与监督机制的五要素

基于高校内部权力运行制约与监督机制的核心要素，从多学科的角度深入分析每一个要素的基本内涵、主要内容、地位和作用，以及如何应用于高校组织的内部治理之中，应该采取什么样的措施不断完善机制。主要研究内容包括：揭示高校内部权力运行制约与监督机制，提出权责、程序、透明、监督、问责五要素；高校内部权力运行制约与监督机制要素的地位与价值；从五要素角度提出完善高校内部权力运行制约与监督机制的思考和建议。

（十一）国外高校内部权力运行制约与监督的案例分析

本章通过国际比较的视角，对美国、英国和澳大利亚高校内部权力制约与监督体系进行分析并发现启示。对于了解发达国家高校内部治理状况具有一定的意义，有助于完善我国高校内部权力运行模式，为构建我国高校内部权力运行制约与监督体系提供经验借鉴。主要研究内容包括：国外大学内部治理的变化与挑战，美国高校内部权力运行制约与监督体系的相关研究与分析；澳大利亚高校内部权力运行制约与监督体系的相关研究与分析，美国、英国高校内部风险防控体系建设情况。

（十二）我国高校内部权力运行制约与监督体系建构

构建系统而全面的高校内部权力运行制约与监督体系，是实现我国高校内部有效治理的重要内容和保证。基于理论分析、实证研究，构建高校内部权力运行制约与监督体系，有效防止高校内部权力异化，对解决我国高校内部权力运行中出现的问题具有实际价值。本章着眼于构建具有我国特色的并行之有效的高校内部权力运行制约和监督体系，提出完善体系的政策建议。主要研究内容包括：构建中国特色的、科学合理的高校内部权力运行制约与监督体系主要设想；从"体制、机制、技术、文化"四个主要维度出发，提出完善高校内部权力制约与监督的政策建议。

二、研究方法

本书主要采用文献分析法、田野调查法、案例研究法以及比较研究法等研究方法。在研究开展过程中，将综合、交互地使用这些研究方法，从而提高研究的科学性、有效性，使研究结果既具有较好的信度与效度，又能抓住实际问题提出有针对性的政策建议。

（一）文献分析法

本书立足于"高等学校内部权力运行制约和监督体系"的研究主题，通过中国知网、万方、超星、维普、Web of Science、Springer、EBSCO、Google 学术以及学校图书馆等资源，对涉及高等学校内部党委权力、行政权力、学术权力及其相互关系的期刊论文、学位论文、书籍以及网络文献等进行全面系统的搜集、梳理、鉴别、整理、分析，从而明确本书的研究基础、研究边界以及研究方向。

（二）田野调查法

田野调查法又叫实地调查或现场研究（fieldwork），就是为获得第一手资料而对研究对象的实践过程进行总体考察的研究方法。田野调查法包括多种具体的研究方法，本书主要采用了访谈法、文本分析法和观察法。

（三）访谈法

本书以正式访谈为主，以政府教育行政部门的主要负责人、高校校级负责人（正副党委书记与正副校长）、高校院级负责人（正副院长与正副党委书记）、机关处室主要负责人、校院两级学术委员会成员、教授等为主要访谈对象，以了解高校内部党委权力、行政权力以及学术权力等的运行制约与监督体系的实际状况与存在的主要问题。

（四）文本分析法

本书以国家相关法律规章文本、高校内部相关法律规章文本、高校内部相关会议记录文本以及国家对高校内部权力异化的典型案例的调查与处理文本为主要分析对象，从而了解与掌握高校内部党委权力、行政权力、学术权力等运行制约

13

与监督体系的实际状况与存在的主要问题。

（五）观察法

本书以高等学校内部权力运行制约与监督所涉及的主要过程为对象，进行观察与记录，从而了解与掌握高校内部党委权力、行政权力、学术权力等运行制约与监督体系的实际状况与存在的主要问题。

（六）案例研究法

本书主要以 75 所部属高校为主，兼顾省属本科院校，并适当选取国外具有典型意义的高校，以高校内部权力运行制约与监督的实际效果为主要依据，建立高等学校内部权力运行制约与监督体系正反两方面的案例库，并通过对案例的梳理、分析与总结，掌握高等学校内部权力运行制约与监督体系的实际情况以及存在的问题。

（七）比较研究法

本书同时采用了共时态比较研究与历时态比较研究两种方式，共时态比较即横向比较，历时态比较即纵向比较。共时态比较研究主要以韩国、日本、英国以及美国为研究对象，系统掌握这些国家高等学校内部权力运行制约与监督体系的成功经验，以期为构建我国高等学校内部权力运行制约与监督体系提供一些有价值的启示；历时态比较研究主要对我国高等学校内部权力运行制约与监督体系的历史变迁进行阶段性分析，掌握我国高等学校内部权力运行制约与监督体系的客观历史。

第二章

高校内部权力运行制约与监督的理论基础

现代高等学校，由多元利益相关者共同治理，关涉多方利益，存在多元权力，是一个多元权力博弈的社会组织，形成了错综复杂的权力结构和权力关系。本章主要研究了高校内部权力运行制约与监督的相关理论，包括高校内部各种权力的来源、多学科视野下的权力制约监督理论以及党和政府对权力制约与监督所确立的指导思想，为完善我国高校内部权力运行制约与监督机制提供理论依据。本章在绪论部分确定的理论基础之上，进行了理论展开并做了适当的理论拓展。

第一节　高校权力与权力制衡理论基础

作为一种典型的多元利益相关者组织，现代高校的内部权力并不是单一的，而是多元的，但是具体包括哪些权力，它们之间又形成了什么结构，则需要进行系统的梳理和阐释。

一、权力理论与大学权力来源构成

现代高校是一种复杂的社会组织，其教育性、学术性以及公益性的本质特征决定了其内部权力的构成是多元的。关于"权力"一词，在西方，该词最早源于拉丁语"potestas"，在英文中演变为"power"，意为"力量、能力等"。在中文中，"权"最早是指一种衡器，据《广雅·释器》解释："锤，谓之权"，后来"权"引申为两种含义：一是指衡量审度，如孟子说："权，然后知轻重"；二是指制约别人的能力，如管子说："欲用天下之权者，必先布德诸侯"。在现代东西方语境中，"权力"仍然没有一个达成共识的定义，一般而言，权力是指影响或支配他人行为的一种合法的正当的力量或能力。就高等教育系统的权力而言，美国著名高等教育学家伯顿·克拉克把高等教育管理的最上层（国家）到最底层（系或讲座）的决策机构和群体所享有的权力统称为"学术权力"。① 克拉克用"学术权力"这一概念统称高等教育系统中的所有权力形式，这种划分似乎过于宽泛，虽然突出了高等教育的学术性，却忽视了高等教育的公共性，因而也就忽略了不同于"学术权力"的其他权力类型。我国学界敏锐地觉察到了这一划分的模糊性，从而致力于对高校内部权力进行合理的划分。我国比较早对高校内部学术权力和行政权力进行论述的学者有张德祥、别敦荣、谢安邦、闫光才等。此后，高校内部权力包括学术权力和行政权力的观点逐渐为我国高等教育界广泛认可，并成为我国高等教育理论界持续研究的热点。此外，高校内部权力除了学术权力和行政权力以外，还存在其他方面的权力，如一般教师、教辅人员和学生的权力等。② 随着研究的不断深入，研究者们相继提出高校内部权力还包括政治权力、民主参与权力等，高校内部权力的构成呈现出多种多样的格局。

（一）学术权力的来源

众所周知，现代大学源于中世纪大学，而中世纪大学在早期是一个学者行会，在这个"学者共同体"中，教师与学生因其掌握的专门知识或高深学问，广泛地控制着大学中的学术活动。这种基于知识的权力通常被概括为"知识即权力"，意思就是，在任何领域，决定权应该为有知识的人共享，知识最多的人有最大的发言权，没有知识的人无发言权。③ 随着专门知识不断丰富和分化，学科成为不同专门知识的主要载体，而教师及其学生在不同的学科领域内依然保持着这种权力。伯顿·克拉克对欧美各国高等教育系统的权力构成进行考察后，即把大学基层学术组织及教师拥有的学术权力称为"扎根于学科的权力"；范德格拉夫·约翰考察了七个国家的高等教育学术权力机构，指出学术权力"这种权力被认为是以'技术权限'为基础的，以专家为基础的，而不是以'官僚权限'为

---

① ［美］约翰·范德格拉夫：《学术权力——七国高等教育管理体制比较》，王承绪等译，浙江教育出版社 1986 年版，第 172~183 页。

② 谢安邦、闫光才：《高校的权力结构与权力结构的调整》，载于《高等教育研究》1998 年第 2 期。

③ ［美］伯顿·克拉克：《高等教育系统——学术组织的跨国研究》，王承绪等译，杭州大学出版社 1994 年版，第 174 页。

基础的"。① 因此，从中世纪大学的发展演变可知，学术权力主要源于教师与学生的专门知识和高深学问，而且它们日益学科化。此外，教师与学生作为学者在发展知识的学术活动中达成了一项共识——学术自由，学者可以自由地探究知识，追求真理。这项共识也成为高校内外部对于学术权力的共同理解，保障学术自由即是保护学术权力，因为植根于学者的学术权力是大学学术权力的基础。国家与社会主要通过法规和制度予以保障，如德国宪法对于学术自由的保护、美国大学教授协会（AAUP）对于学术自由的制度化。就我国高校而言，一方面大致遵循"知识即权力"的基本规律，教师始终是学术权力最广泛的掌管者；另一方面则通过法规保障学术自由的规定承认学术权力的正当性与合法性。如《高等教育法》规定，"国家依法保障高等学校中的科学研究、文学艺术创作和其他文化活动的自由"。② 一般而言，高校教师个人的学术权力在我国《教师法》中有具体规定，教师享有"进行教育教学活动""从事科学研究、学术交流，参加专业的学术团体""指导学生的学习和发展，评定学生的品行和学业成绩"等一系列权力。但光有学术自由的权力还不足以保证学术权力的充分实现，2014年教育部颁布《高等学校学术委员会规程》规定，"高等学校应当依法设立学术委员会……并以学术委员会作为校内最高学术机构，统筹行使学术事务的决策、审议、评定和咨询等职权""遵循学术规律，尊重学术自由、学术平等，鼓励学术创新……"。③ 从2013年至今核准发布的教育部所属的一百多所高校的大学章程来看，学术委员会的人员构成、选举产生办法、职权与责任等均已经列入其中，各高校也制定了专门的学术委员会章程。概而言之，我国高校学术权力来源于教师的专门知识和集体共识，遵循"知识即权力"的基本规律，并在国家法制建设中不断制度化。一些高校也提出"师生治学"的理念，强调了学生与教师分享"学术权力"。但由于我国教师主导的传统，学生参与学术更多的是一种"权利"诉求，主要来源于他们的受教育者身份和他们提供学费资源而应获得的"收益"，如平等接受高等教育的机会、学习自由等，这些都体现于高等教育法规以及各大学章程里。

（二）行政权力的来源

行政权力一般指国家行政机关的权力，行政权力是依据国家宪法及相关法律，以强制性手段执行国家意志，维护社会秩序的一种能力，但也常常用来指一

---

① ［美］约翰·范德格拉夫：《学术权力——七国高等教育管理体制比较》，王承绪等译，浙江教育出版社2001年版，第189、185页。

② 全国人民代表大会常务委员会：《中华人民共和国高等教育法》，1998年1月1日。

③ 中华人民共和国教育部：《高等学校学术委员会规程》，2014年1月29日。

般社会组织的行政机构和人员为了实现组织目标，依照组织的规章制度对组织自身进行管理的能力。现代大学拥有完善的行政机构体系和专业的行政人员，因此，行政权力也是高校中的重要权力类型之一。不过，行政权力的形成与大学的组织规模以及外部社会的变化有着密切关系。一般而言，当一个组织的规模发展到需要进行劳动分工，并由于各项分工中的能力高低而产生等级时，科层制就产生了，而行政权力即源于科层制。当学者行会或中世纪大学发展到现代大学的规模，因学科分化而产生了院与系，教学安排、学生管理、财务运作、后勤服务、对外联系等需要专门人员来负责时，大学开始形成科层制：理性的规章制度、劳动效益分工、职务等级分权、行政管理档案制度、专业训练、职业化取向等。因此，高校行政权力主要源于其自身组织的科层制发展。不过，现代大学均须接受政府的监督与控制，在由政府直接控制的现代大学中，行政权力由政府授予，对上级政府教育行政部门负责，类似于政府科层组织的一个层级。就我国公立高校而言，其行政体系具备政府科层组织下一层级的某些特征，如不同类型的大学具备不同的行政级别，如副部级、正厅级、副厅级等。据学者分析，我国高校行政管理体制有两大源流：一是政府行政体制；二是党领导的军队指挥体制。[1] 政府创办高校时将这种高度行政化的管理制度引入了大学之中，构建校、处、科等行政结构，接受上级教育行政部门的权力辖制，使得我国公立高校普遍具有政府部门下属科层组织的特征。因此，我国高校内部行政权力一方面是源于现代大学发展的组织管理需要，另一方面则源于政府教育行政部门的授权。所以，从某种程度来说，我国高校由于身处国家与地方教育行政部门的下属科层组织地位，其行政权力更多的是源于政府的授权。

（三）政治权力的来源

大学的发展史表明，大学内部一直由教师与学生构成权力关系，逐渐形成了教师与学生共同享有的学术权力，只是随着组织规模的扩大，科层制的形成，行政权力逐渐开始产生。然而，自中世纪以来，西方大学一直受到外部教会势力与世俗政权的双重影响，并因其不断发展的知识创新能力，或沦为教会的"婢女"，或成为国家的"知识之翼"。因此，恰如布鲁贝克所说，"高等教育越卷入社会的事务中就越有必要用政治的观点来看待它"，因为"当高等学府卷入日常生活的时候，必然会遇到如何确定目标和如何行使权力来实现这些目标的争论，而这

---

[1] 别敦荣、冯昭昭：《论大学权力结构改革——关于"去行政化"的思考》，载于《清华大学教育研究》2011 年第 6 期。

些争论自然具有政治性"①。所以，高校中的政治权力日益凸显，是高等教育政治属性的必然体现，是作为高等教育举办者或管理者的政府、社会力量基于国家或社会整体发展的需要而对高等教育所形成的各种影响力。当前世界各国对高校均施以不同程度的政治控制，就具体的组织形式而言，从直接到间接，主要有党委会、学监、董事会以及调查委员会等几种形式。② 就我国而言，大学内部的政治权力表现为党委权力，党委会是高校政治权力的主要行使机构，是执政党赋予的全面领导权，我国《高等教育法》非常明确地规定："国家举办的高等学校实行中国共产党高等学校基层委员会领导下的校长负责制。"这一高校政治领导权力的组织形式自新中国成立以来，经过多次改革与完善，已经成为我国一种日渐定型的高校领导体制。近年来，加强和完善党委领导一直是我国高校领导体制改革的重要主题。2014 年 10 月，中共中央办公厅印发《关于坚持和完善普通高等学校党委领导下的校长负责制的实施意见》，重申"党委领导下的校长负责制度是中国共产党对国家举办的普通高等学校领导的根本制度，是高等学校坚持社会主义办学方向的重要保证，必须毫不动摇、长期坚持并不断完善。"

也有一些学者将整合化、制度化了高校教职工和学生的民主权利归结为一种"民主权力"。但是，这种民主参与权利并不像高校内部其他权力一样具有历史传统，正如《高等教育法》规定："高等学校通过以教师为主体的教职工代表大会等组织形式，依法保障教职工参与民主管理和监督，维护教职工合法权益。"它更多是知情权、参与权、监督权，仍然集中于维护权益的"权利"层面，尚不能被确定为一种"权力"，但无疑"权利"对"权力"有制约监督作用。

二、多学科视野下的权力制约监督理论

高校内部权力运行过程中，权力的制约与监督是权力正常运行的支持与保障，能对权力的偏离进行防范和纠正。从多学科的研究视角出发，可以更深刻地认识为高校内部权力制约与监督的运行逻辑。伦理学对人类本性的研究，经济学、政治学和法学对权力特质的研究，为高校内部权力运行制约与监督的必要性和可行性提供了论证基础。政治学、法学、社会学、公共管理学从本学科研究视角出发，提出的权力运行制约与监督的一般制约模式，为高校内部权力运行制约与监督机制的构建提供了实践借鉴。

①　[美] 约翰·布鲁贝克：《高等教育哲学》，王承绪等译，浙江教育出版社 2001 年版，第 15 页。
②　杨克瑞、祁型雨：《高等学校的政治权力及其监督》，载于《复旦教育论坛》2007 年第 5 期。

（一）政治学视野中高校内部权力运行制约与监督

权力问题是政治学的核心议题之一。政治学关于权力制约的研究，主要集中在不同权力体系之间或同一权力体系内部不同权力之间制约关系上，具体是指以权力制约权力的制约模式。以权力制约权力把公共权力分解为若干权力，然后交给不同的权力主体来行使，各个权力主体之间既相互独立又彼此牵制，使权力之间保持一定的均衡态势，达到防止权力异化的目的。权力制约权力的核心要素是分权与制衡：首先是权力分立，权力分立是把公共权力划分为不同的权力结构并配置给不同的权力主体，权力的有效制约要建立在权力的真正分立之上，权力分立成为权力相互制约的前提和基础；其次是这些不同性质的权力主体所拥有的力量大致是平衡的，各权力主体间的地位平等、权力独立、互相监督和制约，彼此形成制衡关系。

以权力制约权力模式的作用机理在于，通过在各权力系统之间均衡地配置权力，使各权力之间既互相独立和分离，又相互对应和制衡，最终形成权力相互牵制的均衡状态。外在形式上主要表现为，一种刚性力量对另一种刚性力量的制衡。分权学说的理论逻辑是将权力合理地分解为若干权力，然后将这些权力授予不同组织和不同人员行使，以减弱权力集中的破坏力。分权虽然达到了弱化权力的目的，但还未形成相互制约的关系。为了达到权力之间的制约关系，分权后的权力与权力间必须相互牵制。如此，权力制约权力的理论基础就表现为分权理论与制衡思想的统一，其中分权是制衡的前提条件，制衡是分权的本质目的；分权是权力制约机制的表象特征，制衡是权力制约的内在机理。

在高校内部权力运行制约与监督体系构建中，政治通常发挥核心制序作用。尽管很多西方大学宣称远离政治，但是大学内部权力的运行逻辑无疑要反映一个国家基本的政治制度要求，体现该种政治制度所描述的"公平正义"的价值导向，从而使大学的治理结构与国家政治安排体现较强的"同构性"。如美国宪法学者罗德尼·斯莫乐所说："宪法中关于权力的分立和制衡被高等教育通过传统和共同治理所生动模仿"①。这一点，对世界各地的大学来说，没有例外。

我国高校内部权力制约与监督具有鲜明的中国特色。体现到公办高校，党委领导下的校长负责制作为根本领导体制在内部权力运行中发挥主导作用，民主集中制作为根本原则体现了权力运作的主导机制，党委权力、行政权力、学术权力在决策、执行、监督的功能层面各有侧重，学术权力在历史上更多是以"学术民

---

① Rodney A. Smolla：*The Constitution goes to college：Five Constitutional Ideas That Have Shaped the American University*. New York：New York University Press，2011：190.

主"的方式发挥作用。近年来，根据从严治党要求和控权思路上的变化，监督权得以强化，并带来高校监督体制乃至体系上的变化；而基于对大学办学规律的认识不断深化，学术权力对决策的影响力也有所提升，高校普遍建立了校、院两级学术委员会，但是学术权力真正从"应然"走向"实然"，仍然有很多方面需要夯实、完善。

（二）法学视野中高校内部权力运行制约与监督

法学主要是从法治的视角提出以规则和程序制约权力，具体提出以"法律制约权力"的制约模式。以法律制约权力具体指权力的设置、授予、运行、监督等，都由宪法和法律来规范和调整。以法律制约权力包括两层含义：一是在静态的权力设置和授予上，法律要明确规定权力行使的主体，并对权力行使主体的权力进行明确授予；二是在动态的权力运行中，法律要明确权力运行的方式、方法和程序。权力行使主体必须接受法律的约束，按照法律规定的正当程序行使权力，以防止权力运行过程中的越轨和异化。"在事前的权力授予上，做到授予有据；在事中的权力行使上，做到行使有规；在事后的权力监督上，做到监督有效"①。

法律通过立法形式对权力有关问题进行界定，本质上是对权力行使的一种限制。在法律和权力的关系上，法高于权，法律支配权力，法律从根本上是为约束和限制权力而产生。"在历史上，法治理论和实践的最初动因，就是通过法律规范和控制权力，以保障人权。"② 以法律制约权力确立权力运行的理性规则、客观标准和公正秩序，为权力行使规定边界和程序，为权力运行提供合法性基础和社会普遍认同，法律所具有的强制性、稳定性和惩罚机制，保证了权力制约的有效性。

高校内部权力运行制约与监督纳入法治轨道。首先，明确高校内部各项权力行使的法律依据。包括我国在内，世界各国和各地区，或以国家立法形式，或以地方立法形式，制定了高等教育法或大学组织法，为高校内部权力运行提供了基本法律依据，并根据高等教育的变化适时修法，以适应现实需要。其次，规定高校内部各项权力运行的基本原则问题。通过立法将国家法治要求"嵌入"大学组织之中，对高校内部权力运行的权力主体、规则、程序、边界等问题加以原则性的规定。最后，通过法律规范高校各项权力运行的内部规则。高校要依法编制大学章程、各委员会章程、各项议事规则、各项工作制度和各项规定，体现依法办

---

① 魏礼群：《新形势下的社会管理——挑战与机遇》，国家行政学院出版社 2005 年版，第 39 页。
② 周叶中：《宪法至上：中国法制之路的灵魂》，载于《法学评论》1995 年第 6 期。

学要求。

（三）社会学视野中高校内部权力运行制约与监督

社会学主要从公民个人和社会团体的视角提出以民主制约权力的模式。以民主制约权力的模式认为，民主具有限制和约束权力的功能，该功能的发挥主要表现为公民享有的一些权利，能够制约那些被委托出去的权力，民主制约的实质在于以权利制约权力。这一模式具有消极制约和积极制约两重含义，消极制约指的是，公民享有法定权利，公共权力行使不能逾越法定界限侵入公民权利领域。当权利领域构成权力的边界时，公民权利对公共权力的滥用就起着阻碍与制约作用；积极制约指的是，公民虽不直接掌握权力，但却拥有法律赋予的权利，如选举权、检举权、言论自由权、参与权、结社权、知情权、监督权、行政诉讼权等，当掌权者逾越权力的法定界限、滥用权力或权力行使不当时，公民可以利用宪法和法律所赋予的权利做出积极的反抗，或对权力行使实施监督，以形成对权力运行的约束。

代议制学说、人民主权论和多元主义民主，是以民主制约权力范式的重要的理论基础。根据人民主权原则和代议制学说，公共权力的合法性来自人民的授权，"人民当家做主"主要通过代议制实现。代议制下的民主制约体现在公民享有一些权利，能够制约那些被委托出去的权利。公民权利对公共权力的制约体现在对权力主体的选举、监督、罢免等活动中。权力来源于权利、受托于权利，因此权力必须以权利为界限、由权利来制约。个人在公共权力面前是渺小和独立的，但个人可以作为组织或利益集团一员参与社会治理。多元主义民主论者认为，社会中存在的各种社会组织和利益集团分享着社会资源，客观上形成了一种新的权力分配和制衡格局，多个权力中心对国家权力形成强有力的制约。

高校治理中公共权力的合法性根本来源于人民授权，为发挥基层民主的监督制约作用，需要保障并发挥具有积极制约作用的公民权利。这些公民权利主要表现为：（1）教职员工可以行使民主管理权利，教职员工通过行使知情权、参与权、监督权，直接发挥对权力主体的制约作用。（2）教职员工可以在法定范围内，通过言论自由发挥舆论监督作用，对滥用权力行为构成舆论压力。（3）高校教职员工通过行使知情权和参与权可以实现高校权力的透明化运作，对权力运行中的"暗箱操作"起到一定的抑制作用。（4）高校教职员工可以通过依法结成团体增强权力制约效果。如借助学术委员会、教职工代表大会、学生代表大会、校友会、理事会或董事会等多元利益群体来保障和维护合法权益。（5）高校教职员工可以对权力滥用行为直接行使举报、检举、控告权，通过申诉、申请行政复议和提起行政诉讼等方式获得自身救济权利。

（四）公共管理学视野中高校内部权力运行制约与监督

公共管理学视野下权力运行制约与监督的核心是关注公共权力的有限运行问题。公共性和服务性是公共权力运行的核心。"公共权力的特征是其公共性。它是社会公共领域中由公众所赋予和认同的，能给公众提供公共物品和服务的集体性权力。"[①] 公共管理的基本目的就在于，通过公共权力运行实现公共意志，维护社会公共利益。现代社会由于公共事务的复杂性和多样化以及管理技术的专业化和技术化，每一个社会成员亲自参加公共事务是不可能的，社会成员只能委托部分人代为履行管理职责。作为公共管理最大提供者的政府通过履行代理人职责，执行公共意愿，来满足委托人的利益并为他们服务。政府与公民间的关系实质，是权力所有者与使用者之间的"委托—责任关系"。"有限政府""服务型政府"的提出体现了我国公共领域政府角色和职能的全面改变。

各利益相关者的权力委托是高校内部公共权力的直接来源。自改革开放以来，高校办学自主权逐步扩大，公办高校逐渐摆脱上级代理人的单一角色，激活了自身利益代理人的另一重身份，从而成为双重代理人，一方面既激发了办学积极性、主动性，促进了高校的发展；另一方面如果办学的自律机制不健全，则可能出现办学失范问题。

高校内外部利益相关者作为权力的主人，把自己的各项权力委托给高校各组织机构、各级委员会和代表大会来行使，如学校党委会、校长办公会、校务委员会、学术委员会、教职工代表大会及各院系的教授委员会、院务委员会等，这些代理组织与高校各利益相关者之间形成"权力委托"关系，代理组织作为权力的受托者有责任和义务向高校各利益相关者负责，代为行使高校各项公共事务的管理职责。在具体的管理过程中，首先要树立"有限行政"和"服务"的观念，让那些本应由学术权力决策和评议的学术事务交由学术权力和学术委员会治理，以改变学术依附行政发展的局面，使行政组织主要发挥咨询、服务的职能。其次，高校应将职能部门为主体的管理模式转变为二级学院为主体的管理模式，学校要下放权力到学院，扩大和增强院系办学权，调动院系办学的积极性。最后，民主监督的核心在于教职员工参与，教职员工要积极参与到与自己利益相关的高校事务管理中，积极发挥各级委员会和代表大会的作用，维护自身合法权益。

对权力运行的制约与监督可以从多个角度论述，不同学科视角下，权力的制约与监督模式并非彼此对立和相互隔绝，而是互为补充、相互依存。不同机制有不同的理论基础、价值预设和适用条件，具有相互补益的功效。权力运行过程中

---

① 黄健荣、余敏江：《论公共管理与宪政》，载于《江苏社会科学》2004 年第 2 期。

的制约和监督问题，不仅是个理论问题，更是重要的实践问题。理论设计的精密需要在实践中验证和完善。

三、高校内部权力运行制约与监督的理论基础

权力问题是治理问题的核心议题。随着国家治理的兴起以及我国高等教育内涵式发展的需要，现代大学的治理问题越来越成为我国政府管理部门和学术界关注的焦点问题，高校内部权力运行制约与监督理应纳入大学治理范畴加以研究。

（一）利益相关者理论与大学内部治理

"利益相关者"（stakeholder）由斯坦福大学相关研究机构于 1963 年提出："利益相关者是这样一些团体，没有其支持，组织就不可能生存。"在此后的 30 年间，对利益相关者的定义达三十多种，学者们从不同的角度对利益相关者进行定义。其中，以弗里曼（Freeman）的观点最具代表性，他认为"利益相关者是指那些能够影响组织目标实现，或者被组织目标实现的过程所影响的任何个人和群体。"①

与企业不同，大学作为非营利性组织，没有严格意义上的股东，没有人能够获得大学的剩余利润，任何一个人或一类人都不能对大学行使独立控制权，大学只能由利益相关者共同控制。亨利·罗索夫斯基在《美国校园文化——学生、教授、管理》中提出了"大学拥有者"的概念，所谓的大学拥有者，实质上是指与大学有利害关系的人或群体，即大学的利益相关者，从而启动了"利益相关者"理论在高校治理中的研究。罗伯特·伯恩鲍姆认为，大学治理是为了协调大学理事会体系与教师体系的平衡而设计的结构与过程。② 菲利普·G.阿特巴赫也指出，大学不是一个整齐划一的机构，而是一个拥有一定自治权的各种团体组成的社会。③

我国学者对大学治理中利益相关者的论述是以《治理与善治》《大学的逻辑》《大学治理的理论基础与组织架构》等重要著述为基础的。俞可平认为，"治理是各种公共的或私人的个人和机构管理其共同事务的诸多方式的总和。……它既包括

---

① 付俊文、赵红：《利益相关者理论综述》，载于《首都经济贸易大学学报》2006 年第 2 期。

② ［美］罗伯特·伯恩鲍姆：《大学运行模式——大学组织与领导的控制系统》，别敦荣等译，中国海洋大学出版社 2003 年版，第 217 页。

③ ［美］菲利普·G.阿特巴赫：《比较高等教育：知识、大学与发展》，人民教育出版社教育室译，人民教育出版社 2000 年版。

有权迫使人们服从的正式制度和规则，也包括各种人们同意或认为符合其利益的非正式的制度安排"①。张维迎认为，"大学作为一个非盈利性组织，是一个典型的利益相关者组织""其决策必须在诸多利益主体之间寻求一种平衡，不能走任何一个极端，仅强调某一方面的利益"②。李福华认为，高校治理是在高校所有权和管理权分离的条件下，协调大学各利益相关者的相互关系，降低代理成本，提高办学效益的一系列制度安排，既包括学校与政府、学校与社会之间的外部治理，也包括学校与教师、学校与学生之间的内部治理，以及学校与其他利益相关者之间的责、权、利关系的一系列制度安排。③

利益相关者理论为我们理解大学治理提供了一个有效的分析框架，可以让我们更好地认识大学治理与大学制度的本质，从利益关系到权力关系、从利益相关到权力分享，为协调大学内部的各种权力关系并完善大学内部治理结构提供了理论视角和分析工具。我们由此可以把大学内部的党委权力、行政权力、学术权力的行使主体视为大学内部的紧密利益相关者，考察清楚其在大学治理中的权力诉求，加以协调制衡，并作出适当的体制（结构）机制安排，这也是大学制度建设的主要内容。

（二）新制度理论与大学内部治理

美国社会学家 T. 帕森斯在 20 世纪 40 年代提出了结构功能主义这一概念，他在以后的许多论著中，为形成结构功能主义的系统性理论作出了很大努力，并成为结构功能分析学派的领袖人物。后帕森斯时代，英国社会学家安东尼·吉登斯发展了结构功能主义理论，他认为"结构是社会系统的特性组织起来的规则与资源，或一系列转换关系""结构化是支配结构持续或转换的条件，从而也构成了支配社会系统再生产的条件"。结构"体现着一种二重性""不应将结构等同于约束。相反，结构总是同时具有约束性与使动性"。此外，吉登斯也考察了权力与结构的关系问题，他认为社会科学中"没有比权力更基本的概念了""权力就是使事情得以完成的手段"，权力是深深嵌入或植根于结构之中的，"权力要存在，前提是存在各种支配结构，在社会再生产运作（它们似乎是'不为人所注意的'）的过程中，权力可以借助这些结构'顺利地流通'""权力既体现在互动的

---

① 俞可平：《治理与善治》，社会科学文献出版社 2000 年版，第 113 页。

② 张维迎：《大学的逻辑》，北京大学出版社 2012 年版，第 19 页。

③ 李福华、尹增刚：《论大学治理的理论基础——国际视野中的多学科观点》，载于《比较教育研究》2007 年第 9 期。

细枝末节中，又是在这些地方得到了发展成长"。①

结构功能主义由帕森斯到吉登斯，研究的重心从宏观社会系统转向微观组织结构、从侧重功能研究回归侧重结构研究，组织社会学理论也几乎同时聚焦组织制度和组织结构问题。20世纪70年代中期以来，涌现出几个新的以社会学为基础的组织结构理论，主要有：（1）汉南和弗瑞曼的总体生态理论；（2）迈耶尔、罗万和祖克尔的制度理论；（3）普费弗和萨兰奇克的资源依赖理论，这些理论统称环境决定组织结构理论。

基于伯格和勒克曼（Berger and Luckmann，1967）的研究，制度学派的理论家们主张组织一定要不仅考虑它们的技术环境，还要考虑它们的"制度"环境。1977年，迈耶（Meyer）和罗恩（Rowan）共同发表的《制度化的组织：作为神话和仪式的正式结构》，把新制度主义与结构功能主义结合起来，研究了组织制度"趋同性"以及组织结构相似性问题，开创了组织社会学的新制度学派。1975年，新制度经济学的代表人物之一威廉姆森（Williamson）提出了"治理结构"（governance structure）这一概念。1990年，另一新制度经济学代表人物诺思（North）提出"与制度一样，组织也为人们的相互交往提供某种结构""将组织模型化，就是要分析其治理结构、技能……什么样的组织会出现，以及它们如何演化，这两方面均受到制度框架的影响。反过来，他们也影响着制度框架的演化"②。我国有学者认为，治理结构指一个组织中各利益群体的相互关系，它通过权力的配置和运作机制来达到关系的平衡，以保障组织有效运行并实现其根本目的③。随着经济社会的快速发展，有关治理结构的研究发展到了政治学、经济学、社会学、教育学、管理学等领域的许多方面，但是几乎总能在治理结构研究中看到新制度主义的影响。

大学治理结构是从公司治理结构中转换而来的概念。国外学者关于大学治理结构早期研究围绕"系统""体制""模式"等概念展开，伯顿·克拉克的著作《高等教育系统——学术组织的跨国研究》、约翰·范德格拉夫的著作《学术权力：七国高等教育管理体制比较》以及伯恩鲍姆·罗伯特的著作《大学运行模式——大学组织与领导的控制系统》代表了大学治理的社会学知识基础，其中主要涉及的是社会系统理论、组织社会学理论，特别是新制度主义理论，并融入了资源依赖理论、权变理论、组织设计理论方面的理论进展。这些著述，从大学内

① ［英］安东尼·吉登斯：《社会的构成：结构化理论纲要》，李康、李猛译，中国人民大学出版社2016年版，第166、242、266、312页。

② ［美］道格拉斯·C.诺思：《制度、制度变迁与经济绩效》，杭行译，格致出版社2014年版，第5页。

③ 赵文华、龚放：《现代大学制度：问题与对策》，上海交通大学出版社2007年版，第74页。

外部制度环境两个方面、大学内部纵横两个维度，对大学治理结构进行了较为全面的考察。值得注意的是，美国高等教育经历二战后 20 年的黄金发展期，到 20 世纪 70 年代中期开始减缓，到 20 世纪 80 年代，由于财政紧缩和生源减少等主要因素的影响，美国高等教育又一次进入"衰退时期"，环境决定组织命运，战略决定组织结构，这是学者们对美国大学治理结构进行系统思考的主要动因。

我国大学治理结构问题是以改革开放后，特别是以 1985 年《中共中央关于深化教育体制改革的决定》为起点的，2010 年教育规划纲要颁布是完善大学治理结构从自发走向自觉的拐点，2019 年《中国教育现代化 2035》则标志大学治理问题转入新时代语境。改革开放以来，"扩大高校自主权"可以视为大学治理命题的支点，以确立大学的事业法人地位为大学治理实践的法律基础，既有国家治理变革对高等教育的重新定位，也有大学对自身治理结构变革的主动回应。扩大高校办学自主权，大学职能拓展、规模扩大、院校合并、后勤社会化、人事制度改革、领导体制调整等密集变化，必然使大学从高度计划体制开始思考加强管理乃至完善治理问题，面对错综复杂的内外部关系，处理好内部各方面关系，做出结构等各方面调整。王丰超认为，大学治理结构包括大学内部治理结构和大学外部治理结构两个组成部分：大学外部治理结构主要涉及大学与外部利益相关者（政府、市场、社会等，下同）之间的权力关系和责任关系；大学内部治理结构则主要涉及大学内部各种权力之间关系的建构①。刘明等认为，大学治理结构实质是一种制度安排或决策结构，其定义中应该全部或部分体现大学目标与理念、外部与内部治理结构 2 个层次、大学各利益相关者的冲突与多元利益等要素②。综上所述，所谓大学内部治理结构，就是大学为实现其目标和理念而进行的制度化安排。这种制度安排实质上是通过权力配置和运作机制来平衡大学内部各利益相关者的相互关系，在我国改革话语体系里，就是改革体制机制，具体表现为大学组织结构、大学制度体系乃至文化传统等，统合起来就是大学内部治理结构。

第二节　我国高校内部权力的运行逻辑

在各类社会组织中，高等教育无疑呈现了最为令人印象深刻的复杂性和多样性。相应地，既作为原因也作为结果，大学内部权力运行较之政府机构、企业组

---

① 王丰超：《我国研究型大学内部治理结构研究》，上海交通大学博士学位论文，2013 年。
② 刘明、孙福胜：《浅论我国的大学治理结构》，载于《高教研究与实践》2014 年第 3 期。

织等有更为复杂的状况。

一、矩阵结构中的大学内部权力运行

在研究高校内部权力运行逻辑时，伯顿·克拉克的"矩阵组织"提供了一个可参照的基本模型，或者说基本的权力结构模型。在这个矩阵中，尽管大学内部权力的细节往往呈现非线性特征，但总体而言，大学内部权力有两个主要向度，不同类型权力横向的展开，也有不同层次权力纵向的安排。

矩阵结构（matrix structure）是 20 世纪企业集团化运作以来兴起的一种组织结构类型，在西方大学则有较为悠久的传统。矩阵结构是一种既有纵向职能部门联系，又有横向跨各个职能部门联系的组织结构。在这种结构中，组织是为了加强各职能部门之间，加强组织与组织之间的协作，把组织管理中的垂直联系和水平联系、集权化和分权化较好地结合起来的，既讲分工又重视协作的一种组织结构。矩阵结构体现了组织机构所需要的多重组合，比如同时按照产品和职能或产品和地区进行部门组合，它考虑了横向和纵向两个方面权力的平衡，但是也需要做出很大努力来维持权力的平衡。①

伯顿·克拉克认为"高等教育组织的心脏是各门学科和各个事业单位之间形成的相互交织的矩阵，这种矩阵把原来规模较大的系统转变为成千上万个相互联系的交叉点（这些交叉点为各个追求自主且有独特思想风格的思想家集团所占据）"②。改革开放以来，大学是矩阵结构组织的思想得到高等教育领域较多的认同。在分析高校内部权力关系时，张德祥教授将"矩阵结构"延伸为纵横交织矩阵式的"权力网络"。他认为，在高等学校内部，一方面有不同层次的权力关系，即系、院各层次的纵向维度的权力关系。另一方面还有不同权力类型，如学术权力、行政权力等横向维度的权力关系。"纵向维度和横向维度的权力关系交织在一起，构成高等学校内部的权力网络，编织成了一个权力的百景图。"③ 在大学内部治理体系的建构上，甘晖将大学内部治理体系分为横向体系与纵向体系：横向体系构建主要解决权力分散及权力制衡问题；纵向体系包括"学校—院系"体系构建和"组织—个体"体系构建两类。④

大学治理结构与组织机构既有联系也有区别。从权力运行的视角，治理结构

① ［美］理查德·L. 达夫特：《组织理论与设计》，王凤彬等译，清华大学出版社 2017 年版，第 123 页。
② ［美］伯顿·克拉克：《高等教育新论》，王承绪等译，浙江教育出版社 1988 年版，第 129 页。
③ 张德祥：《高等学校的学术权力和行政权力》，南京师范大学出版社 2002 年版，第 21 页。
④ 甘晖：《基于大学治理能力现代化的大学治理体系构建》，载于《高等教育研究》2015 年第 7 期。

与组织机构一般具有同构性，治理结构决定组织机构设置，机构设置反映治理结构要求。治理结构反映权力整合及相互制衡，组织机构强调职权分工及相互制约；治理结构侧重横向的权力制衡，组织机构强调层级权力。大学治理既体现为校级层面的法人治理结构，也可以体现到学院、校区等二级单位的"拟法人治理结构"（英国一些大学的学院具有法人性质）；大学管理则体现科层制特点，是金字塔层级式的。

大学根据高等教育规律和大学办学规律，历经漫长的演化而采取了相对最优的矩阵式组织治理模式，既有科层制的影子，也深受"底部沉重"影响。这就意味着大学不是"不可管理的"，而是需要纵向发力争取管理效益，当然要在管理中注入治理思维，比如在学术事务上，管理是不能代替学术做出判断的，大学固然要对二级学院进行有效管理，但是这种管理如果建立在二级学院治理的基础上，则更为有利有效。这也说明，高校的职能部门为何要把管理职能和服务职能统一起来，而不能采取传统上政府部门上级对下级的管理方式。

世界各地高校内部普遍存在大学的治理思维和管理思维两种并行的模式，如果从权力的角度看，治理思维强调权力的横向制衡，管理思维强调权力的纵向制约。我国高校内部监督体系的构建，更多是基于治理的思维，强化了对其他权力的横向制衡。大学组织的特殊性在于，相对治理的色彩要更为浓重一些，权力的平衡和整合与其他类型的组织相比也更复杂和艰难一些。大学治理或权力关系的复杂性来源于大学的复杂性，正如密歇根大学原校长杜特斯达所说："现代大学几乎难以让人理解，因为大学的新领域和复杂性超越了校内外多数人的能力，大家不能真正洞悉大学无数的相互作用的任务和角色，人们对这些方面的认识还远远不够。"[①] 有鉴于此，个体的、局部的对权力的理解可能导致"盲人摸象"的风险，我们有必要在微观基础上，有宏观的把握。

把治理和管理对立起来是不可取的。"尽管治理与管理有不同的内涵，但是它们也有共同之处，即调动各方面的积极性，实现资源的科学配置与管理，完成组织的工作任务，实现组织的目标。治理概念的引入，为我们更深入地理解大学，更好地办学治校提供了新的视角。但是，大学治理概念的引入并不能替代管理，不管是理性认识还是在实践中，大学治理和管理都是必要的。现实中，应该避免重视治理而忽视管理，二者应该相辅相成、相互协同以提高大学办学治校的水平。"[②]

---

① ［美］詹姆斯杜特斯达：《21世纪的大学》，刘彤等译，北京大学出版社2008年版，第212页。
② 张德祥：《我国大学治理中的若干关系》，载于《高等教育研究》2018年第7期。

二、大学内部权力运行的矩阵逻辑

将大学视为矩阵组织，就形成了关于高校内部权力运行的一个基本框架，横向和纵向的权力（纵向权力也被称为垂直权力），形成纵横交错的权力关系。在大学组织矩阵中，其中任何一点都在权力的坐标中呈现纵向横向的"二相性"，且相较其他社会组织具有更强的内部权力横向展开特点。

（一）大学内部权力的横向逻辑

大学内部权力具有横向展开的较强传统。中世纪欧洲大学到现代大学，经历了从行会部落、松散邦联、特许法人到现代组织的漫长历程，相较政府机构、企业组织，正如迈克尔·D.科恩与詹姆斯·G.马奇在《大学校长及其领导艺术》所揭示的那样，大学经常处于一种有组织无政府的状态。在跌宕的社会变革中，为了应对内外变化，尽管管理主义的思维越来越多嵌入大学治理之中，强化了纵向权力，但是大学内部权力运行的横向特征仍然较为强大。

权力横向展开可以实现对权力的有效制衡。大学治理结构涉及党委权力、行政权力、学术权力三种权力要进行适度横向展开，以实现权力的制衡。尽管很难对上述三种权力的权力量值进行较为精准的度量，也很难测量在权力运行动态过程中的权力制衡量值，但是这种权力横向制约的结构性安排显然不可缺失。当然，能不能形成有效制衡，一方面取决于三种权力的权力配置大小，权力配置严重失衡，则不能达到权力制约的目的，不同权力主体权力固然有大小之分，但是如果权力量级差别太大，则权力制衡无从谈起；另一方面是各权力之间关系的规定，权力主体相互协调十分重要，要形成"互克互生"的关系，完全"互克"则处于严重对立状态，完全"互生"则形成"合谋"，都可能导致组织的混乱和权力滥用。

我国高校内部权力的横向配置还处于动态调整期。我国高校内部权力的主要来源是国家赋予，国家赋予高校的办学自主权呈扩大趋势。1985年《中共中央关于教育体制改革的决定》提出"扩大高校办学自主权"；1998年，全国人民代表大会常务委员会颁布了《中华人民共和国高等教育法》，随后颁布了一系列有关高校的党内法规文件；2010年教育规划纲要颁布后，教育部等部委为推动大学章程建设，颁布了学术委员会规程，为高校内部权力配置和权力关系确立提供了规范。

在实际运行中，我国公办高校的党委领导下的校长负责制，居于大学治理的核心，这一点并无疑义。但是大学与党政机构、公司企业的权力高度向上集中的科层制模式不同，在大学要将党委权力、行政权力、学术权力进行有效整合，实现高质量的民主、高质量集中的统一是相当困难的。事实上，高校的党委权力、行政权力、学术权力处于非均衡发展状态，尚不能形成权力之间的协调和有效制衡。党委权力、行政权力处于权力的强势，学术权力处于权力的弱势。学术委员会等高校学术机构成为行政机构的延伸，行政评价经常代替学术评价，教学和学术中心地位弱化，影响了人才培养和科学研究质量的提高。教职员工、学生等利益相关者参与民主管理和民主监督的渠道较窄，专责监督机构没能充分发挥作用，各类权力失范现象均时有发生。

（二）大学内部权力的纵向逻辑

纵向的权力也被称为垂直权力。早期的大学由于内部各组成部分的松散关系，纵向权力相对较弱。随着现代大学的崛起，大学内部事务变得越来越复杂、规模也越来越大，大学的管理事务变得越来越具有专业性和挑战性，学术权力不得不将一些事务管理的权力让渡给行政人员，形成了内部学术权力和行政权力的分工。二战结束以后，为了应对外部环境快速深刻的变革，特别是面对绩效、问责的压力，西方大学普遍加强了纵向权力。一些高等教育具有后发外生型特征的国家，大学的建立不是一个社会自然演化的结果，大学一般由政府设立，较多承袭了政府机构权力安排的典型纵向科层制基因，因而在高等教育现代化的道路上，通常选择减少政府的纵向微观干预，还原大学内部权力的较强的横向特征。

权力纵向展开对权力的有效制衡需要新的思路。尽管普遍认为上下级关系中很难存在权力制衡关系，上级可以制约下级的权力，而下级几乎很难制约上级的权力。但事实上在任何组织都存在一种上下级之间的"隐性权力制衡"，上级权力过大时，下级往往会在实际上采取消极方式对上级权力进行消解，取得非对称性权力平衡，但上下级这种非对称性权力平衡往往导致很多非预期后果，并非善治所期。真正制衡上下级权力的，实质上是权责关系的界定，拥有多大的权力就担负多大的责任，任何权力的失范滥用都是从"拥有最大化的权力和担负最小化的责任"这一预判（包括侥幸心理）开始的，权责一旦不能匹配，作为上级既可能过度膨胀权力也可能被架空权力，作为下级既可能做大权力也可能被剥夺权力。高等学校"底部沉重"是基于学术知识的高深性和专业性，当学术事务的高深性和专业性超出党委权力、行政权力的驾驭范畴，无法担负这种责任时，向学术权力进行权力让渡，特别是向基层学术组织（院系）和学者进行权力让渡成为必然选择，这是一种权力让渡，但本质是一种责任迁移。因此，高校内部的权力配置，逻辑起点是责任的明确，厘清学校与学院的纵向权力关系，以实现权力的纵向制衡。

大学应在构建新型校院关系上有所作为。大学是"底部沉重"的组织，随着高等教育内涵式高质量发展进程，将管理重心逐渐下移至学院等基层组织是国内高等学校共同的改革方向。实行校院两级管理之后，学校集中精力思考和处理学校建设与发展的重大问题，实现微观管理向战略管理、过程管理向绩效管理、项目管理向契约管理的转变；学院在学校授权范围内自主管理、自我约束、自我完善，是教学、科研和社会服务等各项工作的主要完成者，党政联席会议是学院的决策机制，教授委员会（或学院学术委员会）是教授治学和学术民主的主要形式，在纵向权力制衡中也有横向权力的制衡。

在实际运行中，我国高校的校、院两级权责关系处于不对等状态。工作中关注和尊重高等教育的学术属性和学科专业差异较少，传统的、计划体制的科层管理模式在大学里依然占据主导，学术权力在意见综合过程中的松散特征和经常性的"专业分歧"更加剧了这种状况①。办学重心偏高，权力集中于学校层面，造成学校机关职能部门机构臃肿、人浮于事，管理效益不佳，服务质量不优。院系办学自主权不足，学院承接办学自主权的能力建设重视不够，基层学术组织缺乏教授治学氛围，学术人员较少有参与学校重大学术问题决策的机会和渠道，学院的办学积极性和创造性发挥不够。

（三）大学内部权力运行的复杂性与非线性

尽管我们用最简单的矩阵组织模型描述了大学内部的"权力场域"，从横向和纵向两个方面极为概要地分析了大学内部权力运行的基本向度，但是这些抽象描述和分析远远不能揭示大学内部权力运行的复杂性、非线性。

大学组织是具有复杂性的权力场域。"权力场域"是法国社会学者布尔迪厄提出的概念，他认为，"场域"指的是那种相对自主的空间，那种具有自身法则的小世界。他认为，任何"场域"，都是一个力量之场，一个为保存或改变这种力量之场的较量之场；每个"场域"都是资本的特殊形式构成的地方，特殊类型的资本"能够获得权威，不仅能够规定游戏的规则，而且能够规定游戏的合法性"②。现代大学组织内部治理变得越来越复杂，从单一的学术事务治理到学术事务与行政事务都不得不关照；同时，外部介入使之更加纵横交错。大学一方面是一个有序的行政组织系统，有着较为复杂的层次结构和各种隶属关系；另一方面又是包含了各种学科专业和不同形式的自由学术组织。由此，大学内部的党委

---

① 朱光磊、于洋：《决策同心圆：关于规范大学"党政关系"的一个建议》，载于《中国机构改革与管理》2013年第Z1期。

② ［法］皮埃尔·布尔迪厄：《科学的社会用途——写给科学场的临床社会学》，刘成富等译，南京大学出版社2005年版，第30页。

权力、学术权力、行政权力的互动，形成了大学复杂而多样的权力场域。

大学内部权力呈现动态多相性。大学矩阵组织是基于大学组织特性作出的相对性的应然期待，在实际中大学需要在典型的科层制"金字塔结构"和扁平化"矩阵结构"之间进行融合，或将金字塔结构合理地嵌入矩阵结构，或将矩阵结构嵌入金字塔结构，不同国家的大学，或同一所大学的不同时期，常常呈现两种结构的"二相性"，即使身处大学之中的人，也因视角的不同有"横看成岭侧成峰"之感。如果大学的金字塔结构特征是典型的，则"行政化"特点较强，学术活力受限；如果大学的矩阵结构特征是典型的，则"邦联"特点较强，组织较为松散，这对全世界大学而言都是两难命题，"跷跷板"的平衡点并不容易找到。

大学内部权力呈现动态非线性关系。我们从理想化的大学矩阵型权力场域的平面投射中，抽象出的横向权力和纵向权力两条基本线型，也是理想的线性描述，事实上大学内部权力运行中，权力关系异常复杂，是动态的，也是非线性的，党委权力、学术权力、行政权力通过权力的载体和媒介（机构、人、空间、制度、文化等）极其复杂的相互作用，包括博弈、互涉、交融、组合，每一种权力都呈现纵向和横向特征，也都呈现极其复杂的多相、多变特点；比如在校院关系的纵向维度上，校院虽然是严格意义上的一种上下级关系，却也不是典型科层制意义的上下级关系，校院之间围绕党委权力、学术权力、行政权力全面展开的纵向权力关系，难以用任何图谱准确描述，也难以用任何数字度量。在这些近似混沌的权力关系中，对于权力运行真正发挥规范作用的，是建立在法律基础上的一些最基本律条和建立在文化传统基础上的最基本道德规范，围绕法律法规和大学章程所进行的有关权力的宏大叙事，更有赖于制度的中观建构和微观完善，而相对于制度的宏大叙事和碎片化的两极，制度的中观体系化建构至关重要，这是因为大学保持组织创造活力的需要，也是基于我国仍然较长时期处于深化改革进程中的现实。

（四）大学内部权力运行的理性思考

权力与权利。权力（power）和权利（right）是两个既相区别又密切联系的概念。在研究我国公办高校内部权力问题时，所讲的"权力"概念本意均为"公权力"，党委权力、行政权力、学术权力本质上都是公权力；而"权利"则指依法受到保护的或应享有的个体或群体权益，比如学者个人或学者群体都有学术权利，也都或多或少在学术岗位上行使一定的权力，但是这种基于学术职务而获得的权力和基于学者身份而获得的权利有着本质的不同。任何权力客观上都存在"二重性"，权力既可能是善的，又可能是恶的，缺乏有效制约的权力通常导致权力滥用。公权力的二重性，根源在于任何公权力都具有代理性质，这种代理既可以很好地实现赋权的初衷，也可能违背赋权初衷而形成变异。一位学者教学和研究、批评和监督都有法定的权利，但是当他进入学术委员会等机构，他行使的就不仅仅是个人的权利而是一种公权力了。与权利伴生的概念是义务；而与权力相伴生的概念是责任，责任兼具履行义务和受到惩戒的内涵。虽然权利可以在一定程度上限定权力的行使，一种典型的观点认为扩大权利主体的权利，可以削弱权力主体的权力，但是当权力主体以间接的方式对权利主体施加影响时，权利主体并不一定以积极的方式对权力主体做出反应，通常在自身利益不受（直接）损害的情况下，权利主体会对权力滥用采取沉默态度。如果权力主体与部分权利主体采取合谋，则这部分参与合谋的权利主体可能对权力的滥用采取纵容态度。

纵向权力与横向权力。我们基于一定时间一定域度之内大学内部权力总量相对稳定这一假设，在大学矩阵中纵向权力和横向权力则存在反变关系，如果纵向权力扩大，意味着横向权力的相应减少，反之则相反。基于横向权力和纵向权力的反变，如果横向权力扩大，意味着权力矛盾主要集中在横向上，组织模式倾向扁平化；如果纵向权力扩大，意味着权力矛盾主要集中在上下级之间，组织模式进一步科层化。同理，对纵向权力进行制约监督，则应强化横向权力，反之则相反。尽管在深度变革的国际高等教育领域，各国高校采取了不同的治理模式，但为应对变化，各国高校普遍强调领导力的提升，纵向权力与横向权力的关系处于新的调整中。美国高校较多引入公司治理模式，通过战略管理强化了纵向的权力；英国高校通过政府评估等手段，也强化了纵向权力的影响；日本公办高校通过法人治理改革，也强化了行政管理特别是大学校长的纵向权力；俄罗斯学者认为，俄罗斯高校的"垂直控制"即纵向权力仍然过强[1]。我国高校历史上受苏联模式影响较大，计划思维主导下的纵向权力具有强势传统，总体上向横向的权力让渡不足，对此不能简单以西方国家高校为参照系，政府向高校放权，高校也应向院系放权，同时相应地在校院两级都要完善内部治理，适当加强权力制衡。

扩大权力与管住权力。大学办学自主权是大学逻辑的内在要求，也是大学存在与发展的必要条件。[2] 20 世纪 80 年代以来，尽管大学的办学自主权逐步得到落实，但从高等教育发展的实践来看，大学办学自主权仍需要进一步落实并进一步扩大。同时，我们必须认识到，大学在得到办学自主权后，必须不断提高办学治校的能力。否则，大学即使有了办学自主权，由于治理能力不强导致其不能很好地行使办学自主权，也会影响政府进一步扩大高校的办学自主权。在办学实践中我们注意到，高校在因扩大办学自主权而获得更好发展的同时，也成为权力失

---

① 张德祥：《大学治理：权力运行制约与监督》，科学出版社 2016 年版，第 172 页。
② 张德祥：《我国大学治理中的若干关系》，载于《高等教育研究》2018 年第 7 期。

范和问题的高发区之一，且一段时期以来呈上升趋势。如果不考虑外部因素，单从高校内部而言，主要还是治理能力存在缺失。在放权与管权的实践上，我们更倾向一种有序的渐进论，放权进一步，则自律也进一步。

权力制约与权力监督。尽管监督与制约之间存在着显而易见的不同，有很多文献也对监督与制约进行了区分，但事实上两者之间却又很难分开，往往绞合并交互发生作用。权力制约一般强调分权，但分权后，无论从决策、执行、监督的角度，还是从党委权力、行政权力、学术权力的角度，抑或上下级之间，各权力主体之间存在事实上互相监督关系，从这个意义讲，制约就是监督；而我国高校普遍设立的专责监督机构，专责行使监督权，在治理结构上是横向分权，又是对其他权力行使的有效制约，从这个意义上讲，监督就是制约。但是监督也不仅是纪检监察部门的事，也可以把监督视为一种手段，而将制约权力视为目的，如组织监督、民主监督，自我监督、外部监督，目的都是限制权力的滥用，并督促权力主体正确行使权力，担当作为。

第三节　中国特色权力制约和监督理论创新

强化对权力运行的制约监督是中国改革发展不容回避的问题，也是推进国家治理体系和治理能力现代化的重要内容。高校作为社会的重要组织，是一个权力场，也是党和国家权力运行制约和监督实践的重要阵地，因此，高校应当按照党和国家的反腐思路，进一步探索新时期高校内部权力运行制约和监督的新路径。

一、十八大以来权力运行制约和监督的基本思想

长期以来，党和政府深刻地意识到了权力制约和监督的重要性，强化对权力运行的制约监督是中国改革发展不容回避的问题，也是推进国家治理体系和治理能力现代化的重要内容。党的十八大以来，习近平高度重视反腐倡廉建设，多次强调"要加强对权力运行的制约和监督，把权力关进制度的笼子里"[1]，在十九大报告中进一步指出要"健全党和国家监督体系。增强党自我净化能力，根本靠强化党的自我监督和群众监督。要加强对权力运行的制约和监督，让人民监督权

---

[1] 习近平：《加强制约和监督　把权力关进制度的笼子里》，https://www.chinanews.com/gn/2013/01-22/4510296.shtml.2013-1-22/2021-3-10。

力，让权力在阳光下运行，把权力关进制度的笼子"①。在反腐败斗争的实践中，权力制约监督思想日益得到丰富和发展，在权力制约监督的主体、客体、条件、途径等方面都有独到的论述，形成了内涵丰富的思想体系。

（一）以民主制约监督权力

以民主制约监督权力，就是通过各种类型的民主监督使权力匹配相应的责任，最重要的是"让权力在阳光之下运行"。中国是社会主义民主国家，国家的一切权力归人民所有，无论是党和政府的权力，还是领导干部的权力，都是由人民赋予的，而这些权力的权威也源于人民的认同和拥护。要保障人民群众制约监督权力的主体地位，习近平认为，一是要广泛接受人民群众的批评与监督，"敢于公开接受群众的批评监督，正是我们共产党人有力量的表现，也是我们实践自己宗旨的具体表现"。二是要充分发挥人民代表大会的作用。"人民代表是党和国家联系人民群众的纽带和桥梁"，只有通过人民代表大会这一桥梁才能更好地激发人民群众制约监督权力的潜力。三是要扩大人民群众表达意愿的渠道，要"畅通群众监督渠道，规范舆论监督，完善社会监督体系。进一步扩大政务公开，落实人民群众的知情权、参与权、监督权"②。舆论是人民群众表达日常思想与情感的工具，是人民批评与监督政府的重要载体，社会舆论体现了人民群众的感情与要求，只有扩大人民群众监督的渠道，充分发挥舆论监督的功能，才能真正落实人民群众制约与监督权力的主体地位。

习近平认为"阳光是最好的防腐剂。权力运行不见阳光，或有选择性地见阳光，公信力就无法树立。"③ 因此，"公开"是必不可少的，他认为"执法司法越公开，就越有权威和公信力。涉及老百姓利益的案件，有多少需要保密的？除法律规定的情形外，一般都要公开。要坚持以公开促公正、以透明保廉洁。"④ 除了涉及国家机密的权力之外，权力运行过程的每一个环节、每一项数据都应公之于众，做到事前公开、事中公开、事后公开。一是公开权限，大力推行权力清单制度。权力清单是指各级公共部门将依法律、法规行使的公共权力的职能、权

---

① 习近平：《决胜全面建成小康社会　夺取新时代中国特色社会主义伟大胜利——在中国共产党第十九次全国代表大会上的报告》，http：//www. gov. cn/zhuanti/2017 – 10/27/content_5234876. htm. 2017 – 10 – 27/2021 – 3 – 10。

② 王鹏：《为何反腐败，如何反腐败？——重温习近平〈廉政建设是共产党人的历史使命〉》，http：//www. dangjian. cn/ds/jtrds/xxyd/gblxx/201810/t20181008_4852055. shtml. 2018 – 10 – 08/2021 – 3 – 10。

③ 李宁：《习近平的党内制度建设新思维》，http：//www. rmzxb. com. cn/c/2017 – 01 – 06/1267684. shtml. 2017 – 1 – 16/2021 – 3 – 10。

④ 中共中央纪律检查委员会、中共中央文献研究室：《习近平关于党风廉政建设和反腐败斗争论述摘编》，中央文献出版社 2015 年版，第 126 页。

限，以清单方式进行列举并公之于众，清单之外不可为。二是公开流程。要使静态的"权力清单"变为动态的运行机制，还需要制定权力运行流程图。人民不仅要知道授予了什么权力，还应知晓权力是如何运行的。要明确权力运行中的主体、条件、步骤、方式、完成时限、监督措施等。尤其对经济社会发展有重大影响、涉及人民群众切实利益的重要事项、重要人事任免等均需全程公开。只有通过权力的公开透明建构起权力在阳光下运行的政治生态，才能使抽象的权力变得不仅可视、可查，而且能可控、可纠。

（二）以制度制约监督权力

以制度制约监督权力，根本上是通过制度的刚性绑定权力与责任的关系。党的十八大报告提出要"坚持用制度管权管事管人，保障人民知情权、参与权、表达权、监督权，是权力正确运行的重要保证"[1]。习近平则指出制度问题更带有根本性、全局性、稳定性、长期性，并且在十八届中央政治局第五次集中学习时谈到"我们古代很早就有监察、御史、弹劾、谏官等方面的制度。这些制度有不少在历代反腐倡廉中发挥了重要作用，对我们推进反腐倡廉制度建设具有借鉴意义"[2]。这不仅说明了制度在权力制约和监督中的重要作用，而且也表明了我国要建立"内容科学、程序严密、配套完备、有效管用"的制度的决心。

习近平认为"小智治事，中智治人，大智立法"，要善于用法治思维和法治方式反对腐败，加强反腐败国家立法，加强反腐倡廉党内法规制度建设，让法律制度刚性运行。[3] 一是树立宪法权威，打造制度笼子的主梁。"坚持依法治国首先要坚持依宪治国，坚持依法行政首先要坚持依宪执政。"二是编织严密制度网络。习近平认为制度不在多，而在于精，要增强制度的严密性和整体功能，他强调"要加强党内监督、人大监督、民主监督、行政监督、司法监督、审计监督、社会监督、舆论监督，努力形成科学有效的权力运行和监督体系，增强监督合力和实效"[4]。十八大以来，中央先后发布了《中国共产党党内法规制定条例》《中国共产党党内法规和规范性文件备案规定》《中国共产党纪律处分条例》《中国共产党问责条例》等一系列党内法规，制度的笼子进一步织紧。三是强化制度的

---

[1]　胡锦涛：《坚定不移沿着中国特色社会主义道路前进　为全面建成小康社会而奋斗》，人民出版社2012年版，第28页。

[2]　中共中央纪律检查委员会、中共中央文献研究室：《习近平关于党风廉政建设和反腐败斗争论述摘编》，中央文献出版社2015年版，第124页。

[3]　中共中央纪律检查委员会、中共中央文献研究室：《习近平关于党风廉政建设和反腐败斗争论述摘编》，中央文献出版社2015年版，第121页。

[4]　中共中央纪律检查委员会、中共中央文献研究室：《习近平关于党风廉政建设和反腐败斗争论述摘编》，中央文献出版社2015年版，第132页。

执行，他指出"制定制度很重要，更重要的是抓落实，九分气力要花在这上面"①。因此，"要坚持制度面前人人平等，执行制度没有例外，不留'暗门'、不开'天窗'，坚决维护制度的严肃性和权威性，坚决纠正有令不行、有禁不止的行为，使制度成为硬约束而不是'橡皮筋'。"②

（三）以权力制约监督权力

权力就是责任，责任的分解就是权力的分解，"两个责任"实质是决策权、执行权与监督权的相对分离。党的十七大报告首次指出，"建立健全决策权、执行权、监督权既相互制约又相互协调的权力结构和运行机制"。党的十八大报告再次强调，"确保决策权、执行权、监督权既相互制约又相互协调"。党的十九大报告进一步提出："构建决策科学、执行坚决、监督有力的权力运行机制。"浙江大学陈国权等学者在此基础上形成将决策权、执行权与监督权"三分"的功能控权思路。③

过于集中的权力是权力配置的重大缺陷，也是导致权力运行越轨和腐败的最重要原因。要保证党和国家的权力不被用于牟取私利，就需要在党的统一领导下，对权力进行合理分解，建立起科学的权力配置体制。针对这个问题，习近平指出"要健全政法部门分工负责、互相配合、互相制约机制，通过完善的监督管理机制、有效的权力制衡机制、严肃的责任追究机制，加强对执法司法权的监督制约，最大限度减少权力出轨、个人寻租的机会"④。

自上而下，狠抓落实，真正做到"党要管党，从严治党"。习近平指出"新形势下加强党的建设，必须把党的十八大提出的关于党的建设的目标任务落到实处，把党要管党，从严治党落到实处"⑤。具体地说，一是要严明党纪，狠抓"四风"问题。"党要管党、从严治党，靠什么管，凭什么治？就要靠严明纪律。"习近平多次强调要有组织纪律性，坚决维护党中央的权威，维护党的团结统一，坚决整治"四风"问题。按照习近平总书记和中央的要求，2014 年，各

---

① 中共中央纪律检查委员会、中共中央文献研究室：《习近平关于党风廉政建设和反腐败斗争论述摘编》，中央文献出版社 2015 年版，第 129 页。
② 中共中央纪律检查委员会、中共中央文献研究室：《习近平关于党风廉政建设和反腐败斗争论述摘编》，中央文献出版社 2015 年版，第 131 页。
③ 陈国权、毛益民：《权力法治与廉政治理》，中国社会科学出版社 2018 年版，第 15 页。
④ 中共中央纪律检查委员会、中共中央文献研究室：《习近平关于党风廉政建设和反腐败斗争论述摘编》，中央文献出版社 2015 年版，第 127 页。
⑤ 中共中央纪律检查委员会、中共中央文献研究室：《习近平关于党风廉政建设和反腐败斗争论述摘编》，中央文献出版社 2015 年版，第 34 页。

级纪委共查处违规违纪问题 5.3 万起，处理党员干部 7.1 万人。① 二是要以零容忍的态度严厉惩治，坚持"老虎""苍蝇"一起打。十八大以来，习近平多次强调要"保持惩治腐败的高压态势，做到有案必查、有腐必惩"，不仅要解决"老虎"问题，而且也要解决群众身边的"苍蝇"问题。2014 年，全国纪检监察机关共接受信访举报 272 万件（次），立案 22.6 万件，结案 21.8 万件，给予党纪政纪处分 23.2 万人，涉嫌犯罪被移送司法机关处理 1.2 万人。② 三是健全党和国家监督体系。十八大以来，习近平提出了一系列富有创造性的新战略新举措。十九大报告进一步提出"构建党统一指挥、全面覆盖、权威高效的监督体系，把党内监督同国家机关监督、民主监督、司法监督、群众监督、舆论监督贯通起来，增强监督合力"。加强改进巡视巡查制度，建立巡视巡察上下联动的监督网；全面落实中央纪委向中央一级党和国家机构派驻纪检机构，加强垂直领导；深化中央纪委国家监委派驻机构改革，完善派驻监督体制机制；深化国家监察体制改革，实现对所有行使公权力的公职人员监察全覆盖；改革审计管理体制，完善统计体制。

（四）以道德制约监督权力

如果说制度制约监督是一种刚性机制的话，那么，道德制约监督则是一种柔性机制，是通过思想教育、文化熏陶和社会舆论等方式，使权力行使者自觉拒绝外界诱惑，抵制其通过权力谋取私利，从而实现权力制约监督的目的。因此，道德制约监督更具基础性、有效性，也具有更加深远的意义。习近平在十八届中央政治局第五次集体学习时指出，推进反腐倡廉工作，必须坚持依法治国和以德治国相结合。规范人们的行为，规范社会秩序，不仅要确立与之相适应的法律体系，而且要形成与之相适应的思想道德体系，只有柔性制约和刚性制约并用才能相得益彰。"道之以政，齐之以刑，民免而无耻；道之以德，齐之以礼，有耻且格"，反腐倡廉是一个复杂的系统工程，需要多管齐下、综合施策，但从思想道德抓起具有基础作用。③ 此后，习近平又在全国组织工作会议上指出，理想信念坚定，是好干部第一位的标准，是不是好干部首先看这一条。④

总体而言，新时代的权力制约监督理论体系的构建与创新，是建立在明确的

---

①② 新华网：《依法治国依规治党坚定不移推进党风廉政建设和反腐败斗争——在中国共产党第十八届中央纪律委员会第五次全体会议上的工作报告》，http://news.xinhuanet.com/politics/2015 - 01/29/c_1114183996.htm.2015 - 01 - 12。

③ 中共中央纪律检查委员会、中共中央文献研究室：《习近平关于党风廉政建设和反腐败斗争论述摘编》，中央文献出版社 2015 年版，第 140 页。

④ 中共中央纪律检查委员会、中共中央文献研究室：《习近平关于党风廉政建设和反腐败斗争论述摘编》，中央文献出版社 2015 年版，第 142 页。

权责关系基础之上的。权力就是责任，责任就要担当。党的十八大以来，以习近平同志为核心的党中央高度重视党的建设，一个重要方面，就是明确提出"各级党委要担当和落实好全面从严治党的主体责任"①，并规定对党组织不履行全面从严治党主体责任或履行全面从严治党主体责任不力等有关情形给予纪律处分，对不履行或者不正确履行职责，导致党的领导弱化、党的建设缺失、全面从严治党不力等失职失责情形的予以问责。可以说，牵住"责任制"这个牛鼻子，既是党中央的政治要求、党内法规的刚性规定，也是加强和改进党的建设的关键之举，也就抓住了权力制约与监督的牛鼻子。

二、高校内部权力运行制约与监督的新课题

近年来，我国一些高校权力运行失范和权力腐败的现象频发，引发了社会广泛关注的同时，也说明了高校权力制约和监督体系尚未完善。其实，高校权力失范和腐败问题早已引起了党和国家的高度重视，2008 年，中纪委、教育部和监察部联合发布了《关于加强高等学校反腐倡廉建设的意见》，也通过外部查处的方式进行了一定的监督与制约，但是，权力运行中的问题却仍未完全解决。高校应当紧跟国家改革的步伐，建立民主制约机制、制度制约机制、权力制约机制及道德制约机制共同作用的高校内部权力运行制约监督体系，使高校内部权力始终运行在正确的轨道上。

（一）建立民主制约权力的机制

高校是一个利益相关组织，教师、学生和学校工作人员作为学校的利益相关者，不仅有权参与学校的决策和管理，而且也有权对学校内部的权力运行进行监督。虽然，他们能够通过教职工代表大会、重大事项公开及征求意见等方式参与到学校的决策及权力的监督中，但是，这些民主参与的方式所发挥的作用却是有限的，例如，教职工代表大会每年召开的次数有限，并且主题多是由学校党政领导提前拟订的；重大事项公开及征求意见中的"重大事项"也是由学校党政领导决定的，此外，"意见"是否真正体现在决策中、体现了多少，都是难以评判的。这些都表明了高校中民主制约权力的机制尚未完善。正如"一个政党，一个政

---

① 人民网：《如何理解全面从严治党主体责任》，http：//fanfu. people. com. cn/n/2015/1113/c64371 – 27813443. html. 2015 – 11 – 13/2021 – 3 – 10。

权，其前途和命运最终取决于人心向背"①，高校的快速发展也需要利益相关者们的齐心协力。因此，在国家大力推进民主建设的时候，高校也应当加快民主建设进程，真正做到坚持民主公开、保障民主参与、尊重民主决策。具体而言，高校应当根据法律法规和政策文件的要求建立并明确理事会、教职工代表大会、学术委员会、学生代表大会等利益相关组织、群体的地位，保障民主参与的渠道畅通，从而充分发挥它们在学校运行和管理中的作用；健全校务公开制度，推动利益相关者参与高等教育事务的积极性，加强高校民主建设。

（二）建立制度制约权力的机制

高校中的制度并不少，多数高校都有党政议事决策制度、学术委员会制度、教工代表大会制度、信息公开制度等一系列制度，但是，这些制度在真正发挥作用上仍存在诸多疑问，高校权力运行失范或权力腐败的问题形势仍旧严峻。在这种情况下，高校应当考虑的是如何理顺已有的制度，将其编织成网，用好用精制度体系，将"权力关进制度的笼子中"，以防止在"一把手"权力面前，出现层层相护、互相包庇的现象。虽然，我国大学章程"作为一种政策文件"②，对于协调大学外部关系的作用可能十分有限，但是，它作为高校办学中的纲领性文件和规范性文件，可以在大学内部权力运行的问题解决中发挥重要作用。因此，高校在理顺已有制度时，可以善用大学章程，以之为线将各种制度串联，从而建立健全以大学章程为核心，并与民主决策机制、校务公开制度、监督与问责制等内部规范协同作用的制度体系，真正实现以制度管权管事管人，让权力的运行在制度的框架下。

（三）建立权力制约权力的机制

合理分权、共同治理是高校改革发展的普遍趋势，也是高校完善权力结构，建立科学的权力制约监督机制的重要基础。具体来说，一方面要合理分权，构建相互制约的权力结构。随着我国高等教育的不断发展，高校内部的学术力量有所壮大，但是由于我国长期以来的集权管理体制，权力集中于党委和行政部门手中，即使是学术事务也多采用行政化的管理方式。这种高校内部权力对比的悬殊，不仅不利于学术权力的运行，而且也不利于权力之间的制约和监督。同时，由于党委权力和行政权力之间的界限比较模糊，权力运行中存在权力交叠或真空

---

① 中共中央纪律检查委员会、中共中央文献研究室：《习近平关于党风廉政建设和反腐败斗争论述摘编》，中央文献出版社 2015 年版，第 6 页。

② 别敦荣：《论我国大学章程的属性》，载于《高等教育研究》2014 年第 2 期。

地带，易造成权力运行的混乱。而从决策权、执行权、监督权的相对分离来看，纪检监察的监督职能存在错位或缺失，需要进一步强化。因此，一方面，应当厘清各种权力的职权范围，调整高校内部权力关系，构建相互协调、相互制约、相互监督的权力结构。另一方面，要自上而下，从严从"小"，保持高压态势。

（四）建立道德制约权力的机制

作为高校内部领导的核心，党委书记及校长在高校权力的运行中扮演着至关重要的作用，同时在我国高校内部权力运行的制约与监督体系尚未完全建立健全的情况下，"一把手"权力的行使往往是缺乏约束的。因此，我国高校内部权力的正常运行多是寄托于"一把手"自身的素质修养和道德觉悟，一旦他们经受不住诱惑，高校内部的权力就面临失控的风险。目前，为了提高党政干部，特别是"一把手"的修养，党校培训、干部培训、党风廉政建设等一系列培训、措施层出不穷。但是，情况却并不乐观，据统计，仅 2014 年，中纪委网站直接通报批评的高校党政"一把手"就多达 26 人。由此看来，高校还应在民主制约机制、制度制约机制、权力制约机制建立健全的同时，创新高校道德建设举措，营造一个领导干部廉洁自律、行政人员勤勉高效、学术自由精神得以弘扬、利益相关者的权益得以保障的良好环境，真正构筑起高校的道德防线，从而形成携手共进、和谐发展的道德制约监督机制。

党和国家领导人在新时期高度重视高校内部权力的规范运行，也做出了重要的思想理念指导，这是完善我国高校内部权力运行制约与监督模式的重要契机。结合理论的分析和领导人的重要指示，可以有效地提出完善我国高校内部权力运行制约与监督模式的改革举措，遏制我国高校内部权力腐败问题，坚守高校一方净土。

第三章

我国高校内部权力运行制约
与监督的历史变迁

高校内部权力运行制约与监督问题，本质上是一个大学治理问题，因此，把高校内部权力运行制约与监督放到大学治理的框架中考察，不失为一个很好的视角。本章把高校权力问题的研究，还原至大学治理框架之中，全面回顾了自新中国成立以来我国高校内部治理、院系治理、监督制约体制机制的历史变迁，对高校内部权力运行进行了历时性考察，为理清历史脉络，把握发展趋向，进一步完善大学内部治理，加强高校内部权力运行制约与监督提供了历史的、前瞻的视角。

第一节　我国高校内部治理的历史变迁

大学发展史无疑也是一部大学治理变迁史，而中国大学发展史则是一部国家政策主导下的大学治理变迁史。大学的治理包括大学的外部治理和大学的内部治理，受篇幅的限制，我们这里考察的大学治理主要是指大学的内部治理。大学治理模式的选择不是孤立的行为，它受到大学历史传统的影响，保持其文化的基因与"胎记"，同时，又总要受到它所处时代的社会政治、经济等方面的影响。从世界范围看，大学治理具有一定的国别性，每一个国家的大学治理皆具有自身的特征，即不同国家具有不同的大学治理模式，中国大学的治理具有典型的"中国特征"。中国高等教育作为"后发外生型",从近代大学产生,政府就与大学的关系紧密,这个特点一直保持至今。受这样特点的影响,大学内部治理结构及其模式的变迁一直离不开政府的影响与作用。在政府的作用和影响中,政府的政策与法律一样具有强制性,其约束力不亚于法律,它一直是引导治理变迁的主要力量。1949 年新中国成立以后,国家出台各种政策,直接作用于大学的治理,引发大学领导体制、治理结构的变革,影响大学内部各种权力在大学治理中的地位及其权力运行。因此,我们在研究中国大学治理变迁的时候,不能不考虑到这样的特点,这也是我们基于政策分析来考察中国大学治理变迁的原因。本书主要考察 1949 年新中国成立以后大学治理的变迁,我们会看到中国大学治理表现出明显的阶段性特征,而且这些阶段性的特征是与国家政策密切相关的。我们把 1949 年以后的大学治理变迁分为三个阶段来考察:1949～1977 年是以大学内部领导体制变革为中心的大学治理的探索期,1978～2009 年是以大学内部管理体制变革为重点的大学治理改革期,2010 年至今是以中国特色现代大学制度建设为主旨的大学治理完善期。

一、以探索大学内部领导体制为中心

该时期为 1949～1977 年。1949 年,新中国成立以来,国家每一次政治体制或经济体制改革对中国大学治理产生了不同程度的影响。历史昭示,中国大学的治理及其变革始终与中国的高等教育政策变迁内在地关联在一起,几乎没有离开过国家出台的各种政策法规的指导和引领。概而言之,中国大学的外部治理影响着中国大学的内部治理,或者说中国的高等教育行政主导着中国的高等学校管理。这与"中国政府主导着中国经济的改革与发展"存在某种相似性和一致性。

1949～1977 年是中国社会的"百废待兴期",更是中国社会新的"秩序形成期"。在这个特殊的历史时期,改造、跃进、运动、革命等构成了中国社会的主旋律。

在革命战争年代就开始举办高等教育的中国共产党人,深知高等教育对于稳定政权、建设国家、为人民谋福祉的重要性。1949 年中国的高等教育基础还很薄弱,当时高等学校数量仅为 205 所,在校生人数为 10.65 万人。[①] 因此,新政权一成立,国家一方面开始接收、改造旧中国留下的高等学校,着手发展高等教育;另一方面,要解决国家如何治理高等教育以及高等学校(大学)内部如何治

---

① 中国教育年鉴编委会:《中国教育统计年鉴 1949～1981》,中国大百科全书出版社 1984 年版,第 965 页。

理自身的问题。

就国家如何治理高等教育来说，1949～1977年，国家高等教育的管理模式经历了几次的变革：（1）确立中央集权高教管理体制（1949～1958年）；（2）高教管理体制由集权向放权的尝试（1958～1963年）；（3）高等教育管理体制由放权到收权的调整（1963～1966年）；（4）"文化大革命"中高教无序的管理体制（1966～1976年）。高等教育的管理体制虽然经历几次变革，但基本上是在中央和地方的集权与放权的变动。总体上说，"中央高度集中统一"是这个时期形成的高等教育管理模式的基本特征。

就大学内部的治理来说，新中国成立后，大学面临的一个的当务之急是确定大学内部的领导体制。这是必须要解决的首要问题，这个问题不解决，就谈不上大学的治理。因此，领导体制的确定也就成了这个时期大学治理的主要任务和重要特征。然而，大学实行什么样的领导体制，当时并没有现成的答案，在这个探索的过程中，如同国家高等教育管理体制变革一样，1949～1977年，中国大学尝试了多种领导体制，如校务委员会制、校长负责制、党委领导下的校务委员会负责制、党委领导下的以校长为首的校务委员会负责制、党委领导下的工宣队为主的革命委员会负责制等。

考察这个时期大学的领导体制变革，我们会发现，大学领导体制的变革与中央政府的政策推动密不可分，或者说每次变革都是在中央政府的政策推动和指导下完成的：（1）校务委员会制（1949年10月～1950年4月）。新中国成立后，中央对旧中国的高等教育实行"维持原有学校，逐步加以必要的与可能的改良"的总方针，采取接管、接收、接办，然后加以改造的方法。各高等学校成立校务委员会，行使管理学校的权力。校务委员会由思想进步的教职工代表组成，集体负责，民主管理学校。（2）校长负责制（1950年4月～1956年9月）。1950年4月，教育部指示："凡已由中央人民政府任命的高等学校一律实行校长负责制。"1950年8月14日，经政务院批准实施的《高等学校暂行规程》规定：大学及专门学院采取校（院）长负责制。（3）党委领导下的校务委员会负责制（1956年9月～1961年9月）。1956年毛泽东《论十大关系》的发表和党的八大的召开，推进了教育界对学习苏联经验的深刻反思，由此揭开了摆脱苏联模式、独立探索中国自己高等教育发展道路的序幕。1958年9月，中共中央、国务院发布的《关于教育工作的指示》指出："在一切高等学校中，应当实行学校党委领导下的校务委员会负责制；一长制容易脱离党委领导，所以是不妥当的。"（4）党委领导下的以校长为首的校务委员会负责制（1961年9月～1966年5月）。1961年，中共中央批准试行的《高教六十条》规定："高等学校的领导制度，是党委领导下的以校长为首的校务委员会负责制。高校党委是学校工作的领导核心，对学校工作实行统一领导。高等学校的校长，是国家任命的学校行政负责人，对外代表学校，对内主持校务委员会和学校经常工作。"（5）党委领导下的工宣队为主的革命委员会负责制（1966 年 5 月 ~ 1976 年 10 月）。"文化大革命"期间，高等学校的党组织被认为执行修正主义教育路线，所以是踢开党委闹革命。前两年由造反派、红卫兵掌权，然后由军宣队、工宣队掌权。1971 年 4 月，中央批转的《全国教育工作会议纪要》规定："学校实行党的一元化领导，在党委的统一领导下，充分发挥工宣队的政治作用；革命委员会是权力机构。"[①] 1976 年 10 月，十年"文化大革命"的局面终于结束。

考察这个时期大学领导体制的变革，我们会发现，这个时期中国大学内部领导体制变革是频繁的，28 年内变更了 5 次，即校务委员会制→校长负责制→党委领导下的校务委员会制→党委领导下的以校长为首的校务委员会负责制→党委领导下的工宣队为主的革命委员会负责制。为什么会如此频繁，或许与两个方面的因素有关：一方面与当时那个充满改造、运动、跃进、革命等的中国社会密切关联。新中国成立后，大学是作为政府的附属机构存在的，社会政治、经济的变化必然反映到大学的内部来，影响到大学的领导体制，这在以政治为中心整合经济、文化、思想的时代是必然的，是可以理解的。另一方面也与中国大学治理自身的不成熟有关，一切尚在模仿或建构中，自然也一切皆在不确定的变革中。大学领导体制的变化，也反映了国家在努力探寻合适的大学领导体制，力图解决大学领导体制需要处理好的基本问题，如大学领导体制到底是实行"委员会制"好还是"一长制"好，如何处理"党的领导"和"行政领导"的关系，如何处理"集体领导"与"个人负责"的关系，等等。在一个重大问题没有找到最好答案之前，探索是不可避免的，探索是有意义的，探索是为了更好地解决问题。

经过这段时期的探索，中国大学的治理积累了许多的经验，这些经验得到国家的认可又以政策的形式确定下来。作为中国大学治理的指南，代表性的政策就是 1961 年 9 月中央批准试行的《中华人民共和国教育部直属高等学校暂行工作条例（草案）》（以下简称《高教六十条》）。《高教六十条》提出了高等教育发展的一系列重要问题，如教学与科研的关系、理论教学与实践教学的关系、本科教学与研究生教学的关系、高等学校领导体制中的党政关系，知识分子工作、学术问题的自由讨论等，影响深远，在一定程度上起到了"准高等教育法"的作用。由于"文化大革命"的原因，《高教六十条》一度名存实亡，"文化大革命"

---

① 傅国良、肖龙江：《新中国高校内部领导体制的演变述评——兼与国外之比较》，载于《教育发展研究》2006 年第 16 期，第 83 ~ 86 页。

结束后，教育部于 1978 年又修订了《高教六十条》，并且一直沿用到 1985 年《中共中央关于教育体制改革的决定》的颁布。

二、以改革大学内部管理体制为重点

该时期为 1978～2009 年。1978 年中共中央十一届三中全会后，党和国家的工作重点转移到社会主义现代化建设的轨道上，党中央决定对内搞活经济、对外实行开放，社会主义现代化建设进入新的时期，经济体制改革则率先而行。伴随 1978 年开始的中国改革开放，中国的高等教育经历了波澜壮阔的改革与发展。

1978～2009 年，中国高等教育改革的深度和广度是史无前例的。高等教育管理体制改革、高等学校内部管理体制改革、高等教育投资体制改革、高等教育办学体制改革、高等学校招生就业制度改革、高等教育教学改革等各项改革全面展开，并取得丰硕成果，成为高等教育在这一时期跨越发展的强大动力，为高等教育的健康、持续发展提供了坚实的体制基础和保障。1978～2009 年，中国的高等教育实现了历史性的跨越。1978 年，高等学校的数量为 598 所，在校普通本专科生 86.6 万人，在校研究生 1.09 万人，高等教育毛入学率仅为 1.2%；[①] 到 2007 年底，全国普通高等学校数量为 1 908 所，独立学院 318 所，民办的其他高等教育机构 906 所，在校生普通本专科生数量 1 884.9 万人，研究生在校生 119.5 万人。[②] 高等教育在学人数达到 2 700 万人，高等教育毛入学率达到 23%。经过 30 年的巨大发展，中国高等教育规模已经居于世界第一，成为名副其实的高等教育大国。

在推进高等教育改革与发展的过程中，中共中央和国家政府颁布了一系列重要政策、法规，为高等教育改革与发展做了顶层设计和全面规划，成为高等教育改革与发展的纲领性指导文件。同时，我们也可以看出中央的政策在高等教育改革发展中的强大推动作用。如 1985 年 5 月 27 日，中共中央正式颁布《中共中央关于教育体制改革的决定》（以下简称《决定》），教育改革全面启动，成为中国教育改革与发展的里程碑。1992 年，以邓小平南方谈话和党的十四大为标志，中国的改革开放和现代化建设进入一个新的历史时期，社会主义市场经济体制的建立成为高等教育体制改革最主要的宏观背景。1993 年 2 月 13 日，中共中央、国务院颁布了《中国教育改革与发展纲要》（以下简称《纲要》）明确提出，要

---

① 史华楠、王日春：《党委领导下的校长负责制的演进、实践及其完善》，载于《扬州大学学报》（高教研究版）2004 年第 2 期。
② 郝维谦、龙正中：《高等教育史》，海南出版社 2000 年版，第 614～616 页。

采取综合配套、分步推进的方针，加快步伐，改革包得过多、统得过死的体制，逐步建立起与社会主义市场经济体制和政治体制、科技体制改革相适应的教育新体制。1998 年全国人大常务委员会通过的《高等教育法》，对高等教育一系列重大问题都做了法律的规定，也使得高等教育依法治教有了法律的保障。

就大学的外部治理来说，政府、社会、大学的关系得到理顺，大学的办学自主权得到明确，并逐步落实。在高等教育宏观管理体制方面，国家改变了计划经济体制下形成的高度集中统一的管理模式，进一步确立中央与省（自治区、直辖市）分级管理、分级负责的教育管理体制。

就大学的内部治理来说，这个时期中国大学治理紧跟时代步伐迈入新的发展阶段，集中表现为大学治理由"以大学内部领导体制探索为中心"向"以大学内部管理体制改革为重点"拓展，大学内部治理实现了"从单点到多点"或"从点到面"的跃迁，其宗旨是探索中国特色的大学管理模式，建立与社会主义市场经济体制相适应的大学运行机制。在政策的引导和推动下，包括领导体制、人事管理制度、财务管理和分配制度以及后勤服务制度在内的高等学校内部管理体制成为这个时期大学治理变革的重点内容。

（一）确立党委领导下的校长负责制

1976 年粉碎"四人帮"后，特别是党的十一届三中全会以后，国家逐步恢复高校党委和行政的职能，并逐步把大学的领导体制确定下来：（1）1978～1985 年的党委领导下的校长分工负责制。自 1976 年 10 月，两年的徘徊停滞之后，1978 年 10 月，教育部修订的《全国重点高等学校暂行工作条例（试行草案）》规定："高等学校的领导体制，是党委领导下的校长分工负责制""高等学校的党委委员会，是中国共产党在高等学校的基层组织，是学校工作的领导核心，对学校工作实行统一领导"，校长"是国家任命的学校行政负责人，对外代表学校，对内主持学校的经常工作"。（2）1985～1989 年的党委领导下的校长负责制、部分院校试行校长负责制。1985 年出台的《中共中央关于教育体制改革的决定》规定："学校逐步实行校长负责制，有条件的学校要设立由校长主持的、人数不多的、有威信的校务委员会，作为审议机构。"（3）1989 年以来的党委领导下的校长负责制。受西方资产阶级自由化思想的冲击，1989 年在中国发生了政治风波。汲取这次政治风波的教训，国家重新强化"党委领导下的校长负责制度"。1998 年 8 月 29 日，第九届全国人民代表大会常务委员会第四次会议通过的《中华人民共和国高等教育法》明确规定："国家举办的高等学校实行中国共产党高等学校基层委员会领导下的校长负责制。"

党委领导下的校长负责制是一种按照党的民主集中制原则，实行集体领导、分工负责的制度，它是中国高校的特色和优势所在，也是完善中国特色现代大学制度的基石。党委领导是指党委集体领导，即党委总揽学校改革、发展、稳定的大局，统一领导学校的工作，集体讨论决定学校的一切重大事项；党委既是高校全局工作的领导核心，同时是高校的政治领导核心，也是高校管理体制的领导核心。校长负责是指校长对外是学校的法人代表，对内作为学校最高行政领导，在党委领导下全面主持行政工作，依法行使职权。校长负责是落实党委领导的关键，校长不仅要自觉维护党委的领导地位和权威，还要充分维护高校法人权益。党委领导下的校长负责制是我们党在总结新中国成立以来高等学校发展正反两方面经验基础上确定下来的具有中国特色的大学领导体制，有力地保障了中国高等教育的持续、稳定、健康发展，也是建设现代大学制度的核心内容。

（二）改革人事与分配制度

办大学关键在人，关键在教师。全面调动教职员工的积极性，充分发挥全校教职员的能力与潜能，是大学治理的使命和诉求。1978～2009年，大学全面启动人事与分配制度改革，成为这个时期大学治理改革的重点和难点。

1978年以后，国家一直致力于推动高等学校的人事分配制度改革。1978年，国务院转发了教育部《关于高等学校恢复和提升职务问题的请示报告》，恢复教师职称评审制度。1979年，教育部颁布《关于高等学校教师职责及考核的暂行规定》建立教师考核、培训制度，并提出改进校内的分配制度。教育部还在上海交大等部分高校开展定编定员、推行岗位责任制、教师聘任制、人才交流和工资改革等试点。

1985年《中共中央关于教育体制改革的决定》颁布之后，高等学校内部管理体制改革全面启动。1992年2月，国家教委决定在其直属的36所高等学校全面展开内部管理体制改革，并于同年8月下发了《关于国家教委直属高等学校内部管理体制改革的若干意见》（以下简称《意见》），明确了改革的指导思想和目的，改革的基本思路，校内人事制度改革，校内分配制度改革，校内住房、医疗、退休保险制度的改革，学校内部管理的权限，改革工作的领导和实施。继1992年的《意见》之后，国家相关行政部门出台了一系列人事与分配制度改革政策，为大学的人事与分配制度改革提供了依据和指导：1999年教育部发布了《关于当前深化高等学校人事分配制度改革的若干意见》；2000年中共中央办公厅《关于印发〈深化干部人事制度改革纲要〉的通知》；2000年中组部、人事部、教育部印发了《关于深化高等学校人事制度改革的实施意见》；2002～2004年，国务院先后转发了3份人事部关于事业单位试行人员聘用的改革通知；2006年人事部出台关于《事业单位岗位设置管理的试行办法》，以及经党中央、国务院批准，人事部、财政部、教育部联合下发了《关于印发事业单位工作人员收入分配制度改革方案的通知》。这一时期，大学人事制度改革全面推行聘任制，定编定岗，将过去"因人设岗"改为"按需设岗"，精简了高等教育机构，减少了高校内部非教学人员，改善了高校教师的待遇，调动了教师献身高等教育事业的积极性，提高了高等教育的质量和效益。

改革开放 30 年的人事与分配制度改革，在不同阶段的侧重点和成效有所差异①：20 世纪 80 年代中期到 90 年代前期，改革的主要成效是开始落实高校人事分配自主权，推动从政府直接管理、高度集中的计划管理向政府间接管理、学校自主管理的转变；90 年代中期之后 10 年左右的改革重点是高校用人机制改革，全面推进人力资源配置方式改革，逐步实现从"身份管理"向"岗位管理"的转变；2006 年开始至今，高校人事制度改革强调完善机制制度，强调高校岗位管理与聘用制改革结合，与转换用人机制结合，与高校收入分配制度改革结合。

（三）大力推进高校后勤社会化

后勤是大学人才培养、科学研究、社会服务和文化传承创新不可或缺的保障。20 世纪 90 年代以前，中国大学实行"一校一户办后勤""校校后勤办社会"，每一所大学犹如一个小社会，严重制约着大学乃至中国高等教育的发展。为了走出"校校后勤办社会"的困境，保证高等教育持续、稳定、健康发展，"高校后勤社会化改革"成为 20 世纪 90 年代高校内部管理体制改革的重点。1991 年，国务院批转教育部《面向 21 世纪教育振兴行动计划》明确提出："加速学校后勤工作社会化改革，精简分流富余人员。高等学校招生计划的扩大要同学校后勤工作社会化的进度挂钩"。1993 年，中共中央、国务院发布《中国教育改革和发展纲要》指出："学校的后勤工作，应通过改革逐步实现社会化。"1999 年，《中共中央、国务院关于深化教育改革全面推进素质教育的决定》进一步指出："加大学校后勤改革力度，逐步剥离学校后勤系统，推动后勤工作社会化，鼓励社会力量为学校提供后勤服务，发展教育事业。"1999 年 11 月 2 日，全国高校后勤社会化改革工作第一次会议在上海召开，时任教育部部长陈至立、国务院副总理李岚清发表了重要讲话。2000 年 1 月，国务院办公厅转发了教育部、国家计委、财政部、建设部、人民银行和税务总局《关于进一步加快高等学校后勤社会化改革的意见》，第一次明确提出"力争用三年的时间基本完成后勤社会化改革"的奋斗目标。

高校后勤社会化改革的过程，实质上是高校后勤领域中政府职能、高校职能

---

① 李立国：《高校人事制度改革的走向》，载于《光明日报》2014 年 6 月 3 日。

和市场职能的调整过程。经过一系列政策的颁布和实行，中国高校后勤社会化改革极大地促进了高校办学效益的提高；后勤保障能力显著增强，服务质量明显提升；加快了后勤设施建设速度，打破了后勤制约高等教育发展的经费"瓶颈"；激发了后勤服务实体和员工的积极性、主动性和创造性，提高了运行效率和服务水平，积极而有效地推动了中国高等教育大众化进程。

1978～2009 年中国大学内部管理体制改革的成绩是显著的，积累了丰硕的大学治理经验，呈现出这个阶段的鲜明特征。

党委领导下的校长负责制的确定，是这个时期大学治理变革突出特征和成果。在 1978～2009 年改革开放的 30 年里，中国高等教育取得举世瞩目的成就，党委领导下的校长负责制经受了实践的检验，也发挥了重要作用，这里举四个列子：其一，这 30 年中，人事分配制度改革和后勤社会化改革，要打破许多传统的体制和机制制约，首先要求人的观念要更新，要探寻符合时代要求，符合高等学校特点的制度设计。改革也是利益的调整，涉及方方面面，涉及高等学校的每一个人，这一方面要精心设计，另一方面还要精心实施，要做大量的思想政治工作，这要求高等学校决策科学、实施有力有效。在这一过程中，党委领导下的校长负责制发挥了重要的体制优势。其二，这 30 年中，特别是从 1999 年开始的扩招，高等教育投入不足，高等学校准备不足，教师、设备、校舍短缺，在这样的情况下，1998～2005 年，全国高等教育在校生从 643 万人增加到 2 095.8 万人，约是原来的 3.26 倍，年递增率为 18.41%。这在中国的高等教育史上是罕见的。1994 年我们国家的高等教育毛入学率是 5.7%，2002 年达到了 15%[①]，其间只用了 8 年的时间，实现了高等教育的大众化，这在全世界的高等教育史上应该说是一个奇迹。高等学校能够完成这样的历史任务，党委领导下的校长负责制发挥了重要的作用。其三，这 30 年中，高等教育宏观管理体制发生了巨大变化。为了打破高等教育条块分割的局面，按照"共建、调整、合作、合并"的八字方针，中央业务部门管理的高等学校大部分通过共建转由地方管理，其中中央部门所属高等学校转由地方管理或以地方管理为主的共 306 所（其中普通高校 205 所）。此外，还有 556 所高校经合并调整为 232 所。完成这样大的改革，一方面要依靠政府的大力支持，另一方面高等学校需要做大量艰苦细致的工作。如果没有党委领导下的校长负责制这样的体制保证，完成这样的任务是难以想象的。其四，这 30 年中，特别是 1998 年以后的一段时间，中国高等教育扩招，从外部来说，我国正处于社会转型、体制转轨，一些矛盾很容易传导到学校；从高等教育内部来

[①] 张德祥：《1949 年以来中国大学治理的历史变迁——基于政策变革的思考》，载于《中国高教研究》2016 年第 2 期。

说，投入不足，条件短缺，给管理带来困难。在这种情况下，高等学校保持了稳定，这是很不容易的。从世界高等教育史看，20世纪六七十年代，是国际高等教育快速发展的年代，也是学潮不断的年代。而我国高等教育在上述条件下实现了扩招，又保持了稳定，这在世界高等教育史上也创造了一个奇迹。可以说，没有党委领导的校长负责制的体制优势，既实现扩招，又保持稳定是很难做到的。

改革开放30年中国大学内部管理体制改革中的人事与分配制度、高校后勤社会化的一系列改革，开始解决在计划经济条件下形成的一些弊端，如机构臃肿、人浮于事、平均分配、缺乏竞争等；也开始解决学校办社会、不讲经济效益、服务质量差等长期困扰高等学校的一些问题。适应社会主义市场经济体制的改革，高等学校引入了竞争激励机制，调动了广大教职员工的积极性，优化了资源配置，提高了高等学校资源使用的质量和效益，促进了高等学校建立与社会主义市场经济体制相适应的运行机制。尽管人事分配制度改革和后勤社会化改革还有许多工作要做，但是，这30年高等学校的人事分配制度改革和后勤社会化改革，作为高等学校内部管理体制改革的重要内容，为大学的治理积累了丰富的经验，取得了显著的成果，为中国大学内部治理向纵深推进以及完善中国特色现代大学制度奠定了坚实的基础，准备了充分的条件。为了推进人事分配制度改革和高等学校后勤社会化改革，政府有关部门密集出台了一系列文件，发挥了重要的指导作用和约束作用，这也凸显出政策引导大学治理变迁的特点。

纵观1978～2009年以高等学校内部管理体制变革为重点的大学治理改革，特别是领导体制的变革，主要还是以如何分配党委权力和行政权力为核心。党委领导下的校长负责制的确立，在我国高等学校找到符合我国国情和高等学校实际的党委权力和行政权力协调模式及运行模式，这无疑是非常重要的，也是30年大学治理变迁中取得的最主要成绩。大学是一个多元权力结构，大学治理实际上是不同的权力如何在大学治理中发挥作用，参与决策与管理的过程。从20世纪90年代开始，就有学者开始呼吁重视学术权力，改变大学过分的行政导向，发挥学术权力在大学治理中的作用。1978年教育部修订的《高校六十条》、1998年颁布的《高等教育法》都提出了高等学校设立学术委员会，发挥学术委员会在学术治理中的作用。《高等教育法》还明确规定高等学校通过以教师为主体的教职工代表大会等组织形式，依法保障教职工参与民主管理和监督，维护教职工合法权益。在30年的改革实践中，政府虽然也在推动这样一些改革，但是，远没有像推动领导体制改革和人事分配制度改革和后勤社会化改革的力度大。从客观上看，一方面，一段时间的改革不能全面铺开，要有重点；另一方面，也显示了对大学学术组织本质的认识还没有完全到位。

三、以完善中国特色现代大学制度为主旨

该时期为自 2010 年以来。2010 年是中国"十一五"规划的最后一年，也是中国高等教育史上具有划时代意义的一年。这一年，中共中央、国务院颁发了《国家中长期教育改革和发展规划纲要（2010～2020 年）》（以下简称《教育规划纲要》）。作为中国 21 世纪第一个中长期教育规划纲要，《教育规划纲要》提出建设依法办学、自主管理、民主监督、社会参与的现代学校制度，明确提出"完善中国特色现代大学制度"及其相关内容：（1）落实和扩大学校办学自主权；（2）完善治理结构；（3）加强章程建设；（4）扩大社会合作；（5）推进专业评价。

《教育规划纲要》对建设现代大学制度进行了顶层设计和全面部署，这标志着"中国大学治理由内部管理体制改革进入到完善中国特色现代大学制度整体的制度设计和推进阶段"。内部管理体制改革和完善中国特色大学制度，两者不只是提法的不同，更重要的是它们的内涵和外延不同、所体现的中国大学治理发展的阶段不同。内部管理体制改革只是重点推进大学治理某些领域的改革，还没有提出一个现代大学制度的整体框架；内部管理体制改革主要局限在大学内部，现代大学制度建设则不仅包括大学内部的领导体制、治理结构及其运行，同时包括落实和扩大大学的办学自主权，构建政府、大学、社会的新型关系；内部管理体制改革为现代大学制度建设奠定了坚实的基础，现代大学制度建设则是内部管理体制改革推进的必然结果，是完善中国大学治理的内在要求，也是中国建设高等教育强国的重要内容和现实需要。

现代大学制度建设是一项复杂的系统性工程，为了贯彻和落实《教育规划纲要》精神，系统推进中国特色现代大学制度建设，国家和有关部门相继颁布了一系列专门的政策法规，诸如《普通高校党委领导下的校长负责制实施意见》（2012 年）、《高等学校章程制定暂行办法》（2012 年）、《学校教职工代表大会规定》（2012 年）、《关于坚持和完善普通高等学校党委领导下的校长负责制的实施意见》（2014 年）、《高等学校学术委员会规程》（2014 年）、《普通高等学校理事会规程（试行）》（2014）等，凸显了政策在推动完善中国大学治理中的作用，为中国大学治理走向理性与自觉提供了法理性和制度性依据。

有大学治理几十年的改革实践和积累的宝贵经验，又有国家一系列制度设计和制度规定，中国特色现代大学制度的建设正在扎实有序推进。不过，我们还必须看到，建设中国特色现代大学制度还有很长一段路要走，还有许多工作要做。

党委领导下的校长负责制，是中国特色现代大学制度的核心。中组部和教育

部有关文件对如何坚持和完善党委领导下的校长负责制做了详细的规定，但是，坚持和完善好党委领导下校长负责制，建立健全党委统一领导、党政分工合作、协调运行的工作机制，还需要在思想上、制度上、措施保障上做很多工作。实际工作中，关键是落实好民主集中制，要处理好"领导"与"负责"的关系、"决策"与"执行"的关系、"管人"与"管事"的关系，明晰"重大事项"的界限，等等。大学还需要在议事决策机制、党政协调配合、运行保障等方面有具体细化办法。坚持和完善党委领导下的校长负责制，书记和校长是关键。书记和校长要认识到位，明确职责，领悟好各自的"角色"，按制度办事，扮演好"角色"，胸怀大局，要有能力、有思路、有思想，更要有境界，相互支持、相互尊重。

学术委员会是教授治学的有效途径，《高等教育法》对学术委员会的性质、作用做了明确的规定。《教育规划纲要》再次强调，充分发挥学术委员会在学科建设、学术评价、学术发展中的重要作用。当前，各个大学普遍设有学术委员会，制定了学术委员会章程，并注意发挥学术委员会的作用，似乎已经制度化。但是，我们不能过分乐观，从实际看，学术委员会的作用发挥得并不理想。什么事提交学术委员会审议，尽管有章程规定，但是，能不能按规定提交学术委员会审议，仍然和学校领导的认识有关，学术委员会在很大程度上还处于"想起来就用一用，想不起来就不用""不好决策的时候就用一用，方便决策的时候就不用"的状态。高等学校长期形成的行政导向的管理思维与运行模式，制约着学术委员会作用的发挥。另外，学术委员会的日常办公机构不确定，一般挂靠在学校的有关部门，有的挂靠在校办，有的挂靠在科研处，有的挂靠在学科办，有的挂靠在教务处。没有专门的日常办公机构处理学术委员会的相关事宜，必定影响学术委员会的正常运行。总之，学术委员会在一定程度上还处于"虚化"状态，距离真正的制度化还有很大距离。

大学章程被称为大学的"宪法"，制定章程和依据章程管理学校是依法治校的要求。《教育规划纲要》强调指出，各类高等学校应依法制定章程，依照章程规定管理学校。教育部于 2011 年 7 月颁布《高等学校章程制定暂行办法》，并于 2013 年 9 月颁布《中央部委所属高等学校章程建设行动计划》（2013～2015年)，推动大学章程的制定。从实际看，各个大学普遍制定了章程，章程意识明显加强。但是，要使章程真正发挥作用，必须把章程的要求体现在学校的各项制度中，落实在各项管理上。就是说必须以章程为标准，审视我们现存的学校各项制度，看它是否符合章程的要求，是否体现了章程的要求，修订和完善学校的各项规章制度，包括教师制度、学生制度、教学制度、科研制度、财务制度、资源管理制度等，完善以大学章程为核心的大学制度体系，否则，章程就会空设，徒有其名。

完善大学院（系）的治理结构是大学制度建设的重要内容。当前，大学的院（系）单位普遍规模很大，有的甚至几千名学生，几百名教师，同时，随着事业发展和学校下放权力，院（系）单位的人、财、物方面的权力也在扩大，大学的院（系）治理是大学治理的重要组成部分，搞好院（系）的治理是保证大学事业健康发展的内在要求。院（系）的治理，也涉及治理结构和运行模式。目前，在国家的政策文件中，对大学院（系）的领导体制，治理结构及如何运行涉及不多，只是在有关的文件中明确了院（系）单位"通过党政联席会议，讨论和决定重要事项"。在现代大学制度建设过程中，普遍关心的是学校层面治理结构及其运行，院（系）层面的治理显得薄弱，需要高度重视。院（系）层面党政如何分工合作、何为院（系）重要事项、党政联席会议的议事规则等，都需要有明确的规定。另外，院（系）作为一个学术单位，如何发挥好教授为代表的教师群体在治院（系）、治学当中的作用，如何发挥广大教师在民主办院（系）中的作用等，有很多问题需要研究和解决。

建立大学权力运行的制约与监督机制是大学治理需要高度重视的问题。有权就有责，用权必受监督，权力没有制约就要导致权力滥用，导致腐败。高等学校有党委权力、行政权力、学术权力等多元权力，如何保证权力在制度的笼子里，正确使用权力，建立高等学校权力运行制约和监督机制是现代大学制度建设的重要任务。

大学是分类分层的，不同的大学身处不同的大学生态位，对大学治理模式有着不同的诉求，因而每一所大学理应根据自身实际建设现代大学制度，而不是盲目地跟风和模仿，以免大学治理千校一面和同质化。

四、结语

同一问题或现象，从不同的视角进行分析具有不同的意义。关于中国大学治理问题，可以从文化、权力、政策等多个视角去分析，这里只是选择了其中的一个，意在抛砖引玉。事实上，从文化和权力的视角研究中国大学治理问题也是非常有必要的。若从文化的视角看，我们会发现"中国大学治理的百年就是多元文化冲突和平衡的百年"。若从权力的视角看，我们则会洞见"中国大学治理的百年则是大学内外部权力的分配、运行、监督与制约的百年"。总之，中国大学治理的研究是多学科和多视角的，否则只能窥见它的"冰山一角"，而无法理解它的足够庞大和复杂，无法观测它的全部。

纵观新中国成立以来中国大学治理走过的历程，可以看出中国大学治理还具有典型的"中国特征"：第一，政策在中国大学治理变迁中发挥重要的作用，是推动大学治理的重要力量。大学的治理与国家的政治体制、经济体制及其变革密切相关；政治、经济与社会的发展变化影响着大学治理的变革，这种影响常常不是直接作用于大学的治理变革，而是影响着中国高等教育政策变革，而中国高等教育政策变革又主导中国大学内部治理变革。第二，中国大学内部治理变革具有鲜明的阶段性和连续性的特征，是一个由局部到整体的过程，即由"以大学内部领导体制探索为中心"向"以大学内部管理体制改革为重点"，最后走向"以完善中国特色现代大学制度为主旨"的系统建设，这既揭示了中国大学治理的阶段性和连续性特征，同时也呈现了大学内部治理改革由点到面再到体的历史生态。这种阶段性和连续性既表明不同时期国家政治、经济形势，特别是政治体制和经济体制，对大学治理的影响，也表明中国大学治理不断地积累经验、总结教训而走向成熟和完善。第三，经过几十年的探索与改革，中国的现代大学制度建设展示了系统性的图景。党委领导、校长负责、教授治学、学术自由、民主管理与监督等构成中国现代大学治理的基本内核，这对于中国高等教育健康、可持续的发展是非常重要的。第四，完善现代大学制度需要把国家政策主导与激发大学内生动力结合起来。在中国，政策主导的大学治理变迁对于完善大学治理结构及其运行，建设现代大学制度是必要的、有效的。但是，中国的高等教育规模大，结构复杂，国家的政策应该保持一定的张力，关键是激发大学自身建设现代大学制度的内生动力，避免过度的政策导向。过度的政策导向、过细的规定要求会导致大学跟在政策后面亦步亦趋，路径依赖，像小学生给老师交作业一样完成上级的"规定动作"。长期形成的思维定势、行为定势使大学内部建设现代大学制度的动力仍显不足。在中国，只有把国家政策的推动和大学的内在积极性结合起来，把国家政策的要求和大学的实际结合起来，才能更好地实现现代大学制度建设的目标。

中国大学治理的变迁过程是一个多重力量交织作用的过程，新中国成立后的中国大学治理史清晰地呈现了这样一幅画卷：政治导向、经济驱动、文化冲突、国际借鉴、大学自主选择等，以单体或群体的方式作用于中国大学治理，引发出中国大学治理不同的特征。

第二节　我国高校二级学院治理的历史变迁

大学是"底部沉重"的组织，诸多矛盾和问题需要在院（系）得到解决和处理。然而，现实大学院（系）治理制度的不完善，难以应对汇集于院（系）的诸多矛盾和问题。我国大学院（系）治理带着显著的历史惯性，携带着文化基因，这一特色最早形成于1949年新中国成立后建立高度计划、高度集权、高度统一的高等教育管理体制。中央政府制定高等教育管理政策，政府行政力量强制要求高等学校执行政策，政府统一领导高等学校。中国大学院（系）治理的整个历史变迁过程都体现在政策变革的历史中。每个阶段的时代特征都深深烙印在现行的制度之中，并以政策的形式体现出来。受我国高等教育管理体制的影响，我国大学院（系）治理显示出众多历史特征。考察历史形态，深刻理解和认识现实形态，可以帮助我们寻找未来形态。

这部分通过考察1949年新中国成立以来中国大学院（系）治理的政策变革，分析中国大学院（系）治理的历史变迁，总结变迁过程中的特征。具体地，本部分把1949年新中国成立以来中国大学院（系）治理的历史变迁分成三个时期来考察：1949～1989年中国大学院（系）领导体制探索期、1989～2009年中国大学院（系）党政联席会议制度形成期、2010年至今中国大学院（系）内部治理结构完善期。

一、1949～1989年：中国大学院（系）领导体制探索期

新中国成立伊始，我国确定"以老解放区新教育经验为基础，吸收旧教育有用经验，借助苏联经验，建设新民主主义教育"[①]。但是，不久之后，对"旧教育"进行全盘否定，全面学习和参照"苏联经验"。中苏关系破裂之后，政治、经济、社会建设等方面开始对"苏联模式"进行反思，也影响到高等教育领域，高等教育逐步放弃"苏联模式"，探索自己的模式与道路。"文化大革命"前，在以"阶级斗争为纲"的背景下，我国选择的是"革命教育模式"[②]，突出教育为无产阶级政治服务、为革命斗争事业服务，教育与生产劳动相结合。"文化大革命"期间，整个国家处于"革命"状态，高等教育也一片混乱。"文化大革命"结束后，国家"拨乱反正"，进入恢复重建期，实行改革开放，坚持以经济建设为中心。随后对政治体制、经济体制、科学技术体制等进行改革，高等教育也不再是政治革命斗争的附属。特别是1985年颁布《中共中央关于教育体制改革的决定》之后，高等教育进入改革、发展和开放的历史新阶段。

[①] 中国教育年鉴编辑部编：《中国教育年鉴（1949～1981）》，中国大百科全书出版社1984年版，第684页。

[②] 张应强：《精英与大众——中国高等教育60年》，浙江大学出版社2009年版，第2页。

1949～1989 年，我国高等教育管理体制经历了六次重大变革，包括："中央集权高教管理体制的确立（1949～1958 年）；高教管理体制由集权向放权的改革（1958～1963 年）；由放权到收权的调整（1963～1966 年）；'文化大革命'中高教管理体制的再次放权（1966～1976 年）；拨乱反正后的集权（1977～1985年）"①，最终酝酿"中央和省级政府两级管理、以省级政府管理为主的高等教育管理的新体制"②。高等教育管理体制的演变实际上是权力配置的变迁过程。权力分配的核心是政府和高校的关系。政府和高校关系的演变引导着大学治理结构的演变，这一期间的演变以探索大学领导体制为核心。1949～1989 年大学领导体制经历了多次变更，包括："校务委员会制（1949 年 10 月～1950 年 4 月）；校长负责制（1950 年 4 月～1956 年 9 月）；党委领导下的校务委员会负责制（1956年 9 月～1961 年 9 月）；党委领导下的以校长为首的校务委员会负责制（1961 年9 月～1966 年 5 月）；党委领导下的工宣队为主的革命委员会负责制（1966 年 5月～1976 年 10 月）；党委领导下的校长分工负责制（1978～1985 年）；党委领导下的校长负责制、部分院校试行校长负责制（1985～1989 年）"③。

国家政策主导着高等教育管理体制和大学治理的演变，也主导着大学院（系）治理的演变。这个时期，伴随大学领导体制的探索，大学院（系）领导体制也变更频繁。1949～1989 年中国大学院（系）领导体制经历了六次变更：

（一）1949～1956 年：系主任（院长）负责制

新中国成立伊始，中央"改革的方针是维持原有学校，逐步进行改善"④。这个阶段，采取"以苏联为师"的政策，全面学习和借鉴苏联的经验。1950 年 6月 1～9 日，教育部在北京召开第一次全国高等教育会议，会议通过《高等学校暂行规程》，提出："大学及专门学院采取校（院）长负责制""大学及专门学院的系，为教学行政的基层组织，各设主任一人"，并规定系主任"计划并主持本系的教学行政工作"。该《规程》还提出"大学设有学院者各院设院长一人"，院长"计划并主持本院教学行政工作"。

---

① 李庆刚：《建国以来我国高等教育管理体制改革演变论略》，载于《当代中国史研究》2001 年第3 期。

② 马陆亭：《我国高等教育管理体制改革 30 年——历程、经验与思考》，载于《中国高教研究》2008 年第 11 期，第 12～17 页。

③ 张德祥：《1949 年以来中国大学治理的历史变迁——基于政策变革的思考》，载于《中国高教研究》2016 年第 2 期，第 29～36 页。

④ 中国教育年鉴编辑部编：《中国教育年鉴（1949～1981）》，中国大百科全书出版社 1984 年版，第233 页。

（二）1956～1961 年：系党总支委员会领导下的系务委员会负责制

1956 年 9 月 26 日通过的中共八大党章明确指出"在企业、农村、学校和部队中的党的基层组织，应该领导和监督本单位的行政机构和群众组织积极地实现上级党组织和上级国家机关的决议"。1958 年 9 月 19 日中共中央、国务院发布《关于教育工作的指示》，提出："一切教育行政机关和一切学校，应当受党委的领导""在一切高等学校中，应当实行党委领导下的校务委员会负责制"①。

（三）1961～1966 年：系总支委员会保证和监督下的以系主任为首的系务委员会负责制

1961 年 9 月 15 日，中共中央批准《教育部直属高等学校暂行工作条例（草案）》（以下简称"高校六十条"），提出："高等学校的领导制度，是党委领导下的以校长为首的校务委员会负责制"，"系主任是系的行政负责人。系主任在校长的领导下，主持系务委员会和系的经常工作"，"系务委员会是全系教学行政工作的集体领导组织。系内的重大工作问题，应该由系主任提交系务委员会讨论，作出决定，由系主任负责组织执行，并且报告校长和校务委员会"，"系务委员会负责执行学校党委会、校务委员会的决议和校长的指示，并且讨论和决定本系工作中的重大问题"，"学校中党的领导权力集中在学校党委一级，系的总支委员会对行政工作起保证和监督的作用"。

（四）1966～1976 年：军、工宣队代表的"三结合"领导小组负责制

"自文化大革命运动在各校开始后，学校的各级行政领导及党、团组织陷于瘫痪"②，大批干部被精简或关进"牛棚"③。1967 年 3 月 7 日，中共中央发出《关于大专院校当前无产阶级文化大革命的规定（草案）》，规定："大专院校必须由革命学生、教职员工和革命领导干部组成临时权力机构，领导无产阶段文化大革命，行使本校的权力"④。1968 年 8 月 25 日中共中央、国务院、中央军委、

---

① 中央教育科学研究所编：《中华人民共和国教育大事记（1949～1982）》，教育科学出版社 1984 年版，第 231 页。
② 中央教育科学研究所编：《中华人民共和国教育大事记（1949～1982）》，教育科学出版社 1984 年版，第 402 页。
③ 温儒敏：《北京大学中文系百年图史（1910～2010）》，北京大学出版社 2010 年版，第 139 页。
④ 中央教育科学研究所编：《中华人民共和国教育大事记（1949～1982）》，教育科学出版社 1984 年版，第 411 页。

中央文革发出《关于派工人宣传队进驻学校的通知》，提出要"把大中城市的大、中、小学逐步管起来"①。工、军宣队进驻高校，全校师生和各班、系实现"革命大联合"，系一级建立营、连的建制，"各单位成立了军、工宣队代表、'革命领导干部'和群众代表（包括教职工和工农学员）的'三结合'领导小组，实现对系一级的领导"②。当时名为工、军宣队干部、革命群众组织代表和革命领导干部组成的"三结合"的领导机构，实际上是军宣队主持领导工作③。很多高校系一级成立革命委员会，并任命革命委员会主任和副主任作为负责人。1970年，高等学校对"系"进行了体制改革，打破过去系的界限，"系"改"大队"，有关专业纳入校办厂，教研室也"编入各有关大队参加各项活动"④，"厂成立革命领导小组，由军、工宣队成员和原单位选派的干部组成，实行一元化领导"⑤。1974年6月16日，《光明日报》报道："批林批孔运动开展以来，全国各地普遍加强了驻校工人宣传队"⑥，校党委对系一级的党总支任命工作也逐渐恢复。

（五）1977～1983年：系党总支委员会领导下的系主任分工负责制

"文革"结束后，拨乱反正，国家各项事业开始恢复和整顿，教育事业也是如此。1978年10月4日，教育部发出通知，试行《全国重点高等学校暂行工作条例（试行草案）》。该《草案》是对1961年颁发试行的"高校六十条"修改而成，将原"高校六十条"中规定的高等学校实行"党委领导下的以校长为首的校务委员会负责制"，系党总支对行政工作实行保证和监督的领导体制，改为"党委领导下的校长分工负责制"，系一级实行"系党总支委员会（或分党委）领导下的系主任分工负责制"⑦。

---

① 中央教育科学研究所编：《中华人民共和国教育大事记（1949～1982）》，教育科学出版社1984年版，第420页。
② 厦门大学档案馆、厦门大学校史研究室编：《厦门大学校史（第二卷）1949～1991》，厦门大学出版社2006年版，第174页。
③ 厦门大学档案馆、厦门大学校史研究室编：《厦门大学校史（第二卷）1949～1991》，厦门大学出版社2006年版，第165页。
④ 上海交通大学数学系编：《数学系八十年》，上海交通大学出版社2013年版，第50～51页。
⑤ 厦门大学档案馆、厦门大学校史研究室编：《厦门大学校史（第二卷）1949～1991》，厦门大学出版社2006年版，第175页。
⑥ 中央教育科学研究所编：《中华人民共和国教育大事记（1949～1982）》，教育科学出版社1984年版，第465页。
⑦ 中央教育科学研究所编：《中华人民共和国教育大事记（1949～1982）》，教育科学出版社1984年版，第529～530页。

（六）1983～1989年：系主任负责制

1983年，中宣部和教育部党组颁布《关于高等学校领导班子调整工作的几点意见》，提出："关于系的领导体制问题。要按照新党章第三十三条规定要求，积极稳妥地把系党总支领导本单位的工作改为保证监督作用。但是，系党总支对思想政治工作仍实行领导。"同年教育部在《关于调整改革和加速发展高等教育若干问题的意见》中提出："在高等学校中""系一级实行系主任负责，系主任对校（院）长负责。系总支委员会的主要任务是做好思想政治工作和党的建设工作，对全系工作的正确完成起保证监督作用"①。

考察这个时期大学院（系）领导体制的变更，整个时期院（系）领导体制经历了6次变更。这个时期的大学院（系）领导体制变革表现了如下特征：其一，大学院（系）领导体制变动与这个时期大学领导体制的变动密切相关。这个时期尽管有时候大学院（系）领导体制变动与大学领导体制变动并不完全同步进行，但是，总体上说，大学院（系）领导体制变更与大学领导体制变动具有一致性，每次大学领导体制的变动总是要影响到大学院（系）的领导体制。同时，大学领导体制的变动，又不是孤立的，总是受当时国家政治、经济、社会环境变化的影响，反映了不同时期大学与社会的关系的特征。其二，大学院（系）领导体制的变动是受政策主导。尽管院（系）是大学的二级单位，但是，院（系）实行什么样的领导体制，并非由大学决定，而是由国家的政策决定。这些政策多是与关于大学领导体制变动的政策一起制定，即在关于大学领导体制政策变动的同时，也对大学院（系）领导体制作出新的政策规定。其三，这个时期大学院（系）领导体制变动频繁，并与大学领导体制"联动"。这一方面反映了政治、经济、社会环境对大学的一种"强制"的影响力，同时，也反映了我们对大学领导体制和院（系）领导体制认识在不断深化，对高等学校办学规律的认识不断深化，探索成为这个时期的重要特征。

二、1990～2009年：中国大学院/系党政联席会议制度形成期

中共十二大提出建设有中国特色的社会主义这一科学命题，教育和科学被作为国家经济和社会发展的战略重点。1983年5月，教育部召开第二次全国教育会议，会议认为应从我国实际出发，逐渐形成中国特色的社会主义高等教育体系。

---

① 何东昌：《中华人民共和国重要教育文献（1976～1990）》，海南出版社1998年版，第1646页。

1984 年的《中共中央关于经济体制改革的决定》提出要建立社会主义经济体制，进行全面经济体制改革。随着经济体制改革的逐步展开，1985 年的《中共中央关于科学技术体制改革的决定》提出要改革相应的科学技术体制以适应经济体制改革。1985 年的《中共中央关于教育体制改革的决定》提出教育必须为社会主义建设服务，教育管理体制改革要适应经济和社会发展。1992 年，邓小平的南方谈话和党的十四大，以及第四次全国普通高等教育工作会议的召开，开启了办学体制、管理体制、投资体制、招生就业体制、学校内部管理体制等方面的改革。1993 年的《中国教育改革与发展纲要》提出要 "初步建立起与社会主义市场经济体制和政治体制、科技体制改革相适应的教育新体制"。1998 年 1 月，李岚清同志在扬州召开的高教管理体制改革经验交流会上提出 "共建、调整、合作、合并" 八字方针，形成了中央和省级政府两级管理、分工负责，以省级政府统筹为主，条块有机结合的体制。随着《教育法》和《高等教育法》的出台，使中央和地方两级管理、以地方统筹管理为主的高等教育管理体制框架基本确立。

伴随着高等教育管理体制改革，我国大学治理结构也不断完善。1989 年 7 月 15 日，国家教委召开全国高等教育工作会议，明确认为设立党委领导下的校长负责制更适合高等学校的实际情况[1]。1989 年 8 月 28 日，中共中央政治局讨论并通过《中共中央关于加强党的建设的通知》，提出 "高等院校实行党委领导下的校长负责制"。1990 年 7 月 17 日颁发《中共中央关于加强高等学校党的建设的通知》，提出 "高等学校实现党委领导下的校长负责制"，明确了大学领导体制。高等学校领导体制的确定为大学院（系）领导体制的发展和治理结构的完善提供了条件。

1990～2009 年，大学院（系）治理明确了院（系）党总支是院（系）的政治核心地位，并确定了 "党政联席会议制度"。党政联席会议制度是这一时期关于院（系）治理的一项重要变革。党政联席会议制度的形成经历了一个过程，大体经历三个阶段，即：1990 年确定的 "参与行政管理工作重大问题的讨论决定"；1996 年确定的 "参与讨论和决定本单位教学、科研、行政管理工作中的重要事项"；2007 年确定的 "党政联席会议制度"。

1990 年的《中共中央关于加强高等学校党的建设的通知》指出 "系党总支是全系的政治核心"，并提出其主要任务包括 "参与本系行政管理工作重大问题的讨论决定""支持系主任在其职责范围内独立负责地开展工作""做好本系干

---

① 苏渭昌、雷克啸、章炳良：《中国教育通史·中华人民共和国卷（下）》，北京师范大学出版社 2013 年版，第 203 页。

部的教育和管理工作""领导本系的工会、共青团、学生会等群众组织"等，党政联席会议制度雏形逐步形成。

1996 年 3 月 18 日，中共中央印发的《中国共产党普通高等学校基层组织工作条例》进一步细化了系一级党组织的主要职责，由 1990 年的"参与本系行政管理工作重大问题的讨论决定"到"参与讨论和决定本单位教学、科研、行政管理工作中的重要事项"。《条例》还增加了："系级单位党的总支部（直属党支部）委员会同系级单位行政领导一起，做好本单位干部的选拔、培养、考核、监督工作""参与讨论决定本单位师生员工在出国、晋升、毕业等方面的工作""对系级单位行政领导班子的配备和领导干部的选拔，系级单位党的总支部委员会可以向校党委提出建议，并协助校党委组织部门进行考察"。1998 年 6 月 22 日，中组部、中宣部、教育部党组印发《普通高等学校党建工作基本标准》，提出："系（处）总支（党委、直属党支部）能在本单位各项工作中充分发挥政治核心作用，积极参与讨论和决定本单位教学、科研、行政管理工作中的重要事项；支持行政负责人在其职责范围内独立负责地开展工作。"上述两个文件进一步推动了"党政联席会议制度"产生。

2007 年发布的《中共教育部党组关于加强普通高等学校基层党组织建设的意见》指出："院（系）党委（党总支）要充分发挥政治核心和保证监督作用，支持行政负责人独立负责地行使职权。建立健全党政联席会议制度，院（系）工作中的重要事项，要经过党政联席会议，按照民主集中制的原则集体研究决定。院（系）党政主要负责人会前要充分沟通酝酿，交换意见，根据议题内容分别主持会议。党政之间既要明确职责，又要协同合作；既要合理分工，又要形成合力；有效形成院（系）党政相互配合、协调运转的工作机制。班子成员及党政领导之间要开展经常性的谈心活动，加强沟通，互相理解，互相支持，努力营造一个团结奋斗、和谐向上的良好环境。"该《意见》的颁布标志着中国大学院（系）"党政联席会议制度"的正式建立。

"党政联席会议制度"是高校院（系）级党政班子通过"党政联席会议"讨论和决定本单位重要事项的制度[1]，是强调学院党政分工合作、共同负责、发挥学院领导班子集体在学院建设和发展中重要作用的制度[2]。"党政联席会议制度"中决策主体是党政班子人员，决策事务是院（系）重大事项，决策原则是民主集中制，党政关系是分工合作，工作机制是协调配合。"党政联席会议制度"是符

[1] 张天华：《高校院（系）党政联席会议制度演变与内涵分析》，载于《国家教育行政学院学报》2013 年第 3 期。

[2] 严蔚刚：《我国高校学院基本议事制度的现状、问题及探讨》，载于《中国高教研究》2016 年第 9 期。

合我国现实要求的历史选择，首先，"党政联席会议制度"的实行有利于保障党和国家政策的落实。党组织作为政治核心，其参与决策能保障在大学院（系）治理过程中有效贯彻党和国家政策。其次，"党政联席会议制度"有助于党政之间既明确职责，又协同合作，既合理分工，又形成合力，形成院（系）党政相互配合、协调运转的工作机制，推动院（系）各项工作的顺利开展，保证院（系）事业健康、持续发展。最后，"党政联席会议制度"能有效推进院（系）科学决策和民主管理。"党政联席会议制度"贯彻执行民主集中制，"集体研究决定"院（系）工作中的重大事项。党政充分沟通，交换意见，互相理解和支持，分工合作。集体决策确保决策科学，共同负责促进民主管理。

关于"党政联席会议制度"是否为大学院（系）的领导体制，有不同的看法，有的认为是一种党政配合的工作机制，还不是领导体制。有的认为是一种领导体制，是"共同负责制"①。

院（系）是大学的基本的学术单位，院（系）有多个利益相关者，有党委权力、行政权力、学术权力、学生权力等多种权力。院（系）的领导体制在院（系）治理结构中处于关键地位，学术治理和民主管理也是院（系）治理结构中的重要组成部分。因此，如何发挥以广大教师为主体的学术权力在院（系）学术治理中的作用，如何发挥广大教师和学生参与院（系）的民主管理，是院（系）治理必须重视和必须解决好的问题。1990～2009年，国家的政策文件中对大学层面的教授治学和教师参与民主管理都做了明确的规定，但是，对院（系）的学术治理和民主管理没有明确的政策规定。这一期间，高等教育的发展经历了从规模扩张到内涵发展，中国大学院（系）组织规模、结构、功能都发生了很大的变化，院（系）组织作为人才培养和科学研究基本单位的重要性日益彰显，完善院（系）治理的重要性也日益彰显。

三、2010年至今：中国大学院（系）内部治理结构完善期

2010年在中国高等教育史上有着重大意义。这一年中共中央、国务院颁发了《国家中长期教育改革和发展规划纲要（2010～2020）》（以下简称《教育规划纲要》）。《教育规划纲要》提出要"完善中国特色现代大学制度"，包括"完善治理结构、加强章程建设、扩大社会合作和推进专业评价"。为了进一步完善大学治理结构，我国先后颁布了一系列相关政策法规，如《教育部关于进一步推

---

① 中央教育科学研究所编：《中华人民共和国教育大事记（1949～1982）》，教育科学出版社1984年版，第168页。

进直属高校贯彻落实"三重一大"决策制度的意见》(2011)、《学校教职工代表大会规定》(2012)、《高等学校章程制定暂行办法》(2012)、《中共教育部党组关于进一步加强直属高等学校领导班子建设的若干意见》(2013)、《关于坚持和完善普通高等学校党委领导下的校长负责制的实施意见》(2014)、《高等学校学术委员会规程》(2014)、《普通高等学校理事会规程(试行)》(2014)等,为中国大学治理提供了充分的法理依据和完善化的制度依据。

大学治理制度不断完善,如落实和扩大大学办学自主权,构建政府、学校、社会之间新型关系,坚持和完善党委领导下的校长负责制,建立学术委员会,建设大学章程,加强教职工代表大会,探索建立高等学校理事会或董事会等。随着大学制度建设系统推进,大学管理重心下移,大学和院(系)关系发生变化,加之大学院(系)组织结构重构等,这些都客观要求大学院(系)治理结构亟待完善。

2010年8月中央印发修订的《中国共产党普通高等学校基层组织工作条例》,提出:"高等学校院(系)级单位党组织""通过党政联席会议,讨论和决定本单位重要事项。支持本单位行政领导班子和负责人在其职责范围内独立负责地开展工作""领导本单位工会、共青团、学生会等群众组织和教职工代表大会"。《条例》不但进一步规范"党政联席会议"对重要事项的讨论与决策,还提出高等学校院(系)级单位党组织支持行政领导班子和负责人开展工作,并且领导"教职工代表大会",进一步扩大高等学校院(系)级单位党组织的职责范围。2012年3月16日,教育部印发《教育部关于全面提高高等教育质量的若干意见》,再次明确"坚持院系党政联席会议制度"。经过二十几年的发展,中国大学院(系)"党政联席会议"作为一项制度被明确下来。

自第一次院系大调整之后,中国大学教授权力曾一度缺失。1956年5月,高等教育部颁发试行《中华人民共和国高等学校章程草案》,规定:"高等学校的学术委员会由校、院长担任主席,讨论学校工作中的重大问题和学衔授予问题"[1]。该《草案》首次提及"学术委员会"。1978年10月4日,教育部发出通知,试行《全国重点高等学校暂行工作条例(试行草案)》,提出"取消原来的校务委员会,设立学术委员会"[2]。然而,这一政策只说明学术委员会须"在校长和副校长的领导和主持下",没有明确人员组成办法和人员要求,学术委员会的权力也只限于对大学基本学术事务的咨询权和审议权,只是学校行政管理的咨

---

① 中央教育科学研究所编:《中华人民共和国教育大事记(1949~1982)》,教育科学出版社1984年版,第168页。

② 中央教育科学研究所编:《中华人民共和国教育大事记(1949~1982)》,教育科学出版社1984年版,第530页。

询机构，并没有实质的决策权力。直到 1998 年的《中华人民共和国高等教育法》规定"高等学校设立学术委员会"，才使学术委员会获得了实质权力的合法地位。2014 年的《高等学校学术委员会规程》提出"学术委员会一般应当由学校不同学科、专业的教授及具有正高级以上专业技术职务的人员组成"，对学术委员会的组成做了进一步的规定。

随着学术委员会制度逐步完善，教授权力在法理上获得了认可，教授治学开始得到落实，也推动教授治学在大学院（系）层面落实。早在 2000 年 5 月，东北师范大学进行了改革，在学院（系）一级成立教授委员会，院（系）试行教授委员会集体决策基础上的院长（系主任）负责制。2002 年我国颁布了《关于在事业单位试行人员聘用制度的意见》。随后，北京大学拟草了《北京大学教师聘任和职务晋升制度改革方案》，引入"教授会议"评议机制，提出院系学术委员会的职责。之后，一些高校成立了学院教授委员会或学术委员会。《教育规划纲要》提出要"探索教授治学的有效途径，充分发挥教授在教学、学术研究和学校管理中的作用"。2012 年 3 月 16 日，教育部颁发的《教育部关于全面提高高等教育质量的若干意见》提出："优化校院两级学术组织构架""推进教授治学，发挥教授在教学、学术研究和学校管理中的作用"。进一步推动了在院（系）层面建立教授委员会或学术委员会，并制定教授委员会或学术委员会章程。"教授治学"以"学术委员会"或"教授委员会"的形式在学院层级逐渐落实。

1985 年 1 月 28 日颁发的《高等学校教职工代表大会暂行条例》规定："高等学校教职工代表大会（以下简称"教代会"）是教职工群众行使民主权利，民主管理学校的重要形式。"该《暂行条例》的提出使教职工代表大会制度建设规范化。此后，《工会法》《教师法》《教育法》《高等教育法》等一系列政策法规提出教职工代表大会参与学校民主管理，教职工代表大会制度迈入法制化轨道。《教育规划纲要》提出要"建立健全教职工代表大会制度，不断完善科学民主决策机制"。2011 年 11 月 9 日中华人民共和国教育部第 34 次部长办公会议审议通过《学校教职工代表大会规定》，原《高等学校教职工代表大会暂行条例》予以废止。《学校教职工代表大会规定》提出："学校可以在其下属单位建立教职工代表大会制度，在该单位范围内实行民主管理和监督。"该《规定》使在学院层次建立二级教代会获得了规范化的地位。在 2012 年的《教育部关于全面提高高等教育质量的若干意见》提出在学院实行民主管理，扩大学院自主权。

随着高等教育改革的深化和对建设现代大学制度的重视，完善大学院（系）治理结构在国家政策层面得到进一步明确和规范。《教育规划纲要》颁布后，在国家推动的"改革试点"中，把学院试点也列在其中。2010 年发布的《国务院办公厅关于开展国家教育体制改革试点的通知》提出要"设立试点学院，开展创新人才培养试验（北京大学等部分高校）"。教育部于 2011 年在 17 所高校启动试点学院改革项目。2012 年颁发的《教育部关于全面提高高等教育质量的若干意见》提出："推进试点学院改革""完善学院内部治理结构，实行教授治学、民主管理，扩大学院教学、科研、管理自主权。"2012 年 11 月，教育部正式颁布《教育部关于推进试点学院改革的指导意见》，提出："完善学院内部治理结构。支持试点学院改革院长选拔任用制度，试行教授委员会选举提名院长的办法。支持试点学院赋予学术委员会学科建设、学术评价、学术发展中的审议权，在学术成果评价等方面的评定权。落实和扩大试点学院教学、科研和管理自主权，支持试点学院依照学院章程自主确定发展规划并组织实施，自主配置各类资源，自主确定内部收入分配，自主设置和调整学科专业。"这一《意见》进一步明确学院内部治理结构改革的目标和要求，提出要落实和扩大学院自主权，对构建新型校院关系具有重要意义。2013 年 4 月 12 日，教育部在京召开试点学院综合改革推进会，教育部副部长杜玉波提出有关高校要着眼高等教育改革发展全局，进一步充分认识推进试点学院综合改革的战略意义。

2010 年以后，大学院（系）治理具有下列趋势：一是中国大学院（系）坚持"党政联席会议制度"并加以完善。自 2007 年提出在大学院（系）建立"党政联席会议制度"，在实行这一制度过程中，政策上不断丰富和完善这一制度，实践上许多高校制定了一些具体的实施细则，保证了党政联席会议制度很好地贯彻执行。二是教授权力在学院有所加强。"教授治学"以"教授委员会"或"学术委员会"的形式在院（系）逐步落实，很多大学制定了院（系）教授委员会或学术委员会规程，使教授行使权力得到制度化的保障。三是大学院（系）民主管理制度逐渐完善。大学院（系）形成了一系列民主管理制度。总的来说，大学（系）院治理结构逐步完善。

同时，我们还要看到，中国大学院（系）治理中还有许多具体问题尚待解决：第一，关于大学院（系）治理重视不够。存在着"三多和三少"现象，即在国家的政策文件中，对大学治理领导体制、治理结构和运行机制的政策规定多，而对大学院（系）的领导体制、治理结构及运行机制的政策规定少；在高等教育研究中，关于大学治理的研究多，而关于院（系）治理研究的少；在大学中，对坚持和完善党委领导下的校长负责制及完善大学治理结构关注得多，而对完善院（系）领导体制及治理结构关注得少。总之，在现代大学制度建设过程中，普遍关心的是学校层面治理结构及其运行，院（系）层面的治理关心和实际举措不够。第二，大学和院（系）的关系需要进一步理顺，院（系）缺乏自主权。大学过分的科层化，大学组织中的直线职能制过分强化，院（系）依然被看作是学校的"生产车间"，院（系）缺乏相应的权力，成为学校管理部门的指挥对象，各种指令在院（系）汇集，院（系）要忙于应对。第三，党政联席会议制度需要进一步完善。需要有一系列的制度规定来保障党政联席会议制度能很好地运行。如院（系）工作中的哪些重要事项需要院（系）党政联席会议作出决策，应该作出规定，否则各自的理解不同就会产生不同的行为，影响这一制度的执行。再如，党政联席会议如同大学的党委会和校长办公会一样，也需要有议事决策程序和规则，而现实中这些往往缺少。第四，教授治学需要进一步制度化。学术委员会或教授委员会在院（系）的设置还不够，有些大学的院（系）还没有设置这类组织。有些设置的，由于缺乏保障措施，实际运行的效果并不理想，常常是行政的附属物，什么事情提交讨论、怎么讨论有很大是随意性。第五，院（系）中教师参与民主管理需要加强。目前，院（系）中设置二级教代会或者类似民主管理委员会的还不多，实际运行的方式和效果不够理想。第六，学生参与院（系）的民主管理普遍缺失。从院（系）治理的演变过程看，学生主体被忽视，在整个中国大学院（系）治理变迁过程中，从领导体制探索期，到党政联席会议制度形成期，再到内部治理结构完善期，学生在院（系）治理中作用被忽视，学生被看成治理的对象，这一问题深受我国历史传统和文化因素影响，应该予以重视。上述这些问题需要研究，有些需要政策进一步明确，同时，在实践中认真加以解决。

四、结　语

纵观 1949 年新中国成立以来中国大学院（系）治理的历史过程，中国大学院（系）治理经历了领导体制探索期、党政联席会议制度形成期、内部治理结构完善期，其基本特征是：

大学院（系）治理的历史变迁和大学治理的历史变迁具有很大程度上的同质性。新中国成立以来，大学院（系）治理的变迁不仅与大学治理变迁在时间上具有同步性，而且在内容上也与大学治理的变迁过程具有一致性。此外，院校结构的调整，大学规模的扩张，大学院（系）规模也不断扩大，院（系）组织结构与大学组织结构具有越来越多的相似性。高等学校管理重心不断下移，大学院（系）治理结构与大学治理结构同质化发展。

大学院（系）治理具有很强的政策主导性。中国大学治理变迁受政策主导，大学院（系）治理变迁也是如此。中国大学院（系）治理变迁受大学治理变迁的影响，而且很多大学院（系）治理的政策制度包含在大学治理的政策制度中，从而主导大学院（系）治理变迁。

大学院（系）治理具有阶段性和连续性。第一阶段是以探索领导体制为核心，教授治学和民主管理缺失。第二阶段中国大学院（系）逐渐形成党政联席会议制度，行政权力和党组织权力逐渐融于一个系统，部分大学院（系）进行治理结构改革，学术人员开始逐渐参与院（系）治理，民主管理在一些大学的院（系）起步，治理结构较前一个阶段相对完善。第三阶段进一步坚持和完善党政联席会议制度，政策层面也明确了院（系）中设置相应的组织实施教授治学和民主管理。很多大学院（系）建立学术委员会或教授委员会制度，学术人员参与学术治理获得了制度化的保障，治理结构进一步完善，院（系）自主性逐渐凸显，大学院（系）治理朝良性方面发展。

大学和院（系）治理需要增强完善院（系）治理的内生动力。从治理制度产生方向看，中国大学院（系）治理制度产生于顶层设计，然后向下执行。这种制度的产生方式有利于政策的快速执行，但是整齐划一的规定往往忽略了不同类型高等学校院（系）组织的多样性和复杂性。同时，大学和院（系）长期习惯于执行自上而下的政策规定，缺乏完善治理结构的内生动力。

第三节　我国高校内部权力制约与监督体制机制的历史变迁

党的十八届三中全会中提出，必须构建决策科学、执行坚决、监督有力的权力运行体系……形成科学有效的权力制约和协调机制。近年来，一些高校出现权力失范，甚至权力腐败现象，更加引起学者对高校内部权力制约监督机制的关注和研究，从已有文献来看，多数是针对高校内部权力关系现存问题进行分析。但问题是如何产生的？有哪些关键因素推动权力制约监督机制的逐渐形成？这些历史性问题如果不阐述清楚，就无法认清问题实质，所以为了更好地理解和解决现实问题，建立起有效的权力制约监督机制，有必要对我国高校内部权力制约监督机制形成与演变的社会基础进行分析，以期把握制度逻辑的性质与特征。

历史制度主义是新制度主义的重要流派之一，主要关注历史中的制度与制度中的历史，将历史分析与制度分析很好地结合在一起。保罗·皮尔逊曾提出"历史制度主义是历史的，因为它认识到政治发展必须理解成是沿着时间展开的过程；它是制度的，因为它强调这些时间过程在当下的主要政治含义嵌入在制度中——不管它是正式的规则、政策结构还是规范中"[1]。它的分析框架主要体现

---

① 何俊志：《新制度主义政治学译文精选》，天津人民出版社 2007 年版，第 217 页。

了以下特征：历史分析注重时间秩序，即对制度稳定的、持续的累积进行研究，也重视对"关键节点"中制度质变的研究；认为制度演变不是孤立的，受复杂的政治、经济、文化等环境影响与制约；历史制度主义强调制度既可以作为自变量发挥重要作用，又可以作为因变量，具有独特的变迁规律；重视非正式制度和规则在制度演变中的作用；由于权力的非对称性，制度总是做出"平衡—不平衡—平衡"动态演变。

我国高校内部权力制约监督机制长期处于党政权力强势、学术权力式微的制度逻辑中。在六十多年的发展历程中，高校内部权力制约监督机制的形成、改变、终止、恢复与转型等均受到我国政治、经济以及教育管理体制的影响。目前，大学治理背景下要求构建科学有效的权力制约监督机制是对旧制度的革新，是权力冲突加剧导致的一种制度变迁。我国高校内部权力制约监督机制的形成与每一次变迁都体现出一种制度逻辑，这种制度逻辑不但与高校管理体制密切相关，而且深受我国政治、经济、文化传统等环境与因素影响。通过对这种深层结构的分析，可以进一步挖掘制度逻辑的性质与特征以及建构策略与方法。

一、我国高校内部权力运行制约监督机制的演变逻辑与社会基础

历史制度主义所主张的时间秩序并不是传统意义上的时间序列，它提出制度存续的"正常时期"（normal periods）和制度断裂的"关键性枝节点时期"（critical junctures）。正常时期的制度变迁遵循路径依赖规律，制度与环境及其制度内部都保持着某种平衡；但是在制度断裂时期，主要制度的变迁将会成为可能①。所以分析制度变迁首要条件是根据"关键性枝节点"划分出历史分期，然后把制度作为因变量，来分析政治、经济、文化传统以及教育管理体制对我国高校内部权力制约监督机制演变历程的作用与影响。据此，本书将我国高校内部权力制约监督机制变迁史分为三个阶段进行分析。

（一）早期高度集权下垂直单向的内部权力制约监督机制

新中国成立后，通过学习苏联，建立了高度集权的高等教育管理体制。1950年颁布的《关于高等学校领导关系的决定》明确了国家与高校的关系，无论是教育方针政策等宏观问题，还是教学计划等微观问题都由国家掌控。在人事制度方

---

① 何俊志：《结构、历史与行为——历史制度主义对政治科学的重构》，复旦大学出版社 2004 年版，第 247 页。

面，从党委书记、校长到教务长等党政干部也都由上级主管部门任命。即使 1956
年颁布了《关于高等学校和中等技术学校下放问题的意见》、1963 年确立"统一
领导、分级管理"的高等教育管理体制，都未能改变中央对高校统得过死的状
况，大学自主权极其有限。这种集权化方式延伸到大学内部，导致大学被行政化
和意识形态化①，内部权力同样呈现一种垂直单向的制约监督关系。这一历史时
期，高校内部管理体制先后经历校长负责制、党委领导下的校务委员会负责制、
党委领导下的以校长为首的校务委员会负责制和党委领导下校长分工负责制。但
无论内部领导体制如何改变，都是把学校领导体系和政府机关的功能和结构混同
看待②，存在以校党委为首的和以校长为首的两套决策指挥系统，他们共同依据
中央和上级主管部门的意志掌控着高校内部的决策权，校务委员会、教职工代
表大会只不过是这两种权力相互制约的工具或手段。由于高度集权的计划管理体
制以及国家在知识分子政策上的跌宕起伏，作为大学主体的教师群体成为边缘群
体，几乎完全被排除在决策权之外，大学没有活力和精神，基本成为党政机构的
延伸和附属。

（二）改革开放后二元权力主体下双向制约监督机制

1984 年《中共中央关于经济体制改革的决定》正式提出社会主义经济是公
有制基础上有计划的商品经济思想。面对着我国经济体制改革全面展开的形势和
各级各类人才严重缺失的现状，我国教育体制的弊端更加突出。在此背景下，
1985 年，中共中央发布了《关于教育体制改革的决定》，对高校内外关系做出较
为明确的规定，高校内部改革拉开序幕。在国家一系列文件和政策指导下，高校
内部管理体制改革历经酝酿与尝试阶段、改革启动和全面探索阶段、改革逐步深
化阶段和改革全面推进并取得突破性进展阶段③。高校内部权力结构和关系逐渐
发生一些改变。以党代政的一元权力逐渐被党、政二元权力取代。国家规定党委
实施高校的全面领导权和监督权，以校长为首的行政权力实施执行权和行政事务
指挥权，校长要尊重和支持党委对学校重大问题的决策权④。党委权力和行政权
力形成双向制约监督关系。对于教职工代表大会和学术委员会的权力，政府也以
文件或法律形式正式将其规定下来。从规范层面而言，1998 年出台的《高等教

---

① 郭卉：《我国大学学术权力制度演进的历史考察》，载于《现代教育科学》2007 年第 7 期。
② 叶裕森：《高等学校实行决策民主化、科学化浅议》，载于《水利电力高教研究》1987 年第 1 期。
③ 戚业国、王徐波：《我国高校内部管理体制改革 30 年——历程、经验与发展趋势》，载于《中国
高教研究》2008 年第 11 期。
④ 中组部、中宣部、国家教委党组：《关于加强高等学校领导班子建设工作的若干意见》，1995 年
11 月 13 日。

育法》对公立高校内部权力结构的规定仍然沿袭旧制度，没有新的改动。这从一个侧面反映出，国家对高校权力结构变革的设想还停留在理顺高校外部权力关系上，没有涉及内部权力关系的调整。

（三）近年来多元权力主体下的多渠道制约监督机制

2010 年以来，我国深化经济体制改革，围绕转变经济发展方式、调整经济结构、加快社会事业和社会保障体制改革等重大战略任务，多个领域的体制机制创新取得积极进展，在此背景下，《国家中长期教育改革和发展规划纲要（2010～2020年)》出台，开始进行教育体制改革试点。国务院办公厅发布《关于开展国家教育体制改革试点的通知》，提出在人才培养模式、高等教育管理方式等方面进行试点改革。紧接着教育部颁布了一系列具体的相配套文件和规章，如《大学章程制定暂行办法》《学校教职工代表大会规定》《高等学校学术委员会规程》《坚持和完善党委领导下的校长负责制的实施意见》等，保障党委会、校长办公室议事规则的完善，学术委员会和教职工代表大会职能和权力的落实，构建多元权力主体下以权力制约权力、以制度制约权力、以权利制约权力等多种制约监督机制。在一系列文件和规章指导下，高校通过重新梳理或制定内部制度，调整权力主体的权力内容、权力界限以及权力实施程序等，逐渐打破二元权力格局。

二、影响高校内部权力制约监督机制变迁的宏观因素分析

（一）经济体制改革与高校内部权力制约监督机制

新中国成立后，为了保障社会秩序安稳，使国家经济走上稳定和发展道路，国家实施高度集权的经济体制。在计划经济运行机制下，国家通过经费控制与行政手段将管理之手伸入高校内部，本属于高校自身的决策权为国家所掌控，留给高校的决策权力微乎其微。在社会资源国家完全控制以及自上而下的任命机制背景下，高校只能服从。而在高校执行国家意志和计划过程中，依赖的也是集权行政管理手段，党委权力与行政权力处于上位，指挥教师如何更好地执行国家教育政策。学术权力处于"真空"状态。高校完全在国家垂直监督下，形成单向的自上而下的制约监督机制。我国市场经济体制建立以后，市场参与社会资源分配，国家宏观经济政策不再完全依赖行政手段，行政调控与市场调节成为发展我国经济的两种必要手段，经济体制改革促使国家集权政治向民主政治转变，高校逐渐获得更多自主权。高校决策权的增多意味着高校内部再分配权力的增加，市场因

素对高校的渗透也意味着高校权力的再次分配不能仅仅体现国家意志，还要面向市场需求以及国际化背景的挑战，高校内部正逐渐形成多元化权力制约监督机制。

（二）集权体制与高校内部权力制约监督机制

新中国成立后，通过学习苏联，建立了高度集权的计划管理体制，反映在教育上就是高等教育完全处在国家计划和控制中，高校缺乏独立的法人地位。从一开始，政府对高校的集权管理方式已基本确定了高校内部组织结构和权力结构的格局。党委权力与行政权力主导地位的形成并不是因为二者自身优势或者高校发展所产生的自然结果，而是政府通过制度规制强加给高校组织。即使后来先后实施"统一领导，分级管理"的管理体制、"中央和省、自治区、直辖市人民政府两级管理分工负责，以省、自治区、直辖市人民政府统筹为主，条块有机结合的体制框架"①，也只是在中央政府与地方政府之间分配权力，高校自主办学权力依旧很小。虽然高校内部的组织结构和权力结构越来越复杂，但党委权力和行政权力至上的权力格局并没有大的改变。随着高等教育改革的深化，政府赋予高校的自主权逐渐增多，但政府对高校自身治理并不放心，仍会习惯性地通过颁布规章制度平衡高校内部权力关系，这说明一个事实，学术权力地位与力量的提升依靠的依然是政府自上而下的强制性力量。

（三）"官本位"的传统观念与高校内部权力制约监督机制

"官本位"是一种以官为本、把做官看作人生目标和价值追求，并以官职大小、官阶高低来衡量人们的社会地位和人生价值②。其主要特征是以"官"的意志为转移的利益特权、"唯上是从"的制度安排、以"官"为本的价值取向、以是否为官和官职大小作为评价社会地位的衡量标准。中国两千多年的封建专制文化致使这种思想意识深入中国社会的方方面面，即使以追求真理为目的的大学也被纳入国家行政系统的体制结构。一些重点高校的行政级别被定为副部级，一般本科高校是厅局级，专科高校是副厅局级。高校内部也是官分多级，完全按照政府机构设置推行行政化模式。"官本位"思想和价值观助推着高校内部权力主体力量的不平衡，并且逐渐制度化。

---

① 佚名：《关于深化高等教育体制改革的若干意见》，载于《中国高等教育》1995 年第 10 期。
② 朱岚：《中国传统官本位思想生发的文化生态根源》，载于《理论学刊》2005 年第 11 期。

三、高校内部权力制约监督机制变迁的路径依赖分析

(一) 路径依赖分析

诺思认为,路径依赖,指的是一种制度一旦形成,不管是否有效,都会在一定时期内持续存在并影响其后的制度选择,就好像进入一种特定的"路径",制度变迁只能依照这种特定路径继续走下去。[①] 路径依赖之所以发生,是因为存在"报酬递增",即一旦一种制度被固定后,学习效应、协同效应、适应性预期和退出成本的增大将使得制度的改变变得越来越困难。[②] 我国高校内部权力制约监督机制形成的初始条件以及权力结构与权力关系长期的非对称性运行,已经造成内部利益分配机制的固化与权力失衡常态,这种制度习性成为阻碍权力制约监督机制改革的"路径依赖"。

政府的理性抉择。纵观新中国成立后我国高等教育管理体制改革历程,历经收权—放权—收权—放权的曲折过程,但无论是收权还是放权,都是旨在协调中央与地方政府之间的关系,也就是说,高等教育管理权力始终掌握在政府手中,高校缺乏办学自主权。

高校的理性选择。在长期计划管理体制下,高校内部逐渐形成与政府、高校之间关系相一致的权力制约监督机制,通过这种机制,高校可以很好地对外迎合和执行政府意图,习得各种沟通技巧,维护自身利益;对内可以使党委权力与行政权力共同掌控资源分配,制度习性可以长期维护某些利益相关者。高校已经适应这种制度路径,甚至高校内部一些教师因为利益或惰性也对现有制度路径产生一定依赖性,对改革持消极态度。这种制度保守和路径依赖从大学章程建设就足以说明。1998 年的《中华人民共和国高等教育法》规定申请设立高等学校要提交大学章程,并对大学章程应具备的内容进行规定,但直到 2010 年《国家中长期教育改革和发展规划纲要 (2010~2020 年)》明确提出"各类高校应依法制定章程,依照章程规定管理学校"时,各级各类高校才开始有所行动。没有大学章程,可能是领导说了算;有了章程,权力边界和使用就"有法可依",不同权力之间会产生制衡,从而打破长期形成的权力关系格局,但长期的制度路径以及制度习性使得大学章程易形式化,大学章程的落实任重而道远。

---

① [美] 道格拉斯·C. 诺思:《制度、制度变迁与经济绩效》,杭行译,格致出版社 2014 年版,第147 页。

② 董琼华:《论历史制度主义解析制度变迁的逻辑框架》,载于《嘉兴学院学报》2010 年第 4 期。

（二）制度变迁分析

在历史制度主义者看来，制度变迁既会发生在"正常时期"，又会发生在制度断裂的"关键性枝节点时期"。前者是指在现有制度框架下制度进行的"微量式增加"，是渐进的变迁，并且依据路径依赖程度的不同，旧制度体系会表现出制度开放与制度闭锁两种不同状态。制度开放是指旧制度体系具有很高包容性，允许被改造，甚至是大幅度改造的体系。这种情况下的制度变迁就会走缓和性的路径：制度功能变化和制度演进的渠道。所谓闭锁，是指某个系统与外界隔绝，不相联系，是旧制度体系拒绝变迁的一种状态①。一旦社会经济环境的剧烈变化引起巨大的新冲突，原有制度又在路径依赖作用下进入闭锁状态失去调适功能而不可能容纳这种冲突时，就会导致原有的制度出现断裂②。纵观我国高校内部权力制约监督机制发展历程，渐进式变迁与断裂式变迁均有体现。

断裂式变迁。制度断裂有两种形式：一是在外部巨大的冲击力下发生的制度崩溃；二是在内部矛盾（权力冲突）日积月累达到临界点时发生制度的瘫痪。我国高校内部权力制约监督机制变迁过程中仅出现过第一种形式，且发生过两次：第一次是新中国成立之时，建立了高度集权的高等教育管理体制，民国时期学习西方建立起来的现代大学模式突然崩溃。体制的改变决定着高校内部权力关系必然改变，高校内部权力制约监督机制在这个"关键性枝节点时期"发生断裂。第二次发生在"文化大革命"时期，政府对高等教育处于失控状态，这一时期更是高校内部权力制约监督机制变迁的关键节点。

渐进式变迁。我国高校内部权力制约监督机制变迁主要体现为渐进式变迁。1984 年之前的这一段时期，高校内部领导体制不断改变，但是无论如何变化，都是党委权力与行政权力二者之间的博弈，学术权力是缺失的，高校内部权力制约监督机制并没有发生实质性改变。1985～2009 年这一段时期，高校内部领导体制逐渐确定为党委领导下的校长负责制，高校内部改革也拉开序幕，党委权力与行政权力不断调适，学术权力力量有所提升，并且以法律形式保障下来，但在高校实际运行与管理过程中，学术权力形式化严重，职责和权力并没有真正体现出来。所以这两段时期，虽然政府管理高校的模式以及高校内部领导体制不断变化，但高校内部权力制约监督机制却是稳定的。2010 年以来，政府颁布一系列制度，"逼迫"高校打破现有权力结构和关系。但这种自上而下的强制性变迁并

①　董琼华：《论历史制度主义解析制度变迁的逻辑框架》，载于《嘉兴学院学报》2010 年第 4 期。
②　何俊志：《结构、历史与行为——历史制度主义对政治科学的重构》，复旦大学出版社 2004 年版，第 253 页。

不是旧制度体系已经瓦解和崩溃，而是在原有制度框架之下进行的制度改革和创新。只不过，这一时期进行的渐进式制度变迁与前两段时期存在差别，前两段时期是制度演进，是连续性、渐变性、局部性的温和式制度发展推进[1]。本阶段是制度功能的变化，一元或二元权力主体下的权力制约监督机制形成权力不平衡格局，是为了保障党委权力和行政权力主体的权力实现，这一时期的制度改革是为了实现多元权力的平衡，保障利益相关者的利益表达与诉求。历史制度主义者认为，制度的生成并不是一个纯粹设计的过程，而是一个冲突与设计的复杂组合过程[2]。制度的改革也同样存在这种复杂的过程，路径依赖必然阻碍改革，甚至会使改革目标发生扭曲。由此可见，2010 年以来的制度变迁是否能产生制度设计预期的目标，形成权力平衡格局，仍然在深入探索实践的进程之中。

四、结语

本书基于对我国高校内部权力制约监督机制变迁过程进行的描述与分析，得出以下结论：

高校内部权力制约监督机制直接受高校内部领导体制的影响，如果按其变化的自然时期来分，高校内部权力制约监督机制变迁可以分为七个时期，每个时期的权力制约监督关系都会发生或大或小的变化，但一些时期的变化并没有对权力制约监督机制产生实质性影响。但如果我们从更大更重要的特定历史事件出发，结合高校内部权力制约监督机制变迁总体特征来分析的话，我们可以分为三种权力制约监督关系与模式：一元权力制约监督机制、二元权力制约监督机制和多元权力制约监督机制。一元权力制约监督机制先后出现过两种形式：一是行政权力为"一元"；二是以党代政，党委权力为"一元"，是自上而下单向制约监督模式。二元权力制约监督机制体现出党委权力与行政权力调适，共同掌控高校内部权力资源分配，学术权力仍然缺失话语权和决策权，制度上对其权力的不明确规定使学术权力形式化。多元权力制约监督机制主要体现为学术权力地位和力量的提升，拥有一定的决策权和监督权，但在现实中，这两种权力的实施仍旧受到诸多因素的桎梏，尤其是大学行政化现象备受诟病，高校内部权力结构改革任重道远。

高校内部权力制约监督机制变迁深受宏观制度背景的调节和塑造，包括经济

---

[1] 周光礼、吴越：《我国高校专业设置政策六十年回顾与反思——基于历史制度主义的分析》，载于《高等工程教育研究》2009 年第 5 期。

[2] 何俊志：《论历史制度主义的制度生成理论》，载于《中国制度经济学年会论文集》2003 年，第443 页。

体制、集权管理体制以及传统观念。前两者影响使我国高校内部权力制约监督机制的变迁整体上呈现强制性制度变迁。所谓强制性制度变迁，是指国家在追求利益最大化目标下，以政府为制度变迁的主体，通过政策法令实施的自上而下的变迁①。每次重大的经济体制改革与转型，教育体制改革都会紧随其后，自上而下集体规划着高校的组织结构和组织行为。经济体制对高校内部权力制约监督机制的变迁起到决定性作用，高等教育集权管理模式直接影响着高校内部权力关系，促成权力制约监督机制格局的形成。传统观念通过扎根于制度来塑造行动者的个体偏好和目标确立，无论是制度制定者还是执行者都深受传统观念影响和束缚。

　　高校内部权力制约监督机制变迁呈现强烈的路径依赖色彩。新中国成立后建立起来的计划管理体制导致高校成为政府的附属机构，高校也运用政府管理高校的模式来管理自身，党委权力与行政权力居于主导。虽然高校内部权力制约监督机制面对外界压力和新的管理理念而历经多次调整，但在强大的"路径依赖"下，改革与创新都落在现有制度体系框架中，结局未能逃脱高校内部这种不平等的权力格局。

　　破解高校内部权力制约监督机制路径依赖需要明确以下三点：一是高校内部权力制约监督机制经过六十多年变迁，虽然未能打破高校内部权力不平衡格局，但经过自上而下的政策引导和自下而上的努力和实践，学术权力、民主监督在高校权力结构中的地位以及自身力量已经有很大的提升，制度环境的保障与高校内部不断创新与改革，为和谐权力关系的构建提供了必要条件。二是高校内部权力制约监督机制变迁有可能将到达一个"阈值"，即渐变式制度断裂即将出现。2010 年以来，政府为了解决高校内部权力不平衡和权力失范问题，出台一系列政策和措施，为高校内部权力制约监督机制变迁提供了重要契机。如果抓住这些契机，就是制度变迁的"历史否决点"，制度才会真正创新；反之，则又会强化路径依赖，走向死胡同。三是高校内部权力制约监督机制变迁在很大程度上依赖制度行动者对制度变迁的宏观影响因素和高校内部治理现状的深刻认识以及对高等教育发展规律的正确把握。这里的制度行动者既包括政治精英、政府官员又包括高校的领导者，也就是说，制度设计者与制度执行者只有共同努力和行动，才能推动制度创新，构建和谐平衡的内部权力制约监督机制。

---

① 卢现祥：《新制度经济学》，武汉大学出版社 2004 年版，第 177 页。

第四章

我国高校内部权力运行制约与监督

——校级层面的考察

从组织权力一般性特点出发，结合近年来我国大学治理（结构）、大学制度、大学文化的理论与实践，对我国高校内部权力运行的制约与监督情况，按照结构（structure）、制度（institution）、文化（culture）三个视角作以考察。加强高校权力运行制约与监督，要从完善领导体制和治理结构、健全和执行制度、培育和发展文化三个方面协同发力。

在文献分析的基础上，围绕高校内部权力运行状况，选取全国 23 所高校进行了问卷调查，包括：北京大学、人民大学、上海交通大学、同济大学、华东理工大学、天津大学、南开大学、河北大学、合肥工业大学、中国科技大学、东南大学、武汉大学、中南大学、中山大学、华南理工大学、兰州大学、西北工业大学、吉林大学、大连理工大学、东北大学、东北师范大学、大连海事大学、大连大学。其中一流大学建设高校 17 所、一流学科建设高校 4 所；中央部委所属高校 21 所、省属高校 1 所、市属高校 1 所；就学校所处的地域而言，包含华东 6 所、华南 2 所、华中 3 所、华北 4 所、西北 2 所、东北 6 所，发放问卷 500 份，回收有效问卷 450 份。此外，为进一步了解权力运行制约的详细情况，课题组对部分高校的领导和师生进行了访谈。同时，对第十二轮中央巡视高校发现的问题以及典型案例进行了援引和分析。

第一节　高校内部权力运行的结构制约

权力在大学无处不在，却看不见、摸不着、测不准，但我们可以通过对组织的内部结构给权力做"造影术"来间接观察其运行。结构对权力具有制约性，主要体现在三个方面：一是"结构"作为权力的载体塑造了权力形态；二是结构分化自然地衍生出权力分化—制约关系，主要是领导体制机制、内部治理结构中，权力的分工—整合；三是从组织设计上，按照职能分工设立专门的监督机构。

一、结构与权力制约

相对其他机构，大学从组织特性上是高张力的，从管理上来说是高协调成本的，一方面是大学的多功能、多目标、多主体特点，另一方面是不同学科背景的知识分子较难达成思想共识。但是，"尽管结构给大学高层管理者带来了沉重的协调方面的负担，这无疑是一种结构成本，但这个结构也给高级管理者提供了一种制度化的机会，让他大量地了解他所在大学的最重要产品或活动的特性，从而使其能够直接地把控这些产品或活动并促使其获得最终的成功。"[1]

具体到我国高校，权力划分是按照责任大小而定的，权力结构—功能耦合反映了权责关系，权力结构往往与赋予的权力相对应，权力功能则对应需要履行的职责，实质上也反映了权责的耦合。权力的分化—整合机制，体现为民主集中制的根本组织原则、决策规则，"民主"是一个分化发散的过程，"集中"是一个整合集中的过程。体制的可能性与机制的可行性，首先界定了领导体制，这是大学运作的核心，也是权力运行的核心，即党委领导下的校长负责制；然后界定了内部治理结构，我国高校的内部治理必须围绕党委领导下的校长负责制展开，体现中国特色的大学治理格局。

虽然在正式组织中，"权力属于结构，而不是个人"[2]，但是权力的行使离不开人和个体的行动。结构的使动性，在于权力具有"强制性达成"的功能，归根到底不是结构使动，而是人的能动，即权力主体按照具有制约性的结构，主动行

---

[1]　［美］罗纳德·G. 埃伦伯格：《美国的大学治理》，沈文钦译，北京大学出版社 2010 年版，第103 页。

[2]　［美］理查德·斯科特等：《组织理论：理性、自然与开放系统的视角》，高俊山译，中国人民大学出版社 2011 年版，第 233 页。

使权力，履行相应的职责。当然，权力的角色化行使，自然产生结构化权力的非结构化运用问题，绕开结构的制约和限制，出现公权私用、权力寻租现象，以及公共权力部门化、部门权力个人化、个人权力圈子化（即权力的非组织行为），这一点大学也概莫能外，即使历经数百年、制度严密的欧美大学同样存在权力滥用的可能，只不过可能更为隐蔽罢了。

当然还应该注意到，对权力的结构性制约，不仅仅是分工—分化一条路径，还包括整合—集中这一路径。我们不仅仅看到结构分化对权力的制约，也应该看到整合—集中对权力的制约，那些过于分散或涣散的权力，不仅仅可能造成群龙无首、一事无成，也有可能造成无法进行全力整合的滥权局面。

二、权力核心：党委领导下的校长负责制及权力关系

根据高等教育法规定："国家举办的高等学校实行中国共产党高等学校基层委员会领导下的校长负责制"，即"党委领导下的校长负责制"，这是我国公办高校的根本领导体制，也是大学治理中的"元治理"。

（一）党委领导下的校长负责制与权力界定

研究大学组织权力问题，如布林特和卡拉贝尔所说："要对制度起源与变迁分析，首先需要对制约组织的权力中心进行分析"[1]。我国公办高校的权力中心，由"党委领导下的校长负责制"这一根本领导制度所规定。从 20 年高等教育改革发展稳定的成功实践来看，党委领导下的校长负责制无疑是适合我国国情的制度安排。从权力运行制约与监督的视角考察，我们在将党委领导下的校长负责制视为一个不可分割的有机整体之下，可以进行职权分工方面的分析：一是依据"集体领导和个人分工负责的制度"安排，分析党委的集体权力和党委班子成员分管的权力；二是党委书记和校长的职权关系；三是党委和行政之间的职权关系。高校内部权力运行中的主要问题如表 4-1 所示。

表 4-1　　　　　　高校内部权力运行中的主要问题

问题	问题的反馈较多的前四个选项	占比（%）
党委权力存在的主要问题	（1）党委常委分工明确，但相互协调支持不足，内部条块分割严重	29.5

---

① ［美］沃尔特·W. 鲍威尔等：《组织分析的新制度主义》，姚伟译，上海人民出版社 2008 年版，第 360 页。

续表

问题	问题的反馈较多的前四个选项	占比（％）
党委权力存在的主要问题	（2）党委书记以及党委权力缺乏监督	15.3
	（3）党委议事规则、决策程序不清	14.1
	（4）党委领导与校长负责存在矛盾冲突，内耗较大	12.8
行政权力运行存在的主要问题	（1）副校长分工明确，但相互协调支持不足，内部条块分割严重	20.4
	（2）领导高校科学发展的能力有待加强	17.7
	（3）校级权力过于集中，基层缺乏自觉性、主动性	16.1
	（4）校长及行政权力缺乏监督	10.3
学术权力运行存在的主要问题	（1）学术委员会在学校重大事务中发挥作用不足	24.5
	（2）学术委员会对决策过程实质性的参与不足	21.1
	（3）学术委员会机制不健全，基本上处于"从属""摆设"地位	17.4
	（4）学术委员会所代表的学术权力虚化弱化	16.4

集体领导与个人分工负责。我国公办高校党委实行集体领导与个人分工负责相结合，坚持民主集中制，集体讨论决定学校重大问题和重要事项，领导班子成员按照分工履行职责。现代大学治理模式中，一种典型的做法是把学校内部最高的决策权交由一个领导集体，中美两国大学虽有很多不同，而在此点上相仿。但与美国的校外人员居多的"外行董事会"领导不同，我国高校党委或党委常委会组成完全是校内的、内行为主的领导集体；与美国绝大多数高校的董事会"议行分开"不同，我国高校党委或党委常委会构成人员兼具决策参与者和决策执行者双重身份。一方面看，内行领导的好处是熟悉学校的具体情况，能够迅速有力地把握决策事项的实质和关键所在，较少出现"瞎指挥"的问题；而"议行合一"的体制，使得决策成员也往往是分管领域执行者和"一岗双责"的监督者，可以很好地保证效率。但从另一方面看，却存在运动员、裁判员兼于一身的问题，由于是决策事项的"利益相关者"，内在地存在利己动因，往往基于分工领域的专业性，推动领导集体做出有利于执行、有利于获益、有利于免责的决策。另外，这种基于分工负责的权力，也容易造成"铁路警察，各管一段"，调查问卷（见表4-1）显示认为"党委常委分工明确，但相互协调支持不足，内部条块分割严重"的比例达到29.5%，影响学校整体目标的实现；同时对一些需要通力协作的重点难点工作，则又缺乏协作精神，或者容易出现推诿和"较暗劲"问题。而根据权责一致的原则来衡量，实行集体领导体制，虽然权力以集体名义行使，但是集体是无法具体担责

的（特别是一些议题实行一人一票的投票），这就需要权力的再集中或再分解，最终把责任落实到具体人身上，主要动议者和执行者同时因为是决策的主要参与者要为权力负责，而最终按下决策按钮的人要为权力负有最大的责任。

党委和行政的职权关系。一般认为，我国公办高校党委的最主要职责侧重于决策，而校长的主要职责侧重于执行。这是与美国高校董事会决策和校长管理学校的体制进行潜在对比得出的一种认识，有一定道理却并不尽然。除了党建工作外，我国公办高校党委也比美国公立大学的董事会管辖事项超出很多。高等教育法规定："中国共产党高等学校基层委员会按照中国共产党章程和有关规定，统一领导学校工作，支持校长独立负责地行使职权"，党委的职权包括贯彻大政方针、学校的重大事项、基本制度、干部人事、思想政治、文化建设、基层党建、群团组织相关的各方面事务，校长为代表的行政体系则依法行使拟定规划、组织教学科研等六个方面职权。在实际操作中，高校党委班子和行政班子成员多数交叉，如果校长办公会形成统一意见，则容易在常委会形成多数意见。以北京某部属高校为例，党委常委班子成员 11 人，其中校长、副校长任常委的人数是 7 人，已经形成多数。对北京、上海、江苏、浙江、辽宁、吉林等地 15 所各类高校进行统计，行政班子人数与常委人数之比为 0.75∶1，行政班子常委数与常委总人数之比为 0.62∶1，只有浙江、吉林的两所高校占比在 0.5∶1 以下。从长远来看，决策、执行、监督既要相互衔接，也要相对分离。虽然增加非行政班子常委人数并减少行政班子常委人数，可以实现决策执行相对分离，但也容易带来衔接的问题。

党委书记与校长的职权关系。党委书记和校长是大学的最重要的两位领导者，处在大学的权力核心，在党政不同工作领域往往被分别冠以"第一责任人"的角色。党委会或常委会上，党委书记掌握决策进程并集中多数意见形成决策，校长通过校长办公会或校务会议，一方面是党委决策的主要执行者，另一方面也是常委会或常委会的决策的主要动议者。虽然并不总是，但经常是党委书记和校长共同按下学校最高决策的按钮。毋庸讳言的是，党委书记与校长因为职权行使上的紧密联系，既需要互相协作，也需要互相监督。一段时期以来，高校党委书记和校长之间，职权划分存在一定模糊性。虽然"权限划分的模糊性要么导致权力争夺，要么导致推诿卸责"[①] 的观点在现实中并不尽然，但职权分工的模糊性，加上个人的能力结构、脾气秉性、气质修养等不确定的个性化因素，无疑使得两者之间的关系存在着一些变数，个别学校存在"一把手"之争。在调查中（见表 4-1），有 12.8% 的被调查对象认为"党委领导与校长负责存在矛盾冲突，内耗较大"。历史上党内法规和高等教育法对校长职权有具体条文规定，但对党

---

① 陈国权：《权力制约监督论》，浙江大学出版社 2013 年版，第 186 页。

委书记的职权缺乏明确表述。2014 年中共中央办公厅印发《关于坚持和完善普通高等学校党委领导下的校长负责制的实施意见》明确规定："党委书记主持党委全面工作，负责组织党委重要活动，协调党委领导班子成员工作，督促检查党委决议贯彻落实，主动协调党委与校长之间的工作关系，支持校长开展工作。"同时要求"建立定期沟通制度，及时交流工作情况。党委会议有关教学、科研、行政管理工作等议题，应在会前听取校长意见；校长办公会议（校务会议）的重要议题，应在会前听取党委书记意见。意见不一致的议题暂缓上会，待进一步交换意见、取得共识后再提交会议讨论"。这些制度对公办高校两位最重要的领导者规范行使职权发挥了建设性作用。当然，课题组通过访谈多位高校党委书记和校长，大家一致认为，再完善的制度也不可能界定书记校长关系的全部，制度上的规定是必要的，但是胸怀境界同样不可缺少，"两个人都非常想把学校搞好，这是最重要的共识和基础"。

学术与党政的权力关系。大学作为学术组织，无论学校党委还是行政，抑或学术本身，如何确保学术沿着正确轨道发展，都是大学的核心议题。为确保党委和行政对涉及学校发展的重大学术问题做出正确决策，一方面从权力运行的角度，要对最终决策权有所制约和监督；另一方面从学术工作的专业性来讲，也有赖于学术方面的意见为最终决策提供依据。基于以上两点，在治理结构中，应当适当向学术作横向的权力让渡。1998 年高等教育法明确规定"高等学校设立学术委员会"，按章行使学术评议、审定、调处、决定权力，有效支撑并推动了党委和行政决策的规范性、科学性，也从法律上确立了学术机构的大学治理意义。但是调查也发现，高校在党委权力、学术权力、行政权力的运行情况比较中，23 所问卷高校的学术委员会及其职能发挥情况相对问题较大，运行状态一般或不好的评价比例高达 74.3%。通过访谈也有一种观点认为，与美国的"外行董事会"不同，也与欧美大学的评议会相区别，我国高校学术权力在校级的实现方式，主要是通过学科代表性人物，使学术权力直接融入或进入领导体制参与决策。根据网络公开的信息，并根据信息的易得性，选取 15 所"双一流"建设高校为样本进行统计，其中具有博士生导师资格的党委常委、行政领导班子成员比例达到 75.9%，党政领导班子成员的学科分布与所在高校的优势学科的社会认知大体一致，且 15 所高校校长所在学科均为该校的强势学科。由此，行政的归行政，学术的归学术，可能只是一种理想模式。正如马丁·特罗所说美国大学的情况："一所学院或大学的校长既是行政领导也是学术领袖"[1]，中国大学的校长同样身

---

① Trow, M. Comparative Reflections on Leadership in Higher Education. *European Journal of Education* 1985, 20: 143 – 159.

兼行政领导者和学术带头人的双重角色。很多高校学术委员会制度设计时，校长为首的行政人员集体退出学术委员会，其实际运行与行政的联系反倒不如原来畅通，有可能使学术委员会的处境边缘化。此外，在学校层面的很多学术组织，如学位评定委员会、教学指导委员会、职称评定委员会、学风建设委员会等职能比较"实"的学术评议组织，并没有整合到学术委员会框架下，而是仍然在原有轨道各自运行。而从学术委员会自身建设来看，只有极少数高校单设了学术委员会秘书处，多数是指定学校办、学科办、人事处、规划处、科研处等兼行秘书处职责。访谈中也有人认为，高校的学术委员会在学术事务把关中，作用是好的；但是涉及学校前途命运的重大学术事务的动议和决策，是不能完全交由学术委员会拍板的，一方面是学术委员会中没有人可以对这个决策负责，也无法负责；另一方面学术委员会很难在确定战略重点方面形成统一意见，可以一致不赞成什么，但却很难一致赞成什么。

（二）监督体系构建与职权分工

我国公办高校的内部监督体系包括党的自我监督（党委对班子成员及下属单位的监督、党委会对常委会的监督、党代会对党委的监督、领导班子成员的互相监督、党员和基层组织对党委及领导干部的监督等）和群众监督（教代会、学代会等）；包括自上而下的组织监督、自下而上的民主监督、党委班子成员之间的相互监督，目前已形成党委统一领导的党内监督、行政监察、审计监督、民主监督、群众监督相衔接的监督体系。下面主要介绍一下党内监督和民主监督的情况。

党内监督：主体责任和监督责任的分工。党的十八大以来，以习近平同志为核心的党中央站在从全面从严治党的高度，强化主体责任和监督责任，他认为："主体责任强调握有权力的各级党组织及其负责人都是责任主体，必须担负起全面从严治党的主体责任。有权就有责，权责要对等。落实主体责任是对各级党委（党组）的政治要求，也是各级党委（党组）的法定职责。党委能否落实好主体责任直接关系全面从严治党成效，全面从严治党责任能不能担当起来，关键在主体责任这个"牛鼻子"抓没抓住。"① 我国高校在实践中由此推动党委主体责任和纪委监督责任的相对分离，上级党委和纪委对高校纪委的垂直领导得到加强，在高校内部纪委则对党委权力形成一定横向制衡。

党的十八大以来，高校纪检监察工作在实践中不断推进，但也还存在一些问

---

① 习近平：《全面落实党内监督责任》，引自《习近平谈治国理政》第二卷，外文出版社 2017 年版，第 185 页。

题。从近年来针对各高校政治巡视反馈意见来看，有的纪检监察监督存在偏差，有的覆盖不够全面，有的监督重点把握不准，有的监督方式方法单一；从监督角度管党治党存在宽松软，该提出疑义时不发声，该提醒的不提醒，该较真碰硬时轻描淡写，导致监督的权威性下降，监督对权力的规范和制约达不到预期效果等。问题的实质还是监督责任落实不够。根据调查问卷显示，对于高校出现的党风廉政建设问题，有15.3%的受调查对象认为"党委书记以及党委权力缺乏监督"，12.6%的受调查对象认为"党风廉政建设不到位，党内监督制约乏力"。

调查发现，高校内设纪委作为专责监督的机构，自身建设存在一些不容忽视的问题：一是"三转"不到位，有的高校党委主体责任落实不到位，依旧习惯于让纪委充当"救火队""开山斧"的角色，有的高校纪委自身还存在着不想转、不愿转的问题，有的担心从严监督执纪问责容易得罪人，有的舍不得以前的那些权与利，在工作中有所顾虑；二是纪委运行不规范，多数访谈高校纪委没有专门的议事规则，纪委作为上级党组织和高校党委领导的专责监督的"委员会"，本应按照民主集中制行使的执纪监督职责，被更多地赋予纪委书记、纪委办公室代行；三是纪委委员的构成不合理，有的高校重点领域和关键环节部门的负责人当选纪委委员，出现"自己监督自己"的问题；四是高校纪委领导体制方面，以往更多听命于学校党委；五是纪委查办案件手段有限；六是高校纪委与学校行政监察的关系尚待进一步理顺。近年来高校出现的腐败刑事案件，很少是由学校纪委发现并移送司法机关处理的。

民主监督：以教代会为例。教职工代表大会、学生代表大会代表学校教职工、学生，实现自己的权益表达和维护，运用民主权利，参与学校民主管理和民主监督。党委与教职工代表大会、学生代表大会是领导与被领导的关系。党委应充分尊重教职工代表大会和学生代表大会的意见，确保其民主权利，维护其切身利益，充分发挥其积极性、创造性。同时，民主管理也受到法律法规的保护，《劳动法》《工会法》《教育法》《教师法》《高等教育法》等都对此作了具体规定。

2011年教育部通过了《学校教职工代表大会规定》，其中第七条规定：教代会具有审议建议权、审议通过权、讨论决定权和监督评议权四项职权。实际运作中，各高校通常结合学校的实际情况，制定"教职工代表大会实施细则"或"教职工代表大会工作规程"，作为教代会落实职权的依据，操作方式也大同小异。如听取和审议的内容一般包括：学校《章程》草案的制定和修订情况报告、学校发展规划、教职工队伍建设、教育教学改革、校园建设以及其他重大改革和重大问题解决方案的报告、学校年度工作、财务工作以及其他专项工作报告等，并提出意见和建议；讨论的内容主要有：讨论通过学校提出的与教职工利益直接相关的福利、校内分配实施方案以及相应的教职工聘任、考核、奖惩办法。从民主监督的角度，高校建立有校情通报、教职工代表巡视、提案及办理等沟通机制、校务公开制度等。对于教职工代表提出的意见和建议，理论上要求高校相关职能部门合理吸收采纳，不能吸收采纳的，应当作出说明。我国高校教代会制度具有明显的中国特色，对于推动中国高校的民主管理，促进高校现代大学制度的完善起到了积极作用。

调查中（见表4-2）发现，各高校教代会的具体组织架构和工作模式大同小异。教代会全体代表大会是最高形式的组织，大多设有常设的执委会，工会是教代会的工作机构。各高校根据自己的实际情况，教代会还会设置若干工作委员会负责行使职权，保障广大教职工对学校内部事务尤其事关教职工切身利益决策问题的知情权、参与权、表达权、监督权。以教代会全体代表大会为例，每三到五年为一届，每学年至少召开一次，如遇到学校有重大事项，经学校、或学校工会或三分之一以上教职工代表大会代表提议，召开教职工代表大会特别会议或临时会议，行使职权。这样的组织安排，表明教代会应成为学校决策机制的有机组成部分，充分表达教职工群体的利益诉求。但现实情况是，在高校内部治理中，由于教代会并非学校的权力机关，对高校内部权力运作还存在弱督、虚督、失督的现象，教代会民主监督仍然存在职权的形式化问题。问卷调查显示，被调查高校对教代会职能发挥所存在问题选项最多的是"作用不足""地位不重要"，民主权利未得到有效保障。

表4-2　　　　　　　　高校教代会职能发挥中的主要问题

问题	选择最多的四个选项	占比（%）
教代会职能发挥中的主要问题	（1）教代会在学校重大事务中发挥作用不足	32.0
	（2）教代会机制不健全，基本上处于"从属""摆设"地位	21.9
	（3）教代会所支撑的师生员工民主权利弱化	20.2
	（4）普通教师的权益得不到代表	16.8

三、权力结构：治理视域下的权力网络

2013年党的十八届三中全会提出："全面深化改革的总目标是完善和发展中国特色社会主义制度，推进国家治理体系和治理能力现代化。"治理理念的兴起，对于中国的政治发展，乃至整个中国特色社会主义现代化事业来说，具有重大而深远的意义。

高等教育治理乃至高校内部治理的现代化，是国家治理现代化的应有之义。2010 年教育规划纲要首次提出"完善中国特色现代大学制度"，并就"完善治理结构"提出："公办高等学校要坚持和完善党委领导下的校长负责制。健全议事规则与决策程序，依法落实党委、校长职权。完善大学校长选拔任用办法。充分发挥学术委员会在学科建设、学术评价、学术发展中的重要作用。探索教授治学的有效途径，充分发挥教授在教学、学术研究和学校管理中的作用。加强教职工代表大会、学生代表大会建设，发挥群众团体的作用。"2019 年印发的《中国教育现代化 2035》把"推进教育治理体系和治理能力现代化"作为十项重点内容之一，提出"提高学校自主管理能力，完善学校治理结构，继续加强高等学校章程建设。"

我国高校内部治理结构中，党委的作用并非与其他治理元素呈并列关系，而主要体现在要坚持中国共产党在高校治理现代化进程中的全面领导地位和核心作用。中国共产党既是中国特色社会主义建设领导的核心，也是推进治理现代化的核心力量。要保持党的根本宗旨与党的性质一致性，并适时发挥中国共产党党组织在群众基础、组织结构、领导制度、治理政策、执行方式和意识形态等方面的领导作用。①

治理理论作为一种网络化的公共行为，强调通过互动的程序和系统的谈判来确定治理目标、手段、价值体系和行动逻辑，已成为探索政治关系实践新原则的重要理念和分析方法。但与此同时，随着实践和研究的深入，治理的困境也被不断发现，主要表现在以下三个方面。一是去中心化的后现代性倾向可能导致权责边界模糊，使得每逢问题发生时出现责任推诿与相互扯皮。例如众多的治理主体间由于缺乏一个绝对的权力和权威，协同共治的行动权力也意味着责任共担，但法不责众的理念使得在承受结果时出现量责过轻或过重的现象。二是多元利益相关者合作共识达成的效益性与可能性有待商榷，过分地强调多元利益整合与兼顾，可能使得行动方案难以形成或难执行。三是偏好协商的民主治理技术细节任重道远，使得治理网络中或多或少地存在着寻租设租行为。

元治理（meta-governance）是对治理理论与实践缺陷的反思与修正，由英国著名政治理论家鲍勃·杰索普（Bob Jessop）在 1997 年最先提出。② 通过强调国家元力量在治理行为中的设计、规制、调整元作用，以期实现科层、社会、市场治理思路的"新组合"，推进多元公共利益有效整合。作为一种内涵更为丰富的公共治理框架，元治理不仅提供了一个参照系，也为加强党的全面领导，提升中

---

①② 张海洋、李永洪：《元治理与推进中国国家治理能力现代化的耦合逻辑及实现理路》，载于《理论导刊》2016 年第 9 期。

国国家治理体系、治理能力现代化提供了一种理论支撑。

根据中央第十二轮巡视 29 所中管高校反馈意见，结合近年来高教系统发生的违法违纪案件来看，高校在完善内部治理结构过程中，权力运行既出现过于集中的问题，同时又出现"去中心化"问题。一方面，行政权力越位和缺位问题同时存在，有的过于强调学术本位弱化了党的领导，有的过于强调"去行政化"削弱了学校管理，局部出现权力真空和监督盲点，一些干部奉行"好人主义"，各不干涉、各逐其利；另一方面，学术权力、民主权利未能得到很好发挥，相关制度虽然建立起来了，但缺乏强有力的引领和支撑，容易使本就相对弱势的学术权力、民主权利边缘化，既不能主导学术事务或参与民主管理议程，也不能有效发挥制约监督作用。权力被滥用，可能意味着不该作为的乱作为，也可能意味着该作为的不作为，其根本是权力与责任不对等。任何一个组织采用"元治理"，就意味着强化了权力的核心，而这个权力核心必须要从根本上解决权责匹配的问题。

四、权力机制：民主集中制与权力分化整合

组织的分化—整合是社会组织最基本的演化（evolution）机制，也是权力运行的最基本机制。我国大学内部权力运行的最主要分化整合机制是"民主集中制"。民主集中制是我们党的根本组织制度和领导制度，也是写入宪法的国家机构的根本原则。

帕森斯和普拉特在他们关于美国大学的权威著作中指出："高等教育最为引人注目的特征之一就是大学内部各种功能的分离，这一分化（differentiation）是更大范围的社会分化的反映，这种分化的要求并不排除总体整合的可能"，[①] 事实上分化与整合的可能性互相补充不仅是帕森斯社会学最核心、最集中的主题，也恰恰揭示了人类社会及社会组织演化的一个基本的机制（包括社会组织的结构、制度、文化演化及权力等各个方面），分化—整合的对立统一、反变背驰构成社会组织发展的主要动力机制。

民主与集中的是对立统一的一对范畴。民主的过程往往体现为权力的分化，如前面所介绍的权力的分工，也包括决策会议上，参与决策的成员、利益相关者充分发表意见；集中的过程往往体现为权力的整合，对各方面的意见进行汇总加工。

---

① Parsons and Platt. *The American University*. Cambridge，Massachusetts：Harvard University Press，1973：173 - 199.

在权力的分化整合过程中，很容易出现权责失衡的问题。在组织中若是集权过度，剥夺了下级应行使的权力，则形成上级"擅权"，其结果常常会妨碍组织成员工作的正常开展，制约下级积极性的发挥。另外也应该看到过度分权，把上级应掌握的权力分散给下级，其结果则会导致管理上的失控，造成组织的混乱。因此，处理好集权与分权的关系，是实现管理有效性的重要组成部分，管理者应注意把握好集权与分权的适度。在集权方面要重视方向性、战略性问题。但是在民主—集中或者权力分工—整合的动态过程中，经常会在局部出现权责失衡或者权责分离，脱责的权力往往隐藏着较大的廉政风险。

在我国高校党委常委会这一决策平台上，就某一决策议题，列席职能部门和院系单位、领导班子成员、校长依次发表意见，党委书记通常最后表态，同时他要集中党委常委成员的意见作出决策，或根据决策形式的要求，主持进行票决或表决。一是在酝酿机制上，重要的议题往往需要会前比较充分的小范围磋商，党委书记和校长形成一致意见，很少出现上会"闯关"的情况，因而也极少出现大的变数。二是在权力的结构性分配上，学校党政对重大学术问题进行决策，要首先听取学术委员会的意见，涉及教职工和学生切身利益的，要听取教代会和学代会（学生会）的意见，很难想象在普遍反对的情况下该动议能通过决策。学术委员会真正的价值，一方面在于为决策提供专业性的支撑，另一方面则通过一种结构性分权和体制化的安排保障学术民主，能够在事情滑向比较糟糕的境地之前发挥"刹车"作用，而并非重大学术决策完全按照自己的意愿付诸实施的"驾驶员"，教代会、学代会的作用也相类似。三是在决策的技术实现上，各类专门领导小组发挥权力分化—整合的作用，如干部工作必须经过党委书记、校长、分管组织工作的副书记、纪委书记等为成员的干部领导小组的研究形成方案，方可提交学校党委常委会讨论决定；另外对专业性、技术性较强的重要事项，一般也由专门的领导小组汇集专家评估及技术、政策、法律咨询。而对事关师生员工切身利益的重要事项，一般通过教职工代表大会或其他方式，广泛听取师生员工的意见建议。

通过中央巡视反馈和访谈发现，当前高校贯彻党委领导下的校长负责制、执行民主集中制方面的主要问题，存在着独断专行和软弱涣散两种倾向。有的学校领导班子重大决策的出台，重要干部的任免，搞个人或少数人说了算，有的甚至践踏党内民主，将个人凌驾于组织之上；有的领导班子该集中的集中不起来，该坚持的坚持不下去，议而不决，决而不行，闹不团结，内耗严重。有的干部对存在的问题不敢抓、不敢管，息事宁人，当"老好人"。

五、权力流动：事务流与权力流

结构和体制往往是静态的，只有关系和机制才是活生生的。权力运行类似血液循环的机制，它的循环是结构化的流动——类似沿着血液循环系统流转，形成一个完整的闭环系统。把静态的结构和体制连接起来的，就是权力主客体、权力结构之间各种复杂的非线性关系及其交互机制。

权力关系通常会被深深植入那些已经固化的结构关系之中，成为一种体制化和制度化的机制；当然权力关系通常也会深深嵌入被那些遵循它们的人视为理所当然的行为模式，尤其是嵌入例行化行为，成为一种有规可循的流动。"在组织中，权势还归属于那些占据关键边界角色的人。联系重要资源的提供者、协调关键的管理机构的要求以及体现制度行动者意愿的个人或团体在所服务的组织中都拥有一定的权力和权势"，且"个人或子单位的权势大小与他们与工作流中心的距离、是否容易被替代和处理不确定性来源的能力有关。"①

在高校，处于工作流（事务流）中心位置的是党委常委会和校长办公会。按照事务流的思路控制权力流动，有两条途径：一是围绕重大事项的决策，特别是围绕"三重一大"决策事项（涵盖重要干部任免、人才使用、阵地建设，重大发展规划、项目安排、资金使用、评价评奖），由党委集体研究决定，形成党委统一领导、党政分工合作、协调运行的工作机制，在党委常委会决策平台以决策事项的方式行使和流动，现在部属高校已经普遍形成了规范。以某受访高校为例，每年大约召开党委常委会 20～35 次，校长办公会略多一些，一般为 30～40次。党委常委会平均上会议题 5～10 个，年均议题 150～300 项，校长办公会上会议题一般 10 个，年均议题 300～400 项。这些决策事项形成的"事务流"，主要围绕人、财、物等重要资源行使权力。二是完善内控制度的角度，通过制定制度、实施措施和执行程序，对经济活动的风险进行防范和管控，部属高校普遍建立了主要针对经济活动的内控制度，相关体制机制正在形成完善过程中。

但是在调研中也发现，一是有的高校党委常委会和校长办公会议事决策规则不够明确、范围不够清晰、程序不够规范。比如有的高校 2018 年党委常委会召开 105 次，校长办公会只有 31 次，而有的高校则常委会开会较少，平均 1 个月只有 1 次。有的"大事议不透、小事议不完"，该上常委会决策的不上会，不该上会的却上会讨论。二是有的班子在"三重一大"事项研究决策、执行中，不能

---

① ［美］理查德·斯科特等：《组织理论：理性、自然与开放系统的视角》，高俊山译，中国人民大学出版社 2011 年版，第 216 页。

充分发扬民主、进行正确集中，有的搞"一言堂""家长制"，有的班子成员不直言、不担当、不作为。三是健全依法决策机制，构建决策科学、执行坚决、监督有力的权力运行机制方面存在缺失。

第二节　高校内部权力运行的制度规约

新制度经济学代表人物诺思提出："制度是一个社会的游戏规则，或更规范地说，它们是为决定人们的相互关系而人为设定的一些制约"，包括"正规约束"（例如规章和法律）和"非正规约束"（例如习惯、行为准则、伦理规范），以及这些约束的"实施特性"[1]，诺思所讲制度，实则偏重微观社会组织，分出了显性制度、隐性制度，强调了制度的约束性和实践性。他的制度概念对大学组织的"制度"界定具有借鉴意义。在我们经常讲到的"大学制度"，也相应地有广义和狭义之分，广义指国家范围内按照中国特色、现代标准建立的一整套和高等教育相关的法律、政策等规则；狭义则指高校内部建立的中国特色、现代标准、学校实际的一整套运行规则。

一、大学制度体系的外部建构

组织与其外部环境之间的复杂互动关系一直都是组织研究领域最为热门的话题之一。这种互动关系要求组织必须关注其外部的有效性，组织高效的内部运作，保持与外部环境因素的契合，以实现组织在发展上的适应、引领和超越。组织制度理论学者认为，外部环境中的法律、规则、信念等制度会约束组织的结构与行为；组织也要展现出与社会要求相匹配的内部制度安排，以获得社会认可并获取外部资源。[2]

我国公办高校的根本属性是中国共产党领导下的中国特色社会主义大学，"公有""公办""公益"，大学制度主要来源是国家法律政策供给，有很强的统一规定性。近年来，为提高质量、激发活力，国家不断加大向高校放权力度，赋予高校更多自主权；同时也加大了宏观治理力度，要求并指导高校办学自律。

---

[1]　［美］道格拉斯·C.诺思：《制度、制度变迁与经济绩效》，上海三联书店1994年版，第50～74页。

[2]　陈嘉文、姚小涛：《组织与制度共同演化：组织制度理论研究的脉络剖析及问题初探》，载于《管理评论》2015年第5期。

一是管方向管原则的制度。2016 年全国高校思想政治工作会议上，习近平总书记发表重要讲话。会议印发《中共中央国务院关于加强和改进新形势下高校思想政治工作的意见》强调，要加强和改善党对高校的领导，要完善高校党的领导体制，坚持和完善普通高校党委领导下的校长负责制，高校党委对本校工作实行全面领导，履行管党治党、办学治校的主体责任，把方向、管大局、作决策、保落实，切实发挥领导核心作用。

二是国家立法确立的法律制度。全面依法治国的总体框架下，中国特色社会主义法律体系基本形成，包括《教育法》《教师法》《高等教育法》等形成较为完备的教育法律体系，其中《高等教育法》1998 年制定，2015 年修正，为高校依法办学、依法治校提供了基本遵循和法律保障。

三是党内法规周延而形成的制度。全面加强党的领导，"打铁必须自身硬"。党的十八大以来，中央高度重视党内法规体系建设，共出台或修订了 90 多部党内法规。这标志着党的十八大以来党内法规体系基本建成，制度的"笼子"不断扎紧扎密扎牢，为全面从严治党提供了制度保障。这些党内法规，是高校加强党的领导，加强党的建设，全面从严治党、从严治校的有力武器。

四是完善高校治理的框架性制度。围绕高等教育治理体系和治理能力现代化，2010 年中央印发《国家中长期教育改革和发展规划纲要（2010～2020 年)》进行顶层设计。2011 年发布《高等学校章程制定暂行办法》《学校教职工代表大会规定》，2014 年中办印发《关于坚持和完善普通高等学校党委领导下的校长负责制的实施意见》，2015 年发布《高等学校学术委员会规程》，以上几个重要规章文件为完善高校内部治理结构、建设中国特色现代大学制度奠定了基石。

其中特别需要强调的是 2010 年《教育规划纲要》，在中央文件中首次提出"完善中国特色现代大学制度"。明确了思路框架和主要任务："完善治理结构。公办高等学校要坚持和完善党委领导下的校长负责制。健全议事规则与决策程序，依法落实党委、校长职权。完善大学校长选拔任用办法。充分发挥学术委员会在学科建设、学术评价、学术发展中的重要作用。探索教授治学的有效途径，充分发挥教授在教学、学术研究和学校管理中的作用。加强教职工代表大会、学生代表大会建设，发挥群众团体的作用。"

以高校党委常委会、校长办公会、学术委员会、教职工代表大会四种高教法法定的决策议事会议制度为例（见表 4－3），相关法律法规都做出了比较详尽的规定，给高校也留有一定的自主空间。但是，在一些问题上也还有不够明确之处，比如学术委员会、教代会的议题动议和议程确定问题，在实际操作中存在不同方式，也决定了学术委员会、教代会作用的发挥效果。

表4－3　　　　　　我国高校校级四种法定决策议事会议制度比较

分类	党委会（常委会）	校长办公会	学术委员会	教职工代表大会
法定依据	关于坚持和完善普通高等学校党委领导下的校长负责制的实施意见	关于坚持和完善普通高等学校党委领导下的校长负责制的实施意见	高等学校学术委员会规程	学校教职工代表大会规定
法定人数	党委会15～31人（常委会7～11人）	学校行政领导班子成员	不低于15人的单数。其中，担任学校及职能部门党政领导职务的委员，不超过委员总人数的1/4；不担任党政领导职务及院系主要负责人的专任教授，不少于委员总人数的1/2	以教师为主体，教师代表不得低于代表总数的60%，并应当根据学校实际，保证一定比例的青年教师和女教师代表。民族地区的学校和民族学校，少数民族代表应当占有一定比例
	全委会必须有2/3以上委员到会方能召开（会议必须有半数以上常委到会方能召开；讨论决定干部任免等重要事项时，应有2/3以上常委到会方能召开）	会议必须有半数以上成员到会方能召开	学术委员会主任委员负责召集和主持学术委员会会议，必要时，可以委托副主任委员召集和主持会议。学术委员会委员全体会议应有2/3以上委员出席方可举行	教职工代表大会须有2/3以上教职工代表大会代表出席
	表决事项时，以超过应到会委员（常委）人数的半数同意为通过表决事项时	—	重大事项应当以与会委员的2/3以上同意，方可通过	选举和表决，须经教职工代表大会代表总数半数以上通过方为有效
任期	5年	3～5年，在同一岗位连续任职一般不超过十年	4年，连任最长不超过2届	3年或5年为一届

分类	党委会（常委会）	校长办公会	学术委员会	教职工代表大会
决策机制	党委书记主持会议，集中意见、表决或无记名票决	校长主持会议，在广泛听取与会人员意见基础上，对讨论研究的事项作出决定	无记名投票或表决	
动议机制	会议议题由学校领导班子成员提出，党委书记确定	会议议题由学校领导班子成员提出，校长确定	会议议题由学校提请学术委员会审议；经学术委员会主任委员或者校长提议，或者 1/3 以上委员联名提议，可临时动议	教职工代表大会的议题，应当根据学校的中心工作、教职工的普遍要求，由学校工会提交学校研究确定，并提请教职工代表大会表决通过

二、作为大学"宪法"的大学章程

教育规划纲要提出："加强章程建设。各类高校应依法制定章程，依照章程规定管理学校。"《中国教育现代化 2035》再次明确了加强大学章程建设和实施的重大课题。近年来，在中央统一领导下全面推进中国特色现代大学制度的建设，各高校加快构建以章程为统领的内部制度体系，截至 2017 年底，全国所有高校全面启动章程制定工作，中央部属高校全部发布经核准的章程、全面进入依章办学阶段，这在我国高等教育史上是第一次，具有里程碑意义。

1998 年颁布的《高等教育法》对高校章程的内容进行了规定，从此大学章程的制定有了法律依据。较早制定章程的有黑龙江大学、佳木斯大学、扬州大学、吉林师范大学等学校，2005 年《吉林大学章程》正式发布，到 2007 年共有23 所中央直属院校向教育部提交了章程或草案。2012 年《办法》正式实施后，教育部选取了华中师范大学、东南大学、东华大学、上海外国语大学、中国人民大学、武汉理工大学作为首批章程制定试点高校，六所高校分布于华北、华中、华东，涵盖了综合类、师范类、理工类、语言类等大学。2013 年 10 月 8 日，首批试点学校制定的章程通过了教育部高等学校章程核准委员会第一次会议评议并通过了教育部审议，于 2013 年 11 月 28 日正式发布生效。之后根据教育部工作安排分批次陆续通过了教育部部属高校和经过主管部委同意委托教育部核准的

84 个大学章程，到 2015 年 6 月完成了教育部直属高校章程制定工作。

规范大学内部的权力配置、监督与制衡关系是现代大学制度的核心内容。《高等学校章程制定暂行办法》第四条明确各高校要"依法完善内部法人治理结构，着重完善学校自主管理、自我约束的体制、机制"，并在第十条进一步强调，章程应当结合学校实际对内部组织框架和治理结构进行科学设计，使各管理层级与系统之间的职责权限、管理程序与规则得到明确。可见，现代大学制度遵循权力多元制衡的逻辑，倡导不同部门通过治理权力和治理责任的分担，实现主体权力的相互制衡和主体责任的相互监督，进而保障大学的有效运行。

对 84 所高校大学章程制度文本进行分析，内部治理结构是大学章程的核心内容，包括了对党委领导下的校长负责制、学术委员会制度、以教职工代表大会为主的民主管理制度等安排。章程中关于党委、校长、学术委员会、教职工代表大会职能和运行机制的规定，各高校都明确党委领导下的校长负责制，党委、校长的职责高度的雷同，党委主要"贯彻党的方针政策，坚持社会主义办学方向"，"领导思想政治和德育工作、维护校园和谐稳定""负责党组织建设、领导党的纪律检查工作、领导群众组织，开展统战工作""讨论决定学校改革发展稳定教学科研的重要事项和管理体制"。校长的职能表述为：制定学校管理具体的规章制度；拟定内部组织机构设置；推荐副校长人选；拟定学校发展规划，制订发展改革方案，制订年度工作计划，拟订年度经费预算；管理学生学籍，按照规定对其实施奖惩；聘任或解聘教职员工。学术委员会、教职工代表大会的职能表述存在类似问题，职能的表述多数都是照搬国家颁布的规章制度，如《学校教职工代表大会规定》《高等学校学术委员会规程》《关于坚持和完善普通高等学校党委领导下的校长负责制的实施意见》《中国共产党普通高等学校基层组织工作条例》，学校内部治理结构缺乏自身特色。从大学章程生长的逻辑来看，章程是把学校办学过程中适合学校的经验进行总结并以章程的形式固定下来，而我们目前主要是外部推动为主，章程的制定乃至执行缺乏内在的动力。

大学章程既要规定学校党委、学校行政和学术权力的主体界分和职能定位，还应就组成人员、产生方式、决策规则、运作程序等作出相应的规定；不但要规定教职员工和学生的权利与义务，还要规定教职员工和学生权利的实现机制和救济机制，并且这种实现机制和救济机制应当细化为可操作的规则，而不仅仅是原则性规定。毋庸置疑，这种全面和细化的规范模式在扩展学校章程内容的同时，必将形成学校特色鲜明的制度体系。但是遗憾的是，目前高校章程文本具有本校特色的内容总体上还比较少，多数内容属于规定性内容，只是行文顺序、表达方式比较个性化而已。

由此也产生大学章程的脱耦（decoupling）问题。新制度学派认为，技术环境和制度环境对组织具有不同的影响。技术环境要求组织内部的结构和运行程序满足技术效率；而制度环境则要求组织内部的结构和制度符合社会公认的"合法性"（legitimacy），也就是采用在制度环境中已被广为接受的组织形式和做法，而不管这些做法对组织的内部运作是否有效率。因此，制度环境对组织的要求可能与技术环境相矛盾。为了满足这些相互冲突的环境要求，组织的一个重要对策是把组织的内部运作和组织的正式结构分离开（loose coupling）。一个组织建立了许多的规章制度却并不真的实施，这可能是因为这些规章制度只是为了应付制度环境的要求，与它的内部运作无关。我国高校在开展章程等现代大学制度建设过程中也在一定程度上遇到了此类问题，大学制度建设、章程建设是出于办学"合法性"需要、外部的强制要求和内部的"策略性"选择，因而直接表现为制度虚化、发挥作用有限（见表4-4）。为了提高治理能力，我们一方面补足制度短板，完善制定了很多制度；但另一方面，由于制度脱耦，高校内部很多制度又处于空转状态，甚至成为摆设。一些重大事项的决策，貌似经过层层规范的程序，按照规定的制度而形成，但实质上只是走了形式，否则很难解释一些违纪案件和权力失范问题的发生。

表4-4　　　　　关于章程等制度运行执行情况的调查反馈

序号	问题（前四项）	选择占比（%）
1	制度建设与制度落实相脱节，很多制度没有实施或实施不好	20.7
2	学校内部很多制度、规定各出一门，相互支持不够，甚至相互矛盾	20.2
3	学校章程与制度体系相分离，章程没有起到根本大法的作用	15.6
4	学术权力的保障存在形式制度化与实质制度化的问题	10.5

之所以出现章程等制度脱耦问题，如迈耶和罗恩指出，"脱耦是解决制度神话和组织绩效之间结构性矛盾的核心之道"。制度环境对组织的影响及组织的对策。制度化过程是一个不断采纳制度环境强加于组织之上的形式和做法的过程，但是组织制度变迁是一个渐进的过程，任何制度若发挥实质性作用，必须与文化传统契合在一起（这一点在文化部分还要论述），违背了组织的传统，则这种制度顶多在表面发挥作用，实质上则更多由习惯性的做法（文化传统）主导。脱耦对组织的影响，一是组织间的趋同现象，即为了与制度环境认同，各个组织都采用了类似的结构和做法，因为组织的大环境是一样的，所以他们的做法都非常相似。二是组织之间的相互模仿和学习，这些模仿和学习减轻了组织的动荡，因为

它扎根在制度环境里，得到了合法性不容易受到环境的冲击。① 此外，脱耦还应有第三方面的影响，即组织内部的"隐秩序"现象，既可能是对不符合组织发展实际的外部制度的一种积极的抵制，也可能是组织内部风气不正"潜规则"盛行的消极体现。

与脱耦以及组织趋同、互相模仿、"隐秩序"现象同时出现的还有章程等制度文本高度趋同（同质化）的问题。迈耶（John Meyer）将组织（制度）趋同的动力机制归结为"合法性机制"（legitimacy mechanism），即"组织不仅仅是技术需要的产物，而且是制度环境的产物。各种组织同时生存在制度环境中，是制度化的组织""为了与制度环境认同，各个组织都采用了类似的结构和做法。因为组织所处的大环境是一样的，所以它们的做法都非常相似"。在迈耶之后，迪玛奇奥（Di Maggio）和鲍威尔（Powell）在弱意义上对组织趋同的合法性机制进行了解读，提出了导致组织趋同的三种机制，即强迫机制、模仿机制和社会规范机制。②

由上面的分析中可知，我国在大学章程建设过程中，由国家以法律法规的方式，强制要求大学解决长期以来的"无章办学"问题，大学根据统一的规定，类似的模板，互相模仿借鉴，文本同质化在所难免。加之内部制度体系配套不健全，章程缺乏有效的制度支撑，仅仅成为一个孤悬的制度框架而缺乏可执行性，愈发可能脱耦向虚。

三、作为权力运行规则的制度体系

围绕权力制度设计要形成闭环。"权力必须受到制衡，这句话很多人都知道。但是后面还有句话很多人不知道，权力不但要受到制衡，而且还要形成封闭的环。不能有一个环节缺失，只要有一个关键环节缺失，那么其他环节都无效。"③

以十八届中央第十二轮巡视各高校的反馈意见为例，从巡视中发现问题入手，考察高校权力制约与监督存在的制度性问题时发现，与建章立制存在的缺失相比，有了制度却不很好执行出现的问题更为严重。课题研究进行的问卷调查结果，如表4-5所示，也印证了高校内部权力运行出现的问题："制度执行不到位、打折扣"占比最高，为19.1%；"缺乏跟踪评估及预警机制"与"内部监控不到位"分别为17.9%和10.0%，而监控范畴所出现的缺失占比上升为27.9%，

---

① John W. Meyer and Brian Rowan, Institutionalized Organizations: Formal Structure as Myth and Ceremony. *American Journal of Sociology*, 1977, 83（2）: 340–363.

② 周雪光：《组织社会学十讲》，社会科学文献出版社2003年版，第73、76、77页。

③ 俞可平：《走向善治》，中国文史出版社2016年版，第95页。

为最高；此外，"缺乏追责机制"为 15.4%，信息公开不畅为 11.2%。

表 4-5　　　　高校内部权力运行制约与监督制度建设存在的缺失

序号	问题（前六项）	占比（%）
1	制度执行不到位、打折扣	19.1
2	缺乏跟踪评估及预警机制	17.9
3	缺乏对相关责任人的追责机制	15.4
4	决策不科学、不民主	12.9
5	信息公开不畅	11.2
6	内部监督不到位，流于程序与形式	10.0

而根据近年来高校违规违纪案件成因的问卷调查显示（见表 4-6）：主体责任乏力占比最高，达到 19.3%；主要领导存在权力任性占 18.0%，信息不够透明占 16.8%，纪委监督问责乏力占比 13.7%，也基本印证了关于高校内部权力运行的症结所在，仍处于权力运行的关键要素的域度之内，或者存在短板，或者执行不力。

表 4-6　　　　高校内部权力运行中存在的违纪问题的成因

序号	问题（前五项）	占比（%）
1	党委领导主体责任乏力	19.3
2	主要领导权力过分集中，权力肆意任性	18.0
3	高校内部校务、政务、财务等信息不够透明	16.8
4	纪委监督责任乏力，问责不力	13.7
5	相关人员理想信念动摇	11.3

一是权责匹配程度是否契合，亦即是否体现权责一致的基本原则。从制度建设层面来看，有关权责划分的制度因为主要是由高校外部的法律法规或上级文件规定，因而相对较为健全。但从制度执行层面来看，由巡视反馈可知，在各高校党委履行领导权方面，特别是在贯彻党委领导下的校长负责制方面，党的领导弱化所带来的权责失衡问题凸显，行使权力不到位，履行责任也不到位。落实到领导班子成员身上，则体现为集中统一领导不够，班子力量发散，个别班子成员的权力很大，而责任却推给班子集体。问卷调查也发现，有 29.5% 的受访者认为"党委常委分工明确，但相互协调支持不足，内部条块分割严重"，局部出现权责失衡。

在当前高校内部制度建设上，权力向"责任本位"转变还不到位，很多制度仅仅根据工作分工，讲明了目标、程序、措施，却未能追根溯源。使权力逃脱了价值性的规约，丧失了本原的履责意义，使权力蜕变为逃脱责任的异己力量——寻租牟利的工具。因此，从伦理学视角研究权力，权力的价值性更为根本，权力的工具性应当服从并服务于价值性。权力的价值性——责任，应当成为大学权力伦理的核心，权责一致应成为大学制度建设的一个基本准绳。

二是制度是否体现程序正义，亦即大学的议事决策程序是否科学合理。如党委常委会议事规则、校长办公会议事规则等，经访谈相关工作人员和查询学校网站，75所部直属高校均制定了相关规则或办法。但是，仍有15.3%的受访者认为学校存在"党委议事规则、决策程序不清"的问题，巡视反馈意见则认为一些高校"重大决策程序不规范"。调查发现，多数高校并没有制定学术委员会议事规则，仅靠学术委员会章程作宏观指导，至于如何发起动议、谁来确定议题议程、如何开展辩论等操作性的规约，均不甚了了。

程序的实质是权力运作的非人格化，其一切布置都是为了限制滥权和过度裁量。通过访谈发现，"权力的非程序化运行是突出的问题，如某些高校虽然对党委的职责范围已经有了明确规定，但对党委会召开的程序却未明确，致使会议召集权、议程掌控权成了党委书记的重要权力手段；有的学校，学术委员会审议后的学术事务上报到校行政后，校行政随意改变，改变后不再通报学术委员会，使得学术委员会的审议流于形式"。完善党委领导下的校长负责制，要在理顺这一领导体制权责关系的基础上，借助议事规则贯彻落实民主集中制，建立权力相互制衡、相互协调的分工合作机制。

三是信息是否透明，亦即权力是否在阳光下运行。目前高校信息公开制度建设总体进展较好，透明度越来越高。各高校均依据2010年3月教育部会议审议通过的《高等学校信息公开办法》（以下简称《办法》），本着"以公开为原则，以不公开为例外"原则制定了本校的信息公开办法；2014年教育部发布了《高等学校信息公开事项清单》（以下简称《清单》），将高等学校需要公开的信息分为基本信息、招生考试信息、财务资产收费信息、人事师资信息、教学质量信息、学生管理服务信息、学位学科信息、对外交流与合作信息10类共50种信息，并列明了每一类信息公开的规范依据和指导司局，为高校信息公开工作提供了具体的操作指南。下面以招生、财物为例进行考察。

全面实施高校招生"阳光工程"。在全面推进高校招生"十公开"的同时，重点加大高校自主招生、考试加分考生资格公示等公开力度。2015年，通过教育部"阳光高考"平台公示自主招生报名人数16.2万人，录取1.1万人。建立完善"全国硕士研究生招生信息公开平台""全国硕士研究生网上调剂服务系统""全国推免工作信息公开暨管理服务系统"三大平台,实现全过程网上公开。全面加强财务信息公开。目前 75 所直属高校全部公开了财务预决算信息,均制定了财务公开制度,其中 31 所高校制定了专门的财务信息公开办法。

但是相比"阳光招生",财务信息公开、选人用人的信息公开相对滞后。有 16.8% 的受访者认为"高校内部校务、政务、财务等信息公开不力",实质主要集中在人、财、物等方面。据研究,教育部直属 75 所高校 74.9% 的高校在门户网站开辟了信息公开专栏,但在公开中存在选择性公开、隐蔽性公开和利我性公开的情况,2016 年度,75 所高校中 11 所未收到任何信息公开申请,56 所高校收到的申请在 10 件以下,这说明信息公开的实效性存在问题。[①]

四是监督体制机制是否完善,亦即是否把权力关进制度的笼子。加强对权力运行的制约和监督,必须把权力关进制度的笼子,使权力处于监督之下,其重中之重是围绕落实"两个责任"完善制度,关键是制度执行。制度作为一种制约,不会自主发挥作用,关键要靠党委履行主体责任、纪委履行监督责任。在调查高校内部权力运行出现的问题时,有 10% 的受访者把"内部监督不到位,流于程序与形式"放在了首位。中央巡视反馈的问题,基本上是根据现有制度要求,对照巡查而发现的,比如:"党委领导下的校长负责制执行不到位(或存在偏差)""党内政治生活不严肃""执行选人用人制度不严格(不规范)""落实两个责任不到位,执纪偏软""执行中央八项规定精神禁而不止""校办企业、基建、采购、资产、附属医院等存在廉洁风险"。

在这些方面,恰恰是近年来从上到下制度建设的重点,比如中央出台或修订了 90 多部党内法规,国家相关法律法规也不断得到完善。教育部从高教系统反腐倡廉的角度,也出台了一系列重要制度,包括《中共教育部党组中央纪委驻教育部纪检组关于高等学校践行监督执纪四种形态的指导意见》《中共教育部党组关于印发贯彻落实〈中国共产党问责条例〉实施办法(试行)的通知》《中共教育部党组关于落实党风廉政建设监督责任的实施意见》中共教育部党组关于深入推进高等学校惩治和预防腐败体系建设的意见等,各高校也都出台了配套落实文件。根据《关于深化中央纪委国家监委派驻机构改革的意见》,明确党委书记和校长列入中央管理的高校纪委接受高校党委和党组织关系所在地地方纪委双重领导,切实发挥主管部门党组政治作用。

有了制度不执行或执行不力,危害比制度缺失尤甚,久而久之会形成"破窗效应",不断拉低纪律的底线,使制度成为摆设。执纪不严和监督的缺失,使得

---

① 牛军明、张德祥:《高校信息公开的缘由、现状与策略研究》,载于《中国高教研究》2018 年第 2 期。

大学不再成为清静之地，2013 年 3 月 ~ 2016 年 12 月，中纪委网站共计通报 128 名被查处的大学领导干部，教训是非常深刻的。

五是问责机制是否健全，亦即出现问题是否通过问责形成震慑。问责重在责任追究。动员千遍，不如问责一次。没有刀剑，制度就是一纸空文。在历史上，问责制度存在缺失造成制度笼子没有扎紧，是权力失范的重要原因。党的十八大以来，制度建设和问责力度不断加大，《中国共产党问责条例》颁布后，教育部随即出台了落实办法。但就高校而言，对于哪些事情要内部进行问责、问责尺度、问责方式等问题，均有待通过宏观制度内化，形成操作性强的校内问责制度加以解决。在访谈中，滥权"成本低、收益大""失责未得到相应追究"成为众所关注的核心问题。

近年来高校出现的一些违法违纪问题，并不是短时期形成，而是在一个长期"宽松软"的环境中逐步形成的，各方对此也有高度共识。从巡视发现，高校存在的问题具有普遍性，党的领导弱化、党的建设缺失、从严治党不力，反映出的权力运行的问题，既有滥权行为，也有不作为行为，这些问题在形成过程中，并未得到及时提醒，更未受到惩戒，因而出现蔓延之势，值得深刻反思。调查中发现，15.4% 的受访者认为缺乏追责机制是制度建设的短板，加上制度执行不力（占比 19.1%）、缺乏评估预警机制（占比 17.9%），则多半受访者实质上认为，围绕责任的夯实、过程的监控和事后的追究是权力制约与监督制度建设的重点。

第三节　高校内部权力运行的文化治理

"文化（culture）是一个国家、一个民族的灵魂"，也是一所大学的灵魂。文化是一个极其纷繁复杂而难以把握和界定的概念。社会学、人类学、政治学、管理学、教育学等几乎所有学科对文化各有解读，分化出诸多的不同概念表述。这说明文化虽然看不见摸不着，但作为一种存在，能够被集体感知，且具有极其广泛的认同；但究竟何为文化，其内涵外延如何界定，又众说纷纭、莫衷一是。文化，恐怕是人类文明史中较难以界定的概念。

一、文化治理是大学治理的重要方式

毫无疑义的是，大学是一个文化之地。大学作为国家和社会之公器，深刻地葆有文化自信、广泛地凝聚文化自信、坚定地传承文化自信，是她天然的、应然

的、必然的文化使命和文化担当。①

受管理学组织研究、文化研究合流的影响，"组织文化"（organizational culture）由企业文化研究而兴起，并延伸至其他各类社会组织，既包括政府组织、非政府组织，也包括营利机构和非营利机构，获得了一般性的意义。大学文化（university culture），这一概念的提出与研究经历着一个由归纳到演绎、由浅显到逐步丰富与深化的过程。追本溯源，关于大学文化的研究最早应起源于国外教育家对大学理念、大学精神、大学职能与功能的探讨，而后随着"文化"及"组织"相关理论研究的完善，才在对二者的研究基础上逐渐提出并形成了对大学文化自身理论与实践的研究。

一般认为，"大学文化是大学师生在对高深知识的创造、理解、传授、保存、加工和创新的过程中产生并共同享有的生活方式。这种生活方式是一个动态形成的过程，其形成的内容既包括价值观、信仰等一套基本假设，也包括在此基础上形成的行为方式、制度章程和饰物装饰等。"② 随着社会发展和大学在价值上的"回归"，文化在塑造大学品格方面将发挥更基本、更深沉、更持久的作用。光有外在的结构和制度，大学只是一具空壳，而文化才能给予其灵魂，使其迸发出活力。③ 反之，正如英国社会学家英格尔斯所说："再完美的现代制度与管理方式，再先进的技术工艺，也会在一群传统人的手中变成废纸一堆。"④

文化既是一种具有精神特征的客观实在，也为人们提供了一种由客观世界反诸精神世界的视角。正如通过画柳枝的摆动以表现"风"的存在，文化的复杂生成、运作和演化机理类似技术一样，存在着一个难以透视和解析的"黑箱"⑤，而组织结构与文化功能，正好提供了这样考察无形于有形的"柳枝"，并缘此回溯文化建构的原点，通过适当干预使组织文化向预期方向发展。

在大学文化的研究方面，也分为文化结构和文化功能两个主要视角，如表4-7所示。文化结构的视角，从大学组织的结构性特点出发，可以进一步分为文化的层次结构和主体结构，层次结构就是依据著名的"组织文化同心圆"而划分出来的。而大学文化的功能视角，一为价值向度，一为工具向度。又大致可以细分为正功能（积极教化）、负功能（消极暗示）；整合功能、消解功能，激励

① 戚万学：《大学是一种文化存在》，载于《光明日报》2016 年 12 月 19 日。
② 姜雪、张德祥：《组织文化理论视域下的大学文化形成》，载于《教育科学》2015 年第 2 期。
③ 赵丽娜：《共同治理视野下的美国州立大学内部权力制约机制——以弗吉尼亚大学为例》，载于《高教探索》2016 年第 3 期。
④ ［英］阿历克斯·英格尔斯：《人的现代化》，殷陆君译，四川人民出版社 1985 年版，第 4 页。
⑤ ［美］布莱恩·阿瑟：《技术的本质》，曹东溟、王健译，浙江人民出版社 2014 年版，第 25 页。

功能、约束功能等。①

表 4 – 7　　　　　　　　大学文化制序的视角和域度

视角		域度	细分
文化结构	层次结构	精神文化	精神信仰、价值追求、目标愿景
		制度文化	治理结构、规章制度（按新制度经济学的"制度"界定）
		行为文化	话语模式、交往方式、办学实践
		物质文化	建筑规划、形象标识、景观环境
	主体结构	政治文化	领导体制及其文化
		行政文化	管理运行及其文化
		学术文化	不同学科的文化及其整合
		群体文化	正式群体（师生员工身份界定）、亚群体（非正式结构）
文化功能		价值向度	正功能、负功能
		工具向度	整合功能、消解功能、激励功能、约束功能

二、大学文化功能维度与向度

科恩和马奇在《大学校长及其领导艺术》一书中以"有组织的无政府状态"来形容大学的组织形式，虽然两位作者主要的研究对象是美国大学，但在一定程度上说明了大学组织具有某种特殊性。这种特殊的组织形式就是以文化的形式将看似松散的结构紧密地联系在一起，从而形成不同的专业、学科群体，其表现虽然为"无政府"但却"有序"，虽然"有序"但却"松散"。正是大学组织文化鲜明的个性特征决定了大学制度的文化取向，并与其他社会组织有着明显的差异。②

大学组织是一种独特的组织形式。大学组织主要由具有高深知识的学术人员组成，以知识的创造、加工、传播和应用为目标。在这样一个特殊的组织中，科层机制的等级权威、规章制度以及市场机制的物质利益刺激都只能发挥有限的作用。相比之下，文化机制在大学组织的整合中发挥着十分重要的作用。③

我国高校是一个以党委权力、行政权力、学术权力为核心交织而成的多元权力系统。不同的权力主体信守不同的大学理念，衍生出三种相互作用、相互影

---

① 慕彦瑾、段晓芳：《大学组织的文化性及其基本功能》，载于《国家教育行政学院学报》2015 年第 4 期。

② ［美］迈克尔·D. 科恩、詹姆斯·G. 马奇：《大学校长及其领导艺术》，郝瑜译，中国海洋大学出版社 2006 年版，第 68 页。

③ 金顶兵、闵维方：《论大学组织中文化的整合功能》，载于《北京大学教育评论》2004 年第 3 期。

响、相互制约的权力文化，即党委价值导向的政治文化、行政管理绩效导向的行政文化和学者群体以知识导向的学术文化。这三种文化之间的冲突在中国大学普遍存在，具体表现有三个方面。一是文化冲突的主体不同：或政治文化与行政文化的冲突，或行政文化与学术文化的冲突，或政治文化与学术文化的冲突，或政治文化、行政文化、学术文化相互交织的冲突。二是文化冲突的程度不同。政治性文化、行政性文化、学术性文化相互之间的冲突，或显性、激烈、持久、广域，或隐性、平和、短暂、狭小。三是大学内部文化冲突存在着校际差异，即不同大学文化冲突的主体、程度、范围不尽相同，或整体性的、长期性的、公开化的，或局部性的、阶段性的、潜伏性的。协调或处理大学内部的三大权力文化冲突与矛盾是一项十分复杂的系统工程。①

文化整合与消解，文化激励与约束，是塑造大学的两种重要的背驰性力量。文化意义上的大学，同其他组织一样，简而言之就是整合文化与分化文化的对立统一、激励文化与约束文化的对立统一。政治文化乃至行政文化遵循的是综括的、统一的整合凝聚逻辑，而学术文化遵循的是分析、演绎的分化消解逻辑。而大学的悖论恰恰在于此，这种冲突的文化环境中，恰恰造就了大学的理性，大学本质上是一个相对松散的结构，文化的冲突与调适是其主要机制，要么以文化的共识为前提推动权力运行，要么在文化共识之中以柔性方式包裹起权力的刚性。因而，文化对权力的制约，是以柔克刚的，是水滴石穿的。

但是，大学文化并不能总是对权力实现有效整合，而出现"文化失灵"现象，导致大学文化向消极暗示的负功能方向发展。所谓文化失灵，是指文化作为组织的一种整合机制不能有效地发挥作用，背离组织目标的"投机"行为得不到有效控制，组织成员的利益得不到有效协调的情况。这里，"投机"是经济学中交易成本学派的一个重要概念，是指"通过欺骗手段寻求私利"的一种行为②，在权力方面主要体现于"权力寻租"。

文化失灵与制度脱耦之间存在着深层次的联系。"皮之不存毛将焉附"，主导性制度的脱耦必然导致主流文化的失灵，主流文化失灵又必将导致亚文化发挥潜在主导作用，为"潜规则"推波助澜。在这种情况下，权力主体之间奉行相安无事的原则，大家只是在表面上达成某种默契，只是在表面上奉行制度，而实质上无论主导制度还是主流文化，都处于失效状态，这是"两面人""好人主义"的根源。

随着我国社会主义市场经济体制的确立，计划经济体制下长期压抑着的各种

---

① 李枭鹰、唐德海：《中国大学治理的"三元文化"冲突论纲》，载于《高校教育管理》2018年第1期。

② 金顶兵：《论大学组织中的文化失灵与文化重建》，载于《清华大学教育研究》2006年第2期。

微观主体的主体性逐步解放出来，大学组织内部单位及组织成员的利益观念凸显出来。同时，经济体制的调整意味着社会成员经济利益和社会关系的变动，这也直接影响到大学组织成员利益关系的调整。大学组织成员的利益开始分化，其价值开始分裂，组织原有的价值体系不能得到普遍认同。利益的冲突，价值的失衡，动摇了文化机制的主要基础。这也是特殊环境下造成大学组织中文化机制失灵的重要因素。①

三、文化自觉与权力自律

借用费孝通先生社会学"文化自觉"的概念，大学文化自觉，指生活在大学组织文化圈子的人对本校文化有自知之明，并对其发展历程和未来有充分的认识。换言之，是文化的自我觉醒、自我反省、自我创建，特别应该包括对自身文化和外部文化的反思，以文化自觉加强办学自律，用好办学公权力，迈向不断追求卓越之路。

高校作为知识群体的汇聚之地，是建设先进文化的重要阵地，承载着人才培养、科学研究、服务社会、文化传承创新的功能，担负着提高全民族思想道德文化素质的重任。在一个回归"初心"和肩负"使命"的时代语境中，建设大学文化，培育廉洁文化，要重回价值导向。但我们也应看到，随着市场经济的发展，功利主义文化越来越多地介入大学事务。一方面高等教育之所以有较大发展，是因为高校以卓越的顺应性和适应力，引入了有强烈的企业家式的决策和执行文化；另一方面，功利文化在高校盛行，也产生了社会普遍对大学功利化的担心。

2013年对北京、上海、广州、武汉、长沙、大连等部分高校大学文化建设情况调研和访谈22所高校近百名宣传思想和大学文化建设相关人员显示（见表4－8），对高校目前文化建设方面存在的问题，24.6%的受访者认为大学精神弱化，价值导向存在偏差，功利逐利文化盛行，需要进一步扭转和回归；23.7%的受访者认为文化建设浮在表面，投入精力和资源都不足，虚而不实，有的甚至把文化建设庸俗化，贴标语做喷绘，或者等同于校园文化，以文艺活动代替文化建设；另外也有近20%的受访者认为高校领导在建设先进大学文化的过程中，表率作用不突出，甚至出现一些违法乱纪行为。

---

① 金顶兵：《论大学组织中的文化失灵与文化重建》，载于《清华大学教育研究》2006年第2期。

表 4 - 8 　　　　目前高校大学文化建设存在的主要问题及原因

序号	问题表现及原因（前四项）	占比（%）
1	大学精神弱化，价值导向存在偏差	24.6
2	文化建设浮在表面，文化建设着力不实	23.7
3	高校领导在文化方面的表率作用不突出	19.5
4	对不良文化侵蚀抵御惩戒不力	12.1

加强高校廉洁文化建设，发挥好高校在净化社会风气中的带动和辐射作用，意义十分重大。但当前关于高校廉洁文化建设存在四个方面问题：一是认识存在误区。表现在对高校廉洁文化的概念和内涵上认识不清，误认为高校廉洁文化是独立于高校自身文化之外的一种文化，而将其与大学校园文化、大学精神、师德师风建设、校风学风建设等割裂开来。二是缺乏对廉洁文化核心价值的提炼。廉洁文化在高校不同群体中有着截然不同的要求和价值目标，但由于缺乏对其深入的研究和提炼，往往与其他的价值目标混淆在一起。三是高校廉洁文化建设的针对性不强。教育内容空洞，缺乏说服力，把廉洁文化建设变成了挂横幅、文艺演出、书画展，降低了廉洁文化的影响力和感染力。四是文化自觉尚未形成。目前高校廉洁文化建设更多的还是局限于响应工作需求的层面，通过教育引导高校干部自觉廉洁从政，教师自觉廉洁从教，学生自觉廉洁修身，使廉洁成为一种素养、使命及责任的文化自觉尚未形成。①

但是，精神文化从来不是脱离客观世界的存在，任何个人、任何组织（权力主体）并非生而自觉。大学文化是在大学制度变迁基础上演化、在日常办学实践中升华得来的，并反诸大学制度建设、办学实践行为，体现大学文化的自反性（self-reflectivity），发挥一种文化统摄、整合、制序的作用。因此，发挥大学文化对权力的"制序"作用，必须建立在制度约束和惩戒措施基础上，这是一个底线问题。打一个比方，"更上一层楼"虽好，但是没有一楼、二楼的基础，如何能抵达第三层呢？

因此，与"权力制序"相关的精神文化、制度文化、行为文化是一个整体，大学在办学中，形成实践行为—结构制度—文化选择的螺旋演进过程，三者具有同构（心）性，也具有协同性。我们的大学不能在精神文化上存在"道德洁癖"，而实践中却使制度成为脱耦的虚设，在行为上对自己又颇多宽饶，造成大学文化品格的分裂，成为社会诟病的对象。

高校不是市场经济条件下的经营法人主体，却是市场经济环境下的事业法人

---

① 李国良：《加强高校廉洁文化建设的路径》，载于《学习时报》2017 年 1 月 9 日。

主体。公立大学的非营利传统与公共属性需要在市场化的社会环境得以存续发展。我们极其需要以坚守保存核心价值的方式来指导这个过程，高校党委对大学办学公权力的行使负有重要责任，这包括：把握办学走向，守望公权价值，勘定权力边界，守住权力底线，惩戒权力失范。

四、结语

党委领导下的校长负责制是我国公办高校的法定领导体制；内部治理围绕领导体制展开，体制、结构也构成了制度范畴；文化是高校治理最大的一个范畴，大学文化对高校权力运行具有独特的整合机制。

权力应在框架范畴中运行，超出这个范围，权力会出现失范现象。横向上：如过于依赖结构性制约，造成权力之间的结构性矛盾过大，容易产生较大内耗；而过于强调功能性制约，责任加码太重，则可能出现不作为现象。纵向上：过于强调权力集中，则可能出现权力过于集中，导致权力运行制约与监督乏力；过于强调民主，则可能出现权力的过于分散。一言以蔽之，制权须有"度"。

第五章

我国高校内部权力运行制约与监督

——职能部门的考察

大学职能部门作为大学权力场域的重要组成部分，既是大学内部治理的重要内容，也是权力制约与监督的重要方面。本章重点面向高等学校职能部门，探讨我国大学治理中高校职能部门权力运行制约与监督的现状。研究立足于实践层面，选取高校内部"人、财、物"管理相对集中的关口职能部门为切入点，探究高校内部权力是否规范运行，决策权、执行权和监督权是否相互制约又相互协调。

第一节 高校职能部门与大学治理

职能部门是指组织中对下属单位具有计划、组织、协调功能的部门。根据是否具有行政指挥权，职能部门可分为两种类型：第一种是职能制（多线制），即职能部门具有向下级单位下达工作任务或工作指令的权力，比较典型的是政府的组成部门。第二种是直线职能制，即职能部门不能直接向下级单位发布行政命令，需要经过共同主管同意方可，职能部门只有建议权、指导权和协调权，大多数企业的职能部门均属于此类。大学被认为是"第三部门"，其职能部门更多类似企业，但在此基础上进一步突出了服务保障功能。

一、职能部门是大学治理的重要课题

大学在内部设立专门的管理机构是高等教育发展中历史形成的，是社会分工向大学组织内部分工传导的结果。"正如高深学问的发展需要专门化一样，在学院或大学的日常事方面也需要职能专门化。"①

早在欧洲中世纪，大学属于一种行会组织，无论是学生性质的大学还是教师性质的大学，学校的规模都比较小、职能单一，大学中的大小事务均由教师或学生直接完成，没有专职人员从事学校具体事务管理工作，管理事务基本由师生兼职完成。经过德国柏林大学改革，科学研究成为大学一项重要职能，再经过美国大学为社会提供服务等改革，大学职能日益丰富，与社会联系更加紧密，大学的规模也逐渐扩大。大学内外涉及的事务越来越多，仅仅依靠教师和学生不能满足管理服务需求，于是，专门的独立从事服务工作的人员和机构就成为现实的选择。随着美国加州大学等"多元化巨型大学"的出现，大学职能部门受到更多的关注。

美国学者马克斯·阿博特认为，大学具备了组织内进行劳动分工与专业化的职能设计、非人格化取向、权威的存在以及明确的等级观念、健全而标准的规章制度以及职业化取向等科层制特征，科层制成为许多大学管理者采用的管理模式之一，也成为人们分析大学行为的理论基础。利用古典组织理论来研究大学，则大学与其他组织一样，需要按照一定原则建立合理的层级，根据事务划分部门，从而保证大学内部各部门能够分工协作，信息沟通，实现更高的组织效率。②

国际著名的比较高等教育研究专家菲利浦·G.阿特巴赫阐述了世界范围内出现的大众高等教育系统的一种内在逻辑，认为随着职能的扩展和多样化，大学的行政人员将逐渐增多。在美国的高等学校中增长最快的是学校行政人员。教员的数量相当稳定，管理人员却在增加。兼职参与管理和非专家型的教员通常难以把握那些极为复杂的管理工作，如会计、法律、管理、健康服务、统计等，这都需要全时的投入和特殊的专门知识。对应大学的各种需求，也需要增加管理人员数量以负责起草向政府当局、董事会和评估机构提交各种统计报告、财务资料和其他数据。这些管理人员几乎不与教授们发生直接关系，他们成为大学里的一个新"阶层"——"行政阶层"，以保证大学各种事务得到妥善处理，保证大学的

---

① ［美］约翰·S.布鲁贝克：《高等教育哲学》，王承绪等译，杭州大学出版社2001年版，第37页。
② 胡建华：《大学制度改革论》，南京师范大学出版社2006年版，第264页。

正常运行。①

按照大学组织矩阵的视角，现代大学纵向维度和横向维度的权力关系交织在一起，构成高等学校内部的权力网络，高校职能部门是高校权力矩阵结构中的重要组成，带有典型的科层特征，属于纵向为主的权力体系，与院系等横向为主的权力体系形成交叉，形成千丝万缕的联系。虽然不同国家的不同学者、不同高校对职能部门的定位有所区别，但一般认为，高校的职能部门具有管理、服务两个方面最主要的职能。我国高校多与国家政党体系同构，职能部门与院系之间，表现出较为明显的"条""块"关系。

我国现代意义大学的产生和发展是基于对西方大学模式的移植，但是其独特的产生背景、动机、与政府的关系以及比较强的行政化特征等均决定了我国高校职能部门的数量比较多，校院之间的科层组织特征比较明显。基于以上差异，我国高校职能部门形成与欧美高校不同的职能定位，它们对院系的作用及影响很大。职能部门与院系之间形成复杂多样的关系，围绕校院关系以及职能部门等主题，相关研究者关注了校院两级管理权责划分、二级管理模式下宏观调控方式及其管理体制运行效率、高校职能部门定位、大部制改革等。

对于大学职能部门，有学者纳入组织管理的视角加以概括，认为大学组织机构按照工作内容和管理目标可以分为学术机构和管理机构，其中管理机构是指高等学校内部设置的各个行政管理部门、党团政治组织和工会妇联机构及其互动关系，它们在大学工作目标中起到保障和协调作用，其职能是充分调动和利用大学内外部的各种资源，为学术活动的开展提供必要的专业支持和辅助。②

从行政学的范畴加以界定，大学的行政组织是实施管理职能的组织，其岗位即表现为某一职务的位置，简称职位，具有一定的职责和权利。若干个岗位按照一定的规律相互联系、相互制约，形成一个相对独立的整体，就构成一个行政机构。③

有学者从权力结构和特征来表述大学行政组织机构，科层制组织体系下发展的行政权力的分布特征形成了大学组织的纵向结构，其权力主体是大学组织中握有行政权力的行政机构和行政人员，组织层级关系影响和协调组织中各个因素，其特征是利用科层结构依据制度和命令维持大学组织的正常运行，维持的科层形

---

① ［美］菲利浦·G. 阿特巴赫：《大众高等教育的逻辑》，蒋凯，陈学飞译，载于《高等教育研究》1999 年第 2 期。

② 闫凤桥、康宁：《中国大学管理结构变化实证分析》，载于《高等教育研究》2004 年第 9 期。

③ 高小平：《行政学》，上海人民出版社 2003 年版，第 65 页。

态，具有强制性的自上而下授权，严格的外部监控等。[①]

本章所指的高校职能部门，是指我国公办高校根据办学需要，依法依规分门别类设立的党政群团等具有管理和服务功能的机构。我国高校在职能部门设置上，受上级管理部门机构设置影响较大，一般参照政府机构设立部、处、办等。这些职能部门与高校内设的各类直附属机构不同，直属单位一般指兼具业务功能和业务管理功能的机构，如图书馆、网络与信息化中心等；附属单位则是高校下属的具有独立法人地位的机构，如附属中小学、附属医院等，大学一般不干预附属单位的业务工作，而主要管理其干部人事任免。

二、新中国成立以来高校治理变迁下职能部门的演变

我国大学发展史是一部国家政策主导下的大学治理变迁史，大学内设职能部门则是大学治理变迁的重要产物。

新中国成立到"文革"前，借鉴"苏联模式"，我国在高教领域建立了以政府主导的高度集中的管理体制。中央人民政府政务院 1950 年先后颁布了《各大行政区高等学校管理暂行办法》《关于高等学校领导关系的决定》，将教育管理权收归中央政府管辖；同年 7 月教育部颁布了《高等学校暂行规程》，明确了高校内部管理体制。1961 年 9 月，教育部颁布《教育部直属高等学校暂行工作条例（草案）》（以下简称《高校六十条》），加强了党对高校的领导。这一时期，高校在职能部门设置上，采取教务处、总务处、校长办公室"三驾马车"模式，三个主要处室下各自设有若干科（组）室；同时普遍建立起同政府机构一致的党群职能部门，如党委办公室、组织部、宣传部、统战部、纪委办公室、工会、团委等。有的高校后来还逐步增设了独立的人事处、科研处、基建处、保卫处、武装部、政治辅导室等。这一时期因为国家实行高度集中的计划管理，高校的办学自主权很小，职能部门设立的自主权和赋予的权限也偏小，主要根据上级机关要求和批准设立，承担上传下达和协调实施的工作。

改革开放到 20 世纪末，大学在传统计划体制和外部市场体制的交互影响下，高校办学自主权在放—收—放之间逐步扩大，大学的党政职能部门呈现明显的分化和膨胀的趋势。1985 年，《中共中央关于教育体制改革的决定》发布，提出"在国家统一的教育方针和计划的指导下，扩大高等学校的办学自主权"。1988

---

① 郑毅：《组织结构视角下的中国大学行政权力泛化》，载于《高等教育研究》2004 年第 9 期，第 25～29 页。

年 5 月，原国家教委发布了《关于对普通高校机构设置的意见（试行稿）》，指出高校机构设置应本着"精简机构、减少层次、精干有力、提高效能"的原则进行。这是为了克服当时高校普遍存在的机构多、层次多、工作效率低的问题而作出的政策决定。1998 年颁布的《高等教育法》规定了高等学校的 7 项自主权，第三十七条规定："高等学校根据实际需要和精简、效能的原则，自主确定教学、科学研究、行政职能部门等内部组织机构的设置和人员配备"。1999 年 9 月，教育部印发了《关于当前深化高等学校人事分配制度改革的若干意见》，重申根据学校实际需要和精简、高效的原则，精简学校管理机构，提出要努力克服校部机构"政府化"的倾向，机构设置不要求上下对口，职能相近的部门和机构要尽可能合并或实行合署办公。明确要求学校管理机构数按学校规模和管理跨度确定，原则上只允许保留 10～20 个。2000 年中组部、人事部、教育部印发的《关于深化高等教育学校人事制度改革的实施意见》规定，高校应根据工作任务和精干、高效的原则，合理设置学校党政职能部门，可合并主体职能相近的部门，对任务性质基本相同的机构实行合并办公。这一时期，高校内设职能部门有了一些新的变化，普遍单独设立了学生工作部（处）、财务处、设备处、后勤处等部门，增设了外事处/港澳台办、离退休处、资产处、审计处、招生就业处等部门。

21 世纪初到教育规划纲要颁布后，明确提出"落实和扩大学校办学自主权""完善中国特色现代大学制度"，重申高校可以自主设置教学、科研、行政管理机构，同时要完善治理结构。这一时期，高校普遍设立了发展规划处、学科办公室、校园管理办、校友工作办、网信办、留学生管理办等机构，传统的教学、科研、研究生管理部门都不同程度进一步分化，有的从教务处单独成立注册中心、评估中心，有的从科研处分化出文科科研处、保密办公室等，有的单独成立了学术委员会办公室、人才办公室、地方合作联络办公室等。这一时期，高校职能部门设立总体上呈加速分化和膨胀趋势，主要原因可归结为：一是随着高校办学自主权的扩大，高校获得事业单位法人资格，高校根据需要自主设置职能部门成为可能，同时由于人员、财产和经费等办学自主权的扩大自我管理复杂性大大增加；二是高校办学职能由人才培养拓展到科学研究、社会服务、文化传承创新、国际交流合作等多个方面，管理服务专业化要求明显提高，职能部门工作进一步细分；三是高校扩招和高校合并，高校办学规模普遍扩大，管理和服务等事务性工作大量增加；四是国家财政对高校投入增加和高校办学资金来源范围扩大，高校协调内外部事务复杂性增强；五是高校人事制度改革、后勤社会化改革沉淀下来一些问题，加之合并高校又面临职能部门和人员融合的问题，反映到职能部门建设上，"因人设庙"情况也在一定程度上存在。

党的十八大以来，根据全面从严治党要求，高校落实"两个责任"，党建和纪检工作得到进一步加强，从职能部门角度，高校普遍加强了党委各部门建设，支持纪委"三转"，进一步理顺了纪检监察职能部门的工作体制，设立了巡察办、内控办等机构；根据全面依法治国要求，高校普遍推进依法治校、按章办学，加强了法务部门建设，设立了法务办公室等机构；根据全面深化改革要求，各高校落实教育部等五部门《关于深化高等教育领域简政放权放管结合优化服务改革的若干意见》，教育主管部门进一步向高校放权，高校要进一步向院系放权，推动职能部门优化职能、转变作风，进行管理机构和流程再造；根据"双一流"建设要求，各高校整合相关职能，重构并加强了"双一流"牵头部门建设。进入新时代，各高校根据中央和国家机构改革的精神，总体遏制了职能部门机构和人员膨胀势头，既实现了强身健体，又实现了轻装前进。但是同时也要看到，根据党的十九大提出的奋斗目标，贯彻全国教育大会精神，落实《中国教育现代化 2035》目标，为推进"双一流"建设，推进大学治理现代化，大学的职能部门建设作为一个经常被忽视的问题，是治理架构中不可缺少的组成部分，是院系发展的不可或缺的保障和支撑，如何适应并服务"双一流"建设，仍然任重道远。

三、大学治理视域下职能部门角色转变的新课题

在高等教育大众化的今天，大学的规模扩大，所发挥的办学职能日益复杂化，与社会的关系也更加密切，这使得大学内部事务越来越多，大学内部管理需要合理设置相应的机构来解决其复杂的运行问题。

（一）大学治理变革与职能部门角色转变

教育规划纲要和《中国教育现代化 2035》均提出，要提高学校自主管理能力，完善学校治理结构，高校职能部门是大学治理现代化的重要内容也是重要保障，职能部门建设面临新的课题与挑战。尽管治理与管理有不同的内涵，但是它们也有共同之处，即调动各方面的积极性，实现资源的科学配置与管理，完成组织的工作任务，实现组织的目标。治理概念的引入，为我们更深入地理解大学，更好地办学治校提供了新的视角。但是，大学治理概念的引入并不能替代管理，不管是理性认识还是在实践中，大学治理和管理都是必要的。现实中，应该避免重视治理而忽视管理，二者应该相辅相成，相互协同以提高

大学办学治校的水平。①

（二）大学组织变革与职能部门角色转变

组织扁平化是现代组织的变革趋势，大学由于其"底部沉重"的特点，组织扁平化的呼声更高。我国高校近年来推行的"两级管理""管理重心下移""构建新型校院关系"，就是为了适应现代大学组织的特点而做出的适应性调整。而在与校院关系层面，本应作为与院系处于同一层次行政序列的职能部门，在纵向权力传统的"惯性"下，逐渐演变成校院之间的一个亚层级，手里掌握着较院系更多的资源和话语权，成为党政领导班子之下，凌驾于院系之上的权力存在。尽管无须质疑职能部门的管理职能的必要性，但在大学组织中，推行"扁平化"的两级管理是相对于"科层式"管理构架的一种校正。它较好地解决了等级式管理的"层次重叠、冗员多、组织机构运转效率低下"等弊端，加快了信息流的速率，提高了决策效率，职能部门必须由此作出角色的转变。

（三）优化服务与职能部门角色转变

正如克拉克·科尔所言："由于机构变得更为复杂，行政管理的作用在使大学整体化方面变得更加重要了"。② 转变角色不是说职能部门变得不重要了，而是恰恰相反，今天的大学特别是院系对职能部门的服务保障依赖大大超过以往。职能部门能否给学院提供优质的服务，首先是观念层面的转变，要转变职能定位和角色，强化服务院系的理念，规范职权行使，寓管理于服务；其次是防止权力越位甚至凌驾于院系之上，一些高校探索推出了部门权力清单和负面清单并公之于众，探索网上办事或办事大厅集中办理业务，推动了权力越位现象的转变；最后要加强职能部门能力建设，对于专业性要求较强的职能部门，如果工作人员能力不足，那么对职能部门的定位就只是一个美好的愿景，无法付诸实践。事实上，美国、德国、日本等国在校、院两级都有专职的、能力很强的事务管理人员队伍。

---

① 张德祥：《我国大学治理中的若干关系》，载于《高等教育研究》2018年第7期。
② ［美］克拉克·科尔：《大学的功用》，陈学飞等译，江西教育出版社1993年版，第18页。

第二节 我国高校职能部门权力运行分析

一、职能部门权力运行状况

我国高校职能部门从类型上主要分为党群部门和行政部门。党群部门包括党委各部办和工会、团委等，学校纪委本质上是一个委员会性质的机构，接受上级纪委和同级党委双重领导，体现到职能部门的设立和支撑上，一般设为"纪委办公室"，通常与行政监察合署办公；行政部门包括教学、科研、人事、资产、财务、审计、国际化等业务管理和保障部门，一般高校将学术委员会办公室或秘书处设于行政类职能部门之列，或单设或挂靠其他部门合署办公。对于党政齐抓共管的事务，高校的党群和行政部门往往采取合署办公方式，两块牌子、一套人马。从近些年来高校运行情况看，一方面高校职能部门在工作内涵不断增加，工作量有较大增长的情况下，总体支撑和保障了高校的正常运行，较好地发挥了管理效能。但另一方面，在一些重点领域和关键环节，也出现了一些不容忽视的问题。

高校职能部门在职责范围内或多或少都有一些权力，这些权力主要来源于学校党委和行政的分权和授权。高校党委实行集体领导和个人分工负责相结合的制度，每一位领导班子成员都根据工作分工分管若干职能部门的工作。对 41 所一流大学建设高校（部队院校除外）的调查数据以及统计数据显示，校领导班子成员平均职数为 11 人左右，职能部门平均为 31 个，最多有 48 个，最少有 23 个，平均每位领导班子成员分管 3～4 个职能部门。这些职能部门的设立主要是基于学校工作的需要，由学校主要领导提议，主管机构干部人事的部门进行论证，党委常委会讨论决定，明确职权范围。职能部门负责人主要向分管校领导负责，在其领导下开展工作。职能部门依照授权，一是要贯彻执行党委常委会或校长办公会的决策，执行分管校领导交办的工作，并就相关管理事务向学校党政提出决策建议或拟订方案；二是要面向院系师生群体，开展服务支撑保障工作，维护学校的正常运行；三是协调与其他职能部门的关系，处理好交叉事务，既互相制约又发挥合力。

如果把职能部门视为一个权力实体，则按照职能部门获得授权的权力类型，也可以把职能部门分为资源型权力部门、业务型权力部门、事务型权力部门、监督型权力部门四类。资源型权力部门是指那些涉及人财物等资源较多的部门，包括组织、人事、财务、资产、招生、基建、后勤等；业务型权力部门是指那些与学校教学科研等核心业务紧密相关的部门，包括教学、科研、学科、学生、国际化等；事务型权力部门主要是指开展综合协调服务工作的部门，包括校办、宣传、统战、规划等；监督型权力部门是指那些以各种方式开展监督工作的部门，包括纪检（办）、监察、审计、工会（教代会常设办公机构）等。由于各高校对职能部门的分工并不完全相同，上述分类中涉及的部门领域未必完全相符。四种划分是根据某一种权力特性为主而分，实际运行中，这些权力类型可能在一个具体的职能部门中，多少都有所体现。

如同在校级层面，权力运行有很多正式结构、准正式结构加以制约一样，在职能部门层面，也有这样的正式和准正式结构。一方面，职能部门的权力很大程度上受制于分管校领导，这些职能部门在分管和被分管的正式结构中权力被纵向制约限定，但是这些权力具有一定弹性，受分管领导履行"一岗双责"情况影响较大，同时职能部门权力也受到管理服务对象的制约和监督；另一方面，职能部门或者进入学校的某一领导小组，或者职能部门组成工作小组，在分享权力的同时，权力在横向上受到制约监督，职能部门负责人的权力同时横向上也受到纪检监察审计的制约监督。

职能部门在高校权力运行中，职能部门虽然本身不产生权力，但都或多或少经手权力，权力"中介质"的特点十分明显。职能部门作为高校权力的"中介质"，在权力行使过程中，权责脱耦情形较为普遍，部门往往在倾向于保留权力的同时更多设法转移责任，较为常见的是"这是学校定的""这件事归其他部门管""其他部门不配合""他们也参加讨论了""院系没把握好"。有的职能部门在牵头某项重要工作时，习惯于隐蔽最为关键的信息和数据，拉上其他部门参加讨论分担责任，比如在纪委"三转"前，凡是涉及人财物等重大事项的运作，必然拉上纪委办参与，这种做法已经得到纠正。

在职能部门行使权力过程中，最重要的是处理好职能部门与院系的关系。从权力来源的角度看，职能部门直接指挥学院尚缺乏有效的依据。如果把高校看作一个权力上的主体，那么其职能部门拥有的权力来自横向的分权，主要是对权力覆盖面上的分割。学院拥有的权力则来自纵向的分权，主要是对权力渗透力的分割。由此可以推断，职能部门与学院之间不是上下级的分权关系，而是交叉关系。这种情况在企业中体现得十分明显：一个大型企业在各个地区设立的企业分支机构，与企业内部的职能部门如销售部、人力资源部之间是不存在上下级关系的，也不存在分支机构向职能部门负责、职能部门直接管理分支机构的问题。一方面，当前，绝大多数高校都实行了二级管理，其目的是要降低管理重心，激发学院作为科研、教学管理主体的积极性。但另一方面，基于传统做法及惯性思维，高校职能部门又对学院实行十分严格的管理和控制，导致具体运行中职能部门与学院之间产生诸多问题，阻碍了二级学院管理的真正落实和效用发挥。

二、问题导向下的职能部门权力运行

一方面，近年来，随着高校办学自主权的落实和国家对高等教育投入的增加，教育经费大幅度增长，保障了高等教育持续快速发展，我国已经形成世界上最大的高等教育体系，拥有最多的在校学生，高等教育在国际上的影响力不断提升。但另一方面也必须看到，高校办学自主权的扩大、办学资源的增多，加之高校与社会的联系日益密切，高校在与外部交往的过程中，不可避免地会受到来自市场某些所谓的"潜规则"的侵蚀，特别是在一些重点领域和关键环节中，腐败现象频频出现，给高校的党风廉政建设带来了严峻考验。

根据对全国 25 所高校的调查数据显示，高校一些重点领域特别需要关注，"认为最需要监督的工作依次是干部选任（32.7%）、基建后勤（27%）、招标采购（19.7%）、招生录取（7.6%）、人才选聘（6.4%）"，之后依次是职称评聘（4.7%）、科研经费（1.5%）和研究生推免与评优（0.5%）。系统梳理十八届中央第十二轮巡视，教育部党组对直属高校巡视，各地方党委对高校巡视通报以及媒体曝光的高校案件，从发案领域来看，既包括干部管理，也包括招生招聘；既包括基建后勤，也包括经费管理；既包括项目评审，也包括学术诚信，几乎涉及高校人、财、物所有关键领域和环节，这些问题除高校分管校领导外，也多与高校职能部门负责人相关，见图 5 - 1。

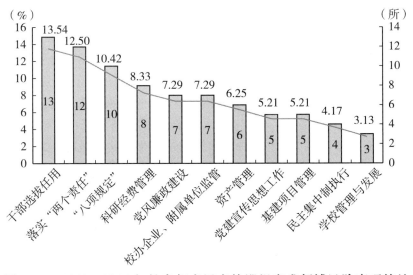

图 5 - 1　2013 ~ 2016 年教育部直属高校巡视高发领域风险事项统计

注：图中柱状图形表示巡视中发现问题高校数；折线表示存在某类问题高校数占 96 所被巡视高校的比例。

高校反腐倡廉关键环节是指在干部人事、财务管理、基建维修、招标采购、招生录取等重点领域的工作程序中，存在较高廉洁风险、易于产生腐败行为的环节。比如干部工作领域中的民主测评或推荐、组织考察、党委讨论决定前"四必"、党委讨论决定、任前公示、廉政谈话等环节；人事管理领域中的人员招聘、职称评审、津补贴和劳务费发放管理、人才项目评审等环节；财务管理领域中的预算管理、票据管理、会计核算管理、收费管理、资金管理等环节；经费管理领域中的科研经费使用管理、实验室经费使用管理、学科经费使用管理、学生奖贷基金及学生管理费使用管理、学生实习和见习经费管理等环节；资产管理领域中的国有资产管理、报废处置管理、经营用房管理等环节；基建维修领域中的基建工程、修缮零星工程等环节；招标采购领域中的物资、设备、图书资料和服务招标采购、后勤服务保障采购环节；项目评审领域中的科研、教研等项目评审等环节；评奖评优领域中的先进优秀等荣誉称号的评选推荐、学生评奖评优、学生奖助学金评审等环节；招生录取领域中的研究生招生、普通本科招生、音体美特殊专业招生测试等环节；除此之外，还有附属学校管理、继续教育管理等环节。

（一）资产采购

随着我国经济的发展，国家对高等教育投入力度加大，我国高校办学资金取得较大增长，高校可支配的资金越来越多。同样，高校用于各种物资采购的资金也越来越多，一些高校动则每年几千万、几个亿甚至十几亿元的采购资金昭示着高校采购权力越来越大。据调查，现在大部分教育部直属高校都已经采取了集中采购，也即是在高校内部设立单独的集中采购部门，为学校的二级单位，或者在设备管理部口、资产管理部口等设立专职负责采购事宜的办公室。这些机构名称不一，但都是负责具体采购事宜的操作执行部门。这些采购包括仪器设备、大宗物资、药品、图书、服务等。一般而言，在具体职能部门上，高校都设立了采购（与招标）工作领导小组，负责具体采购过程中重大事项的决策。因而，高校采购权力通常掌握在采购（与招标）领导小组和具体的职能部门（处、室）手中。采购权力行使过程中的问题主要表现为：在采购招标书的制定过程中故意以某个供应商的设备指标为标准；在确定采购方式时规避招标管理办法的规定，应采取公开招标的采取邀请招标或单一来源采购等；故意泄露标底、故意泄露评标专家名单等信息；对供应商围标、串标等违规违法行为不加制止甚至参与合谋等。

（二）招生录取

按照国家法律法规规定的条件，通过规定的形式，招收学生入校学习是高校的一项基本工作。高校招生权力由高校招生领导小组和负责招生的处室行使。应该说，随着教育部"阳光招生"政策的推行，高校招生充分运用科技手段，完善招生程序，尽可能避免人为干预，高校招生工作已经越来越规范。近年来招生领域暴露出来的问题主要集中在本科自主招生、特殊类型招生、研究生招生和继续教育招生领域。近年来随着本科招生越来越严格和规范，研究生招生录取中的问题相对凸显，相对于本科招生，高校在研究生招考录取中的自由裁量权相对较大，特别是在复试环节容易发生问题，需要引起高度重视。

（三）经费使用

财务管理是高校的核心职能之一，财务管理也是高校行政领导权力的核心权力。近年来根据教育部公布的各高校年度预算情况来看，高校每年预算资金普遍达到十几亿元、几十亿元，少数高校已经突破 100 亿元，这些钱花在什么地方，发挥了什么效益，成为社会关注的重点。财务管理中的违规、腐败问题主要表现在：重大经济决策事项不规范问题；挪用、贪污问题；收入不入账或虚列支出套取资金私设"小金库"问题、资产管理不规范问题，等等。另外，近年来，高校科研经费增长迅速，科研经费收入已成为高校收入的主要来源之一，由于大部分高校科研项目经费由项目负责人管理负责，但近年来发生的套取挪用或违规使用科研经费问题较为突出。高校财务、科研、监察、审计等管理部门的监管不到位是重要原因。

（四）工程修缮

近年来，高校大规模进行投资建设，特别是相当多的高校进行了新校区建设，高校基建工程项目激增。同时，由于国家对高校投入的增多，一些高校也大规模地对校内设施进行维修改造，改善教学办公环境，维修投入的资金激增。由此，高校吸引了众多建筑商、维修队，展开激烈的竞争，但也存在恶性竞争与权力寻租现象。基建、维修工程管理权包括项目立项、设计、招标、监管、验收等诸多方面诸多环节，由于该项工作的专业性，诸多工作都由高校分管基建工作的领导（或领导小组）和基建、后勤管理部口承担，处于相对封闭的状态。虽然依照国家招标投标法的规定，高校在基建和维修工程中也进行了招标，但作用有限。由此，给高校基建、维修公众管理权的不规范运行留下了许多漏洞，高校基建、维修工程也常常存在超预算、变更随意、变更量过大等问题。

（五）校办产业

校办产业已成为高校科研成果转化和高校资产投资的重要途径。根据教育部的相关规定，各高校要组建资产经营公司，并将学校所有经营性资产划至资产经营公司。在组建资产公司后，各高校一般都设有校办产业管理部门，具体负责国有资产的保值增值。由此，高校校办产业管理权实际上由分管领导和校办产业管理职能部口和资产公司的校方管理人员行使。具体实践中，校办产业管理权在行使过程中常常存在以下问题：部分高校对外投资企业未按要求划至资产经营公司，存在风险；部分高校科研机构由学校不同部门管理，存在产权不清、再投资行为不规范、多数投资企业亏损、部分资产游离于校外；资金挪用；国有资产流失，等等。

（六）选人用人

干部选拔任用问题上，高校党委负有主体把关责任。但是在副处级干部和科级干部的选拔任用方面，在教师的选聘和职务晋升方面，职能部门具有较大影响力。在高校中存在职能部门及相关工作人员干预正常程序，利用手中权力寻租设租和利益输送的问题。

三、职能部门权力运行制约与监督的主要问题

经风险事项整理分析归纳，高校内部权力运行制约与监督管理质量存在的问题主要表现在以下五个方面：

一是治理结构不完善，缺乏顶层设计，制度不落地。大学治理中高校对职能部门的定位不够清晰，部门规划、职能设计缺乏顶层设计，部门职责不完整、部门边界不清晰，关键岗位、责任追究和问责机制不健全等，直接导致有些部门逃避监管和制约，管控措施落实存在很多困难。

二是内部机构设计不科学，监管流于形式。学校管理制度出台时，明确要求对一些重要领域的经济活动实施全过程管理，比如预算、采购、合同、资产等管理领域，但在实际执行时，部分业务归口管理部门由于人员紧张、管控措施不科学、重视程度不够等原因，未能在业务的重要管理环节发挥过程监管、督促实施、及时纠错的作用，过程管理效果不佳，通常是问题暴露后才去查找原因，事后补救无法有效避免损失、挽回影响。

三是岗位职责不明确，管理不精细，资金使用效益低。预算编制基础结构不细化，项目经费和人员经费在预算安排上"一松一紧"，预算不立足于实际。预算与实际执行脱节，擅自变动经费列支渠道，先支后审。管控流程、开支范围、开支标准及辅助说明缺乏规范，经费支出"跑冒滴漏"。资产购置论证不充分，院系资产不共享，资产闲置、重复购置，资源浪费现象严重。办学迷信"规模论"，不重视教学和科研水平等综合竞争力提升，资金使用效益的观念淡薄。

四是风险认知不足，自律意识差。通过教育部专项检查、校内自查自纠，建章立制，高校依法依规使用经费的自觉意识得以增强。但是，现阶段政策程序只是"印在纸上、挂在墙上"，缺少使制度有效执行的强有力手段或工具，个别教师视而不见，通过非合理项目支出，违规转拨，假发票或"真发票假业务"、多列或虚列费用套取经费的现象还时有发生。

五是信息系统信息沟通不畅，管理决策拍脑袋。学校存在信息沟通有效渠道少，信息传递不规范等情况。财务和业务没有实现一体化，部门信息共享程度较低，"信息碎片化、信息孤岛"现象普遍，制约着信息公开、透明化的进程。数据采集加工手段落后，数据核对频率较低，核对范围小，存在信息失真的风险，无法及时、真实、准确、完整为管理层决策提供数据支撑，最显性的结果就是项目预算执行率很低。

第三节 高校职能部门权力运行制约与监督创新

一、加强职能部门权力的结构性制衡

近年来，职能划分和部门设置的不合理，使高校内部管理面临诸多难题。首先，职能交叉、政出多门、职责不清的现象普遍存在，一个重大决策往往需要多个部门负责，主要责任主体难以明确。特别是当管理难题出现时，管理部门都不愿承担相应责任。其次，部门间协调难度大，各部门各自为政，部门之间不协同等问题较突出，严重影响了管理效率。设置不同的职责与部门可以更专业化，但也增加了协调与控制的难度，各个部门都优先考虑自己的利益，结果只能是部门最优化，即重点在于达到部门的目标而不是整体的目标。最后，职能部门"衙门化"，官僚作风较严重。校一级的职能部门常缺乏明确定位，将自己与学院的关

系定位为上下级的关系，缺乏为教学科研服务的意识，并常常干预甚至包办学术事务。因此，对高校职能部门进行大刀阔斧的改革已成为高校一项紧迫的任务。近年来，一些高校在改革上进行了实践探索，主要包括：

（一）加强职能部门的监管

加强组织监督，在校领导责任分工上强化"一岗双责"，本着谁授权谁监督的原则，加强校领导对分管部门的监督责任，职能部门负责人定期述职述廉；强化纪检监察监督责任，从其他部门的具体事务中抽身出来，更好地履责监督职能；加强审计监督，推动审计全过程、全覆盖，加强职能部门负责人经济责任审计，并强化审计结果的运用；加强内控体系建设，将职能部门涉及的风险控制纳入科学化、规范化轨道。

（二）推进职能部门大部制改革

在对管理机构进行职能调整和机构整合的基础上，优化内部权力结构和运行机制，实现从"权责不清"到"权责明确"，从"多头管理"到"集中管理"，从"政出多门"到"统一决策"，从"利益分割"到"利益整合"，从"管理为主"到"服务为主"的转变，形成分工合理、权责一致、决策科学、执行有力、监督有效的内部管理体制。

（三）转变职能部门工作职能和作风

管理是为了更好地服务，是现代高校管理的艺术体现。强化"服务理念"，就是要求职能部门要由原来的控制者，转变为服务者和支撑者。有的高校要求职能部门加强工作职责、办事流程、服务承诺公开，晒出"权力清单""责任清单""服务清单"，既规范了权力行使，也提高了服务水平；有的高校推进管理重心下移改革，以学院为办学主体，重新定位职能部门的工作内涵，获得了较好成效；有的高校在各职能部门中建立以广大教师和学生为顾客的"一站式服务"，通过将本来地理空间分散的相关单位集中到一个"服务窗口"，将分散程序化办公转变成"联合办公"，减少了一些不必要的中间环节，简化、集中处理相关事务，从而提高工作效率和办事效率。

（四）以信息化倒逼职能部门权力规范运行

信息化技术是高校实现管理流程优化的关键工具。在当前高校管理实践中，计算机和网络的使用逐渐普及，信息化打破了部门之间的"信息孤岛""应用孤岛""资源孤岛",推动信息及时共享,业务有效整合,资源协同应用和管理流程的优化,基于这样的信息管理平台,各职能管理服务人员都可以及时有效地提供教学、科研、管理和生活服务,形成数字化的信息管理方式和沟通传播方式,减少部门的权力截留和自由裁量空间,推进管理规范化。

二、加强基于内控的职能部门权力运行制约与监督

高校内部控制是指学校为实现办学目标,通过制定制度、实施措施和执行程序,对经济活动的风险进行防范和管控。高校内部控制的目标主要包括:保证学校经济活动合法合规、资产安全和使用有效、财务信息真实完整,有效防范舞弊和预防腐败,提高资源配置和使用效益。

财政部于2015年印发《财政部关于全面推进行政事业单位内部控制建设的指导意见》,内容指出内部控制尚未建立或内部控制制度不健全的单位,必须于2016年底前完成内部控制的建立和实施工作。2016年教育部印发《教育部直属高校经济活动内部控制指南(试行)》。现今,各大高校已基本建立高校内部控制制度。高校内部控制评价作为内部控制的重要组成部分,通过对高校内部控制建设的评价,诊断出高校内部控制制度建设存在的风险,发现内部控制存在的缺陷,并及时提出改进意见,这在高校内部控制建设的健全和完善过程中发挥着重要的作用。

内控建设是完善大学治理结构的核心内容,是加强廉政风险防控机制建设的必然要求。制度、资金和人才是影响高校内涵发展的重要因素,其中制度尤为重要。而内控建设就是要从制度层面上去理顺和规范人、财、物、权等之间的权力运用与制衡关系,明确职责分工,优化岗位职责,切实有效地防范经济业务领域中的潜在风险。高校职能部门在内控制度体系建构中居于非常重要的地位,应切实发挥内控建设引领下推动实现学校发展的积极作用。

按照《行政事业单位内部控制规范》和《教育部直属高校经济活动内部控制指南(试行)》确定的内部控制原则和办法,多数高校成立了由书记和校长任组长的内部控制建设工作领导小组,研究制订了内部控制建设方案,全面系统地开展内部控制建设工作。采用"整体规划、分步实施,先固化、再优化"的方式,通过利用信息化手段落实风险评估和控制方法,搭建内控管理信息化系统,保障内控体系全面实施,在学校内部逐步建立起有效的内部控制体系。

关于高校内部控制建设考虑要素方面研究,学者陈留平等(2013)以COSO内部控制框架为依据,了解高校在控制环境、风险管理、控制活动、信息与沟通、监督五个方面建设情况,提出对策建议,主旨思想是参照企业内部控制从五

要素建立健全内部控制体系；刘正兵（2013）论述美国的 COSO 报告五要素适合企业内部控制，但不适合高校，高校内部控制除了要考虑五要素之外，还应该从风险管控的视角对教学科研支出、大型设备的购置以及学校融资活动等进行控制；朱爱丽（2014）根据行政事业单位内部控制规范内容以山东某高校为例，分别从单位层面与业务层面两方面对高校内部控制规范设计，业务层面主要包括预算、资产、负债、收入、支出、建设项目、采购、绩效评价与监督等方面分析高校存在的薄弱环节；唐大鹏（2015）提出在行政事业单位层面内部控制优化的核心环节，需要从组织机构、决策机制、执行机制与监督机制这四个层面对高校业务层面内部控制流程管控；孙支南和王超辉（2016）在论述高校内部控制与风险管理区别时，提出高校内部控制建设的主要任务是分析经济活动的风险，主要涉及教学科研、收支、基础建设、合同管理等经济活动。因此，综合以上文献研究，本书根据行政事业单位内部控制规范内容，对高校业务层面进行内部控制，业务主要包括预算、收入、支出、政府采购、资产管理、基础建设和合同管理七个方面，对其业务梳理并查找风险点。

国内学者对高校内部控制建设现状展开大量研究。齐永新（2014）认为我国高等学校内部控制体系并未真正实施，相对完善的制度体系并未形成；曾丽雅（2015）认为目前高校内部控制并没有得到广泛应用，制度设置和实施过程都有所缺陷；辛晏和王慧（2016）认为高校内部控制可供操作的实施细则还不健全，内部控制制度执行力不强；林丽、郭兆颖、王智博（2017）认为目前高校内部控制以借鉴和模仿居多，往往是先有变化再制定制度，制度落后于变化，重复、无效的内容较多，缺乏具有可操作性的内部控制制度；周怡杉（2018）分析了高校财务内部控制现状，并基于财务核算视角指出经费核算理解存在偏差、财务核算流程缺乏规范化标准、财务政策变化频繁及内部沟通脱节、信息不对称等问题；韩蕾（2018）从关键岗位人员缺乏业务培训和职业道德教育、合同管理控制不规范、资产管理控制不严格等十个方面阐述了高校内部控制存在的问题。已有研究都强调了内部控制在保障经济业务活动合法合规、资产安全和效益、预防舞弊腐败、提升内部管理效率等方面的重要作用，同时也表明了高校内部控制建设实效性不容乐观。

对 25 所高校发放问卷调查表明，72.7% 的被调查高校只在部分业务环节建立了内部控制，只有 9% 的被调查高校在所有业务环节建立了全面的内部控制。对于现有内部控制制度执行是否有效的调查表明，4.8% 的被调查人员认为所在高校的内部控制制度很少得到有效执行，38.7% 的高校内部控制制度能够基本有效执行，54.8% 的高校内部控制制度在大部分情况下能够有效执行。总的来看，很多高校的内控制度仍然停留在政策层面，还停留在"写在制度里，贴在墙壁上"的表面工作中。目前高校普遍对内控制度以及制度建设存在认识上的片面性，还没有形成全局性内控意识。相当一部分高校校领导、管理层还认为高校内控制度是财务部门和审计部门的业务，缺乏对内控制度建设的整体认识，还没有认识到内控制度是学校健康稳步发展的重要保障，需要各部门协作，共同参与。同时，高校很多财务、审计人员也对内部控制缺乏认识，认为高校内控制度建设就是一项表面工作，同时内控制度的专业水平和职业素养皆有待提高。部分会计人员和内控人员对内控业务知识不能熟练掌握，内控观念淡薄，内控的专业知识和职业素养均有待提高，这无疑会降低会增加内控业务难度，也会降低内控制度的独立性和权威性。

加强高校内控制度建设，完善高校内控制度体系。首先要根据高校自身特点，设立负责组织协调的内控主管牵头部门，做到不相容岗位分离，调查发现多数高校将内控办公室设在财务处或审计处，从高校内控工作内涵和更好发挥审计职能的角度来看，与审计处合署办公似更为恰切一些，由校长直管，有利于内控机构和内控工作人员工作的独立性，维护高校内控工作的权威性。其次，高校需规范内控制度管理，明确各部门职责权限，设计出合理的业务流程和授权审批流程。高校的内控管理首先要克服管理制度缺陷，建立不相容岗位相分离的内控管理制度，尤其是授权审批制度。高校对于重要经济业务，要严格执行审批制度，经济业务的经办人、经费负责人以及授权审批人不得由一人兼任，必须做到独立审批。

三、构建职能部门权力制约与监督精细化管理制度体系

传统的权力制约与监督体系，主要针对事后而不是事前约束与监督，并不能真正建立起权力主体的自我约束和限制，作用是极其有限的。要创新管理模式，优化管理体系，完善制约与监督机制，改进管理措施，做到情况明、数字准，全面提高教职工履职能力，达到"权力在阳光下运行"，更好地接受党委监督、行政监督和社会各界的监督。为此，课题组探索从深入把握纪检监察工作规律入手，抓住"人、财、物"管理相对集中的职能部门，创新工作方法，将监督方式转移到督促主责部门自觉履行监督责任，监察审计部门执行"再监督"，将监督责任层层传导，渗透到具体业务中去。

以往解决学校内部权力运行制约和监督管理存在的问题，通常的方法都是预算控制和资金控制，实则这只是表象，解决问题的实质应该是标准控制，即议事决策的标准、资源配置的标准、预算执行的标准、数据分析的标准。标准确定过程恰是管理制度及实施细则的建立健全，即坚持践行党委领导下的校长负责制，

构建权力制约和监督精细化管理制度体系。迄今为止，可以找到具有中国特色的高校权力制约与监督的理论框架，但是在实践操作层面缺乏切实可行且行之有效的手段和工具。

至于如何在实践操作层面构建高校内部权力运行制约和监督管理制度体系，在遵循各权利主体之间的管理逻辑关系的前提下完善事项控制标准，课题组构建了高等学校内部权力运行制约与监督精细化管理制度体系模型（见图 5-2）。

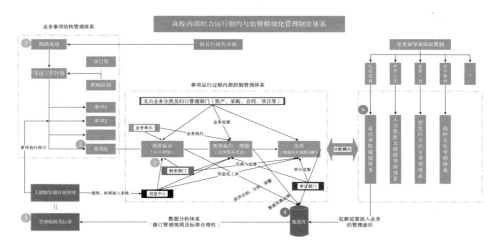

图 5-2　高等学校内部权力运行制约与监督精细化管理制度体系模型

在业务事项管理体系，通过业务的事项结构化处理，完善高校内部控制管理体系，在高校可建立纵向的①事业战略—年度工作计划—经济事项的结构体系；在事项运行过程中建立内部控制管理体系，针对横向的每一个具体事项，都可以构建"以预算管理为主线、资金管控为核心"的，涵盖②预算编审—预算执行、调整—决算的事项运行链条，并将决策、执行、监督贯穿于整个链条中；在业务环节细节处，针对③业务节点，通过组织、部门、岗位、流程、权限、标准、单证等管理元素在每一个业务节点，建立设计合理执行有效的控制措施，实现节点工作目标；加强事项运行的事前规划、事中控制，在业务监督、会计监督、审计监督（行政监督）的合力下，通过信息化工具结构化分析④沉淀数据，不断修正事项⑤管理规则及标准，敦促业务执行合法合规，减少事后审计问题，形成一个良性循环，实现资源配置的闭环管理；改变信息"碎片化"管理，实现数据互融共通；而⑥监察监督则是通过行政监督的数据差异识别、分析、预警渗透到业务节点。

所以只有建立完善的高校权力制约与监督管理精细化制度体系，并通过信息化手段将单位标准化的制度程序显性化、简单化、标准化，对经济事项的方方面面进行实时监督、控制和管理，才能使高校真正具备信息公开、透明化的基础，让提高权力制约和监督质量变得可行，并成为防止腐败滋生的有效屏障。

世界一流大学建设，须切实加强党的领导，完善内部治理结构，强化权力运行制约与监督，健全以廉政风险防控为重点的内部控制机制，实现对学校重点领域及关键环节的有效控制。为了充分保障学校"双一流"建设的资源筹集与配置，针对学校管理实际面临的资金、资源配置和利用效率需要进一步提高，资源拓展能力需要进一步增强等问题，以大力提升资源筹措力度、整合能力和利用效率为目标，深入推进资源配置模式改革，强化"财务、采购、资产、基建等"重点领域权力制约与监督，盘活存量、用好增量，充分提高资源配置的科学性和有效性，为学校"双一流"建设提供"一流保障"。

第六章

我国高校内部权力运行制约与监督

——院级层面的考察

在推进大学治理现代化进程中，基于大学学术组织属性和大学"底部沉重"的特点，随着政府向大学放权、大学向院系放权步伐的加快，二级学院的地位和作用越来越得到重视，完善二级学院治理越来越成为一个紧迫而现实的课题。本章重点面向高校二级院系，探讨我国大学治理框架下二级学院权力运行制约与监督的现状。研究从治理这一视角切入，对二级学院权力运行制约与监督状况进行问卷调查和访谈，并结合巡视等进行社会网络分析，探讨完善二级学院治理视域下权力运行制约与监督存在的问题并提出初步建议。

第一节 权力运行制约监督与高校二级学院治理

随着中国现代大学制度建设、高校治理结构的不断优化与管理重心的下移，二级学院作为重要的办学主体，其治理问题已成为高等教育理论研究和实践探索的重要课题。提高二级学院治理水平，重视二级学院治理是前提，建立新型校院关系是关键，完善二级学院治理结构是落脚点。这三者表现为相互关联、层层深入的逻辑关系。只有重视二级学院的治理，才能有理论研究的深入以及行动的自觉；只有建立新型校院关系，才能为良好的二级学院治理创造条件，建立新型校院关系是二级学院治理必须越过的"坎"；只有完善二级学院治理结构，才能使二级学院治理以稳定的制度形式加以确定，并以制度保证二级学院治理的有序、有效。

一、应更加重视二级学院治理

大学的二级学院治理是大学制度建设的重要内容，完善大学二级学院治理结构对大学治理具有重要意义。二级学院治理的理性认识和现实反思昭示着二级学院治理的必要性和紧迫性，同时要求我们必须对此给予高度重视。

（一）二级学院治理的理性认识

二级学院中聚集了一批专注于教学和科研的专家、学者以及学生，其工作的核心内容是进行知识传播、知识发现、知识应用、知识理解等知识生产活动。大学的人才培养、科学研究、社会服务等各项职能要依靠二级学院去承担、去执行、去实现，离开了二级学院，大学的知识生产活动、大学的职能实现就变成了空中楼阁。因此，二级学院的办学水平和治理水平与大学办学水平和治理水平休戚相关、密不可分。

二级学院组织的复杂性。伯顿·克拉克（Burton C. Clark）提出大学组织的"矩阵结构"和"底部沉重"，迈克尔·科恩（Michael D. Cohen）和詹姆斯·马奇（James G. March）提出的"有组织无政府状态"，以及查尔斯·比德韦尔（Charles Bidwell）等指出的"科层制与松散结构的混合体"等观点都描绘了大学组织的复杂性特征，而这些复杂性实际上都主要体现在大学的二级学院组织。在二级学院中，教师既从属于某一学科，又从属于一个事业单位。"大学教师们被卷入各种各样的矩阵，多种成员资格决定他们的工作，号召他们的忠诚，分配他们的权力。"[1] 大学的几乎所有学术人员都在二级学院工作，所有的学科专业都在这里汇集，相应的学术资源也在二级学院分配。二级学院又具有科层与松散的特点，二级学院是一个学术共同体，又是一级行政单位，这里有明确的职位和层级，有确定的权力和职责，二级学院的领导一般是经过民主推荐程序后由学校任命。可以说，二级学院既是学科与事业的矩阵组织结构的交汇点，也是学术权力和行政权力二元权力结构的交汇点。学术权力和行政权力各自发挥作用，它们的影响力首先在这里表现出来，同时，学术权力和行政权力的冲突与协调也在这里首先表现出来。

---

[1] ［美］伯顿·克拉克：《高等教育新论——多学科的研究》，王承绪，徐辉等译，浙江教育出版社2001年版，第113页。

二级学院组织的变化性。二级学院组织的变化性主要体现在规模、结构和功能等方面。近年来，随着高等教育快速发展，我国大学二级学院规模不断扩大，有的二级学院规模甚至达到几千名学生、几百名教师。此外，随着全球化进程的加快、网络技术的普及，知识形态已经发生了转变，知识生产也不再是单一的以纯粹的科学研究为手段的学科型、专业化的模式，同时出现了以跨学科或多学科的问题导向的知识生产模式。传统单一学科为导向的二级学院设置已经不能满足人才培养和知识创新的需求。为适应这些需求，以一级学科建立二级学院的情况已经发生改变，多学科结合构成的二级学院变得普遍，知识的生产不仅在传统的学科内完成，跨学科和以问题为导向的知识生产越来越多。跨学科人才培养和跨学科科学研究、协同育人和协同创新、建立大的学科平台学术团队等要求也在增加。二级学院的治理关系组织的生机和活力，关系学术生产力的释放与提升，关系大学职能能否很好地实现。二级学院的治理必须考虑到各种复杂性和特殊性，这也是尊重大学的内在逻辑和大学治理的规律。

（二）二级学院治理的现实反思

目前无论在政策层面、研究层面还是实践层面，对大学二级学院治理的关注不够，呈现出"四多四少"的情况。

首先，在国家的政策文件中，对大学治理领导体制、治理结构和运行机制的政策规定多，而对大学二级学院的领导体制、治理结构及运行机制的政策规定少。2010年以来，党和国家发布了一系列关于大学治理的政策文件：如中共中央、国务院颁布的《国家中长期教育改革和发展规划纲要（2010~2020年)》；中共中央办公厅印发的《普通高等学校党委领导下的校长负责制实施意见》(2014)；教育部颁布的《高等学校章程制定暂行办法》(2011)、《高等学校学术委员会规程》(2014)、《普通高等学校理事会规程》(2014)、《学校教职工代表大会规定》(2011)，等等。这些文件主要规定的是大学校级层面治理，对二级学院层面治理涉及很少。

其次，在高等教育研究中，关于大学治理的研究较多，而关于二级学院治理研究的较少。截至2016年，通过中国知网，以"二级学院治理"或含"院系治理"为主题，共检索到相关文章22篇，以"二级学院治理"或含"院系治理"为关键词，共检索到相关文章6篇。以同样的方式以"大学治理"或"高等教育治理"为主题和关键词进行检索，相关文献分别有2069篇和896篇，且呈现出逐年递增趋势。

再次，在大学治理的实践过程中，大学对坚持和完善党委领导下的校长负责制及完善大学的治理结构关注的多，对完善二级学院的领导体制及治理结构关注的少。笔者选取了截至 2016 年 6 月，由教育部审核的 92 所高校的章程。其中，90 所高校为部属院校，其他 2 所为中国科学院直属的中国科学院大学和全国妇联直属的中华女子学院；部属 90 所高校中，有 45 所"211 工程"高校，39 所"985 工程"高校，其他 8 所。从分析结果看，尽管多数章程都对二级学院做了不同程度的表述，但作为大学的办学主体，二级学院的重要性尚未得到重视。从二级学院的相关内容在章程中的呈现形式来看，在 92 个大学章程中仅有 21 个章程将"学院"作为独立章节进行表述；有 41 个章程在"组织（机构）、管理（治理）"等相关章节对二级学院的相关内容进行表述或规定；有 29 个章程在"教学、科研、学术"等相关章节中，对二级学院的相关内容进行了表述或规定。此外，还有 1 所高校的章程甚至没有涉及二级学院层面的治理内容。可见，尽管几乎所有大学章程都涉及二级学院治理的相关内容，但仅有少数大学将二级学院治理独立地作为大学章程的一部分，更多大学章程将二级学院治理作为组织（机构）或管理的一个部分，且用较少的笔墨对二级学院治理进行表述，多数章程仅用几个条款甚至一个条款表述二级学院的相关问题。

最后，在高等教育研究和实践中，关注高等学校二级学院组织形态变革的多，而关注二级学院治理的少。改革开放以来，我国大学学术组织的变革一直是理论研究和实践探索的重要课题。20 世纪 80 年代以来，我国大学组织发展的外部环境发生了根本变化，在改革开放的进程中，很多大学进行学院制改革，21 世纪初期，一些大学又开始学部制改革，此外，跨学科中心、重点实验室、协同创新中心等学术组织不断产生。应该说这些改革是必要的，其本质都是大学为适应社会需要以及科学技术发展趋势而自我变革的行为，是为了谋求自身的生存与发展，在外部环境变化下进行的内部组织形态调整。这一时期，学者对二级学院或大学学术组织形态的变革关注较多，成果颇丰，而对二级学院内部治理的关注甚少。在中国知网以"学院制"和"学部制"为主题词进行检索，分别有 447 篇和 62 篇期刊论文。此外，还有 40 篇论文直接将"大学组织形态"作为研究主题。以相同方法对"二级学院治理（或院系治理）"进行检索，结果仅有相关论文 22 篇。

二、建立新型校院关系

校院关系指的是"大学管理层与学院一级教学科研单位之间的组织关系"[①]。良好的校院关系是完善二级学院治理结构的起点，是激发大学办学活力、提升办

---

① 石中英：《大学办学院还是"学院办大学"》，载于《光明日报》2016 年 5 月 16 日。

学绩效的关键。

（一）新型校院关系的基本意蕴

一直以来，在我国大学的校院关系上，学校一级处于支配和强势的主导地位，二级学院处于依附和弱势的被支配地位。在大学内部，管理的权限主要集中在大学上层，大学的权力运行自上而下，二级学院作为大学内部的组织机构，主要听命于大学上层的指挥。同时，大学设有众多管理部门，履行学校赋予的管理职能。由于每个管理部门拥有相当的权力和资源，二级学院成了学校管理部门的指挥对象。这样，大学过分的科层化，大学组织中的直线职能制过分强化，二级学院缺乏相应的权力，成为学校的一个"生产车间"。二级学院要忙于应对各种指令，其办学主体和办学实体地位缺失。结果导致二级学院的压力大，积极性、主动性发挥不够，活力不足。

处理好大学与二级学院的关系，就要改变这种传统的校院关系，建立新型的校院关系。新型校院关系主要应包括以下三方面内容：第一，改变以往高度集中的管理体制，实现管理重心下移。在新型校院关系中，管理重心下移到学院，学院成为学校管理的重心。学院与学校行政权力之间有比较明确的边界，学院拥有足够的财政、人事、学术决策等实效权力。学校对学院进行宏观管理、目标管理以及政策调控。第二，改变过度直线职能结构，实现一定程度的校院结构的扁平化。在新型校院关系中，尽可能地减少管理层级，尽可能地减少管理部门的权力和资源，二级学院不是作为高校组织的"生产车间"，被动地执行学校的行政命令，而是作为办学主体、实体，积极主动地按照办学定位，围绕办学目标，遵循大学办学规律指导办学行为，并实施变革，释放其内在活力。第三，管理部门改变过度的行政指挥，转变职能、转变作风，减少文山会海，减少命令指挥，多做协调工作，多做服务工作。

（二）建立新型校院关系的内在必然

大学的二级学院与其他组织不同，是一个"底部沉重"的组织。大学的主要学术人员，包括大学最知名的教授、最具权威的学者、专家都聚集在二级学院；大学包括教学和科研在内的所有重要学术活动，都要在二级学院和基层学术组织开展；大学诸多矛盾与问题在二级学院显现，并且最终还要在二级学院处理和解决。二级学院是以学科专业为基础的学术组织，大学的人才培养、科学研究都是依靠二级学院为载体完成的。二级学院是否有生机和活力，决定着整个大学是否有生机和活力，决定着整个大学的实力和水平。此外，二级学院最了解学科发展的现状及自身的优势与劣势，最了解学科的发展和努力方向、目标和实现的途径。因此，大学管理重心下移到二级学院，使二级学院真正成为办学主体和办学实体，是符合大学的内在逻辑，符合大学的利益，有利于大学各项职能的实现，有利于大学的长远发展。

随着高等教育事业的发展，二级学院组织的规模、结构和功能在发生变化，客观上要求二级学院更加主动和自觉地推动事业发展，这也要求给予二级学院更大权力和责任。随着事业发展，二级学院在坚持立德树人、完成培养人才的任务方面负有更大责任，在教师培养、引进以及教师的评价与考核的任务更加突出，在经费管理和资源配置的任务方面更加繁重，二级学院需要决策的重大事项增多，需要管理的任务加重，这些都势必要求给予二级学院更多的权力，同时也必然承担更多的责任。

当前，我国大学的校院关系仍然表现为权力集中在学校管理层，传统的校院关系仍然起主导作用，这种特征在现有大学章程中也有明显表现。通过对选取的92 个大学章程进行分析发现，有 55 所大学在章程中明确了学校实行"院校两级管理制度"，即明确了大学和二级学院在不同层面所拥有的权责范围。但事实上，通过对相关章程文本的分析可知，学院（系、部）的权力是十分有限的。从章程所界定的内容上看，多数规定二级学院"在学校授权的范围内实行自主管理"，但是，大学章程对二级学院的权责规定较为模糊。如有的章程规定"学院是人才培养、科学研究、社会服务和文化传承创新的组织实施单位，在学校授权范围内自主管理"，但是，学校授权范围、二级学院在哪些方面自主管理则语焉不详。

（三）建立新型校院关系的实践探索

当前，关于建立新型院系关系的探索，在政策上和大学治理的实践中，已经有许多进展。2010 年国务院办公厅发布《关于开展国务院办公厅关于开展国家教育体制改革试点的通知》提出："设立试点学院，开展创新人才培养试验（北京大学等部分高校）。"教育部于 2011 年启动试点学院改革项目，经国家教育体制改革领导小组批准在全国首批 17 所高校试点学院推行综合改革。为使这一试点顺利推进，2012 年 11 月，教育部正式颁布了《关于教育部关于推进试点学院改革的指导意见》，其中关于"完善学院内部治理结构"一项中提出三条支持政策：（1）支持试点学院改革院长选拔任用制度，试行教授委员会选举提名院长的办法。（2）支持试点学院赋予学术委员会学科建设、学术评价、学术发展中的审议权，在学术成果评价等方面的评定权。（3）落实和扩大试点学院教学、科研和管理自主权，支持试点学院依照学院章程自主确定发展规划并组织实施，自主配置各类资源，自主确定内部收入分配，自主设置和调整学科专业。这三项政策对变革传统的校院关系，建立新型校院关系给予了有力的政策支持。

在构建新型校院关系上，许多大学已经开始积极行动，构建以学院为主导、扩大学院自主权、激发学院的办学活力和内生动力的管理重心下移的治理结构，同时，完善二级学院内部治理结构，改革学院内部管理模式。上海交通大学在管理模式上实行校院两级管理，由"校办院"向"院办校"转变。"院为实体"改革逐步下放权力。第一，实行校院两级管理模式。第二，使决策重心下移，以调动二级学院的积极性。第三，尝试实行校院两级预算体系，下放财权。第四，在人事管理制度改革上以院为主体，尝试下放人事权。第五，在人事、财务、资产、人才培养等方面都进行授权。上海交通大学通过"院为实体"改革，深化校院两级管理体制，以签署授权协议进行下放权力，构建分层决策的协议授权工作机制。

北京大学最近的一项改革也引发人们的关注。2016 年 11 月 15 日，北大校长林建华谈学校改革时提到要进一步深化北大人事制度改革，提升北大人才竞争力，并提出了三项具体举措，分别是：第一，教师是学校的主人翁，也是学校发展建设的主体和主力。全校上下，都要更加尊重知识、尊重人才，尊重教师的主体地位。第二，人事制度改革必须注重统筹协调，要努力构建公平、合理、科学、完备的制度体系。第三，要充分调动二级学院的积极性，建立学校与二级学院协调一致、相互配合的体制机制。新华社 2016 年 11 月 10 日报道，北京大学校长林建华接受媒体采访时表示，北大的综合改革正稳步推进，效果开始逐步显现。在人事改革方面，北大未来将尝试取消二级学院行政领导的行政级别，并采用聘用方式，进一步弱化行政级别，加强人员流动。

上述改革虽然都未过多涉及二级学院内部治理，但都旨在改变原有的校院关系，为二级学院营造出良好的治理环境。

三、完善二级学院治理结构

在处理好校院关系之后，突出问题就是如何完善二级学院的治理结构，以保证其坚持正确的办学方向，保证内部各种权力合理配置，各种重大事项科学决策、民主决策、执行有力，同时，各种权力的运行得到有效制约和监督。当前，我国大学二级学院治理结构仍有待完善。

（一）关于二级学院的领导体制

高等教育领导体制是指高等教育领导机构及与之相适应的行为规范的统一体，其核心是高等教育领导权力的基本配置方式，包括高等教育行政领导体制和高校内部领导体制两个部分。前者主要处理政府与大学之间的关系问题，后者主要解决大学内部党政之间、学术与行政之间的权力配置与运行，即处理大学内部党委权力、行政权力与学术权力之间的关系问题。二级学院领导体制是高校内部管理体制的重要组成部分，是"以制度化的形式规定了二级学院组织系统内的领导权限、领导机构、领导关系及领导活动方式"①，是其进行决策、执行、监督等领导活动的具体制度或体系。构建科学合理的二级学院领导体制，本质上是明确二级学院内部权力关系，对其党政组织的领导与行政职能的发挥，对学院各项管理工作的效率有着重要影响，同时也是二级学院科学、有序运行的重要制度保证。

新中国成立以来，我国大学的二级学院领导体制与大学领导体制变革相适应几经变迁。② 涉及二级学院的领导体制，应当明确党政关系，明确党委和行政的职责，这应该以制度的形式确定。大学章程是大学的"宪法"，对大学的二级学院的党委和行政权力的边界、各自职责、党政协调运行等重要事项应该加以明确。但从 92 个大学章程的分析结果来看，关于二级学院党委权力，仅有 27 个章程对其职权范围进行了比较明确的描述，有 51 个章程仅进行了简单表述，有 14 个章程未对二级学院党委权力进行表述；关于二级学院行政权力，仅有 21 个章程比较明确地描述了二级学院行政权职的范围，58 个章程仅对二级学院行政权力进行了简单表述，仍有 13 个章程未涉及二级学院行政权力。

1990 年以来，我国大学二级学院实行"党政联席会议制度"，多年的实践证明，党政联席会议制度对于保证二级学院正确的办学方向和健康发展发挥了重要作用。然而，"党政联席会议是领导体制吗？"目前针对这一问题的回答仍然莫衷一是。有人认为党政联席会议制度是二级学院领导体制，可以将其概括为是党政共同负责制。也有人认为不是领导体制，只是议事制度或运行机制。领导体制应该包含党政各自的职责及党政关系，如大学实行党委领导下的校长负责制，这一体制既明确了党政之间的关系，也明确了党政的职责，即党委领导和校长负责。而党政联席会议制度只是明确"院（系）工作中的重要事项，要经过党政联席会议，按照民主集中制的原则集体研究决定"，却并未明确党政之间的关系和党政的职责。还有人将党政联席制度理解为一种党政协调配合的工作机制，还不是一种领导体制。

贯彻好"党政联席会议制度"，需要有一系列的制度规定，如哪些事项需要

---

① 王少安：《构建高等学校院（系）领导体制的探索与实践》，载于《中国高等教育》2011 年第 12 期。

② 张德祥、方水凤：《1949 年以来中国大学院（系）治理的历史变迁》，载于《中国高教研究》2017 年第 1 期。

党政联席会议做出决策，如何做出决策，如何执行决策等。党政联席会议如同大学的党委会和校长办公会一样，需要有议事程序和规则。否则，就会造成因为各自的理解不同而导致行为不一致的现象，从而影响党政联席会议制度的有效执行。通过对 92 个大学章程进行文本分析发现，尽管有 88 个明确了二级学院实行党政联席会议制度，但其中仅有 5 个章程明确规定了党政联席会议的议事程序，其余 83 个章程虽然有党政联席的相关规定，但所规定的内容却流于表面，并未对议事程序和规则作出规定。

（二）关于二级学院中教授治学

近些年来，在我国高等教育政策中和高等教育改革实践中，都十分重视发挥教授治学的作用。2010 年《国家中长期教育改革和发展规划纲要（2010~2020年）》强调，"充分发挥学术委员会在学科建设、学术评价、学术发展中的重要作用。探索教授治学的有效途径，充分发挥教授在教学、学术研究和学校管理中的作用"。2012 年《教育部关于全面提高高等教育质量的若干意见》提出："优化校院两级学术组织构架""推进教授治学，发挥教授在教学、学术研究和学校管理中的作用"。2014 年教育部发布的《高等学校学术委员会规程》，没有对二级学院学术委员会作出规定。

二级学院作为学术单位，其主要事务是学术事务，其基本活动是学术活动。基于这样的事实，教师应该在二级学院治理中发挥重要的作用，教授治学首先应该在二级学院体现。虽然，这些年来，一些大学的二级学院注意发挥以教授为代表的教师群体在学术治理中的作用，但是，对"什么学术事项""哪些人"以"什么方式参与学术治理"，往往缺乏制度性的规定，缺乏将制度性的规定变成制度化行为的机制。有的二级学院虽有学术委员会或教授委员会，但仍有"虚化"和"随意化"之嫌，缺乏章程的规定，缺乏有效的保障机制。

在 92 个大学章程中，有 72 个章程提出要在二级学院层面建立学术委员会或教授会等，其中仅有 21 个章程比较详细地规定了二级学院层面的学术委员会或教授会的职责、构成或议事规则，有 51 个章程没有对二级学院层面学术委员会或教授会的职责、构成或议事规则进行规定。此外，仍有 20 个章程没有提出应在二级学院层面建立学术委员会或教授会。

（三）关于二级学院民主管理

建设现代大学制度建设，很重要的一项内容是民主参与和民主监督。2010年的《国家中长期教育改革和发展规划纲要（2010~2020年）》强调，"加强教职工代表大会、学生代表大会建设，发挥群众团体的作用"。2014 年中共中央办

公厅印发的《关于坚持和完善党委领导下的校长负责制的实施意见》中，强调
"发挥教职工代表大会及群众组织作用，健全师生员工参与民主管理和监督的工
作机制。实行党务公开和校务公开，及时向师生员工、群众团体、民主党派、离
退休老同志等通报学校重大决策及实施情况"。这些精神和要求也适用于二级学
院，二级学院需要民主参与和民主监督。教育部 2011 年发布的《学校教职工代
表大会规定》中明确，"学校可以在其下属单位建立教职工代表大会制度，在该
单位范围内实行民主管理和监督"。

二级学院的发展改革的许多重要事项，需要听取广大师生员工的意见，科学
决策、民主决策；二级学院有许多事关教职工和学生切身利益的事，需要听取师
生员工的意见后再决策；二级学院的许多重要事项，需要师生员工知情，以便民
主监督。如何发挥广大教师在二级学院治理中民主参与和民主监督等作用，需要
很好地研究，做出制度性安排，并很好地组织实施。

通过对章程的分析，在 92 个章程中，有 46 个章程只提到应在二级学院建立
教代会，8 个章程提到应在二级学院建立教代会和学代会，有 3 个章程虽然提及
要在二级学院建立民主参与机制，但在章程中却并未提及其具体形式。另外，还
有 35 个章程没有提及应当在二级学院层面建立相应的民主参与制度。从章程的
分析结果来看，当前对二级学院层面的民主管理的重视程度不够，其中绝大多数
大学都没有将学生参与二级学院民主管理纳入治理结构。

"高等学校是一种以学科、专业为基础的'底部沉重'的学术组织。教育教
学、科学研究和为社会服务等职能活动都是由广大教职员工在学校基层组织中进
行的，基层的自主权是职能活动健康发展，兴旺发达的重要前提"[①]。当前，尽
管我国大学的二级学院治理得到了一些关注，但与大学层面的治理相比，对二级
学院层面的治理关心和实际举措明显不够。概言之，在多数大学中，二级学院仍
然是隶属于大学组织的"生产车间"，其主体地位并未得到重视。在对 92 所大
学章程分析的结果中可以看出，校院关系仍然没有突破传统的校院关系，二级
学院办学主体地位没有得到充分落实；在二级学院治理结构方面，大学章程未
能起到应有的制度规范作用，在二级学院治理的实践中仍然存在许多问题，如
二级学院内部权力边界不清，缺乏相应的议事制度等。因此，二级学院治理首
先应以建立新型校院关系为切入点，进而在领导体制、学术管理以及民主管理
等方面认真解决存在的问题，完善二级学院治理结构，从而不断提高二级学院
的治理水平。

---

① 潘懋元：《多学科观点的高等教育研究》，上海教育出版社 2001 年版，第 342 页。

第二节　我国高校二级学院权力运行分析

　　校院两级管理是目前我国高校内部的主流管理模式，学院作为学校内部的办学实体，成为教学、科研、学科建设及其管理的基本单位。由于学校的权力下移和系的权力上移，学院也是高等学校权力的聚集区，研究学院权力运行的制约与监督，具有重要的基础性意义。

一、院级权力运行制约与监督的问卷调查

（一）研究假设

　　关于权力制约与监督的实现机制，学者们提出了诸多模式。有以权力制约权力、以权利制约权力、以法制制约权力以及以责任制约权力展开的[①]；有以权力制约权力、以道德制约权力、以法律制约权力、以社会制约权力分析的[②]；这些途径虽然略有差别，但大体是沿着权力、制度、文化等几个方面展开的。

　　制度，广义的理解既包括正式的系统化的成文行为规范，同时也包括非正式的不成文的行为意向。制度是一种行为规范和活动空间、范围。它一方面约束人们的行动，另一方面又为人们提供其可以自由活动的空间。有的学者指出"建设世界一流大学的影响因素很多，但在所有的因素中，制度建设的重要性不容忽视。现代大学竞争的核心已不仅仅是资金、人才和技术，更重要的是制度建设"[③]。制度凝结了权力与义务的集合系统，从权力运行的角度来说，它赋予并规范了权力，是权力主体行使权力的基础和法律依据。因此，我们提出假设制度对权力制约和权力监督有正向的影响作用。我们在分析制度维度时，选取了权力来源、权力界限和权力程序三个变量。权力来源规定是指高校的规章制度中对于权力赋予程度的规定；权力界限是指制度中对于学术权力、行政权力和党委权力三者权力范围与界限的划分清晰程度；而权力程序则是规章制度对于学术权力、行政权力和党委权力具体运行参与决策的方式和流程的具体规定。结合研究框架

---

①　王寿林：《权力制约和监督研究》，中共中央党校出版社 2007 年版，第 149～170 页。

②　林品：《权力腐败与权力制约》，山东人民出版社 2009 年版，第 257 页。

③　蒋树声：《以制度创新建设一流大学》，载于《光明日报》2005 年 11 月 30 日。

中的变量，提出以下假设和子假设：

H1：高校制度因素对学院层面权力制约有影响作用。

学院层面的权力制约主要强调对权力的制衡、约束和控制，以防止、制止和控制对公权力的不当行使。当学院层面的权力经过分解后由不同的主体来行使，彼此形成一种均衡的关系。而权力制约在这种均衡关系的互动实现中，突出表现为不同权力间的牵制和协商。所谓权力牵制，是指在决策过程中，不同权力之间相互约束和控制的作用关系，即一种权力对另一种权力的决策结果可以行使的反对程度。该变量主要考察学术权力对行政权力和党委权力对行政权力这两种牵制关系。而关于权力协商则是指，在学院的学术、人事和财政事务决策中，不同权力在正式或非正式沟通的基础上相互交换意见，吸纳彼此建议，让步妥协以达成一致的决策结果的过程。此外，在学院的学术、人事和财政事务决策中，由于不同权力对这些事务决策的最终结果会产生不同程度的作用和影响，因而对于权力均衡关系实现过程中权力强度的测量也是十分必要的。鉴于变量描述统一性和研究重点的实际需要，本研究着重考察学术权力强度情况。

H1a：权力来源规定对学院层面的权力强度有正向影响作用；

H1b：权力界限划分对学院层面的权力强度有正向影响作用；

H1c：权力程序规范对学院层面的权力强度有正向影响作用；

H1d：权力来源规定对学院层面的权力牵制有正向影响作用；

H1e：权力界限划分对学院层面的权力牵制有正向影响作用；

H1f：权力程序规范对学院层面的权力牵制有正向影响作用；

H1g：权力来源规定对学院层面的权力协商有正向影响作用；

H1h：权力界限划分对学院层面的权力协商有正向影响作用；

H1i：权力程序规范对学院层面的权力协商有正向影响作用。

H2：高校制度因素对学院层面权力监督有影响作用。

与权力制约一样，权力监督也是一种针对权力运作的控制机制。与权力制约不同，权力监督以授权为前提。监督，是权力的拥有者当其不便或者不能直接行使权力，而把权力委托给他人行使以后，控制后者按照自己的意志和利益行使权力的制度安排和行为过程。监督是权力的委托者与权力的受托者的权力义务关系。权力监督是单向的，是权力的委托者对权力的受托者的一种控制。在高校学院层面内，权力监督主要体现在民主监督和平行监督上。所谓民主监督，是指在学院内部事务决策结果的信息公开基础上，全院教师通过教职工代表大会形式提出意见并得到反馈，以此对权力运行的过程和结果进行监测和管理。它是权力运行外部的群体进行的检查和督促。其核心内容在于通过信息公开来减少信息不对称，增加意见表达的渠道和途径。而平行监督则强调学院事务决策中参与的不同权力主体之间的监督活动，更多体现为党委权力对行政权力的监督关系。

H2a：权力来源规定对学院层面的民主监督有正向影响作用；

H2b：权力界限划分对学院层面的民主监督有正向影响作用；

H2c：权力程序规范对学院层面的民主监督有正向影响作用；

H2d：权力来源规定对学院层面的平行监督有正向影响作用；

H2e：权力界限划分对学院层面的平行监督有正向影响作用；

H2f：权力程序规范对学院层面的平行监督有正向影响作用。

在文化维度上，荷兰学者吉尔特·霍夫斯泰德（Geert Hofstede）的评估文化构架四维度中的最重要并且与权力相联系的维度就是权力距离。权力距离一词最初是由荷兰社会心理学家米尔德（Mauk Mulder）提出的，其认为权力距离就是拥有较少权力的个人与拥有较多权力的他人之间的权力分配不同的程度[1]。而在20世纪80年代，霍夫斯泰德在阐述其所构建的国家文化模型时，对权力距离的概念进行了引申，即权力距离是社会民众接受和承认权力在组织机构中所不平等分配的程度，反映了社会中不同权力地位群体的价值观。此外，他还指出，权力距离影响层级的数量、集权或放权的程度以及可以参与决策的人员与数量等方面[2]。而格拉斯克顿（Clugston）、豪威尔（Howell）和道夫曼（Dorfman）则从组织层面界定了权力距离的含义，即个人承认和接受组织中权力不平等分配的程度[3]。因而，在高校学院层面而言，权力距离强调的是大学组织内成员接受和承认权力在组织机构中所不平等分配的程度，反映了组织中不同权力地位群体的价值观。权力距离影响层级的数量、集权或放权的程度以及可以参与决策的人员与数量等方面。通过权力距离这个维度，可以判断权力在社会和组织中不平等分配的程度。因此，我们假设权力分配的公平与否会对权力的运行产生影响。根据具体变量提出以下假设和子假设：

H3：高校文化环境对学院层面权力制约有影响作用：

H3a：权力距离对学院层面学术权力强度有反向影响作用；

H3b：权力距离对学院层面权力牵制有反向影响作用；

H3c：权力距离对学院层面权力协商有反向影响作用。

H4：高校文化环境对学院层面权力监督有反向影响作用：

H4a：权力距离对学院层面的民主监督有反向影响作用；

---

① Mulder M. Power Equalization Through Participatron. *Administration Sciencc Quarterly*, 1979, 24（1）: 38 - 39.

② Hofstede G. , Motivation, Leadership, and Organization: Do American Theories Apply Abroad. *Organizational Dynamics*, Summer 1980（b）: 42 - 63.

③ Clugston, M. , Howell, J. P. , & Dorfman, P. W. Does cultural socialization predict multiple bases and foci of commitment? . *Journal of Management*, 2000: 5 - 30.

H4b：权力距离对学院层面的平行监督有反向影响作用。

在权力制约和权力监督与权力运行结果评价的关系研究上，本研究选取两个变量反应结果评价，分别是决策合理性和决策满意度。决策合理性指的是通过学术权力、行政权力和党委权力共同决策产生的决策结果是否符合国家法律法规的和学校各项规章制度的框架，是否有利于学院的科学发展，以及决策结果体现的三种权力的关系是否合理。而决策满意度则是个人对于权力运行结果所产生的决策的内容、效率、公平性以及所反应利益的感知体验。因此，我们提出以下假设和子假设：

H5：学院层面权力制约对学院事务决策的结果有影响作用；

H5a：学院层面的学术权力强度对决策合理性有正向影响作用；

H5b：学院层面的权力牵制对决策合理性有正向影响作用；

H5c：学院层面的权力协商对决策合理性有正向影响作用；

H5d：学院层面的学术权力强度对决策满意度有正向影响作用；

H5e：学院层面的权力牵制对决策满意度有正向影响作用；

H5f：学院层面的权力协商对决策满意度有正向影响作用。

H6：学院层面权力监督对学院事务决策的结果有影响作用：

H6a：学院层面的民主监督对决策合理性有正向影响作用；

H6b：学院层面的平行监督对决策合理性有正向影响作用；

H6c：学院层面的民主监督对决策满意度有正向影响作用；

H6d：学院层面的平行监督对决策满意度有正向影响作用。

基于以上研究构建学院权力运行制约与监督研究模型，如图 6-1 所示。

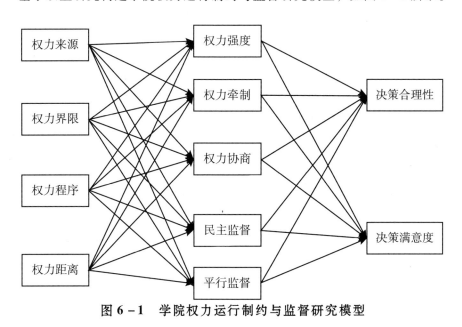

图 6-1 学院权力运行制约与监督研究模型

141

（二）问卷开发与数据来源

本研究基于已有研究文献及研究假设的基础，构建了高校学院权力运行制约与监督研究模型，并据此编制了《高校内部学院权力运行制约与监督状况调查问卷》。该问卷采用五点式量表，共含有变量 11 个，初始题项 63 个。通过在大连理工大学选取 35 名教师进行问卷预测，实现对问题题项的净化。在结合问卷信效度检验的分析结果，最终剔除无效题项 12 个，修订后问卷共含题项 51 个。

在完成问卷的预测与修订之后，本研究在全国范围内选取 20 所 "985 工程"高校，共计发放问卷 1 100 份，回收问卷 806 份，问卷回收率为 73.3%。经过筛选鉴别，将所回收问卷中出现答案缺失和重复问卷进行剔除，最终获得有效问卷 747 份，问卷有效率为 92.7%。借助 SPSS20.0 软件对这些有效问卷中的人口统计学信息进行了分析，具体结果见表 6 – 1。

表 6 – 1　　　　　　被调查者基本信息的描述性统计分析

类别	样本特征	频率	百分比（%）	类别	样本特征	频率	百分比（%）
性别	男	459	61.4	学校	大连理工大学	52	7.0
	女	288	38.6		吉林大学	43	5.8
	总计	747	100		武汉大学	42	5.6
年龄	小于 35 岁	204	27.3		哈尔滨工业大学	42	5.6
	36 ~ 45 岁	326	43.6		北京大学	41	5.5
	46 ~ 55 岁	153	20.5		厦门大学	39	5.2
	大于 56 岁	64	8.6		清华大学	38	5.1
	总计	747	100		中山大学	38	5.1
职务	院长	18	2.4		兰州大学	38	5.1
	副院长	24	3.2		北京航空航天大学	37	5.0
	院党委书记	5	0.7		南开大学	36	4.8
	院党委副书记	13	1.8		南京大学	35	4.7
	系主任或所长	90	12.0		西安交通大学	35	4.7
	无行政职务	597	79.9		上海交通大学	34	4.6
	总计	747	100		复旦大学	34	4.6
受教育程度	学士	34	4.5		四川大学	34	4.6
	硕士	113	15.1		东北大学	33	4.4

类别	样本特征	频率	百分比（%）	类别	样本特征	频率	百分比（%）
受教育程度	博士	600	80.4	学校	湖南大学	33	4.4
	总计	747	100		华南理工大学	32	4.3
身份类别	专职教师	578	77.4		天津大学	31	4.1
	专职行政	41	5.5		总计	747	100
	教师兼行政	128	17.1				
	总计	747	100				

（三）统计分析

1. 问卷的信度与效度检验

在实证研究中，信度与效度是确保问卷调查准确性、科学性的重要指标。信度是针对调查对象而言，是对受访者作答前后度量是否一致的反映，即解决的是调查统计结果的可靠性问题；效度则是针对调查统计所研究的问题而言，解决的是调查结果的正确性问题，即量工具是否合适。本研究针对问卷信度与效度的检验，主要选取内部一致性信度和结构效度来实现。通过统计分析可知，问卷整体信度为 0.976，表明问卷从整体上而言有较高的内在一致性，各变量的内部一致性信度参见表 6－2；关于问卷的整体结构效度及各变量的结构效度详见探索性因子分析部分。

表 6－2　　　　　　　　问卷中各变量的信度

变量名称	信度（Cronbach's alpha 系数）
权力强度	0.751
权力牵制	0.834
权利协商	0.917
民主监督	0.972
平行监督	0.797
决策合理性	0.937
决策满意度	0.981
权力来源	0.761
权力界限	0.928
权力程序	0.941
权力距离	0.764

2. 各题项得分的描述性统计

通过对研究调查部分的 51 项问题进行描述性统计分析，如表 6 - 3 所示，可以直观地观测到学院内部权力制约与监督运行过程的现状。其中，平均得分高于 3 分的题项共有 13 个，最高平均分为 Q21 的 3.24 分；平均得分低于 2.50 分的题项共有 8 个，最低平均分为 Q58 的 2.24 分。

表 6 - 3　　　　　　　　　　各题项得分描述性统计

题项	N	极小值	极大值	均值	标准差
			描述统计量		
Q1	747	1	5	2.79	1.056
Q4	747	1	4	2.39	0.929
Q11	747	1	5	2.76	1.123
Q12	747	1	5	2.63	1.021
Q13	747	1	5	2.39	0.980
Q14	747	1	5	2.68	1.033
Q15	747	1	5	2.72	1.024
Q16	747	1	5	2.63	1.010
Q17	747	1	5	2.60	0.950
Q18	747	1	5	2.66	0.937
Q19	747	1	5	2.59	0.900
Q20	747	1	5	3.21	1.153
Q21	747	1	5	3.24	1.209
Q22	747	1	5	3.20	1.164
Q23	747	1	5	3.03	1.231
Q24	747	1	5	2.97	1.184
Q25	747	1	5	3.05	1.168
Q26	747	1	5	3.07	1.337
Q27	747	1	5	2.91	1.326
Q28	747	1	5	3.22	1.298

续表

描述统计量

题项	N	极小值	极大值	均值	标准差
Q29	747	1	5	3.06	1.268
Q30	747	1	5	2.94	1.294
Q31	747	1	5	2.90	1.265
Q32	747	1	5	3.03	1.263
Q33	747	1	5	2.90	1.128
Q34	747	1	5	2.79	1.160
Q35	747	1	5	2.69	1.076
Q36	747	1	5	2.95	1.297
Q37	747	1	5	2.96	1.307
Q38	747	1	5	2.98	1.308
Q39	747	1	5	2.89	1.301
Q40	747	1	5	2.71	1.334
Q41	747	1	5	2.72	1.325
Q42	747	1	5	2.70	1.341
Q43	747	1	5	2.76	1.318
Q48	747	1	5	2.89	1.059
Q49	747	1	5	2.94	1.047
Q50	747	1	5	2.88	0.973
Q51	747	1	5	3.00	0.987
Q52	747	1	5	2.95	1.016
Q53	747	1	5	3.09	1.049
Q54	747	1	5	3.01	1.023
Q55	747	1	5	2.99	1.024
Q56	747	1	5	3.03	1.024
Q57	747	1	5	2.96	1.048

续表

描述统计量

题项	N	极小值	极大值	均值	标准差
Q58	747	1	5	2.20	0.982
Q59	747	1	5	2.47	1.200
Q60	747	1	5	2.32	1.127
Q61	747	1	5	2.22	1.047
Q62	747	1	5	2.22	1.145
Q63	747	1	5	2.31	1.053
有效的 N（列表状态）	747				

Q4、Q11～Q13 为学院权力强度现状 4 个指标的测量值，Q14～Q19 为学院权力牵制现状 6 个指标的测量值，Q20～Q25 为学院权力协商现状 6 个指标的测量值，Q26～Q32 为学院权力民主监督现状 7 个指标的测量值，Q33～Q35 为学院权力平行监督现状 3 个指标的测量值，Q36～Q39 为学院权力运行中决策合理性 4 个指标的测量值，Q40～Q43 为学院权力运行中决策满意度 4 个指标的测量值，Q1、Q48～Q49 为学院权力运行中权力来源 3 个指标的测量值，Q50～Q53 为学院权力运行中权力界限 4 个指标的测量值，Q54～Q57 为学院权力运行中权力程序 4 个指标的测量值，Q58～Q63 为学院权力运行中权力距离 6 个指标的测量值，见表 6－4。

表 6－4　　　　　　　　　　各变量得分均值

变量名	题项	均值
权力强度	Q4、Q11～Q13	2.54
权力牵制	Q14～Q19	2.65
权力协商	Q20～Q25	3.12
民主监督	Q26～Q32	3.02
平行监督	Q33～Q35	2.79
决策合理性	Q36～Q39	2.95

续表

变量名	题项	均值
决策满意度	Q40 ~ Q43	2.72
权力来源	Q1、Q48、Q49	2.87
权力界限	Q50 ~ Q53	2.98
权力程序	Q54 ~ Q57	3.00
权力距离	Q58 ~ Q63	2.29

通过对各题项平均得分进行统计分析可以得出初步预测，即目前高校学院内部权力与监督运行现状在某些方面可能存在失衡问题。而具体这一预测是否科学合理，还有待于接受对调查数据进行探索性因子分析和验证性因子分析的检验。

3. 探索性因子分析

探索性因子分析（Exploratory Factor Analysis，EFA）是一项用来找出多元观测变量的本质结构，并进行处理降维的技术。因而，EFA 能够将具有错综复杂关系的变量综合为少数几个核心因子。

本研究中共涉及变量 11 个，包括权力强度、权力牵制、权力协商、民主监督、平行监督、决策满意度、决策合理性、权力来源、权力界限、权力程序以及权力距离。为了解决研究中所涉及的变量多且关系复杂的问题，在进行相关性验证之前，我们借助探索性因子分析，对各变量进行主成分析出，见表 6 - 5，并计算出各自的主成分综合得分作为原变量组的代表，便于同其他变量组进行相关性分析。

表 6 - 5　　　　　　　　各变量主成分析出

变量	主成分 提取因子个数	累积贡献率（%）
权力来源	2	93.441
权力界限	1	88.110
权力程序	1	85.533
权力距离	3	85.046
权力强度	2	85.541
权力牵制	2	85.340

续表

变量	主成分 提取因子个数	累积贡献率（%）
权力协商	2	89.173
民主监督	2	91.470
平行监督	2	94.169
决策合理性	1	92.278
决策满意度	1	95.345

效度分析，即测量研究的有效程度。对效度进行检验的本质就是确保研究的准确性与有效性，是展开科学研究分析的重要基本条件。通常，以内容效度与结构效度为衡量研究变量效度的主要方法。

通过对调查数据进行探索性因子分析可得到本次问卷中各变量的结构效度，如表 6 – 6 所示，且各变量效度都达到统计学意义上的显著性，KMO 值也都在 0.7 以上，表明本研究具有较好的可行性。

表 6 – 6　　　　　　　　　　效度分析结果

变量	题项	因子载荷	KMO 值	Bartlett 检验	可解释 方差（%）
权力强度	Q4	0.960	0.751	0	85.54
	Q11	0.891			
	Q12	0.889			
	Q13	0.801			
权力牵制	Q14	0.935	0.786	0	85.34
	Q15	0.893			
	Q16	0.886			
	Q17	0.911			
	Q18	0.880			
	Q19	0.890			

续表

变量	题项	因子载荷	KMO 值	Bartlett 检验	可解释方差（%）
权力协商	Q20	0.869	0.906	0	89.17
	Q21	0.870			
	Q22	0.862			
	Q23	0.730			
	Q24	0.901			
	Q25	0.709			
民主监督	Q26	0.821	0.880	0	91.47
	Q27	0.755			
	Q28	0.854			
	Q29	0.798			
	Q30	0.810			
	Q31	0.835			
	Q32	0.859			
平行监督	Q33	0.926	0.880	0	94.17
	Q34	0.737			
	Q35	0.927			
决策合理性	Q36	0.974	0.833	0	92.28
	Q37	0.938			
	Q38	0.970			
	Q39	0.960			
决策满意度	Q40	0.975	0.884	0	95.35
	Q41	0.976			
	Q42	0.984			
	Q43	0.971			
权力来源	Q1	0.899	0.701	0	93.44
	Q48	0.806			
	Q49	0.883			
权力界限	Q50	0.930	0.856	0	88.11
	Q51	0.948			
	Q52	0.948			
	Q53	0.880			

续表

变量	题项	因子载荷	KMO 值	Bartlett 检验	可解释 方差（%）
权力程序	Q54	0.911	0.827	0	85.53
	Q55	0.953			
	Q56	0.953			
	Q57	0.880			
权力距离	Q58	0.865	0.814	0	85.05
	Q59	0.724			
	Q60	0.815			
	Q61	0.955			
	Q62	0.873			
	Q63	0.838			

4. 基于相关性分析的初步假设检验

根据相关性分析结果可知，研究假设中各变量的主成分综合得分变量之间，存在着不同程度的相关关系，并且这些相关关系都通过了 0.01 水平上的假设检验，见表 6 - 7。这表明上述研究假设的合理性与科学性得到了初步验证。

表6 -7　　　　　　　　基于相关性分析的初步假设检验结果

假设	相关关系	显著性 P	相关系数
H1a	权力来源←→权力强度	显著***	0.65（P<0.01）
H1b	权力界限←→权力强度	显著***	0.46（P<0.01）
H1c	权力程序←→权力强度	显著***	0.67（P<0.01）
H1d	权力来源←→权力牵制	显著***	0.61（P<0.01）
H1e	权力界限←→权力牵制	显著***	0.82（P<0.01）
H1f	权力程序←→权力牵制	显著***	0.60（P<0.01）
H1g	权力来源←→权力协商	显著***	0.78（P<0.01）
H1h	权力界限←→权力协商	显著***	0.51（P<0.01）
H1i	权力程序←→权力协商	显著***	0.79（P<0.01）
H2a	权力来源←→民主监督	显著***	0.78（P<0.01）
H2b	权力界限←→民主监督	显著***	0.51（P<0.01）
H2c	权力程序←→民主监督	显著***	0.79（P<0.01）

假设	相关关系	显著性 P	相关系数
H2d	权力来源←→平行监督	显著***	0.66（P < 0.01）
H2e	权力界限←→平行监督	显著***	0.44（P < 0.01）
H2f	权力程序←→平行监督	显著***	0.70（P < 0.01）
H3a	权力距离←→权力强度	显著***	0.63（P < 0.01）
H3b	权力距离←→权力牵制	显著***	0.61（P < 0.01）
H3c	权力距离←→权力协商	显著***	0.77（P < 0.01）
H4a	权力距离←→民主监督	显著***	0.77（P < 0.01）
H4b	权力距离←→平行监督	显著***	0.65（P < 0.01）
H5a	权力强度←→决策合理性	显著***	0.71（P < 0.01）
H5b	权力牵制←→决策合理性	显著***	0.60（P < 0.01）
H5c	权力协商←→决策合理性	显著***	0.83（P < 0.01）
H5d	权力强度←→决策满意度	显著***	0.70（P < 0.01）
H5e	权力牵制←→决策满意度	显著***	0.64（P < 0.01）
H5f	权力协商←→决策满意度	显著***	0.81（P < 0.01）
H6a	民主监督←→决策合理性	显著***	0.84（P < 0.01）
H6b	平行监督←→决策合理性	显著***	0.81（P < 0.01）
H6c	民主监督←→决策满意度	显著***	0.86（P < 0.01）
H6d	平行监督←→决策满意度	显著***	0.76（P < 0.01）

注：*** 表示在1%的水平上显著。

然而，相关性分析仅是验证研究假设的第一步，其无法体现变量之间关系的方向性，即不能对因果关系进行研究，因而需要通过结构方程模型进一步加以验证。

5. 验证性因子分析

本研究通过采用结构方程模型实现对问卷数据与研究模型之间假设关系的验证。所谓结构方程模型（Structural Equation Model，SEM）就是利用实验设计中各个变量的协方差对变量之间的关系进行研究的一种统计方法。它是一种结合因素分析与路径分析的多元应用统计分析方法，依据实验数据与理论模型之间的一致性程度，进而评价模型的合理性，对模型中所提出的理论假设进行逐一验证。本研究借助 AMOS22.0 软件对回收的有效数据进行拟合并验证结构方程模型，通过选择 AMOS 中的极大似然法（Maximum Likelihood，ML）作为模型的估计方法，对模型中各变量之间的关系进行验证，得到初始结构方程模型的验证结果及模型修正指标（Modification Indices，MI）。如果原有理论假设未能考虑到模型中一些变量所产生的共变关系，则无法达到相应路径分析所需要的条件，因而在 AMOS 生成的验证结果中，其相应的 MI 值也会较大，表明需要对原有理论模型进行修正，接受这些变量之间的共变关系。而修正模型的主要方法就是根据 AMOS 提供的 MI 结果，增加结构方程模型中残差项之间的共变关系，从而提升数据与模型的匹配程度。

　　由于相关性检验结果良好，无须删除或新建模型路径，仅需在原有模型基础上加入关系指向，并借助 AMOS22.0 软件构造研究模型对原样本进行拟合，最终拟合模型，如图 6 - 2 所示。其中，Chi-square 为 3245.7，Df 为 1145，所以 Chi-square/Df 为 2.83，满足小于 3 的标准；RMR 为 0.071，小于 0.08；GFI 等于 0.903；NFI 等于 0.912；TLI 等于 0.913，CFI 等于 0.924，RMSEA 为 0.051，小于要求的 0.06，因此模型拟合良好，可用于进一步的分析。

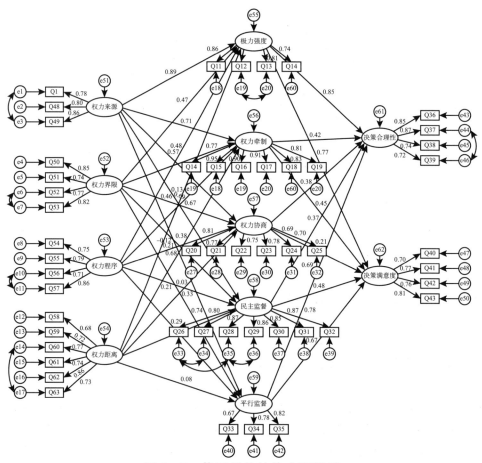

图 6 - 2　修正后的结构方程模型

根据检验结果，如表 6 - 8 所示，多数假设通过了显著性验证，其中假设 H1b、H1e、H2e 和 H3c 通过 P 为 5% 的检验；而假设 H1i、H2c、H5f 未能通过 P 为 10% 的检验，其余假设显著性水平均通过 1% 的检验。但是有关权力距离的 H3a、H3b、H3c、H4a 和 H4b 五个假设验证结果与原假设方向相反，故未能通过结构方程检验，在构建研究路径图时需要剔除。

表 6 - 8　　　　　　　　基于结构方程模型的假设检验结果

假设	相关关系	显著性 P	相关系数	是否通过检验
H1a	权力来源→权力强度	显著***	0.89（P < 0.01）	是
H1b	权力界限→权力强度	显著***	0.47（P < 0.01）	是
H1c	权力程序→权力强度	显著***	0.48（P < 0.01）	是
H1d	权力来源→权力牵制	显著***	0.71（P < 0.01）	是
H1e	权力界限→权力牵制	显著***	0.57（P < 0.01）	是
H1f	权力程序→权力牵制	显著***	0.46（P < 0.01）	是
H1g	权力来源→权力协商	显著***	0.77（P < 0.01）	是
H1h	权力界限→权力协商	显著***	0.29（P < 0.01）	是
H1i	权力程序→权力协商	—	-0.12（P = 0.679）	否
H2a	权力来源→民主监督	显著***	0.67（P < 0.01）	是
H2b	权力界限→民主监督	显著***	0.39（P < 0.01）	是
H2c	权力程序→民主监督	—	0.03（P = 0.391）	否
H2d	权力来源→平行监督	显著***	0.88（P < 0.01）	是
H2e	权力界限→平行监督	显著***	0.53（P < 0.01）	是
H2f	权力程序→平行监督	显著***	0.48（P < 0.01）	是
H3a	权力距离→权力强度	显著**	0.13（P = 0.019）	否（方向不符）
H3b	权力距离→权力牵制	显著**	0.11（P = 0.023）	否（方向不符）
H3c	权力距离→权力协商	显著**	0.21（P = 0.037）	否（方向不符）
H4a	权力距离→民主监督	显著***	0.29（P < 0.01）	否（方向不符）
H4b	权力距离→平行监督	显著***	0.08（P = 0.009）	否（方向不符）
H5a	权力强度→决策合理性	显著***	0.85（P < 0.01）	是
H5b	权力牵制→决策合理性	显著***	0.42（P < 0.01）	是
H5c	权力协商→决策合理性	显著***	0.38（P < 0.01）	是
H5d	权力强度→决策满意度	显著***	0.77（P < 0.01）	是

假设	相关关系	显著性 P	相关系数	是否通过检验
H5e	权力牵制→决策满意度	显著***	0.45（P < 0.01）	是
H5f	权力协商→决策满意度	—	0.21（P = 0.171）	否
H6a	民主监督→决策合理性	显著***	0.37（P < 0.01）	是
H6b	平行监督→决策合理性	显著***	0.69（P < 0.01）	是
H6c	民主监督→决策满意度	显著***	0.48（P < 0.01）	是
H6d	平行监督→决策满意度	显著***	0.72（P < 0.01）	是

注：**、*** 分别表示在 5%、1% 的水平上显著。

根据上述分析，我们可以构造出研究模型的系数及路径图，如图 6-3 所示。

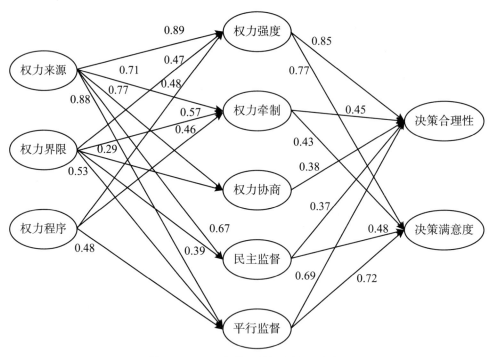

图 6-3　研究模型的系数及路径

（四）结果讨论与分析

对于提出的假设大部分都得到了验证，同时，从关联性的强度来看，假设中变量之间的关系强度如表 6-9 所示。

表 6 - 9　　　　　　　　　研究假设验证结果及关系程度

假设	相关关系	是否通过检验	关系强度
H1a	权力来源→权力强度	是	强
H1b	权力界限→权力强度	是	中
H1c	权力程序→权力强度	是	中
H1d	权力来源→权力牵制	是	强
H1e	权力界限→权力牵制	是	中
H1f	权力程序→权力牵制	是	中
H1g	权力来源→权力协商	是	强
H1h	权力界限→权力协商	是	弱
H1i	权力程序→权力协商	否	
H2a	权力来源→民主监督	是	中
H2b	权力界限→民主监督	是	中
H2c	权力程序→民主监督	否	
H2d	权力来源→平行监督	是	强
H2e	权力界限→平行监督	是	中
H2f	权力程序→平行监督	是	中
H3a	权力距离→权力强度	是	弱
H3b	权力距离→权力牵制	是	弱
H3c	权力距离→权力协商	是	弱
H4a	权力距离→民主监督	是	弱
H4b	权力距离→平行监督	是	弱
H5a	权力强度→决策合理性	是	强
H5b	权力牵制→决策合理性	是	中
H5c	权力协商→决策合理性	是	中
H5d	权力强度→决策满意度	是	强
H5e	权力牵制→决策满意度	是	中
H5f	权力协商→决策满意度	否	
H6a	民主监督→决策合理性	是	中
H6b	平行监督→决策合理性	是	中
H6c	民主监督→决策满意度	是	中
H6d	平行监督→决策满意度	是	强

可见，变量之间的假设关系中，权力来源和权力强度、权力来源和权力牵制、权力来源和权力协商、权力来源和平行监督、权力强度和决策合理性、权力强度和决策满意度、平行监督和决策满意度七对关系都是强相关；而权力距离与权力强度、权力距离与权力牵制、权力界限与权力协商、权力距离与权力协商、权力距离与民主监督、权力距离和平行监督六对关系都呈现弱相关。可见，由于高校是典型的低权力距离型组织，因此权力距离对于学院层面的权力制约和监督的影响作用有限；而权力程序与权力协商、权力程序与民主监督、权力协商和决策满意度的假设关系并没有得到验证。因此，根据以上的结果重新修订的模型如图 6 - 4 所示。

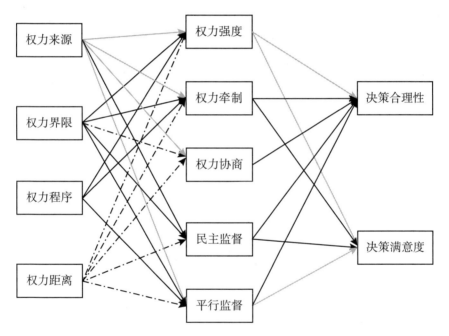

图 6 - 4　学院权力运行制约与监督修订模型

1. 学院层面权力关系

对权力强度的测度结果说明学术权力在学院中重要事务中的参与程度和决策力度不足，特别是在学术事务的决策上并没有发挥应该具有的主导作用。很多本应该学术权力主导的事务被行政命令代替，行政权力存在对学术权力的越界情况。

对权力牵制的测度结果指出在学院事务的共同决策中，院长、党委和学术委员会（教授委员会）三方彼此间相互作用的"制衡性"不足。特别是学术委员会（教授委员会）对于院长决策的制约力量很少得到体现。

通过对权力协商的测度，可见在学院内部，院长、党委和教授群体之间的正式或非正式沟通情况尚可。但是学术权力与行政权力的协商程度仍然弱于党委权力与行政权力的协商程度。

2. 学院层面的权力监督关系

高校学院内部的民主监督好于党委权力对行政权力的平行监督。决策的程序规则和结果等方面信息的公开情况良好。教师群体有相对畅通的渠道表达意见。学院分党委对于以院长为代表的行政系统的工作监督上还有提升的空间。

3. 高校权力决策结果评价

决策合理性的测度结果表明，学院教职工认同决策结果符合国家法律法规和学校各项规章制度，但对于它是否有利于学院整体发展持不确定的态度，同时认为决策过程中学术权力、行政权力和党委权力三者关系并不合理。

决策满意度的测度结果表明，学院教职工对决策结果的效率和公平性的满意程度较低，认为自己的利益在决策结果中没有得到体现。

4. 制度因素对于权力制约和监督的影响作用

对于权力来源的测度表明，我国高校目前学术权力、行政权力、和党委权力三者从制度上得到赋权的强度不足，其中问题较为严重的是学术权力的强度和作用力没有在制度上得到充分保障。

权力界限的测度结果说明我国高校对学术权力、行政权力、和党委权力三者的职责分工和权力范围边界的划分并不明确，容易引起混淆和纷争。

权力程序的测度结果表明高校现有制度对于参与学院事务决策的人员数量比和身份有相对明确的规定，但是对于权力具体运行的方式和流程的说明不足，实际指导性不强，缺少规范性。

制度因素和权力制约的关系研究结果表明，权力来源对权力强度呈现强作用关系，对权力牵制呈现强作用关系，对权力协商呈现强作用关系，对民主监督呈现强作用关系；对平行监督呈现强作用关系。可见权力来源是制度因素中对权力制约和监督最为重要的影响变量。

权力界限对权力强度呈现中度作用关系，对权力牵制呈现中度相关关系；对权力协商呈现弱作用关系，影响不大；对民主监督呈现中度作用关系；对平行监督呈现中度作用关系。

权力程序对于权力强度呈现中度作用关系，对权力牵制呈现中度作用关系，对权力协商和民主监督的作用假设并没有得到验证，对平行监督呈现中度作用关系。

5. 文化因素对于权力制约的影响

对于权力距离的测度结果说明高校属于低权力距离的组织。

从关系验证来看，有关距离的反作用影响假设并没有得到验证。可见在高校这种典型的低权力距离型组织内部，成员对于权力差异的接受程度对权力在决策过程中发挥的作用力影响并不明显。

二、学院内部权力运行制约与监督的访谈

（一）访谈设计

根据课题组前期设计的研究框架，研究设计了访谈提纲，访谈提纲主要包括四类问题：学术管理类、人事管理类、财务管理类、学院治理类。在每一类别中，聚焦重大事项流中涉及学院一级的五个核心事项——学科建设、研究生招生、职称评审、教师引进、经费使用（学院创收经费、重点学科建设经费），关注学院治理中，能够真正体现行政权力、党委权力、学术权力的重要载体如党政联席会议、学院学术委员会/教授会、二级教代会，在此基础上提出4~5个研究假设。

针对学院党政负责人、学术委员会成员、普通教师的不同特点，课题组分别设计三套有区别的访谈提纲。结合访谈过程中被访者的信息反馈效果的验证，调整、深化访谈问题，最终形成了14~20个问题组成的访谈提纲。

访谈提纲1（学院党政负责人）

【学术管理类】

（1）您所在的学院设置哪些机构来共同管理学术事务？

（2）学院的教授委员会/学术委员会人员构成情况？您是学术委员会成员吗？党政领导和学术委员会的权限范围？

（3）学院主要学术事务，例如，重点学科建设相关的重要决定是如何进行决策的？如何进行监督？

（4）学院在研究生招生录取工作是如何决策的？例如，招生名额是如何分配的？

（5）学术事务管理中，作为书记/院长，您认为学术委员会应该有很大权力吗？党委对学术事务应该介入/决策/监督吗？作为院长，您认为学术委员会应该有很大权力吗？行政权力应该介入/决策/监督？

【人事管理类】

（6）您所在学院的专任教师引进，学院和学校谁掌握评审权和最终决定权？

（7）学院的职称评审工作，学院和学校谁掌握评审权、名额分配权、最终决定权？

（8）学院的人才引进工作是否出台了具体的公开的操作办法？哪些教师群体

参与制定政策？

（9）学院职称评审工作是否出台了具体的公开的操作办法？哪些群体参与制定政策？

（10）您对人事管理工作是否满意，学院的问题/难处/阻力有哪些？

【财务管理类】访谈对象面向学院院长

（11）学院在财务方面有哪些权力？学院和学校的财务权是如何分配和监督的？

（12）学院对创收经费如何进行管理？学科重点建设经费如何分配？

（13）学院如何规范各类财务经费使用？是否出台了具体制度或操作办法？财务方面的信息是否公开？

（14）学院在经费使用中遇到分歧和矛盾时，通常是如何协调解决的？

【学院治理类】

（15）党政联席会议作为学院的最高决策形式，通常多长时间召开一次？其议事范围、管理权限上是如何与行政领导班子、学术委员会进行区别和协调的？（如回答过于笼统，可追问学院哪些事务是经党政联席会议最终决定的？哪些事项是学院行政领导班子直接可以决定的？哪些事务是由教授会、学术委员会决定的？）

（16）学院二级教代会的设置情况与运行程序？除了教代会，普通教授和青年教师通过哪些渠道参与学院治理？

（17）近年来学院和学校两级在人事、学术、财务方面权力和权限范围发生着怎样的变化？

（18）近年来学院内部的党委权力、行政权力、学术权力的权限范围发生着怎样的变化？

（19）您对学院目前的治理现状满意吗？现有的治理结构是否合理？（如不合理/不满意，提问20题）

（20）在学部事务的管理和决策过程中，党委、行政、学术委员会之间应该是怎样一种理想的状态？

访谈提纲2（院学术委员会成员）

【学术管理类】

（1）教授委员会、学术委员会等专业委员会在院学术事务管理与决策过程中发挥着哪些作用？

（2）教授委员会/学术委员会主要有哪些人员组成？委员会的议事范围？

（3）学院在重点学科建设、招生名额分配等一系列的管理事务中，党政领导班子与教授会和学术委员会之间的权限范围是什么？谁最终起决定性作用？

159

（4）当学科点负责人争取竞争性资源过程中，遇到分歧或矛盾时，委员会通常是如何协调解决的？

【人事管理类】

（5）学院的教授委员会、学术委员会是否参与制定学院人才引进、职称评审、履职考评等关键环节工作程序、相关政策和操作办法？是否掌握最终决定权？

（6）您对学院现有人才引进、职称评审、履职考评等的相关工作有何意见建议？您通过哪些渠道反映过您的意见建议？是否得到采纳？

【财务管理类】

（7）学院对学科建设经费如何进行分配？

（8）学院在财务管理方面是否出台了具体的制度或操作办法？

（9）学术委员会或教授会是否参与学院绩效与奖酬金的发放决策？您对此有何意见和建议？您的建议是否得到重视和采纳？

【学院治理类】

（10）您如何理解教授会或学术委员会的职责？

（11）作为教授会或学术委员会成员，如何才能更好地维护学术人员的权益？

（12）您的哪些重要的意见和建议，是通过教授会或学术委员会为载体，最终真正影响到学院行政管理决策或有关政策出台？请举例说明。

（13）请描述近年来学院内部的学术权力、党委权力、行政权力发生的变化？您如何看待这种变化？

（14）您对目前学院治理的是否满意？您认为学术委员会应该有很大权力吗？党委、行政对于学术事务是否应该介入/决策/监督？

访谈提纲 3（普通教师）

【学术管理类】

（1）您是否关心、愿意参与学院的学术事务？

（2）您通过哪些方式参与学院的学术事务管理？

（3）学院在重点学科建设、学术资源的分配方面是如何进行决策的？您认为哪些环节或者事项缺乏民主参与和监督？

（4）学院在研究生招生录取工作的是如何进行的？您认为招生的哪些环节或者事项缺乏民主参与和监督？

【人事管理类】

（5）您所在学院的专任教师引进工作是如何进行的？哪些教师群体参与评审、哪些教师参与制定操作办法及有关政策？哪些环节缺乏民主参与和权力监督？

（6）学院的职称评审工作是如何进行的？是否出台了具体的公开的操作办法？哪些教师群体参与评审、参与制定操作办法及有关政策？哪些环节缺乏民主参与和权力监督？

（7）您对学院的人才招聘、职称评审工作是否满意？有何意见和建议？

【财务管理类】

（8）您所在的学院对学科建设经费、创收经费如何进行管理？

（9）学院在财务管理方面是否出台了具体的制度或操作办法？

（10）普通教师对学院的财务管理如何监督？

（11）您了解学院的绩效与奖酬金的发放方法？绩效工资的发放方法是如何制定的？您对此有何意见和建议？

【学院治理类】

（12）学院在事关教师发展的重要事务的决策和政策制定过程中，是否经常性地征询普通教师的意见建议？

（13）您参加过学院的学术、人事、财务管理方面的意见征询吗？您的建议是否得到重视和采纳？

（14）您对学院目前的治理现状满意吗？

（15）您主要通过哪些渠道反映您对学院工作的意见建议？

（二）样本选择

计划选取 12 个具有代表性的学院，访谈人数预计为 50 人。

在 2015 年 6 月、2015 年 12 月~2016 年 1 月，课题组调研了武汉大学、华中科技大学、中国地质大学、上海交通大学、浙江大学、大连理工大学 6 所大学，选择上述高校的 12 个文科类/理工类学院。

课题组选择三类访谈对象：

（1）学院党政负责人；

（2）学术委员会成员；

（3）普通教师（未进入学术委员会的教授，副教授、讲师）。

访谈样本：被访者 26 人，包括 6 位书记、6 位院长/副院长、5 位系所负责人、学术委员会成员，其余 9 位被访者为学院的教授、副教授、青年教师。

（三）访谈结果分析

（1）学院权力逐步扩大，但学校与学院的权力关系仍需进一步理顺。

在访谈中，受访者均提到，校院关系问题是影响和制约学院治理及学院内部权力运行制约与监督的主要因素。在高校权力运行的传统机制下，高校权力高度集中于学校层面，职能部门权力过大，学院层权力不足。在学校权力向学院层级下放的大趋势下，部分管理权力并未实现真正下放，如学院在自主用人、自主理财和自主配置学院内部资源等方面仍然不具备权力主体地位。学校职能部门主导的现象没有实质性改变，这不仅导致管理效率低，也不利于调动学院层面及广大教职工的办学积极性，不利于学科发展。管理权力需要真正下放，通过清晰的校院二级管理体制建设，增强学院办学活力。

（2）学院权力运行的制度建设落后，导致学院管理规范的缺失。

权力制约与监督的前提是明晰相关利益群体的责、权、利关系。学院层面上的党委权力、行政权力、学术权力的界定及其边界关系是学院制度建设的核心。受访高校在学院层面均普遍设立了党政联席会、院班子会、教授委员会、学术委员会等组织机构及其基本运行机制，但学院层面上的治理结构相对模糊。目前也只是通过"党政联席会议"界定了"党""政"的关系及其责权范围，大部分学院对其他权力主体参与学院治理的范围、形式与程度未作明确规定，内部权力运行制度建设较为落后。在实践中表现为学部（院）基层组织管理有多种多样的模式，且在组织形式上有虚有实。在不同高校甚至同一高校不同学院各自实践中，由于制度建设不完善所引发的权力错位、界限模糊、职责不清、监督缺位、程序混乱、缺少民主等问题屡见不鲜。学院治理制度不健全，决策体系的民主性和专业性很难保证，执行体系的规范性普遍欠缺。推进制度建设对整个学院权力高效有序的运行必不可少。

（3）学术权力与行政权力冲突的情况较为普遍。

大部分受访者均提到了学院层面权力运行的复杂性。其中，行政权力与学术权力的关系是学院治理中的核心问题。一方面，学院受学校委托对相关学科及其学术活动进行管理；另一方面，学院又承担着为相关学科和学者提供行政管理和服务的任务。由于行政权力和学术权力在权力来源、运作方式、权力维持等方面迥然不同，最容易产生权力冲突，从实践中也确实发现，学院层面上行政权力泛化的问题是比较普遍的。以院学术委员会、院教授委员会为代表的学术事务管理组织，在形式上有虚有实，在某些个案中，其权力作用范畴仅局限于学院教师引进、职称评聘、考核评估等事务。在关键的学科建设、人才培养等事务管理中，在很大程度上受制于学校与学院两级行政权力，导致学术权力难以完全按照学科与人才培养的客观规律独立发挥作用。

（4）普通教师在学院治理过程中处于"失声"状态，明显表现出对参与学院治理、监督学院权力运行缺乏应有的热情。

在访谈中发现，普通教师在履行学术权力、维护学术者自身利益、制定学术标准等环节中的权利没有得到有效保护。普通教师对于学院权力运行监督作用没有得到有效发挥。高校学院的二级教代会组织或没有建立起来，或发挥作用不明显，权利受限、权责不清，无法高效地代表教师和职员，监督学院与教师和职员切身利益相关的事项的管理。学院普通教师通过信息公开等环节了解学院治理状况的渠道较为单一，且个人参与学院治理过程以及监督权力运行流于形式。

三、对 策 建 议

（一）完善学院权力运行相关制度建设

我国高等教育现行法规制度体系对大学内部治理和权力运行的相关规定主要集中在学校层面，相对而言，对大学内设学院的治理模式、权力关系和运行方式，缺乏明确的制度依据。《中国共产党普通高等学校基层组织工作条例》《高等学校学术委员会规程》等制度文献，除了规定学院"通过党政联席会议，讨论和决定本单位重要事项。支持本单位行政领导班子和负责人在其职责范围内独立负责地开展工作"之外，对党政联席会的运行程序与规则、学院学术委员会等学术权力机构的权限与实施程序没有明确的规定，因此给我国高校内设学院管理及权力运行留下了较大的空间。课题组前期对国内部分"985 工程"大学的访谈与问卷调查发现，当前普遍存在着学院党委权力、行政权力、学术权力等各权力主体职权不清、权力边界不明、权力运行无序、权力制约不足、权力监督不够等问题，特别是学术权力强度不足及其对行政制约乏力、教职工民主监督渠道不畅等问题相对严重。课题组通过对问卷测量模型变量的作用路径与强度分析以及对访谈内容的信息提取发现：形成这些问题的首要因素是相关制度对权力赋权、权力界限、权力运行程序等的规定不完善或制度缺失，权力过度集中又得不到有效约束，其关键是制度不完善，制度执行力不强。

因此，建立健全权力运行制约与监督制度，提高制度的科学性、约束力和执行力，才能有效地配置办学资源，既最大限度地激发学院的办学活力，又防止出现内耗现象和腐败行为。

基于上述分析，课题组提出如下政策建议：

制定与完善党政联席会议实施细则，明确划分学院党委与行政班子和行政负责人的权责分工，明确和细化党政联席会职责、重要事项界定和议事范围、决策程序和规则。

提升学院学术委员会的地位和作用。通过完善院学术委员会章程等相关制度，确立学院学术委员会在学院学术事项决策上的主体地位，强化学术委员会在学院其他学术性较强、涉及学术资源配置的重要事项决策上的审议、咨询功能，充分发挥学术权力的作用。专业技术职务评聘、学术标准制定与学位授予等学术事项，由学术委员会讨论决定；学科建设、专业建设等学术性较强和涉及学术资源配置的事项，需经学术委员会审议通过，再由党政联席会议讨论决定。这样既能保证决策的科学性，又能保证权力之间的相互制约与监督。

建立健全学院信息公开制度。权力运行过程公开化是一切监督的基础。必须大力推进二级学院院务公开制度，凡是涉及广大教职工利益的事项都要公开透明，切实保证教师的知情权、参与权、选择权和监督权，使得权力真正置于民主监督之下。

提高制度的执行力，强化制度的可操作性。提高制度的执行力和可操作性是二级学院权力运行制约与监督的关键。要结合实际，制定切实可行有效的制度，提高制度的实用性和针对性，用制度落实对于权力的约束。要强化对制度执行过程中的监督机制，建立追责机制，把制度执行和决策成效作为二级学院班子考核的重要指标。

（二）健全二级教代会民主监督制度

二级教职工代表大会（以下简称"二级教代会"）是依法保障教职工在本单位行使民主权利、参与民主管理和民主监督的基本制度和组织形式，对于推动学校二级单位的改革与发展，对高校内部权力运行与制约监督具有不可替代的作用。

第一，建议教育部出台进一步加强二级教代会工作的指导性意见，高校根据《学校教职工代表大会规定》，结合实际情况，制定《二级学院教职工代表大会实施细则》，明确规定二级教代会职权、组织制度、大会制度、教职工代表的权利义务等。

第二，学院行政负责人应定期（一般一年一次）向二级教代会报告工作，听取意见。学院领导班子应认真对待大会决议和提案，对教代会审议通过的事项给予支持和落实，避免教代会流于形式。

第三，创新二级教代会闭会期间的工作机制，如建立教代会执行委员会或常设主席团，针对学院的人事、财务、学术、生活福利等中心工作事项，履行教代会的职责，参与学院重要决策，监督学院工作，维护教职工合法权益。教代会执行委员会和常设主席团成员中，考虑学院教师在教职工中占比较大，教师代表也应占大多数。

第四，教职工人数较少的学院可通过教职工大会制度实现教代会工作职能。教职工大会每年召开一次，由学院行政负责人在大会上做年度工作报告和财务工作报告，本单位发展规划、重大改革方案和重要规章制度等，也应提交大会讨论审议，大会应形成相应的决议。

第三节　高校二级学院权力的社会网络分析

完善大学治理结构是建立现代大学制度的核心，也是深化高等教育综合改革的重要内容。大学治理结构是大学治理的作用方式，其核心是权力结构，即决策权的分配模式。[①] 从大学治理的角度看，二级学院的治理是大学内部治理的重要内容，因此，关于二级学院权力结构的研究是大学治理，特别是大学内部治理研究的一个重要方面。

在 20 世纪八九十年代，由于我国社会主义市场经济体制的建立和高等教育体制改革的深入，"学院"作为高等学校组织结构里的中间层次在高等学校管理中发挥着越来越重要的作用。[②] 学院制也因此成为我国高等学校组织结构的基本选择，从直线型走向扁平化转变的管理模式变革一度成为我国校院关系转变的基本走向。[③] 目前，我国高等学校大都实行了学院制的管理模式，二级学院在大学中居于重要地位，其权力的要素、结构和运行状态等问题也就成为二级学院治理研究的核心问题，因为权力要素的科学性、结构的合理性、运行的顺畅性决定着学院治理的达成程度。

我国高等学校的二级管理组织通常是学院，但是有一些高等学校还保留着系的编制，同时近年来很多高等学校在学院的基础上又成立了学部。本研究对象是具有实际管理职能的高等学校二级组织，在本书中用学院来表示。

一、二级学院权力的形态、要素和结构

（一）学院权力的三种形态

从权力形态的角度考察高等学校学院权力，权力可分为：理念的权力、制度的权力和实践的权力三种形态。理念形态的学院权力研究认为：学院是高等学校教学、科研、人才培养、学术服务的实施单位，是集教学、科研和行政管理于一

---

①　刘向东、陈英霞：《大学治理结构剖析》，载于《中国软科学》2007 年第 7 期。
②　郭桂英：《学科群与学院制》，载于《高等教育研究》1996 年第 6 期。
③　宣勇：《论大学的校院关系与二级学院治理》，载于《现代教育管理》2016 年第 7 期。

体的实体性机构。① 出于分层管理的需要，高等学校将部分权力给予学院，学校成为"决策中心"，学院成为"管理中心"，系（所）成为"质量中心"。② 制度形态的学院权力研究认为大学章程的制定于外可理顺大学与政府的关系，于内能完善大学的治理结构。③ 这类研究主要是运用文本分析法对大学章程、学院制度以及相关的法律政策文件等进行深度解读。关于学院权力实践的研究表明，无论是"事权下移，财权、人权和重大事权仍然集中在校级"的模式，还是"职能分权制"，学院一级所拥有的自主权并没有达到所预期的状态。④

（二）学院权力的要素划分

从学院事务的性质来看，学院的事务分为学术事务和行政事务，而学术事务应该是学院的核心事务。⑤ 有研究强调，学院应充分发挥学术权力的作用，高等学校在学院一级应充分放权，淡化行政权力，充分发挥院一级的学术委员会、学位评定委员会和教学指导委员会等组织的作用，保证基层教学科研人员的教学和研究自由。⑥ 作为实体的学院应在学校的统一规划和领导下合理分享相应的责任和权力。⑦ 关于学院权力的研究，涉及了人事管理权、财务管理权、教学管理权、学科建设与科研管理权和行政管理权等，其中核心是财务管理权。⑧ 然而，"事权以及事务管理基本运行经费支配权下移，重大财权、人权及发展事项仍然集中在校级"是对我国高等学校校院两级管理改革现状基本特征的判断。⑨

（三）大学内部权力研究

学界就大学内部权力结构进行了一系列深入且卓有成效的研究：回顾梳理高

---

① 彭英、魏银霞：《推动大学章程建设构建以学术权力为主导的院（部、系）管理体制》，引自 Proceedings of 2015 5th International Conferenceon Applied Social Science（ICASS 2015 V82），2015 年，第 326 页。

② 毕宪顺、刘庆东：《高校内部权力的科学配置及其运行机制研究》，载于《国家教育行政学院学报》2010 年第 8 期。

③ 司晓宏：《关于推进现阶段我国大学章程建设的思考》，载于《教育研究》2014 年第 11 期。

④ 刘亚荣、高建广、梅强、张金刚、李华、计建炳、孙毅：《我国高校实行校院两级管理体制改革的调研报告》，载于《国家教育行政学院学报》2008 年第 3 期。

⑤ 贾效明、焦文俊：《大学学院实体化建设中学院治理结构的改革与调整》，载于《北京理工大学学报》（社会科学版）2005 年第 6 期。

⑥ 郑勇、徐高明：《权力配置：高校学院制改革的核心》，载于《中国高教研究》2010 年第 12 期。

⑦ 张月铭：《高校管理重心下移后的行政权力和学术权力》，载于《辽宁教育研究》2002 年第 9 期。

⑧ 宣勇：《论大学的校院关系与二级学院治理》，载于《现代教育管理》2016 年第 7 期。

⑨ 刘亚荣、李志明、唐宁、韩东平、韩景义、肖刚：《高校校院两级管理模式研究》，载于《教育与经济》2010 年第 2 期。

等教育改革发展的历史、现状和问题，提出了推进内外利益相关者共同参与治理、① 完善有中国特色的大学董事会和理事会制度②等政策建议；由于大学学术组织的特性，从知识管理、学习组织理论的角度出发，学者们认为学术委员会应在大学决策制定过程中起到主导作用③，进而呼吁重视和赋予学术人员在大学中应有的重要地位；利用"多人囚徒困境（MPD）"模型④、扎根理论⑤的研究方法学者们对大学行政权力和学术权力间的关系进行了深入剖析；层次分析法⑥也被引入大学内部权力研究中来，用以进行大学内部权力结构分析。

在大学权力研究领域，社会网络分析的方法也逐渐开始有所应用。学者利用社会网络分析方法对大学内部决策者的角色进行了实证分析⑦；从高等学校个案出发，提炼权力关系网络结构，在此基础上学者对二级学院在不同的权力网络结构、校院利益关系和院长代际情况下的策略性选择模型影响因素进行了探讨。⑧

既有研究为把握学院权力的概念、制度和现状提供了重要的参考和方法上的借鉴，也为这一领域研究奠定了丰富的理论基础。然而现实中学院权力究竟是一种怎么样的结构？不同类型高等学校的学院权力结构是否相同？"底部沉重"的组织特性在我国高等学校中是否存在？这些是以前研究很少涉及的。

二、二级学院权力研究的调查问卷与数据

本研究采用社会网络分析法（social network analysis）对我国高等学校中学院权力的结构、校际差异、权力重心等进行实证性分析。网络分析的视角"强调把结构关系作为关键的导向原则"，关注行动者之间的关系结构、关系内容、关系

---

① Michael Dobbins, Christoph Knill, Eva Maria Vögtle. An analytical framework for the cross-country comparison of higher education governance. *Higher Education*, 2009, 62（5）：665 – 683.

② 贺永平：《公办大学董事会治理制度建构研究》，西南大学博士学位论文，2012 年。

③ Steve Rayner, Mary Fuller, Lindsey McEwen, and Hazel Roberts. Managing leadership in the UK university：a case for researching the missing professoriate？. *Studies in Higher Education*, 2010, 35（6）：617 – 631.

④ 张红峰：《大学内部权力博弈的模型分析与制度反思》，载于《国家教育行政学院学报》2012 年第 7 期。

⑤ 郭莉：《当代中国大学学术权力与行政权力的共轭机理研究》，中国矿业大学博士学位论文，2013 年。

⑥ 姜华、吴桥阳、李小宾：《三类大学权力结构差异性的实证研究》，载于《云南师范大学学报》（哲学社会科学版）2014 年第 1 期。

⑦ 徐琪、姜华：《大学内部权力结构和决策角色研究——基于社会网络分析的视角》，载于《清华大学教育研究》2016 年第 1 期。

⑧ 钟勇为：《社会网络视角下的二级学院决策的策略选择——以 W 学院专业优化决策为例》，载于《教育发展研究》2014 年第 1 期。

传递渠道是其主要的研究范围。①② 这一思想为研究学院权力结构提供了思路。

首先，通过对文献的整理确定与学院权力密切相关的五大事项，即：学科建设、人才建设、教务教学、财务事务和学生治理。"以学科建设为中心设置的二级学院是大学'学术权力'实现的主要载体，大学的学科建设、专业建设、教学与科研、学术队伍建设等落脚点在学院不在大学。"③ 而关于财权管理的二级管理制度改革被认为是校院两级管理体制改革的核心所在，通常校院两级财务管理的焦点在于校、院收入来源的划分。④ 学生管理作为日常管理的重要内容在校院两级管理中显然是下放的主要内容。可见，这五个方面是高等学校内部校级权力和院级权力交汇作用的场所，正是在校院两级在五大事项上表现出的权力下放与权力谋求的交互过程中形成了学院权力的结构。

其次，将高等学校内部与这五项事务有关的机构和部门划分为：校级机构、职能部门、院系机构部门三个层次。其中校级机构或部门包括：校党委、校级行政、校学术委员会、校人事委员会和校职称评定委员会；职能部门包括：财务处、人事处、科研处、教务处、学生处、发展规划（学科建设）处、招生就业处；院系部门包括：学院党组织、学院行政机构、院党政联席会、院学术委员会、系/研究所/教研室。事实上高等学校中的机构和部门非常之多，选定这些机构或部门是因为与上述五项事务有关的高等学校权力运作过程主要是通过这些机构或部门实现的，由这些机构或部门所构成的三级权力体系既代表了高等学校内部科层管理的特点，又将每个层次的主要权力主体囊括其中。同时，将高等学校区分为"双一流"建设高校，具有博士、硕士授予权高校，具有学士授予权高校和高等职业学院四类。

最后，利用社会网络的思想设计调查问卷。问卷中涉及被调查者的性别、年龄、职称、职务等背景资料，主要内容是由学科建设、人才建设、教务教学、财务事务、学生治理五大事项和 21 个机构或部门及部分负责人所构成的关系矩阵。调查问卷发放给不同高等学校的领导者、管理者和教师，由他们根据所在学校情况确定在五大事项的管理过程中上述 21 个机构或部门及部分负责人的决策与参与情况，这些决策与参与情况构成了学校内部的权力结构关系，利用社会网络分析软件 UCINET 进行量化处理和分析。

---

① ［美］戴维·诺克、杨松：《社会网络分析》，李兰译，格致出版社、上海人民出版社 2012 年版，第 9 页。

② 刘军：《整体网分析：UCINET 软件实用指南（第二版）》，格致出版社、上海人民出版社 2014 年版，第 11 ~ 12 页。

③ 王庆林：《论"去行政化"背景下大学学院的学术权力》，载于《江苏高教》2015 年第 4 期。

④ 刘亚荣、李志明、唐宁、韩东平、韩景义、肖刚：《高校校院两级管理模式研究》，载于《教育与经济》2010 年第 2 期。

本研究中数据来源于调查问卷，发放 150 份，回收 121 份，有效问卷 108 份，有效回收率 72%。问卷来源如下："双一流"建设高校占 13.89%，具有博士、硕士授予权高校占 19.44%，具有学士授予权高校占 38.89%，高等职业学院占 27.78%。

三、二级学院的权力结构、权力分配与运行状态分析

（一）权力结构

在对院（部）权力结构进行定量分析之前，首先由节点中心度的大小及各个节点之间的联系分布生成权力结构图，直观地展示部门（领导）之间的关系。如图 6-5 ~ 图 6-8 所示，图中各节点代表了不同的权力主体，即前面提到的机

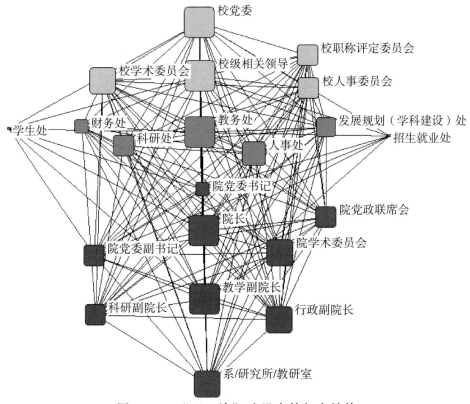

图 6-5 "双一流"建设高校权力结构

注：图中颜色由浅到深依次代表校级部门、职能部门、院系的部门或负责人，图 6-6 ~ 图 6-8 与此一致。

构部门以及部分主要负责人。参与决策就代表了拥有权力，节点面积的大小代表了各权力主体决策权力的大小，面积越大，表示所拥有的决策权越大，在学校中的地位就越高。节点之间的连线，表示权力主体间在某些事件上存在着联系。

图6-5表明"双一流"建设高校的院系部门主要所受到的外部权力主要来自校党委、校级相关领导和教务处，这一点与其他三类高校情况相同，反映了我国高校党委领导下校长负责制的管理体制，也表明教学工作在各类高校中都占据非常重要地位。

就院系部门内部权力结构而言，院长和教学副院长拥有较多的权力，其次是行政副院长、院学术委员会，系/研究所/教研室拥有的权力大小居于中等位次，其后是院党委副书记、科研副院长和院党委书记。

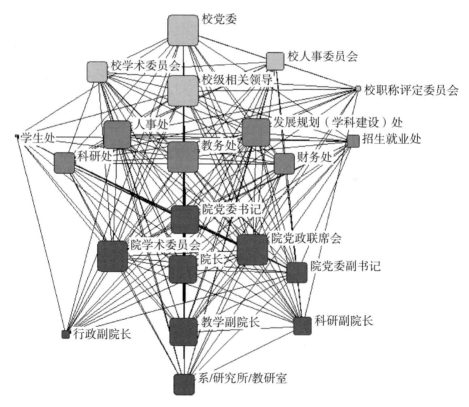

图6-6　博士、硕士授予权高校权力结构

首先，具有博士、硕士授予权高校在院系权力结构上院学术委员会、院党政联席会作用和地位突出，拥有相当大的权力；其次是院党委书记、院长和教学副院长；与"双一流"高校不同，具有博士、硕士授予权高校的科研副院长权力大于行政副院长；系/研究所/教研室权力相对较小，仅大于科研副院长和行政副院长。

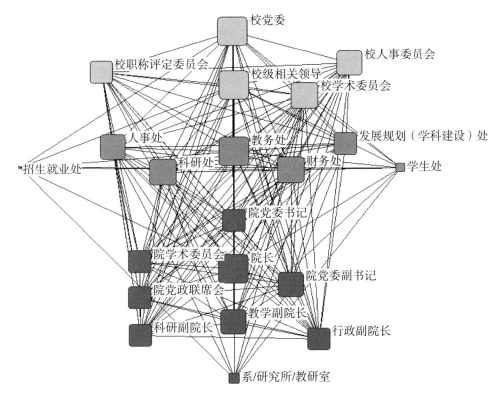

图 6 – 7　学士授予权高校权力结构

具有学士授予权高校的院系权力结构呈现院长为权力核心，系/研究所/教研室权力薄弱，而其他权力主体介于两者之间的权力相对均衡状态。

在高等职业学院的院系权力结构中，院长拥有绝对的权力资源优势，其次是院党委书记、院学术委员会和院党政联席会，系/研究所/教研室处于权力的金字塔的底端，拥有很少的权力；与前三类高等学校不同，高等职业学院中科研副院长拥有比教学副院长和行政副院长更高的权力。一个可能的解释是科技成果的快速转化、产学研的协同发展是高等职业学院可持续发展的重要保障。

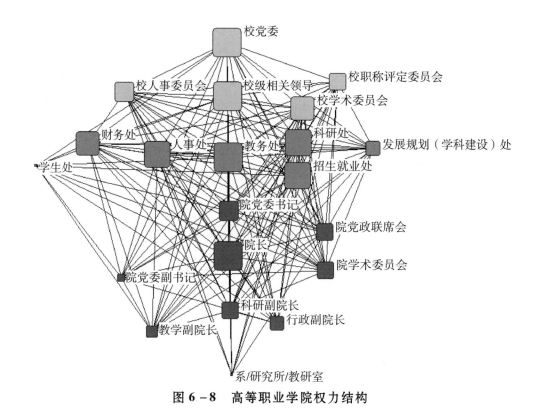

图6-8 高等职业学院权力结构

（二）权力分配

"权力"是社会科学中的一个重要概念，社会网络学者从"关系"角度出发，基于"中心性"对权力进行了定量化研究。[①] "中心性"用来表示个人或组织在某一社会网络中拥有权力的大小，以及处于何种中心地位，简而言之是用来度量个人或组织在网络中位置和重要度的指标。本研究利用中心性指标之一——度数中心度来反映各部门权力的大小和位置。度数中心度用与某个节点直接连接的其他节点数目来表示，度数中心度高的行动者可视为网络的核心，在网络中拥有最大的"权力"，同时能够获取更重要、更多样和更及时的信息或知识，具有信息获取优势和资源控制能力。高等学校内各权力主体的度数中心度如表6-10所示。

---

① 刘军：《整体网分析：UCINET软件实用指南（第二版）》，格致出版社、上海人民出版社2014年版，第126页。

表6-10　　　　　　　**高等学校内各权力主体的度数中心度**

权力主体	"211"高校	博士、硕士授予权高校	学士授予权高校	高等职业学院
校党委	100.00	100.00	100.00	100.00
校级相关领导	100.00	100.00	100.00	100.00
校学术委员会	90.00	85.00	95.00	90.00
校人事委员会	80.00	80.00	90.00	85.00
校职称评定委员会	80.00	60.00	85.00	80.00
财务处	65.00	85.00	95.00	90.00
人事处	85.00	95.00	90.00	95.00
科研处	80.00	85.00	95.00	95.00
教务处	100.00	100.00	100.00	100.00
学生处	40.00	55.00	50.00	55.00
发展规划（学科建设）处	75.00	95.00	85.00	75.00
招生就业处	40.00	70.00	35.00	95.00
院长	100.00	95.00	100.00	100.00
院党委书记	65.00	95.00	85.00	85.00
院学术委员会	90.00	100.00	85.00	80.00
院党委副书记	80.00	85.00	90.00	65.00
院党政联席会	80.00	100.00	85.00	80.00
科研副院长	80.00	80.00	85.00	80.00
教学副院长	100.00	95.00	90.00	70.00
行政副院长	90.00	65.00	85.00	75.00
系/研究所/教研室	90.00	85.00	55.00	55.00

注：根据调查数据，利用 UCINET 软件计算而成。

对高等学校内部各权力主体的度数中心性进行分析发现：

第一，校院两级管理是我国高等学校管理体制的真实状况。虽然多数高等学校都建立了校院系三个级别，但是由于系（所）一级权力不足，导致其在管理体制中附属于所在的学院。表6-10显示，"双一流"建设高校和具有博士、硕士授予权高校的系（所）权力大于具有学士授予权高校和高等职业学院，也就是说在前两类高等学校中系一级相对拥有较大的权力，可能与这两类学校研究型院校的属性有关。

第二，从组织社会学的角度看，我国高等学校组织具有很强"趋同性"，表

6-10中呈现的权力结构也具有很强的"趋同性"。校党委、校级相关领导作为领导层的核心,教务处在职能层中拥有较大权力,院长处于院系层的权力中心是各类高等学校普遍存在的权力结构,具有明显的同构特性。利用方差分析(ANOVA)的方法,可以测量高等学校类型的不同对各权力主体的度数中心度(高校权力结构)是否有显著影响。方差分析结果(见表6-11)表明:因概率值0.787大于显著性水平0.05,故接受高校类型对度数中心性没有影响的假设。因此,不同的高校类型对权力主体的度数中心性没有影响,也即不同类型高校的权力结构之间没有区别,高等学校权力结构具有明显的"趋同性"。

表6-11　　　　　学校类型对度数中心度的单因素方差分析结果

权力主体的度数中心度					
分类	平方和	df	均方	F	显著性
组间	260.714	3	86.905	0.353	0.787
组内	19692.857	80	246.161		
总数	19953.571	83			

第三,教学工作在高等学校中居于核心位置。反映了不同类型高校人才培养工作的基本共性,但尚不能准确反映每所高校对教学工作的真实重视程度究竟如何。但无疑教学相关的权力主体如校学术委员会、教务处、教学副院长、院学术委员会均拥有较高的权力值。

第四,高等教育组织"底部沉重"的特性未能充分彰显。以权力主体的度数中心度为基础,计算每类权力主体参与学校事务的权力分配比例,通过"重心"来分析领导层、职能层和院层的权力大小,以确定高等学校内部权力重心所在。表6-12对高等学校内部各层级的权力分配情况进行了计算。结果表明:博士、硕士授予权高校中院系层的权力重心指数大于职能层,领导层权力最小(也可能反映出对院系工作的"顶层设计"不足,"自由生长"的力量较强),权力重心在院系层,呈现"金字塔型"权力结构;"双一流"高校和学士授予权高校中院系层的权力重心指数与领导层相当,且职能层权力重心指数较小,呈现"沙漏型"权力结构,几种权力实现的力量较为均衡;高等职业学校的权力结构与博士、硕士授予权高校恰恰相反,从领导层到职能层、再到院系层,权力重心指数不断减小,领导层是权力的重心所在,权力结构呈现"倒金字塔型"。

表 6 – 12　　　　　　高等学校内部各层级的权力重心指数

高校	领导层	职能层	院系层	权力结构类型
"双一流"建设高校	0.3602	0.2852	0.3545	沙漏型
博士、硕士授予权高校	0.3202	0.3294	0.3504	金字塔型
学士授予权高校	0.3620	0.3075	0.3305	沙漏型
高等职业学院	0.3524	0.3432	0.3044	倒金字塔型

同样利用方差分析方法，可以测量高等学校类型不同对各层级权力重心指数（即表 6 – 12 中数据）是否有显著影响。由于表 6 – 12 中数据太小，首先对其进行了 Z 标准化处理，得到表对应的 Z 标准化数，然后进行方差分析。方差分析结果（见表 6 – 13）显示概率值为 1.000，远远大于显著性水平 0.05，所以接受高等学校类型对各层权力重心指数没有影响的假设。因而，不同的高校类型对各层级权力重心指数没有影响。这也进一步证明了不同类型高校之间权力重心也存在一定的"趋同"。

表 6 – 13　　　学校类型对各层级权力重心指数的单因素方差分析结果

Zscore（各层级权力重心指数）				
分类	平方和	df	均方	F	显著性
组间	0.000	3	0.000	0.000	1.000
组内	11.000	8	1.375		
总数	11.000	11			

第五，在院系层面，具有学士授予权高校和高等职业学院各类权力主体呈现明显"均势"现象，表明权力关系较为复杂；而"双一流"高校和具有博士、硕士授予权高校院系层面各类权力主体关系较为简单，一个可能的原因是后者较之于前者在大学治理方面所做的努力更富有成效和实效。

（三）权力运行状态

权力结构需要通过各个权力主体之间的联系，才能在运行中发挥作用。而网络指标中的密度、平均距离和凝聚力指数能够反映各行动者之间的联系、资源信息的流通程度，进而描述权力在运行中所呈现来的状态。

密度是指网络个体之间联系的紧密程度，是实际存在的线数量与可能存在的线数量的比例。其取值范围为 [0, 1]，数值越大，表明权力主体间的互动较多，关系较紧密，有良好的信息交流和合作渠道，权力运行的比较流畅。平均距离是指关系网络中任意两点之间最短途径的平均长度，距离越短，则说明他们之间的联系越紧密，中间不经过其他部门或经过很少的部门来取得联系，权力的运行速度较快。凝聚力衡量组织全部成员通过社会关系联系在一起的程度的指标。凝聚力指数越大，表明网络成员（领导、部门）之间的关系越紧密，能够形成较大的合力。

表6-14通过相关指标测算了不同类型高校权力运行状态，反映了学院所处的权力环境状况。其中博士、硕士授予权高校拥有最高的网络密度、最短的平均距离和最大凝聚力指数，表明这类高等学校全体主体之间互动频繁，权力运行顺畅，沟通便捷，整个权力网络拥有较大的组织合力和良好的运行效率。博士、硕士授予权高校拥有比"双一流"高校更小的规模和比学士授予权高校和高等职业学院更规范的管理体制可能是导致其权力运行状态的主要原因。

表6-14 不同类型高校权力运行状态

高校	密度	平均距离	凝聚力
"双一流"建设高校	0.8143	1.186	0.907
博士、硕士授予权高校	0.8619	1.138	0.931
学士授予权高校	0.8476	1.152	0.924
高等职业学院	0.8333	1.167	0.917

"双一流"高校的权力运行表现出最低的网络密度和最小的网络凝聚力。这类高等学校是我国顶级高等教育机构，具有良好的学术自由传统，学术自由的特性与以权力为核心构建的网络密度、凝聚力之间存在着天然的矛盾。

此外，"双一流"高校和高等职业学院的网络平均距离较大，权力沟通不畅，运行效率较低。

四、二级学院权力结构和运行状态受学校类型的影响

本研究运用社会网络分析方法，呈现了我国不同类型高等学校的院权力结构和运行状态。研究发现：校院两级管理体制是我国高等学校管理体制的实际情况，权力集中于校、院两级的领导者身上，系一级必要的自主权不足；高等学校组织"底部沉重"的特性在"双一流"高校和博士、硕士学位授予权高校表现明显，此类高校中的院拥有更多的自主权；不同类型高等学校之间权力结构"趋同性"反映了高等教育管理体制对高等学校权力结构的深刻影响作用；博士、硕士授予权高校在信息沟通、权力运行方面拥有很高的效率，而"双一流"高校在

学术自由氛围的影响下无论是权力主体间的沟通还是权力网络凝聚力方面都受到一定影响;"双一流"高校和高等职业学院的权责关系需要进一步理顺,提高权力主体间的沟通效率。

从推进大学治理的角度看,我国高等学校需要进一步在校内适当进行权力下放和横向的分权,赋予学院各级各类委员会以必要的自主权;在学院治理方面,需要进一步理顺权责关系,可采用权责清单的方式明确权责边界,还高等学校以"底部沉重"的组织特性;在制度上,高等学校的二级学院尚无统一、明确的领导体制,党政二元结构制、党政合一结构制、院长负责制、党政共同负责制等形式在高等学校的管理实践中均有存在,探索构建符合我国高等学校特色的二级学院领导体制和议事规则,对于赋予二级学院必要权力,最大化发挥二级学院管理效能具有重要意义。此外,不同类型高等学校的学院权力结构、运行状态有所差别,因此,学院权力结构、运行状态的调整必须立足校情。

本研究还存在一定的研究不足,如通过关系强度来测量权力大小是否可行,高等学校类型划分应该进一步细分,研究样本量尚可继续扩大等。这些方面将是进一步深入研究的努力方向。

第七章

高校内部的剩余权力及道德风险规避

第一节　高校内部的剩余权力内涵及成因

制度的本质是一种契约，一种界定各方利益主体之间的权利、责任和义务的契约。当契约关系从"完全契约"阶段发展到"不完全契约"阶段时，在契约"能否详尽所有事项、能否足够健全"这个问题上就有着完全不一样的回答。"完全契约"是古典契约理论的产物，认为签约双方能完全预见可能发生的所有事件并且愿意遵守所签订的契约条款。而"不完全契约"思想从"有限理性、信息不对称、交易费用"等前提出发，认为完全契约是不存在的，契约都是不完全的，"剩余权力"开始进入研究视野。

一、不完全契约理论中的"剩余权力"

不完全契约理论（incomplete contract theory）是从完全契约理论发展而来的，是古典契约理论进入现代契约理论阶段的产物。不完全契约思想最早源于1937年新制度学派代表人物之一的科斯发表《企业的性质》一文，因而又被称为企业的契约理论，他对企业能否签订规定完全的契约提出疑问。此后，格罗斯曼、哈特①与莫尔②提出了 GHM 模型，奠定了不完全契约理论的基本框架。不完全契约理论从完全契约形成所依赖的诸多如完全理性、充分信息、交易费用为零等假设前提出发进行批判，认为完全契约往往是不存在的，人们无法签订预测所有可能事件的完全契约，契约中总是包含某些不足与被遗漏的条款。

剩余权力，又称剩余控制权（residual rights of control）③。这一概念的提出是以哈特为代表的学者们对不完全契约理论做出的重要贡献，意指对契约中未被规定的剩余权利如何配置的最终决定权。"剩余权利"是与"确定权利"相对应产生并存在的。按照事先能否在契约当中明确规定，不完全契约理论从收益的角度将契约权利区分为"确定权利（或特定权利）"与"剩余权利"④。相对应地，从治理的角度，该理论将"契约中已经规定的确定权利"的控制权、决定权称为"确定权力"，而将"契约中没有规定的剩余权利"的配置权、决定权称为"剩余权力"，也就是契约的"不完全性"的"剩余"⑤。

"剩余权力"思想最先应用在公司组织治理的"产权、边界"研究上。在教育治理领域的以往研究中，也有学者运用剩余权力（或剩余权利）的思想与概念研究教育中的契约关系，如阎凤桥运用剩余权利思想来分析《高等教育法》修订中有关高校与政府的关系。他认为《高等教育法》作为一种公共权利合约，具有"隐含性和不完备性"，所谓权利合约的隐含性，是指"无法用语言清楚地表达权利关系"；他指出在有关高校与政府的关系中，"至少有一部分权利是剩余的，处于法律条例界定之外"⑥。褚宏启在"教育法学的转折与重构"研究中，提出"寻找那些漏掉的权利、剩余的权利"⑦。还有学者从剩余权力角度分析"大学治理中道德风险问题"⑧。这些研究都不同程度地使用了剩余权力（利）的概念与思想，为教育治理问题的推进做出了一定的贡献。

① Grossman S. J. , Hart O. D. The costs and benefits of ownership: A theory of vertical and lateral integration. *Journal of Political Economy*, 1986 (4): 691–719.

② Hart O. , Moore J. Property rights and the nature of the firm. *Journal of Political Economy*, 1990 (6): 1119–1158.

③ Baird D. G. , Rasmussen R. K. Control Rights, Priority Rights, and the Conceptual Foundations of Corporate Reorgannizations. *Virginia Law Review*, 2001 (5): 921–959.

④ Hart O. D. Incomplete Contracts and Public Ownership: Remarks, and an Application to Public – Private Partnerships. *Centre for Market & Public Organization*, 2002 (486): 69–76.

⑤⑧ 孙阳春：《大学治理中的道德风险防范：剩余权力的视角》，载于《高等教育研究》2018 年第 2 期。

⑥ 阎凤桥：《〈高等教育法〉修订中有关高校与政府关系的法律分析》，载于《学园》2008 年第 1 期。

⑦ 褚宏启：《教育法学的转折与重构》，载于《北京师范大学学报》（社会科学版）2013 年第 5 期。

二、高校内部治理中剩余权力的存在及其表现

教育领域中的学者大多直接借用剩余权力（利）的概念来分析问题，并未对剩余权力本身作深入探究。那么，在教育契约关系中，剩余权力到底在什么情形下因何产生，又表现为何种形式？

（一）教育契约中剩余权力的产生原因和存在形式

教育契约是在教育治理过程中各方主体达成的划分责权利关系的一系列规则体系，如各种规章、制度等。根据"哈特的三种具体情形"与"艾伦·施瓦茨的五种起因"等理论，结合教育领域的治理特征，本书认为，教育契约中剩余权力产生的根本原因在于环境的复杂性、有限理性、信息不对称和契约成本，具体原因有四种，并表现为三种形式（见表7-1）。

表7-1　　　　　　　**教育契约中剩余权力的存在形式**

根本原因	具体原因	存在形式
环境的复杂性	因无法完全预见而产生的未详尽事项	"……的其他权力、事项"
有限理性	因语言无法精确描述而产生模糊	"最终的解释权归……"
	因缔约主体的理解不同而产生歧义	
信息不对称	因执行需要而主动增加的契约弹性	"根据实际需要……" "根据实际情况……"

环境的复杂性、有限理性、信息不对称与契约成本的存在是理解剩余权力的关键。一方面，受客观条件的限制，人们不可能达成完全契约。面对复杂的、不确定的外部世界，"行为主体打算做到理性，但现实中却只能有限度地实现理性"[1]，因而就出现下列情形：第一，不可能签订包含未来所有可能权利与责任的契约条款；第二，即使考虑与预测到了所有可能出现的事件，也无法用准确的语言去描述；第三，"即使使用语言描述与规定得非常清晰，人们在理解契约条款时也会出现歧义，出现第三方无法验证的状况"[2]。另一方面，人们主观上有

---

① ［美］赫伯特·西蒙：《现代决策理论的基石》，杨烁等译，北京经济学院出版社1989年版，第3~4页。

② Hart O. D. Incomplete Contracts and Public Ownership: Remarks, and an Application to Public - Private Partnerships. *Centre for Market & Public Organization*, 2002（486）：69 - 76.

时会主动选择增加契约的弹性，因为交易与治理"不仅需要通过明确的契约关系，也需要弹性治理工具的补充"①。声誉、信用、习俗（惯例）等弹性治理工具的使用，不仅可以节省契约成本，还会因重视人性、增加柔性治理等因素而使契约关系更加有效。也就是说，某些情境下人们会主动选择预留契约中的弹性空间，变刚性契约为弹性契约，从而根据实际情况自由裁量，以灵活地履行契约。总之，无论是因客观条件的限制，还是主观有意地选择，契约的不完全性都是一种常态，使得契约中剩余权力的存在也是一种常态。

（二）高校中剩余权力的文本表现：以"一流大学建设高校"章程为例

大学章程作为一种教育契约，其不完全性表现得非常充分。通过分析 2017 年 9 月教育部公布的 41 所"一流大学建设高校"（有 1 所高校的章程尚无法通过公开网站获得）的大学章程进行文本分析，发现大学章程中的剩余权力存在及表现都非常充分，见表 7－2。

表 7－2　　41 所"一流大学建设高校"章程中剩余权力的文本表现

存在形式	文本表现
"……的其他权力、事项"	行使学校赋予的其他职权；由学生代表大会、研究生代表大会行使的其他职权；需要校长决定的重大事项和法律、法规、规章规定的其他职权
"最终的解释权归……"	本章程由学校党委会负责解释；本章程由学校党委授权其常委会负责解释；本章程的解释权由学校党委授权党委常委会行使等
"根据实际需要……""根据实际情况……"	学术组织可依照实际情况于学院设立二级学术组织；根据需要履行其处理有关学术事务的职责；根据需要学院相关人员可列席会议；根据需要对其进行变更或撤销；根据实际情况合理调整各部门的职能等

表 7－2 详细列举了大学章程中剩余权力的三种表现形式。第一，在没有明确规定的"其他权力与事项"方面，41 所高校的章程都写有"……其他权力"的字样，如"校长享有的其他权力""学生代表大会、研究生代表大会行使的其

---

① Al－Najjar N. Incomplete Contracts and the Governance of Complex Contractual Relationships. *American Economic Review*, 1995（2）：432－436.

他职权"；第二，在追加条款中，41 所高校的章程都写有"由某某负责解释"等字样，且几乎都规定"由学校党委会"或"学校党委授权其常委会"负责解释；第三，有 29 所高校的章程都含有"根据实际需要、实际情况……"字样，如"根据需要履行其处理有关学术事务的职责""根据需要学院相关人员可列席会议""可根据实际情况合理调整各部门的职能"等（见表 7 - 2）。由此可见，无论是在主观还是在客观上，教育契约中权力的"剩余"处处存在。

三、高校内部治理中剩余权力广泛存在的原因

在高校治理中，大学活动的复杂性、权力结构的复杂性、组织结构的复杂性为剩余权力的存在提供了可能与空间。

（一）高校活动的复杂性为剩余权力的存在提供了空间

高校活动围绕高等教育的人才培养、科学研究、社会服务等职能而展开。无论是人才培养、科学研究还是社会服务都是复杂的、动态的，在活动中产生的可能结果难以完全预测，相关活动主体的责任履行与权力行使更难以进行详尽的描述，由此便极有可能在高校活动开展过程中产生及存在剩余权力，而若剩余权力一旦被滥用、消极使用，道德风险便极有可能发生，扰乱治理秩序，产生破坏性影响。

其一，高校人才培养活动的不确定性与难以预测性为剩余权力的存在提供了可能空间。高等教育是"一种培养人的活动"。人的发展目标具有多元性和多层次性，人们在制定教育制度或政策时不可能预见人的发展的可能状态，即使预见到，也可能无法对其做出准确描述。由此，教育契约中"未能详尽的制度缺口、其他事项"以及"无法用准确语言去描述而产生的模糊"会更多，主动保留契约弹性的可能性也更大。这样，人的发展的生成性和动态性使得教育制度或政策文本不能完全"刚性""不留余地"地规定所有事项，主动增加契约的弹性和空间是不可避免的。因此，教育政策文本中经常会出现根据"实际情况"或"实际需要"的字样，为教育活动的开展预留足够的空间。正因为教育契约是不完全契约，不可能完全规定缔约各方拥有哪些具体权力、承担哪些具体责任，也不能完全确定缔约双方"需要做什么、不需要做什么"，这种规定上的不详尽、描述上的不清楚、理解上的不一致以及主动保留行为，使得教育契约中的剩余权力相对于其他社会领域而言范围更广，从而使某一方在未来履行契约时更容易产生机会主义行为，进而导致道德风险行为的发生。

其二，高校科研活动的自主性与自治性为剩余权力的存在提供了可能空间。

科研活动在很大程度上具有"自由"的特性，这是科研活动规律的体现，也是激发科研创新与活力的需要，权力主体因此获得的"自由支配"权力也获得了足够多的支持。比如，《中共教育部党组关于抓好赋予科研管理更大自主权有关文件贯彻落实工作的通知》等文件中"根据实际需要""特事特办"① 等字眼频繁出现，为科研管理的自主进行提供了支持。然而，也正源于自主、自治的特性，科研活动中的剩余权力因此获得了更多"合理"的存在土壤，权力主体"根据科研实际需要"自由行使权力的范围与程度会更大、更高。以尊重科研活动的自由为前提来增加更多剩余权力是非常值得肯定的，它给予了科研人员更多的自主空间，发挥主动性更好地进行科研，科研事务主体合理规范地使用剩余权力是一件对各方有利的事情。但是，如果科研人员产生了机会主义动机，剩余权力的使用就变得难以把控，就有可能在表面上不违背相关规定的情形下，暗中以某种失范的行为牟取私利，如以发放校外人员劳务的形式对科研经费进行转移等边缘腐败行为等，就是需要警惕的。

其三，高校社会服务活动的开放性和多样性为剩余权力的存在提供了可能空间。高校在社会服务中产生的一系列活动是高校与"外部"的互动，这种互动是高校内部生产的知识与社会资源的交换，这种交换为高校内部与社会各界的交流与交易提供了便利。然而，这种交换并不是局限于高校内部的活动，而是面向社会的开放性互动，这种互动在一定程度上呈现出范围较广、边界模糊的特点，由此，对种种互动行为进行规范与制约也不是依靠高校内部的制度与规定就能解决的。即便是高校内部制定一系列规范高校内部主体权责的条款与规范，也难以对社会各方的行为产生制约。也就是说，高校社会服务活动过程中的剩余权力处处存在。高校社会服务的范围是开放的，而高校内部的制度所能产生的制约效力是有限的，究竟哪些"互动"是正当的，哪些是不正当的，很难界定清楚。尤其是当社会各界对高校的知识生产所获得的利益产生强烈诉求时，高校内部成员便具有了与高校外部主体紧密联系的可能。若双方合理使用剩余权力，以正当方式、提高努力程度来互利共赢，则是各方期待的局面；如果高校与社会主体以不正当利益诉求不谋而合，滥用剩余权力为个体谋私利，就会引发"期满、寻租腐败"等道德风险行为。

（二）高校权力结构的复杂性为剩余权力的存在提供了更大空间

高校权力结构交融性与动态性使其成为复杂的、难以界定清楚的、庞杂的运

---

① 教育部：《中共教育部党组关于抓好赋予科研管理更大自主权有关文件贯彻落实工作的通知》，2019 年 4 月 9 日，http：//www.moe.gov.cn/srcsite/A16/s7062/201904/t20190417_378380.html。

行系统，使剩余权力更易生成、存在。

首先，高校内部权力结构的交融性为剩余权力的存在提供了可能空间。高校内部权力"既形成了包含系、院等不同层级的纵向权力机构，又形成了包含学术权力、行政权力等不同类型的横向权力结构"①。纵向与横向权力相互交融、彼此交涉，共同形成高校内部权力的矩阵②。在庞杂的矩阵结构中，界定清楚每一种权力具体应该负有什么样的责任、每一种权力的边界是什么已经是一项难题，而当权力相互交织时，权力混杂的局面更容易使权力的范围与责任的维度存在"界定不到的地方"。也就是说，复杂的权力关系更容易掩盖权力的清晰维度，剩余权力以一种常态存在。在此情况下，既可能有多个不同的权力主体需要共同负有某一事项的责任，也可能有某一个权力主体可以干涉不同的事项，由此产生的可能结果是，既可能出现多个权力主体在面对责任分担时同时不作为，又可能出现多个权力主体在面对利益分享时同时谋私。由此，在各种类型、各个层级权力复杂的交涉关系中，剩余权力产生的可能性更大，因剩余权力而产生的投机行为也极有可能发生。

其次，高校内部权力结构的动态性为剩余权力的存在提供了可能空间。高校内部权力结构需要成为一种在科层制"金字塔结构"和扁平化"矩阵结构"之间不断地调整与交融的动态变化结构，各层次、各类型权力的高度整合与统一至今还未完全实现。在此动态变化过程中，权力以及与权力相对应的责任也在"根据实际情况"而做出不断调整的过程中，对所有权力进行明确厘定既非应然之策也非轻易之举。同时，硬性的制度与政策难以满足权力结构动态发展的需要，也难以适应保持高校组织结构活力的需要，显然，弹性的、根据实际情况变动的机制更能适应高校内部权力运行的需求。因而事实上，高校内部权力结构的动态性不仅为剩余权力的出现提供了存在条件，对权力边界界定的适当宽容度也更能够适应组织结构高效发展的诉求，也增加了剩余权力存在的必要性。

（三）高校组织结构的复杂性为剩余权力的存在提供了更大空间

高校组织结构的复杂性主要体现于"科层制与松散结构的混合体"③ 特征为剩余权力的产生提供了条件，同时也因其变化性产生了保留剩余权力以实现弹性治理的必要。

---

① 张德祥、韩梦洁：《权责 程序 透明 监控 问责——高校内部权力运行制约与监督机制》，载于《中国高教研究》2018 年第 1 期。
② 张德祥：《高等学校的学术权力和行政权力》，南京师范大学出版社 2002 年版，第 21 页。
③ 张德祥、李洋帆：《二级学院治理：大学治理的重要课题》，载于《中国高教研究》2017 年第 3 期。

首先，复杂的学校、学校职能部门、二级学院组织既有科层制的纵向结构，但又不是严格意义上的科层体制。由于高校活动属性决定了二级学院组织是人才培养的核心单位，具有"底部沉重"特征，因此，学校与二级学院的纵向指导关系并不典型，从而呈现出松散结构的特点。所以，高校中的学校、学院之间的纵向结构上存在难以界定清楚权力的边界，剩余权力也会常常存在。

其次，二级学院组织之间也存在相互交叉、融合。科学发展至今任何一个学科已经不是独立发展的状态，而越来越呈现出跨学科结构的特点，这无疑逐渐加强了权力分配与责任分担的交叉性与复杂性。同时，二级学院组织作为教学单位与事业单位的融合体，二级学院的教师因其既负有教学单位的职责，又负有事业单位的职责。在此情形下，教师全力投入地对任何一个事项负责就变得不容易实现；但同时，为保持二级学院组织的活力，也需要保留适当的剩余权力以适应组织结构的变化。可见，高校内部组织的复杂性与变化性等特点无一不造成了剩余权力的存在和保留的可能，却也为剩余权力的滥用、产生投机行为创造了空间。

总而言之，无论是从高校的活动性质、高校权力结构、高校组织结构都在不同层面上呈现出复杂性、动态性，这些将导致高校治理中权力的难以预测、难以辨明以及难以界定，剩余权力在客观上必然存在；同时高校因其发展需要在一定程度上保留权力的剩余，因而，高校内部治理中剩余权力的存在具有较大的空间，如何规避其可能引发的道德风险也需要加以重视，防患于未然。

第二节　高校内部剩余权力引发道德风险类型与表现

道德风险是一个起源于制度经济学的概念，是指"从事经济活动的人为了最大限度地增进自身利益，而做出不利于他人的机会主义行为的危险性"[①]。机会主义行为是道德风险区别于其他一般社会风险的最重要的特征，是人们在"环境复杂性与不确定性""人的有限理性"以及"信息不对称性"的前提下，有目的地做出有利于自身但不利于他人的一种行为，这种行为具体表现为寻租、合谋、隐瞒、欺骗、偷懒及努力程度不高等。

教育治理中道德风险问题早已受到相关学者的关注。如，郝保伟与毛亚庆

---

①　Hellmann, T. F., Murdock K. C., Stiglitz J. E. Liberalization, Moral Hazard in Banking, and Prudential Regulation: Are Capital Requirements Enough?. *American Economic Review*, 2000, 90 (1): 147-165.

确提出了教育中的制度性寻租问题，"由于教育制度的缺陷，教育主体通过钻制度的漏洞而寻求超额利益"[1]；张学敏认为"政府的不当行为和不作为"主要源于"约束机制不健全"[2]；王凤娥与杨克瑞则认为"制度的弹性"是导致教育寻租的重要原因，同时指出"参与教育的主体借用公共教育权力，或设置可能寻租制度，或利用某些制度弹性，从而获取非法的，或者合法但不合理的利益"[3]；韩喜平和曲海龙指出"制度不健全是教育寻租产生的重要原因"[4]。总之，以往学者们已经认识到"制度的漏洞""制度的不足""制度的缺陷"是道德风险产生的重要原因之一，而且沿着这一思路出发，提出了"完善相关法律法规""健全相关制度与政策"等规避道德风险的措施与策略。对于以往的研究，从不完全契约理论"确定性权力"和"剩余权力"的划分来看，主要认为学校治理中道德风险产生的主要原因是"确定性权力"，治理的路径也是从如何完善和健全"确定性权力"角度来提出相关策略与建议。

对于道德风险的产生及规避，"剩余权力"思想开辟了另一条路径。根据不完全契约理论中"确定权力"和"剩余权力"的划分，契约当中未能详尽的剩余权力可能始终存在，制度的"漏洞"和"不足"是不能"完全弥补"的，是不能够"足以健全"的。那么从剩余权力角度出发，可能引发哪些道德风险？与"确定性权力"引发的风险相比，有什么不同？

对剩余权力引发的道德风险问题进行深入研究发现，高校内部的剩余权力存在是一种常态。剩余权力本身没有任何负向功能，"合理与规范"使用剩余权力将对高校内部权力制约、运行与监督起到积极的正向意义。但是，如果不合理使用剩余权力，如"滥用"或者"消极使用"剩余权力，将会产生严重的道德风险行为，并对高校权力的整体运行与良性秩序造成严重危害。具体来说，剩余权力"滥用"将导致"边缘寻租与边缘腐败"的道德风险，剩余权力"消极使用"将产生"懒政怠政与不作为"的道德风险。这两种路向的道德风险在高校治理的现实中经常有所表现。

一、教育契约中剩余权力滥用导致的"灰色腐败或边缘腐败"

教育契约中剩余权力的存在可能与空间都比较大，使得治理主体很容易利用

---

[1] 郝保伟、毛亚庆：《高等教育寻租的制度分析》，载于《清华大学教育研究》2006 年第 5 期。

[2] 张学敏：《论教育供给中的政府失灵》，载于《高等教育研究》2004 年第 1 期。

[3] 王凤娥、杨克瑞：《公共权力与教育寻租》，载于《当代教育科学》2007 年年第 11 期。

[4] 韩喜平、曲海龙：《教育领域寻租特征、原因及其治理》，载于《东北师大学报》（哲学社会科学版）2014 年第 4 期。

剩余权力主动或被动地"寻租",采取私下结盟的方式获取非正当收益。如果高校治理主体挥霍、滥用手中的剩余权力,就会产生"权力寻租与权力滥用"的道德风险。

(一) 滥用剩余权力导致的"边缘腐败现象"开始受到关注

剩余权力寻租与滥用导致的道德风险类型,主要表现为一种"灰色寻租与边缘腐败"。"灰色腐败"与"黑色腐败"明显不同,如果说滥用"确定性权力",违反法律规章条款构成违法犯罪,属于"黑色腐败";那么滥用剩余权力,并不会造成显性腐败行为,而是隐性形式的权力腐败。隐性形式的权力腐败,又称之为"灰色腐败"或"边缘腐败"[1]。边缘腐败通常被认定为"是一种游走于规则和程序的边缘,在合乎情理掩饰下的腐败现象",是一种"权利主体利用公共权力资源或职务职位上的影响力……为个人或小集团带来政治或经济利益"的活动,是一种"钻政策空子,打擦边球,规避党纪国法制裁"的行为。又有学者将"灰色地带的腐败"称之为"亚腐败",国际监察专员学会主席伯里安·艾尔伍德在接受记者采访时指出,亚腐败是"在权力的廉洁状态与腐败状态之间的一种尚未达到触犯刑律程度和地方的中间状态,权力运行本身存在不干净的空间"。由此可见,剩余权力产生的权利之间的边界不清、界限模糊,如果剩余权力遭到滥用,则是灰色腐败、边缘腐败滋生和蔓延的重要原因之一。

高校内部因剩余权力导致的边缘腐败问题及表现也受到了关注。作为一种隐性腐败、灰色腐败,"边缘腐败"问题游走于规则、程序的边缘,谋取边缘权力的利益。已有研究发现,在高校内部治理中显性腐败"主要集中在基建、采购、财务、招生、人事和后勤服务等部门"[2][3],显性腐败重灾区也是边缘腐败的多发领域,多发生在"经济类、行业类、学术类"[4] 等领域;也有学者具体指出高校的亚腐败现象多见于"教育管理、学术活动、财务经济活动、公务接待、公共服务、办公用房等各个方面"[5]。高校的边缘腐败行为也有可能在基建、采购、财务管理等经济类活动中滋生。在高校新建、改建、扩建等工程项目中,某些环节

---

[1] 胡赣江:《"边缘腐败"的边界特征、预防难点及破解路径探析》,载于《领导科学》2013 年第 9 期。

[2] 何增科:《高校腐败及其治理状况的调查与研究》,载于《广州大学学报》(社会科学版) 2013 年第 11 期。

[3] 曾明、郑旭旭、章辉腾:《治理结构,权力机制与高校腐败——基于 117 个高校腐败案例的分析》,载于《廉政文化研究》2015 年第 2 期。

[4] 罗迪:《高校边缘腐败的成因分析与预防对策研究》,载于《中国管理信息化》2018 年第 1 期。

[5] 成春艳:《高校亚腐败问题研究——习近平全面从严治党战略的高校腐败治理视角》,载于《学理论》2018 年第 3 期。

的制度规章规定得不是很详尽，权力条款不是很清晰，自由裁量的空间会被某些高校管理人员利用。如在工程立项、招标与投标以及经费预算和结算等环节中存在较大的剩余权力，通过与第三方合作承接项目谋私获利。又如在高校采购的教辅教材、大型仪器设备、图书资料、办公用品过程中，利用规章制度的漏洞，打擦边球，人为设置多余的程序，暗示提供方拿"手续费"、吃"回扣"等。还有，在高校招生环节，利用制度漏洞与不完善的方面，为他人提供入学机会等，也是边缘腐败的表现。在学术研究与学术论文中，有时不能完全界定学术"引用与抄袭"的界限，都为边缘机会主义行为埋下伏笔。

（二）滥用剩余权力导致的边缘腐败具有"难以认定且危害严重"的特点

政治学已有研究表明，边缘腐败的认定与定性比较复杂、困难，而且容易被忽视。因为边缘腐败或者灰色腐败，主要是从已有制度政策的边界模糊之处、漏洞之处产生，利用已有制度中权力的"剩余"来为个人牟取边缘利益。边缘腐败不违反制度的相关规定，很多制度条文不能对其有效约束。尤其是某些权力部门的规章中自由量裁度较大，对于"根据需要、按照实际情况"情形下的权力行使，法律制度与规章中往往缺乏明确的处罚条款与机制，就会出现滥用自由量裁权来为他人或自己谋利的行为。英国伦敦大学迈克尔·帕尔马的论文《灰色地带反腐败法律的文化分析》[1] 中，指出英国的重大欺诈案件调查局设立了专门部门对 2008 年 4 月英国宇航公司案进行了调查，案件很长时间内不能给出裁决结果，就是因为重大欺诈案件调查局遭遇到最大的困难之一是如何确定"回扣与正常佣金之间的界限"，介于"标准的腐败行为"与"标准的合法行为"之间的灰色地带，是法律部门难以裁决的关键原因。而高校活动的复杂性、权力结构的复杂性、组织的复杂性，使得高校边缘腐败更加难以识别、定性与把握，表现形式较为复杂，隐蔽性较强，更加难以识别与防控。

边缘腐败与灰色腐败，并不会因为攫取的是权力的边缘利益，而使其危害性变小。相反，边缘腐败与灰色腐败具有严重的危害性。英国伦敦大学迈克尔·帕尔马指出了边缘腐败的严重危害性，认为"边缘腐败对于社会秩序带来严重影响，是一种破坏社会秩序的弥散性的腐败问题，并会引起道德的恐慌"[2]。而且，迈克尔指出灰色腐败问题给社会带来的危害性，并不仅仅在于表面上的弥漫性，它可能引起严重的腐败问题，这一点是非常值得注意的。迈克尔指出英国在 2008

---

[1][2]　[英] 迈克尔·帕尔马：《灰色地带：反腐败法律的文化分析》，李昌林译，载于《现代法学》2008 年第 5 期。

年前后两年内被指控的灰色腐败问题，对社会的危害是非常严重的，它使社会在合法与腐败中失去了标准，引起严重的社会道德危机。而高校作为人才培养的场域，其内部治理过程中的边缘腐败行为，所引发的社会影响与负面形象，相比于社会其他部门，将可能产生教育质量降低、教育公共利益受损等更加严重的社会后果。

因此，对于高校内部治理来说，需要严密关注此类的边缘腐败、灰色腐败或者亚腐败的行为，而且，正是因为高校此类腐败行为多数来源于滥用"界限不清"的剩余权力，其腐败行为的规避与治理也尤其需要重视，从剩余权力的特性及相关理论出发进行相关制度设计与程序规制，以防范此类行为的大面积滋生与蔓延。

二、教育契约中剩余权力消极使用产生的"懒政怠政与不作为"

与剩余权力"滥用"不同，某些高校治理主体还会"消极使用"剩余权力，利用剩余权力的"根据需要、按照实际情况"等弹性空间为掩护，不努力、不主动、不承担自身应尽的责任，产生"不作为、偷懒、努力水平低"等机会主义行为。这类道德风险的产生主要是由于消极使用弹性契约中较大的剩余权力空间造成的。

（一）高校治理中的"懒政怠政"及"不作为"行为受到关注

公共行政学鼻祖威尔逊认为"与君主制一样，在共和制的条件下，信任政府官员的唯一根据是效率。"[1] 在公共治理过程中，什么是"不作为"呢？一般认为，如果工作没有做充分、没有做的积极努力，或者做得效率低、主动性差，就是"不作为"。什么是"懒政怠政"？有学者认为，"庸政是指庸碌无为、业绩平平；懒政是指办事拖拉、效能低下；怠政是指懈怠政务、在岗不为"[2]。因此，懒政、怠政、不作为，是对同一种治理行为和治理现象的不同表达，都是对治理主体"不努力、不主动、消极怠工"行为的概括。

"懒政怠政、不作为"行为在国家治理层面受到了高度重视。2014 年 12 月，习近平总书记强调"要加大治庸治懒力度，严肃查处为官不为的典型人和事，进

---

[1] 理查德·D. 宾厄姆等：《美国地方政府的管理：实践中的公共行政》，陈玲玲等译，北京大学出版社 1997 年版，第 7 页。

[2] 乔德福：《健全治理党政机关庸政懒政怠政制度化常态化机制——基于十八大以来官网报道的典型案例调查思考》，载于《理论与改革》2019 年第 3 期。

一步弘扬正气"[①]。2015 年、2016 年《政府工作报告》多次指出，"为官不为"也是变相腐败，对"庸政懒政怠政"必须继续坚决加以整治。2016 年 4 月，中央办公厅印发了《关于在县处级以上领导干部中开展"三严三实"专题教育方案》，其中提出的"三严三实"教育，就是针对"乱作为"和"不作为"两种不良作风而言的。以前某些干部滥用手中权力谋取私利，乱作为；现在又走向了"明哲保身，懒政怠政、不作为"的另一面。由此可见，中央治理层面对"懒政怠政和不作为"开始加大重视并出台相关政策加以严肃治理。

国家层面对于"懒政怠政不作为"现象高度重视后，各地各部门纷纷总结"懒政怠政不作为"的具体表现，并进行专项治理。教育部自 2006 年开始持续至今的直属高校开展巡视工作中对"懒政怠政不作为"现象就有所反馈。本研究对 2014～2019 年教育部巡视工作反馈的"懒政怠政不作为"的情况[②]统计如下：

教育部从 2014～2019 年巡视且反馈情况的高校信息文本共 58 份（其中，有 8 所高校进行了第二次巡视）。表 7-3 和表 7-4 中的"懒政怠政不作为"表现的"关键词"是从教育部巡视办公室巡视信息公开的"反馈巡视情况"网页文本中"原文提取"出来的，继而归纳分类成 15 种表现。为了能够更加充分地反映出此类行为在巡视高校所占的比例，表 7-4 将统计数量转换成百分比来分析，更能体现出"懒政怠政不作为"此类行为在高校中的存在程度。

---

① 习近平：《从严治党必须从严管理干部》，引自中共中央文献研究室编：《习近平总书记重要讲话文章选编》中央文献出版社、党建读物出版社 2016 年版，第 236～237 页。

② 教育部每年巡视的高校对象不同。表 7-3 中统计的高校数量是教育部从 2014～2019 年度巡视的且在网页上反馈巡视情况的高校，以下是这些高校的详单。

2014 年：山东大学、中国地质大学、中国传媒大学、上海外国语大学、中国药科大学（共 5 所）。

2015 年：中南财经政法大学、北京科技大学、中国石油大学（北京）、华东师范大学、南京农业大学、华中师范大学、华南理工大学、西安电子科技大学、国家开放大学、北京语言大学、中国矿业大学、武汉理工、电子科技大学（共 13 所）。

2016 年：北京化工大学、北京外国语大学、北京中医药大学、东北师范大学、华东理工大学、上海财经大学河海大学、西南财经大学、北京交通大学、中央财经大学、北京林业大学、中国矿业大学（北京）、中国油大学（华东）、中国海洋大学、华中农业大学、西南大学（共 16 所）。

2017 年：中央戏剧学院、中央音乐学院、东北大学、中央美术学院、华北电力大学、东华大学、中国地质学、北京邮电大学、江南大学（共 9 所）。

2018 年：西南大学、中国石油大学、合肥工业大学、中南财经政法大学、对外经济贸易大学、华中师范大学西南交通大学、东北林业大学、国家开放大学（共 9 所）。

2019 年：中国政法大学、湖南大学、华南理工大学、西安电子科技大学、陕西师范大学、长安大学（共 6 所）。

表 7 – 3　　　　　**2014 ~ 2019 年教育部巡视工作反馈的**
"懒政怠政不作为" 高校数量情况

"懒政怠政不作为" 表现		"懒政怠政不作为" 的高校数量					
关键词		2014 年 5 所	2015 年 13 所	2016 年 16 所	2017 年 9 所	2018 年 9 所	2019 年 6 所
1	懒政怠政、慵懒、涣散、松弛、松懈、随意、粗放、不严肃	4	2	5	3	3	
2	不作为、不担当、推诿、敷衍塞责	1	2	3			
3	不积极、不主动		1	3	2		
4	不到位、不充分、不彻底、不够、不实、留空隙、留尾巴、打折扣	3	11	12	5	8	5
5	拖延、滞后、迟缓、不及时、遗留不解决	4	10	8	3	2	2
6	形式主义、走过场		2	4	2	5	4
7	表面化					3	1
8	"过关" 心态					1	1
9	宽松软、不严、不力	2	7	13	8	7	6
10	虚化、弱化					1	2
11	好人主义、不得罪人		1			2	
12	畏难、缺胆量、魄力、勇气	2	4	5	5	4	1
13	遮遮掩掩			1			
14	缺乏热情			1			
15	避重就轻、高举轻放					2	

资料来源：根据教育部巡视办公室网上公布的巡视工作反馈情况文本信息统计。

表 7 – 4　　　　　**2014 ~ 2019 年教育部反馈的 "懒政怠政**
不作为" 在巡视高校中占比情况

"懒政怠政不作为" 表现		"懒政怠政不作为" 现象在巡视高校中占比（%）					
关键词		2014 年 5 所	2015 年 13 所	2016 年 16 所	2017 年 9 所	2018 年 9 所	2019 年 6 所
1	懒政怠政、慵懒、涣散、松弛、松懈、随意、粗放、不严肃	80	15	31	33	33	
2	不作为、不担当、推诿、敷衍塞责	20	15	19		33	

"懒政怠政不作为"表现		"懒政怠政不作为"现象在巡视高校中占比（%）					
	关键词	2014年 5所	2015年 13所	2016年 16所	2017年 9所	2018年 9所	2019年 6所
3	不积极、不主动		8	19	22	56	
4	不到位、不充分、不彻底、不够、不实、留空隙、留尾巴、打折扣	60	85	75	56	89	83
5	拖延、滞后、迟缓、不及时、遗留不解决	80	77	50	33	22	33
6	形式主义、走过场		15	12.5	22	56	67
7	表面化					33	17
8	"过关"心态					11	17
9	宽松软、不严、不力	40	54	81	89	78	75
10	虚化、弱化					11	33
11	好人主义、不得罪人		8			22	
12	畏难、缺胆量、魄力、勇气	40	30	31	56	44	17
13	遮遮掩掩			6			
14	缺乏热情			6			
15	避重就轻、高举轻放					22	

注：教育部每年巡视的高校对象不同。表7-4中统计的高校数量是教育部从2014~2019年度巡视的且在网页上反馈巡视情况的高校，同表7-4。

资料来源：根据教育部巡视办公室网上公布的巡视工作反馈情况文本信息统计。

由表7-3和表7-4可知，2014年教育部巡视的5所直属高校中就有4所高校（占比80%）在反馈报告中提到存在"懒政怠政、慵懒、涣散、松弛、松懈、随意、粗放、不严肃"等行为；2014年教育部巡视的5所直属高校中有3所高校（占比60%）、2015年巡视的13所高校中有11所高校（占比85%）、2016年巡视的16所高校中有12所高校（占比75%）、2018年巡视的9所高校中有8所高校（占比89%），均在教育部巡视的反馈报告中提到有"不到位、不充分、不彻底、不够、不实、留空隙、留尾巴、打折扣"行为；另外，2016年巡视的16所高校中有13所高校（占比81%）、2017年巡视的9所高校中有8所高校（占比89%）、2018年巡视的9所高校中有7所高校（占比78%），均在教育部巡视的反馈报告中提到有"宽松软、不严、不力"行为。

总体来看，从2014~2019年的教育部巡视组反馈的情况来看，"不到位、不充分、不彻底、不够、不实、留空隙、留尾巴、打折扣"行为现象出现的比例，少则在 50% 以上巡视高校中存在，多则在接近 90% 的巡视高校中存在。其次为"懒政怠政、慵懒、涣散、松弛、松懈、随意、粗放、不严肃"等行为；"宽松软、不严、不力"行为；另外，"不积极、不主动""拖延、滞后、迟缓、不及时、遗留不解决""形式主义、走过场"等行为在某些高校中也较大比例出现。可见，"懒政怠政和不作为"现象在高校中也须引起重视。

（二）"消极使用"剩余权力是高校治理中懒政怠政和不作为的主因

如果说剩余权力的滥用属于"乱作为"，那么，剩余权力的消极使用则属于"不作为"。在对高校治理中产生"懒政怠政和不作为"现象反思和原因进行分析发现，除了部分治理主体、领导干部的主观理念、思想品质等原因之外，导致"懒政怠政和不作为"的最主要原因是剩余权力的消极使用。正像学者论及政府治理中"不担当不作为的专项治理，之所以遭遇失灵的窘境"的归因一样，"其症结主要是因为，许多权责和上下级机构之间的衔接缺乏明确的规定，也就是说，权责没有厘清，对口关系没有理顺，为庸政懒政埋下了伏笔"①。确切地说，剩余权力是"懒政怠政和不作为"产生的重要原因。

在高校治理中也是同样，在某些大学规章制度中，根据"实际需要"或"实际情况"该做什么不做什么以及做到何种程度，对此并无一个明确的标准与界定，这就为治理主体的偷懒、不努力行为提供了可能。再加上教育效果的滞后性、长期性，使得以积极付出、努力肯干为特点的"努力程度高"的行为并不一定带来更多的教育收益与激励，而以消极怠工、不作为、偷懒为特点的"努力水平低"的行为方式也并不一定减少教育收益以及带来惩罚，就更加强化了大学治理主体的"懒政怠政和不作为"。可见，高校工作本身的复杂性，再加上"协同治理"的需要，往往一项具体工作往往涉及多个职能部门，部门之间的职责边界很难厘清，作为"无法明晰的权力和条款"存在的剩余权力，往往随处可见，成为一种常态。这就造成了一项工作到底应该由哪个科室承担，出现问题后由哪些部门哪些人来承担责任，经常各有各的道理。干少少错，互相推诿，互相扯皮、缺乏积极性与主动性的现象就会出现。

"懒政怠政以及不作为"的危害性并不亚于权力腐败。如果说权力腐败会对国家和社会造成的"致命"危害，"懒政怠政以及不作为"等行为更像是一种"慢性病"，逐渐侵入治理机体并持续蔓延，长期下来，便会使治理秩序遭到严重

---

① 李婷婷、郑玉昕：《不作为不担当专项治理失灵的反思与矫治思路》，载于《领导科学》2019 年第 4 期。

破坏，其破坏性有过之而无不及。在高等学校治理中，如果"懒政怠政以及不作为"蔓延成为一种风气，就会失去"积极主动的动力"，这也是"近些年来在公共产品的供给研究'努力水平'① 会作为一个专业研究术语频繁出现"的原因。"努力水平"具体是指因动机与意愿等因素而形成的对某事物或工作的重视程度，是一个衡量主观意愿的指标。努力水平高就会带来以积极付出、努力肯干为特点的行为方式，努力水平低就会而形成以"消极怠工、不作为、偷懒"② 为特点的行为方式。如果"低水平努力"、甚至"不努力"长时间在高校治理程序中持续，对高校整体活动以及教育质量的危害是不言而喻的。因此，剩余权力的消极使用现象必须加以科学防范与有效治理。

第三节　高校内部剩余权力引发道德风险的规避路径

剩余权力作为一种常态将始终存在。剩余权力存在的本身没有任何问题，问题在于剩余权力是否遭到"滥用"或者"消极使用"。如果剩余权力遭到不规范的滥用和消极使用的话，边缘腐败、懒政怠政和不作为现象就会不可避免地发生，高校治理秩序也将会遭到不可低估的破坏。因此，有效防范与规避剩余权力滥用及消极使用所带来的道德风险必须提到议事日程，加以重视。

剩余权力的滥用和消极使用所引发道德风险的规避，需要从两个维度来进行，一是正式契约（正式制度）维度，二是非正式契约（即关系契约、心理契约）维度来进行。

一、正式契约维度下高校剩余权力引发道德风险的规避路径

对于剩余权力所引发的道德风险用"制度规章"的方式来进行防范与规避，乍一听起来有些不可理解。人们不免会疑问，剩余权力既然是"无法明确的权力与条款"，又何谈通过制度和政策来规定呢？那么，对于始终存在的剩余权力的边界模糊及其带来的治理困境，是否就无法用"正式制度""正式规章"的方式来规制了呢？是否就死结难解、束手无策了呢？答案是否定的。正式制度与规章

---

① Akerlof, G. A. , & Yellen, J. L. The Fair Wage – Effort Hypothesis and Unemployment. *Quarterly Journal of Economics*, 1990, 105（2）: 268.

② ［法］让－雅克·拉丰、［法］让·梯若尔:《政府采购与规制中的激励理论》，石磊等译，格致出版社 2014 年版，第 451 页。

虽然不能够具体规定"剩余权力有哪些",但却可以对剩余权力的"归属主体"以及"发生争议时的处置程序"作出明确规定。因此,完全能够以"制度规定"的方式来化解剩余权力滥用和消极使用所引发的道德风险。

(一) 明确高校治理中剩余权力的归属主体

虽然剩余权力的内涵本身决定了剩余权力具体包括哪些事项,有哪些权力哪些条款,一时间在正式制度中无法说清、不能完全界定,但是,对剩余权力归于谁,谁拥有对这些模糊事项的最终决定权、控制权,却是在正式制度中完全可以明确的。剩余权力的配置,就是指将剩余权力的最终决定权、控制权做以明确界定,决定其归属主体。阎凤桥在对《高等教育法》的分析中看到,"剩余权利属于谁,谁就有权在具体情形下对隐含的权利进行解释"[1]。也就是说,谁拥有了剩余控制权,谁就拥有了享有"剩余收益"[2] 的权力;而剩余权力带来的剩余收益,正是一系列道德风险行为产生的根源。经济学中剩余权力归属主体,经历了从"产权所有者享有"到"利益相关者共同分享"[3] 的发展阶段。剩余权力从单一到多元的归属主体演变,也是一种剩余收益从单一主体享有到多元主体共同享有的变化过程。事实表明,剩余收益归多元主体共同享有的时候,更加有利于道德风险的防范,减少治理困境的产生。其原因就在于,当多个利益相关者共同享有剩余权力时,他们相互之间应互相监督,而当大学治理主体之一利用剩余权力进行寻租导致其他主体的"剩余收益"受损时,就很容易被其他同样享有剩余控制权的主体发现并制止,进而形成了一种利益共享、风险共防的良性治理机制。

剩余权力的归属问题,即剩余权力的配置问题需要在高校的正式制度规章中明确规定,才能有效防范可能产生的道德风险。但是,目前高校内部治理中对于剩余权力的规制,主要存在两个方面的问题。

一是正式制度中并没有明确规定剩余权力的归属主体,造成剩余权力配置的"空白"。造成这一问题的原因,主要在于在高校中对于"剩余权力"并没有引起足够重视,并没有将其从"确定性权力"中分离出来,认为剩余权力是确定性权力的附属产物,只要不断完善确定性权力和条款,剩余权力就自然而然减少甚

---

[1] 阎凤桥:《〈高等教育法〉修订中有关高校与政府关系的法律分析》,载于《学园》2008 年第 1 期。

[2] 张昭俊、马若驰:《"共同治理"逻辑下的企业剩余收益问题研究》,载于《科学管理研究》2011 年第 3 期。

[3] 郑文全:《剩余收益能够间接分享吗?——基于终身教职制度性质的系统解释》,载于《管理世界》2014 年第 2 期。

至会消失，不需要单独对其加以规制。对于这样一种做法，不完全契约理论已给出了明确的回答，因为"人的有限理性和信息不对称"，剩余权力将作为一种常态一直存在。如果大多数高校制度政策规章中没有明晰，就必然会造成剩余权力的归属主体缺失，最终导致许多权力主体争相使用剩余权力来谋取私利。因此，剩余权力的归属主体必须用"正式制度与政策"的方式明确规定。

二是正式制度中规定的剩余权力主体"单一"。制度经济学的已有研究表明，当多个利益相关者拥有剩余权力时，最有利于风险规避。拥有剩余权力的主体单一，将会诱发新一轮的"剩余权力垄断"。在大学治理中防范道德风险，也应遵循这一思路。以此反观当前的高校契约可以发现，大学章程的解释权如果仅归"党委会及其授权的常委会"，权力主体就会显得有些单一。如果在政府与大学的契约中明确规定剩余权利属于大学和学者团体，那么，在高校内部，剩余权力就应该属于如"学者团体"①、行政人员、学生以及其他的各利益相关者，这样才有可能规避某些因剩余权力而产生的道德风险。因此，只有合理配置契约中剩余的决定权、控制权，并在正式制度中明确出来，才能防止高校各治理主体将其视为自己的权力而错用滥用，从而在最大限度上减少道德风险的发生。

（二）明确高校治理中剩余权力争议时的"决定程序"

孟德斯鸠曾说："有权力的人们使用权力，一直遇到有界限的地方才休止，不受制约的权力必然腐败。"② 如果在订立教育契约前遇有争议、无法明确剩余权力的归属，就需要缔约各方协定通过程序来裁定争议、决定其最终归属。程序对防范道德风险的重要性因此显而易见，重要的是，"程序"到底应当怎样来规定。同样地，大学治理中也经常会出现有关剩余权力的争议，剩余权力到底属于决策机构还是执行机构，即属于校董会、校务委员会还是属于职能部门抑或学院，可能一时无法决定，此即"无法明确教育契约中剩余权力归属"的争议情形。对此，需要明确规定通过何种机构、何种程序来裁定解决其争议。比如，校务委员会、校董事会通过何种方式怎样裁定等。

而且需要强调的是，剩余权力发生争议时的决定程序，需要以制度的附加条款方式明确规定，并与制度正文具有同样效力。也就是说，高校中的任何制度文本，除了对核心责权利关系约定的制度正文外，都应该增加一个附加条款，规定在出现剩余权力"争议"时的处理程序。总之，对于剩余权力，大学治理者不要

---

① 阎凤桥：《〈高等教育法〉修订中有关高校与政府关系的法律分析》，载于《学园》2008 年第 1 期。

② ［法］孟德斯鸠：《论法的精神（上卷）》，张雁深译，商务印书馆 1961 年版，第 155 页。

再遮遮掩掩，唯恐避之不及，只有将其从幕后搬到台前，明确规定"决定程序"，道德风险才会在很大程度上得到防范。

（三）继续厘定高校内部教育契约中的"确定权力"

确定权力，作为事先可以在契约当中明确规定的权力，以双方认同的没有争议的方式写在教育的相关契约当中。"确定权力"在任何时候都是教育契约中的主要角色，厘清"确定权力"是防范大学治理中道德风险的基础。具体而言，弥补制度的"漏洞""不足"与"缺陷"仍然是大学治理中防范道德风险的重要路径。从剩余权力视角来看，防范道德风险并不是要放弃完善与健全制度的努力，而是在承认这种"漏洞"和"不足"无法"完全弥补"与"足够健全"的前提下，以更加良好、积极的心态去完善相关制度政策，努力探寻教育政策文本中的"其他权力"或"其他事项"包括哪些内容，以及如何使用没有歧义的词汇去表达等。

高校教育契约中的确定权力的厘定，在任何时候都是突围教育治理困境的主要努力方向。原因有二：其一，发现剩余权力的存在，发现剩余权力导致的边界模糊地带的存在，并不是要放弃廓清与界定权力边界的努力；相反，是要在认识到某些权力边界是无法完全廓清的前提下，以更加放松的、积极的心态去探寻确定性权力的边界。这样，就不会因某些无法厘清的"其他"事项而产生挫败感，也不会因为无法清晰的"实际状况""现实需要"而沮丧。相反，把这些模糊的边界地带当成一种正常的存在，并始终保持一种持续不断努力的劲头，一直为确定性边界的厘清而努力。其二，只有逐渐明晰确定性权力的边界，才会使剩余权力的模糊边界不断后退，使其"阵地"不断出让，直至越来越小（但不会完全消失）。确定性权力的边界，与剩余权力的模糊边界是相对应而存在的。确定性权力的边界越来越明晰，剩余权力的模糊地带就会越来越小，反之则相反。因此，尽力去预估可能发生的事项与条款，尽量用明确的没有歧义的语言去表述，不断扩大高校各权力主体确定性权力的边界，就会不断突破因边界模糊而带来的高校治理困境。

总之，努力厘清缔约各方的教育权责边界是教育制度与政策制定中的重要任务。只有"确定权力"的存在，才有契约的存在；只有明晰了"确定权力"，才能更加有效地规约"剩余权力"，也才能防范可能发生的道德风险。只有在厘清确定性权力边界的同时对剩余权力进行规制，两手共同发力，才是突破治理困境的有效之举。

二、非正式契约维度下剩余权力引发道德风险的规避

除了正式制度，非正式契约作为关系契约、隐性契约，对剩余权力引发道德风险的规避，也是一种重要的补充。关系契约对于道德风险的防范之所以十分重要，是因为正式契约虽是强有力的治理工具，却因其不完全性的本质导致治理的"漏洞"和"缺口"，这为道德风险提供了滋生和加剧的条件。同时，剩余权力自身具有的"无法明晰的权力与条款"的特点来看，运用软性的、隐性契约来对其可能引发的道德风险进行规制，是规避剩余权力引发道德风险所不可缺少的另一有效路径。

非正式契约又被称为关系契约、心理契约，是指"广泛存在于各类组织中和组织间的，可以强烈影响个人或组织行为的非正式协议和不成文的行为模式"①，主要表现为契约双方之间的"信任、沟通、互惠"等关系所形成的长期情感契约、心理契约形式。非正式契约具有"长期性"的特点，契约方之间长期的合作、"不断地"或"重复地"互动，来维系相互之间的信任与沟通；"柔性与弹性"是关系契约的重要特征。非正式契约并不具有明文规定的条款，也不能够被法律强制执行，交易双方在交易过程中能够根据"现实需要"，通过有效的沟通等方式来调整或改进。因而，非正式契约是"开放"的，它不以契约双方签订的具有法律效力的文本为表现形式，而是存在于契约双方心理上认可和达成的"共识"与"心理协议"。同时，由于对未来交易的不确定性，人们主观上会选择增加契约的"弹性"，治理"不仅需要通过明确的契约关系，也需要弹性治理工具的补充"②。非正式契约因其柔性与弹性而具有灵活性和适应性，而这也成为人们在交易过程中的主观期待与要求。

正式契约的不完全性是"关系契约产生作用的基础"③。正式契约总有无法涵盖的治理漏洞，这就需要通过非正式契约的治理来补充。正式契约文本无法完全对剩余权力引发的道德风险进行有效规避，无法对高校权力运行主体的所有可能行为规范进行详尽地描述，即便尽可能多地制定出相关规范和约束条例，也无法用完全没有疑义、契约双方都完全认可的语言表达出来，因此就需要运用"软性契约"来对剩余权力可能引发的道德风险进行规制，在高校的权力主体之间达

---

① Baker, G., Gibbons, R., Murphy, K. J. . Relational Contracts and the Theory of The Firm. *Quarterly Journal of Economics*, 2002, 117（1）: 39 – 84.

② Al – Najjar N Incomplete Contracts and the Governance of Complex Contractual Relationships. *American Economic Review*, 1995（2）: 432 – 436.

③ 孙良国：《关系契约理论导论》，科学出版社 2008 年版。

成认可的"心理协议",都能够主动地履行事先签订的契约,达成相互信任、互惠稳定关系,主动放弃一些滥用、消极使用剩余权力的投机行为,从而减少道德风险行为的发生。

(一) 约定"长期收益"目标,引导各方注重未来合作价值以减少投机行为

经济学研究表明,当"不履约的收益总是小于履约所带来的长期收益时,代理人会表现出诚实"①。也就是说,各方因注重长期利益而选择不投机、主动履约以取得各方的相互信任来维持持久稳定的合作关系。基于此,"长远利益"成为高校治理中各方主体的最重要手段。

可见,高校治理各方获得的长期利益大于风险行为带来的短期收益,是高校各行为主体主动规避权力风险的条件。只有当道德风险行为带来的短期利益无法弥补长期利益损失时,长期利益才具有吸引力,此时权力主体才会倾向于选择长期利益而非短期利益,选择维持合作而非实施风险行为损毁合作。长期收益越好的高校权力主体,越能够凭借长期合作获得相互信任,并越能带来足够大的、具有吸引力的长期利益,通过寻租、不作为等风险行为获得的短期利益便越难弥补因合作损害而导致的长期利益损失,因此合作前景好的权力主体更倾向于维持长期稳定的合作关系。也就是说,减少因短期利益产生的风险行为是建立在能够延伸到未来的长期合作带来收益基础上的,它意味着利益相关者之间的多次重复合作是可期待的。这样,长期稳定的合作关系带来的"未来长期利益"能够引导权力主体主动放弃不正当的短期利益时,高校权力主体才会倾向于自觉地规避道德风险。

简言之,引导高校治理过程中的权力主体从自身着眼于长期利益出发,利用其对长期收益的主观诉求,来促使高校内部各权力主体主动不寻租、不懒政怠政、主动作为,是引导各方权力主体自觉规避道德风险的重要策略。

(二) 达成"信任关系"环境,通过理解与沟通渠道发挥柔性约束作用

相对于法律规章的硬性约束,柔性激励更有助于激发各权力主体的努力水平。非正式契约意义上的关系规范指"合作伙伴之间共享的一种对行为的预

---

① Telser, R. G. A theory of self-enforcing agreements. *The Journal of Business*, 1980, 1: 27–44.

期"①，其目标是"提高关系作为一个整体的利益"②，主要包括信任、沟通、柔性、公平等。其中，信任是核心，也是被使用最多的情感关系、心理规范。情感关系、心理规范能够增加双方共享信息的意愿，从而增加"信息透明"③。相比于正式契约，这些规范同样能够"降低交易成本，提高交易绩效"④。关系规范依托于政府与评估机构之间的委托代理关系，尤其是双方之间的信任，是委托代理关系得以展开和顺利进行的保证。缺失了柔性的关系规范，高校内部各权力之间的"关系"便难以维持。加之，在长久的互动与交易中，高校制度必然要随着教育质量的发展而不断革新，公平公正地进行，才能赢得各利益相关者的信任与肯定。

高校教育活动、权力结构、组织结构都具有复杂的、动态的特征，更加需要关系契约的柔性和弹性治理。高校内部权力主体的复杂性不仅体现在其权力本身的复杂性，同时更面临复杂的社会环境。随着高校办学质量的不断提升以及教育的不断发展革新，教育发展的动态性对高校权力运行造成了不小的挑战，柔性的权力运行与监督需要契合高校治理制度现代化的需要。所以，高校权力运行的长期性、复杂性、变化性意味着教育制度不是一成不变的，当"正式契约"不能够跟上教育发展的需要时，"关系契约"就可作为有力补充而做出适时适地的调整。为此，从高校治理中各方利益相关者方角度，需要提供相应支持条件，不论是在硬件条件上还是软性氛围上，决策者都要全力支持治理工作的开展，为治理对象提供便利，以获取治理对象的信任。同时，在长期的高校治理过程中，需要建立畅通的各方主体沟通渠道，倾听各利益相关者的合理诉求，发挥柔性约束在道德风险规避中的重要作用。

（三）建立"信任—声誉"机制，激励各方提升努力度及规避道德风险

声誉对于高校权力主体而言非常重要，是其公信力的有力支撑，更是关系到其自身长远发展的命脉。

首先，声誉—信任机制能够激励高校各权力主体主动努力作为。关系契约依

---

① Goles, T. The Impact of the Client-vendor Relationship on Outsourcing Success, Unpublished Di ssertation, University of Houston, 2001, Houston.

② Heide, J. B., John, G. Do Norms Matter in Marketing Relationships?. *Journal of Marketing*, 1992, 56 (1): 32 – 44.

③ Dyer, J. H., and Chu, W. The role of trustworthiness in reducing transaction costs and improving performance: empirical evidence from the United States, Japan, and Korea. *Organization Science*, 2003 (1): 57 – 68.

④ Poppo, L., and Zenger, T. Do formal contracts and relational governance function as substitutes or complements?. *Strategic Management Journal*, 2002 (8): 707 – 725.

靠声誉—信任机制①来有效规避高校剩余权力运行的道德风险。声誉与信任给高校权力主体带来长期利益，这是声誉—信任机制激励高校权力主体主动付出努力的正面诱因。当高校权力主体通过付出努力建立起良好声誉时，其权力执行会获得越来越多的信任，会为高校权力主体带来长远收益。着眼于长远利益的高校权力主体倾向于通过积极主动地努力作为，比如在政策制定、执行与规约等方面投入成本及严谨的态度来维持声誉、获得信任，从而有效规避"不作为""偷懒"的道德风险。

其次，声誉—信任机制促使高校权力主体主动规避寻租风险。声誉损毁以终止信任关系、丧失未来利益为代价，这是声誉—信任机制促使高校权力主体主动规避寻租风险的原因。教育作为一项公共事务，受到社会等众多利益主体的共同关注，一旦权力运行与实施行为产出不规范、不公正、低质量的结果，就会形成"不公平、不可信"的低劣声誉，便会严重危害已经建立起的社会信任，同时，低劣声誉一经"传递"②，就会导致行为主体长期形象与利益的丧失。尤其是当寻租行为带来的短期、暂时的利益不足以弥补未来长期利益的损失。所以，声誉—信任机制能够通过损失长期利益的惩罚促使高校各权力主体主动规避寻租风险。

总之，高校治理中由于教育活动的性质和权力结构及组织结构的复杂性、动态性的特点，剩余权力将比较广泛地存在，同时由剩余权力滥用和消极使用所引发道德风险的可能性较大。但长期以来对剩余权力及其引发风险的忽视，使得规避此类风险显得尤为重要。在高校治理过程中，除了要继续厘清确定性权力的边界外，一方面要以制度规章的方式明确高校中剩余权力的归属主体及发生争议时的处置程序，另一方面更要引导高校治理中各方利益相关者达成心理情感契约，注重长远收益，形成软性约束，建立"信任—声誉"机制，以激励权力主体放弃短视的机会主义行为，形成高校权力运行、制约与监督的良性格局。

---

① Ganesan S. , Determinants of Long – Term Orientation in Buyer – Seller Relationships. *Journal of Marketing*, 1994：1 – 19.

② Paul M. , John R. *Economics Organization and Management.* Englewood cliffs：Prentice – Hall, 1992：126 –311.

第八章

关系视角下高校内部权力运行制约与监督

第一节 高校内部的关系及其异化

社会行为研究离不开对个体社会行为取向的关注，中国人的社会行为具有典型的"关系取向"（relational orientation）特征。关系取向中的主体通常根据他已关系亲疏的前提来判定相互关系并选择互动方式。这一特征不仅深刻体现在日常的社会生活中，其影响也渗透到权力场域。"任何类型的大学都是遗传和环境的产物"，[①] 因此，从关系的视角审视高校内部权力运行中的问题，可能有助于为权力制约和监督提供新的思路。

一、高校中的关系与权力

（一）"关系"及其二重性

"关系"的概念有泛指和特指之分。作为一个泛指的概念，是指人与人之间的互动与交往，其早期研究得益于西方人类学、社会心理学与社会学等学科的共

---

① ［英］阿什比：《科技发达时代的大学教育》，滕大春译，人民教育出版社 1983 年版，第 12 页。

同努力与交叉研究。早期社会心理学中符号互动理论、角色理论、戏剧理论和小群体中的关系测量及社会学中的社会行为模式变量、交换理论与资源理论等都对互动或交往研究做出了重要理论贡献。20 世纪 80 年代以来，关系作为一个特指概念成为中国本土研究者构建理论的重要基点。为了便于区分，西方社会科学中，将特指的关系拼写成 guanxi，来表示受中国传统社会伦理规范浸染的人际互动和交往；而泛指的关系包括 relationship、tie、connection、interaction 和 communication 等。因为前者的特指性，我们在研究中常常带有价值关联的倾向，也即是关系研究总带有负面评价上的种种顾虑。① 在中国情境，关系是一个"具有本土色彩的实践和学术词汇，在中国本土社会科学中具有重要的研究价值"。②

关系具有"二重性"，既体现在内涵方面，也体现在功能上。从内涵上看，关系具有结构性和伦理性双重意蕴。在西方社会学中的关系分析具有社会结构倾向，而在中国社会中的关系除了具有社会结构的含义，还具有丰富的文化和伦理意蕴。研究中国社会中的关系问题时，重视并理解关系的伦理性是正确理解中国社会中许多问题的前提。与此同时，我们必须看到的是：关系在中西社会学研究中并非两个迥异、也绝非对立的概念，在过去、现在和将来，两者之间的内在关联性都是存在的，且有不断增强的发展态势。在功能上，关系的"二重性"体现在关系具有正负两方面截然相反的社会功能。正向上，关系具有增加个体间亲密性，增进社会和谐与稳定等功能；负向上，关系异化为个体采取非正当手段谋求自身利益的工具，异化后的关系成为组织制度和社会规范的破坏因素。

在关系内涵和功能两方面"二重性"的作用下，污名化和功利化并存的状态成为中国社会对待关系的矛盾心理。在正式场合，特别是在政治场域中，除正式的组织关系外，其他多数关系几乎都被视为一种与道德相悖的社会问题；但与此同时，关系与权力的媾和作为一种破坏社会秩序的力量却从未消弭，权力者表面对关系运作嗤之以鼻，而私下却奉为圭臬，这种矛盾心理的行为体现，即所谓的中国文化中的"公私对立"——每个人都只相信私人关系，于私人关系中寻求安全感，争相拉关系为自己服务；同时，大家在公共领域又公开地反对拉关系、走后门。③ 就其根本而言，关系本身并没有褒贬之分。关系中既承袭了乡村社会的伦理基因，又浸染了贪利图益的小农思想。构建与人为善的社会秩序是中国式关系的伦理初衷，只是在与权力场域文化的交织中，关系逐渐被功利化，并成为一

---

① 翟学伟：《中国人的关系原理：时空秩序、生活欲念及其流变》，北京大学出版社 2011 年版，第 169 页。

② 王雨磊、王宁：《人情债与人情味：农村宴席中的关系再生产》，载于《中州学刊》2012 年第 4 期。

③ 张田、罗家德：《圈子中的组织公民行为》，载于《管理学报》2015 年第 10 期。

种在权力场域中貌似颇有成效的行为策略。在关系的污名化和功利化之外，我们更应看到的是关系的伦理基因。

（二）高校内部的关系类型

中国社会中关系类型的划分具有多样多态性。在不同的场域中的关系类型也有所区别，高校作为社会的子系统，在涵盖社会多数关系类型的同时也必然具有自身的特殊关系类型，如校友关系、师生关系等。在同一场域中的关系，依据不同的维度可区分为不同的类型。本书从来源和性质两个维度对高校中的关系进行分类，如表8-1所示。

表8-1　　　　　　来源—性质框架中的高校场域关系类型

关系的性质	关系的来源					
	亲缘	地缘	业缘	友缘	学缘	"无缘"
工具性关系	—	—	业务关系	—	—	陌生关系
混合性关系	—	同乡关系 校友关系	同事关系 科层关系	朋友关系	—	
情感性关系	亲属关系	—	—	—	师徒关系 同门关系	

关系的来源也即关系缘起于行动者之间的何种联系。"缘是中国人心目中的一种命定的前定的人际关系"[1]，其在中国社会生活中的重要性集中体现在能够有效维护人际关系和谐方面。相同的血脉、同处的地域、密切的业务联系、共同的学术经历以及情趣相投的互相赏识构成了中国社会中关系的主要来源，也即：亲缘、地缘、学缘、业缘、友缘。亲缘关系是一种稳定、持久且亲密的，旨在满足亲情、温暖、关爱、归宿感等情感性需要的社会关系。地缘关系是个体间因空间位置的毗邻而连接在一起的状态。业缘关系指个体间以从事专业、职业或行业为纽带而形成的一种连接状态。学缘关系是指在学习或学术研究与交流过程中形成的一种社会关系，班级里的同学、课堂里的师生是最为典型的学缘关系。受尊师重道的优良传统文化熏染，中国社会中的学缘关系常常表现为一种较为稳定的社会构型。友缘关系是个体间在社会互动过程中产生深厚友谊的一种连接状态，也即通常所说的朋友关系。

---

[1] 杨国枢：《中国人之缘的观念与功能》，引自杨国枢主编：《中国人的心理》，桂冠图书公司1988年版，第123页。

性质是事物本身具有的区别于其他事物的根本属性。台湾大学本土社会心理学家黄光国教授在 20 世纪 80 年代指出，西方社会学中人际行为及交易法则的研究应当扩大其视野，不应单只假设社会化即是要求个体依据自身利益做出理性的决定。作为对西方社会学中人际行为及交易法则研究的进一步修缮，黄教授从性质的维度区分出情感性关系（expressive ties）、工具性关系（instrumental ties）和混合性关系（mixed ties）三种关系类型。[①] 情感性关系指的是家庭（家族）成员间的一种长久且稳定的社会关系，个体为了获得家庭温暖、关爱、归宿感和安全感等情感方面的需要而对情感性关系加以追求、维系，甚至是依赖。工具性关系与情感性关系相对，指的是个体为自身目的达成或利益实现，而有意与他人接触交往所建立的一种社会关系。这种关系具有短暂性和不稳定性，个体视关系为实现目的的一种工具或手段，在交往或交易中体现为理性的行为。混合性关系指的是个人在家庭（家族）之外所建立的各种关系，包括亲戚、朋友、邻居、同学和同乡等。这类关系中双方间有一定程度的情感关系，但又不足以深厚到可以随意表现出真诚的行为。

在文献梳理和观察的基础上，我们认为，高校中存在以下十种具体的关系：校友关系（包含同学关系）、师徒关系、同门关系、同乡关系、同事关系、科层关系（指上下级关系）、亲属关系、朋友关系和业务关系（高校与校外组织在事务处理中的关系）；比较特殊的情况是在行动者双方"无缘"（互不相识）情况下的陌生关系，如考生家长与招生办公室主任之间素昧平生的关系状态，之所以强调陌生关系是因为关系很多情况下是在从无到有、从弱到强的过程中确立和发展起来的。十类具体关系在来源—性质框架中（见表 8-1），均能找到各自的定位。如亲属关系属于一种以亲缘为纽带的情感性关系，同乡关系则是一种以地缘为纽带的混合性关系。考虑到中国尊师重道的文化传统和高校场域的特殊性，将以学缘为纽带的师徒关系和同门关系划入情感性关系，"一日为师，终身为父""同门师兄妹"的观念下，师徒之间、同门之间的关系已经远超乎应有的情分，研究生导师对学生个人生活的帮助、作为学生主婚人，同门之间以兄弟姐妹相称实际上已经成为一种寓有特殊情谊的情感性关系。

关系具有一定的动态性，并非一成不变的。从亲密性角度看，情感性关系强于混合性关系，工具性关系最弱。关系的动态性指的是不同亲密度的关系之间在条件成熟情况下会发生转变。这种转变主要体现为从低亲密度向高亲密度的演变，或称之为关系的"演进"。如两个原本陌生的人之间通过业务纽带建立关系，

---

① Hwang K. K. Face and Favor: The Chinese Power Game, *American Journal of Sociology*, 1987, 92 (4): 944-974.

在持续的互动中成为称兄道弟的朋友关系，甚至可以通过双方或双方家庭成员的婚姻关系构建起两人的亲属关系。中国社会的腐败现象表明，这种亲密性不断强化的关系升级过程，常常伴随着一桩桩权力滥用、钱权交易的黑幕。因此，来源—性质框架中的关系类型是一种针对关系双方最初连接状态的刻画，在双方互动强度和频率推动下，关系产生了演进的倾向，当然也有一些关系不可避免地走向式微。

（三）权力与关系天然不可分割

虽然费弗（Pfeffer）声称"权力在社会科学研究中名声不佳"[1]，但关于权力的研究和讨论的文献依然充斥在几乎所有社会科学领域中，由此也造成了权力概念的多样化。中国学者俞可平[2]总结了权力的四层含义：一是强制—服从型权力观，以近现代西方社会的权力思想为代表，强调权力对客体意志的强制性改变特征，即非对称性。例如马克斯·韦伯认为："权力是某种社会关系中一个行动者将处于不顾反对而贯彻自己意志的地位的概率，不管这种概率所依据的基础是什么"[3]。二是资源—趋利型权力观，强调的是权力的合目的性和趋利性，认为权力就是为达到特定目的而占有的社会资源和能力。如社会学家塔尔科塔·帕森斯就认为权力是权力主体通过防止其他组织和个人而得到所求事物的能力。[4] 三是以马克思主义者为典型代表的国家—强制型权力观，把权力视为由政府机构、执法机构、司法机构和军事机构组成的维护阶级统治的国家强制力量。四是一种后现代的约束—控制型权力观，强调权力微观性和结构性特征，以米歇尔·福柯为代表，其"全景监狱"（panopticon）理论把现代社会看成是由各种规制和关系形成的一个监狱，个人犹如生活其间的困兽，无时无刻不受到约束、规诫、惩戒、规训和监视，也即被无处不在的权力所支配和控制。[5] 可见，控制力、支配力和影响力是四层含义的基本共识，无论是控制、支配还是影响，都体现为一种施动者与受动者的关系，因此我们说权力与关系具有内在的必然联系。

一方面，权力是一种关系性的存在。权力是一种社会关系属性，而不是行动者自身的某种属性，这体现在权力需要通过控制、支配和影响他人实现。米歇

---

[1] Pfeffer, Jeffrey. *New Directions for Organization Theory: Problems and Prospects*. New York: Oxford University Press, 1997: 137.

[2] 俞可平：《权力与权威：新的解释》，载于《中国人民大学学报》2016 年第 3 期。

[3] ［英］罗德里克·马丁：《权力社会学》，丰子义、张宁译，生活·读书·新知三联书店 1992 年版，第 81~82 页。

[4] ［美］L. 科塞尔作：《权力的概念：理论的发展》，顾晓鸣译，载于《社会》1985 年第 5 期。

[5] ［法］米歇尔·福柯：《规训与惩罚：监狱的诞生》，刘北成、杨远婴译，生活·读书·新知三联书店 1999 年版。

尔·克罗齐耶和埃哈尔·费埃德伯格对广义权力进行了较为深刻的解读，他们认为任何权力现象都蕴含着一个人或群体对另一个人或群体施加影响的可能性，对他人产生影响就是与其产生了某种关系。他们对权力关系的本质考察认为，权力关系是一种工具性关系，这种关系不具有传递性，且是一种非平衡的相互关系。①狭义上的权力（如高校内部的行政权力）与组织内正式关系实际上是一体两面的存在，高校内部行政系统的权力通过行政系统下的科层关系和同事关系得以存续，科层关系和同事关系既是高校行政权力赖以存在的社会事实，同时两者分别在纵向和横向上构型了高校行政系统的权力结构。由于权力只有通过某种关系才能得以实施进而表现出来，因此，权力存在于权力主体和权力客体、施动者与受动者之间，二者缺一，即无所谓权力。

另一方面，在中国的社会情境中关系本身被视为一种隐性权力。所谓隐性的权力是指人们因其社会关系运作而间接拥有的影响、干预他人，实现自身利益或目的的一种非制度性影响力。从来源分析，关系权被视为与实体权（如因占有土地、资本等物质资源而获得的经济权力）、意识权（如因宗教思想传播而拥有的宗教权力）并列的第三种权力。② 事实上，关系的权力功能在东西方社会都有存在，区别在于中国社会中关系被作为一种隐性权力被加以运作、利用甚至崇拜的现象更为普遍，在一定程度上较西方社会更为严重。其主要原因是中国人的社会行为具有典型且强烈的"关系取向"（relational orientation），在关系取向下，所谓关系取向，是指主体根据他己关系亲疏的前提来判定相互关系并选择互动方式。关系判定和互动选择既不取决于主体自己，也不取决于他人，而是根据他己关系而变动不居。梁漱溟先生认为英美是个人本位的社会，苏联是社会本位的典范，而中国社会区别于两者属于关系本位，"吾人亲切相关之情，发乎天伦骨肉，以至于一切相与之人，随其相与之深浅久暂，而莫不自然有其情分。因情而有义"。③ 在某种程度上可以说，关系取向一方面凸显了中国人社会行为的独特性，是中国人之所以成为"中国人"的文化基因；另一方面关系取向也对中国人社会行为产生了正反两个向度的深刻影响——既在日常生活中享用着亲情化、顺畅化和伦理化的人际关系，又不得不为这套关系取向的无形规则所牵掣和劳神。发生在中国社会中的权力运行问题在很大程度上和相当比例上是关系取向生发、影响和作用下的产物，大学也概莫能外。

---

① ［法］米歇尔·克罗齐耶、埃哈尔·费埃德伯格：《行动者与系统——集体行动的政治学》，张月等译，上海人民出版社 2007 年版，第 51～54 页。

② 徐勇：《"关系权"：关系与权力的双重视角——源于实证调查的政治社会学分析》，载于《探索与争鸣》2017 年第 7 期。

③ 梁漱溟：《中国文化要义》，上海人民出版社 2005 年版，第 72 页。

二、现象与影响：高校权力运行中的关系异化

高校是一个权力的场域，权力与关系关联甚笃，高校内部权力因正式关系的存在而得以运行，因关系正向功能的发挥而得以规范。但关系的功能并不总是正向的，关系负向功能的持续和强化必然导致关系的异化。情感性关系、混合性关系和工具性关系都可能发生异化，异化后的关系实际上是对正式关系的扭曲和否定，并将正式关系中的规范行为排除在高校权力运行过程之外，从而导致高校权力运行中的失范现象和腐败行为。从我们搜集的高校腐败案例中来看，裙带关系、依附关系、庇护关系和裹挟关系是四种较为常见的异化关系。

（一）高校权力运行中关系异化的现象

第一，裙带关系。本意是指相互勾结攀缘的妇女姻亲关系；后来人们把因血缘、亲缘和地缘等关系而获得政治、经济上的利益，以及给予特别的关照、提拔和奖赏都称为裙带关系。在传统中国社会的政治体系中，亲属和权力实际上是在同一个范畴中运作，这个所谓的范畴，在中国台湾学者文崇一看来就是"家族与权力之间一直是互相支援，形成一种特权"。[①] 高校权力场域中，亲属、同乡可以发展为裙带关系，与政治场域相比，较为特殊是由师徒、同门和校友关系发展而成的裙带关系。该关系中的权力客体因权力主体的"特殊主义"原则而享受到"特权"，从而造成不公正、不公平的权力行为。

第二，依附关系。权力在任何时候都是作为一种稀缺资源存在，有权力的场域，就必然有大小、强弱的权力主体之分，依附关系通常是指发生在弱势权力一方对强势权力一方的有目的性依赖和从属关系。依附关系中双方处于一种不平等的地位，弱势一方通过牺牲部分自主行为，换取了强势一方的"特别关照"。有学者认为党内的人身依附关系是在错误的权力观和扭曲的权力运行情境中滋生的"毒瘤"。[②] 2014 年，习近平总书记在十八届中央纪委三次全会上的讲话中强调："有的案件一查处就是一串人，拔出萝卜带出泥，其中一个重要原因就是形成了事实上的人身依附关系。"[③] 高校行政组织中下级对上级的依附和学生对导师的依附是两类主要依附形式。

---

① 文崇一：《历史社会学：从历史中寻找模式》，三民书局 1995 年版，第 246 页。
② 邵士庆：《党内不准搞人身依附关系》，载于《红旗文稿》2016 年第 23 期。
③ 习近平：《严明党的组织纪律，增强组织纪律性》，引自《十八大以来重要文献选编》（上），中央文献出版社 2014 年版，第 769～770 页。

第三，庇护关系。庇护关系是指庇护者利用自己的权力、资源向处于弱势的被庇护者提供保护、支持或利益，而被庇护者以一般性支持和帮助作为回报的一种"交换"结构。与依附关系相似，庇护关系同样存在于占有权力、资源不平等的两者之间，区别在于两种关系强调的侧重点不同，依附结构强调弱势一方的获益，而庇护结构则强调庇护者与被庇护者的"交换性"。庇护者的施恩与被庇护者的忠诚共同构成庇护结构网络的内在互动机制，通过这种互动，被庇护者因庇护者的保护、支持而获得资源，庇护者的权力则完成了"变现"的过程。除了科层关系和师徒关系容易异化为庇护关系外，业务关系也极易演化成庇护结构。在招标、基建、采购等业务关系中，与社会组织相比，高校中的相关决策者因"甲方"的身份而占据相对优势，他们可以利用决策权为特定的参与招标单位或承建单位提供信息或便利而换取相应的利益回报。参与招标单位或承建单位则因受到"甲方"的庇护而在竞争中获胜或在工程验收等方面顺利过关。实际上，庇护者与被庇护者之间的资源差异和需求差异成为庇护互动行为达成的重要基础。①

第四，裹挟关系。在高校的腐败窝案中，我们发现另一种比较典型的异化关系，即裹挟关系。顾名思义，裹挟关系是指权力者因碍于情面或慑于权力而被其他个体或群体的行为所挟制的一种关系构型。具体而言，存在权力型裹挟和情面型裹挟两种情况，权力型裹挟中的双方之间存在一定的权力"势差"，即：权力不对等；在双方身份、地位平等的情况下也可能发生裹挟，权力者因顾及群体中其他成员的情面而采取盲从的决策行为，我们称之为人情型裹挟。在裹挟关系中的权力人，其权力决策行为并非基于理性的考量，而是基于自身政治利益、经济利益或学术利益权衡的结果。

（二）高校权力运行中关系异化的影响

高校内部权力本质上属于公权力，公权公用是其内在要求。而异化后的关系通过嵌入高校权力运行过程而妨碍公权公共的实现，成为造成权力失范和腐败、权力制约与监督机制失灵和影响校园文化建设的重要因素。

首先，关系异化加剧了高校权力运行中的失范和权力腐败现象。裙带关系、依附关系、庇护关系和裹挟关系在本质上都是一种工具性关系，是权力主体或权力客体为谋求自身利益而构建的社会构型，而这种利益是正常权力运行过程中所无法获取的，当事人只有借助于某种特定的关系渠道，直接影响或间接左右权力的决策过程和结果，从而实现获益目的。在此过程中，权力主体以突破权力边

---

① 汪庆华、叶小翠：《庇护关系视角下党政秘书腐败成因及其治理路径探析》，载于《秘书》2019年第5期。

界、绕过权力规制、放弃决策原则、更改决策程序等方式而实现直接为权力客体、间接为自己谋求利益的目的。异化关系是一种利益互惠构型，具有相当高的稳定性，因此其对高校权力规范化运行的破坏力不仅巨大而且顽固。

其次，关系异化造成了高校权力制约和监督机制的失灵现象。中共十八大以来，党和国家不断加强制度建设，强化对权力运行的制约和监督。2013 年 1 月，习近平总书记在十八届中央纪委第二次全会上的讲话中，提到"要加强对权力运行的制约和监督，把权力关进制度的笼子里，形成不敢腐的惩戒机制、不能腐的防范机制、不易腐的保障机制"①。然而，从 2017 年中央纪委监察部网站公布的29 所中管高校巡视反馈情况来看，"有的单位利用高校资源谋求不当利益""校办企业等领域存在廉政风险""有的领导干部违规兼职和经商办企业""选人用人问题比较突出，执行制度规定不严""引进人才把关不严"等现象②③暴露出目前中国大学中权力存在较为严重的违规、越权，甚至是滥用职权的问题，高校权力制约和监督机制失灵现象并不鲜见。这其中一个重要原因是权力制约和监督机制多数是锚定于权力者本身的行为，而在异化关系中权力者的决策意志可以通过关系中的对方得以隐秘地实施，从而越过相应的制度和机制。

此外，关系异化阻滞了校园文化建设。象牙塔是对高校在公众心目中道德高地的形象概括，育人是高校的三大职能之一，建设和谐健康的校园文化是育人的重要手段。关系的异化现象和行为恰恰背离了和谐健康校园文化建设的初衷，甚至成为校园文化建设的阻碍性因素，对师生具有极大的负面示范效应。

第二节　嵌入性：关系影响高校权力运行的过程

关系的异化实际上是一个嵌入性过程，即权力客体利用其与权力主体的关系，将自身意愿逐渐嵌入权力主体决策行为的过程。沿循关系生成—关系演进—影响决策的逻辑线对这一过程予以解构。

---

① 习近平：《依纪依法严惩腐败，着力解决群众反映强烈的突出问题》，引自《十八大以来重要文献选编》（上），中央文献出版社 2014 年版，第 135～136 页。
② 佚名：《十八届中央第十二轮巡视公布 14 所高校巡视反馈情况》，载于《中国纪检监察报》2017年 6 月 17 日。
③ 佚名：《十八届中央第十二轮巡视公布 15 所高校巡视反馈情况》，载于《中国纪检监察报》2017年 6 月 22 日。

一、关系的生成

除血缘关系外，其他关系都是在互动中逐渐生成或建立的。就大学场域而言，业务关系、朋友关系和陌生关系具有较强的运作性，校友关系、同事关系、科层关系和同乡关系次之，亲属关系、师徒关系和同门关系运作性相对较弱。关系是在一定原则基础上运用特定的手段建立的，这一过程中双方会视情况而定选择是否需要中间人进行双向连通。

（一）宴请与送礼：关系建立的主要手段

从搜集到的案例和既有研究文献看，宴请和送礼是中国人关系建立的两种主要手段。在中国人的日常生活中，宴请是一种"重要的社交形式"，内蕴了主体刻意的交往行为，且与涉及关系网络的运作及其策略。[1] 与此同时，礼物的馈赠和交换行为尽管存在于所有社会之中，但是在中国文化中却尤显重要，"中国人对礼物往来的重要性具有极强的意识"，礼物馈赠在中国人社会生活中扮演着非常重要的角色，其重要性尤其体现在"维持、再生产和改造人际关系方面"。[2]此外，其他有形资源或无形资源的交换、馈赠也是常用的关系建立手段，但本书仅对宴请和送礼这两种有代表性和特色的社会行为进行分析。

在中国传统社会，礼作为一种支配社会关系和社会交换行为的习俗，时至今日仍有重要影响。宴请和送礼原本是一种具有社会和道德规范意蕴的礼仪，含有感念恩情、答谢情谊之意。随着社会交往和社会交换行为的日益丰富化、多样化，礼尚往来逐渐被"异化"，表现为：礼尚往来名目增多，且有随意化倾向；"礼轻情意重"的观念逐渐被颠覆，尚重金厚礼；宴请和送礼成为家庭开支的重要项目，比重有攀升之势；"往来"的互动圈不断扩大，从家人、亲属，延伸至朋友、同事；"往来"的互动频次增加，成为社交活动主要内容。[3]

在权力场域，宴请和送礼多在礼尚往来的外衣下，行"礼上往来"之实，并成为拉近权力人和请托人关系的基本且重要手段。请托人通过拜访、宴请或送礼等方式与权力人建立关系，权力人接受了别人宴请或礼物，也就欠了对方人情，

---

① 边燕杰、刘翠霞、林聚任：《中国城市中的关系资本与饮食社交：理论模型与经验分析》，载于《开放时代》2004 年第 2 期。

② 阎云翔：《礼物的流动——一个中国村庄中的互惠原则与社会网络》，李放春、刘瑜译，上海人民出版社 2019 年版，第 21 页。

③ 刘宇、彭淳、丁馨妍：《熟人社会礼尚往来之"异化人情"——基于秭归县茅坪镇的调研分析》，载于《三峡论坛》（三峡文学·理论版）2016 年第 2 期。

人情是"债",回报的义务。宴请的规格越高,礼物越贵重,人情债也就越多,相应也要求较高的回报,请托人人也就享受更多的特殊主义。请托人明确提出请托事项时,也就启动了权力人的回报义务行为,通常在人情债的张力下和碍于情面的考量,权力人酌情对请托事项予以积极回应。事实上,权力人的回报义务是宴请和送礼的"附加条款",权力人在接受宴请和礼物时就已默认了在将来某一天需要对请托人予以适当的回馈。

(二) 关系建立的媒介——中间人

场域具有一定的阻断作用,高校场域是一个具有一定封闭性的网络或构型。在招生、基建、采购、后勤管理等领域的关系异化过程中通常需要突破大学场域的限制,与社会场域中的目标人选建立关系。与权力人和目标人选双方都有交往的中间人无疑充当了重要的连通媒介。中间人扮演着"中继站""催化剂"和"消音器"的重要角色。

第一,双方关系的"中继站"。在中国社会中的人际关系是由一系列以自我为中心向外扩展开来的同心圆构成的差序格局。同心圆的边界在不同情境中可以由主体进行自适调整,但就个人而言,可以调用的关系和资源毕竟有限度的。扩展个人关系同心圆圈层的一个重要手段是结交新人,所谓新人是对能为个人带来异质性资源而言的,这也意味着新人并不在主体原来的圈子内,而中间人由与两方均有一定社交关系,从而很好地起到了"中继站"的作用。

第二,双方信任的"催化剂"。鉴于请托行为和回馈行为的违规性和悖德性,双方都希望寻找可靠的关系"伙伴",信任是可靠的重要标识。如若请托人和权力人事先相识,那信任问题可以通过互动来表征;但在双方陌生的情况下,中间人的存在和作用使请托人和权力人从"无关"到"有关",从"无缘"到"有缘",让双方感受到彼此间的"缘分"。在中国人看来,与某人有缘几乎等同于对其信任。这样,请托人和权力人之间的信任在中间人的催化作用下逐渐萌生。

第三,权力腐败的"消音器"。权力腐败行为让权力人和请托人都面临着道德风险和法律风险,尽可能消解风险发生的可能性是双方特别是权力人的重要考量。如图 8-1 所示,请托人有两种途径将请求告知权力人:一是直接与权力人对话,并提出请求 2;二是通过中介人将请求 1 信息转达给对方。虽然第一种途径直接、便捷,但是现实中不少的权力人都委托特定的中间人与请托人进行钱财与请求的接洽活动。中间环节的增加有效降低了权力腐败风险的"噪声",给反腐甄别工作增加了难度系数。在腐败窝案中,中间人的身影频频出现,成为腐败蔓延的"重要推手"[1]，并对腐败交易后的长期法律和社会风险起到了一定的隔离作用。[2]

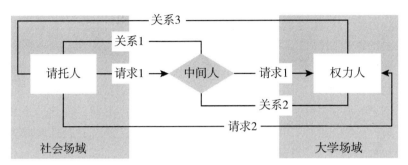

图 8 - 1   中间人作用示意

注：图中无箭头的线表示双方关系，带箭头的线表示请求信息的传递路径和方向。

二、关系的演进

在高校场域中，关系有两条截然相反的演化路径：一条是从生人演化为熟人，最后成为"类家人"或家人的过程，其间，双方互动不断增加、认同持续巩固，由疏远关系向亲密关系逐渐演进，这是关系的"类亲属化"。另一条是从"类家人"或家人向熟人乃至生人的降维式变化。关系的演进和式微共同构成了个体关系网络的变化与发展、断裂与修复、退化与更新。在请托人—权力人的关系体中，演进是主流。类亲属化运作、请托—回报的关系环和信任的产生与强化是推动双方关系更加密切，互动更加频繁，联系逐渐增强的主要方式。

（一）关系的类亲属化

类家人是关系演进的方向或结果，而类亲属化表示的是关系演进的过程。类亲属化是个人或家庭延续发展和防范不确定性的重要手段，指非血缘或婚姻关系的双方基于伦理规范或生存发展的需要而采取一定仪式（实质的或形式的）确立双方较原来更为亲密，并逐渐接近亲属关系的行为过程。高校场域中的类亲属化过程通常是在两种驱力下完成的，即社会伦理的驱力和个体需求的动力。

第一，社会伦理逻辑的类亲属化。大学场域中的师生类父子、同门类兄弟遵

---

[1]　翁浩浩、陈阳：《腐败窝案频现"中间人"身影：成贪腐蔓延重要推手》，载于《决策探索》（上半月）2013 年第 1 期。

[2]　胡胜强、龚会莲：《交易匹配、风险规避与中间人参与型腐败机理研究》，载于《云南财经大学学报》2018 年第 7 期。

循的社会伦理规范作用的逻辑。重视人伦关系是中国社会的显著特征，师生之间虽无血缘关系，但"一日为师，终身为父"的隐喻中暗含着"父子有亲"的伦理要求。时至今日，尊师重道已内化为学生的内在性规范，"一日为师，终身为父"也有由外在的规范要求演化为学生的情感认同。师生之间，特别导师与研究生之间关系的建立同时也就意味着一种类亲属关系的正式构建。与此类似，同门之间由于在同一师门接受学术和从事学术研究，也就自然可以类比为兄弟姐妹的关系。因此，师徒关系、同门关系在大学场域中具有与亲属关系类似的情感属性，同属于情感性关系。与个体需求驱动下的类亲属化不同，师徒关系和同门关系类似一种"心灵契约"，即师徒或同门一旦形成，双方内心就默认以类似父子或兄弟的特殊主义方式进行交往和互动。因此，较一般社会组织而言，高校具有滋生社会伦理逻辑下类亲属化行为的天然土壤。

第二，个体需求驱动的类亲属化。个人需求驱动的类亲属化指业务关系、陌生关系在互动中逐渐往熟人发展的过程，以及同乡关系、校友关系、同事关系、科层关系和朋友关系逐渐往家人发展的过程。其典型体现是校友、同事、朋友等关系在特定条件下表现出类似兄弟的互动。关系中双方基于各自的需求而结成"兄弟"，传统中国社会中的拜把子、结干亲，以及当下人际交往中称兄道弟的行为都运行着个人需求驱动的类亲属化逻辑。拜把子、结干亲是传统中国社会中最为常见的关系演进方式，甚至被视为与亲缘、地缘、业缘、学缘和友缘并列的一种联结方式——"义缘"，其形式包括：同辈男士之间结拜干兄弟，同辈女士之间结拜为干姐妹，同辈异性之间结拜为干兄妹、干姐弟，以及隔辈之间认干爹（干妈）、干儿子（干女儿）。对于结义缘的双方而言，义缘关系的确立不仅意味着相互称谓的变化，而且意味着彼此进入对方差序格局中的内圈层。

（二）请托—回报的互动环

在关系社会学的视域下，两个行动者之间的关联意味着他们有过一段交往史并期待未来的互动，而这种期待同时形塑着双方当前的互动。因此，重复互动的生活轨迹构成了行动者间关系的完整内容。在此意义上，关系有了静态和动态之别。无论是基于属性划分的情感性关系、工具性关系和混合性关系，还是基于来源划分的亲缘关系、地缘关系、业缘关系、学缘关系、友缘关系和"无缘"关系都是对主体双方特定时刻或特定情境中即时性、静止态关系的描述，无法反映关系对双方互动的形塑作用，也即无法刻画关系的动态性。权力腐败过程中，行动者的请求和回报构成了闭合的互动环（见图8-2），在这个闭合的系统中，双方的行为具有了英国学者尼克·克罗斯利所谓的约定—创新意义。每一次互动环完成都将双方关系推向新的台阶，行动者持续性的互动推

214

动着双方关系螺旋式发展。

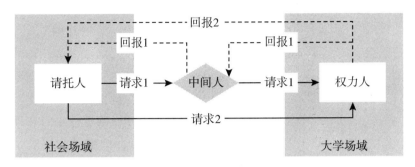

图 8 - 2　请托—回报的互动环

请托人和权力人通过直接或间接（经过中间人）的方式，形成了两条请求路径和两条回报路径，将请托和回报直接关联起来的是双方的"共享的规则或约定"[①]。克罗斯利认为，这种规则或约定并不是行动者创造的，而是通过参与更广范围的社会生活习得而来。对于请托人和权力人而言，双方"共享的规则或约定"是请托—回报的互动环，或者说是"报"的规则。请托—回报的约定为双方提供了可预期的激励，这意味着即是在双方互信没有建立或互信度较低的情况下，依然对对方行为持有乐观预期，因而约定本身既是请托人大胆实施请托行为的激励，也是权力人越过乃至践踏制度规范为他人谋利还自己人情的激励。这种激励在一定意义上可以说是关系双方的"制度化情境"。

请托—回报互动环中的创新维度要从互动中突破性的意义上去理解，这种"创新"主要体现在两方面。一是，资源的异质性交换。按照社会交换的观点，需求差异催生交换，在市场经济中，可交换的源通常都是钱财、物品，专利权等私人属性物品。高校中权力人只是公权力的执行人而非拥有者，但是在请托—回报的互动环中，权力人显然在认识上完成了公权力私人化的思想过程。因此，请托人与权力人之间的资源交换是明显的异质性资源交换。请托人以私人物品直接换取公共资源，或间接通过获得倾斜政策而谋求资源。这显然是对公共制度的一种破坏。二是，"报大于施"的互动模式。施报等价或相当是市场交易中的通用法则，但在请托—回报互动环中，权力人的"报"要远远大于请托人的"施"，"报"和"施"不仅在资源属性上异质，在价值上也不等偿。这种模式于权力人而言意味着权力变现的重要途径，于请托人而言意味着以捷径的方式突破制度障碍，并获得远超正常途径的利益。

---

① ［英］尼克·克罗斯利：《走向关系社会学》，刘军、孙晓娥译，格致出版社、上海人民出版社 2018 年版，第 104 页。

（三）信任的产生与强化

信任是个人参与社会生活和组织参与社会生产的重要心理基础，它反映的是人们对于他人的一种基本信念，并因此影响个人或组织在关系共同体中的预期和决策。① 社会生活中的人际信任（interpersonal trust）通常被定义为"对某种人际关系拥有的信心之程度"②。在权力场域，信任是关系建立的基础，也是请托—回报互动环得以周而复始长期循环的必备要件。"信任影响着行动者在互动中可选择的手段"③。由于请托人和权力人在关系中的地位通常并不对等，请托人多扮演关系发起者的角色，而权力人多扮演关系响应者的角色。不对等的角色地位实际上增加双方信任的建立，但从另一方而言，这恰恰说明信任对于这对关系共同体的重要意义和机制，双方要达成某种共享约定则必须高度重视且设法建立信任，并使之不断强化。类亲属化、权力人的回报行为、物化信任逐渐取代情感信任等行为和做法到都在一定程度上生产着或强化着双方的互信。

类亲属化过程与信任强化同步。在中国社会，关系的重要性不仅体现在其具有"有机团结"的社会功能，而且体现在其本身就是建立与增强人际信任重要且特殊机制。从社会心理学的角度看，关系的产生也即意味着行动者之间信任的建立，类亲属化的过程也即信任不断得以强化的过程。类亲属关系的确立，也就意味着一种新的强势信任取代了原有的弱势信任。类亲属化本身就是一个关系强化的过程，低亲密度关系逐渐享用高亲密度关系的"优待"。

权力人回报行为表征互信达成。一个完整的请托—回报互动环应该包含三个阶段，从请托人宴请或送礼行为开始，到适当时机下请托人表达请求，最后以权力人决定是否回报结束。行动者之间的信任从开始的不信任到有所信任，最后达到信任的均衡。这充分体现了中国人的信任逻辑隐藏在对被信任者的选择上，以及对被信任者进行控制约束的策略中。信任在请托人与权力人之间随着互动行为的策略性运用而不断变化，最终走向建立互信或信任瓦解。双方互信的达成与否是由权力人回报行为来表征的。

物化信任与情感信任交错迭代。"社会心理学的实证研究表明，在长期合作关系中，增强情感互信的关系运作方法备受重视；而在临时性交往或偶然性交往

---

① Wrightsaman, L. S., *Interpersonal Trust and Attitude to Human Nature*, In J. P. Robinson, P. R. Shaver & L. S. Wrightsman（eds.）. *Measures of Personality and Social Psychological Attitudes.* New York：Academic Press, 1990.

② Greenwald, A. G. & Pratkanis, A. R., *The Self. In R. S. Wyer & T. K. Surll（Eds.）*, Handbook of Social Congnition. Hillsadle, N. J.：Erlbaum, 1984：129 – 178.

③ ［英］尼克·克罗斯利：《走向关系社会学》，刘军、孙晓娥译，格致出版社、上海人民出版社2018 年版，第 84 页。

中，从利益衍生而来的信任较为普遍。"① 因此在权力场域中区分情感信任和物化信任两种来源基础不同的信任十分必要。前者是指基于行动者之间的（类）亲属关系而产生的信任，后者是基于行动者之间的物质或好处而产生的信任，带有明显的社会交往属性。宴会、礼物或仪式性的拜访活动是物化信任的主要载体，在双方没有交往、没有信任的大前提下，宴会、礼物或仪式性的拜访活动是请托人协作意愿的物化表达，同样也是权力人判断请托人意愿的物化标准。只要权力人捕获并认可请托人发出的信号，那么物化信任也就建立起来。随着宴请、送礼和仪式性拜访行为贵重性和频率的增加，物化信任不断得以巩固并逐渐向情感信任转化，最终以情感信任完全取代物化信任为标志完成信任的强化过程。

三、关系中的决策

权力主要体现为对资源控制和分配的一种决策能力，关系社会学认为："行动者不是原子化的决策者，而是关系性过去的产物。他们的视野和倾向受到关系和互动历史沉淀的塑造"。② 因此，就个体而言，权力运行过程就是权力主体在主、客观因素介入、影响和干扰下的决策过程及其结果。"个体的心智模式、思维风格以及在互动过程中形成的集体思维模式，在不同程度上影响组织决策的效率和质量"，③ 也正因如此，社会行为的关系取向在很大程度上左右了中国人在人际交往中的心智模式，成为权力主体进行决策、行使权力的潜在心智基础之一。"不依赖于情境的决策是不存在的。我们所做出的决策与判断都取决于我们看待和解释这个世界的方式。"④ （类）家人、熟人和生人构成了决策环境，不同的决策环境中影响权力主体的互动法则，并由此产生不同的互动行为和互动结果。

（一）理性取向与关系取向的博弈

从组织的角度看，高校中的权力是一种制度化的赋予，而制度通常是理性的表达，制度设计过程充满理性考量。因此，制度化的权力是理性取向的。当作为权力主体的行动者以理性取向作为自己在权力行使过程中进行互动的心智模式时，其权力行为通常是合乎权力规范的。同时，对中国人而言，社会行为的关系

① 彭泗清：《信任的建立机制：关系运作与法制手段》，载于《社会学研究》1999 年第 2 期。

② ［英］尼克·克罗斯利：《走向关系社会学》，刘军、孙晓娥译，格致出版社、上海人民出版社2018 年版，第 83 页。

③ 周作宇：《大学治理的心理基础：心智模式与集体思维》，载于《北京师范大学学报》（社会科学版）2019 年第 2 期。

④ ［美］斯科特·普劳斯：《决策与判断》，施俊琦、王星译，人民邮电出版社 2004 年版，第 13 页。

217

取向也是潜移默化的。理性取向与关系取向的张力与博弈成为中国大学场域权力主体内心的矛盾和斗争。权力主体既要面对是日益完善、无处不在的权力规制制度的考验，又要面对具有深厚社会文化基础的人情与面子的裹挟。

理性取向与关系取向在个体身上博弈的结果很大程度上决定了权力运行的失范与否。两者在个体身上的博弈结果受到来自内外多方面压力的共同影响和作用。一是制度压力，即个体权力行为必然受到权力规制制度的制约和监督压力；二是人情压力，作为关系中的权力者人情往来几乎是一个伴随权力生命历程始终的考验；三是道德压力，决策中的权力主体要么遵守法纪、秉公办事，背负"不义"之名，要么以权谋私、违背法纪，背负"不法"的名声。"面对分歧，一个人既可以改变自己的价值观、处境，也可以改变自己的行为。"① 在三种压力此消彼长、交织缠绕和共同作用下，权力主体在决策过程中摇摆于理性取向和关系取向之间，从而将自身置于失范风险和腐败风险的边缘。

（二）关系影响下的决策

就权力主体而言，关系对其决策影响主要是通过塑造决策情境，影响互动法则、左右决策倾向结果等步骤实现的。这一过程中，权力主体逐渐将权力客体的请求和意愿纳入自身决策体系中，建构了决策情境，并在此情境中进行决策，完成个体层面的权力运行过程，由于关系属性的差异形成了三种不同的决策程式，分别是：情感性关系决策程式、混合性关系决策程式和工具性关系决策程式。如表 8 - 2 所示，不同的决策程式中，权力主体面临的具体关系、决策情境，以及互动方式选择的基本原则、决策倾向和结果都有较为明显的区别。

表 8 - 2　　　　　　　　关系影响下的决策程式

不同情境下的决策程式	具体关系	决策情境	关系属性	互动法则	决策倾向	决策结果
情感性关系决策程式	亲属关系师徒关系同门关系	（类）家人情境	情感性关系	义务法则	特殊关照	权力失范权力腐败
混合性关系决策程式	同乡关系校友关系同事关系科层关系朋友关系	熟人情境	混合性关系	人情法则	借故推辞静观其变迂回通融	

---

① ［法］埃哈尔·费埃德伯：《权力与规则：组织行动的动力》，张月等译，上海人民出版社 2005 年版，第 37 页。

不同情境下的决策程式	具体关系	决策情境	关系属性	互动法则	决策倾向	决策结果
工具性关系决策程式	业务关系陌生关系	生人情境	工具性关系	利害法则	照章办事	权力合范

首先，关系塑造了权力主体的决策情境。情境之于决策影响深远，甚至在某种意义上可以说决策是情境的产物。权力主客体双方共存于某种具体关系之中，在权力客体宴请或送礼等活动的运作下，权力主体原本置身其中的制度压力、道德压力和人情压力之间的平衡被打破或处于不稳定状态，而这实际上形成了权力主体的决策情境。置身亲属关系、师徒关系和同门关系中的权力主体，权力客体处于其差序格局中的最内圈层，与权力主体联系最为密切、互动也最为频繁，给权力主体造成的人情压力也最大，而制度压力和道德压力相对恒定，个体与家庭成员互动中的伦理秩序和责任规范构型为权力主体决策时的"（类）家人情境"。置身业务关系和陌生关系中的权力主体，权力客体位于其差序格局的最外圈层，两者之间只有业务往来或工作上的互动关系，也就不存在超越公务之外的义务和责任，几乎对权力主体没有造成人情压力，制度、道德和人情之间的平衡性没有打破，个体与陌生人互动中的一般社会规范和基本伦理要求构型了权力主体决策时的"生人情境"。在（类）家人情境和生人情境之间是权力主体摇摆不定的"熟人情境"，通常在同乡、校友、同事、科层和朋友等关系之中的权力主体，其对权力客体的责任感与义务感较之于家人或类家人相比，都有所降低，但同时又高于生人。值得注意的是类亲属化行为通过改变关系属性而影响决策情境的作用。现实中，发生在大学基建、采购等涉及校外场域的权力腐败行为双方原初关系通常是简单的陌生关系或业务关系，权力客体通过宴请、送礼等行为和互动实现类亲属化的过程同时也是权力主体从生人情境陷入熟人情境，乃至（类）家人情境的过程。

其次，关系影响了权力主体的互动法则。（类）家人情境、熟人情境和生人情境中的关系分别对应情感、混合和工具三种不同的属性。关系属性的差异性还体现在特殊主义原则程度的不同，从（类）家人情境到熟人情境，再到生人情境，权力主体在决策中对特殊主义原则的运用从高意愿性到低意愿性，再到生人情境中的无意愿。这直接导致双方互动法则的分化：（类）家人情境中的权力主体对处于情感性关系中的权力客体报以家人式的义务感，认为自己对权力客体负有责任，且不讲求回报或讲求低回报，这是"义务法则"式的互动；与此相反，生人情境中的权力主体与权力客体之间是工具性关系，因此既没有义务感也没有责任感，认为自己与对方之间不存在任何利害得失，只需按照规章制度办事即可，这是"利害法则"式的互动；在熟人情境中，权力主客体之间的互动遵循"人情法则"，也就是对权力客体报以介于家人和生人之间的态度，以一种"若即若离"的方式与对方进行人情往来和互动。由于情感、混合和工具三种属性的关系之间具有一定交融性，因此决策情境与互动法则对应关系也是概率意义上的或者说是"理想类型"中的对应方式，而非是确定性的、必然性的因果关联。

最后，关系左右了权力主体的决策倾向。权力主体意愿程度不同的互动法则在很大程度上左右了其权力决策的倾向性。在以义务为基本法则的互动中，权力人对（类）家人在决策中倾向于给予通过或明或暗的方式给予直接或间接的特殊照顾，很明显的是权力主体在决策过程因奉行特殊主义原则而"徇私"，其决策结果轻则致权力失范，重则导致权力腐败。在以利害关系为基本法则的互动中，权力主体在决策中通常以照章办事的方式对待生人，既不给予特殊关照，也不推诿观望，决策结果多数情形下合乎权力规范的要求。在以人际交情为基本考量要素的互动中，权力主体处于一定的"人情困境"中，表现为理性与人情的较量与平衡。权力主体对两支力量评估以及权力客体适时的互动情况，产生了借故推辞、静观其变和迂回通融三种不同的决策倾向，三种倾向下权力人的不作为或滥用权力在本质上都构成了权力失范或腐败现象。

第三节　关系视角的高校权力制约与监督

关系在中国具有深厚的历史和文化基础，因此，关系对高校权力运行过程的嵌入性将在相当长的一段时期内持续存在，我们应当做好高校权力规制与关系嵌入的长期博弈和斗争准备。阻断高校权力运行中的关系异化及其运作，要坚持标本兼职的原则，从制度和文化两个层面统筹推进，逐步实现对高校权力的有效规制。

一、发挥先进校园文化的引领作用是消弭关系嵌入性的治本之策

无论是梁漱溟的"伦理本位"，还是费孝通的"差序格局"，其实质都是肯定关系是中国社会的"底色"，是中国社会文化的重要组成部分。因此，关系的问题在根本上是文化的问题，关系问题的解决，也需要从关系文化的改造入手。

相比一般社会组织而言，高校是社会文化传承和创新的重要载体，因此具有改造关系文化的天然优势。

从关系视角看，要规避、阻遏关系负向功能对高校权力运行的介入和影响，必须充分发挥先进校园文化的引领作用。费孝通先生晚年呼吁人类的文化自觉，先生认为文化自觉是当今世界共同的时代要求，希望国内学者能够致力于中国社会和文化的反思，对我们自己的文化有"自知之明"，既不要搞"文化回归"，也不要去"全盘西化"。[①] 文化传承与创新是新时代中国高等学校的重要历史担当之一。校园文化是"大学人在长期办学实践中，所共生、共享，并传递的思维方式和生活方式"[②]，校园文化之于生活其中的师生具有"熔炉效应"[③]，并在潜移默化中影响人的思维方式和行为惯习。物质文化、精神文化和制度文化是校园文化的三大层面，其中精神文化是校园文化建设的核心内容，而人际关系建设又是校园精神文化建设的重要内容之一。我们认为在高校中的人际关系模式应加以区别度对待。在私人场域的人际关系应以和谐为其终极价值追求，而在公权场域的人际关系则应遵守契约精神。从"身份社会"向"契约社会"的转型是人类文明社会不断进步的必然结果。[④] 契约是人类社会行为和谐、有序的前提和基础。如果从契约的角度看，高校内部权力的运行过程就是权力主体的依法依规的履约过程。高校与权力主体之间是一种委托—代理式的契约关系；在权力主体和权力客体之间是一种命令—服从式的契约关系。一旦权力客体与权力主体之间的人情契约强度超越了正式契约，那么权力主体也就不能很好地履行代理高校行使权力的职责。因此，弘扬公权场域的契约精神是发挥先进校园文化引领作用，从根本上克服关系负面作用发挥的重要举措。

二、加强阻遏关系嵌入性的制度建设是推进权力规制的重要保障

"制度由规范和规则构成，服务于特定社会秩序的建立、维护或改造。"[⑤] 对高校而言，"制度是大学治理的基础"[⑥]，也是高校权力运行合法性的重要来源。阻遏关系嵌入高校权力运行过程有赖于制度建设的完善和实施。

① 费孝通：《社会学讲义》，华东师范大学出版社 2019 年版，第 324 页。
② 张德祥：《大学治理的分析框架论纲》，载于《中国高等教育评论》2019 年第 1 期。
③ 欧阳康：《大学校园文化建设的价值取向》，载于《高等教育研究》2008 年第 8 期。
④ ［英］亨利·梅因：《古代法》，商务印书馆 1996 年版，第 96～97 页。
⑤ 周作宇：《大学治理行动：秩序原理与制度执行》，载于《清华大学教育研究》2020 年第 2 期。
⑥ 张德祥：《大学治理的分析框架论纲》，载于《中国高等教育评论》2019 年第 1 期。

干部任职回避制度就是一种针对关系嵌入性的制度设计。高校在人才引进时都会要求教职工填写"亲属关系表",并将个人的直系亲属和主要社会关系详细写明,在教育部党组巡视工作开展后,一些高校针对校内异化关系突出的现象,在处级以上干部中开展亲属关系摸底调查,并对存在任职回避问题的人员亲属进行岗位调整,从而实现高校异化的关系自我净化。但是,多数高校在异化关系阻断上的工作还有很大改进余地。如"亲属关系表"并没有被真正利用起来,高校可以利用现代技术手段,实现教职工"亲属关系表"的信息化管理,如将关键岗位人员(如处级以上干部)的亲属关系以社会网络形式存储起来,形成具有静态查询和动态监测功能的关键岗位人员亲属关系系统,从而形成对权力运行的制约和监督。

深入推进高校信息公开制度,加强权力运行的公开透明度,有利于保障高校内部权力的规范化运行。"路灯是最好的警察,阳光是最好的防腐剂","信息屏蔽"和"暗箱操作"为异化的关系渗透、影响和干预高校内部权力运行提供了庇护性的土壤。特别是当前我国高校在逐渐走向社会中心的大背景下,高校与政府、高校与公私组织或群众团体、高校与普通民众之间的关系愈发密切且复杂,这种内外部环境的变化实际上为权力的非规范化运行提供了可乘之机。[1] 实证分析表明,当前国内高校信息公开建设尚有很大改进空间,高校在信息公开的主动性、有效性努力尚不到位,信息公开的评议与反馈机制还很不健全。[2] 因此,高校应坚持主动公开、及时公开、有效公开的基本原则,持续深入地推进信息公开制度的完善和落实,不断加强权力运行的透明度,铲除异化关系在权力运行中的生存土壤。

此外,可以借鉴国外经验,探索建立人情与腐败之间的缓冲制度。人情往来是在国内外都是人际交往中的常见现象和互动模式。美国法律规定允许官员接受价值不高的象征性物品,芬兰法律也明确规定公务员不能接受超过25美元的礼品,两国以立法的形式竖立了人情往来与权力腐败的明确界碑。[3] 借鉴美国和芬兰的思路,我们也可以探索建立功能类似的缓冲制度,一方面能够保护权力主体,构建和谐的人际关系;另一方面也有利于维系权力运行的顺畅性。

综上所述,关系以及与其形影不离的人情、面子等概念,在中国社会不仅仅是一系列社会学的抽象名词,而是深刻影响人际关系、行政决策和权力运行的

① 王义、任君庆:《中国高校校级领导权力运行风险与预防》,载于《高教发展与评估》2017年第6期。
② 牛军明、张德祥:《高校信息公开的缘由、现状与策略研究——基于2016年度教育部75所直属高校的信息公开年度报告》,载于《中国高教研究》2018年第2期。
③ 赵建国:《中国式关系批判》,新华出版社2013年版,第152页。

"社会事实"。不唯在高校之内，实际上在中国社会多数组织中关系都在扮演着重要的角色，既是人们日常生活的"润滑剂"，同时也是诱发诸多权力运行问题的"催化剂"。关系在某种程度上可以隐喻成一株扎根于中国社会的大树，一方面我们要看到这颗中国树的根系发达，枝繁叶茂；同时，也要清醒地关切到树上的虫灾和病害。要让这种中国树健康生存下去，既要解决其扎根其中的土壤水肥问题，又要保护其免受灾害侵扰。对高校内部权力而言，关系问题的破解，既需要实现具有土壤水肥作用的权力文化的"自觉"与革新，又要通过有效的制度保障权力免受不良文化和不良行为的侵扰。

第九章

我国高校内部权力运行制约
与监督的机制分析

第一节　高校内部权力运行制约与监督机制

完善高校内部权力运行制约与监督机制，是推进高校治理体系现代化的重要手段，也是建设现代大学制度的重要内容。自改革开放以来，随着我国高等教育的不断改革与发展，包括学校领导体制的变革、院系党政联席会议制度以及民主管理制度的确立等，高校内部治理体系逐步完善。然而，一方面，在高等教育全球化、市场化和信息化的挑战下，高校内外部环境变得越来越复杂多样，充满着各种不确定性、挑战与危机，对于高校内部权力运行产生强烈的冲击；另一方面，在我国深化体制改革和权力下放的进程中，高校的办学自主权不断增加，各种权力主体拥有越来越多的权力，也面临越来越多的诱惑与考验。因此，"高校内部自我约束机制是很必要的，确保每种权力恰到好处地发挥作用①"。一旦权力得不到有效的制约和监督，很容易导致权力的腐败与滥用。近年来，我国高校权力腐败问题频繁出现，涉及招生、基建、人事、财务、后勤等领域，严重破坏了学术殿堂的正常运行与声誉，也让国家和社会蒙受很大损失。归根结底，这些

---

① 张德祥：《学术权力与行政权力》，南京师范大学出版社 2002 年版，第 177 页。

问题是由于高校缺乏科学合理的权力制约与监督机制，从而使权力风险未得到有效的防御。

一、高校内部权力运行制约与监督的五要素

权力是社会科学的核心概念。关于权力的界定，众说纷纭。但普遍的观点认为，权力是根据自己的意愿去影响他人行为的能力。可以说，权力是一个动态的概念，包括权力主体、权力目标、权力客体以及权力结果。权力的行使，只有在运行之中才能够发挥作用。通常来说，权力是以组织系统及其辅助设施为载体的，表现为一种控制力、支配力和强制力。在这里，我们谈的是公权力，即意味着公共资源的配置、公共事务的决策以及指使他人行为等的一种力量。这种力量是基于"名分、资格和正当性条件之下的"，容易使"权力相对人而产生客观上的心理认可、情感依赖和行为自觉[1]"。权力是以人为载体的，因而具有内在的扩张本性。"一切有权力的人都容易滥用权力，这是万古不易的经验。有权力的人往往使用权力一直到遇有界限的地方才休止[2]"。如果权力主体违背了道德良知，通过权力寻租来谋取与个人相关的不正当利益和资源，那么就产生了权力腐败。为了规避权力风险，就要对权力运行进行严密的制约与监督。要保证权力运行制约与监督的有效性和可靠性，就必须建立行之有效的权力运行制约与监督机制。

遗憾的是，当前的权力理论并未有一套现成的可操作性的权力运行制约与监督机制，在现实中也很难以自然而然地形成一套这样的机制。机制是一个结构化、系统化的概念。按照机制原理，权力运行制约与监督机制应该是指其构成要素及相互关系、协调发挥作用的过程和方式。基于一般理论与对现实的理性思考，我们提出权力运行制约与监督机制的五大要素，即权责、程序、透明、监控、问责。接下来，我们将从理论分析的角度来阐释这五个要素的基本内涵与功能。

（一）权责

权责，即权力和责任。权责是权力运行制约与监督机制的首位要素，是权力运行制约与监督过程的逻辑起点。无论在管理学、法学、或政治学中，权力与责任都是两个对应的重要概念。两者是相伴而生的，只要有权力的地方，就一定要

---

① 魏宏：《权力论》，上海三联书店 2011 年版，第 23 页。
② George Seldes. *The Great Thoughts*. Ballantine Books，1985.

有责任。权责包括两个方面的内涵，即权责要明确、权责要对等。

其一，权责要明确。权力运行制约的前提是分权，其核心是不同权力之间的制衡。没有分权，就没有制约；没有权力之间的平衡，权力制约也难以落实到位[1]。由于权力的多重属性，决定了权力类型的复杂多样，可分为政治权力、经济权力、社会权力和宗教权力等。通常来说，西方国家习惯于从宏观的角度，强调国家制度上立法权、行政权和司法权的"三权分立"，那么它们相应地承载着立法责任、行政责任以及司法责任。相对而言，我国往往从微观的角度，注重管理中决策权、执行权、监督权的"三权分工"，这就意味着权力的决策责任、执行责任，监督责任也跟随其后。然而，在实践中常常发生"有权无责""揽权推责"，以及"逃责""避责"等。因而，可将决策或者执行某项公共事务的权责划分为几个不同的程序缓解，分别交给处于不同岗位的人或机关依次分担，以保障权力的行使不为某方的意愿和利益所左右。由此，无论在时间上还是空间上，权力在运行过程中都会形成一个彼此牵制、相互制约与监督的权责网络。

其二，权责要对等。有什么样的权力，就伴随什么样的责任；拥有多大的权力，就伴随着多大的责任。依据社会契约论，公共权力是经由权利让渡而来。当人们将权利委托掌权者之时，既赋予代理行使的权力，也赋予其对等的责任，即保障民主权利，维护公共利益。无论科层化的现代组织、官僚式的政府部门、抑或松散的学术机构，都存在着由诸多权力所构成的权力金字塔，位于权力顶端的领导者与位于底层的普通人员，显然拥有不同程度和性质的权力，那么也担负着相应的责任。权力越大，越容易出现"灯下黑"。作为领导者，掌握着资源配置和重大决策的仲裁权，因而权力风险更大。责任可分为积极的责任和消极的责任。当掌权者把责任看作行使权力而应承担的义务，并将责任（responsibility）置于自觉的行动之中时，就实现了责任对于规范权力运行的积极功能。"契约，没有刀剑，便只是一纸空文"。对于不履行积极责任者，有必要将受到惩罚的义务性的规定附着于权力之上，这种规定即消极的责任（accountability）[2]。这是防止权力偏离公共利益导向的保障，也是维系权责的基本要求和行为底线。

（二）程序

程序是权力运行制约与监督机制的第二位要素。从词源上来看，程，即规矩、法式；序，即次序、秩序。这里的程序是指，掌权者在行使权力的过程中，要遵循已规定好的原则、步骤、方式、方法等规矩和秩序，确保权力运行制约与

---

① 魏宏：《权力论》，上海三联书店 2011 年版，第 77 页。
② 麻宝斌、郭蕊：《权责一致与权责背离：在理论与现实之间》，载于《政治学研究》2010 年第 2 期。

监督。追根溯源，程序是一个法学概念，其他学科领域较少提及。从法学的角度来看，程序主要体现为"按照一定的顺序、方式和手续来做出决定的相互关系①"。按照这种标准和条件整理争论点，仲裁者需要公平地听取各方意见，在使当事人可以理解或认可的情况下做出决定。著名的罗伯特规则是一部包罗万象的议事程序，仅关于动议的程序，就包括主动议、附属动议、优先动议、偶发动议、再议类动议等诸多种类。如孙文所指出，民权初步始于程序。在组织和会议的运营中应该确立这样的信念：程序正义优先于结果正义②。事实上，组织的治理是要把美好的愿景落实为切实的行动，在这个过程中，有时候充分探讨、凝聚共识比效率更重要。《权利法案》的大多数规定都是程序性条款，这一事实绝不是无意义的，正是程序决定了法治与恣意的人治之间的基本区别③。因此，把权力行使的价值问题转化为程序问题，是规避权力自由裁量权过大风险的明智选择。

程序正当是权力运行制约与监督的重要途径。程序正当，才能规范。任何权力的行使都应当遵从正当的程序规则，否则权力的自我扩张属性将导致权力运行陷入混乱无序的泥潭。许多腐败和风险常常是由于权力在运行过程中出现的无序和失序，权力没有按应有程序运行而产生的后果。没有规范，何谈正当？如果不经过正当的程序，那么其权力的行使不但没有法律效力，而且是违法的，要承担相应的法律责任。权力制约强调通过制度化的程序和规则对权力的行使设定边界，并划定权力主体之间的权力分工和职责分配，其首要原则就是对正当程序的遵循④。在价值多元的时代，通过程序的设置使不同的价值与利益要求达成共识，并借此做出政治决策，不失为处理政治决策成本与决策风险负担两者矛盾的一种恰当的方法⑤。为了确保权力沿着正确的轨道运行，必须要制定科学而严密的权力运行程序——不仅包括权力运行制约的程序，而且还包括权力运行监督的程序。

（三）透明

透明是权力运行制约与监督机制的第三位要素。所谓透明，本义是物体能透过光线，比喻公开、不隐藏。这里的透明，是指信息公开，确保"权力在阳光下

---

① 季卫东：《程序比较论》，载于《比较法学研究》1993 年第 1 期。

② 季卫东：《中文版序二：决策的程序和语法》，引自［美］亨利·罗伯特：《罗伯特议事规则》第 10 版，世纪出版社、格致出版社 2008 年版，第 6 ~ 8 页。

③ Justice William O. *Douglas' Comment in Joint Anti - Fascist Refugee Comm. v. Mcgrath*, see United States Supreme Court Reports（95 Law. Ed. Oct. 1950 Term），The Lawyers Cooperative Publishing Company，1951.

④ 陈国权：《权力制约监督论》，浙江大学出版社 2013 年版，第 31 页。

⑤ 李建华：《公共政策程序正义及其价值》，载于《中国社会科学》2009 年第 1 期。

运行"。一方面，透明是确保公民的知情权。知情权是公民的一项基本权利，其隐含的前提是公共行为要透明，这样才有助于公共利益的实现。监督者与被监督的权力主体之间不存在职能的重叠，而是外在于权力行使的过程，因此监督权的行使必然需要以相关的信息透明为基础。另一方面，透明是确保公民的监督权。监督权是公民的一项基本权力，公民有监督一切国家机关及其工作人员的公务活动的权利。如果权力运行在黑箱中操作，则很容易滋生大量隐蔽的权力寻租行为，直到造成重大损失时才能拉起风险的警报。因此，只有通过权力行使的信息公开、阳光运行，才能维护权力委托者对公共事务决策过程的知情权，进而确保民主监督路径的通畅。公共行政学关于腐败的方程式是"腐败=专权+自由裁量权-问责-廉政性-透明度"，充分体现了透明的重要性。

透明公开是权力运行制约与监督的重要手段。信息的缺乏，制造人为的稀缺性，从而导致权力的寻租。借用斯蒂格利茨的论断[①]，信息隐秘可能存在两种原因：其一，是掌权者可"免于因犯相应的错误或过失而被提起诉讼"，因为信息透明度低而导致公众无从了解掌权者是否有所作为、恪尽职守。其二，是"保密给予特殊利益集团施加更多影响力和控制力的机会"，可表现为腐败与贿赂。为了规避这些权力风险，就必须提高信息的透明度。信息公开、阳光操作，对于掌权者来说，约束其遵从程序、正当行使权力；对公民来说，便于公民积极参与公共治理，并对权力运行进行有效的监督，这是对掌权者的一种规约与鞭策。诸如，创建于1995年的透明国际（Transparency International），就是一个监察贪污腐败的国际非政府组织，每年公布各国清廉指数，提供可比较的国际透明清廉状况。

（四）监控

监控是权力运行制约与监督机制的第四位要素。所谓监控，就是监督与控制，是指对权力运行的综合监督，以及对权力运行的内部控制。

其一，监督总体上包括党内监督、民主监督、法律监督和舆论监督在内的多主体、多方式监督。从监督主体来看，可分为内部监督、外部监督以及自我监督。首先，内部监督是指组织内部的纪委、监察、审计等专门机构对于权力运行的监督。他们拥有法定的权力，观察掌权者是否忠实于授权的目的，及时发现和纠正其在行使权力过程中的越轨行为。其次，外部监督包括上级党政领导的监督如巡视、督察等，也包括基于信息公开的民主监督，可采用媒体、网络、舆论等

---

① 斯蒂格利茨：《自由、知情权和公共话语——透明化在公共生活中的作用》，载于《环球法律评论》2002年第8期。

手段。最后，要强化自我监督。纪委监察机关通常采取随机抽查、明察暗访、专项整治等方式展开，从而使监控具有可选择性、可规避性。而那些涉嫌腐败的被监督者，很可能尝试拉拢实施监控的监察人员，从而导致权力寻租问题。因此，权力运行制约与监督主体，都要强化"自我监督"。此外，监督活动应该覆盖权力运行的全过程，这样才能够通过事先的风险识别、事前的风险评测、事中的风险监测以及事后的风险查处，以规避权力风险造成更大程度上的损失与后果。

其二，内部控制是权力运行制约与监督的重要保障。作为一种新兴的管理理念，内部控制是指"为经营的效率效果、财务报告的可靠性、相关法规的遵循性等目标的实现而提供合理保证的过程"。1992年，美国反欺诈财务委员会的发起组织委员会（The Committee of Sponsoring Organizations，COSO）发布的《内部控制——整合框架》报告，成为企业公司、政府机构以及非营利性组织内部控制的纲领性文件。在该框架中，COSO提出内部控制的五大要素，即控制环境、风险评估、控制活动、信息与沟通、监控。风险管理是内部控制的实现手段和保障机制，在2003年的《企业风险管理——整合框架》中，提出风险管理框架的八大要素，即内部环境、目标制定、事项识别、风险评估、风险应对、控制活动、信息和沟通、监控。由此可见，监控是内部控制与风险管理的重要环节。在2013年的内部控制框架中，COSO强调监控的两个基本原则[1]：选择、开展、执行持续评估和个别评价，以确定内部控制各要素是否存在并运行；评估内部控制的缺陷，及时与负责纠正的各方沟通，适时向高管层和董事会报告。将其援引到高校组织，内部控制通过严密的框架，确保高校内部权力得到有效的制约与监督。

（五）问责

问责是权力运行制约与监督的第五位要素。问责，意即对行为做出解释并承担责任。当权力被赋予之时，对等的责任相伴而生。那么，程序是否正当？信息是否透明？监控是否到位？问责要对这些问题做出回答。问责包括三个方面的内涵：其一，作为一个政治学概念，问责与权力及权力的合法性密不可分。其二，问责包含一种责任关系，即权力的代理方有责任就其权力的行使如何，向权力委托方做出解释和交代。其三，问责是一种震慑和惩戒。如果权责行使出现问题，根据情节轻重，则会采取"包括辞职、罚款、民事赔偿、纪律惩处、正式的司法审判以及公开性的、引发媒体关注的议会或法院的听证等[2]"

---

[1]　［美］罗伯特·R.穆勒：《COSO内部控制实施指南》，秦荣生等译，电子工业出版社2015年版，第119页。

[2]　阚阅、许迈进：《重塑学术圣洁与公共信任：高等教育问责的国际经验与策略选择》，载于《教育研究》2014年第8期。

的问责手段。

问责是权力运行制约与监督的启动装置。通过问责而对权力对等的责任进行追究，乃至"终身追究"，才能对回避责任的权力主体起到震慑作用。"腐败是在公共官员拥有广泛权力，极少问责而激励制度不正当或者对其问责的监管形式不正规的情况下发生的①"。如果权力腐败得不到惩罚、正义得不到彰显，那么必然导致权力腐败的进一步恶化。问责机制不仅要强化对权力行使主体的问责，即针对权力运行中权责对等与程序正当的权力制约；而且还要"强化监督执纪问责"，即针对权力运行中信息透明与监控活动的权力监督。实施切实可行的责任追究机制，引发与权力运行制约与监督中权责、程序、透明、监控的联动。

有关运行机制的考察是一个综合的过程，也就是把对各个部分的分析、研究的结果综合成为有机的整体来研究其整体的性能②。通过前面的分析，可以发现"权责、程序、透明、监控、问责"五大要素各自包含着丰富的内容，在权力运行之中发挥着相对独立的作用，但同时又是彼此关联、环环相扣、相互耦合、集群联动的，从而形成科学而严密的权力运行制约与监督机制（见图9－1）。事实上，这五大要素正是权力制约权力、制度制约权力、民主制约权力的具体体现。

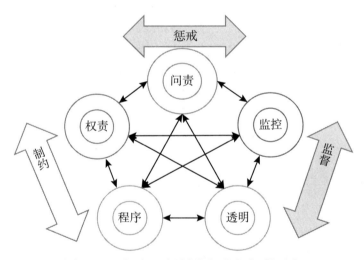

图 9－1　权力运行制约与监督机制要素

---

①　联合国开发计划署：《联合国反腐败实践纪要》，pacity. undp. org/governance/docs/AC－PN－Chinese. pdf。

②　李景鹏：《权力政治学》，北京大学出版社 2008 年版，第 158 页。

二、高校内部权力运行制约与监督机制模型

在本课题研究中，设计了高校内部权力运行制约与监督体系的"两维多体多向"分析框架，即：（1）高校内部权力运行制约与监督体系分析要从两个维度来展开，既要遵从静态的权力结构维度，又要遵从动态的权力运行维度；（2）高校内部权力运行制约与监督体系分析要着眼于多个权力主体——以党委权力、行政权力、学术权力为核心的多元权力主体（还包括校友等），而且体现在不同的校级、职能部门以及二级学院等多个层面上；（3）高校内部权力运行制约与监督体系分析要关注权力运行制约与监督的方向或流向，在本质上体现为权力对权力的制约与监督、制度对权力的制约与监督、民主对权力的制约与监督。基于权力运行制约与监督机制中五大要素的一般规律，来分析高校内部权力运行制约与监督的内在机制，需要紧密结合高校作为一个学术组织的基本特性。

高校内部权力运行制约与监督机制是以高校内部权力治理结构为载体的。不同于企业，也不同于政府，高校内部是一个以党委权力、行政权力、学术权力为核心的多元权力系统结构。这些不同的权力拥有各自的价值观和利益追求，基于不同的权力哲学与权力运行逻辑，彼此之间不可避免地存在冲突与协调。高校的权力主要是在两个场域中运行：其一是体现在学校层级；其二是体现在重大事务流之中。相应而言，高等学校权力运行的制约与监督也主要在这两个权力场域中，或者说，权力运行的制约与监督机制主要在这两个场域中发挥作用。由于高校内部治理结构处于一种松散结合的非政府状态，高校的三大权力主要分布于高校内部的学校层级、职能部门、院系层级以及五大事务流之中，如何保证不同层级和部门之间权力的分配与协调，这无疑增添了高校内部权力运行制约与监督的复杂性。而且，高校内部权力运行的重大事务流，诸如干部人事、招生工作、基础建设、物资采购、科研经费等，是最容易出现权力腐败问题的关键风险领域。基于此，可构建一个三维立方体的高校内部权力运行制约与监督机制3－5－3－5示意图，即"三权力—五要素—三层级—五大事务流"模型（见图9－2）。

（一）高校内部三大权力的机制规约

我国高校内部权力运行制约与监督机制是基于"党委领导下的校长负责制"，同时遵循学术自治与学术自由的内在逻辑。其中，党委权力是以党委会为最高权力机构的权力系统，其权责是执行党的路线方针政策，坚持社会主义办学方向，领导思想政治工作与德育工作，参与讨论学校相关的重大事务等。行政权力是以校长为首的科层制行政系统中执行管理职能的一种权力，负责高校内部的招生就

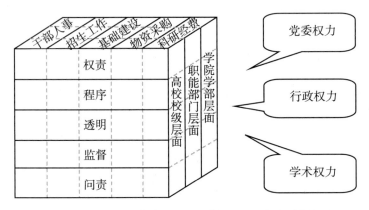

图 9 - 2　高校内部权力运行制约与监督机制模型

业、教学活动、财务管理、基础建设等事务，从而保障高校内部行政事务的正常运行。学术权力是高校作为学术机构而内生的一种权力。依据"知识即权力"的原则，在高校的学者共同体之中，教师与学生因其掌握的专门知识和高深学问而掌握处理学术事务的权力。除此之外，高校内部治理还体现校友等其他利益相关者的权力。因此，高校内部是以党委、行政、学术为核心的多元权力结构。

　　无论高校内部的党委权力、行政权力、抑或学术权力等，都要受到基于"权责、程序、透明、监控、问责"五要素的机制规约。在权责方面，这三种权力相互制约，彼此明确各自的权责边界，并承担相应的责任，避免权力的随意侵犯或僭越，诸如高校内普遍出现党委与行政、党委书记与校长的边界模糊，存在大学权力行政化、学术权力被弱化或缺位等问题。在程序方面，这三种权力都应依据合法的程序，保证权力严格按照正当的规章制度行使，避免人情关系的干扰以及权力寻租等问题的出现。在透明方面，这三大权力要确保信息透明，在阳光下运行。在监督方面，这三大权力的行使要接受多主体多方式的监督，遵从严密的内部控制框架。在问责方面，对于这三种权力的问题，必须严格实施责任追究机制，保持对各种权力腐败问题的零容忍，加强问责的惩戒和警示功能，保障高校内部权力运行制约与监督的良性机制。

（二）高校内部三个层级的机制规约

　　权力总是在一定的场域中运行。校级层面、院系级层面、职能部门层面是高等学校权力运行的重要场域，是权力运行制约与监督的重要领域。高校内部权力运行制约与监督机制是以三个层级权力结构为载体的。在学校的最高层级上，党委会是高校的领导核心与决策机构，而校长办公会是决定校内行政事务的最高机构。学术委员会则是校内最高的学术机构，行使着学术事务的决策、审议、评定和咨询等职权。依据 2014 年的《高等学校学术委员会规程》，教育部要求高校健全以学术委员会为核心的学术管理体系与组织架构。在职能部门层次，包括不同行政事务的分支机构并负责执行职能，诸如招生处、教务处、学生处、财务处等，它们通常是由几位副校长牵头负责。由于行政职能的特殊性，有的必须要求专业化能力，诸如审计、财会、基建等。在院系层级，如校级一样存在着三大权力主体，即院级党委、院长与学术人员。院系级的党组织，是"通过党政联席会议，讨论和决定本单位的重要事项"。院系级的行政权力是由院长所承担，承担着教学、科研及社会服务的组织管理工作，统筹与协调各个系所机构。由于高校"底部沉重"的特性，院系是学术权力的重要阵地，这里聚集了大批专注于教学和科研的学术人员，其核心工作就是从事各种学术活动。

在高校内部的三个层级，存在不同类型和不同等级权力交错的权力场域，这就要求各自按照权责、程序、透明、监控、问责的要求，遵从相应的权力运行制约与监督机制。通常而言，学校层面上是以重大事务决策为核心的党委权力场域，职能部门是以决策事务执行为核心的行政权力场域，而院系层面上是聚焦于教学科研等活动的学术权力场域。然而，在现实的高校内部权力运行过程中，却往往出现权责的边界不清、程序规制疲软、信息透明度低、监控实效微弱、问责不到位等现象，为权力僭越、权力失范、权力滥用乃至权力腐败留下空间。事实上，组织的复杂性要求更加专业化的知识，要求大量的岗位培训，出现专业化管理者的要求。同时，教师更侧重于专业领域导向而非机构管理导向[1]。尤其，随着体制改革的深化，高校办学自主权下放到高校，而高校则进一步下放到二级院系层级。然而，随着权力越大，风险越大，权力运行制约与监督越重要。

（三）高校内部五大事务流的机制规约

高校内部权力运行制约与监督，聚集在以"干部人事、招生工作、基础建设、物资采购、科研经费"为主要场域的诸多事务流之中。在重大事务流中，从事务流的起点到终点，从决策到执行表现为一系列的权力运行过程和权力活动。职能部门只是重大事务流的重要节点，而重大事务流通常要经历学校的校级层面、院系级层面、职能部门。可以说，重大事务流中充满权力、资源、风险。因而，权力运行制约与监督机制要在重大事务流中发挥作用。在关于"三重一大"决策制度的《意见》[2] 中，教育部提出，凡"三重一大"（重大问题决策、重要

---

[1] Sunwoong Kim、韩梦洁：《美国公立大学共同治理制度的新挑战》，载于《中国高教研究》2016 年第 7 期。

[2] 教育部：《关于进一步推进直属高校贯彻落实"三重一大"决策制度的意见》，http：//old. moe. gov. cn/publicfiles/business/htmlfiles/moe/s3143/201107/xxgk_122256. html。

干部任免、重大项目投资决策、大额资金使用）事项必须经学校领导集体研究决定。通过对权力案件的调查分析，发现所提到的五大事务流是高校内部权力问题最多的权力场域。权力腐败案件在很大程度上是由权力运行中的"权责、程序、透明、监控与问责"等环节失灵所导致的。在这五个重大事务流的权力场域中，权力不是仅由高校的职能部门所承载的，而是从高校的顶层决策机构，流经中层职能部门的重要关口，进而纵向贯穿到底层的院系级，甚至在职能部门和院系层级上横跨不同的部门或院系，从而形成一个纵横交错的复杂权力网络。

为了提高我国高校内部风险防控能力，近年来我国开始从政府层面上大力推动高校实施风险管理，由教育部先后颁发了《教育部直属高校基本建设廉政风险防控手册》（2015 年）、"关于转发《财政部关于全面推进行政事业单位内部控制建设的指导意见》的通知"以及《教育部直属高校经济活动内部控制指南（试行）》（2016 年）等。现阶段，我国高校内部控制主要聚焦于以经济活动为主线的风险防控，即"学校为实现办学目标，通过制定制度、实施措施和执行程序，对经济活动的风险进行防范和管控"。其目标是"保证学校经济活动合法合规、资产安全和使用有效、财务信息真实完整，有效防范舞弊和预防腐败，提高资源配置和使用效益"。然而，在我国高校内部以五大事务流为代表的高校内部权力场域，权力运行制约与监督的机制存在很大的差异。因此，重大事务流必须按照"权责、程序、透明、监控、问责"的要求，加强权力运行制约与监督的良性机制。

三、结论与反思

总体而言，基于高校内部权力运行制约与监督机制的理性分析，并结合对现实问题的实证考察，提出高校内部权力运行制约与监督机制的三个核心思想。

其一，五大要素及其联动构成权力运行制约与监督机制。没有行之有效的权力运行制约与监督机制，难有行之有效的权力制约与监督。我们的研究表明，权力制约与监督机制主要有"权责、程序、透明、监控、问责"五大核心要素。这五个要素环环相扣、彼此关联，从而形成一个科学的、严密的、有效的、可操作性的权力运行制约与监督机制。其中，权力制约集中体现在权责与程序，前者要求权力制衡、责任对等；后者要求权力规范，运行正当。权力监督则集中体现在透明与监控，前者要求信息公开、阳光运行；后者要求纪委监察、全程控制。而问责是对于权力运行制约与监督的后果，进行责任追究，起到震慑惩戒的作用。这五个要素环环相扣、彼此关联，从而形成一个科学的、严密的、有效的、可操作性的权力运行制约与监督机制，这也是通过实证研究可以得到验证的。

其二，是高校内部权力运行制约与监督机制的"三权力—五要素—三层级—五大事务流"模型，即 3 - 5 - 3 - 5 模型。校的权力运行制约与监督机制，主要围绕高校党委权力、行政权力、学术权力，主要在两大权力场域发挥作用，其一是三个组织治理层级，即高校的学校层级、职能部门、院系层级；其二是重大事务流，如干部人事、招生工作、基础建设、物资采购、科研经费等。具体而言，（1）不同于科层化的企业，也不同于官僚化的政府，高校内部是一个以党委权力、行政权力、学术权力为核心的多元权力结构。（2）无论高校内部的党委权力、行政权力，抑或是学术权力等，都要受到"权责、程序、透明、监控、问责"五个权力运行制约与监督要素的规约。（3）高校内部权力运行制约与监督机制是以高校内部治理结构为载体的，体现在三个组织治理层级，即高校的学校层级、职能部门、院系层级。（4）高校内部权力制约与监督机制，集中体现在以干部人事、招生工作、基础建设、物资采购、科研经费为核心的重大事务流为风险防控要点的权力场域，它们分布于高校内部的主要"人、事、物"关口，贯穿于高校的校级层面、职能部门以及院系层级，甚至横跨不同的行政机关与院系部门。

其三，是完善我国高校内部权力制约与监督机制的有效途径，是以"党委领导下的校长负责制"为体制基础，以高等教育法规与大学章程为立法依据，大力推进高校内部权力的"五大建设"：（1）加强权责清单制度建设，划定不同权责范围的边界；（2）加强程序规则体系建设，规范权力运行的全过程；（3）加强信息透明公开建设，确保民主监督路径的畅通；（4）加强内部监控制度建设，保障权力运行沿着正缺的轨道；（5）加强问责追究制度建设，推动权力运行制约与监督机制之五大要素的耦合联动。由此，完善高校内部权力运行制约与监督的良性机制，从而有效规避高校内部权力风险，快速提升我国高校内部治理能力。

第二节　高校内部权力运行制约与监督机制的主题分析

高校内部权力制约与监督体系研究是完善中国特色现代大学制度的重要任务。研究高校内部权力制约与监督体系，能够从理论上厘清高等教育举办者、管理者、学者及社会等之间的复杂关系，从实践上指导高校管理者推进治理现代化进程。从高校权力运行的现状来看，权力"失范"和权力滥用现象较为严重，高校中"从基建到招生，从科研到学术，腐败均有渗透"①，行政本位和官本位在高校里相当严重，② 高校在某种程度上成为"政府行政体系在大学系统内的延伸"③。

针对高校内部权力运行失范的问题，现有研究从理论和实践的角度论述、分析和构建了旨在规范权力运行，加强权力制约与监督的不同机制。在宏观层面上提出了"党委领导、校长管理、教授治学、民主监督"④ 的高校治理体系；在中观层面设计了分权制约、制度制约、程序制约、权力制约和文化制约的多元权力制衡路径；⑤ 在实践层面提出了完善大学章程建设、均衡权力配置、倡导教授治学等建议。⑥

虽然研究者们已经从不同的层次设计了针对高校内部权力运行的制约与监督方式，但从高校的实践来看，还缺乏对权力制约与监督机制的建构。制约与监督的缺失，必然会导致权力"失范"和滥用的问题，进而出现权力"寻租"和贪污腐败的现象。教育部党组对高校巡视的反馈报告全面地审视了高校各个方面工作的问题，系统地反映了高校中存在的突出问题。我们可以将这些负面素材进行系统化，提炼出其核心问题，由问题探寻原因，从事实归纳主题，从实证的视角来构建高校内部权力运行的制约与监督机制。

一、主题分析法及其适用性

2006 年教育部印发了《中共教育部党组关于开展直属高校巡视工作的意见》，明确了巡视工作的领导体制、工作机构、主要任务、工作方式和相关要求。当年，中南大学、中国政法大学和东北林业大学作为试点高校，开展巡视工作；2007 年，教育部直属高校巡视工作全面展开，成为教育部党组一项常规性工作；2006～2012 年教育部党组完成了 73 所教育部直属高校的第一轮巡视工作。2013 年至今教育部党组开展了第二轮巡视工作，截至 2016 年底，教育部巡视工作办公室官方网站公布了 39 所高校的巡视反馈情况。巡视反馈是高校的"体检报告"，详细描述高校在党的领导和基层组织建设、从严治党和落实"两个责任"、干部选拔、国有资产监管、科研经费管理、校办企业管理等方面存在的问题和不

---

① 龚洋浩：《高校缘何腐败频发》，载于《中国纪检监察报》2015 年 4 月 17 日。

② 钱理群、高远东：《中国大学的问题与改革》，天津人民出版社 2003 年版，第 35 页。

③ 杨东平：《大学之道》，文汇出版社 2003 年版，第 193 页。

④ 毕宪顺：《决策·执行·监督：高等学校内部权力制约与协调机制研究》，教育科学出版社 2013 年版，第 1 页。

⑤ 刘献君：《论大学内部权力的制约机制》，载于《高等教育研究》2012 年第 3 期。

⑥ 赵新亮：《论高校内部治理结构的权力失衡与变革路径——基于权力分配的视角》，载于《国家教育行政学院学报》2015 年第 5 期。

足。这些问题和不足在很大程度上是由于高校权力运行中制约和监督机制的缺失或薄弱所导致的。

对于有着大量内容的资料而言，主题分析法可以有效地总结关键特性，并对资料提供一个深度描述；同时，主题分析法还允许对资料进行社会意义和心理意义上的解读，因此可以用来作为巡视反馈文本的分析工具。主题分析法（thematic analysis）是从资料中识别、分析和形成主题模式报告的一种方法，[①] 该方法的主要任务是通过识别、关联和编码相关词组的方式形成子主题，将子主题收集到信息全面的体系中，并为主题的选择构建一个有效的论证。[②] 本书立足于 39 所高校的巡视反馈文本，利用主题分析法，根据学者总结的基本分析步骤，将巡视报告的问题进行归纳和系统化。

二、巡视反馈报告的主题分析过程

（一）熟悉资料，进行信息编码

是教育部直属高校巡视组向 39 所高校反馈的巡视工作情况，反馈中巡视组根据对每一所高校的巡视情况针对上述方面的问题分别予以总结、陈述。由于巡视反馈是以新闻报道形式呈现的，正式研究之前，我们对新闻报道的背景、事件经过等与高校权力无关的信息进行了剔除，保留能够反映高校权力运行的内容，以此作为下一步分析的资料。

奥克兰大学的维吉尼亚·布劳恩（Virginia Braun）教授和西英格兰大学的维多利亚·克拉克（Victoria Clarke）教授细致梳理了主题分析法的具体实施过程，包括：熟悉资料、进行初始编码、寻找主题、核查主题、定义并命名主题、撰写分析报告。[③] 我们选择以此作为本书的基本规范，参考已有的相关理论成果，本书以理论驱动（theory-driven）作为形成主题的基本方式。由三名研究人员围绕"高校内部权力运行中的问题"各自独立进行编码，然后进行多轮研讨，验证，对编码进行筛选、补充和修改，以最大限度保证编码分析的客观性和完整性。

表 9 - 1 摘取了本书中的一所高校的部分编码信息。如从"学校制定了中层干部选拔任用工作办法，在工作中，由于选拔工作经常出现'跑风漏气'情况，

---

① Aronson, J. A pragmatic view of thematic analysis. *Qualitative Report*, 1994, 2 (1): 16 - 18.

② Dickie, C. Winning the PhD game: Evocative playing of snakes and ladders. *Qualitative Report*, 2011, 16 (5): 1233.

③ Braun V., Clarke V. *Using thematic analysis in psychology*. Qualitative Research in Psychology, 2006, 3 (2): 77 - 101.

评委不愿'得罪人'"的文本中提取出"制度执行松软"和"权责一致意识薄弱"两条编码信息。干部选拔中的"跑风漏气"现象表明既有的人事选拔制度没有被很好地遵守，而评委们怕"得罪人"则表明评委们缺少责任意识，没有利用好自己手中的权力。

表 9-1　　　　　　　　　　信息提取与编码（部分）

序号	信息提取	编码
1	学校制定了中层干部选拔任用工作办法，在工作中，由于选拔工作经常出现"跑风漏气"情况，评委不愿"得罪人"	（1）制度执行松软； （2）权责一致意识薄弱
2	笔试分数和民主测评票数成为干部提拔的重要依据，群众称其为"逢升必考，以票取人"，致使竞岗者复习备考不安心工作，未能做到依据德能勤绩廉全面选拔优秀干部	（1）权责一致意识薄弱； （2）干部选拔视野不够宽
3	学校领导班子科学决策、民主决策的体制机制尚不够完善，特别是重大决策事项前期专家论证、风险评估、合法性审查不够	民主决策机制不完善
4	党委常委与校务办公会议的职责与决策机制有混淆之处，党委常委会研究议题过多过细，应该提交党委常委会讨论决策的"三重一大"事项，有的未列入常委会议事议程	（1）民主决策机制不完善； （2）党委、校务办公会议职责划分不清
5	校务公开范围不够，时效性不强	信息公开度不够
6	教职工反映的重要问题，未能及时公开说明或答复	教职工权益诉求渠道不畅
7	学校重要决策征求一线师生和民主党派的意见不够	重大决策征求师生意见不够

（二）提取主题，生成初始导图

经过初始编码和验证，并对相似编码合并后，获得了所有编码的列表（见表 9-2）。出于主题提取的典型性的考虑，在主题提取过程中，保留了出现频次大于三次的编码信息。表 9-2 中收入分配不合理、附属中小学招生过程不透明两条编码信息因出现频次过低，问题的典型性不够，在后续分析中予以剔除。

表 9 - 2 编码列表（部分）

序号	编码	频次
1	制度执行松软	15
2	权责一致意识薄弱	35
3	干部选拔视野不够宽	20
4	党委、校务办公会议职责划分不清	6
5	信息公开度不够	11
6	民主决策机制不完善	14
7	重大决策征求师生意见不够	8
8	教职工权益诉求渠道不畅	9
9	财务监管不力	8
10	干部监督管理制度不健全	7
11	收入分配不合理	2
12	校办企业经营管理违规	8
13	滥用职权	16
14	党委主体责任有待加强	31
15	工程建设未批先建	5
16	擅自变更科研经费预算、扩大开支范围	12
17	问责工作执行不严	17
18	纪委重调查，轻问责	30
19	附属中小学招生过程不透明	3
20	重大决策程序不规范	10

　　运用思维导图的可视化手段，进行主题提取，即将编码按照类属进行汇总，并对汇总后的类属进行命名，形成初始主题导图（initial thematic map）。

　　如图 9 - 3 所示，方框内文字是编码后的信息，椭圆形内文字是初步归纳的主题。本书共生成了"党的领导""管理权力和能力""制度建设和机制问题""民主参与度低""程序不遵从""信息不透明""各方监控""纪委问责"共八个主题。需要指出的是，主题分析法并不要求初步归纳的主题在同一层面或维度上，这是因为初步归纳的主题是从编码中直接提取出来的，需要在后续的分析中通过多次归纳、分析，逐步判定不同主题之间的逻辑关系，最终形成能够置于同一分析框架下的主题。初始主题导图中"党的领导"处于相对独立的位置，反映了我国高校的领导体制特征；而其他主题表达的是权力运行监督与

239

制约方面的问题。

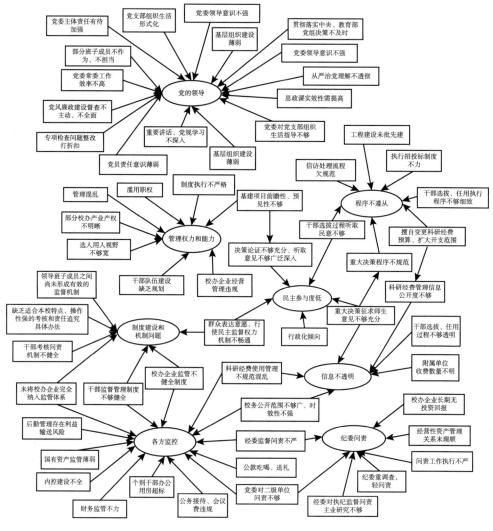

图 9-3　初始主题导图

　　每一个主题都与数个编码相联系，而编码所代表的是资料中的关键信息。通过初始主题导图，将原始资料包含的信息进行了较为清晰的呈现。如"程序不遵从"主题下包含了"工程建设""招标""干部选拔""信访处理"等七个方面的编码信息，这些编码从不同方面反映、证实了在高校权力运行中程序方面存在的一系列问题。

　　有的编码信息与两个以上主题或者其他编码信息相关，需要进一步凝练主题或返回原材料重新编码。如"重大决策征求师生意见不充分"的编码信息，其表面意义与师生"民主参与度低"决策有关，而在深层次则隐含了决策过程中"信息不透明"的问题，同时也表明存在"重大决策程序不规范"的现象。因此，这一条编码信息可以同时归入"民主参与度低"和"信息不透明"两个主题，及"重大决策程序不规范"的编码中。

（三）凝练主题，生成进阶导图

图9-3中的8个主题相对分散，需要对各主题进行凝练后归并到新的主题。在主题凝练过程中，以问题意识为导向，我们归纳了"党委领导下""权责不对等""程序遵从弱""信息不透明""问责不力""监控薄弱"等八个方面的主题，生成进阶主题导图（developed thematic map）（见图9-4），与初始主题导图相比，进阶主题导图对主题的把握更为精细化。民主参与在实践中主要是一种程序上的安排，因此将图9-3中的"民主参与度低"并入"程序遵从弱"；"管理权力和能力"主要涉及权责统一问题，故并入图9-4的"权责不对等"；图9-3中"制度建设和机制问题"在内容上涵盖了监控和问责两个方面，故在图9-4中进行了拆分，将对应内容分别并入"监控薄弱"和"问责不力"主题中。其他五个初始主题没有大的变动，仅在命名上进行了凝练概括。

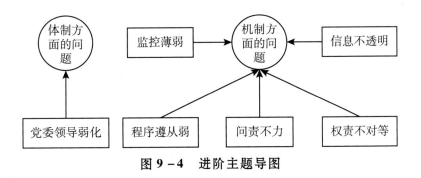

图9-4　进阶主题导图

（四）确定最终导图

在继续细化分析中，我们发现，"党委领导弱化"实际上反映的体制方面的问题，而"权责不对等""程序遵从弱""信息不透明""监督薄弱"和"问责不力"属于机制层面的问题。高校管理实践经验表明，体制和机制是规范高校内部权力，实现权力有效制约和监督的两个重要方面。由此，形成最终主题导图（final thematic map），如图9-5所示。

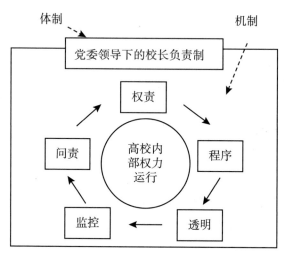

图 9-5　最终主题导图

三、高校内部权力运行的核心问题剖析

（一）党委领导弱化

党委领导下的校长负责制是普通高等学校的根本制度，这一制度保证了高校的社会主义的办学方向，保证了高等教育事业的繁荣和高等学校的可持续发展。从教育部对高校巡视的反馈材料来看，党委领导下的校长负责制在实际的执行过程中，主要存在以下问题：

首先，党委的领导核心和政治核心作用发挥不够。在学校层面，有41%的被巡视高校存在党的领导弱化问题，党的领导作用发挥不充分，党委抓大事不够，对学校改革发展总体战略缺乏系统谋划和顶层设计学，校党委常委对全局性战略性问题谋划不够，重要事项没有经过党委常委的讨论决定，个别高校由领导小组代替学校党委常委会或校长办公会研究决策重大事项。

其次，26%的被巡视高校存在贯彻落实"三重一大"制度不严格、不到位，甚至"三重一大"制度缺失的问题。有的属于"三重一大"的事项没有经过常委会讨论，应该提交党委常委会讨论决策的"三重一大"事项，未列入常委会议事议程。"三重一大"事项决策不规范，个别高校的领导班子在重大问题决策出现议而不决、决而不行、搁置拖延的情况。

再次，党委常委成员之间的协调不好，党政一把手之间、正职与副职之间、副职之间沟通协调不够，缺少定期沟通机制，党政主要负责人和班子成员之间缺乏相互批评、相互帮助氛围，学校领导班子成员之间不够融洽，领导班子存在"一言堂"和"家长制作风"现象，有 28% 的被巡视高校存在此类问题。

最后，36% 的被巡视高校存在基层党建工作薄弱现象。有些基层党组织没有认真落实严格党内生活的有关要求，对党内组织生活不够重视，特别是教工党支部工作比较薄弱，党委对基层党组织软弱涣散问题重视不够，存在院长强势、书记声音小的现象，高校存在党委抓基层党建不力问题。

（二）权责不对等

权责对等是授权的题中之义，也是预防高校权力腐败的第一道防火墙。权责机制要求组织内部不同主体的权力、责任边界清晰，且各主体的权力与职责具有对等性。在大学治理的诉求下，坚持权责明确和权责对等是高校权力良性运行的前提和基础，也是权力制约与监督机制发挥作用的必然要求。

从教育部对高校巡视的反馈材料来看，在权责对等方面，主要存在的问题如下：

首先，学校党委履行主体责任不到位，党委主体责任意识有待加强，全面从严治党的主题责任不到位，学校领导班子在担当责任方面仍显不足，有的领导干部落实"一岗双责"不到位。64% 的被巡视高校存在此类问题。

其次，有些干部对遗留问题、棘手问题的处理明显存在畏难情绪，缺乏担当精神，个别领导干部和基层党组织贯彻学校的决策不力，存在回避疑难问题、选择性作为现象，二级单位、部门在落实"一岗双责"上存在薄弱环节。54% 的被巡视高校存在此类问题。

（三）程序遵从弱

程序遵从性是规范权力运行的内在要求，也是在最广泛意义上实现权力制约的有力工具。权力的"非程序化运行"① 是当前我国高校内部权力运行的突出问题。

从教育部对高校巡视的反馈材料来看，在程序遵从方面，主要存在的问题是：

首先，党委常委会和校长办公会等议事规则不完善，决策制度不完善，决策程序和日常工作不够规范，28% 的被巡视高校有此类问题；重大事项决策方面前期论证不够充分、听取意见不够深入，前期专家论证、风险评估、合法性审查不够等问题，26% 的被巡视高校存在此类问题。

---

① 刘献君、张晓冬、刘皓：《高校权力运行制约机制：模式、评价与建议》，载于《中国高教研究》2013 年第 6 期。

其次，干部选拔的提名程序不够规范，干部选任动议环节不够规范，干部选拔任用的具体操作过程不够严谨，选拔干部的环节和民主推荐的环节听取意见的范围不够广泛。考虑方案、执行程序不够细致，在选人用人上不按照程序操作，干部管理偏宽松软。有54%的被巡视高校暴露了这方面的问题。

（四）信息不透明

"阳光是最好的防腐剂"，信息公开透明是最有效的监督，也是实现高校内部权力制约的前提和基础。在信息屏蔽、信息黑箱的环境中，极易产生权力寻租行为。《高等学校信息公开办法》《高等学校信息公开事项清单》等政策和文件旨在扩大社会对高校的监督，高校内部还应就关涉重大事项的决策、管理信息等进行公开，让权力在阳光下运行。

从教育部对高校巡视的反馈材料来看，8%的被巡视高校在信息透明公开方面存在的问题，首先，信息公开不充分，如高校中存在院务信息公开范围不够广、科研经费信息公开度不够、选拔任用干部过程不透明、教职工反映的重要问题、未能及时公开说明或答复的现象表明信息公开中存在信息筛选的现象。

其次，信息公开不及时，巡视中不少高校存在信息公开不及时的现象，表明在有关部门在通过错开敏感时间段，来规避信息公开带来的风险。

（五）监控薄弱

监督和内控是实现高校内部权力监督机制的直接手段。被巡视高校在监控方面的问题突出表现在监控机制建设的缺失和监控效力不足两个方面。

10%的被巡视高校存在监控机制建设缺失。高校从领导班子成员间的互相监督机制，到由纪委负责的党风廉政建设常态化监督检查机制，再到维护师生和教职工知情权的民主监督机制，以及旨在防范经济领域风险的内控机制都有不同程度的缺失。如某高校中认为"班子成员之间缺乏有效互相监督"的教师占28%。

74%的被巡视高校监控效力发挥不足。领导班子重业务管理，轻廉政监督，纪委履行监督责任乏力，干部监督管理不严格，监督重点不明确，重点领域的监管不到位，对信访问题线索没有深挖严查，高校内部没有建立有效的内控制度，财务风险较大。

（六）问责不力

问责是对权力主体在工作中由于不履行职责或者履行不当，造成重大损失或者恶劣影响的进行责任追究的制度，本质上是对权力变质和权力异化的惩戒。从教育部对高校巡视的反馈材料来看，高校存在问责机制缺失和问责不力两个突出问题。

问责机制缺失，有8%的被巡视高校没有建立问责机制，主要表现在干部考核机制在一些高校中并没有真正建立起来。

有54%的高校存在问责不力问题。如一些高校问责工作不敢动真碰硬、问责不及时，特别是纪委重调查、轻问责的现象严重，高校问责流于形式现象非常普遍。此外，纪委聚焦主责主业不够，缺乏主动担当、敢于亮剑的勇气和决心，进一步削弱了高校问责的效力。

四、坚持体制，完善机制，加强对高校内部权力运行的制约与监督

通过对39所教育部巡视反馈报告的分析，挖掘出了高校内部权力运行的核心问题，究其原因是少数高校弱化了"党的领导"、混淆了"校长负责"，偏离了"党委领导下的校长负责制"这一根本体制；在权力的运行和监督与制约上，责权不对等、程序不遵从、信息不公开、监控薄弱和问责不到位。因此，高校需要在坚持"党委领导下的校长负责制"体制下，建立一套行之有效的权力运行制约与监督的机制。

体制是系统化的组织制度①，是指国家机关、企事业单位在机制设置、领导隶属关系和管理权限划分等方面的体系、制度、方法、形式等的总称。高校教育体制是高等教育组织运行的根本规则，是机制建立的基础。高等学校内部领导体制是党委领导下的校长负责制，高等学校内部行政体制是校长负责制，高等学校内部学术体制是以学术委员会为主体的多元学术体制。② 高校党委会是学校的领导核心，高校必须加强党的领导，履行党委的主体责任和监督责任；完善校长负责制，协调党委权力与行政权力；发挥学术委员会的作用，整合学术权力和行政权力。

机制是系统内部各部分间相互联系、相互制约、相互作用的联结方式，及借此而达成整体目标，实现整体功能的运行方式。③ 体制规定了我国高校内部权力发挥作用的场域，在党委领导下的校长负责制体制下，需要建立权责、程序、透

---

① 马静慧：《政事分开视角下的中国高等教育管理体制改革研究》，吉林大学博士学位论文，2014年。

② 毕宪顺：《试论高等学校领导管理体制的构建——一个政治学研究的视角》，载于《教育研究》2005年第11期。

③ 王道红：《高校党委领导下的校长负责制：内涵、关系及完善》，载于《思想理论教育》2015年第1期。

明、监控和问责的机制,[1] 做到权责统一、程序正当、信息透明、监控有效和问责到位,并实现有效的闭环,才能够对高校内部权力运行实现有效的制约与监督。

从巡视文本反映出高校中的问题来看,党的领导弱化等 6 个方面的问题占了高校巡视文本反馈问题的 90% 以上。解决了这些方面的问题,才能够解决高校权力运行中存在的核心问题。因此,我们总结了高校内部权力运行制约与监督的"1 + 5"模式（见图 9 - 6）。党委领导下的校长负责制是我国公办高校的领导体制;权责、程序、透明、监控和问责五方面是规范、保障、监控权力运行,惩戒权力失范的重要机制。

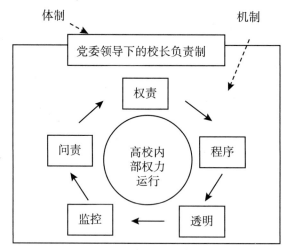

图 9 - 6 高校内部权力运行制约与监督的体制与机制

本章中还存在一些不足之处。《中共教育部党组关于开展直属高校巡视工作的意见》中明确了教育部直属高校巡视组的主要任务是对直属高校领导班子及其成员坚持党的教育方针、处理学校改革发展稳定重大问题、执行民主集中制、选拔任用干部及落实党风廉政建设责任制和廉政勤政等情况进行监督检查。因此,教育部党组的巡视工作属于"政治巡视",侧重于党委权力、行政权力,而对学术权力运行中的问题关注较少。对于以资料作为分析基础的主题分析法而言,信息上的不充分可能导致分析上的缺憾。本章是运用实证研究方法进行此类研究的一次尝试,后续研究需要进一步深化。

---

① 张德祥、韩梦洁:《权责程序透明监控问责—高校内部权力运行制约与监督机制》,载于《中国高教研究》2018 年第 1 期。

第十章

我国高校内部权力运行制约
与监督机制的五要素

第一节　权责统一视角下高校权力运行制约与监督

对高校内部权力运行制约与监督的考察中，我们发现，建立行之有效的高校权力运行制约与监督机制，是确保高校内部权力运行制约与监督有效进行的核心与关键。同时，我们也发现，权责、程序、透明、监控、问责是构成高校内部权力运行制约与监督机制的基本要素，这些要素功能得以充分实现，并且相互联系、相互作用、相互协调，就会形成一个动态的、连续的、有效的机制，从而使高校内部权力运行制约与监督得以实现。为了对高校内部权力运行制约与监督机制有更深入的理解，本章对高校内部权力运行机制的五个要素再做深入分析。

一、权力与责任：大学内部权力运行制约与监督的基本要素

在大学运行与发展过程中，权力与责任是一个共生体，体现在大学运行与发展的全过程之中。因此，权力与责任也是建立健全大学内部权力运行制约与监督体系的核心要素与基本抓手，而权责统一是构建大学内部权力运行制约与监督体

247

系的基本原则与价值取向。

在人类社会生活中，权力的身影无处不在、无时不有。可以说，权力一词独具魅力，对各界目光的吸引力、对不同学科领域的渗透力及对时间与空间的贯穿力，是其他任何词汇都难以匹敌的。所以，有研究者说，"我们'几乎不可能在不谈论权力的情况下探讨我们的日常生活或者主要的社会现象与政治现象'"。① 也正是因为如此，在不同的领域与学科之中，人们基于各自的立场、态度与观点对"权力是什么"都有自己的认识。至于权力到底是什么，至今依然是仁智各见。实际上，本书无意参与"权力是什么"的论争，因而以既有研究为基础，认为权力就是对他人或他物的支配力量。按照马克思·韦伯的观点，权力有三种不同的来源：个人魅力、继承传统及法律授予。但是，从本质上来看，权力从根本上来源于他人的让渡与授予，公共权力来源于社会公众的让渡与授予。在社会实践中，权力的实质主体与行使主体往往是分离的，即权力的实质主体让渡或授予权力给其他个体或组织来替代自己行使权力。与此同时，权力行使主体需要向权力实质主体负责，即权力行使的价值与旨趣在于维护权力实质主体的利益与诉求。也就是说，权力的来源决定着权力的服务取向。并且，权力天然具有扩张性，即拥有权力的个体或组织都存在滥用权力的可能。换言之，权力的行使主体在行使权力的过程中，存在着对权力实质主体不负责的可能。

和其他社会组织机构一样，大学内部也存在着多种复杂的权力，其中党委权力、行政权力以及学术权力处于核心与支配地位。也就是说，大学内部权力是一个以党委权力、行政权力以及学术权力为核心的、多种权力共同构成的复杂的权力系统。党委权力是指以大学的党委会为学校的领导核心，在履行党章等规定的各项职责，把握学校发展方向，决定学校重大问题，监督重大决议执行，支持校长依法独立负责地行使职权，保证以人才培养为中心的各项任务完成过程中所享有的权力。党委权力来源于大学党委会的上级党组织的授权，是一种外铄性的权力。行政权力是指大学的行政机构和人员为了实现高校目标，而依照一定的规章对大学自身进行管理的权力。我国大学内部行政权力一方面是源于现代大学的组织规模发展对办学效率的要求，另一方面则是源于政府教育行政部门的授权，以便于控制大学贯彻政府的高等教育政策。② 也就是说，大学内部行政权力既具有内生的性质，也具有外铄的性质，具有双重属性。学术权力是指学术人员或合法生成的学术组织依据有关规范（法律规范、大学章程、学术规范）管理学术性事

---

① ［美］史蒂文·卢克斯：《权力：一种激进的观点》，彭斌译，江苏人民出版社 2008 年版，第 55 页。

② 唐汉琦：《论我国高等学校内部权力的构成、来源与性质》，载于《江苏大学学报》（教育科学版）2016 年第 3 期。

务的权力。① 无论是学术人员还是学术组织，学术权力都来源于大学自身，是一种奠基于学术的内生性权力。党委权力、行政权力以及学术权力之间的相互作用与矛盾运动，构成了大学运行与发展的基本样态，决定着大学运行与发展的基本走向。因此，在理想状态下，无论是党委权力，还是行政权力，抑或是学术权力，应共同服务于大学的繁荣发展，并且也只有共同服务于大学的繁荣发展，它们才有存在的合法性和立足的现实基础。然而，由于党委权力、行政权力以及学术权力的来源存在差异，并且权力固有的扩张性决定了权力行使主体有滥用权力的冲动与欲望。因而，在大学内部权力运行过程中往往会存在抵牾与冲突，甚至发生权力滥用与腐败等问题。如此一来，就有必要对大学内部权力运行进行制约与监督，尤其是从权力与责任相统一的角度。

《现代汉语词典》认为责任有两重含义：一是指分内应做的事；二是指没有做好分内应做的事，因而应当承担的过失。② 分内应做的事通常被称为积极责任，没有做好分内应做之事而应当承担的过失通常被称为消极责任。由于，在赋予责任主体承担与履行责任拥有相应权力的同时，也就明确了权力行使主体要承担和履行与权力相伴而来的消极责任，所以积极责任与消极责任是产生于同一过程的不可分割的有机整体。因而，本书所说的责任既包括积极责任，也包括消极责任。

实际上，权力和责任是一个共生体，在获得权力的同时，也需要承担和履行与之相伴而来的责任。权力需要责任予以约束与规制，而责任需要权力来履行与实现。享有权力是承担和履行责任的必要条件，承担和履行责任是享有权力的必然结果。所以，不存在无责任的权力，也不存在无权力的责任，权力行使者所拥有的权力应与其所承担与履行的责任匹配与统一。实践过程中之所以出现权力滥用和腐败的问题，主要是因为没有认清权力与责任之间的辩证关系，更没有从权责统一的角度对权力运行进行有力的制约与监督。实际上，建立权责统一的制约与监督机制，是保障大学内部权力有序运行的关键环节和基础路径。权责统一，是指权力行使主体拥有的权力与所承担的责任应匹配与相称。掌握多少权力、运用多大权力，就要负多少责任、承担多大责任，权力要与责任统一与匹配。如果权力的享有与运用失去责任的约束与规制，就容易出现权力的失范与异化。同样地，大学内部的党委权力、行政权力以及学术权力，都需要承担和履行与其权力相匹配与统一的责任。建立权责统一的制约与监督机制，就是促进大学的党委权力、行政权力以及学术权力等的行使主体各尽其能、各展其用、各司其职、各负

---

① 汪洋：《学术权力组织化形态的生成与运行研究》，南京农业大学博士学位论文，2015 年。
② 中国社会科学院语言研究所词典编辑室编：《现代汉语词典》（第 6 版），商务印书馆 2012 年版，第 1627 页。

其责，从而形成大学内部权力运行的理想格局。

二、权力与责任的疏离与失衡：大学内部权力运行失范之根

大学内部权力运行过程中，之所以出现失范与异化问题，一个重要的原因是权力与责任的疏离与失衡，导致没有形成权责统一的制约与监督体系。实际上，权力与责任的疏离与失衡，在大学内部不同层面有不同的表现形式，其产生的原因也有所不同。

（一）大学内部权力运行中权力与责任的疏离

大学内部权力运行过程中权力与责任的疏离，大致可以分为两种情况：一是没有正确认识权责统一的本质，从而导致在观念上将权力与责任疏离；二是实践过程中将权力与责任疏离。并且，权力与责任在观念认识上的疏离与实践过程中的疏离，又是相互影响、彼此强化的，共同导致大学内部权力运行失范与异化问题。

在观念认识上，权力与责任的疏离，主要是指权力行使主体对权责统一本质的认识不够准确与深刻，甚至根本就没有认识到权力与责任是共生统一体的客观事实，从而导致权力与责任疏离。实际上，之所以在观念认识上存在权力与责任疏离的问题，是与我们对权力与责任的传统看法密不可分的。毋庸讳言，就我国高等教育改革与发展的历程与实践而言，对权力的强调远远多于对责任的关注，而对权责统一的认识与理解仍需进一步深化与强化。当然，在观念认识上将权力与责任割裂开来，可能是认识到权责统一的实质但又有意割裂权责，也可能是根本就没有认识到权责之间的统一关系。不过，无论哪一种情况都将导致权力与责任在实践上出现疏离。

在实践上，权力与责任的疏离主要有两种表现：一种是权力固有的扩张本性带来的权责疏离，另一种是权力来源与责任指向的背离导致的权责疏离。一方面，就权力固有的扩张本性所导致的权责疏离而言，早就有非常精彩而深刻的论述。孟德斯鸠早就指出，"一切有权力的人都容易滥用权力，这是万古不易的一条经验。有权力的人们使用权力一直到遇到有界限的地方才会休止"①。也就是说，只要有权力存在的地方，就存在着权力失范与异化的可能。以这个论断为基础，我们可以轻而易举地推断出，存在着复杂权力关系的大学，很容易产生权力

---

① ［法］孟德斯鸠：《论法的精神》，张雁深译，商务印书馆 1961 年版，第 154 页。

的失范与异化问题。诸多已经发生的案例说明大学内部权力运行过程中确实存在失范与异化问题，且正在消解与侵蚀着她曾经的荣光与神圣。所以，世人也一再感叹，大学已不再是一方净土。另一方面，就权力来源与责任指向的背离来看，在党委权力、行政权力以及学术权力等不同层面又有不同的表现。首先，就党委权力而言，它来源于大学党委会的上级党组织的授权，主要是负责履行党章等规定的各项职责，把握学校发展方向，决定学校重大问题，监督重大决议执行，支持校长依法独立负责地行使职权，保证以人才培养为中心的各项任务的完成。在实践过程中，除了出现前文所说的权力行使主体不认真履行责任之外，还存在着过度干预行政和学术的情况，甚至出现党政不分、以党代政的问题，从而出现权责疏离。其次，就行政权力而言，它具有内生和外铄的双重属性，在理想状态下行政权力的行使主体应在向外负责与向内负责之间实现平衡。然而，在实践过程中，行政权力的行使主体往往会面临着选择向谁负责的问题。在现有政绩观、绩效观及发展观的轨道下，对行政权力的行使主体而言，向上级主管部门负责显然能带来更大的收益，并且行政权力的行使主体通常也是这么选择的，所以才有了大学行政化问题。最后，就学术权力而言，权责疏离存在两种情况：一种情况是学术体系内部的等级分化问题严重，处于下级的学术群体经常会受到上级学术群体的压制，从而出现权责疏离；另一种是学术权力积极主动地靠近行政权力，忘却或背离了自己的学术责任，从而导致权责疏离。

（二）大学内部权力运行中权力与责任的失衡

大学内部权力运行过程中权力与责任的失衡，也有两种基本表现形态：一种是权大于责，极端情况是有权无责；另一种是权小于责，极端情况是有责无权。就大学内部权力运行的实际状态而言，导致权力与责任失衡的主要原因有两种。

第一种情况是由大学现有的权力配置与运行方式决定的。科层组织是一个典型的金字塔形式的等级体系，权力在科层组织内部是垂直的、自上而下运行的，处于金字塔上级意味拥有比下级更大更多的权力，并且下级要对上级负责。也就是说，上级对下级拥有权力优势。实际上，上级对下级的这种权力优势，经常会在有形或无形之中转换为上级对下级的责任优势。如此一来，就会导致两个问题：一方面，导致下级拥有的权力小于承担的责任，从而出现责任过重的问题。由于没有足够权力去履行过重的责任，最终结果自然就是工作难以有效开展。另一方面，当权力出现失范与异化问题需要追究责任时，"责任优势"往往又会成为上级开脱责任的"挡箭牌"，甚至将下级作为承担责任的"替罪羊"。实际上，这种情况也存在于大学之中。虽然，我们不能说大学是一个完全的科层组织，但是大学具有科层组织的典型特征，却是不争的事实。比如，在大学内部，党委权力、行政权力以及学术权力都存在自下而上、依次升高的权力等级体系，党委权力集中在以党委书记为首的校级党委会，行政权力集中在以校长为首的校长办公会，学术权力集中在以主任为首的校级学术委员会，这些权力体系之内又分为多个层级，并且是自上而下运行的。大学这种基本架构与组织形式，就有可能形成前文所说的上级对下级的权力优势，从而有可能导致集体被个人或小集体压制，进而可能产生两种后果，"其一，个人或少数人借集体的权威对其他成员进行压制；其二，所有成员都可以借助集体之名，来摆脱作为集体成员的责任"①。事实上，无论是产生哪种后果，都会导致权责失衡，并且都将产生严重的不良影响。

第二种情况是由现有的政绩观、绩效观以及发展观决定的。权力行使主体都有基于个人利益或部门利益出发，将主要精力与时间投入易考核、出成绩、见效快的工作上的倾向与冲动，而对那些难考核、高难度、收效慢的工作敷衍了事、消极应对、阳奉阴违，这也是一种权责失衡的表现。久而久之，就会导致只注重权力运行过程中的工具价值，强调手段的重要性，而不顾权力的终极价值，忽视本应承担与履行的责任，从而导致权责失衡。在大学内部权力运行过程中也存在类似问题，尤其是在现有政绩观、绩效观以及发展观的轨道下，党委权力、行政权力以及学术权力的行使主体都有可能将主要精力与时间放在诸如硬件设施、基地数量、科研经费、论文数量及奖励荣誉等易于多出成绩、快出成绩且方便考核的工作上，而对诸如文化建设、人才培养、科研质量及社会贡献等收效慢、难度高、难以量化但却是大学发展基础与根本任务的工作关注不多、重视不够。实际上，这是一种更深层意义上的权责失衡。

总而言之，大学内部存在着复杂的权力关系，权力运行过程中产生的权责疏离与失衡又是共时交织、相互嵌套的，从而就导致大学内部权力运行的失范与异化问题。而厘清权责疏离与失衡的表现形态与根源，有助于构建科学合理有效的大学内部权力运行制约与监督机制。

三、权责统一：大学内部权力运行制约与监督机制的构建

权责统一是对权力与责任之间理想关系形态的应然描述，也是构建大学内部权力运行制约与监督机制的基本价值取向。可以说，构建权责统一的制约与监督机制，是大学内部权力有序运行的基础。然而，基于权责统一的视角构建大学内部权力运行制约与监督机制，却是一项复杂的系统工程，既需要明确权责主体，

① 张康之：《寻找公共行政的伦理视角》，中国人民大学出版社2002年版，第80页。

又需要完善责任追究机制，还需要强化伦理建设。

（一）明确权责主体

以建立与完善现代大学制度为契机，明确大学内部权责主体，从而构建科学合理的权责关系，是构建权责统一的大学内部权力运行制约与监督机制的前提。具体来说，由于大学内部权力多元且复杂，明确权责主体，可以从三个层面来进行。首先，从大学基本组织形式的角度来看，明确权责主体就是从制度的层面将校级、院级以及系级三者之间的权力大小与幅度和责任多少与范围进行明确规定与合理安排，使大学内部权力及其责任在实际运行过程中有章可依、有据可查，从而规避权力的任性与枉为和杜绝责任的扯皮与推诿。最终促进大学内部权力与责任在校、院、系三级之间，形成有机衔接、协调统一、有序运行的良好局面。其次，从大学内部权力基本构成的角度来看，明确权责主体就是从制度的层面对党委权力与党委责任、行政权力与行政责任以及学术权力与学术责任的边界与幅度做出明确规定，从而实现大学内部权力的运行与责任的承担制度化与规范化，并实现权力与责任的统一与匹配。也就是要促进党委的归党委、行政的归行政、学术的归学术，明确划分党委系统、行政系统以及学术系统之间的权责界限，从而形成党委、行政以及学术之间分工明确、相互合作的理想局面。最后，从大学内部权力运行过程的角度来看，党委权力、行政权力以及学术权力运行过程中都存在决策、执行以及监督等事务的分工，所以明确权责主体就是从制度的层面将党委权力、行政权力以及学术权力运行过程中的决策权、执行权以及监督权与相应的决策责任、执行责任以及监督责任进行明确，从而实现谁决策谁负责、谁执行谁负责、谁监督谁负责，坚决杜绝决策、执行以及监督之间的权责疏离与失衡。因此，应以权力清单和责任清单建设为契机，使大学内部权力及相应责任之间的边界明确化、制度化，为构建基于权责统一的大学内部权力运行制约与监督机制奠定基础。

（二）强化责任伦理

从制度的角度对权责进行明确与划分，对权力的运行和责任的承担进行规范与保障，对失责进行追究与惩处，都是实现权责统一不可缺少的重要环节，但这只是解决权力失范与异化问题的外在条件。如果只注重外在条件的构建与完善，不可能彻底而有效地解决大学内部权力运行过程中权力失范与异化的问题。这是由两方面原因决定的：一方面，制度有时候是无效的。正如有研究者所指出的那样，"如果当政者腐败不堪，暴虐无道，即使有着再好的法律制度，再健全的权力制约机制，也无法起到对当政者的约束作用。"① 制度对权力的运行失效的情况，也可能会发生在大学内部权力运行过程中。另一方面，制度有时候会产生副作用。制度对权力的规制，容易使权力行使主体不敢、不愿、不想运用手中权力，从而产生懒政怠政的问题。由此看来，外在因素只是影响权力与责任关系问题的一个维度，并不是问题的全部。所以，在强调与注重外在的法律与制度建设对实现权责统一具有重要作用的同时，也应关注与重视权力行使主体自身的责任伦理建设，这对实现权责统一具有不可替性。因为，现实的有限理性的人，才是权力运行与责任承担的最终主体。可以说，离开了人的因素，不可能全面地理解权责关系的复杂性，也不可能有效解决权责疏离与失衡问题。因而，要实现权责统一，促进大学内部权力有序运行，既需要加强与完善现代大学制度建设等外部性因素，也需要强化权力行使主体的责任伦理教育。加强责任伦理教育，主要就是培养与提升权力行使主体对与权力相伴而来的责任的认识、选择与履行意识，促进权力行使主体更加积极地行使权力，更为主动地承担与履行责任。正如习近平同志所强调的那样，"干部就要有担当，多大担当才能干多大事业，多大责任才会有多大成就。不能只想当官不想干事，只想揽权不想担责，想出彩不想出力"②。我们所说的加强责任伦理教育，就是要培养权力行使主体形成正确的权责意识，培养愿担当、敢担当、能担当的管理队伍。

（三）完善责任追究机制

完善责任追究机制是建立在权责主体明确基础之上的，其内在包括问责与追责两个方面。完善责任追究机制既是构建与完善现代大学制度的题中之意，也是构建权责统一的大学内部权力运行制约与监督机制必不可少的环节。正如有研究者所强调的那样，"责任和问责要素的引入在权力制度体系的设计中是如此的重要，以至于它会从根本上决定着权力制度体系的有效还是失灵。"③ 简单来说，完善责任追究机制就是通过明确责任、法定责任和追究责任，实现对权力的运行进行制约与监督，从而形成权责统一的理想形态。这里所说的责任追究机制既包括对积极责任的追究，也包括对消极责任的追究，即不作为和乱作为都要受到惩处。具体来说，完善责任追究机制可以从两个方面共同推进。一方面，要建立内部责任追究与外部责任追究相结合的机制。建立内部责任追究就是要求大学自身要完善责任追究体系，健全责任追究程序与制度，重视与加强责任追究工作。建

① 张康之：《寻找公共行政的伦理视角》，中国人民大学出版社 2002 年版，第 396 页。
② 《不做推诿扯皮、不思进取的庸官》，载于《人民日报》2019 年 7 月 17 日第 4 版。
③ 任建明：《责任与问责：填补权力制度体系的要素空白》，载于《理论探索》2016 年第 5 期。

立外部责任追究机制就是要完善行政问责、法律问责及社会问责（包括道德问责），构建完善的外部问责体系。并且，内外部责任追究机制之间应相互衔接、协同运作，从而形成完善的大学内部权力运行的责任追究机制。另一方面，要建立全程责任追究机制。建立全程责任追究机制，就是要将责任追究贯穿到大学内部权力运行的全过程之中，有两层含义：一是，在尊重大学内部权力共时交织、彼此嵌套的前提下，以具体事务为主轴，按照谁决策谁负责、谁执行谁负责、谁监督谁负责的基本思路，沿着决策权、执行权、监督权的行使过程而进行问责与追责，将责任追究贯穿到事务流的全过程之中；二是，以具体责任主体为责任追究对象，即只要是权力行使主体出现了失责行为，不管其升迁调任离休，都要追究责任，也就是要实现终身问责。需要说明的是，责任追究机制内在地包括救济机制，也就是要为那些被追究责任的主体提供申诉的渠道，并为错误的追责行为提供相应的弥补措施。

第二节　程序正义是高校权力制约与监督的保障

权力的滥用与腐败实际上是权力在运行过程中出现的无序和混乱，即权力未按应有程序运行而产生的后果。这种情况的出现，可能是由于程序的缺失，也可能是权力主体主观上忽视程序或对程序认识不足。但究其根源都是权力未按照应有的程序运行的结果。正如有的学者所言，"程序化作业的进展还不能令人满意，法律条文往往忽视程序要件的规定，因而缺乏操作性，给恣意留下了藏垢之所。在实践中，不按程序办事相当普遍，更是专制和腐败的一大病灶"[1]。较西方国家而言，我们国家有"重实体，轻程序"的传统。这在高等教育领域也可见一斑。

无论是国家层面的法律还是学校层面的章程或法规都对利益相关者的实体性权力（利）分配做了较比完善的规定，但相关程序性规定却明显不够[2]。此外，在大学治理的实践过程中，由于管理层拥有过多的自由裁量权，行使权力时对程序的忽视而导致的权力滥用甚至腐败的现象也屡见报端。程序的缺失或忽视已有程序而导致的高等学校权力失范，不仅有损于大学的形象，也不利于大学自治的实现，更遑论大学目标的达成。程序已经成为法治的核心。"大学是法治社会的

① 季卫东：《法律程序的意义》，中国法制出版社 2012 年版，第 90 页。
② 周湖勇：《大学治理中的程序正义》，载于《高等教育研究》2015 年第 1 期。

一个重要组成部分，大学治理必是依法治理，而法治的核心是程序之治，因而大学治理必须是程序之治。"[1] 大学治理不仅应当重视实体权力的合理分配，同时应对权力运行的程序性问题予以重视。

一、程序正义与权力运行

对于程序的最初探讨更多关注的是程序的工具性价值，即程序仅作为实现某一目标的手段或途径。随着实践的发展，人们不再仅仅关注结果的正义，程序渐渐从结果中分离出来，程序的内在价值渐渐进入人们的视野。人们对程序的理解，从关注其工具价值走向内在价值，前者关注的是如何通过程序使权力实现预期目标，后者则强调如何通过制定正义的程序对权力进行约束，来实现结果正义。

（一）程序正义的基本意蕴

程序是指"事情进行的先后次序"或者"按时间先后或依次安排的工作步骤"。程序所具有内在的秩序性，决定了一旦程序得以确立，权力主体必须依照程序行使权力，来保证权力运行的秩序。传统工具主义视角下，程序被认为是为了达成某一目标或解决某一具体问题。这一视角主要关注的是程序的功利性，或称为"工具性"或"外在价值"。这里所说的程序的外在价值是指，程序的外在价值体现为准确、及时、有效，具体指程序在活动展开和进行的步骤、手续、方式、形式、顺序等空间和实践上的表现形式所具有的实现实体目的的有效性[2]。

与此同时，程序还具有一定的主观选择性。人们可以根据主观需要、方便和习惯自主安排程序[3]。即人们可以采用不同的程序解决某一实体问题，也可以采用同一程序解决不同的实体问题[4]。就自身性质而言，程序是中性的，是价值无涉的，主体选择的程序可能会造成权力运行的恣意，从而不能实现预期目标。尤其是在主体权力处于某种独裁地位时，主体可以根据自身的喜好来选择相应的程序，从而可能导致程序成为权力的滥用的工具。可见，尽管程序为权力提供了运行的路径，使其按照既定路径运行达成预期结果成为可能，由于可以被主体选择，程序又可能成为主体维护个人利益或少数人利益的工具或手段。换言之，程

---

① 周湖勇：《大学治理中的程序正义》，载于《高等教育研究》2015 年第 1 期。
② 李犀南、陈浩：《将程序正义引入学术评审领域的探讨》，载于《科研管理》2003 年第 1 期。
③ 中国社会科学院语言研究所词典编辑室：《现代汉语词典》，商务印书馆 1999 年版，第 163 页。
④ Michael D. Bayles. *Procedural Justice*. Kluwer Academic Publishers，1990.

序的存在与程序的正当性并不是一回事，一种程序即使十分完备，也不一定属于公正的程序。如果一种程序不具有产生或者形成正当结果的能力，即使它本身非常完备、有效和实用，也不具备道德上的正当性[1]。

在传统工具主义视角下，程序能否实现其功利性价值，关键要看它能否实现预期的决定或者结果，所得结果的正当性要依照另外独立的标准加以判断。随着实践和研究的深入，人们对于程序不再停留在传统的工具主义的认识层面，而是进一步思考程序自身所具有的内在价值。程序正义也因而成为学界广泛探讨的对象，这也标志着人们对于程序的认识从最初的工具主义价值取向转入本体主义价值取向。

所谓"程序正义"是指某种结果或状态产生过程符合普遍认同的正义原则，其本质要求是公平。程序正义强调不能只关注程序的工具价值，即程序是否能够实现某一结果，而应当依据一些独立于程序存在本身的"形而上"的价值标准，即程序是否是正当的或正义的。程序的正当性或程序正义是指它所具有的伦理价值或道德上的"善"。程序正义更加强调程序的正义性，又可称为"公正性"或"内在价值"，即程序本身所具有的内在品质[2]。这些品质，如公平、公开、理性、参与和尊严等，可使程序超越和凌驾于它们产生正义结果的作用。程序自身的公正性的实现，不必求诸程序以外的其他因素，只需从提高程序自身的内在优秀品质着手，使形成法律决定的整个过程符合一些"看得见"的标准或尺度。[3]从此意义上，程序正义是一种监督和高于它所达到的结果正义的价值。程序内在价值更注重争端在心理和实践两个层面上的解决。[4]

概言之，程序的工具主义视角主要侧重于通过制定程序来建立实现目标的方式、方法和途径；程序正义视角则更强调通过程序来建立公正的秩序，实现预期的结果，即关注程序应具有"善"的品质。公平正当的程序不仅强调按照一定的顺序、方式和手段来作出决定、实现结果，更强调顺序的合理性、方式的合法性和手段的道德性，因而可能限制权力的恣意和滥用。

（二）程序正义是权力制约与监督的重要保障

"一切有权力的人都容易滥用权力，这是万古不易的一条经验。有权力的人往往使用权力一直到遇有界限的地方才休止"（孟德斯鸠）。制约权力就意味着要确定权力运行的边界，即孟德斯鸠所说的"界限"。程序正义实际上就是权力

[1] 陈瑞华：《看得见的正义》，北京大学出版社 2017 年版，第 8 页。
[2] 陈瑞华：《刑事审判原理论》，北京大学出版社 2003 年，第 20 ~ 24 页。
[3] 陈瑞华：《程序正义理论》，中国法制出版社 2010 年版，第 12 页。
[4] 陈扉南、陈浩：《将程序正义引入学术评审领域的探讨》，载于《科研管理》2008 年第 1 期。

运行的边界，它"强调每一步骤均有一定章程，不可逾矩妄为，因而它能防止随心所欲，减少人为因素的不确定性"[①]，即防范权力恣意、防止权力独断及杜绝决策"暗箱操作"，达到制约权力的作用。

首先，程序正义要求程序制定必须具有合理性，这是权力运行有序的前提。工具价值取向的程序正义强调，制定出合理的程序来达成结果的正义，而所谓"合理的程序"应当符合事物内在的运行逻辑和价值取向，同时还要符合人们普遍接受的"善"的标准。制定程序的目的在于使权力运行秩序化，当权力主体依照预定程序行使权力时，必须按照规定的时间、空间顺序运行，从而能够保证权力运行有序，最终实现预期结果。对于正当程序而言，程序不仅要使权力运行秩序化，还要确保权力运行公正合理，从而限制了权力主体的自由裁量权，避免了主体选择造成的混乱和无序。

其次，程序正义要求利益相关者参与到程序之中，因而使权力监督成为可能。根据程序正义的基本要求，利益可能会受到决策直接影响的主体应当有充分的机会参与到权力运行过程中，从而能够对决策结果形成发挥有效影响和作用。利益主体的参与能够有效监督权力在运行过程中是否符合既定程序，避免掌权者的独裁专断。

最后，程序正义要求程序应公开透明，限制权力运行过程中的"暗箱操作"。"阳光是最好的防腐剂"，公开透明的程序能够让权力置于阳光下，因为权力运行的每一个环节都是明确、可见的，当程序产生的结果的公正性受到质疑，人们可以"反方向"追查哪一环节出现漏洞，也就是决策不再是从"暗箱"中产生。

总之，在程序正义的视角下，程序不仅是实现权力的手段，权力运行所遵循的程序更具有合理性、参与性、公开性等内在价值，使权力不能被滥用，掌权者不敢腐败，程序因而成为制约和监督权力行使的工具，确保权力在既定程序轨道中有序运行。

二、高等学校权力运行需要程序正义

首先，作为一个复杂的组织结构，高校内部存在着众多的利益相关者，纵横交织着多种权力，在过去，大学的治理更多的是关注实体正义，即权力（利）的分配问题，但事实上，大学治理是否良好，大学的目标是否能够达成，更重要的是权力是否能够有效合理地得到运行，在权力运行过程中，利益相关者的权益是否能够得到保障。基于高校组织的特殊性、高校权力的多样性、高校利益主体的

---

① 李后卿：《论职称评审中的程序正义》，载于《经济体制改革》2007 年第 4 期。

多元化等方面，如若确保高校权力运行的秩序，就不能只停留在权力（利）的分配正义的问题，还必须关注权力运行过程中的程序正义的问题。

其次，大学治理是各利益相关者参与大学重大事务的决策机制和过程，其核心包括结构和过程两个部分。治理不仅要制定出一套正式的制度安排，还有赖于持续的运作过程；不仅涉及权力结构的配置问题，同时涉及权力动态运行的过程。作为一种复杂的组织，大学独有的组织特性直接导致了高校内部权力运行的复杂。如果没有合理的程序，则很可能导致高校内部权力运行的失范。

最后，高等学校是由学科和事业单位组成的矩阵结构。不同于其他社会组织，在高校中，教师既从属于某一学科，又从属于一个事业单位。正如伯顿·克拉克所说，"学者们属于一门学科，又属于更广泛的学术专业。他们归属一所特定的大学或学院，同时也归属于全国整个高等教育系统"。高等学校组织结构特性决定了其内部最为重要的两种权力类型实际上并非各行其道、互不干涉的，而是常常交叉在一起。教师这种"双重属性"决定了其受制于来自行政和学术两方面的权力，而行政权力与学术权力的运行逻辑和价值取向截然不同。

两种权力必然会在运行过程中发生交叉、重叠甚至矛盾，因此，如果没有公正的程序加以明确和规制，很可能会发生权力的失范问题。一方面，可能会导致行政权力与学术权力发生矛盾，如"过度行政化"实际上就可以理解为行政权力超出程序范围，导致对学术权力的过度干预；另一方面，教师专注于学术范畴，而忽视了行政权力的要求，导致组织过于松散。无论是行政权力越位于学术范畴，还是教师坚守学术权力，都不利于组织的良好运行。为了权力的有效运行，避免不同权力之间矛盾的产生，需要针对不同的权力类型制定相应的程序来规约权力，使各种类型的权力边界、权力运行的路径得以明确，进而推动权力的有序运行，实现权力主体的预期目标，最终达成高校组织的目标。

为了获取资源，保证其自身发展，大学必然要适应外部环境，这就使得大学与外部环境产生了密切的关系。在此背景下，如果我们把对权力的制约完全依托于高校内部人员（行政人员、教师）的道德自律是不够的，且是存在风险的，一旦出现权力失范的问题，高校付出的成本也是高昂的。程序具有内在的平等、可预测性、透明性、理性和参与性等特征，它要求按照一定的顺序、方式和手段来作出决定，因此它在某种程度上具有正义的禀赋。程序正义强调每一步骤均有一定规章，不可逾矩妄为，因而它能防止随心所欲，减少人为因素的不确定性，最大限度保障社会公正。尊重程序是现代法治社会极重要的特征，程序通过促进意见疏通、加强理性思考、扩大选择范围、排除外部干扰来保证决定的成立和正确性。① 如果没有相应的制度设计，没有对权力运行过程的适当控制，那么权力运行的过程就会在一定程度上存在脱离正常轨道，为权力滥用，甚至权力腐败大开方便之门。在当今社会中，大学不能在"黑箱"中自治，而是要在可见的、透明的程序中进行自治。高等教育法治化是高等教育自治的必然之路，而"公正的或者具有正当性根据的程序才成为法治与人治得以区分的标志"②。因此，程序正义是高校自治的内在要求，更应是大学精神的应有之义。

总之，对于高校发展而言，我们不仅仅要着眼于其是否实现了预期的结果，还要考虑其在实现目标过程中所遵循的程序是否是正义的。高校内部治理需要程序的公正，而程序正义的基本要求，也正是高校内部治理的内在要求。将程序正义的观念引入高校内部治理过程中，对于构建公平合理的权力运行制度体系是一种全新角度的思考和有意义的尝试，能够确保高校内部权力运行的规范、有序，同时也有助于扩大并用好高校办学自主权。

三、高校内部权力运行的程序设计

已经有学者探讨过大学治理中程序问题，但现有研究都停留在对程序设计的基本原则的探讨，而高等学校的权力运行的程序有其特殊性，只有将高校权力的特性与程序正义的内在价值相结合，才能够设计出符合高校内在逻辑的合理的程序。高校内部权力结构复杂，不同的权力类型有其内在的运行逻辑，为了更好地实现组织目标，避免权力的恣意和滥用，形成科学、民主的决策，我们必须要制定相应的程序规则。

对于高校而言，在设计权力运行程序时，应当明确权力自身运行逻辑与价值取向，同时，高效内部权力运行的程序设计还应当结合程序正义理念，使程序不仅成为实现高校组织目标的工具，同时，使其成为制约权力滥用和腐败的重要保障。

（一）遵循高校权力的内在价值与运行逻辑

高等学校内部主要有三种类型的权力，即党委权力、行政权力和学术权力。这三种权力分别在校级层面、院系层面和职能部门三个层面运行，从而构成了复杂的高校内部权力网络。每一种权力所追求的内在价值不同，导致了三种权力的运行的逻辑也有所区别。

---

① 刘家兴：《新中国民事程序理论与使用》，中国检察出版社 1997 年版，第 8 页。
② 陈瑞华：《程序正义理论》，中国法制出版社 2010 年版，第 9 页。

　　首先，要根据不同类型的权力特点设计程序。以行政权力和学术权力为例，高校的行政指挥系统具有明显的科层性特征，如拥有更加明确的等级分工、固定的职位、明晰的职责、比较固定的办事程序及按章办事等。高校内部行政权力的运行遵循的是从上至下的运行逻辑，呈现出一种严密的科层性。而院系内部的学术权力的运行逻辑则截然不同，在院系中，权力是以专业知识为基础，学术结构更趋于扁平化。院系内部的决策，尤其是学术事务的决策，更多是一个合作的过程。在这一过程中，学术的权力和权威是以民主为原则参与治理的学术专业人员。因此，院系内部权力的运行更多地是以一种水平方向运行，松散耦合的程度更高一些。此外，行政权力与学术权力追求的内在价值存在差异。"高等学校中行政权力的目的、运行的方式及其结果都表现为从高等学校的整体出发，保证整个组织的协调、有效运行。与行政权力不同，学术权力常常是从学科和专业出发，追求学科和专业的发展及利益"[①]。因此，行政权力追求的是基于大学组织整体发展的效率性优先的价值取向，而学术权力是扎根于学科和专业的权力，由于学科自身的分散性，学者们更多地投身于自己的专业领域进行科学研究和真理的探寻，因而学术权力往往呈现出一种松散型和自主性。此外，行政权力追求迅速有效地贯彻决策层，以达到预期的目的，因此，时间是行政权力看中的重要因素，效率则是行政权力追求的直接目的。[②] 在高等学校中，时间和效率都是学校行政管理中不可忽视的要素。但对于学术权力而言，由于知识的发现是无止境的，探寻真理的过程又是漫长的，因而，学者在从事科学研究中更加关注的科学性和准确性，相对而言，时效性则并非其考虑的首要因素。

　　行政权力运行的程序应当遵循完全程序正义的原则，既要制定完备的外部评价标准，同时要有完善的权力运行程序的制度化文件，使权力的运行做到"有法可依，有章可循"。这不仅能够使行政权力得到约束，同时也能减少因为程序缺失或程序不当而导致的决策失误，从而降低决策成本，提高行政效率。对于学术权力而言，则应当遵循学科为本、以人为本的理念。

　　其次，要根据不同层次的权力特点设计程序。以学术权力为例，校级层面的学术委员会与学院一级的学术委员会，在根本上都旨在发挥学术权力的作用。但院系内部学科逻辑具有一致性，使得在学院内部容易形成普遍认可的评价标准，但校级学术委员会聚集了来自不同学科的学者，其学科逻辑和学科内在价值都不尽相同，这就导致很难形成统一的学术评价标准。换言之，不论最后制定了何种评价标准，总会有人认为是不合理的。在这种情况下，为了使结果得到普遍认可，即实现最大多数人的最大利益，就必须要重视程序的正义性，也就是要遵循

[①②]　张德祥：《学术权力与行政权力》，南京师范大学出版社 2002 年版，第 29 页。

罗尔斯提出的纯粹的程序正义的原则。

最后，要根据权力的作用来设计程序。权力最终都会形成一定的决策而发挥作用，因此，对于权力运行的问题，实际上可以从决策的制定和决策的执行两个部分来探讨。在探讨权力运行的问题前，还应当具体划分权力的作用，对于权力对象而言，权力存在两种作用，一种是利益的分配，另一种是权益的剥夺。前者的施加要关注分配结果的正义，后者则要关注的是程序的正义。对于涉及剥夺利益和权利的权力来说，尤其对于结果很难有简单而统一的评价标准时，程序的设计应侧重其内在的公正性、平等性；而对于简单的利益分配问题，且利益分配拥有能够判断的标准，程序的设计主要实现工具性价值即可。

（二）高校权力运行程序设计的基本原则

高校权力运行旨在实现组织目标，权力运行必然要遵循一定的程序，但是如果任由主体选择权力如何运行，很可能会导致权力的恣意和滥用。科学合理地程序设计是实现程序公正的前提，亦是实现组织目标的关键。因此，程序设计必须遵循以下基本原则。

1. 程序的参与性

"根据涉及利益的重要性和影响范围，可将大学的行政决策和决定事项分为重大决策及一般事务的处理程序。"[①] 前者必须要强调参与性原则，而为了确保大学的运行效率，后者是否需要利益相关者参与则需要视情况而定。概括来说，高校权力运行过程中，有两种情况需要坚持参与性原则：一是关涉学校重大发展的决策问题；二是关系到个人具体利益的决策，尤其是对某人权利或利益的剥夺程序，一定要确保当事人的参与。剥夺利益的决策过程中，甚至应当遵循自然正义的基本原则，如果当事人未能参与其中，对其自身权益进行合法诉求，那么程序所得到的结果不应予以成立。因为利益相关者参与到程序之中，才能对权力实施监督，使权力按照既定程序运行。

2. 程序的中立性

在法律审判过程中，程序中立是指，裁判者应当在那些利益处于冲突状态的参与者各方之间保持一种超然和不偏不倚的态度和地位，而不得对任何一方存在偏见和歧视。[②] 高校内部利益分配的过程中，同样应当遵循此原则。具体而言，程序的中立性要求：（1）与参与评审有关的人不得担任评审委员；（2）评审专家不得与评审结果或者评审人员有任何利益关系或其他足以影响其中立性的社会

---

① 周湖勇：《大学治理中的程序正义》，载于《高等教育研究》2015 年第 1 期。
② 陈瑞华：《程序正义理论》，中国法制出版社 2010 年版，第 101 页。

关系；（3）评审者不应存有支持或反对一方的预断或偏见。

3. 程序的合理性

程序正义的这一要求又可称为"程序理性原则"，主要指决策者的决策程序必须符合理性的要求，其判断和结论应当以确定、可靠和明确的认识为基础，而不是通过任意或者随机的方式作出决策。"程序应当遵循充分论证的要求，而不是恣意、专断地作出决定。"① 程序理性能够降低权力主体的自由裁量权的恣意，使决策更加合理。具体而言，程序理性要求：（1）决策者的决定所依据的事实必须经过合理和充分的论证；（2）决策者在做出决定之前必须进行冷静、详细和适当的评议；（3）最终决策应当有明确的根据和理由，并向公众公开，获得更广泛论证的机会，以确保决策的合理性和正确性。

4. 程序的公开性

正义应以看得见的方式实现，这句古老的谚语所指的就是程序的公开性。任何参与程序之中的利益相关者都对程序所涉及的一切内容和规则拥有知情权。只有程序公开透明，才能够避免"暗箱操作"，才能将权力置于阳光之下运行，才能够让监督可行，才能实现程序应有的正义。

第三节　高校信息公开的缘由、现状与策略研究

一、高校信息公开的缘由

高校信息为何需要公开，又为何必须公开，这有着深刻的历史和现实原因。综合来看，高校信息公开是国策、民生、高等学校自身的战略发展需求等各种因素综合作用的趋势和结果。

（一）法治：高校信息公开是依法治校的内在要求

我国是一个社会主义法治国家，依法治国是中国共产党自 1997 年中共十五大以来确立并将长久执行的基本国策之一。依法治校是依法治国的下位概念，是依法治国在高等教育领域的具体实践，也是高等学校主动适应法治社会的发展要求的一种客观反映。法治不同于人治，法治的最大特征就是公开透明，而信息的

---

① 李后卿：《论职称评审中的程序正义》，载于《经济体制改革》2007 年第 4 期。

公开、透明也是衡量一国一校法治建设成效的最基本、最重要的指标之一。信息公开作为中国共产党依法治国的基本手段，作为高等院校走向秩序化、规范化管理的一种客观需要必然要得到贯彻和落实。

高校信息公开是落实和深化依法治国、依法治校的内在要求。但是，信息公开的提法在我国多是政治学研究领域的"熟客"，却是高等教育研究领域的"新人"。统算起来，高校信息公开从提出到实践的"法治化"过程，只有20多年（从1999年3月的"校务公开"算起）。高校信息公开的源头是政务公开，最初表述为校务公开。1999年3月，教育部发布了《全国教育工会关于推进校务公开工作的意见》，该意见阐述了校务公开的重要性、校务公开的组织领导和校务公开与教代会制度的关系等内容。2002年，教育部、中华全国总工会颁布的《关于全面推进校务公开工作的意见》，是我国校务公开制度最重要、最完善、影响力最大的规范性文件，标志着校务公开制度的正式确立。2005年3月，教育部发布的《教育部关于高等学校招生工作实施阳光工程的通知》，专门就高校招生的信息公开进行了论述和规范。2010年4月6日教育部公布的《高等学校信息公开办法》明确指出"高等学校应当遵循公正、公平、便民的原则，建立信息公开工作机制和各项工作制度"，并具体规定了高校信息公开的领导体制、适用范围、方式、程序及相关的监督保障机制。《高等学校信息公开办法》的颁布和实施标志着信息公开制度在我国高等教育体系中在法律意义上得到了确认和保护，高校的信息公开不再仅仅作为一种"个体意愿"和"自愿活动"而推行，而是作为一种"集体意志"和"法律义务"而实施。

（二）民生：信息公开是高校回应社会关切的重要举措

2009年，教育部办公厅《关于进一步改进和加强办事公开工作的意见》明确指出，教育事业关系民生，政策性强，群众关注度高，改进和加强教育办事公开工作，是深化政务公开、优化公共服务、促进政府职能转变的迫切需要，是接受群众监督、实现教育公平、办好人民满意教育的重要内容，是提高办事效率、改进工作作风、树立为民服务新形象的重要举措。2010年，胡锦涛在全国教育工作会议上明确提出，"教育是国计，也是民生"，这是党和国家领导人对当代中国教育与民生关系最简洁、最清晰的表述。在我国，国家的一切权力属于人民，国家发展高等教育的目的从根本上来说也是为了维护和保障人民的利益，办好让人民受惠和满意的高等教育。随着高等教育从大众化向普及化阶段的快速推进及科教兴国、人才强国战略的深入实施，人民群众对教育公平的期盼、对接受优质高等教育的诉求也在不断上涨，高等教育如何关注和改善民生日益成为我国社会转型时期最重要的民生工程之一。

高等教育的合法性从本质上来说包括两点：一是发展人，即高等教育能够促进人的知识积累、技能提高和社会流动，进而改善个体的生存、生命和生计状况；二是发展社会，即高等教育能够改善社会的产业结构、政治环境、文化氛围和科技水平等，促进社会的发展和进步。人的发展和社会的发展都是一种民生诉求，不管时代如何发展，高等教育自始至终不能丢弃其培养人、服务社会的民生价值。在今天，人民群众对高等教育的企盼和诉求呈现出前所未有的广泛性、深刻性和迫切性，高等教育已成为关系千家万户的民生事业。高等教育要真正成为服务民生、改善民生的民生工程，首先要做的就是关注民生，走进民生，而走进民生的第一步就是保障人民的知情权，即通过信息公开让人民群众了解高等学校的办学类型、教育规模、招生计划、收费标准、基建设施、人才培养方式、课程、专业、师资等基本信息。正如中国政法大学马怀德教授认为，基于公益目的向公众提供高等教育公务的公立高校正是公权力多元化的重要主体，因此高校在行使办学自主权和提供教育公务过程中行使的公权力一样接受知情权的挑战和信息公开的规制。[①]

（三）自强：信息公开是高校自身战略发展的需要

1. 信息公开是权力监督和风险防控的有力杠杆

高等院校的权力结构特别是党委权力、行政权力具有典型的科层制特征，高等院校的权力运行同其他社会公权力一样同样存在着被滥用的可能。有学者认为，高等院校腐败现象发生的"重灾区"往往同时存在着日益增大或过于集中的权力和高度垄断、信息不透明两种状况，以致现有的工作制度和工作程序都成了"走过场"。[②] 事实上，权力的高度垄断和信息的不透明有着最为直接的因果关系，信息越是不透明，权力受到制约和监督的外部规约就越少，权力的使用就处于"信息屏蔽"和"暗箱操作"之中，权力寻租就在所难免，权力腐败的风险就会急剧增大。

如何降低权力被滥用的风险？当然是加强对权力的制约和监督，其中通过信息公开的方式打破权力的黑箱或灰箱运营状态是非常重要的途径。这几乎是政界和学术界的普遍共识：如联合国开发计划署认为，"腐败是在公共官员拥有广泛权力，极少问责而激励制度不正当或者对其问责的监管形式不正规的情况下发生的"；[③] 美国法官布兰狄西在其著作《别人的钱》中指出，"阳光是最好的防腐

---

① 马怀德：《公立高校信息公开研究》，中国法制出版社 2012 年版，第 68～69 页。

② 马怀德：《公立高校信息公开研究》，中国法制出版社 2012 年版，第 77 页。

③ 联合国开发计划署：《联合国反腐败实践纪要》，http：//capacity. undp. org/governance/docs/AC - PN - Chinese. pdf。

剂，灯泡是最有效的警察"；英国政治思想家约翰·弥尔顿强调"上天赐给我们光，不是让我们对着光注视，而是要我们利用光来发现我们还远不知道的东西"；① 公共行政学明确腐败发生的程式是"腐败 = 专权 + 自由裁量权 – 问责 – 廉政性 – 透明度"。可以看出，在高等院校权力运行的过程中，增加透明度会大大减少权力寻租的空间，有助于推进高等学校权力监督和风险防控，降低腐败行为发生的频率。

2. 信息公开是建设现代大学制度客观需要

20 世纪 90 年代，《教育规划纲要》颁布之后，现代大学制度建设成为学术界和教育行政部门炙手可热的研讨话题。《教育规划纲要》明确规定了完善中国特色现代大学制度的四项主要内容：完善治理结构、加强章程建设、扩大社会合作、推进专业评价。② 其中，完善大学治理结构是现代大学制度建设的重要环节。大学治理结构是以一定的制度和体制规定为前提的。目前，国内高校内部治理形成了一些较为完善的制度体系，如党委领导下的校长负责制制度、学术委员会制度、同行评议制度、教师聘任制度、学生管理制度、行政管理制度、后勤保障制度等，这些制度体系规定着高等院校的权力运行的基本程序和秩序，但信息公开制度的建设和研究则仍处于起步甚至是萌芽阶段。信息公开制度作为"党委领导、校长负责、教授治校"的制度性补充，是信息社会高等教育不断谋求自我发展的制度需要，日益成为激发大学的办学活力和积极性，提升大学治理能力和治理水平的重要一环，必须放在优先发展的战略地位。

《办法》第二十一条规定："高等学校应当健全内部组织机构的信息公开制度"。制度化建设作为完善现代大学治理结构的重要一环，受到高校的普遍重视。我国高等教育体制长期以来实行以行政权力为主导的治理模式，这种以管理和服从为特征的高等教育治理模式严重束缚了高等院校的治理能力，导致效率低下，创新力不足，体制机制僵化，甚至形成了以"管理—服从"为逻辑主线的路径依赖。"信息能够及时通过各种媒体为公民所知，以便公民能够有效地参与公共决策过程，并且对公共管理过程实施有效的监督。透明度越高，善治的程度也越高。"③ 因此，建立科学高效的信息公开工作机制和严格的信息公开制度规范是高等院校各项工作依法推进、有序进行的前提，也是完善现代大学制度，推进大学治理能力和治理体系现代化的发展要求。

3. 信息公开是导入社会参与，推进公共治理的必要手段

高校公共治理是社会公共治理的有机组成部分，它代表着传统高校治理模式的

---

① ［英］约翰·弥尔顿：《论出版自由》，吴之椿译，商务印书馆 1958 年版，第 46～47 页。
② 朱永新：《中国教育改革大系：高等教育卷》，湖北教育出版社 2016 年版，第 146 页。
③ 俞可平：《治理与善治》，社会科学文献出版社 2000 年版，第 9 页。

转型和变革。高校公共治理的一个重要理念就是引导高校利益相关者参与高校管理，通过集体行动解决问题，形成权力的多中心化。利益相关者本是经济学和现代企业管理中的重要概念，后来被哈佛大学文理学院的院长罗索夫斯基（Henry Rosovsky）借用和延伸到高等教育领域。罗索夫斯基在其著作《美国校园文化——学生、教授、管理》一书中，根据美国高校的办学特征列举了与大学有利害关系的四类群体，并按照重要性程度予以分类。其中，教师、行政主管和学生是最重要的利益相关者群体；董事、校友、捐赠者是重要的利益相关者群体；政府或议会等是"部分拥有者"利益相关者；市民、社区、媒体等是高校利益相关者的次要群体。我国学者潘海生根据中国高校的办学特征，借鉴费孝通先生的"差序格局"理论提出中国高校的利益相关者主要包含三个层面：一是"亲人"层面的利益相关者，包括教师、学生和行政管理人员等；二是"熟人"层面的利益相关者，主要包括财政拨款者（国家政府）、办学和科研经费提供者、贷款提供者（银行）、产学研合作者、校友、学生家长、用人单位等；三是"生人"层面的利益相关者，主要包括市民、媒体、企业界和兄弟院校等。对于高等学校而言，信息公开是适应信息社会发展要求的客观需要，而如何争取校内外各方面利益相关者对高校的广泛支持和参与，并与其建立合作伙伴关系是高等院校生存和发展最重要的环境与资源，也是利益相关者共同参与高等学校治理最基本的利益诉求。

今日的高等院校已经很难再用"象牙塔"冠名，而是作为一个复杂的利益相关者组织而存在。随着高校更多地参与社会事务，高等学校的外部环境日益复杂，利益主体更加多元，高密度、大容量、高速度的信息传递成为可能，网络论坛、微博、E - mail 等通信方式的不断活跃，高等院校对信息的分类、获取、传递、保存、选择、编排、调整、维护、更新等都处在一个不断变化的动态网络之中。高校利益相关者参与高校决策活动的范围和领域不断扩展，要求高校提高透明度和公信力的呼声也不断提高。为此，高校需要建立一个完善的信息沟通系统，构建通畅的信息流通渠道，让利益相关者及时地获取学校的教育管理与社会服务信息，为高校的良性发展积极建言献策，并以此为基础促成高校与社会经济发展的相生互动。

二、高校信息公开的现状分析

《高等学校信息公开办法》（以下简称《办法》）颁布实施以来，国内不同类型的高校不同程度地投入了相应的人力、物力、财力以推进和保障信息公开建设，起到了较为明显的规范、引导、促进和激励作用。从 2014 年开始，编制和公布高校信息年度报告作为落实和推进信息公开工作的重要抓手而成为高校的常规工作。教育部连续 3 年在官方网站将其直属的 75 所高校的信息公开年度报告予以公示。这些高校层次、类型多样（其中理工类 27 所，综合类 22 所，农林类 6 所，师范类、财经类分别 5 所，语言类 4 所，艺术类 3 所，医学类 2 所，政法类 1 所），具有一定的代表性。本书通过对教育部 2016 年度公布的 75 所直属高校的信息公开年度报告的分析，认为国内高校的信息公开既成效显著，也问题突出。就其成效而言，主要表现在以下几个层面：其一，信息公开成为高校的常态性行政事务，有学者统计，全国 820 所本科院校中有 460 所院校在门户网站中设置了信息公开专栏，占到了本科院校总数的 50.61%；① 其二，绝大多数高校在本校的门户网站开辟了信息公开专栏，为校内外人员了解高校的重要信息提供了便捷化的服务性平台；其三，诸多高校成立了信息公开领导小组或信息公开办公室，制定了本校信息公开实施细则，信息公开的制度化程度不断提高。就其问题而言，主要体现为以下四个方面。

（一）信息主动公开的意识仍然欠缺

《办法》没有明确提出高校信息公开的主动性原则，但是教育部关于信息公开的后续文件多次提到了主动公开的问题，并在 2014 年《教育部办公厅关于做好高校信息公开工作年度报告工作的通知》这一文件中将高校信息的主动公开作为一个大项予以明确提出，足见教育部对高校信息主动公开的重视。作为实施主体的高等学校必须充分理解《办法》的意志和精神，自觉将主动公开作为一种行为原则予以践行。怎样体现主动公开呢？《办法》第十三条规定：高等学校应当在学校网站开设信息公开意见箱，设置信息公开专栏，建立有效链接，及时更新信息，并通过信息公开意见箱听取对学校信息公开工作的意见和建议。在信息时代，高校是否在门户网站开辟专门的信息公开专栏是高校主动公开意识最基本的表征。

如表 10-1 所示，在《办法》的推动下，尽管 75 所教育部直属高校中有多数高校已经在其门户网站开辟了信息公开专栏（占比 74.6%），但也有部分高校存在着信息公开网站存在着虚假公开或根本不公开的状况。即便在已经开辟了专门信息公开网站的高校中，仍有部分高校在信息公开的具体实践工作中存在着相互推诿、简单应付和应急式的操作嫌疑。如有些高校的信息公开专栏设置在网站首页极其不显眼的位置，一般很难发现；有些高校的信息公开专栏打开之后完全是应付式的页面设计，仅仅是把校务公开的内容移植和嫁接过来，没有依照《办

---

① 康京涛、张庆晓：《我国高校信息公开制度的现状与反思——基于 820 所本科院校门户网站的调查分析》，载于《南昌师范学院学报》2014 年第 5 期。

法》规定的相关事项予以全面公开；有些高校在信息公开的管理上存在着多头管理现象，削弱了信息公开的实际效果。总之，在意识层面，目前国内高校关于信息公开的研究和实践尚处于"试探"和"摸索"阶段，主动公开的意识并不强，部分高校尽管借鉴了国外高校信息公开的成功经验，但在整体特征上，许多高校的信息公开都存在着政府行政压力下的临时性、应付性、应急式色彩，并呈现制度形式、文本内容、流通渠道和组织机构等方面的趋同性特征，属于行政主导下的信息公开。

表 10 – 1　　　　　　　　75 所高校信息公开的网络平台建设

分类	数量	百分比（%）
官网有专门的信息公开端口	56	74.6
官方有端口，但链接到其他网页	14	18.7
官网无专门的信息公开端口	5	6.7

（二）信息公开的受理与监督职能不明确

信息受理体现为信息的收集、整理和设计过程，信息监督体现为信息的审查、把关和评议过程。高校信息的受理与监督是否专职化和专业化是体现高校信息公开工作制度化程度高低的重要指标。《办法》第十一条规定，高等学校校长领导学校的信息公开工作，校长（学校）办公室为信息公开工作机构，负责学校信息公开的日常工作。这些日常工作包括管理、协调、维护和更新本校公开的信息；统一受理、协调处理、统一答复向本校提出的信息公开申请；推进、监督学校内设组织机构的信息公开等几个方面。可见，《办法》虽然提出了校办对高校信息的受理和监督职责，但并未将高校信息的受理与监督机构明确区分开来。在具体的执行过程中，75 所高校信息的受理和监督职能又根据各个高校的不同情况呈现出多种多样的组织机构和领导方式。

从表 10 – 2 可以看出，在信息受理方面，目前 75 所高校信息公开的受理机构主要包括三种形式：一是在校办或党办之下成立专门化的信息公开办公室或信息公开领导小组统一负责信息受理（占比 49.3%）；二是作为校办的扩大性、附属性工作统一受理（占比 38.7%）；三是党办和校办联合负责（10.7%）受理。这三种形式之间往往还存在着人员交叉、职能重复和相互借用的现象。譬如，很多高校虽然设立信息公开办公室，但仅是作为校办的下属机构或附属机构而存在；部分高校信息受理机构的组织成员成分复杂，多是从其他部门（如党办、校办、教代会、团委、人事处、新闻办等）临时抽调而来，呈现出一种人员配备结构的"流水制"特征；信息公开的管理和设计工作存在着程序冗杂和多头受理，致使信息传递的信道增多，信息受到噪声干扰的可能性增加，信息的失真或信息缺失现象严重等。

表 10 - 2　　　　　　　　75 所高校信息公开的受理机构

信息受理机构	数量	百分比（%）
信息公开办公室或领导小组	37	49.3
校办统一负责	29	38.7
党办和校办联合负责	8	10.7
无相关组织机构	1	1.3

在信息监督方面，《办法》第二十三条明确规定，高等学校内设监察部门负责组织对本校信息公开工作的监督检查，监督检查应当有教师、学生和学校其他工作人员代表参加。信息监督对高校信息公开真实性、有效性和客观性至关重要。目前，国内高校关于信息监督主要实行多元主体的信息公开评议制度，这增加了信息公开的真实性和客观性。但是，由于《办法》从指导性的理念出发，并未将信息监督的具体原则、程序、组织机构等精细化，高校关于信息监督的意识和制度体系建设仍然显得不够规范和严谨。从信息公开的监督机制上来说，主要存在以下三种情况：（1）信息公开办公室、校办或党政办公室在负责受理信息的同时也履行监督信息的职责，即高校信息公开的受理和监督是由同一个部门负责的，并未成立专职的信息收集、整理、审查、过滤和制作机构；（2）在信息公开办公室、校办或党政办公室之外，作为纪委办公室、监察处等部门附加职能进行评价和监督；（3）在信息公开办公室、校办或党政办公室之外，设置下属的信息监督办公室负责信息的审查和监督。这三种情况在一定程度上说明了多数高校在信息监督方面的不足之处：其一，信息监督机构的专业化、专职化程度不够，大多是作为校办、党办的二级单位或是依附于纪委、监察处等单位而存在的；其二，信息监督人员的代表性和民主性程度不高，大多是由党办、校办、纪委、监察处、工会等行政机构人员负责，而教师、学生和社会机构参与监督的程度不高。

（三）信息的选择性公开、隐蔽性公开和利我性公开

1. 选择性公开与信息裁量

信息的选择性公开是指高校在信息公开的过程中基于某种目的或原因而对信息事实的选择性使用现象。高校信息的选择性公开折射出高校信息公开过程中的两层问题，需要一分为二地看待。

　　其一，信息的选择性公开是《办法》赋予高校信息裁量权的一种体现。《办法》第十六条提出了高等学校在获取信息或完成信息制作后，信息公开的三种情况及其解决办法，分别是确定公开的，应当明确公开的受众；确定不予公开的，应当说明理由；难以确定是否公开的，应当及时报请高等学校所在地省级教育行政部门或者上级主管部门审定。可以看出，教育部对高校信息公开的原则或者边界并未清晰说明，而是为高校的信息公开留下了很大的自主裁量权和选择权。基于此，法学界有关专家提出了许多针砭性的意见，认为这一模糊性的规定赋予了高等学校有权自行规定哪些信息不予公开的权力，超越了《中华人民共和国政府信息公开条例》作为上位法的规定，扩大了高校信息不公开的范围。[①] 中国政法大学刘莘教授也认为：一旦高等学校可以根据自己的规定，决定什么信息公开什么不公开，那么信息公开的意义就会大打折扣。[②] 事实上，高校作为准公共部门，其性质介于政府和企业之间，其信息应该怎样透明及透明到何种程度适宜仍然是一个"未知数"，再加上特殊的国情、教育行政部门的立法原则、信息的不完备性及每所高校复杂的内外部关系和行政管理体制的现实，教育行政立法要做到全面、准确、精细无误是不可能的，因此留下适当的缓存和调试空间是可行的，也是合理的。

　　其二，信息的选择性公开不等于信息的随意性公开，高校的自由裁量权不等于自主选择权。《办法》赋予高校的自由裁量权和选择权并不意味着高校可以自话自说或者随心随欲的选择信息公开的内容和形式。高校应该选择哪些信息公开、哪些信息不公开并不是随心所欲的。一般认为，《办法》关于信息公开内容的论述包括三个层面：一是硬性公开的内容，如学校的办学性质、宗旨、章程、规模、内部管理体制、招生录取规定、机构设置、学校领导、学科、专业、奖助学金、资产、收费等信息；二是弹性公开的内容，如依据申请人的申请可以公开的信息；三是不予公开的内容，包括涉及国家秘密、商业秘密的或者个人隐私的信息。关于信息的选择性公开的原因不外乎以下几种情况：一是时间忙，来不及全部公开；二是信息的内容多，全部公开工作量太大；三是害怕部分信息公开后产生不良影响，片面认为信息公开得越少，民众知道得越少，就越不容易出现问题，可以让敏感信息"石沉大海"；四是相关部门懒于公开，不想做事。不管是出于何种目的或原因，信息的选择性公开都折射着高校信息公开过程中"不阳光"的一面，如果高校根据自身意志选择性地不公开某些关系社会公众切身利益的信息，这就损害了公众利益，不符合《办法》的精神和宗旨。

---

①　冯向东：《大学学术权力的实践逻辑》，载于《高等教育研究》2010 年第 4 期。

②　尹晓敏：《高校信息公开若干疑难问题解析》，载于《高等教育研究》2011 年第 7 期。

2. 隐蔽性公开与信息缺失

信息的隐蔽性公开是指高等院校在信息公开的过程中基于主体目的或技术原因等，高校对于不愿或者不便公开的信息采用具有隐晦、含蓄、模棱两可、具有隐蔽性、边界性的词汇对高校原有的信息断章取义，造成信息的整体性或部分性缺失现象。信息的隐蔽性公开虽然也是对信息事实的揭示，但却是局部性揭示，这也是造成高校信息缺失的重要原因。

高校信息公开的目的是揭示事实，让公众对事实真相有清晰的了解和判断，而信息的隐蔽性公开则与其悖反，其最主要的特征是信息具有模糊性和不确定性，这影响了公众获取信息的真实性、完整性。譬如，关于二级单位的信息公开，很多高校由于并未重视或者建设乏力，要么直接"舍弃"不公开，要么采用"薄弱"或"有待加强""加快推进"等字眼一笔带过。又如，依申请公开是《办法》规定的信息公开的基本方式之一，但很多高校却有意或无意的弱化和遮蔽了依申请公开的渠道和信息答复机制，很多高校依申请公开的信息存在着答复率低、答复方式不规范、不予答复的理由不合理等"难题"，致使依申请公开的形式化严重。据统计，2016 年度，75 所高校中大约有 11 所高校未收到任何信息申请记录，有 56 所高校信息申请的数量在 10 以下，这说明信息依申请公开的落实状况较为乏力，甚至成为一种形式和摆设。这些都是信息隐蔽性公开的一种表征。

3. 利我性公开与信息失真

信息的利我性公开是指高校在信息公开的过程中出于自身立场、态度、期待和利益需要，对一手信息的进行主观性的设计和重构，删除或削减信息中的不利己成分，使之"变得更符合自身的发展利益"。这种信息公开方式往往带有一定的利我性和偏好性，从而留下符合自己的口味、兴趣和利益需要的信息。高校信息公开不是高校的"面子工程"，信息公开的目的不是向公众传递自身的"成就"或"光环"，而是呈现办学的事实。信息的利我性公开带有极强的利己主义倾向，损害了信息的客观性与真实性，是造成信息失真的重要原因。譬如，部分高校在信息公开年度报告中通过大量的篇幅和数字去展示一年中发布的新闻数量、招生数量和对外交流情况，显示出不俗的办学成绩，但是对信息依申请公开的答复情况及受到举报和处理举报的情况却只字未提，这是高校在信息公开过程中的一种利我性传递或表达。

（四）信息公开的评议与反馈机制不健全

高校信息公开的核心是"公开"，难点是"监督"，最终结果是形成及时的和有效的信息"评议或反馈"。"公开""监督"与"评议或反馈"能够形成一个相对完整的信息流通回路，有利于信息公开工作的深入推进。从信息传播学的角度来说，信息能够得以有效的评议和反馈，这是高校信息公开工作良性运转的必要保障。信息评议和反馈是指在信息传递过程中受众对接收到的信息进行理解、明确和分析之后，进而出现的以态度转变、行为调整等为特征的各种信号。信息的评议和反馈对信息公开的二次建设十分重要，是优化信息传递结构，强化科学决策的重要步骤。也就是说，高校信息公开的目的不仅是为了保障高校办学过程中利益相关者的知情权，促进高等教育的公平正义，更是通过新的受众所反馈的信息提高高校科学治理和科学决策的能力和水平。通过评议和反馈，高等教育系统"可以不断将自身内部的某些信息及系统与外界环境相互作用所产生的信息加以再吸收，以调节系统内部各局域的关系及根据环境的变化调整自身同外界的关系，导致系统内部诸要素之间关系的不断自我调整"。[①]

《办法》从宏观上和方向上指出了信息评议的重要性，但在具体的实践层面还有很长的一段路要走。就目前的情况来看，75 所高校尚未形成及时有效的信息反馈机制，高校关于信息公开的评议过程存在着路径不畅、形式化严重等问题。其一，校内外评估机构参与信息评议和反馈的路径不通畅。从校内信息评议和反馈的过程来说，信息反馈的核心成员是行政人员，而教师和学生参与信息反馈的声音微弱、参与度不高、路径不畅通；从校外信息评议和反馈的过程来看，关于信息公开评议的第三方评估体系不健全，社会力量参与信息公开评议的路径受限。其二，信息评议和反馈的形式化严重。譬如，在 75 所高校的信息公开年度报告中，多数高校在信息公开评议一栏采用"基本满意""基本认可""广泛认可""评议良好"等词汇，而对信息评议的过程、方式、出现的问题和需要改进的意见等极少提及，只有极少数高校采用量化和实证的方式将信息评议的满意度通过百分比的形式予以公布。

三、高校信息公开的可行性策略

高校信息公开工作要落到实处，必须从主动性（明确特定信息和非特定信息的边界，在不危机安全稳定的原则下主动公开信息）、真实性（信息必须是真实的原始信息）、及时性（时效性与信息的价值成反比）、制度化（不能流于形式，处理好各种制度关系）、立体化（信息传播的渠道通畅多元）五个方面推进高校的信息公开工作。

---

① 湛垦华：《系统科学的哲学问题》，陕西人民出版社 1995 年版，第 29 页。

（一）意识转向：明确高校信息公开的主动性

高校信息公开是一种外部的"行政指令"，还是一种内部的"自我律例"，这关系着高校信息公开建设是否是真实公开、有效公开；信息公开的道路能走多远以及信息公开的成效能有多大的关键性问题。世界各国信息公开制度的一个共同标准是：信息公开是原则，不公开是例外。[①] 有学者认为，"信息公开范围界定乃是一种复杂价值平衡的结果"[②]。长期以来，我国传统文化中相对封闭的保密意识和保守主义价值追求，形成了相对集中的高等教育管理模式，使得高校普遍存在着"信息不公开"的本能倾向，高校的工作制度和权力运行机制常常处于"自说自话"信息封闭状态之中，甚至形成了某种思维定势，即高校信息不公开好像是一种原则，信息公开反倒成了一种例外或恩赐。

主动公开是高校信息服务意识的转向，有利于增强民主办学和依法治校的自觉性。随着人们权利意识的日益高涨，主动公开正作为高校信息公开的基本理念、制度和原则成为诸多高校的一项常规性工作而确立，并日益显示出强大而持久的制度生命力。《国务院关于加强法治政府建设的意见》明确指出："认真贯彻实施政府信息公开条例，坚持以公开为原则、不公开为例外，凡是不涉及国家秘密、商业秘密和个人隐私的政府信息，都要向社会公开。"高校作为公共服务部门的一种，也必须扭转观念，确立主动公开原则，提高信息公开的"阳光意识"，使高等学校各单位、各部门牢固树立"以公开为常态，以不公开为例外"的自觉性，确保信息主动公开作为高校的常态化活动予以落实。

当然，信息公开并不意味着所有的信息都需要予以公开，高校在制作和传播信息的过程中既不能不公开，也不能"一刀切"，而应该厘清主动公开和依申请公开的不同适用情形，凡涉及不特定主体对象的属于公开范围的高校信息都应当通过主动公开方式进行，而涉及特定主体的高校信息则可以适用依申请公开方式。换句话说，高校信息公开的逻辑应该坚持"分割处理"的原则，分析不同信息的不同价值和情况，对于涉及个人隐私、学校或国家机密等不能公开、不便公开的高校信息可以自由裁量、理性选择，这也正是《高等学校信息公开办法》的内在意旨所在。

（二）真实公开：高校信息公开的质量

高质量的信息首先意味着真实，真实是对信息公开内容和质量要求。高校信

---

① 张明杰：《开放的政府—政府信息公开法律制度研究》，中国政法大学出版社 2003 年版，第 103 页。
② 湛中乐、苏宇：《论政府信息公开排除范围的界定》，载于《行政法学研究》2009 年第 4 期。

息的制作者必须对高校公布信息的真实性负责，尽可能地避免因为习惯、偏好而引起的误差，政府、市场和个人也只有在获得了真实准确的信息后才能作出正确的决策。换言之，信息公开不是高校的"应付性任务"或"面子工程"，而是切切实实的自我评价。信息真实公开决定着高校信息的内在质量，违反了高校信息的真实性，信息公开的意义将不复存在。

高校信息要做到真实公开，就必须把握高校信息的原生性，这种原生性也可以理解为信息的客观性和准确性，即高校接收或制作的信息是一手的信息，或者尽管以"第二手"面貌示人，但在其本质上却是客观存在的，没有经过主观篡改或故意优化。反之，如果高校公布的信息是为了应付上级检查，或者从中获得非法利益，这就严重损害了当事人的合法权益，为大学形象蒙上了一层阴影。为此，《办法》第6条规定了虚假或不完整信息的澄清机制，第19条第2款设定了申请人错误信息的更正申请权，其目的都是为了保证高校信息的真实性和准确性，从而保障当事人获得与自身密切相关的信息，推动高校的依法治校和有效治理。

（三）及时公开：高校信息公开的成效

信息在某种意义上是最具有时效性的商品，超过了一定的时间尺度或范围，信息的价值将大打折扣。换言之，有效的信息不仅要准确，更要及时，及时性是高校信息公开的基本要求，决定着高校信息公开的成效。从监督的角度看，高校信息及时公开可缩短信息处于未公开阶段的时间，限制获悉这些信息的人士可能进行内幕交易的空间。[①]

信息公开的时效决定着公开信息的质量。为此，《办法》从确切意义上规定了高校信息主动公开和依申请公开的时限：属于主动公开的信息，高等学校应该自该信息制作完成或者获取之日起20个工作日内予以更新；对申请人的信息公开申请，高校根据不同情况在15个工作日内分别做出答复。高校必须对信息公开的时效性负责，积极回应校内外的关切与质询，拓宽信息公开的载体、平台，完善信息公开的机构设置，增强信息公开的及时性和便利性十分重要。譬如，在通过纸质文件、工作简报、通知、公告栏、电子屏幕、部处网站等传统媒介的同时，多方面利用OA系统、微信公众号、人人网、微博等新型网络载体向校内外利益相关者群体实时发布各类规章制度、办事流程、通知公告、人事、财务、招生、考试、管理、服务等信息。

---

① 尹晓敏：《高校公权力规制——信息公开的视角》，载于《教育发展研究》2010年第7期。

（四）制度环境：高校信息公开的保障

高校要处理和协调复杂的、良莠不齐内外部信息，专业化的制度环境是非常重要的，甚至可以说，信息公开的制度化环境决定着信息公开的规范化和有效性。《办法》第二十一条明确规定："高等学校应当健全内部组织机构的信息公开制度。"信息公开的制度化能够有效推进高校信息管理规范化程度的逐步提升和良性循环，制度建设是高校信息公开工作顺利开展的第一站。高校信息公开的制度环境要处理好以下三种关系：一是信息公开新旧制度的协调问题；二是信息公开制度环境与技术环境的匹配问题；三是信息公开受理机构与监督机构的专业化问题。

其一，处理好新旧制度的协调问题。由于存在着路径依赖，设立一个新的制度可能会因为执行成本过高而变得形同虚设，达不到设计的最终目的。新制度的设计必须与旧制度协调作业，才能将矛盾和变革的壁垒降至最低，发挥最大的效用。信息公开制度的源头是校务公开，因此高校要建设新的信息公开制度环境，就必须将校务公开和信息公开既区别开，又整合好。一是校务公开与信息公开在执行目的上是一致的，两者承前启后，并不冲突；二是校务公开和信息公开在公开的内容、范围、方式上是有区别的，校务公开主要是高校内部事务的公开，其监督和执行具有随意性和伸缩性，不具有法律规范的强制性特征，而信息公开则涵盖了校务、党务、教务、校情、校况等多个方面，并在法律层面上较为详细和明确地规定了高校在信息公开方面的权利和义务，其内容更加丰富、程序更加规范、形式更加多样，是校务公开的总结和升华。高校信息公开理应在校务公开制度的基础上扎实推进。

其二，要处理好制度环境与技术环境的匹配问题。制度学派认为，组织始终面临着两种不同的环境，即制度环境和技术环境。技术环境遵从效率机制，按效率最大化原则组织生产，制度环境遵从合法性机制，通过接受或采纳外界公认和默许的形式、做法或"社会事实"组织生产。两种环境对组织的要求的是相互矛盾的，但组织的发展却需要两种机制的协调与匹配。高校信息公开的制度环境必须对千变万化的技术环境保持足够的敏锐和适应力，充分利用新技术、新渠道推进信息公开，以提升信息公开制度环境的特色和效率，避免高校信息公开制度环境的僵化与趋同。

其三，处理好信息受理和信息监督的规范性问题。高校信息公开包括信息受理（信息的收集、制作与设计）和信息监督（信息的审查、把关和评议）两个方面，只有将两者统合起来，高校的信息公开工作才能落到实处。高校信息受理与监督的规范化要从高校信息受理和监督职能的专职化和专业化入手，这包括两个方面：一是信息受理与信息监督机构的专职化；二是信息受理和信息监督人员配备的专业化。在信息受理层面，高校应该成立专职专业的信息的受理机构，培养专业化的信息公开队伍，提高信息制作的科学化、规范化水平。在信息监督层面，高校应该从信息的内部监督与外部监督同时入手，推进信息监督的规范化建设。一方面，高校要加强内部信息监督，优化信息监督的人员配置，加强专业培训，应成立专职专业化的信息把关者队伍，按照"先审查后公开"和"一事一审"的原则，对信息进行认证、识别、筛选和监督，以正确、及时、规范、完整地将信息传达给相关人员；另一方面，高校应借力外部信息监督，利用媒体、报刊及第三方信息评估机构的监督评价作用推进自身的信息监督制度建设。

（五）立体公开：高校信息公开的路径

传统的高等院校信息传递结构主要是一种直线型的信息传递结构。这种信息传递形式在信息传递的过程中存在着很多弊端：其一，信息传递的回路长、时间久、速度相对较慢，信息传递的过程中收到的噪声干扰较多，可能导致信息的失真或扭曲；其二，信息反馈机制匮乏，且信息反馈的时间较长，不利于信息传播机制的动态调整，也不利于高校通过信息进行科学决策；其三，信息传递过程中对信息把关者能力素质的要求较高，一旦信息把关者的能力素质出现问题，就会影响到信息公开的质量和效果。德里克认为："未来的组织肯定要超越矩阵形式，而且有一点很清楚，它需要更高程度的自律，并更多地强调个人在人际关系和沟通交流中的责任"[①]。随着互联网络和信息技术快速发展，高校的利益相关者日益多元化，信息公开的平台、载体、渠道和方式更加灵活多样，高等院校要处理和分析的信息规模越来越大，立体化、网络状的信息公开框架和结构正在形成。高校信息公开的渠道应加强"立体化"建设。

其一，着力加强信息公开的硬件建设，使学校的信息公开工作真正落到实处。硬件环境是信息公开的支撑性环境，加强硬件建设是高校信息公开的必要物质基础。例如，在学校的公共场所设立信息公开点、信息公开多媒体查询机、校长信箱、信息公告栏，完善和优化学校的电子信息发布系统等。

其二，协同推进信息公开的辅助平台建设。在高校信息公开办公室的统一领导下，由学校专职的信息制作与认证机构牵头，协同各主管部门在进一步完善以学校门户网站为主要的信息公开渠道的基础上，积极推进学校的办公自动化平台、校内二级单位网站、校报校刊、年鉴、微博、微信公众号等信息公开平台的建设、维护与及时性更新，并重点推进校内的校务、科研、学生、财务、国资、人事、采购、招标、协同办公等各个子系统共享数据信息的建设平台。

---

① ［美］P. F. 德鲁克：《知识管理》，杨开峰译，中国人民大学出版社 1999 年版，第 6～7 页。

其三，结合不同信息受众的不同需要，建立健全多层次、多类型、立体式的信息沟通与交流机制。高校应广泛收集师生、家长和社会各方对学校工作的意见和建议，定期召开如"相约校长""后勤工作面对面""青年教师座谈会""离退休教职工校情通报会"等不同形式的信息交流与沟通活动，保障信息沟通与传递渠道的畅通无阻。

总之，立体化的信息传递结构打破了不同学校、不同部门和不同学院之间的信息流动壁垒，缩短了信息发布者与信息获取者之间的信息传播距离，简化了信息传递的渠道，在同样的单位时间内，能够比线型信息传递结构更好更快的传递信息，并且在每一个环节都建立起信息获取方对信息提供方的即时信息反馈，有助于信息的及时更正和调整，实现信息的交互和融合。

第四节　委托—代理理论下我国高校权力运行监控

探究大学权力监督的主体与客体，首先需界定大学、权力、大学权力的概念。本书的大学是国家举办的高等学校，包含部委属、省属、市属在内的一切公办本科及以上教育的高等学校，但不包括专科学校或民办高校，同时不涉及大学的学部、学院、行政部门等下属机构。

权力通常是指影响他人行为的能力，借此使他人按照自己的意愿行事。那么大学权力就是大学各主体影响其他主体行为的能力。大学的内部权力，即大学各利益相关者影响大学内部其他利益相关者行为的能力。

一、现代大学制度下的大学内部权力结构

制度是机构或组织系统运行的规则，它既可以是规范和约束个人行为的各种规则，也可以是行动者在互动中共同建构的规则。现代大学制度就是在政府的宏观调控下，遵循大学内在逻辑，契合现代社会的大学制度。① 现代大学制度包括大学外部制度与大学内部制度。其中，大学外部制度是指大学与大学外部的关系，表现为大学的管理体制、投资体制和办学体制等；大学内部制度是大学的内部制度设计，主要表现为大学的内部治理结构。从本质上说，大学的内部治理结构是不同的利益相关者和权力主体，在大学治理中处于不同的地位，发挥不同的

---

① 张建初：《现代大学制度下的大学治理结构》，载于《教育评论》2009 年第 5 期。

作用而形成的制度性安排。因此，大学的内部治理结构反映了大学的内部权力结构。我国大学的内部权力则是由党委代表的党委权力、校长代表的行政权力、教授代表的学术权力所构成的多元权力结构。

现代大学制度虽然会随着政府、社会、大学的变化而改变，但是我国公办大学的内部权力结构的主体是相对稳定的。党委领导、校长负责将长期地作为我国大学内部治理的特色制度；随着大学办学自主权的不断下放，大学的学术权力主体也将承担更多的权力和责任。为此，根据现代大学制度，我们至少可以分解我国大学的各项权力和权力主体，对进一步应用委托—代理理论探究大学权力监督的主体与客体有重要意义。

二、委托—代理理论视角下的大学权力监督

委托—代理理论源于经济学，于 20 世纪 70 年代最早用于公司治理。委托—代理的主体是委托人与代理人，本质是委托人产权和代理人经营权的分离；形式是产权所有者扮演委托人将经营权赋予代理人，结果是委托人保留剩余索取权（索取剩余价值的权力），代理人获得经营权，主要矛盾是委托人与代理人之间信息不对称和目标不一致。[1][2]

（一）权力监督的类型

从委托—代理理论的视角出发，研究发现权力监督有两种类型：一种是委托人对代理人的监督，简称委托人监督；另一种是把监督权作为经营权的代理人监督，简称代理人监督。代理人监督的形成是由权力委托人将监督权力赋予代理人，使代理人实现对其他主体的监督，监督的范围、强度由委托人制定。委托人监督的形成是由于委托—代理关系建立的过程中委托人和代理人目标不一致，代理人会通过信息不对称的优势行使经营权榨取委托人的剩余索取权。委托人为保证剩余索取权的最大化，就需要对代理人行使经营权的过程进行监督。在委托人监督的过程中，由于大学权力主体多，权力结构复杂，因此会存在多层委托—代理关系。根据委托—代理关系的层级数，委托人监督又可进一步分为直接委托人监督和间接委托人监督。其中，直接委托人监督指权力监督的主体与客体只有一层委托—代理关系，而间接委托人监督指权力监督的主体与客体之间存在多层委

---

① 陈国富：《委托—代理与机制设计》，南开大学出版社 2003 年版，第 1、3 页。
② ［法］让－雅克·拉丰、大卫·马赫蒂摩：《激励理论委托—代理模型》，中国人民大学出版社 2002 年版，第 V 页。

托—代理关系。一般来讲，委托人与代理人之间目标不一致、信息不对称的矛盾会随着委托—代理关系的层级数增加而扩大，因此直接委托人监督的力度较强，间接委托人监督的力度较弱。

（二）委托—代理理论的适切性

委托代理—理论分析权力监督问题是适切的。首先，建立监督机制是克服委委托人代理人之间信息不对称矛盾的重要途径，如何建立有效的监督机制是委托—代理理论本身关注的核心问题。

其次，在保证权力正常运行的过程中，监督与制约常被联系在一起用于对权力进行控制，两者也因功能相近易被混淆。应用委托—代理理论区分权力的监督与制约，有助于进一步验证委托—代理理论的适切性。在委托—代理理论的视角下，监督是委托人将经营权交付代理人后，对代理人行为的纵向、单向的监察和督促；而制约是委托人将权力分解后交由不同的代理人，让代理人之间形成横向、双向的约束牵制的关系。权力监督和制约的模型如下（见图 10 - 1、图 10 - 2）。

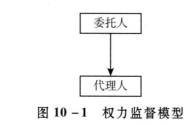

图 10 - 1　权力监督模型

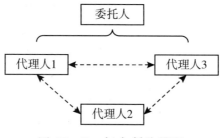

图 10 - 2　权力制约模型

最后，委托—代理理论应用于权力监督的适切性还可以从以往的研究中得到验证。叶战备、龚基云从权力监督的对象、委托—代理的基本假设和权力监督的目的三个方面验证了委托—代理理论用于分析权力监督问题的适切性[1]；刘广安、

---

① 叶战备、龚基云：《从委托—代理理论看权力监督的理论依据与体系建构》，载于《求实》2004年第 9 期。

杨荣君应用委托—代理理论分别探讨了国有企业和政府的质量、预算监督机制，等等①。应用委托—代理理论分析权力监督问题的研究不在少数，但主要的分析对象是政府或企业，少有涉及大学权力监督的研究。

（三）模糊的剩余索取权

大学作为准公共部门，既存在政府的公共属性，又存在企业的市场属性，因此大学权力来源是复杂的，大学各类权力的剩余索取权也是模糊的。大学权力来源的复杂性在于大学既有外赋的权力（通过法律、制度等形式赋予），又存在内生的权力（例如大学的部分学术权力）；大学剩余索取权的模糊性在于大学较强的公共部门属性：公共部门的委托人在谋取剩余索取权时往往不以利润作为行使权力的目的，而是以获取代理人功能为目的。例如，我国《宪法》第二条明确规定，中华人民共和国的一切权力属于人民。因此，可以把人民看作是中华人民共和国权力的委托人，人民行使剩余索取权的目的不是直接获取经济收益，而是为了获得国家为人民提供的安全、卫生、教育等保障。为此，后文在涉及大学各类权力委托人的剩余索取权时，是从代理人对委托人的功能（职责）角度界定剩余索取权的。

三、对大学内部权力监督的委托—代理模型

我国高校内部权力是由党委权力、行政权力、学术权力等所构成的多元权力结构。实现对大学权力的有效监督，首先需要明确大学各项权力的委托—代理关系。

（一）大学党委权力监督的委托—代理关系

1. 对大学党委权力的委托人监督

大学党委权力是负责贯彻国家方针政策、高校发展战略及组织人事等安排的影响与干预力量，是一种我国大学特有的外生权力。《中华人民共和国宪法》在总纲第一条规定，"社会主义制度是中华人民共和国的根本制度。中国共产党领导是中国特色社会主义最本质的特征"，坚持党对高校的全面领导是宪法的本质要求。《中国共产党章程》第三十三条规定，"实行党委领导下的行政领导人负责制的事业单位中党的基层组织，对重大问题进行讨论和作出决定，同时保证行政领导人充分行使自己的职权"。《中华人民共和国高等教育法》第三十九条规

---

① 刘广安：《委托代理与监督机制》，武汉大学博士学位论文，2004年。

定，"国家举办的高等学校实行中国共产党高等学校基层委员会领导下的校长负责制"。《中国共产党普通高等学校基层组织工作条例》在第三条中阐明了中国共产党高等学校基层委员会在大学内的领导权，在第四条中规定，"高等学校党的委员会由党员大会或党员代表大会选举产生，每届任期5年。党的委员会对党员大会或党员代表大会负责并报告工作"。在大学党委权力的实际运行过程中，无论是中央部属高校还是地方省属高校，大学的党委成员都是经党员代表大会选举后由上级党委任命的，受上级党委的直接领导和监督。因此，大学党委权力的直接委托人是上级党组织，对大学党委权力的委托人监督包含了上级党组织对大学党委领导权的监督。

2. 对大学党委权力的代理人监督

对大学党委权力的监督，也是通过代理监督的方式实现的，大学纪律检查委员会（以下简称"纪委"）是行使代理人监督权的代表。《中国共产党普通高等学校基层组织工作条例》第二章第六条规定：高等学校设立党的基层纪律检查委员会。后续在第三章第十二条明确纪委的五项主要职责，其核心是监督包括大学党委在内的大学内设党组织和全体党员。党的十九大对健全党和国家监督体系作出战略部署，提出构建党统一指挥、全面覆盖、权威高效的监督体系的目标任务，对高校纪检监察机构也实行了派驻改革，加大上级纪委对高校纪委领导和高校领导班子监督力度，高校纪委接受高校党委和党组织关系所在地地方纪委"双重领导"，高校纪委书记提名考察以上级纪委和主管部门党组为主，履职考核由上级纪委会同驻主管部门纪检监察组为主，相对增强了高校纪委监督工作的独立性，促进监督执纪问责作用的有效发挥。

（二）大学行政权力监督的委托—代理关系

1. 对大学行政权力的委托人监督

大学行政权力是以校长为中心的行政人员行使管理的力量，大学同时存在外赋和内生的两种行政权力。

首先是大学外赋的行政权力，以大学校长为核心的大学行政权力委托人相对复杂。大学行政权力的代理人是大学校长，履行法定代表人职责，其代理人的经营权是大学校长的负责权。《中华人民共和国高等教育法》第三十九规定：国家举办的高等学校实行中国共产党高等学校基层委员会领导下的校长负责制，第四章第四十一条中注明了大学校长的6项主要职权。通常，教育部直属高校的大学校长主要是由上级部门（中组部、教育部及学校所在地党委等）按一定程序选拔任命，少部分为副部级行政级别的大学校长由国务院任命；地方省属或市属高校的大学校长一般由省委或市委任命。

其次，大学还有部分行政权力是随着大学发展和组织演变自发产生的。现代意义上的大学起源于欧洲中世纪，中世纪的欧洲大学严格意义上是一种行会组织。行会大学有两种类型：一是以法国"先生大学"为代表的巴黎大学；二是以意大利"学生大学"为代表的波伦亚大学。两种行会大学最初分别由教师和学生负责行会大学主要的相关学术和行政事务，但是随着大学职能的多样化发展、规模的不断扩张、学科的不断分化、学术管理工作日益复杂，原本由教师和学生承担的许多学术管理工作逐渐让渡给专职的行政人员来负责。因此，大学的一部分行政权力是由大学教师和学生委托给大学行政人员的。从委托—代理关系来看，大学行政权力的委托人是大学教师和学生，代理人是以大学校长为首的行政人员，代理人的经营权是大学行政事务的管理权，委托人的剩余索取权是大学教师和学生享受行政人员服务的权力。因此，大学教师和学生有监督大学行政人员的权力。

2. 对大学行政权力的代理人监督

对大学行政权力的监督同样存在把监督权作为经营权的代理人监督，例如监察处的行政监督、审计处的经济审计监督及教职工代表大会对大学行政权力的监督。监察处是我国公办大学根据国务院发布的《中华人民共和国行政监察条例》设立的校长领导下负责管理日常监察事务的监察机构。虽然 1997 年颁布的《中华人民共和国行政监察法》没有沿袭这一规定，但出于强化大学内部管理的需要，绝大部分公办大学仍然保留着监察机构。审计处是教育部直属学校根据《关于加强直属高等学校内部审计工作的意见》要求设立的独立内部审计部门，不受其他机构和个人干涉。教职工代表大会的设置在《中华人民共和国高等教育法》第四章第四十三条中有明确规定，其目的是依法保障教职工参与民主管理和监督，维护教职工合法权益，也是一种对大学行政权力的监督机构。2018 年颁布的《中华人民共和国监察法》，实现对所有行使公权力的公职人员监察全覆盖，明确"公办的教育、科研、文化、医疗卫生、体育等单位中从事管理的人员"纳入监察范围。

（三）大学学术权力监督的委托—代理关系

大学学术权力是学术组织或学术人员依靠学术能力对学术事务的影响能力。大学学术委员会和大学教师是大学学术权力的两个主体。首先，从大学学术委员会学术权力的委托—代理关系入手，大学教师是大学学术委员会的委托人，这一点可以从学术委员会制度的起源和学术委员会委员的遴选制度中获得证明。学术委员会并不是我国大学独有的学术权力组织，只不过不同的国家称谓不同，例如美国称其为"评议会"、德国和日本称其为"教授会"。这类学术组织最早起源于欧洲中世纪大学的"教授会"，是大学教师为了维护自身权利的需要，借鉴手艺工人的行会形式组织起来的一种教师行会。随着大学规模不断扩张，学术事务不断增多，越来越多的教师参与到了学术事务的咨询、审议、评定和决策当中。大学教师对建立学术委员会的需求，也是我国校务委员会演变成学术委员会的根本动因。不仅如此，2014 年教育部发布的《高等学校学术委员会规程》第八条规定："学术委员会委员的产生，应当经自下而上的民主推荐、公开公正的遴选等方式产生候选人，由民主选举等程序确定，充分反映基层学术组织和广大教师的意见。"由此可见，大学教师和学术委员会之间存在着委托—代理关系，大学教师对学术委员会有监督权。其中，委托人的剩余索取权是大学教师从学术委员会中获得公正学术决策的权力，代理人的经营权是学术委员会处理学术事务的权力。

其次，从大学教师学术权力的委托—代理关系来看。第八届全国人民代表大会常务委员会颁布的《中华人民共和国教师法》在第七条中明确指出了大学教师拥有"进行教育教学活动、从事科学研究、指导学生的学习和发展、按时获取工资报酬、提出意见和建议"等一系列权利。

第五节　高校内部权力问责的有效性及改进路径

无论是将权力界定为一种关系，还是将权力视为一种能力，对于一个组织而言，权力无处不在，不了解权力就无法真正理解组织行为。权力历来是高等教育系统组织的基本要素之一①，高校内部权力的良性运行是实现高等教育治理能力现代化的基本前提，相反，权力运行的失范则必然导致高等教育功能的失调并削弱高校在现代社会中的组织合法性。从这个意义上讲，权力是一把双刃剑，既可以充分利用，也应该对其加以监督和制约。经过漫长的历史发展，高校内部权力演变为一个多元且复杂的系统，并由此衍生出诸多对其监督和制约的途径。其中，问责作为现代高等教育系统中的一项正式的制度安排，是对高校内部权力进行制约与监督的一种主要路径。

一、高校内部权力问责：内涵与实质

在高等教育发展的漫长历史中，问责与大学的关系并不十分紧密②。20 世纪

---

① ［美］伯顿·克拉克：《高等教育系统——学术组织的跨国研究》，王承绪等译，杭州大学出版1994 年版，第 7 页。

② Zumeta, W. Public University Accountability to the State in the Late Twentieth Century: Time for a Rethinking? . *Policy Studies Review*, 1998, 15（4）: 5 - 22.

80 年代以来，和其他公共部门一样，高等教育成为问责运动的一部分[1]。现代意义上的高等教育问责是在古典大学向现代大学转变的过程中或者说是大学从社会边缘走向社会中心的过程中逐渐产生的。马丁·特罗（Martin Trow）认为问责是对传统意义上的信任的一种替代，具体而言，问责是指向他人报告（report）、解释（explain）、证明（justify）和回答（answer）资源是如何利用及产生了何种效果的一种责任与义务（obligation）。在不同的社会情境中，问责事关不同的行动并与不同的支持方式相联系，从而采取了不同的形式。关于问责的最根本性的问题是：由谁来进行问责？问责什么？向谁问责？通过何种方式问责？问责的结果是什么？[2] 这一从结构和过程的角度出发对问责所作的界定由于考虑到了问责的主体、内容、客体、途径（方式）及结果等，在有关高等教育问责的研究中得到了广泛认可和应用。

在这一定义中，问责包括责任和义务两个方面，这使得问责区别于一般意义上的责任（responsibility）。具体来说，在问责这一概念中，责任和义务指向的并不是伦理意义上岗位本身的责任和义务，而是在政治意义上指代责任主体（代理方）就包括结果在内的、职责履行的整体情况接受外部主体（委托方）质询、评价乃至控制并作出反馈的一种关系。由此可见，问责在本质上体现的是一种权力关系，"它以最简单的形式要求权力机关中的人员通过切实履行自己的责任来向公众做出交代。"[3] 另外，作为一种具有极强政治含义的问责，问责通常还被视为一种责任追究的过程，其"重要意涵在于制裁，包括辞职、罚款、民事赔偿、纪律惩处、正式的司法审判及公开性的、引发媒体关注的议会或法院的听证，等等。"[4] 总之，问责是一个具有"多面性"的概念[5]。

按照特罗的这种定义，高校内部权力问责是指向他人报告、解释、证明和回答内部权力是如何运行及产生了何种效果的一种责任与义务。作为一种动态关系的表达，高校内部权力问责的实质是通过制度化的途径和手段对高校内部权力运行进行制约和监督。建立系统化、制度化的高校内部权力问责体系，可以从源头上对预防因内部权力不作为而导致的权力真空，从过程层面防范因内部权力运行失范可能导致的各种风险，从结果层面惩治因内部权力滥用甚至权力腐败导致的

①　Morest, V. S. Accountability, Accreditation, and Continuous Improvement: Building a Culture of Evidence. *New Directions for Institutional Research*, 2009（143）: 17 – 27.

②　Trow, M. Trust, Markets and Accountability in Higher Education: A Comparative Perspective. *Higher Education Policy*, 1996, 9（4）: 309 – 324.

③④　阎凤、许迈进：《重塑学术圣洁与公共信任：高等教育问责的国际经验与策略选择》，载于《教育研究》2014 年第 8 期。

⑤　Burke, J. C. The Many Faces of Accountability, In Burke, J. C. *Achieving Accountability in Higher Education: Balancing Public, Academic, and Market Demands*. San Francisco: Jossey – Bass, 2005.

种种违规或违法行为，其目的在于回应高校内外部利益相关者的多元化诉求，维护内部权力运作的合法性，在高校内部形成一种健康的权力生态。从这个意义上讲，对内部权力的问责涵盖了内部权力运行的各个阶段，而不仅仅是从底线层面进行责任追究。同时，这也意味着完善高校内部权力问责制不能仅仅局限于惩罚，应该将其视为一个系统，从多方面、多维度加以改进。

二、完善高校内部权力问责制的动因

（一）完善中国特色现代大学制度的基本要求

现代大学制度是一种关系的集合，通常包括大学与政府的关系、大学与社会的关系及大学内部的治理结构。尽管现代大学制度的常用话语体系十分强调大学自治、学术自由和教授治学（校），但这并不意味着大学可以或者能够享有不受任何限制的自由和无边界的自治，相反，作为一种开放系统，现代大学无法排斥甚至需要外部力量的介入（比如第三方评价组织）来维持其存在的合法性，与此同时，大学自身也应该以一种恰当的方式回应外部利益相关者的关切。这种互动关系的制度化就是高等教育问责制的建立。20 世纪 80 年代以来，以经济、效率、效益、绩效等为核心的新公共管理理念成为高等教育改革与发展的新的指导原则。在这种背景下，作为资源供给方和消费者的外部利益相关者明确要求高校公开办学实践的相关数据并予以监督，而高校迫于竞争的压力也应该"向外界解释说明权力使用的正确性；展示他们所取得的成绩是适合于组织机构发展的；报告绩效情况；对资源的使用与获取的成绩进行效能与效率的评估；说明对课程与服务质量的保障情况；展示如何满足公众需求。"[1] 问责尽管在很多方面对现代大学发展产生了负面效应，但是，实践表明，问责并非某个国家或某种高等教育系统的独特产物，而是世界范围内现代大学制度发展过程中的一般规律，中国概莫能外。由于内外部权力的产生、授予、行使和制约等是现代大学制度的核心[2]，因而，作为一种对内部权力进行制约和监督的重要途径，对高校内部权力的问责自然成为完善中国特色现代大学制度的基本要求。

---

[1]　Burke, Joseph C. *Achieving Accountability in Higher Education：Balancing Public，Academic and Market Demands.* San Francisco, C. A.：Jossey - Bass，2005.

[2]　周川：《"现代大学制度"及其改革路径问题》，载于《江苏高教》2014 年第 6 期。

（二）高等院校健康运行的制度保障

党委权力、行政权力和学术权力是中国高校内部三种主要的权力类型，每一种权力均有其应该发挥的范围，每一种权力的准确定位及三种权力之间的合理分工和有效行使是高校健康运行的重要前提。相反，权力的越界可能会导致不同权力之间的失衡和强势权力的寻租甚至权力的腐败，进而威胁高校内部应有的权力生态。长期以来，各级政府一直把所属高校视为附属的行政机构而非独立的学术性组织，在这种理念的支配下，高校内部存在的三元权力结构（党委权力、行政权力和学术权力）在运行过程中往往演化为党委权力与行政权力的一体化运行[①]（即通常我们所说的行政权力）及行政权力与学术权力的经常性冲突。20 世纪 90年代以来，随着政府在高等教育领域广泛实施"项目制"管理方式，高校内部的行政权力因掌控更多资源反而出现了进一步集中的趋势，其结果是在高校内部形成了学校党委和行政部门所主导的"泛行政化"的权力生态。近些年来所出现的"去行政化"及倡导"二级学院治理"的呼声正是对于此种权力失衡和失序的一种自然反应。尽管《国家中长期教育改革和发展规划纲要（2010～2020 年）》在"建立现代学校制度"部分明确提出"克服行政化倾向，取消实际存在的行政级别和行政化管理模式"，但从实践层面来看，"去行政化"进展缓慢。权力失衡导致的权力不作为、权力滥用甚至权力腐败屡见不鲜。因此，从底线层面构建对高校内部权力进行问责的机制势在必行。

（三）提高高等教育质量的必然要求

保障和提高质量是高校在现代社会维系其合法性的重要依据。为了保障和提高质量，大部分高校都建立起了与国家高等教育质量保障体系具有同构性的内部质量保障体系。理论上讲，作为一种底部沉重的组织，校内基层学术组织和教师应该成为质量保障的主体，但在当前"泛行政化"的权力生态中，事实上由校级行政部门掌握着对于"什么是质量"进行转译或界定的权利，几乎垄断着与保障和提高质量相关的核心资源，形成了权力与责任倒置的内部质量保障格局。在效率和绩效等新公共管理理念的支配下，高校行政部门倾向于将各类具有高显示度的资源和产出类指标简单地视为质量，忽视了教学、科研和社会服务等工作过程的复杂性，导致了"效率崇拜""重科研，轻教学"及学术不端和学术腐败等诸多负面后果。高校作为一种学术性组织，知识的高深性、多样性和复杂性要求用

---

① 刘鎏：《我国高等学校内部权力运行的逻辑》，载于《苏州大学学报》（教育科学版）2016 年第3 期。

多元化的质量观来指导质量实践，尽管美国学者认为"试图通过自上而下的监督、规划和管理等手段在系统的大部分范围内保证质量的做法几乎是无补于事的，甚至是自讨没趣的。"① 但是我国的国情实际与西方大学制度有很大不同，按照谁授权谁监督问责的原则，自上而下的监督问责必不可少。在理论与实践中，关键要正确处理好"扩大办学自主权"与"加强监督执纪问责"的关系。

三、高校内部权力问责现状：问责的有效性不足

问责作为高校内部权力制约和监督的一种途径或手段，其运作的有效性直接关系到问责目的的实现程度。问责的有效性涉及诸多方面，从当前的实践来看，高校内部权力问责的有效性不足，主要表现在对于问责的理解存在偏差，有关问责的制度建设比较滞后，问责不力现象突出。

（一）对于问责的理解存在偏差

如前所述，问责是一个多维度的概念，涉及多个方面，具有多种维度。对于问责的理解关系到建立什么样的问责制度及如何实施问责。无论是在正式的政策文本中，还是从当前高校内部权力运行的实践来看，对于权力问责的认识比较片面，主要表现为将权力问责窄化为对于权力腐败的责任追究，将权力问责简单地等价于对于领导干部违规违纪行为的问责，将权力问责局限于某一个部门内部，忽略了内部权力问责的其他面向、维度和层次。由于高校内部权力是一种实践性极强且涉及众多利益相关者的活动，对于权力问责的认识偏差事实上已经导致了诸多问题。例如，将许多应该纳入内部权力问责的事项排除在问责的范围之外，形成了一条无人问津的灰色地带，导致权力运行失范但无人问责的困局。另外，过于强调惩罚在问责中所扮演的角色，将问责过度集中到权力运行的结果层面，使得人们倾向于将问责视为一种消极活动，忽视了问责在净化内部权力生态、促进权力健康运行方面的积极作用。或许更为严重的是，这种认识上的不足事实上造成了高校内部成员问责意识的淡薄，其结果是将问责只停留在口头层面，从长远来看，不利于建立一种规范权力运行的问责文化。

（二）有关问责的制度供给不足

问责与问责制有关联，但问责并不等于问责制。问责制度是有关问责的系统

---

① ［美］伯顿·克拉克：《高等教育系统——学术组织的跨国研究》，王承绪等译，杭州大学出版社1994年版，第288页。

化的和制度性的规定，是建立问责意识、规范问责行为、有效实施问责的根本保障和主要依据。作为一种制度，正式的问责制在中国起源于行政管理领域，是建立责任政府的产物，距今不过十年左右的时间，相关制度建设并不完善。与之相比，中国高等教育问责制度起步更晚，最初主要局限于政府对高校的管理和高校内部的管理。随着高等教育规模的持续扩张，现代意义上的问责制逐渐进入中国高等教育领域。与规模的快速扩张不同，中国高等教育问责制的发展十分缓慢，这种缓慢主要表现为相关制度建设滞后，在高校内部权力问责制度建设方面同样如此。例如，教育部巡视组对有关高校进行巡视时明确指出，干部考核问责、能上能下的机制不够完善。内部权力问责制度建设滞后是导致近些年来某些高校违规提拔任用干部等问题的主要原因。高校作为一个具有多目标和多重属性的组织，理应建立不同于其他组织的内部权力问责制度，但到目前为止，中国高校内部权力问责制度基本局限于党政干部的问责，有关学术权力的问责制度建设更为滞后，这是近些年来学术不端甚至学术造假无法被追责的主要原因。此外，对于党政干部的问责更多局限于事后责任的追究，缺乏诸如民主问责、信息公开等其他有效的问责形式。

（三）问责不力现象突出

问责不力是当前高校内部权力问责有效性不足的主要表现之一。问责不力表现在不为、不能和不够三个方面。"不为"指的是权力问责中的不作为现象，典型的现象是问责中的不负责任，即问责主体不履行问责的职责，例如教育部巡视组在给有关高校的反馈意见中指出"问责工作不敢动真碰硬，对违反中央八项规定精神等违规违纪问题处理不规范，向上级报告不及时""纪委落实监督责任的问题，主要是重部署、轻落实，重调查、轻问责"。再比如，信息公开作为问责的重要手段，近些年来受到政府和社会公众越来越多的关注，但信息公开并未起到应有的作用。《高等学校信息公开办法》施行之后，一些高校并未依法公开信息或遇到申请公开"三公"信息时虚与委蛇，甚至明确拒绝。① 更为严重的是，并没有相关部门对此采取实质性的问责措施，使得《信息公开办法》在某种程度上沦为一种象征性政策。"不能"指的是权力问责中的问责主体意识不强、能力水平不够的问题。教育部巡视组在给有关高校的反馈意见中多次指出，学校纪委"对监督、执纪、问责的主业主责聚焦不够"，"协助党委抓党风廉政建设和反腐败工作的力度不够，监督执纪问责的能力和工作水平仍需进一步提高"。"不够"指的是责任主体部分履行问责的责任，但与应该承担的责任要求有较大差距，

---

① 《高校信息公开当完善问责机制》，载于《京华时报》2014 年 7 月 30 日第 2 版。

"监督问责不严""没有严格问责追责""问责失之于松""问责的主要职能履行不到位"等是常见的问题。

四、提升高校内部权力问责有效性的基本路径

（一）全面准确理解内部权力问责的内涵

问责的概念是构建和实施问责制度的基石。全面准确理解内部权力问责的内涵是提高高校内部权力问责有效性的根本前提。内部权力问责与其他形式的高等教育问责有着内在关联，即所有形式的问责本质上都是一种关系的集合，而且归根结底是一种特殊的权力关系，无论是政治问责、官僚问责还是市场问责和社会问责。无疑，对于权力的问责常常与惩罚联系在一起，但惩罚并非权力问责的唯一途径，或者说问责并不完全等同于惩罚，诸如要求权力主体就所履行的职责情况作出书面或口头说明、解释等同样属于问责。从这个角度而言，对高校内部权力的问责可以分为软性问责和硬性问责，其中说明或解释等软性问责更多与权力主体的履责过程相联系，以惩罚为代表的硬性问责则与权力主体履责行为所导致的负面结果之间的关系更密切。另外，从问责的主体来看，对高校内部权力实施问责并不是某一个部门垄断性的职能，对内部权力的问责并不意味着问责的来源就局限于高校内部，事实上，内部权力的所有利益相关者都有对高校内部权力运行状况进行问责的权利。由此可见，高校内部权力问责本身是一个内涵丰富的有机整体，而不仅仅是一种惩罚性的技术手段。为了走出当前高校内部权力问责所陷入的不作为、不合规和不到位等困境，学术界有必要进一步厘清高校内部权力问责的内涵，从源头上为提高高校内部权力问责的有效性提供支撑。

（二）进一步完善高校内部权力问责制度

完善的内部权力问责制度是高校内部权力问责有效实施的基本前提和依据。世界银行专家组认为，一个可行且有效的问责制包含三个基本要素[①]：惩罚性、回应性和强制性。其中，惩罚性指问责制中必须包含清晰具体的惩罚措施，指向的是可操作化的成文规则，即问责必须有依据和程序。2014年1月中组部印发的《关于加强干部选拔任用工作监督的意见》就提出："要建立干部选拔任用纪实制度，为开展倒查、追究问责提供依据""建立问责制度，就需要描述清楚权力

[①] 世界银行专家组：《公共部门的社会问责：理念探讨及模式分析》，中国人民大学出版社2007年版，第7~8页。

所对应的责任，特别是履职不到位的类型、性质和情节，及相应被追究责任的内容和方式等"。回应性指要使得问责对象必须对其行为的公正和正确提供必要的信息，指向的是一种证据文化，即问责是建立在可靠的事实及真实的数据或材料基础上的。联合国教科文组织在《反思教育：向"全球共同利益"的理念转变?》中也明确指出，在国家及全球层面参与和关注公共教育的诸多利益相关方认为，数据对于问责至关重要。[1] 强制性指问责主体要拥有强制制裁的能力，当权力主体违背其职责和公共利益时，无法逃脱被制裁的结果，指向的是问责主体的权力，即保证问责能够落到实处而不是仅仅停留在口头上。这三个要素，或者说三个原则，为完善高校内部权力问责制度提供了一个有益的参考框架。参照这样一种框架，为了提高高校内部权力问责的有效性，首先，应该完善高校内部权力问责的成文规则和具体的实施细则，解决正式制度供给不足的问题；其次，是高校内部权力主体必须为其履责行为提供必要的证据；最后，高校内部权力问责主体要被赋予必要的、可行使的权力。

（三）加强元问责，构建有效的内部权力问责网络和问责文化

对于内部权力问责的理解和建立内部权力问责制度为有效实施问责提供了理论上和政策上的可能性，但现实中常常出现问责主体因未能完全履行问责的职能而出现问责失灵的困境。从问责主体的角度来加强元问责是走出这一困境的主要策略。首先，坚持党的领导，根据责权对等的原则，加强对当前高校内部权力问责主体的问责。十九大报告中指出，"党政军民学，东西南北中，党是领导一切的"。坚持和改进党对高校内部权力问责工作的领导，对当前主要的问责主体实施有效问责是提高当前高校内部权力问责有效性的根本保障。其次，拓展问责主体的范围并赋予这些问责主体必要的权力，构建有效的高校内部权力问责网络。当前高校内部权力问责主体的单一提高了问责失灵的风险系数。从风险防控特别是分散风险的角度来讲，当前需要从单一维度的问责走向多维度的问责，从单向度的问责走向网络问责。最后，大力推动问责文化的建设。当前高校内部权力问责的实践大都秉持结构功能主义的路径，重视结构化的政策或程序，但事实上结构化的问责路径只是提高问责有效性的必要条件。高校内部权力问责要落到实处，还必须将问责内化为问责主体的意识，在继续强化强制性问责的同时建立一种多主体主动参与的自愿问责体系，使得问责从象征性问责转向实质性问责。

---

[1] 联合国教科文组织：《反思教育：向"全球共同利益"的理念转变》，教育科学出版社2017年版，第59页。

第十一章

国外高校内部权力运行制约
与监督的案例分析

关于国外高校研究，我们主要以美国、英国、澳大利亚等几个高等教育发达国家的几所世界著名大学为案例，基于高校内部的校级、院级和职能部门的总体框架，分析其高校内部权力运行制约与监督体系的结构特点与运行机制。对于每个国家高校内部权力运行制约与监督体系的分析，并未采用完全相同的分析模型对这些国家进行研究，而是针对不同国家高校内部权力运行制约与监督体系的各自特点，有所侧重地从某一维度来进行深入剖析。由于国内外高等教育研究话语体系的差异，在国外的相关研究领域中很难有"高校内部权力运行制约与监督体系"所包含的一些关键词，但究其实质则体现在"大学治理"（university governance）的概念中。大学治理在本质上就是高校内部权力结构与运行的过程，而高校内部权力运行制约与监督则是大学治理的重要内容。

本部分的研究内容主要包括：（1）基于美国高等教育系统的结构特点，以威斯康星州的高等教育系统为分析案例，探究美国州级公立大学系统内部权力治理体系；（2）以英国一流研究型大学所组成的罗素大学集团为分析对象，探究英国研究型大学内部治理体系中院校权力关系的几种模式，进而分析这些模式下权力运行的主要特征；（3）以澳大利亚的研究型大学为分析对象，主要分析其作为研究型大学内部权力体系的董事会、学术治理的结构特征与运行模式；（4）以英美的几所著名大学为案例，分析世界一流大学内部院系权力体系的主要特征；（5）以几所世界一流大学为案例，深入分析大学内部权力制约与监督的风险防控体系的主要特点。该部分研究主要探究国外高校内部治理状况，以期对我国高校内部权力运行制约和监督体系的理论研究与改革实践提供一定的借鉴和启示。

第一节 美国公立大学系统内部权力体系研究

威斯康星大学在美国乃至世界高等教育发展历史上居于重要的地位，以服务社会作为大学第三功能的"威斯康星思想"即产生在这里。威斯康星州拥有两个独立的公立高等教育学院，分别由两个独立的董事会进行治理。其中，威斯康星大学系统董事会主要负责四年制大学与两年制学院；另一个是州级职业技术学院系统董事会，主要负责该州的技术学院。美国威斯康星大学系统（University of Wisconsin System，UWS）拥有 150 多年的历史，可以说是美国高等教育史上最悠久的和最大规模的公立大学系统。UWS 每年为约 18 万名学生提供高等教育机会，该系统的各学院中共有 4 万多名教职工。目前该系统共有 26 所分校，包括 2 所提供博士学位的研究型大学，即麦迪逊分校与密尔沃基分校，11 所提供本科和硕士学位的综合型大学，以及 13 所提供继续攻读学士学位的前两年课程的两年制学院。此外，该系统还有遍及全州 72 个郡县的教育扩展部。在本研究中，我们主要分析威斯康星大学系统中的 2 所研究型大学与 11 所综合型大学共 13 所四年制大学[①]。

基于利益相关者理论与分权制衡理论，以美国威斯康星大学为分析案例，通过相关的政策文件和研究成果以及专家访谈等方式，深入考察了威斯康星大学内部治理体系。在美国威斯康星大学内部治理体系中，体现为一个西方典型的以董事会、行政系统、学术系统的三角治理结构，涉及了包括（副）校长、（副）院长、（副）系主任、教师员工、学生、校外人员等利益相关者，他们在高校内部权力的职责划分与配置中具有各自的角色，在不同重大事务的决策过程中发挥着各自的权力，从而共同构成了美国公立大学中共同治理的网络图景。

一、公立大学系统的董事会制度

在美国公立大学出现之前，私立院校已经活跃了一百多年的历史，并从西方

---

① Offices of University of Wisconsin System，https：//www.wisconsin.edu/offices/.

国家，主要是从英国继承而来的外行人员管理制度，并在美国制度发展中产生了一定的演变与革新。与私立高校类似，美国公立高校内部治理结构体系也确立了外行人员参与的董事会制度。UWS 可以说是美国公立大学系统的一个缩影。

威斯康星大学系统的董事会制度，是由威斯康星州立大学系统与威斯康星大学合并而成的。可追溯到 1857 年依据威斯康星州立法而创办的州师范学院董事会。随着师范学院的人文社会科学的发展与文科课程的增加，191 年威斯康星州将师范学院升格为州立高等学院，至 1964 年进一步升格为威斯康星州立大学。1971 年，威斯康星州立大学与原威斯康星大学合并为新的威斯康星大学系统，即 UWS。在合并之时，威斯康星州立大学董事会仅有 14 名成员，其中包括 1 名当然成员（ex officio），即本州教育厅厅长（state superintendent of public instruction）。其他的 13 为成员是由州长任命，并由参议院批准的市民来充当的，通常是在社会上较有声望的人士，任期五年。原威斯康星大学是于 1848 年依据州宪法而成立的，当时董事会成员共有 10 名，包括 1 名当然成员，由州教育厅厅长担任，另外 9 名则是由州长任命的、参议院批准的成员，任期为 9 年。合并后的 UWS，是由统一的威斯康星大学系统董事会进行领导的，其董事会的结构与运行要符合州法令规定，各分校不再拥有各自的董事会与独立的治理机构。

（一）大学系统董事会的权力结构

董事会是大学系统的最高组织与法人代表。如果说董事会是美国大学治理结构的基石，那么董事会的职责则是构成这个基石的核心[1]。根据州法令的规定，董事会对整个大学系统的治理负有主要责任。在 UWS 的内部治理中，董事会的职责具有总括性与指导性等特点。具体而言，董事会确定大学系统内各个分校的运行目标，制定大学系统的管理政策与监管框架，任命大学系统的总校长与各分校校长，具有授予或撤销校长的行政权，审查与批准大学预算并向各分校拨款，并根据本州需求来制定教育规划，制定招生标准与政策及学位授予，以及授予大学系统教师的终身教职职位等。此外，董事会在建立大学系统监管框架的基础上，为各分校具体政策的制定提供指导方针和权力范围，同时也尽可能地确保各单位享有最大程度的自治权。

作为一种组织机构，董事会职能的实现更多地依赖于相互紧密联结的组织结构，而非个体之间的简单集合。诸如，董事会的人员构成、职位结构以及组织结构等，都对董事会职责的履行发挥着关键的作用。在人员构成方面，董事会成员

---

[1] 欧阳光华：《董事、校长与教授：美国大学治理结构研究》，高等教育出版社 2011 年版，第 125 页。

的构成与任命程序均须根据威斯康星州法令第 36 章中的相关规定来执行，包括制定章程的权力也是由州法令所赋予的。目前，UWS 董事会共有 18 名董事，这些成员均没有获得任何报酬。在董事会成员中，有两名当然成员，分别由州教育厅厅长与威斯康星技术学院系统的董事会主席或其指定董事，另外 16 名则是由州长以错位交叉的方式予以任命并需要经参议院的批准。在这 16 名成员中，有 14 名是校外人员担任董事（任期 7 年）、2 名为学生董事（任期 2 年），且这 2 名学生董事中必须包括 1 名为非传统学生。

在内部结构中，《UWS 董事会章程》规定了大学董事会成员的主要职责和所担任的角色。UWS 董事会设有 1 位主席（president）、1 位副主席（vice president）、1 位秘书（secretary）、1 位信托主任（trust officers）以及若干助理人员。这些人员主要负责董事会职责范围内的行政事务，且各有不同的分工，权责明确。其中，董事会主席在州长和所有立法团体面前扮演着董事会发言人的角色，任命董事会所下属委员会的成员，并作为当然成员与各委员会共同履行立法所规定的一切职责，与总校长、董事会秘书联合签署授予的文凭、合同及文书等。董事会副主席在主席缺席时可行使董事会主席的职责，并配合董事会主席的工作；董事会秘书负责例会通知、议程记录、完善与传达会议记录及掌管法人印章等。信托主任则主要负责系统内所有的信托基金的接收、管理及记录保存。相对于正式职位，信托助理人员的聘期比较短，仅为 1 年，如 2015 年 UWS 董事会聘用助理秘书与助理人员各 1 名[①]。

为了提高大学系统管理的效率与专业性，对系统运行的各个方面进行管理与监督，在组织结构方面董事会还设有 9 个常设委员会分别负责管理系统内的具体事务，如教育、财政、预算、人事、科研事务等。这 9 个常设委员会分别是教育委员会（education committee），商务与财务委员会（business and finance committee），资本规划与预算委员会（capital planning and budget committee），执行委员会（executive committee），人事事务审查委员会（personnel matters review committee），学生纪律与学生自治组织申诉委员会（committee on student discipline and student governance appeals），教师与学术人员集体谈判委员会（committee on faculty and academic staff collective bargaining），研究、经济发展与创新委员会（research, economic development, and innovation committee），审计委员会（audit committee）。这些委员会的具体职责可见表 11-1[②]。

---

① University of Wisconsin System. Fact Book. *University of Wisconsin System*，2015.

② Bylaws of the Board of Regents of the University of Wisconsin System，https：//www. wisconsin. edu/regents/download/BYLAWS – February – 2017. pdf.

表 11 - 1   **董事会各常务委员会权力职责**

委员会	职责
教育委员会	大学系统的教学、科研与公共服务；学术人员、学生服务与福利
商务与财务委员会	负责预算、财务、信托基金、商业运作及非学术人员相关事务；聘任投资顾问（经董事会批准），并赋予其适当的证券买卖权力
资本规划与预算委员会	考察大学系统内高校的实体环境；颁布两年一度的资本预算发展相关政策；为解决设施需求，探索新的资金战略；为资本需求制定合理的资金使用政策；审查长期发展计划与总体规划；勘查校园边界并授权房地产交易；审查、设计并授权资本项目建设；审查设备名称；处理报废设备；环境保护，物理安全及拆除建筑障碍等
执行委员会	在董事会休会期间执行董事会权力，做出执行命令与决定
人事事务审查委员会	负责教职员及其人事事务，包括聆讯要求、申请复审及向董事会上诉
学生纪律与学生自治组织申诉	处理学生纪律问题；帮助实现学生自治诉求
教师与学术人员集体谈判委员会	负责有关教师与学术人员所有的集体谈判事务
研究、经济发展与创新委员会	为加强大学系统对本州经济发展的整体贡献而制定政策与战略方案，并根据高校使命的不同重点支持其专业发展、推广及科研事务；关注与促进科研单位发展，加强大学在本州经济事务方面发挥的作用
审计委员会	监督所有审计相关事宜，包括系统内部和外部的；遵守法律法规；内部控制；企业风险管理；行为准则等

    依据《UWS 董事会章程》规定，这些委员会成员是由董事会主席在董事会每年举行的年度会议上进行任命的。在每个常设委员会中，董事会主席与副主席都是当然成员，且享有投票权。除了执行委员会主席是由董事会主席亲自担任之外，其他委员会的主席与副主席都是由董事会主席所指定。作为核心委员会，执行委员会在董事会休会期间与其具有同等的决策权与执行权，因此其人员的构成不仅级别较高，而且较为多样化。当前，执行委员会共有 9 名成员，包括董事会主席、副主席、5 名常设委员会主席（教育委员会，商务与财务委员会，资本规划与预算委员会，研究，经济发展与创新委员会，审计委员会）、前任董事会主席（如果前一任董事会主席不在，则由现任董事会主席任命一名董事来补充）以及 1 名由董事会主席指定的董事成员。为维护教职员与学生的利益诉求，董事会

还对负责人事事务审查委员会、学生纪律与学生自治组织申诉委员会的人数做了明确规定，规定这些委员会的成员不得少于 3 名。此外，根据现实情况的需要，经过各常设委员会的一致同意，董事会可成立特别委员会以处理特别的或专项的事务，而特别委员会的成员及主席也是由董事会主席来任命和指定的。

与其他分校的校长相比，麦迪逊分校与密尔沃基分校的校长具有一项特别的职责，即可根据董事会政策文件的相关规定，可以通过成立监事会（board of visitors）的方式，为 UWS 董事会、大学系统总校长以及各位分校校长提供帮助与建议，其成员主要是由现任的受邀监事和已被任命的其余董事所组成。如果在非正常的情况下，大学系统内其他分校的校长、威斯康星大学社区学院以及教育拓展部的校长也可建立监事会。董事会也可设立理事会（council of visitors）以商讨大学系统内普遍关注的问题，理事会成员由每个监事会指定的两名成员所组成。理事会的运作开支是由大学系统的行政管理机构负责。

（二）大学系统董事会的权力运行

董事会职权的行使主要是通过会议的方式，所有成员在会议讨论中对大学治理的重要问题形成共识，然后依据多数人的意见进行最终的决策。离开了董事会会议，董事会的权力也就无从体现与实施。威斯康星大学董事会，通常安排在每年六月初举办一场为期两天的年度会议，届时董事会主席、副主席、秘书以及信托主任均在董事会年度会议上以投票方式选举产生。董事会每年还会举行八次例会，其中六次会议是为期两天。每次的会议议程主要包括：审批或修改先前的会议记录，董事会主席、大学系统总校长、董事会常设委员会汇报、交流、审批与记录等活动。另外两次会议则较短，通常为期一天，主要进行的是专题讨论。在八次例会中，有四次会议需要在麦迪逊校区进行，其余的会议则在其他校区以轮流的方式举行。另外，董事会也可根据需要随时召开特别会议，但条件是至少有五名董事会成员或董事会主席提出要求，特别是会议要讨论的主题内容必须经过 2/3 以上董事会成员同意才能核准举行。经同意后，在会议举行 5 天前，会议经由董事会秘书通知到每一位董事会成员来按时出席。

董事会年会和例会往往都是由董事会主席负责主持，会议通知及记录工作是由董事会秘书进行的。董事会常设委员会应是由董事会主席所负责，可由委员会主席召集各常设委员会的会议，在至少两位成员的要求下也可由董事会秘书来召集，或者是应大学系统总校长的要求召集。董事会的其中 5 个常设委员会都要参加董事会例会，而其他委员会，包括任命校长的特别委员会、奖项遴选委员会以及人事事务与学生申诉委员会则根据需要举行会议。董事会及常设委员会会议的法定人数都是其多数成员。此外，根据州法令的规定，董事会会议应公开进行，所有的董事会会议记录及进程也都要公开接受有关部门的审查①。

二、公立大学系统的行政权力体系

董事会主要负责大学系统的总体战略导向，而将具体的发展政策、学术活动项目以及管理职责等委托给那些经过专业训练而有经验的人士，他们能在各自的学术、财政、管理、法律等方面提供必要的知识。威斯康星大学系统的行政系统大致可分为两个层次：一是以总校长（president）为核心的各个行政部门（administration），负责处理 UW 大学系统层面上的行政事务；二是以分校长（chancellor）为核心的各个威斯康星大学的内部行政治理系统，主要负责处理各个分校内部等行政事务。换句话来说，在威斯康星大学系统的内部治理体系中，UWS 董事会下设的行政办公机构，是以大学系统总校长为领导的各行政办公机构来处理整个大学系统的行政事务，而威斯康星大学内部的行政事务则由各分校校长及副校长、学院院长（dean）与系主任（chair）等主要的行政人员负责。

（一）总校长领导下的行政权力结构

UWS 的总校长是由董事会任命，主要负责执行董事会制定的政策并管理 UWS 及其行政管理体系，具体包括：（1）执行董事会制定的各项政策，向董事会各董事汇报工作；（2）为系统行政办公室寻找合适的人员，管理与协调系统内的各行政办公机构；（3）规划系统的方案、财务与实际发展及进行财务管理；（4）协调各学校之间的项目开发与运行；（5）编制和提议教育规划；（6）建立系统内广泛的监督政策，并对这些政策进行审查与评估；（7）审查各高校提交的项目计划方案，提交董事会讨论。为了保证职责履行中行政效率的最大化，总校长可根据需要设立副总校长（vice president）办公室，并为每一位副总校长办公室指派最适合的职能领域。这些行政办公室的主要职责是为大学系统行政办公机构的职能履行提供一定的行政指导与协调。副总校长的任命不仅是由总校长所授予，其任期也是由总校长所规定，不过总校长通常最多只能任命 4 名副总校长②。

为了有效地管理整个大学系统，UWS 设置了 8 个主要的行政办公机构，以管理大学系统内部的日常事务，充当系统内各个院校的对口支持者与资源管理者的角色，服务于各院校的同时也在行政事务方面领导各学校的行政事宜，行政办公机构的地点均设在麦迪逊。这 8 个主要的行政办公机构包括：董事会办公室

---

①② Chapter 36 *Uuniversity of Wisconsin System*，http：//docs. legis. wisconsin. gov/statutes/statutes/36. pdf.

（office of the board of regents）、总校长办公室（office of the president）、行政管理办公室（office of administration）、学术与学生事务办公室（office of academic and student affairs）、财务办公室（office of finance）、大学关系办公室（The Office of University Relations，OUR）、总法律顾问办公室（Office of General Counsel，OGC）、内部审计办公室（office of internal audit）①。

作为董事会的下设管理机构，各行政办公室主要负责州级高等教育系统的日常管理，旨在协助董事会与总校长制定与管理政策，并监督政策的执行，对专业开设、财务与系统建设发展进行规划，开展财务控制等。其职责主要涵盖5个方面：（1）制订战略计划，探究教学改进方案、新技术以及人口结构变化趋势；（2）确保资源的高效使用，与学生、纳税人、捐赠者以及其他资助者建立信任关系；（3）在功能与知识共享的前提下，促进系统内院校之间的深入协商与合作；（4）就UWS的活动与运作，与地方、州和联邦机构进行协调；（5）促进与其他公立及私立教育机构和系统、大学治理组织、企业、学生以及其他人员伙伴关系的建立，共同协商解决新挑战。各行政办公室的主要领导人员及具体职责见表11-2。

表11-2　　　　　大学系统中行政机构的权力职责

行政职责	主要内容
董事会	制定总的政策与规章制度，为满足未来的州高等教育需求进行规划，设定入学标准并制定入学政策，审查与批准大学预算，建立监管框架
总校长	履行总校长职责以及州法令或董事会政策文件中指定的其他责任
行政管理	负责各校的整体效率与效益；就有关事务运作、监督及战略规划的政策制定、解释和执行向董事会、总校长以及各个学校提出建议并提供领导人员；领导系统内广泛的项目；协助校长帮助董事会履行维护与增加公益信托的职责；帮助达成校园设施规划的共识
学术与学生事务	促进和确保系统内的学术质量，倡导资源的有效利用；就有关学术项目、教学与学生事务在制定、解释和执行政策方面向董事会、总校长以及系统内的学校提出建议并提供领导人员及服务
财务	负责系统内所有财务事务的组织安排，包括UWS的财务规划、财务控制、行政机构和董事会的政策审查、信托基金投资以及财务和非财务数据报告。办公室领导有责任为大学系统的财政真实性提供保证

① Offices of University of Wisconsin System，https：//www.wisconsin.edu/offices/.

续表

行政职责	主要内容
大学关系	提高公众对 UWS 及其学校的认同与好感，对公众记录的请求做出回应。大学关系工作团队与新闻媒体、民选官员、商业及社区领袖，以及其他重要的外部人员合作，并与 UWS 的行政管理机构、个别高校进行直接的合作
总法律顾问	为系统内所有学校以及教育扩展部提供综合性的法律服务；提供法律建议与指导；代表董事会、行政管理机构、高校以及系统内的行政人员及职工与州政府办公室和机构联络；审查与起草政策、合同；在行政听证时代表高校；在法庭诉讼时作为与威斯康星州司法部（Wisconsin Department of Justice）的联络员；为行政管理人员和职工提供法律培训
内部审计	为加强 UWS 及其下属学校的防卫与管理能力提供独立、客观的担保与咨询服务；确保系统执行与开展的程序、政策与实践是否与州法令及董事会政策保持一致

（二）麦迪逊分校的行政权力层级

麦迪逊分校（University of Wiscosin - Milwaukee，UWM）是威斯康星大学系统的主校区。威斯康星大学系统的每所分校都设有 1 名校长（chancellor）职位，校长由董事会任命，是所在高校的首席执行官。其主要职责是根据总校长的指导执行董事会政策，负责高校的方向与战略设定及领导决策制定等。作为高校的行政首脑，校长不仅负责校内几乎所有的行政事务，同时也对学术事务做出要求。总的说来，校长职权主要包括以下 5 个方面：（1）开展课程设计、制定学位要求、建立学术标准、建立评价体系；（2）为教师同行评价、任命候选人、晋升以及终身教职，确定和管理高校相关标准与程序；（3）推荐个人奖励；（4）管理相关辅助服务；（5）掌管所有资金的来源与使用。

校长的权力也是有限的。据威斯康星州法令第 36 章规定，校长无权擅自增设行政职位，但可从副校长（vice chancellor）、代理校长（associate chancellor）、校长助理（assistant chancellor）、副校长助理（assistant vice chancellor）等人员中选择一名人员担任教务长（provost），并在校长缺席时扮演大学首席执行官的角色[1]。作为大学的首席学术官与大学校长的首席行政代理人，教务长是校长在整个大学

---

① Chapter 36 Uuniversity of Wisconsin System，http：//docs. legis. wisconsin. gov/statutes/statutes/36. pdf.

学术领导事务与行政管理事务方面的代理人，教务长及所在办公室对众多的校园活动负有广泛的责任，为整个大学的学术领导及行政管理提供指导性愿景与发展框架，促进各个大学学术事务方面的合作。

校长以下设有教务长，以及其他专门主管财务、法律、医学、研究等事务职能的若干名副校长（Vice Chancellor）（如图 11 - 1 所示），他们在履行各自职能的同时也向校长负责。教务长的主要职责是：负责学院的课程设置规划、教职工发展、学生办公室、预算与招生、平等与多样性办公室、质量改进办公室等。医学事务副校长负责医学事务（vice chancellor for medical affairs），同时兼任医学与公共卫生学院院长（dean，school of medicine and public health）。作为医学与公共卫生学院的学术代表与首席执行官，需同时向校长与教务长汇报，主要负责领导医学与公共卫生学院的临床、教育以及研究活动，负责学院的学术与临床项目的战略管理，并监督其正常运行。

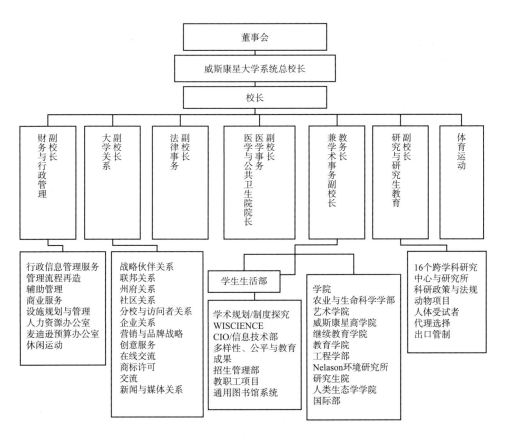

图 11 - 1　UWM 组织结构

财务与行政管理副校长（vice chancellor for finance and administration）是高校

的首席财务官，直接与校长、教务长配合开展工作，负责校园内一般的行政、预算、学生生活及其他事务，并在州政府、UWS 行政管理机构、董事会、私营部门和公众的预算和管理等方面代表大学，在各州和政府委员会以及当局面前代表校长；研究与研究生教育副校长（vice chancellor for research and graduate education）由校长任命，负责研究生院的管理与科研管理，领导研究事业的核心任务，解决高校研究事务的复杂问题，支持整个校园的研究生教育需求；大学关系副校长（vice chancellor for university relations）负责领导与交流、营销与品牌战略等相关工作，并负责与联邦、州和地方政府领导人、社区组织、工商业界以及校园访问者等关键利益相关者之间的合作交流；法律事务副校长（vice chancellor for legal affairs）是大学的总法律顾问，主要监管法律事务办公室与合规办公室、审查相关政策、协调法律代表的关系、并提供法律咨询与建议。

美国大学的学院治理是以院长为主的行政体系和以教授为主的学术体系的相互作用和制衡的结果①。在院系层级，行政权力主要集中在院长与系主任的手中。院长是学院的首席执行长官，院长须持有终身教职职称，由校长任命，主要负责学院的学术与行政事务；在行政方面，主要负责学院的行政工作，包括人事、专业设置、预算事务、学生事务以及安排并主持学院教师会议等；在学术方面，主要与学院学术规划委员会就有关学术事务进行沟通协商，确保学院的学术水平，并负责课程、专业结构调整等事务。此外，院长还需要就学院内的各种行政、学术事务，与有关领导、部门保持沟通，充当学院发言人的角色。

在大学治理中，系主任是大学底层的关键领导角色，在影响教学、科研以及服务使命等方面都发挥着举足轻重的作用。作为系的行政领导，系主任的职责主要有：（1）就影响到整个系的所有事务，扮演着系与校长、院长、其他大学官员或系之间的官方沟通渠道的角色。（2）负责召集系教师与系执行委员会的会议，并主持会议。经系中任何 2 名成员的请求，可召开会议。每个系每学期至少召开一次会议。（3）负责系里所有的公务信函及其他大学刊物等。（4）确保系里所有必要的教学、研究与公共服务记录都得到妥善保管，且能让有关管理机构随时获取。（5）向院长汇报系相关的活动与需求。（6）负责系里所有的物资用品。（7）将系通过的开设新课程、对现有课程的重大修改及取消课程的提议提交给学院或大学课程委员会。（8）在系或执行委员会处于休会期间，在紧急的情况下可采取紧急行动。此外，对于那些并非系但其职能相当于系的单位，这些单位中的预算与教师人事事宜均由一个行政主管进行管理。同时，这些单位的教师成员可选择对他们的行政主管进行评估，评估形式与程序需经单位中教师的同意，并匿名进行。

---

① 李立国、张翼：《美国研究型大学学院治理模式探析》，载于《清华大学教育研究》2016 年第 6 期。

（三）大学系统的行政权力运行体系

在威斯康星大学系统的内部治理体系中，董事会拥有最终的决定权，是大学的最高治理机构，各高校不再设立大学董事会或其他的校级治理机构，行政权力体系主要负责执行董事会所颁发的政策，在董事会的领导下进行治理大学，但这种治理权力不能侵犯董事会的权威。威斯康星大学的行政治理体系是以总校长为核心，总校长与分校校长负责执行董事会的政策，管理大学系统各分校。总校长向董事会负责并须向董事会的18名董事成员汇报工作，系统的行政办公机构向总校长负责，协助董事会制定、审查政策，规划系统发展。副总校长、校长以及总法律顾问（general counsel）向总校长汇报，其行政权力运行关系如图11－2所示①。

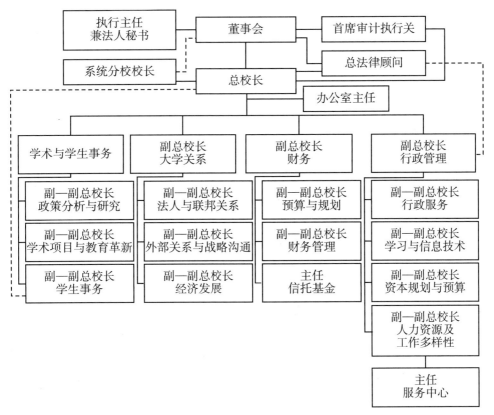

图 11 −2　UWS 行政管理组织结构

---

①　University of Wisconsin System Administration Organizational Chart，https：//www. wisconsin. edu/down-load/UWSA − Presidents − Leadership − Sept − 2016. pdf.

在美国，对一位大学校长而言，没有什么关系比他与董事会之间的关系更重要①。在威斯康星大学的行政治理体系中，在大学校长与董事会之间还存在一位系统总校长，形成"董事会—总校长—分校校长"的主线关系。例如，分校校长的工作绩效应该由总校长按照年度进行评价，每年分校校长都要向总校长和董事会同时递交一份前一年的工作总结和未来一年的总体规划②；又如，若由高校提出或与高校相关的一个新的项目计划，所在高校校长提出建议之后提交给总校长进行核查，在确保该计划是按照高校治理的既定程序之后，再由总校长上交董事会批审批通过。无论是公立还是私立院校，遴选校长都是董事会的重要职责之一③。在遴选总校长、分校校长的过程中，也明显地体现出这一层级关系。

UWS总校长是由董事会任命，而遴选总校长的程序则是由董事会主席、董事会副主席以及董事会执行委员会的其他成员协商确定。在选拔分校校长的过程中，董事会与总校长是共同参与的。首先，由董事会主席任命成立一个董事会特别委员会（special regent committee），就大学校长的任职资格向系统总校长提出自己的意见，并与总校长进行商榷。总校长则负责任命成立遴选委员会（search and screen committee），由遴选委员会寻找合适的人选，组织面试并提供候选人名单。随后，在遴选委员会、特别董事会委员会以及总校长的联合会议上进行讨论，在确定最终的候选人后推荐给全体董事，由全体董事会批准并任命。

作为高校的对外发言人，校长需要向总校长和董事会汇报大学的具体运行与管理情况。此外，董事会主席在与董事会副主席及董事会执行委员会成员协商后可任命一位临时总校长，而且如果没有董事会主席的书面授权，临时总校长不得参选正式的总校长竞选程序。总校长是系统的总行政管理者，是协助董事会的直接、核心的行政人员，一方面要对UWS的运行与管理负有全部的行政责任，另一方面需向董事会负责。另外，总校长也有向董事会上诉的权力。若总校长决定的事项，董事会不予考虑，在这种情况下总校长可直接向董事会主席提出上诉。

UWS的行政办公室位于董事会与总校长之下，同分校校长一样，都需向总校长负责并汇报工作。总校长在遴选行政办公机构的高层领导以及分校校长过程中享有很大的权力。当行政办公室的领导职位出现空缺或即将空缺时，由总校长任命成立一个遴选委员会，遴选委员会中必须有教师、职工、和（或）学生等大学治理的利益相关者代表。遴选委员会根据由总校长与相应董事会常设委员会协

---

① ［美］埃伦伯格：《美国的大学治理》，沈文钦，张婷妹，杨晓芳译，北京大学出版社2010年版，第3页。

② 徐来群：《美国公立大学系统治理模式研究》，上海交通大学出版社2016年版，第98页。

③ 丁笑梅、关涛：《校长与董事会：美国大学治理结构中的核心关系研究》，载于《教育科学》2012年第6期。

商确定的职位说明来寻找候选人，并在组织面试后向总校长提交一份候选人名单，由总校长对最终的候选人进行考察并面试。对于最终计划录用的人员，总校长还需向相应的董事会常务委员会进行推荐。就首席审计执行官（Chief Audit Executive）而言，则是由系统总校长与董事会审计委员会主席联合任命的。

在院系层级，威斯康星大学的行政治理体系主要以院长和系主任为中心，虽然系主任由选举而产生，但院长对系主任的任命具有最终的决定权。系主任将系里有投票资格的教师，以及被邀请参与选举的学术人员的投票结果提交给院长。如果院长对当选系主任不满意，他（需经与系、校长、教务长及校务委员会协商，并经教务长同意）可以从系的终身职员，或其他系里具有终身教职的教师人员中任命一名系主任。此外，院长也可选择一名助理教授担任系主任，但院长需要向系、校务委员会以及教务长阐述原因。系主任任期为 1 年，可无限期连任。

三、公立大学系统的学术权力体系

作为学术组织的学术人员，教师是大学治理中应体现出应有的地位。一所大学里最重要的支持者可能是其教师，多数大学的教师在参与学校事务，尤其是院系级的事务时，往往发挥着关键的作用①。董事会作为法人代表，在大学治理中掌握关键的决策权力；以总校长为首的行政治理体系负责处理行政事务，执行董事会决策；由教师组成的学术评议会则掌握学术权力，主要负责学术事务。

大学教师地位的提升，关系到教师在大学重要决策中的话语权，是大学能否实现有效治理或"善治"的重要前提②。威斯康星州法令第 36 章规定各分校教师有权根据董事会、系统总校长和大学校长确定的责任与权限就有关学术和教育活动、教师人事事务的政策制定与审查等向校长提出意见。《UWS 行政规章》规定了教师的任命类型、晋升、评估、解聘、辞退、申诉等相关事宜。威斯康星大学的教师主要是指那些持有教授、副教授、助理教授以及讲师职位级别的学术人员。教师的任用主要分为两类：试用期教师与终身教职的教师。每所高校聘任全职教师的最长试用期是 7 年，而兼职教师的试用期限或许较长一些。根据教师先前在本校或其他高校的就职年限的情况，也可以缩短试用教师的试用期限。此外，任命的教师也可不经过试用期而直接被任命为终身教职人员。政策对于终身

---

① ［美］詹姆斯·杜德斯达、弗瑞斯·沃马克：《美国公立大学的未来》，刘济良译，北京大学出版社 2006 年版，第 125 页。

② 刘仿强：《论美国大学教师地位的变迁》，载于《中国高教研究》2016 年第 4 期。

职位的聘任没有单独的规定，主要是取决于其服务年限。

威斯康星大学教师有权决定自身的治理架构，并选择教师代表参与到大学治理中，也可同时担任行政职务。在威斯康星大学内部，教师自身治理的机构主要是由教师组成的学术评议会，大致可分为校与院系两个层级。由于学术评议会主要设置在各高校内部，为了更加深入而具体地探讨学术治理体系，本部分主要以麦迪逊分校为例来分析威斯康星大学的学术治理体系，从中窥探威斯康星大学内部治理体系中学术评议会的职责、成员构成以及日常运行等。

有关学术评议会的组织机构、成员构成以及遴选等均在《教师政策与程序》有明确的规定。威斯康星大学的校级学术评议会，主要包括大学教师评议会（faculty senate）、校务委员会（university committee）以及其他若干教师委员会（committees of the faculty senate）。在院系级的层面上，主要的治理机构包括院系的学术规划委员会（academic planning council）、全院教师大会、系执行委员会以及学科门类执行委员会（executive committee）等。

（一）教师评议会的权力结构

教师评议会是大学教师代表和学校行政管理体系取得沟通交流的重要平台与渠道，也是校长、教务长和副校长的重要咨询机构。可以说，教师评议会是美国大学普遍设置的全校范围内教师参与大学治理的机构[1]。在董事会的授权下，教师评议会代表全体教师参与高校治理，发挥重要的咨询、审议和立法职能。教师评议会是教师权力的代表机构，代表教师参与高校治理，并通过选举代表就影响大学利益的学术、教育以及人事事务方面的问题向大学行政人员提出建议。

除非教师评议会通过立法建立一个独立的执行委员会，一般由校务委员会担任评议会的执行委员会，成员均由教师来担任。作为教师评议会的执行机构，校务委员会的职责较为全面，在管理高校教师的诸多日常事务方面权力较大，主要职责包括：（1）讨论有关大学教育利益或政策问题；（2）主动向教师或与教育政策相关的行政机构提出自己的研究与建议；（3）对涉及教师在跨系组织或重组以及跨学科教学、科研与服务项目，新学院的设立或涉及重大教育项目的机构等方面做出决定的程序提出建议；（4）考察由董事会、监事会、各学院或教师委员会、与大学有关的其他机构或个人采取的与任何大学相关的行动；（5）就预算事项与相应的行政人员协商；（6）为全体委员会商讨有关教师一般利益问题准备议程；（7）及时向教师汇报事项的完成、进展或规划；（8）对遴选委员会教师成

---

[1]　熊万曦：《冲突与合作：美国研究型大学教师评议会运作机制的案例研究》，载于《高等教育研究》2012年第7期。

员的任命以及这些委员会采用的程序提出建议；（9）与校长协商后任命教师委员会成员；（10）担任教师成员的申诉委员会（grievance committee）；（11）保持教师与其他共同治理主体之间的联系。

除了校务委员会外，隶属于教师评议会的委员会数量也较多，其治理范围几乎涉及高校治理的所有方面，不仅涉及学术、科研、预算、大学规划、教师申诉等事务，同时还涉及大学交通、信息技术、图书馆等其他的领域。在人员范围上，既包括校内的主要利益相关者如学生、大学职工、学术人员、院长、教务长、校长等，也包括已退休人员、校友以及本州官员等其他利益相关者，例如财政危机事务的教师咨询委员会处理行政部门、学生、学术人员、教师、高校工作人员违反大学的规则与政策，以及由财务危机造成的教师解雇等有关申诉与上诉问题。有关教师评议会下属委员会的信息择其要者列至表11-3。此外，还包括负责提出研究计划建议、协调高校内部研究资源的大学研究委员会；提供咨询并负责监管高校肯定性行动与合规问题的平等与多样性办公室的咨询委员会；审批新课程、提供课程审查的大学课程委员会；就学生生活的各个方面向学生处处长、教师评议会、行政管理机构提出的建议学生处处长办公室咨询委员会；接收并处理来自研究人员（包括教师、职工、在职培训员工、学生）关于对其研究行为造成不利影响的高校流程、政策与程序的咨询与投诉研究的安全与合规性监管委员会等。总体上，学术委员会充分体现了所有学术事务等相关的权责。

表11-3   **教师评议会的下属委员会的权力职责**

委员会	职责
预算委员会	就高校预算问题，长期财政战略，州两年期预算提案以及对学院和学科门类委员会拨款方面的事项向校长、教务长以及财务副校长提出建议；就预算影响及在预算问题上的公众立场问题向共同治理执行委员会提出建议；和财务副校长定期会面；为学院、系提供预算咨询；就有关学校层级的预算事项与其他委员会（如大学规划委员会）商议或向其提出意见；向相关机构执行委员会汇报工作
大学规划委员会	就长期发展规划，建筑物选址，美学标准，与研究、教学、休闲、停车与交通以及其他大学职能的相关设施事项向校长提出建议
任命委员会	任命教师委员会中的教师成员；与校长和教务长协商后，任命教师委员会的主席；为教师委员会空缺职位选举，提名教师成员；在教师秘书协助下，掌握每名教师在治理，任职于其他委员会的教师遴选的信息等；来自每个学科门类委员会教师的成员每年至少与各自所在学科门类执行委员会讨论治理服务的教师选择问题

委员会	职责
教师薪酬与经济利益委员会	关注教师经济利益的提高；为教师、教师研究的经费需求做出准备；为教师评议会做准备，向行政管理机构、董事会、州长及州议会传达教师薪酬与经济利益的相关建议；在讨论会、听证会等场合代表教师提出教师在对待教师薪酬与经济利益方面的政策建议与需求；与学术人员委员会协调工作，确保行动一致
教师权力与职责委员会	处理由教务长提出的对教师不当行为的指控，并提出解决建议；担任解聘教师的审查委员会（review committee）；担任因财政危机而造成的裁员案件的听证委员会；在教师辞退案中担任听证委员会
遴选委员会	决定空缺职位的候选人，并向校长提交候选人名单，并向校长和校务委员会汇报其进行审议的方式
大学学术规划委员会	就重大项目决策、长期学术规划及与校园发展相关的预算政策向校长、教务长提出建议；解决大学学术问题并为教师参与长期规划提供机会，支持并开发起跨学院的学术问题研究；确保对开设新课程的申请进行合理审查并加以考虑；采纳系、学院关于设立新专业、学位、变更学位名称的建议；对建立或废除系以及学术课程评估提出建议；课程考核与审批、考察与审批学位名称、监督并更新课程审查程序、评估与审批设置新课程等

（二）教师评议会的成员构成

威斯康星大学教师评议会负责学术事务，其成员也主要是学术人员。具体而言，包括两大类：当然成员和选举产生的成员。其中，选举而产生的成员是主体（一般由教师组成），确保了学术共同体对学术事务的有效控制；当然成员包括校务委员会成员，还包括校长与所有副校长、学院院长等行政人员。教师评议会主席由校长担任，秘书由教师秘书担任。若校长无法履行自身职责，则由教务长来完成；若校长、教务长都无法履行职责，则由校务委员会主席来履行。

大学教师评议会议员是以选区为单位，通过选举方式选出的。在选区的组织和分配中，不少于 10 名投票教师成员的系可以作为一个选区。没有达到 10 名投票成员的系可以合并组成一个选区，但组合后的人数也应多于 10 名。在某些情况下，多于 5 名但少于 10 名成员的系也有权选举 1 名议员。那些没有 5 名教师成员的研究所，可以不经过它们自己的同意而对其进行适当的组合。每名教师只能隶属于一个选区。如果一名教师在两个或更多的系持有聘任职责，该教师只能选择其中一个作为其投票选区，并在确定最终的所属选区后告知教师秘书。

在通常情况下，选区人员最多的系主席就是所有选区的主席，主席需监督选举并及时向教师秘书确认结果。选区有权从其成员中选举议员，除了当然成员之外，任何教师人员都有资格参与选举，每 10 名投票人员中可选出 1 名，议员任期为 3 年，可连任一次。为了保证工作的连续性，当选议员还可从各自选区中指定一名替代者在其缺席时履行其职能。另外，为了保证选区构成的合理性与均衡性，教师秘书每 2 年向校务委员会上报一次选区内的人员信息情况，并在必要的情况下提出可行的重新分配建议。此外，为了保证教师评议会人员数量上的稳定性，校务委员会在重新分配选区时，还应保证每年选出的议员人数尽量相等。

校务委员会是由教师成员所组成，并通过选举的方式而产生。其他教师委员会成员的选择方式则较为多样，各下属委员会成员通常都包含有一定数量的教师、学术人员、学生、大学职工以及当然成员（通常是其管理的直系上级领导），有的委员会也吸纳了校友、社区代表、州政府官员人员等。除了当然成员之外，教师、大学职工、学术人员、学生主要由各学科门类执行委员会选举，或根据各治理群体的内部程序选举产生，或者由校务委员会进行直接任命等。

（三）教师评议会的权力运行

在通常情况下，威斯康星大学教师评议会在学术年每个月召开一次例会，评议会会议由校长主持。经校长或校务委员会的要求，或者是任何 15 名以上的评议员向秘书提出书面申请，教师评议会也可召开特别会议。经过校长的慎重考虑与校务委员会的同意，不仅可以变更会议通知中的时间与地点，而且如果没有重要事情需要商讨，还可选择取消例会。会议议程由校长联合校务委员会准备，由秘书在会议举行至少 5 天前将评议会例会或特别会议的通知发给每一位教师、议员、系主任与院长等。在评议会会议举行三天前，评议会议员或其他教师成员，可以将议题提交给教师秘书，议题文件在举行会议前发给每一位议员。未列入会议议程上的事项，由出席议员的 2/3 表决通过才可加入会议议程。

在校长、教务长、或校务委员会主席汇报工作之后，每次会议至少有 20 分钟的问询时间。评议会成员与出席会议的其他教师成员，都可以向校长进行提问。在提问时间内，会议由校务委员会主席主持。提问时间结束后，评议会议员或其他出席的教员需按顺序向执行委员会主席提出问题。有关教师评议会政策与程序的修改，需要由出席和具有投票权的 2/3 的议员投票通过才可被核准。一般情况下，只有选举出的议员和作为当然成员的校务委员会成员才具有投票权，由 2/3 评议员出席并投票就可以结束讨论。在出现投票平局时，会议主持者才可参与投票，决定最后结果，结束争论。此外，为了保证会议的正常进行，确保议员职责的履行，每次会议都会统计人员的出席情况，由教师秘书负责会议考勤工作，无故缺席 4 次例会的议员将会受到惩罚，甚至罢免职位。

四、公立大学内部权力的共同治理体系

（一）公立大学内部权力体系框架

有效的治理要求大学必须通过开放的治理结构充分包容利益相关者，在伙伴关系的框架下，通过各利益相关方的积极参与实现大学的共治与善治①。威斯康星州州法令第 36 章规定，不仅教师（faculty），而且学术职员（academic staff）以及学生（student）群体，都有权力以自己的方式组织起来并选择代表参与到大学治理中。2012 年，董事会发布的第 20 – 20 号政策文件又指出，各分校的大学职工（university staff）也有权直接参与到高校决策与政策制定中，并参与到大学治理，同教师、学术人员、学生一样有权力以自己的方式组织起来，以及选择各自的代表来参与到高校治理之中。共同治理的重要原则就是大学的重要利益相关者在大学的重要决策事务上拥有话语权，成为大学的权力主体②。

威斯康星大学采用的是典型的共同治理模式，其内部治理的主要利益相关者包括行政人员、教师、学术人员、大学职工及学生这五类人员（见图 11 – 3③）。以麦迪逊分校为例，依据其官方网站中的规定，在高校治理中参与麦迪逊分校治理的相关利益主体除了上述提到的董事会、行政系统与教师的评议会系统之外，学术人员、大学职工以及学生也是共同治理中不可或缺的重要组成部分。其中，《学术人员政策与程序》《大学职工代表大会章程》《麦迪逊学生联合会章程》等文件都详细规定了学术人员、大学职工与学生的组织架构、成员选举、参与治理的方式与途径、会议举行等条款。

共同治理能够体现各主要利益相关者的权力，使其都能够参与到大学学术、研究、校风、多样性、人力资源等领域，以及其他全校范围内的事务中，进行共同决策。大学治理必须要有各种各样的利益代表，这样大学治理才能够有效地承担其许多重要的职责。威斯康星大学内部的共同治理不仅体现在每个相关利益群体都有权以自己的方式进行组织并选择代表参与到高校的决策制定中，而且还体

---

① 王建华：《重思大学的治理》，载于《高等教育研究》2015 年第 10 期。

② 赵丽娜：《共同治理视野下的美国州立大学内部权力制约机制——以弗吉尼亚大学为例》，载于《高教探索》2016 年第 3 期。

③ Shared Governance at UW – Madison，http：//acstaff. wisc. edu/wp-content/uploads/2015/03/Shared – Governance – Flow. pdf.

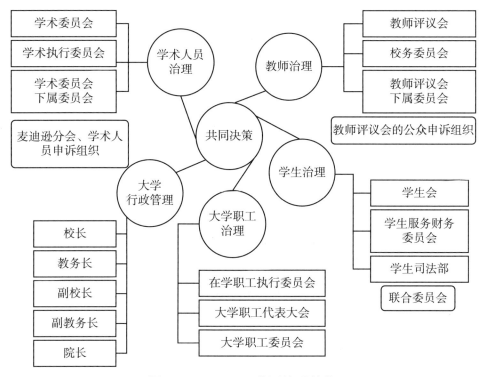

图 11 – 3   UWM 共同治理结构

现在各相关治理群体都下设有联合的或共同治理委员会（joint/shared governance committees），包括以教师为主体的大学规划委员会（campus planning committee）、以学术人员为主体的联合治理委员会（joint governance committees）、以学生为主体的共同治理委员会（shared governance committee）、以大学职工为主体的联合治理委员会（joint governance committees）。各委员会都整合了高校的行政人员、教师、学术人员、大学职工、学生代表等各个利益相关者，进而共同商讨和解决校园内的普遍问题，并向校长、教务长、财务管理副校长或其他指定人员就高校治理提出建议。

联合/共同治理委员会，为各个治理主体共同制定大学政策、审批预算、监督校园各院校及相关委员会的运行等方面提供了良好的参与平台。在威斯康星大学内部治理中，各利益相关者能够在多种事务问题上通过各种渠道与方式共享大学治理。在行政与学术事务的协调方面，学术评议会成员包括教师和其他主要的行政管理者，一方面能够充分反映教师的意见和建议，另一方面行政机构被鼓励向校务委员会征求建议，校务委员会也可直接向行政机构提出建议，或将问题提交给教师成员讨论。在财务事务上，隶属于教师评议会的预算委员会，其成员不仅包括教师、校长、教务长、财务副校长，还包括学术人员、大学职工、学生等。此外，预算委员会不仅向教师评议会进行汇报，还需向学术委员会、大学职工代表大会、学生联合会及这些机构的执行委员会汇报工作。

在有关学术人员的政策制定与程序确定方面，《UWS 行政规章》规定这些事务都要由校长与委员会协商（在某些情况下，也可与教师和学生组织）共同制定。各个高校制定的学术人员相关的人事政策与程序，只有在经总校长批准并送交董事会批准后才具有完全的效力。此外，州法令还规定，教职员工可通过某种方式成为学术研究人员，并参与学术人员委员会的选举程序中。

总的来说，美国公立大学内部权力的治理体系主要分为三个子体系，即董事会决策体系、以校长为首的行政权力体系、以教师评议会为代表的学术权力体系。这三个子体系之间彼此交织且相互牵制，并全部接受来自公众的监督。此外，根据利益相关者理论的观点，可看到美国大学内部权力体系有着良好的共治模式，除董事会、大学行政人员、教师这三种主要的大学治理相关者之外，学术人员、教职员工、学生等核心利益相关者也共同参与到高校内部治理中。

美国公立大学内部权力体系具有明显的层次差异性。在州级大学系统的层面上，董事会掌握着决策权力，由董事会负责总体的事务管理，并在保证各单位享有最大程度自主权的前提下建立整个系统的监管框架。大学政策的执行权力主要集中在以总校长为首的行政权力体系中，由系统总校长和各个行政机构负责执行董事会的各项政策，管理整个大学系统的主要事务。而分校校长作为各校的行政首脑，主要是根据总校长的安排执行董事会的各项政策，管理所在的高校。

各公立大学在系统层面上共享一个董事会和一个以总校长为中心的行政权力系统。相对而言，学术权力则呈现出底部沉重的特点，在大学权力体系中明显下移，其学术治理组织均设在各公立大学内部。在大学内部，以校长为首领的大学行政人员、教师与学术人员、大学职工、学生等均作为大学治理的重要参与者可自主决定自身的组织架构，选择各自的代表参与大学决策制定。在分权的同时，加强权力之间的制衡。在院系层级，学术评议会在与院长相互制衡，还设立学科门类委员会为学科合理规划与发展，为院系学术事务处理提供良好的平台。

（二）美国公立大学内部权力体系的特点

通过前面以威斯康星大学系统为案例，对总的大学系统和麦迪逊分校进行解剖麻雀式的个案分析，可窥探出美国州级大学系统内部权力体系的主要特点。

1. 等级体系确保权力的制约与监督

正如伯顿·克拉克针对大学治理的层次问题所认为的那样，"分析各层次权力，逐级认定决策领域，以便确定在各层次哪些团体拥有主要的影响，使用哪些控制手段等"威斯康星大学治理体系正体现出了明显的层级特征。

按照首要责任首要权力原则，在美国公立大学治理体系中每一层次各利益相关者的权力有所不同，并反映在与之相对的职责分配中。在最顶层，也就是在管理所有高校的系统层面上，权力主要集中在董事会，总校长、系统行政机构等主要利益相关者手中。作为各高校的最高权力机构，董事会主要负责系统的使命规划、政策制定，高层领导的任命等，以总校长为中心的行政办公机构主要负责系统的行政事务，管理高校，执行董事会的各项政策。在涉及各公立高校治理层面上，体现了高校行政人员、教师、学术人员、学生及大学职工等主要利益相关者之间的共同治理，分权制衡。高校每一治理主体都可决定各自的组织架构及管理流程，并同时通过各种方式共同参与到大学治理中。校长作为各分校的行政领导向董事会、总校长负责，贯彻上级机构方针政策；教师、学术人员、大学职工、学生通过成立教师评议会、学术委员会、大学职工代表大会、学生自治组织等在负责处理自身事务的同时也任命各自群体的代表参与到大学治理中。

在院系层级，体现了以院长和系主任、教师为主要利益相关者的行政权力与学术权力之间交叉的分权制衡关系。院长作为行政与学术领导，一方面负责总体的行政事务，服务于教师，另一方面又担任教师群体的学术顾问，与教师一同处理有关高校的学术事务。由此可见，大学权责分层的内部治理体系很好地解决了决策质量与执行效率之间的问题，在系统—校—院—系各层级构成了董事会、总校长、校长、教务长、学院院长、系主任这样一条清晰的行政管理主线，保证决策质量与执行效率的同时又保证了教师、学术人员、大学职工、学生这些利益相关者能够共同参与到高校治理中，从而在分权与制衡中保障多方参与，完善大学治理。

2. 共治模式保障不同权力得以体现

美国高等教育的共同治理模式早已为人们所公认，美国公立大学在内部治理的权责分层过程中又实现了各利益相关者之间的共同治理。大学治理是利益相关者就主要关注的问题进行决策制定的过程，美国研究型大学的成功得益于其独特的共同治理模式[①]。

在美国公立大学中，共同治理使得教师、学术人员、大学职工、学生等主要利益相关者有多种机会参与高校重大决策的制定，或通过任职于一个共同治理组织、或任职于其下属委员会或为其提供代表人员等。即使在系统层级，教师、学生也积极参与到系统高校治理中，例如，选举学生代表进入董事会；在遴选系统高级行政领导人员时必须有教师、学生代表参与等。在大学内部，共同治理模式

① Liu H. The Change and Steadiness of the Shared Governance Mode in American Research Universities. *Journal of Higher Education*, 2013.

更为明显，除大学行政人员本身就享有行政管理权力外，教师、学术人员、大学职工、学生均有权按照自身的群体特性设计组织架构并制定执行程序，并在下属委员会中都设立共同治理委员会，以便与高校其他人员共同商讨高校人员共同关注的普遍问题。在院系层级，通过设立院学术规划委员会、系执行委员会、学科门类执行委员会等类似二级教代会的组织机构在保证教师学术治理的同时对院长、系主任、学科门类委员会主席权力也有所制衡。

共同治理不仅体现在相关治理主体的权力共享，同时更体现在各群体之间的权力制衡。例如，几乎所有的学术评议会、学术人员委员会、大学职工委员会都有行政管理领导成为其当然成员，并负责主持会议等；上级有监督管理下级的权力，但下级人员如总校长、校长、教师、学术人员、大学职工、学生等都有就特定事件向相关委员会或董事会上诉的权力；有教师成员的大学职工委员会在召开会议时，大学职工秘书需将大学职工代表大会的相关会议文件资料发送给教师秘书；教师可通过院系学术规划委员会、执行委员会制约监督院长、系主任的权力行使；学生自治组织有权选举代表任职于教师委员会，参与教师事务管理等。

此外，公立大学内成立共同治理委员会为所有的利益相关者共同治理高校成立了专门委员会。教师评议会、学术委员会、大学职工代表大会、学生自治组织等都下设有共同治理委员会，以联合其他治理群体就大学中共同关注的问题进行讨论协商，例如，其中隶属于大学教师的大学规划委员会就是联合教师、学术人员、学生自治组织成立的一个共同治理委员会，以解决共同关注的问题，其内部成员由来自学科门类委员会、大学委员会、学术人员、学生联合会、大学职工的22名代表构成，委员会主要就大学的长期发展规划，建设与重点改造项目、选址、土地利用及有关的规划问题向校长与教务长提出建议，并负责制定大学两年一次的资本预算与六年发展规划。

总之，美国公立大学的共同治理模式不仅在制定监管框架的过程中尽量保证了下级机构的自主性，保障了各治理主体的权力共享，各司其职，同时又通过相互制衡，使得各利益相关者群体相互依存，从而实现内部治理的协调一致，保证了治理过程中决策的科学性与执行的高效率。

3. 运行程序成为规范权力的制度笼子

治理包括用法律来规范和协调影响人们的行为，研究发现在美国公立大学内部治理过程中，不仅有总体性的规章制度规定各校的大体治理概况与程序，而且针对治理的每一利益相关者群体也都制定了适合各相关群体适用的详细程序规章与管理制度。

在威斯康星大学治理的总体层面上，一方面，董事会制定的政策文件涉及32个部分，对大学使命、问责/评估、学术政策、环境保护等进行了总体性的概括；另一方面，UWS 也制定了总体性的行政规章制度《UWS 行政规章》对内部的人员招聘、解雇、上诉、机构设置等作出了大致的规定。董事会制定的政策基本上是给各分校提供指导原则和范围，各个分校再据此制定自己具体的执行政策。在公立大学内部，共同治理的各利益相关者教师、大学职工、学术人员、学生自治组织等在遵守董事会政策、行政规章的条件下制定《教师政策与程序》《学术人员政策与程序》《大学职工代表大会章程》等规定了内部人员的具体职责、下属委员会的建立程序、委员会成员及主席产生方式、任期长短、罢免、空缺职位填补等。在院系层级，每个学院委员会都是采取规章管理委员会议程的相关事项，包括事项怎样由一名委员会成员被添加到议程中，怎样向学院教师提供恰当的委员会会议摘要，以及怎样向学院教师通知委员会的成员身份等。

公立大学内部有着详细且系统的制度规范，制度的完备与细致为其大学治理的运行提供了牢固的制度保障。美国公立大学内部治理不仅制度完善、程序完备，且公正合理。不仅有为教师、学术人员等设置的各种申诉委员会、审查委员会，同时也设立教师权力与职责委员会、公正听证小组等听证委员会，审查、复议程序规范合理、公平公正，既有基本的复议程序，也有上诉委员会制度。另外，在保证程序规范公正的同时，其高校治理内部的程序也更为合理，例如，当威斯康星大学的校长职位出现空缺时，负责确认大学校长任职资格的董事会特别委员会在提出自己的意见之前会到学校进行实地考察，并通过与学校内部人员的沟通来把握学校的特点与独特需求，保证了校长与高校之间的对接与融合。总之，美国公立大学内部各利益相关群体之间在高校治理中的分权与相互制衡在制度层面有着坚实的基础，从程序上规范了权力配置，保障了利益相关者的权力行使。

4. 治理体系吸纳学生群体的民主参与

有效的大学治理应能够吸纳有关大学治理的各种利益相关者。其中，学生是大学的重要治理主体，学生个体及其由学生组成的组织是高校治理中不可忽视的构成要素。学生参与是现代大学共同治理的重要内容，其合法性在于学生参与有益于高校善治的实施[①]。在美国公立大学内部治理体系中，学生在各个层级都发挥着重要作用，州法律中明确规定学生自治组织有权决定自身的组织架构并选择代表参与到学校治理中。

学生参与高校治理主要有两种方式：一是完全由学生组成的正式组织参与大学治理；二是学生代表在学校管理机构中行使治理权力[②]。在大学中，一方面，

---

① Dong X. Student Participation in the "Shared Governance" of Modern Universities. *Global Education*, 2015.

② 马培培：《论美国大学治理中的学生参与》，载于《高等教育研究》2016 年第 2 期。

由学生组成学生联合会代表学生参与整个大学的治理，且学生联合会内部也设有学生会、学生财务服务委员会、学生司法部等学生自治组织负责具体事务；另一方面，学生自治组织也有权依据程序选举代表到系统与高校的各个委员会中，在教师委员会中学生人数的比例甚至与学术人员、大学职工基本持平，有学生参与的委员会数量众多，且涉及学术、校园规划等高校治理的各个方面。总之，美国公立大学内部权力运行体系为学生这一重要主体提供了民主参与的治理机制。

五、反思与展望

自 20 世纪末以来，美国的共同治理陷入教师参与度降低、教授与行政人员发生冲突及其功能减退的困境。美国大学共同治理的改革表明，它仍然是最具吸引力的制度设计。在避免其弊端的基础上，共同治理的理念与制度设计仍然能够解决中国大学的泛行政化困境[①]。

然而，美国公立大学的治理也仍然面临一些挑战与问题。在威斯康星州，自2010 年共和党州长斯科特·沃克（Scott Walker）被选举后，沃克州长接连提出削减对 UWS 的财政资助，取消 UWS 教师的终身教职制度，去掉州法令中有关UWS 共同治理的相关表述并授权董事会制定规则等一系列观点，使得 UWS 内公立大学的共同治理甚至终身教职制度都已备受危害。虽然针对政府的一系列政策董事会已开始制定新的规则，但考虑到董事会成员的大多数都是由州长任命这一现象，不难预见的是新规则很可能会在一定程度上继续削弱教师权力，给共同治理造成更大的危害。

众所周知，终身教职制度实质上是一种对教师学术自由的保障，是为了保护教师因学术活动而免受政府解聘的保护制度，教师在大学治理中的核心权力也正是体现在这一点上。然而州长却主张 UWS 高层管理者应该被授予更多的灵活性，尤其是在快速变化和预算紧张的环境中能解雇终身教职的教师成员的权力[②]，这种教师人事政策的变化无疑会对已有的共同治理造成冲击。另外，作为大学治理的重要利益相关者及参与者，学生群体由于阅历不足、受到的专业训练少等原因，虽然参与了几乎所有的大学治理，但却很少有投票权。

美国公立大学内部治理体系在权力结构、运行程序以及规章制度等方面均较为完善，保证了各主要利益相关者群体都能够参与到高校治理中，实现了分权与

[①] Cheng – Hai Y. U. , Cheng J. K. Dilemma, Reform of Shared Governance in Contemporary American Universities and Its Inspirations. *Journal of Higher Education*, 2014.

[②] Sunwoong Kim、韩梦洁：《美国公立大学共同治理制度的新挑战》，载于《中国高教研究》2016 年第 7 期。

制衡，治理体系体较为民主、科学，并有着坚实的制度基础。但同时仍需注意的是，大学内部治理中的权力运行现状也会受各种内外部环境变化的影响，美国公立大学的内部治理体系也面临一些现实性的问题与挑战。近年来有关我国大学治理的研究层出不穷，对我国大学治理行政化诟病的探讨更是吸引了更多学者的关注，甚至有学者认为，我国大学治理"从最高教育行政机关到大学基本教学与学术单位，一元化的行政权力通天贯地"[1]。

现代大学已是典型的多元利益相关者组织，与其利益紧密相连的各方利益相关主体或其代表都是大学共同治理的主体，而各利益主体能否真正成为大学治理的现实治理主体对实现大学多元共治，实现大学的各相关群体的利益平衡至关重要。在借鉴美国公立大学内部治理的过程中，一方面应"取其精华"，加快推进我国大学的多元共治，增强学生主体地位，强化教师权力，建立及规范院系层级治理体系，加强院系领导的角色调适，使之真正做到在学术上领导教师，在行政上服务于教师。同时也应加强运行的制度建设，制定、修改并细化大学章程及规章制度以规范各利益相关者在高校治理中的权力分配，必须以法制的方式明确大学治理相关者的权力边界以及权力行使方式，使大学按照学术规律运行，促进高校快速有序的发展。另一方面，由于中美两国的政治、经济、文化背景之间存在很大差异，在借鉴过程中也应注意本土化问题，严格遵从"党委领导下的校长负责制"原则，保证行政人员、教师、职工、学生等多方利益主体参与进行共同治理，以更好地提高我国高校治理能力与治理体系的现代化。

此外，美国公立大学内部治理体系涉及的问题比较多，逻辑也较为复杂，虽在论文撰写中花费较大时间与精力，但研究仍然存在一些不足之处。第一，采用案例研究但只选择了美国一个州的公立大学，样本选择缺乏足够的说服力。第二，由于地域限制等原因，研究中多采用文献、政策文本分析的方法，缺乏实地的验证考察。第三，由于个人认识及知识积累的局限性，分析及概括性能力有待提高，观点不够成熟。针对以上研究不足，会在以后的研究中进一步改进与完善。

第二节　英国大学权力体系中的校院关系

校院关系是高校内部权力体系的主要内容，是激活校院办学活力、提升办学绩效的关键所在。搞好大学的院系治理，需要处理好大学和院系的关系[2]。随着

---

① 韩水法：《世上已无蔡元培》，载于《读书》2005 年第 4 期。

② 张德祥：《我国大学治理中的若干关系》，载于《高等教育研究》2018 年第 7 期。

高校治理结构的优化与管理重心的下移，大学层级赋予二级学院一定的权力并使其承担相应的职责，使院系在大学总体目标、原则的指导下成为相对独立、富有活力的办学实体。然而，我国高校的管理权限主要集中于大学层级，作为大学基层组织的院系权力有限，形成了大学层级处于支配的、主导的地位，学院层级处于依附的、被支配的地位，这种关系极大地制约了院系办学的内生动力地激发，也影响整个大学的办学活力。因此，构建新型的校院关系已成为必然趋势。本部分主要以罗素集团为研究对象，分析其大学与学院之间的权力关系模式，进而探究这些关系模式下的权力体系特点，以期为我国构建新型的校院关系提供有益的经验，进一步完善我国特色的现代大学制度，推动我国高等教育强国建设。

一、研究型大学内部权力结构

19世纪末20世纪初，英国一批高水平研究型大学迅速崛起，并在研究、创新和教育方面成绩卓著。20世纪80年代，在经济危机和新公共管理思想的影响下，英国政府减少对高校的拨款。自1986年的科研评估在英国高校首次实施以来，以"科研评估为导向，以科研拨款为基础"的高校科研质量管理制度在英国建立。在科学研究引入"质量"竞争机制后，英国顶尖大学以卓越研究作为学校追求的目标。罗素大学集团（The Russell Group）是由英国顶尖的24所世界一流研究型大学组成，被称为英国"常春藤联盟"，代表着英国大学最高的学术水平，在英国大学科研系统乃至全国科研创新体制中扮演着支柱性的作用。

高校校院两级治理结构涉及高校内部纵向上和横向上的关系，包含各种权力、义务与责任的界定等。本研究主要通过对大学层级治理结构与学院层级治理结构上的分析来探究校院之间权责的分配，进而解析校院之间的权力关系。大学章程规定了校院之间的权责范围及其应遵守的程序规则，并从制度上保障院系之间权力的制约与制衡。因此，本研究以24所大学的章程为出发点，解析校院在权责范围上的分配，进而探究其校院之间权力结构的特点。

（一）大学层级的权力结构特点

在大学层级上，英国研究型大学内部权力结构总体上包括董事会、理事会和评议会三个重要的权力主体，其权责范围在大学章程中有明确的规定。尽管如此，某些大学内部权力的分配仍有所差异，具体可归结为表11-4。

表 11-4　　　　　　　罗素大学集团层级上权力结构特点

大学	最高权力机构	最高行政权力机构	最高学术权力机构
牛津大学	教职工全体大会	理事会	评议会
剑桥大学	评议会	理事会	总学部委员会
格拉斯哥大学	董事会	理事会	评议会
爱丁堡大学	董事会	理事会	评议会
曼彻斯特大学	董事会	联合大会	评议会
伯明翰大学		理事会	
伦敦大学	董事会	学院理事会	
利兹大学	董事会	理事会	评议会
杜伦大学		理事会	评议会
纽卡斯尔大学	董事会	理事会	评议会
贝尔法斯特女王大学			评议会
埃克塞特大学		理事会	评议会
南安普顿大学		理事会	评议会
布里斯托大学	董事会	理事会	评议会
利物浦大学		理事会	评议会
诺丁汉大学		理事会	评议会
卡迪夫大学	董事会	理事会	评议会
谢菲尔德大学	董事会	理事会	评议会
帝国理工学院	董事会	理事会	评议会
约克大学	董事会	理事会	评议会
华威大学	董事会	理事会	评议会

资料来源：24 所大学的官方网站。

大学董事会是西方大学的最高权力机构，在英国也是如此。一般来说，大学董事会是由校长、副校长、部分理事会成员、部分评议会成员、校友会成员等所组成。董事会有两种类型，一种是被伦敦大学称为"board of trustees"的董事会，另一种是被诸如利兹大学、谢菲尔德大学、格拉斯哥大学、爱丁堡大学、曼彻斯特大学、利兹大学、布里斯托大学、纽卡斯尔大学、卡迪夫大学、帝国理工学院、约克大学和华威大学称之为"court"的董事会，又称为利益相关者年度大会（annual meeting of the stakeholders）。前者的董事会具有批准和监督大学长期战略规划、任命校长和行政人员、监管和处置资产与资源等实质的权力。后一种的董事会是一个法人团体，并非一个决策和执行机构，仅在章程授权范围内就任何有关大学问题的提出并发表意见等权力。

大学理事会是英国研究型大学的最高行政权力机构，其成员主要是由校长、副校长、学术人员、学生代表等所组成，其权责主要包括：制定大学负责的整体战略；负责大学财务等相关事务；制定人力资源政策；制定治理和管理框架；监督大学执行的效力等。大学理事会几乎负责所有人的任命，但在诸如副校长等具有行政权力和学术权力人员的任命方面，则通常是由理事会和评议会共同成立一个联合委员会，通过选举而产生。为了高效地管理大学，大学理事会在大学章程的规定下可设置诸如常务委员会、提名委员会等，由他们来分别负责处理不同的事务。这些委员会的主席通常是由副校长担任，需定时地向大学理事会汇报工作，同时也接受理事会的监督。

评议会是大学的最高学术权力机构，它一般是由校长主持的，成员主要包括副校长、学院院长、教师代表、学生代表等。其职责主要包括：负责教学和研究发展战略重要的事务；制定学术管理框架；批准授予大学退休教授的职位；学位授予程序；定期审查和维护学术标准；监督和评估教学与科研活动；学术人员的任命与晋升；提出科研与教学经费和活动的策划方案等一切与学术相关的事务。在运行过程中涉及非完全学术事务时，大学评议会一般需要提交方案到大学理事会，并与其进行协商。与理事会一样，大学评议会下属设置有诸如教育委员会、研究委员会等机构，来负责不同类别的大学事务，以提高其管理效率。

总体而言，大学层级主要通过董事会、理事会以及评议会等主要治理主体来管理大学。同时，理事会和评议会在大学章程的规定下设立专门委员会协助其管理大学具体事务，以高效地管理大学，推进大学整体有序而稳定地发展。

（二）学院层级的权力结构特点

通过对罗素大学集团的分析，可以发现英国研究型大学在学院层级上存在有三种权力结构类型。其中，伦敦大学、牛津大学和剑桥大学在学院层级上的权力结构各具特点，都是由多元治理主体构成，其权责范围由学院章程做出规定。其他 16 所研究型大学的学院权力结构则是单一的治理主体，没有专门的学院章程，而是体现在大学章程的规定之中。

1. 伦敦大学的学院权力结构

在罗素大学集团中，伦敦大学的学院治理结构是由不同的治理主体构成，诸如伦敦大学学院、伦敦国王学院、伦敦玛丽皇后学院、伦敦政治经济学院，形成了以理事会和学术委员会为主的二元治理结构，他们经济独立，自负盈亏。以规模最大的伦敦大学学院为例[①]，理事会是学院的最高权力机构，其成员是由职务

---

① University College London，https：//www.ucl.ac.uk/srs/sites/srs/files/charter-and-statutes.pdf.

人员、独立成员、教授以及教师等构成，并对学院内部的财政、人员任命、提供教学和研究设施等负责。理事会的运行必须遵循学院章程，受学院章程的约束。在理事会下设的学术委员会是最高的学术权力机构，其成员由院长、全体教授、教师代表、学生代表等构成，关于学术人员的任命、各个学院之间的学术合作等相关的学术事务，须向理事会提供建议，并受理事会的监督，从而保障了行政权力与学术权力彼此独立、相互制衡。此外，理事会和学术委员会下设各种专业委员会来辅助具体的管理事务，实现对学院相关事务的专业化管理。

2. 牛津大学和剑桥大学的学院权力结构

通过对牛津大学和剑桥大学的学院章程分析可发现，牛津大学的学院运行是以治理团队、行政管理团队和学术团队为主体的三元治理结构，剑桥大学的学院运行是以治理团体和学院理事会为主的二元治理结构。以牛津大学的默顿学院为例①，这个最古老学院的治理团体主要是由教授、院系主任等构成，并在学院章程的规定下对学院的人、财、物等相关事务进行管理，各学院在财政方面相对独立。但是，当学院财政出现入不敷出的危机时，大学也会给予一定的资金支持。以院长为首的行政团体，主要是由院长、副院长、行政官员等组成，具有监督所有成员是否履行各自职责等绝对权力，但受到治理团体的监督。学术团体主要由专业教授、研究人员、导师等组成，具有教学权、科学研究权等相关的学术决策权力。他们虽然不受治理团体的监督，但要在学院章程下行使其权力。因此，学院将决策、执行和监督的权力分配到不同的治理主体手中来管理学院，并使彼此之间即相互独立又相互合作。此外，学院也可根据自身的实际情况，设立多样化的专门委员会来管理学院的具体事务，以实现对学院的高效管理。

3. 其他研究型大学的权力结构

相对于前几所研究型大学，罗素大学集团中的其他16所大学的学院权力结构具有不同的特点。诸如，曼彻斯特大学、利兹大学、牛卡斯尔大学、贝尔法斯特女王大学、南安普顿大学、布里斯托大学、利物浦大学、诺丁汉大学、谢菲尔德大学与帝国理工学院、约克大学华以及威大学在第二层级设立的学部，其内部是以学部主任为主要负责人的学部委员会（board of faculty）来管理学部，其成员是由学部主任、系主任、学术人员等构成。在另一种情况下，伯明翰大学、埃克赛特大学、卡迪夫大学、格拉斯哥大学以及爱丁堡大学，则是在第二层级设立的学院，并以院长为主要负责人的学院委员会（board of college）来管理学院。虽然与以上的"学部"名称有所不同，但与学部的性质和职能也是相似，统称为

---

① Morton College，https：//www.merton.ox.ac.uk/sites/default/files/2018－12/Merton－College－Statutes.pdf.

学院。这些大学的学院权责在大学章程中有明确规定，即主要负责学院内部的资源配置与政策革新、人员聘用与培训、学生事务的管理以及促进大学层级的政策在各学院得以有效地实施，以服务于大学的整体发展目标。

综上所述，罗素大学集团的校院两级的权责在大学与学院章程中有明确的规定，保障了大学层级以行政权力为主导行政系统的功能有效地发挥，又充分地发挥了以学术权力为主导的学院的学术系统的功能，实现了行政权力与学术权力相辅相成，推进校院各自目标的实现，其校院权责范围如表 11－5 所示。

表 11－5　　　　　　　罗素大学集团校院权力分配

项目	16 所研究型大学	牛津大学和剑桥大学	伦敦大学
大学层级的权力职责	（1）制定大学政策和战略； （2）章程的制定、修订和完善； （3）规划和管理大学所有的财务和固定资产； （4）负责学术相关的一切事务	（1）制定大学政策和战略； （2）大学的章程制定、修订和完善； （3）管理和监督大学的财政和财产； （4）学术政策与战略的制定和指导	（1）制定大学政策和战略； （2）大学的章程制定、修订和完善； （3）管理和监督总部大学的资产； （4）有效管理大学总部学术机构和总部事务
学院层级的权力职责	（1）负责招生和人员聘用与培训； （2）学院内部资源的配置与革新； （3）推进大学层级的评议会就学术相关的战略决策在学院内的顺利实施； （4）大学层级任命的院长负责学院内部财政事务，每年需向大学汇报财务报告	（1）负责招生和人事决策； （2）学院内部资源的分配； （3）管理学术相关的一切事务； （4）负责学院内部财政的管理，每年需向大学缴纳一定金额作为大学的基金使用	（1）全权负责招生和人事决策； （2）学院内部资源的分配； （3）全权负责学院内所有学术相关的一切事物； （4）全权负责学院内部财政的管理、监督和使用，各自自负盈亏

二、研究型大学的校院关系模式

通过以上对罗素大学集团的大学层级与学院层级的治理结构和权力分配的分析，可发现这些研究型大学的校院关系呈现出三种不同的校院关系模式。

（一）加盟式校院关系模式及其特点

基于以上分析可知，伦敦大学学院、伦敦国王学院、伦敦玛丽皇后学院和伦敦政治经济学院，与伦敦大学总部形成了一种"加盟式"的校院关系模式，即各种分散的力量都可按照自己发展的愿望和方式来管理和支配各自内部的运行，学院的管理以及决策权不在大学总部，而是完全分散到各个独立学院手中。

作为伦敦大学治理和执行机构的董事会，与类似于学院院长委员会的学院理事会相互协作，对伦敦大学总部的一切资源和资产等进行统一管理。基于新章程的规定①，对于移交各个学院的内部事务，董事会不发挥作用，而是由学院理事会来管辖各个学院。然而，学院理事会与学院之间是松散的关系，大学只是通过大学章程作为指导学院运行的依据，仅仅负责学位考试和颁发学位以及各学院的立废程序，几乎无法干涉学院内部的事务。依据学院章程规定，各学院全权负责学院内部事务的管理。因此，学院事务不受大学的直接控制和约束，学院保持高度的自主和自治，形成以学院管理为主，大学层级赋予各个独立学院在人员任命、学位颁发、学院章程的制定与修改、财政独立、资源分配、学术决策等方面的决策权力，推进决策权力完全分到各个独立学院的手中，从而保证学院真正成为独立、充满生机和有活力的办学实体，充分体现为加盟式的校院关系模式。

通过以上探究可知，该模式体现了以下特点：（1）学院章程独立。大学层级赋予学院的理事会制定、更改、废除学院章程的绝对权力，但理事会应在召集此类会议中做出通知。学院章程对学院内部治理主体的权责分配给予制度性保障，使得学院在内部治理过程中制定的每一项政策和采取的每一步行动均能在学院章程中找到依据和支持，保障了学院的独立性、自主性和自治。（2）学院治理结构独立。学院理事会不干涉各学院，各学院形成以理事会和学术委员会为主的二元治理结构，并对不同治理主体的权责分配，将决策、执行和监督的权力分布到不同的治理主体手中，实现了有权必有责、有责要担当、用权受监督，以高效地管理学院。（3）学院财政独立。各学院独自经营，并自负盈亏为学院治理赢得了自主办学的空间，即有利于更好地实现学院办学自主权，而学院办学自主权的增加又能进一步增强其财政的独立性，以提高学院自我管理和自主办学的能力，从而使得学院自主办学的积极性和创造性得到充分的发挥。

（二）联邦式校院关系模式及其特点

相对于加盟式模式，牛津大学和剑桥大学与其学院的关系则如同是联邦式的关系模式，即各种分散的力量有自己独立的章程，在管理内部事务方面都具有较大的自主权，学院决策权力一部分集中在大学总部，绝大部分的权力分散在各个

---

① University of London，https：//london. ac. uk/sites/default/files/governance/Statutes – 20 – Dec – 2018_0. pdf.

学院手中。

依据大学章程的规定①，牛津大学层级主要通过教职员全体大会和理事会等治理主体管理大学，剑桥大学层级以评议会和理事会等治理主体管理大学。一方面，学院②虽然隶属于大学，但却保持相对独立，自治权较大，大学不直接干涉学院内部管理，而是通过大学章程和财政划拨的方式进行间接的干涉。由此，大学章程赋予各个独立学院在人员任命、资源分配、学术决策等方面的决策权力，体现了学院的实体性、主体性和自主性，从而充分地激活学院的办学活力。另一方面，大学层级也保留了对于学位颁发和学院章程的制定、修改等方面的权力，推进大学与学院即保持彼此独立又要相互合作，从而形成了联邦式的校院关系模式。

这种联邦式院校关系模式的特点主要体现在：（1）学院章程受大学层级的约束。大学层级赋予治理团体拥有对学院章程的制定、更改或撤销的相对权力，但必须得到大学和皇家委员会的批准和认可。因此，学院章程一方面使学院管理工作的开展和权力正确的行使提供了制度的约束力；另一方面，学院章程受到大学层级的约束，有利于与大学协调合作，推进大学整体上得以健康、稳定、有序地发展。（2）学院治理结构独立。牛津大学的学院形成以治理团队、行政管理团队和学术团队为主的三元治理结构，剑桥大学的学院是以治理团体和学院理事会为主的二元治理结构，并将决策、执行和监督的权力分配到不同的治理主体手中来管理学院，并使彼此之间相互独立、相互制约、相互监督，形成利益共同体，让不同利益主体之间分工明确、各司其职，以高效地管理学院。（3）财政的独立与联合。学院财政虽然独立，但各学院需向大学理事会上缴资金作为慈善基金使用。当各个独立学院出现财政危机时，大学则给予一定的财政援助。因此，学院财政独立即是各学院自力更生的体现，又是学院自主办学能力的现实反应。同时，学院受到大学层级的财政援助，有利于更好地应对财政危机和风险，以助力学院自主办学能力的提升，以充分地释放学院办学的活力和积极性。

（三）附属式校院关系模式及其特点

与前几所传统大学不同，其他 16 所大学与学院之间的关系缺乏绝对的独立性，更倾向于一种附属式的校院关系模式，即这些研究型大学拥有单一的章程，在管理内部事务等方面拥有绝对的权力，学院的管理以及决策的许多权力在大学手中，权力高度集中在大学层面。

---

① University of Oxford，http：//www. admin. ox. ac. uk/statutes/781 – 121. shtml.
② Clare College，http：//www. clare. cam. ac. uk/Stautes-and – Committees/.

诸如格拉斯哥大学、爱丁堡大学、曼彻斯特大学等，在大学层次通常是由大学董事会、理事会和评议会等主要治理主体来管理大学的相关事务。而对于伯明翰大学、杜伦大学、埃克塞特大学等，则是以理事会及其下设评议会来管理大学相关的一切事务。这些大学赋予下属学院的权力，主要是对其内部日常事务的处理、监督学术项目及活动的成效、负责学生相关事务等，但是要向评议会汇报工作，并须接受其监督，以最终服务于大学整体目标的实现。在大学层级，主要对学院政策的制定、财务管理以及学术相关事务等拥有绝对的权力。因此，与伦敦大学和牛津大学和剑桥大学的学院关系模式相比，这些研究型大学的学院管理和决策权力高度集中于大学层级，而学院则在大学的干涉下运行，从而形成大学层处于支配的、主导的地位，而学院层面处于依附的、被动的地位，形成附属式关系模式。

总的来说，该模式体现以下特点：（1）单一的大学章程。16 所大学通过大学章程为学院治理主体的权责给予制度性规范。单一的大学章程保障了校院之间彼此各司其职，使校院的管理工作皆有章可循，并得以有条不紊地开展工作，为其共同发展以制度形式给予保障。（2）单一的治理结构。一套完善的内部治理结构通过为不同治理主体之间进行权责分配，确保大学层级与学院层级的治理主体各司其职、分工合作，高效地管理大学。然而，大学与学院的权责分配处于不对等的状态，重大事务的决策权基本在大学层级，权力集中于大学层级，学院的权力相对较小。（3）学院财政不独立。大学不仅是学院的投资者，还是学院内部运行的管理者与指导者。虽然学院实质上是大学的下属机构，大学是学院的直接上级，但大学层级通过压缩了大学管理层与基层院系组织之间的距离，改变了传统的金字塔的层级管理，实现校院的扁平化组织管理，以激活学院办学的活力。

综上所述，加盟式校院关系体现在学院章程独立、学院治理结构独立以及学院财政独立为主要特点；联邦式关系模式则以学院章程受大学层级约束、学院治理结构独立以及财政独立与联合为主要特点；附属式关系模式是以大学章程单一、治理结构单一以及学院财政不独立为主要特点，如表 11 - 6 所示。

表 11 - 6　　　　　　　　　三种校院关系模式的比较

模式	加盟式	联邦式	附属式
特点	章程独立	章程受大学层级约束	大学章程单一
	治理结构独立	治理结构独立	治理结构单一
	财政独立	财政独立与联合	财政不独立

三、构建新型校院关系的启示与建议

通过对于英国顶尖研究型大学及罗素大学集团的校院关系模式的分析，进而反思我国高校内部权力体系中院校关系，主要提出以下几点启示与建议：

（一）树立法治理念实现以章程治校

通过以上分析可发现，章程为罗素大学集团的校院关系提供了制度保障。反观我国大学章程可发现，大学层面章程趋同以及章程在大学治理过程中被束之高阁，而学院层面的章程建设更是差强人意，使得校院两级治理主体权责分配不明确、权力运行无序、制约不足、监督不力，其主要原因是没有将权力"关到制度的笼子里"。因此，我国高校应充分发挥大学章程的作用，坚持理念是行动的先导。依法治校和治院的理念形成是要在大学层级和二级学院各自内部治理主体的互动过程中形成自发的、自觉的法治思维方式，而不是依据偶然的、经验的甚至是个人好恶作为判断的依据。因此，作为决策者的党政领导干部，应坚持内在的认同与接受、外在的遵从与执行，这是衡量大学章程有效性的重要维度。要发挥大学章程在校院内部治理中的制度保障和行为依据的作用，诸如党政领导干部等高校的决策者率先要从理念上认同大学章程在大学内部管理中的重要性，进而将理念落实到执行的行动中去，即把章程的规定体现在各项制度中，落实在各项管理事务上，以实现章程与高校的各项规则制度相匹配，从而摆脱大学章程的"橡皮图章"的行式主义，以明确校院两级的权力边界和责任，使大学和学院各项工作的开展都有章可循、有法可依、有法必依。

（二）推进权力重心下移激发院系办学活力

以上探究可知，罗素大学集团通过管理权限下放，以及压缩大学管理层与基层院系组织之间的距离，改变了传统的"金字塔"的层级管理，实现校院的扁平化组织管理，从而激活学院办学的活力。反观我国校院的关系，我国校院关系仍处于直线型阶段，即科层制组织结构。这种科层制体现了大学下级受上级支配、层次清晰、功能明确、管理有序，从而保证合理、连贯地达到组织目的，但管理层级较多容易导致大学组织机构的臃肿、人员膨胀以及基层组织人员参与决策程度不高，很难激发基层组织的活力。因此，在新型校院关系构建中，我国高校应坚持事权相宜和权责一致的原则，赋予学院在财政、人事、学术决策等实效的权力，从而实现集中在大学层级的管理权力下放到基层院系组织，以重新构建大学层级的管理层与基层执行层的关系，建立大学层级对院系进行宏观管理、目标管理。因此，高校通过权力重心下移一方面有助于管理层级的减少，使大学层级的决策直接延伸到基层院系组织，这种短距离的联系使得大学与基层院系之间的沟通更加畅通、高效。另一方面，随着院系自主权的增加，管理的主动性也随着增强，从而充分地释放院系的内生活力，激发院系办学活力。

（三）加强委员会体系建设提升运行效率

基于以上分析可发现，罗素大学集团的校院两级都拥有庞大的委员会体系，各个专业化的委员会协作其管理层工作有效地提高校院内部运行效率。反观我国大学的各种委员会可发现，虽然存在诸如党委会、校务委员会、学术委员会等各种类型委员会，但各种委员会之间关系分割模糊、权责分配不明确、职能弱化、权力运行无序等一系列的问题，导致我国庞大的委员会并未发挥其实质性功能，其主要原因是没有一套健全的委员会体系保障其功能的发挥。我国高校应坚持有权必有责、有责受监督的原则来明确各种类型委员会的成员构成、权责范围等组成的要素，同时也要明确治理主体的决策、执行、监督运行程序的体系建设，来保障各种类型的专门委员会协助其校院工作的决策科学、执行有力、监督有效。因此，我国高校通过加强委员会体系建设来保障各专业的委员会辅助校院两级管理层工作，改变以往将各种类型委员会被束之高阁的局面，来充分地发挥各委员会的审议和咨询等功能，以保障校院两级决策的科学性、民主性和高效性，使管理层的决策到执行更加快速、高效，从而切实提升校院两级的内部运行效率。

第三节　澳大利亚大学内部权力体系研究

世界一流大学是以世界一流的学术水平为主要标志，世界一流大学建设必须实施以学术为核心的大学治理和发展战略。优秀的人才、充足的资源和良好的治理是世界一流大学的三个重要因素[1]。从这三个要素来看，前两者是密切相关的，优秀的人才通常需要充足的资源支撑，但这并不是充分和必要的条件，优秀的人才也可能不受资源的吸引。不过，也可以说前两者具有同一性，因为广义的资源不仅包括物质性资源，而且也包括人力资源，即优秀的人才。尽管资源是稀缺的、具有竞争性，但金钱和人才是可以在短期内获得的，从某种程度上说相对容

---

① Jamil Salmi. *The Challenge of Establishing World - Class Universities*，2010.

易实现。然而，良好的治理或者善治，则是短期内难以实现的。良好的治理与资源无关，却与制度密切联系，是一个长期的不断完善过程，因而非常值得关注。

与我国相似的是，澳大利亚高等教育系统也是以公立机构为主体。该国共有39 所大学，其中 37 所为公立大学，仅有 2 所是私立的。在 37 所公立大学中有八所领先型研究大学，也就是著名的澳大利亚八校联盟。据 2016 年的世界大学学术排名，澳大利亚共有 6 所大学跻身于世界上前 100 强，其入榜的数量仅次于美、英国而居于世界第三位。其中，墨尔本大学的学术排名位居世界第 40 名，一直保持澳大利亚大学的榜首之位①。事实上，澳大利亚高等教育的起步并不算早。世界二战后，随着知识经济社会的兴起，高等教育才逐渐发展起来。尤其是进入 21 世纪以来，澳大利亚政府实施一系列高等教育改革措施，在提升高校的地位、扩大办学自主权、增强国际竞争力等方面取得显著的成效，同时大学内部也实施以学术为核心的治理现代化战略。可以说，澳大利亚的世界一流大学建设步伐非常迅猛。当前，关于澳大利亚大学治理的文献尚不多见。本书以墨尔本大学为案例，剖析其内部学术治理结构、权力运行机制及其学术发展战略，期望能为我国高校在治理现代化进程中加快世界一流大学建设提供可资借鉴的经验。

一、澳大利亚大学的学术治理体系

（一）墨尔本大学的学术治理结构

墨尔本大学（The University of Melbourne，UM）始建于 1853 年，是澳大利亚最早的大学之一，如今已成为国际上学术水平领先的一所大学，是澳大利亚唯一的所有学科都在全球排名前 30 的大学。UM 的高等教育国际化程度很高，目前的在校生数近五万人，其中有 20% 的国际学生，包括中国学生 12.8%②。由于国家政府拨款的削减，高校不得不以争取更多渠道的经费收入来源，使得高等教育在澳大利亚已发展为一项产业。总体上，澳大利亚的公立大学内部治理模式可概括为 "ABC 模式"③，包括基于学识的学术治理（academic governance）、基于绩效的商业治理（business governance）和基于一致性的公司治理（corporate govern-

---

① Australia. Department of Education Science and Training（DEST），Meeting the challenges：the governance and management ofuniversities. http：//www. voced. edu. au/content.

② 《澳洲国立大学和墨尔本大学中国留学生比例分析》，http：//au. aoji. cn/daxuepaiming/20170309_176005. html。

③ Garry D. Carnegie. Understanding the ABC of University Governance. *The Australian Journal of Public Administration*，2010，69（4）：431 – 441.

ance)。其中，学术治理是大学 ABC 治理模式的核心，也是大学的安身立命之本，它主要包括对大学教学和研究活动的治理。

UM 具有悠久的学术治理传统。早在建校之初，UM 董事会就成立了教授委员会，由教授、被指派为助教的讲师和作为当然委员的校长所组成。这个委员会的目的即"探讨所有与大学学术研究相关的问题"。值得注意的是，委员会的职责仅限于参与讨论，而最终决策是归于董事会。在 20 世纪初，尽管 UM 的规模还比较小，但它的两大治理机构——董事会与教授委员会之间总是出现冲突，不得不时常重新分配两者之间的职责和重新定位彼此的角色关系。在这个过程中，教授委员会从董事会那里争取到越来越多的权力。20 世纪 30 年代，UM 诞生了第一位全职校长，他需要与教授委员会合作来获得学术人员的信任。此时，教授会成员人数达到 35 人，开始参与大学的一切事务尤其学术事务，并为董事会提供建议。20 世纪 70 年代后期，教授委员会已经可以制定学术政策，而且其预算委员会可以内部决定学院的资金使用。1978 年，UM 教授委员会改名为学术委员会。至此，UM 内部形成了以董事会、校长和学术委员会为主体的三元治理系统。其中，学术治理是 UM 内部治理和运行的核心。学术委员会就如同"大学的灵魂"，是履行 UM 学术承诺的共治社团，确保高标准的学术水平。

UM 学术治理体系是以学术委员会为主体的治理系统。UM 学术委员会的职责范围主要体现在以下几个方面：开展并监管大学的所有学术活动，保持教学和研究的高水平；决定专业课程的开设、招生注册、学位评定与授予等相关事务；制定管理学术事务的政策法规；批准并授予奖学金等学术荣誉；通过学部和其他学术单位与学术团体进行交流；受理学生就大学机构或相关职员在学术事务处理上提出意见和申诉等[1]。关于不同的事务管理，UM 学术委员会通常会授权给下设的 8 个常务分委员会，即学术项目委员会、选拔程序委员会、教学发展委员会、教学质量保障委员会、研究性高级学位委员会、信息技术委员会、图书馆和学术资源委员会、申诉委员会（见表 11 - 7）。总体而言，学术委员会明确规定了各项事务的负责主体与问责对象，每项事务都严格要求以澳大利亚和国际上最好的学术实践为标准，要求分委员会定期审查和修订相关规则与条款，定期监管政策的执行情况和实施效果，确保所有学术项目的最高水平，确定相关政策适用的有效性。

---

① The University of Melbourne statistics，http：//about. unimelb. edu. au/tradition-of-excellence/university-statistics.

表 11 –7 UM 学术委员会的常设分委员会

分委员会	权责范围
学术项目委员会	制定所有与课程有关的政策并定期监管这些政策的实施成效；确定学部开发新课程项目的标准，检测课程的重要变化；监管学部、研究院和课程常务委员会等
选拔程序委员会	制定选拔政策、程序和方针；开展质量保障活动；制定与课程奖学金和奖项相关的政策、程序和方针，监管奖学金获奖者的学业进展情况，日常决策可委托给奖项协调员等
教学发展委员会	提议教学提升和学术质量的有效方式、课程和课题项目的进展、相关的改进措施和创新战略；与主要的校内利益相关者中心交流与合作等
教学质量保障委员会	提议本科生和研究生学位课程和学科的质量保障政策和程序；开发定量和定性的教学绩效测量办法；审查和评估所有学位课程和项目的质量；评估各部门关于学术项目的有效互动机制和结构；监管从本科生到研究生课程和从课程到职业转变的项目的质量与有效性等
研究性高级学位委员会	提议所有关于较高学位——博士、硕士、高级博士学位和其他研究性高级学位及其研究和课程的所有事务；研究性高级学位的课程内容；定期监管研究项目以确保连续性；监管和批准学部开发新的研究性学位和项目；提议和推荐学生参与研究项目的选拔等
信息技术委员会	确定对大学的 IT 创新性很重要的学术输入形式；协助确保大学的 IT 政策回应了其对教学、研究以及学术教职的工作生活产生的影响；监管 IT 政策及其实践的质量等
图书馆和学术资源委员会	制定保证大学学术信息服务和资源质量的定量和定性指标；监管大学学术信息服务和资源的质量；学术信息服务和资源支持的优先领域等
申诉委员会	听取学生对他们的学术发展和课程学习相关的决策的不满，以及对其他机构或者大学个别办公室成员的决定的不满和最终申诉

  UM 学术委员会成员几乎代表大学内部所有的重要利益相关者，如名誉校长、校长、副校长（包括教务长）、学术主任、大学秘书长、院长、系领导、教授、学生会主席等，也包括专业人员。学术委员会的主席、常务副主席、副主席等职位，都是通过其成员的选举而产生的。下设分委员会主席则是由学术委员会主席任命教授来担任。据 2016 年的数据统计表明，UM 共有学术人员（academic staff）4 210 人，专业人员（professional staff）3 979 人。① UM 学术委员会成员则多达

———————————

① University of Melbourne Act 2009，http：//www. legislation. vic. gov. au/domino/. pdf.

532 人，包括 516 名教授、6 名副教授、博士生 1 人、非学术人员 9 人。UM 学术委员会在每隔六周的周四下午，在帕克维尔校园的董事会会议室举行正式的常规会议。该会议由学术委员会主席主持，可以在大学社区网上找到正式的会议日程和会议记录。在每次会议上，都会讨论学术委员会下设的分委员会、校长、教务长及常务副校长的报告和建议，如果有必要则会对报告进行投票。每次会议有提问时间，所有的学术委员会成员可以向任何其他成员提出问题。另外，为了使学术委员会讨论的顺利进行，需要成员准备相应的简短汇报，提出一些真正与大学学术发展有关的、有意义的问题，如新大学建设规划，网上学习和新的晋升标准等。分委员会每年举行 6 ~ 8 次会议，要求其成员在会议上讨论和发言，并要求基于大学的整体利益而不是学部利益来做出决策。

UM 学术治理体系的重要枢纽是学术委员会秘书处，它是协调学术委员会与学术单位和分委员会之间关系的桥梁与纽带。然而，学术委员会秘书处并不是 UM 学术委员会的附属机构，而是属于 UM 行政体系的一个专设机构，其主要职责即是服务和支持学术委员会。作为相对独立的行政部门，学术委员会秘书处由大学的学术秘书所主管，并由学术治理办公室所协助，其行政办公处也是设置在校长办公区内，直接向政策与项目部主任和学术委员会主席负责。这一点充分体现了 UM 学术治理与行政治理的相关性，学术治理并非仅由学术委员会包揽一切，还需要行政部门的协调与制约。事实上，学术委员会秘书处负有对学术委员会施以监督的职责，同时他们还负责开发制定相关政策并对政策进行研究。例如，2015 年学术秘书协同大学秘书处开展了对大学法规和条例的全面审查。这对于大学政策的历史研究是必要的，同时也为能在学术申诉听证会上做出决策提供帮助，而学术委员会秘书处的行政人员则具备这种研究能力。

UM 学术委员会也会将部分具体事务授权给各学术单位（如学部、研究院、系、研究中心及其他等）来管理和执行，定期对其执行情况和效果进行监管。UM 共有 10 个学部，包括建设和规划、人文、商业与经济、医学、科学、兽医、工程、维多利亚艺术学院和墨尔本公立音乐学院（这两者属于一个学部）、墨尔本教育研究院和墨尔本法学研究院。其中，最后两个研究院是属于学部层次，而其他的许多研究院则归属于学部的管理，如医学学部下设五个研究院，包括医疗、牙医、健康科学、人口和全球健康、心理学；人文学部下设两个研究院，包括人类学和社会科学；建筑、商业、工程和科学四个学部下面各设一个研究院。除了学部和研究院之外，UM 还设置了系、研究中心和学术协会等学术单位，以使它们更好地组织学术活动。在底部沉重的金字塔结构中，许多学术活动是在基层学术单位进行的。

UM 学术治理中的两个重要的事项是学术诚信与学术评聘，它们由副校长负责的专门委员会即道德和廉政战略委员会与高级任命和晋升委员会管辖。其中，研究道德和廉政战略委员会由首席副校长（负责学术研究）主持，制定研究过程中与学术诚信有关的政策，监管大学的研究实践，对学术指控做出回应。大学的高级任命和晋升委员会由教务长所主持，主要负责审查和批准所有学部对教授、荣誉教授和副教授、讲师候选人晋升的提议。这两个委员会主管的同样是学术事务，但不归属学术委员会管辖，而是设在学校层面上，分别由首席副校长和教务长主管。然而，为了保障学术权力，这两个小型委员会成员包括学术委员会的主要领导，即委员会主席、副主席、常务副主席，而且研究性高级学位委员会主席是这两个委员会的当然成员，从而确保了学术委员会在这些事务上的利益和优先权。墨尔本大学的学术治理结构如图 11-4 所示。

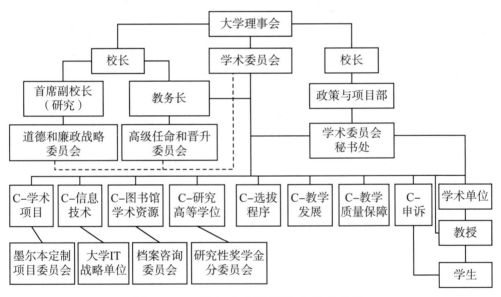

图 11-4 墨尔本大学的学术治理结构

（二）墨尔本大学的权力运行机制

大学内部静态的治理结构固然重要，而动态的运行机制亦很重要。权力是行走于治理框架上的一种影响力。大学内部治理涉及诸多不同的权力，包括董事会权力、行政权力、学术权力等。UM 在学术治理中呈现学术共治模式，遵循了学术自治的机制、各层权力之间的协调机制以及不同系统权力之间的制约机制。

1. 基于学术委员会的自治机制

UM 以学术委员会为主体的自治机制，充分发挥了学术人员的专业特性，以更有效的方式处理学术问题。UM 学术委员会规模庞大，其成员代表了大学内部的重要利益相关者。通过下设分委员会的方式，学术委员会对各项具体事务得以授权，保障不同的学术事务由专门的学术人员处理和解决。大学的政策文件规定了学术委员会及其下设的八个分委员会的监管关系、权责范围以及议事规则等，使学术治理事务的权力分配明确、责任划定清楚，使各项学术事务工作的处理皆有章可循，并得以有条不紊地开展，保证各负责单位得以各司其职。如《墨尔本大学法令2009》第4.1条详细地规定了学术委员会应向理事会负责的几个方面，《墨尔本大学学术委员会快速向导》进一步详细规定了学术委员会下设委员会的权力、职责以及议事程序等事项，甚至对替补参会人员都有明确的安排。

信息公开透明是良好治理的应有之义，以避免学术事务处理在权力黑箱中操作。UM学术委员会及其下设委员会在举行常规会议之时，大学支持服务人员对会议内容及会议程序进行详细的笔录和记载，正式的会议记录通过校院系统在线公开，使每一位大学社区的成员都可以在线获得，尊重所有人的知情权。同时，任何感兴趣的人员也可以作为访客或观察者身份参加学术委员会和分委员会会议，他们只需要在会议前至少一周经由秘书向会议主席提出申请即可，而会议主题等相关信息通常都会提前通知。由此，墨尔本大学学术事务的议事和决策过程被公开透明地呈现在公众面前，接受来自不同利益相关者的审查和监督。这种机制，为大学学术治理机构的工作开展和权力的正确行使提供了约束力，为民主监督创造了重要的平台。倘若学术治理机构的权力不受监督，必然会影响大学的长期稳定健康发展。唯有信息公开透明，才能减少大学利益相关者的质疑，让大学各利益主体在学术发展问题上达成一致、凝心聚力，推动卓越大学的建设。

2. 不同部门之间的协调机制

大学独特的底部沉重的层级式结构，决定了学术治理需要学术委员会与各层学术单位的协调机制。学术委员会负责制定和评估学术事务的政策、规则、指南和程序，但它必须保证这些政策结构能维持学术质量，并符合大学的需要。通过评估的方式，学术委员会来监管政策结构的落实与生效。评估的过程是双向性的和共治性的，旨在学术单位为教育管理规定的质量提供建设性的反馈。监管工作是由具体的分委员会开展的，定期开会讨论确保有效落实复审工作。由于这种复审机制保证了学术惯例中学部的标准平等和跨学部的公平，分委员会制定的实际工作标准被应用到大学所有的学部，然后由分委员会每六周向学术委员会定期报告讨论结果和建议。例如，学术项目分委员会会为每个学部或研究院分配两名项目委员会成员（一名主要负责，另一名辅助）作为指导者，负责提议新的学科设计和新课程规划等，保证学部或研究院运用正确的审批程序和恰当的方式，向委员会提供意见和建议，进而帮助学部或研究院与委员会之间建立联系。

自2012年起，学部和学院的提案都要经过双审核程序：学术项目委员会秘书将提案交给主要指导者和辅助指导者，他们提出意见后上交到学术项目委员会。如果指导者的意见是同意的话，除非学术项目委员会的成员希望提案经过委员会讨论，否则，在没有异议的情况下，学术项目委员会将采纳指导者的意见并作为委员会的意见上交到学术委员会。如果指导者的意见是不同意的话，那么学术项目委员会详细讨论提案，并向学术委员会提交独立的意见。总体而言，学术委员会是从所有学部中选拔学校的高级学术人员组成的大型的学术组织，其本质是要保证学校的学术质量。由于学术委员会成员在不间断地进行着跨学部的审查，从参与到学校的核心研究和教学活动，再到了解学术活动的开展情况，委员会的成员与学术人员定期地在一起工作，从而培养了他们的共治意识和大局意识。

3. 不同权力系统之间的制约机制

在 UM 的学术治理过程中，学术委员会还必须与大学理事会、行政系统之间保持一种平行式制约机制，从而保持不同利益群体之间的平衡。UM 理事会负责监管大学的一切学术活动，负责设立学术委员会，颁布大学宪章和法令，决定了学术委员会的权力、职能、成员及其主席的任命方式。然而，学术委员会并非理事会的下属机构，两者之间的关系是彼此独立的。理事会的主要职责也只是监督和监控，并不负责学术政策的制定。由于理事会的成员不只有学校的职员和学生，还有来自学校外部的社区成员，因而学术委员会需要向理事会汇报其权责范围内的工作并提出建议，为理事会提供具有战略意义的、准确而及时的学术事务信息。只有在与学术委员会协商之后，董事会才会决定依照大学章程建立或撤销学术单位，批准学术单位的名称、构成、目标、规模以及治理安排等。那么，为了获得理事会的认可，学术单位的治理安排和制度设计必须符合董事会的要求。学术单位有职责和权力就相关事务向董事会和学术委员会做出汇报，可以直接或间接（通过校长或教务长）就管理、研究和课程等向董事会或学术委员会提出建议。

学术委员会与行政机构也保持着平行的制约关系，前者接受来自行政机构的监督，而行政人员参与学术事务也须得到学术委员会的批准，符合相应的学术政策与规定程序。正如前文提到的，学术治理结构中学术委员会秘书处是属于 UM 中央行政体系的一个独立机构，其主管领导为大学的学术秘书，并设有学术治理办公室，其行政办公处也设在校长办公区，直接向政策与项目部主任和学术委员会主席负责。而且，学术秘书还负责对学术委员会各项工作计划进行连续性的管理与监督。这种交叉式治理结构，充分体现了行政机构与学术委员会之间的相互制约。比较特别的是，为了组织大学的学术活动，UM 学术单位中的学系和研究中心可以由校长负责设置。不过，在成立这些学系和研究中心之前，校长必须与学术委员会和学部或任何相关学术单位进行协商讨论，并任命一位首要负责人。而首要负责人需要保证其管理活动符合大学的政策条例，行政程序符合大学和学部或研究院的要求，贯彻落实学术委员会和学术单位的相关政策并确保成效。

UM 内部的学术治理体现为以学术委员会为主体的学术共治体系，它连同以理事会为代表的法人治理、以校长为首的行政治理，共同构成了整体的大学治理体系。学术委员会与学术单位、大学理事会以及行政体系之间彼此协调与制约的机制，既保证学术委员会为主体的学术自治原则，同时获得了来自理事会和行政体系上的支持与理解，从而推进学术治理在整个学校运行中的核心地位。

（三）墨尔本大学的学术提升战略

墨尔本大学的发展战略也是以学术为核心。UM 校长（Glyn Davis）强调，大学的本质任务，即探究和分享知识[1]。自 2005 年起，UM 开始制定并实施了大学发展战略《提升敬重（Growing Esteem）：UM 的选择》，计划 2015 年发展为国内一流的、世界知名的大学，拥有独特的研究生教学模式并与社区保持强有力的联系。这些目标被概括为集研究、教与学、知识转化为一体的"三螺旋"学术提升战略。基于此，UM 分别在 2010 年和 2015 年，不断审视自身发展和国内外环境，进而更新其发展战略。

早在 1996 年，UM 就开始酝酿和凝聚足以指引墨尔本大学的愿景、目标和战略，邀请所有的教师、学生和同行参与大学未来的讨论。他们敏锐地发现，研究已成为一项全球性事业，许多领域的知识进展依赖于国际性资金、大规模的合作团队和网络，共享的数据库以及合作产出，而新的全球排名系统对大学的评价主要基于对研究者个体的研究引用量和全球关注度的衡量。同时，他们也深刻地意识到自身的问题，在高等教育国际市场上，他们的本科生教育超过大多数其他国家，但是研究生层次的教育和研究上的声誉则远落后于美国、部分欧洲国家和新出现的亚洲大学引领者。然而，作为公立高校，UM 和其他公立大学一样遭受到澳大利亚公共财政经费的大幅削减，因而面临着公共资金的降低、更多地依赖于学费和研究合同、产出更多研究的要求、吸引最好学生和学者的激烈竞争等挑战。在这种背景下，UM 必须适应国家政策背景和国际标准的变化，平衡传统的教学和研究使命与满足经济的、专业的和社区优先事项的新期望，既要承担公共责任的使命，又要依赖于市场驱使的全球竞争。基于此，他们制定了大学发展战略《提升敬重》，来回答一个永恒的问题：当今时代，UM 应该如何追求它的校

---

① The University Of Melbourne Strategic Plan 2015 - 2020 Growing Esteem，http：//about. unimelb. edu. au/strategy-and-leadership#plan.

训——提升未来一代的尊重，其实现途径是基于三螺旋理念：研究、教学和知识转化，为其学生、教师和社区提供一所世界上最好的大学。

UM 在研究、教与学、外部参与项目上的卓越成就得益于许多动力因素，诸如治理、财务、人事、信息、行政和服务等提供了强有力的支持①。"三螺旋"成为 UM 的新愿景，代表研究、教与学以及外部参与项目在大学的核心地位。首先，研究是"三螺旋"的第一条链，包括新知识生产体系、新观念的开发和新技术的实验。这些活动告知学生如何学习，并提供一个校外参与知识的平台。其次，教与学是第二条链，通过最新的研究来阐释观点，逐渐灌输学生提问的习惯，以理解知识的本质。通过培养的优质毕业生，UM 扩大了社会影响。最后，第三条链是参与度，包括学术界与社会之间的多维度互动，诸如知识合作与发展以及国际性活动，大学借此参与公众讨论，影响国家的政策，将研究与教学和工业、商业联系起来，发展与校友之间的深度利益关系，并真正地作为国际性机构而发挥作用。自 2005 年实施"三螺旋"战略以来，UM 已成为世界上重要的高等教育提供者之一。然而，UM 忧患地感知到，财政状况、学生安全问题以及亚太地区的快速发展在影响着学生流动的趋势。2009 年，联邦政府采纳 Bradley 高等教育审查和国家创新文化体系审查，解除了对学生规模的管制，采取研究生的全额资助等举措。由此，UM 必须定期地审查和完善其发展战略，继续适应国家政策和国际标准的新变化和变化的国际高等教育市场，提升世界大学排名名次。

2005 年和 2010 年《提升敬重》战略所确立的议程，都已被整合到大学的所有活动之中，这些活动皆有利于墨尔本卓越圈的自我强化②。2015 年的《UM 战略规划 2015～2020：提升敬重》，并不是重复《提升敬重》战略或者修改近来的变革，其任务是致力于完全实现这个愿景，同时调整规划的要素以回应国家和全球的变化，并满足不断增长的研究和教育需求。如今，UM 已经基本实现这些目标，不仅是澳大利亚排名第一的大学，而且是"世界大学学术排名"中发展最快的 100 所研究型大学之一，在世界上最好的大学中排名前 40。2015 年的《UM 战略规划 2015～2020：提升敬重》体现了 UM 的可持续发展原则，达成教学、学习、研究质量和影响力在全球瞩目的志向，培养学术人员和专业的员工，依靠稳定的财务经费和基本建设项目，支持一所现代的世界一流大学。此外，UM 正在依靠它日益增长的学术声望和国际影响力，进一步开拓国际化教育和研究市场。随后，UM 发起一项资金募集运动以支持开拓性的研究和教育，致力于 2017 年实现 5 亿美元的目标，这个项目运行良好，正把世界上的 UM 校友和倡导者联系起

---

① Growing Esteem 2010，http：//about. unimelb. edu. au/strategy-and-leadership#plan.

② Strategic Plan 2015 – 2020，http：//about. unimelb. edu. au/strategy-and-leadership#plan.

来。UM 的参与度战略也在日益成熟，已通过 Carlton Connect 提议、Victorian 生命科学计算动议、Peter Doherty 学院、墨尔本政府学院、墨尔本教育研究院和墨尔本研究院，建立了与 IBM、CSL 以及生物医学领域中最好的医院和医学研究机构等的合作。

在 UM 学术治理中，各项学术发展事务包括学科建设、教学与科研等，皆是以其国内第一和世界上最好的实践为标准，以良好的学术治理体系来支撑以研究、教与学、知识转化为核心的发展战略，从而为其快速发展为世界一流大学提供了强有力的支持。正如阿格赫恩（Aghion）所认为的，良好的治理包括支持性的规则框架、自治、学术自由、领导团队、战略愿景，以及卓越的文化①。这些良好的大学治理特征，在墨尔本大学中都得到了充分的体现。在当前"双一流"建设的背景下，墨尔本大学发展经验对我国高校学术治理现代化建设具有借鉴意义。

二、澳大利亚大学的理事会制度

理事会是大学治理的主要组成部分，大学治理的变革会直接引起大学理事会的权力范围、组织规模等的变化。因此，对澳大利亚公办大学理事会制度的历史沿革的探究，不仅要从澳大利亚公办大学理事会的源起与变革角度出发，还应分析不同时期大学治理的演进以及现今澳大利亚公办大学的内部治理结构，以便对澳大利亚公办大学理事会在大学治理中所扮演的角色、权力范围、组织规模等进行深一步探究，深入把握澳大利亚公办大学理事会制度特征。

（一）理事会的权力结构

澳大利亚公办大学治理历经从政府主导到大学自治的渐变式演进的过程。20世纪 80 年代之前，澳大利亚的大学主要受政府主导，新公共管理运动兴起后，市场化改革被引入高等教育领域，大学获得自治权，大学理事会逐渐成为真正意义上的大学治理主体。20 世纪 80～90 年代，受新自由主义思想和新公共管理运动的影响，澳大利亚高等教育进行市场化改革，政府大大减少了对大学的财政拨款、院系设立和人事任免等大学内部事务的控制和干预，大学逐渐摆脱了对政府资金的严重依赖，在人事任免、财务管理、教学管理等方面掌握更多的管理自主权，并形成了理事会领导下的校长负责制，行政和学术分立的二元治理模式。

在现行的大学外部治理中，国家和地区的政府负责大学立法的管理、新建立

---

① Aghion et al. Higher Aspirations：An Agenda for Reforming European Universities，http：//www. bmwf. gv. at/fileadmin/user_upload/europa/bologna/BPJULY2008University_1_. pdf.

大学的认证、非授权机构提供的高等教育课程的认证和大学财务报表的审计以及对高校的政策性拨款。大学是联邦或州政府立法设立的独立法定机构，并且是立法授权的自治机构。除了澳大利亚国立大学是根据联邦议会法案设立的之外，澳大利亚的所有大学都是依据州或地区立法设立或认证的。澳大利亚公办大学内部治理结构如图11-5所示。

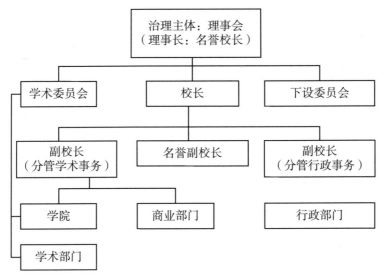

图11-5　澳大利亚公办大学内部治理结构

大学内部治理主要是以大学理事会（council）或评议会（senate）为治理主体，理事会成员来自政府、商业界、学术界、学生等各个领域，理事会下设分管财务、风险管理、薪酬管理、教学、研究等事务的委员会并作为大学理事会的决策咨询机构，协助大学理事会决策，大学理事会从宏观上引导大学未来的发展方向、发展目标和发展战略。大学理事会在大学治理过程中享有相当大的权力，理事会有权决定学校学术、财政、人员配备等事务，理事会通过大学预算决定大学资源的分配，理事会对大学预算有很大的影响力，但并不决定具体或立竿见影的预算措施，而是通过制定大学未来预算影响大学的资源分配。名誉校长（chancellor）通常是理事会的理事长，并作为大学的最高领导者，但只是作为名誉上的校长。校长（vice-chancellor）是大学的行政首脑，相当于CEO，负责管理大学的行政事务，并对大学理事会负责。学术委员会或评议会负责学生录取、评估、课程要求、学位或奖项授予以及一般性的学术事项，每所学校学术委员会规模不等，最大可达100，成员主要包括校长、副校长、院长、选举产生的学生和职员代表以及一些学术支持机构（如图书馆）的领导。理事会、校长、学术委员会共同构成了理事会领导下的大学决策、行政、学术分权与制衡的治理结构。

（二）理事会的角色定位

大学由谁治理、如何治理关乎大学的发展，理事会是大学治理的重要机构，在大学治理中所扮演的角色直接体现了理事会的地位。从澳大利亚教育相关法规、大学法、大学章程、规章来看，理事会最为大学的治理机构具有法定性。从理事会职能来看，理事会是大学的最高决策和监督机构。从大学与政府和社会的关系角度分析，理事会扮演着大学与政府间的"纽带"、大学与社会间的"桥梁"。

1. 大学理事会是法定的大学治理机构

澳大利亚的每一所公立大学都有自己的授权立法，并将大学确立为法定机构。大学通过大学立法将大学理事会确立为大学的治理机构，并通过包括政府法规和大学章程、规章、政策和程序在内的一系列文书规范大学的管理。以澳大利亚国立大学和墨尔本大学为例，2014 年 7 月 1 日修订的《澳大利亚国立大学法1991》第八条规定，理事会是澳大利亚国立大学的治理机构并享有大学治理的基本责任。[1] 第九~第十八条分别规定大学理事会享有的权力、组成、成员资格、非会议决议、职位空缺、临时空缺、理事会成员代表、理事会下设委员会代表等详细内容。2016 年 1 月 1 日最新修订的《墨尔本大学法 2009》第八条规定，墨尔本大学理事会是依法建立的，并作为大学的治理机构管理大学事务。第九条规定大学理事会享有的各项权力和职能。第十条详细规定了理事会授予学位和授予其他奖项的权力。第十一条进一步规定了大学理事会的成员构成、产生方式、最大数量。[2] 此外，大学理事会章程等相关文件也详细规定了理事会在治理中的权力、责任和义务。

2. 大学理事会是大学的最高决策和监督机构

大学理事会在大学治理中所扮演的角色，从职能上可以划分为决策机构、咨询机构、决策—咨询机构、审议监督机构等。从澳大利亚公办大学理事会职权分析，理事会在大学治理中享有相当大的权力，是大学的最高决策和监督机构。

作为最高决策机构，澳大利亚公办大学理事会通过行使职权确定大学发展方向和目标、制定大学发展策略和各阶段发展计划、决定重大事务。大学的发展方向、发展目标、发展战略和发展计划贯穿于大学发展的整个过程，并直接影响大学发展的未来。大学发展方向和发展目标关乎教学质量、科研水平等，是大学对自身未来发展的国内甚至是国际定位的最直接体现。单从这一点来看，大学理事

---

① Australian National University Act1991，https：//www. legislation. gov. au/Details/C2014C00377.

② University of Melbourne Act 2009，http：//www. legislation. vic. gov. au/domino/Web＿Notes/LDMS/LTObject＿Store/ltobjst9. nsf/DDE300B846EED9C7CA257616000A3571/6FFE63E5C50EF8CCCA257F2A00024454/％24FILE/09－78aa006％20authorised. pdf.

会在决策中的重要性不言而喻。再者，大学理事会还有权根据大学发展目标，制定发展战略和发展计划，决定大学资金分配、人事任免等为大学治理和各学院发展提供方向上的引导和制度上的支持。以澳大利亚国立大学为例，2014 年 12 月 12 日公布的《澳大利亚国立大学法 1991 和澳大利亚国立大学治理安排的回顾》及《澳大利亚国立大学法 1991》明确规定，澳大利亚国立大学理事会拥有大学的控制和管理权，并有权以维护大学利益的最佳方式处理大学所有事务。

在大学理事会确立和制定好学校发展方向和发展战略、计划，进行或完成大学人事任免、资源分配之后，大学理事会还要对大学管理中的日常事务，如资金分配与使用、大学绩效、学位或荣誉授予等事项进行监督，以保证大学治理的有序、健康运行，确保大学的稳定、持续、健康发展。以墨尔本大学为例，大学法规定理事会享有监督校长作为大学首席行政执行官的绩效；监督和审查大学及其绩效管理；监督大学财产和商业事务的管理和控制；监督大学财务的管理和控制。

3. 大学理事会是大学和政府间关系的"纽带"、大学与社会间的"桥梁"

澳大利亚公办大学与政府的关系既不同于传统的政府主导模式下的决策—执行关系，也不完全等同于欧美国家的国家监督模式，而是形成了一种新型的"互惠"关系。[①] 董事会成为大学与政府间关系的桥梁。[②] 首先，政府通过立法、财政政策等，从宏观上保证国家高等教育的方向、目标、质量和水平，对大学的发展进行引导，并通过联邦及州政府、教育部等相关部门任命理事会成员的方式参与大学治理，以保证公立大学发展适应并满足国家发展的需要。其次，联邦政府通过竞争性财政拨款刺激并激励大学的发展，发挥政府对大学的影响力。再者，改革后的大学治理，大学享有充分的自治权，资金上大大减少了对政府的依赖，人事任免上大学享有自主的人事任免权、日常事务管理上大学获得了更多的自主管理权。理事会作为大学的治理主体，大学的最高决策机构，理事会成员中包含若干名政府任命的人员，与大学内部人员共同参与大学的治理。

大学理事会具有多元利益相关者参与的特征，理事会成员的多元化组成使其成为大学与社会之间关系桥梁的基础。理事会成员是来自各个行业的佼佼者，成员涉及政府、商业、律师、教育界等各个领域，有利于将各个行业领域的信息整合起来形成信息的积聚。在大学理事会治理的背景下，理事会决策能够充分综合社会各个领域的信息，做出更有利于学校发展的决策，制定与社会发展紧密联系的发展目标，保证学校发展方向的正确性和合理性。此外，董事会成员包含外部

---

① 孙冰红、衣学磊、杨小勤：《澳大利亚的大学治理结构与运行模式及启示》，载于《中国高等教育》2011 年第 17 期。

② 高超：《论我国公立大学董事会的功能定位与制度完善》，首都师范大学博士学位论文，2013 年。

成员，更加有利于社会资源的获取。传统的大学发展对政府资金形成严重依赖，当政府财政紧缩时，会相应地减少对大学的财政拨款，从而引发"多米诺骨牌效应"，极易阻滞大学的持续发展。充分发挥董事会成员中的外部成员，可以有效地拓宽资金来源，保障大学发展的资金需求。因此，某种程度上，大学理事会也扮演着大学与社会的"桥梁"。

（三）理事会的权力分配

理事会下设分管财务、审计、风险管理、学位或荣誉授予等事务的委员会。理事会下设委员会作为大学理事会、学术委员会、校长的咨询机构，关于大学的财务、审计、教育等提供意见建议，帮助提高大学治理的透明度和问责机制，并实现大学战略目标。

首先，澳大利亚公立大学理事会下设的委员会并没有统一规定的数量和规模，不同院校无论是在委员会数量，还是在其构成上均存在差异，但基本保持在3～12的范围内。其中以悉尼科技大学的12个委员会为最多，分别是学术委员会、审计和风险委员会、商业活动委员会、财政委员会、荣誉委员会、物理基础设施委员会、提名委员会等。而斯威本科技大学仅设有三个委员会，分别是审计和风险委员会、资源委员会、行政和薪酬委员会。

其次，各委员会直接对理事会负责，委员会成员对委员会主席负责，且委员会间相互独立，有各自的管理团队并独自管理各自相关事宜，互不干涉。独立并不是孤立，委员间亦存在对具体事务的合作与分工。以墨尔本大学为例，大学下设审计和风险管理委员会、财务委员会、公司治理和提名委员会、人力资源和薪酬委员会、基础设施委员会。审计和风险管理委员会主要负责审计大学的内外部工作计划，向财务委员会提交年度财务报表并监督大学对内外部审计结构的反馈。审计和风险委员会协助理事会监督和监管大学范围内的风险评估和管理，包括大学的商业活动。委员会通过审查大学风险管理框架和做法，以及定期收到的在其管理范围内的关于重大战略和业务风险报告，酌情向理事会和其他委员会提供风险管理框架和实践改进和进展以及审查所带来的重大风险。该委员会将建议的风险管理框架、风险政策和风险偏好报告必须提交大学理事会审批。财务委员会行使有关大学金融和商业事务的治理职责，包括监控附属院校和合资企业大学的金融风险和业绩。公司治理和提名委员会主要负责对人事聘任、大学章程、条例、政策和治理安排的最佳形式以及特殊荣誉奖项授予等向理事会提出咨询意见。人力资源和薪酬委员会负责行使监督大学高级行政人员的薪酬和大学的人力资源管理战略。基础设施委员会设立一个专家咨询委员会，向理事会提供关于大学整体财产战略和总体规划的建议以及发展和提供主要资本项目，以实现大学的

341

总体战略目标。大学基金和信托委员会负责协助理事会监督和管理大学的慈善捐赠。

最后，在各个院校，委员会的数量和理事会的管理幅度存在一个负相关，即委员会数量较多的学校，则理事会管理幅度大，各委员会间职能分工更加细化、明确。相应地，委员会数量较少的院校。以斯威本科技大学和弗林德斯大学为例，斯威本科技大学理事会下设委员会共有三个，分别是审计和风险委员会、行政和薪酬委员会、资源委员会；弗林德斯大学的理事会下设委员会共有四个，分别是行政委员会、学术委员会、金融投资委员会和资源委员会。理事会管理幅度较小，但委员会的管理幅度相对较大，管理的事务较多，权责也更大。从整体来看，虽然每所高等院校在职能部门设置与职能分工存在差异，但绝大多数大学均设有专门负责学术管理、资产管理、风险管理、资产管理等事务的委员会，且在各自院校的章程、相关文件中对委员会及其成员的权责等均有明确的规定，规范了委员会行为，以确保委员会的有效、高效运行。

（四）理事会的权力运行

1. 大学理事会及其主要成员的权力分配

大学理事会作为大学的治理主体，其关键作用在于集体承担大学的战略规划、教育、财务、商业和法律责任，以保证管理结构的持续性和适应力。由于大学理事会是由多元利益相关者组成的机构，理事会成员代表不同的利益群体，成员包括大学名誉校长、校长等不同权力主体。因此，必须明确理事会及其主要成员间的权责分配，才能保证理事会内部权力的有效运行。

2010 年，澳大利亚高等教育联合委员会制定了《澳大利亚大学最佳治理自愿守则》（*Voluntary Code of Best Practice for the Governance of Australian Universities*），守则取代了已有的《高等教育提供者国家治理议定书》（*National Government Protocols for Higher Education Providers*），最终于 2011 年 7 月由国家高等教育就业部长理事会批准并实施。这项守则明确规定了大学理事会的基本权责，主要包括大学战略制定与监督、大学日常事务的有效管理和治理以及大学财务和风险管控等内容。大学战略监督主要指制定和实施大学使命、发展方向和发展战略，并对执行情况以及大学管理业绩进行监督审查的责任；大学日常事务的有效管理与治理是指，为了确保大学管理和治理的效率和效益，理事会制定大学日常管理事务的政策、原则和程序，具体包括监督和审查大学管理、学术等活动及其绩效，确保理事会制定的大学战略目标有相应的制度保障以及制定符合大学法、大学章程等规定的政策和程序原则等内容；大学财务和风险管控主要强调对大学财务、商务活动的管理，具体指批准大学年度财务预算、商业计划和年度报告，监督和审查大学活动的风险评估、风险管理等。

澳大利亚公办大学理事会是由多元权力主体构成的，大学理事会作为大学的最高决策机构，其决策的过程必然是不同权力主体共同参与的过程，为保证成员个人基于大学整体利益而非利益集团或个人利益参与大学治理，还必须明确理事会内部不同权力主体的权责和行为规范。理事会成员主要包括大学名誉校长、校长、教师、学生等，由理事会成员选举产生的名誉校长，虽不受性别限制，但通常都具有强大的管理背景，曾涉足商业、金融、公共服务或非营利部门等领域并曾担任过机构的高级管理职务。名誉校长作为大学理事会主席，其主要职责是向理事会提供相应的领导服务，并确保理事会履行职责。从对外关系上看，名誉校长代表理事会向政府、企业、公民等反馈意见；对内关系上，名誉校长主要主持理事会会议、大学礼仪活动以及以校长为首的行政管理层保持沟通和联系，了解大学行政管理事宜并监督大学战略实施。校长为大学的行政首脑，负责管理和控制大学的日常行政事务、学校资产、资源分配、奖励或荣誉授予与惩处等事宜。

2. 大学理事会与大学其他治理参与主体间的权力制衡

大学理事会作为大学治理主体，在大学治理实践中，必然与大学其他治理参与主体产生互动。因此，立足于大学内部治理结构，探究大学理事会与校长、学术委员会、理事会下设委员会以及大学秘书处之间的权力关系，有利于深入认识大学理事会权力运行。

在澳大利亚公办大学内部治理中，理事会扮演着掌舵者的角色，而不是"划桨者"，更不是"既掌舵又划桨"。从大学理事会与大学其他治理参与主体间权力关系分析，理事会、校长、学术委员会三者共同构成了大学理事会领导下的决策、行政和学术分权的权力配置结构。理事会作为大学最高决策机构享有决策权，以校长为首的行政系统负责大学行政事务，学术委员会负责执行和管理大学的教学和科研事项，三者间权力界限清晰。大学校长在大学治理中的角色，相当于企业中的首席执行官，作为大学最高行政机构存在。通过搜集和整理澳大利亚37所公办大学法、大学章程等关于大学校长权力的规定，发现关于大学校长权力的描述不尽相同，但亦存在共性特征。大学校长是由理事会聘任的，依法享有理事会授予的人事任免、资产管理、制定大学管理的制度架构等权力。

在大学治理中，学术委员会作为大学学术治理的主体，在理事会的授权下管理大学教学、科研事务，直接对大学理事会负责并接受大学理事会的监督。学术委员会作为大学的最高学术机构，享有制定学术政策和条例、学位与荣誉的授予和撤销、教研质量审查与评估等权利。学术政策和条例制定权具体指的是制定教学、科研、学生录取、学分管理、教学质量评估、课程设置等方面规定的权力。此外，理事会下设若干委员会并作为大学理事会的决策咨询机构，委员会负责对大学财务、审计、风险管理、人事、教育、荣誉等事务向理事会、校长提供相关信息和咨询。大学还设有秘书机构并作为大学高级顾问机构，负责向理事会及其委员会关于大学治理问题提供建议，监督理事会及委员会章程或规程、政策及程序的执行情况，协调理事会相关事务（包括会议、议程、理事会及委员会文件及会议纪要等），以及作为理事会与大学管理层间沟通的中介组织提供参考意见。

在明确各权力主体权责的情况下，理事会与大学其他权力主体之间的互动是多向度的，而不是单向度的。理事会必须听取校长关于大学使命、目标、资产管理、商业活动、人事任免等以及学术委员会关于大学教学、科研等事务的意见，并监督大学校长和学术委员会履职行为。理事会成员可以向大学校长、学术委员会以及大学其他高级管理人员提供非正式的咨询和指导，并从大学秘书处或校长处获取咨询意见。此外，在大学校长明确同意或默许的情况下，理事会或理事会成员可以直接对大学行政人员下达指令。但是，未经大学校长同意或默许，理事会成员和大学高层管理人员必须通过大学秘书处进行沟通。

大学理事会、校长、学术委员会、理事会下设委员会、秘书处等权利主体间的权力制衡关系，本身就是一个复杂的关系，涉及大学治理中的多方面内容。为了更清晰地了解公办大学权力间的制衡，以澳大利亚国立大学章程、规章等的制定程序为例加以说明。大学章程制定的整个过程涉及立法主体、执行主体、监督主体等立法参与者，权力运行过程包含立法草拟、立法审批、立法修改、立法监督与执行等环节，各参与主体各司其职、权责明晰。首先，立法制定主体上，不同主体享有的权力不同。大学理事会享有制定大学章程的权力。大学校长有权依照大学章程制定大学条例和大学守则。在特殊情况下，大学校长可以依法授权其他学校高级管理人员拟定大学条例或守则。为了深入了解大学理事会、大学校长、委员会等主体在大学治理过程中的作用，以大学章程的制定过程为例进行分析。大学所有立法均由学校中具有法律专业资格的人员负责，其中包括负责大学法律事务的工作人员。其次，立法过程中，任何一部现有或新制定的法律根据责任组合委任相关责任人即理事会全权负责大学章程的总体框架、实施、审查和修订。再者，立法程序上，主要包括判定是否需要立法，需要立法则需做草拟前的准备工作、立法草拟。其中，立法前的准备工作主要包括确定起草者、拟订立法要求、立法内容提纲、时间期限等内容，并形成书面文件提交理事会同意。立法草案提交理事会前，需分发给利益相关者提出意见。最后，由理事会决定是否批准立法提案，并为提案的进一步改进或实施提供指导。在立法提案起草过程中的任何小的修订无须经校长批准，只需在提交最终提案时由校长审核批准即可。最终草案在提交校长批准前，将被送交法律顾问主管审核。立法草案正式通过后，校长有责任和义务确保通过公告、通知等途径告知利益相关者。

3. 大学理事会权力的执行与监督

大学理事会的决策并不是一项孤立的任务，需要利益相关者以及执行者的参与，大学理事会主要通过理事会全体会议开展工作。大学理事会权力的执行涉及执行过程以及权力执行结果的评价。对大学理事会权力执行的分析，主要立足于对理事会会议相关事项的分析，具体包括参会人员、会议日程及会议内容安排、会议记录与公示等内容。

从参会人员来看，会议保密性质和会议讨论内容不同，与会人员也不同。通常，保密性的会议主要由理事会全体人员、学术委员会主席、校长办公室主任等人员参加，不设有观察员席位。在非保密性理事会会议中，大学教职工、学生、校友以及新闻媒体可以作为观察员参会，但通常都会有人员限额，院校不同人员限额也不同，澳大利亚国立大学理事会宪章规定观察员人数不得超过 15 人。观察员在参会过程中不具有发言权，只起到监督作用。此外，会议要求大学理事会全体人员参加，并由大学荣誉校长主持会议。理事会成员无法出席的需递交请假说明，年度累计超过一定次数将予以取消参会资格。当大学荣誉校长无法参会时，荣誉副校长负责主持会议；大学荣誉校长和荣誉副校长均无法出席时，则需委任一位高级管理人员负责主持会议。关于年度会议议程计划，通常是在名誉校长的领导下，由大学相关机构提前拟定下一年度会议计划并送由理事会会议审批通过。不同院校由于机构设置不同，因此会议议程拟定机构并不一致，以澳大利亚国立大学为例，会议议程拟订工作主要由公司治理和风险管理办公室主任负责，由校长审阅最后递交名誉校长审核批准并由秘书处发布会议议程计划。尽管如此，但会议议程计划包含的内容几乎是雷同的，具体包括：会议日期和时间、主题、主要议项、常规议项、工作总结与展望以及会议议程调整等内容。会议内容上，通常包括常规事项和非常规事项。会议过程中，大学秘书处需按照规定格式记录会议主要内容，并形成书面材料，在官方网站上进行公示。理事会每年会通过问卷调查、访谈等方式对权力执行效果进行评估，评估内容包括：理事会及其成员个人工作业绩、理事会会议过程和程序、理事会的凝聚力与协作力、理事会权力行使的透明度、理事会成员结构等内容。

此外，澳大利亚公办大学理事会权力的行使受制度、其他大学治理参与主体的监督。制度上从大学法令、大学章程、大学条例、大学守则等宏观至微观，系列制度安排详细规定了理事会及其成员的权责。与此同时，还对大学理事会及其成员失职行为的惩处作了简要的规定。大学校长、理事会下设委员会、大学秘书处等机构以及教职工、学生、校友等利益相关者，通过参与大学治理和信息公示对理事会权力进行监督，有效保证了大学理事会治理的民主性、透明性。

（五）大学理事会制度的特点

1. 地域性特征明显

澳大利亚公办大学的理事会具有鲜明的地域性特征，主要表现为位于同一个州或领地的大学理事会规模、成员结构相似性，不同州或领地的大学理事会差异性特征。大学理事会规模时间纵向上呈逐渐缩减的趋势，但从缩减的幅度上看存在较大差异，根据 1990 年、1995 年、2000 年、2015 年理事会规模统计数据计算得出各个州或领地理事会规模均值，并绘制表 11－8。从表 11－8 中发现，1990～2015 年，澳大利亚首都领地、昆士兰、维多利亚、塔斯马尼亚大学理事会急剧缩减，其中缩减幅度最大约为 21 人，新南威尔士、西澳大利亚持续稳步缩减。从最大幅度缩减的时间段来看，具有区域的不同步性特征，但同一州或同一领地的大学具有同步性。

表 11－8　　1990～2015 年澳大利亚各区域公办大学理事会
规模均值区域统计　　　　　　　　　　　单位：人

区域	1990 年	1995 年	2000 年	2015 年
澳大利亚首都领地	30.5	24.3	19.7	16
北领地	21	21	20	15
新南威尔士	20.7	20.4	19.3	17.3
昆士兰	29	26.8	25.2	18.7
西澳大利亚	22.7	23	22.3	19.5
维多利亚	34.3	32.3	21.1	13.5
塔斯马尼亚	30	24	24	14
南澳大利亚	35	31	21	19.3

通过对 2015 年澳大利亚公办大学理事会成员构成进行统计分析发现，不同成员类型占比具有区域性特征。澳大利亚首都领地、昆士兰地区，政府任命人员在大学理事会总人数中占较大比重，而南澳大利亚的高校理事会中不含有政府任命人员。基于此，对南澳大利亚州的 3 所大学理事会成员构成进行进一步分析，发现理事会聘任人员占比最高，因此，不难发现，南澳大利亚州的公办大学在大学治理上较其他院校享有更充分的自主权。维多利亚州理事会聘任和政府任命人数基本持平。从学术人员、专职人员、学生和校友代表占理事会成员总数比例来看，学术人员、专职人员、学生和校友代表数量占比不足 1/3。其中，塔斯马尼亚州和维多利亚州的高校理事会成员中不含有研究生和校友代表，学生参与大学

治理相对不足。由此可见，澳大利亚公办大学理事会在成员规模及成员构成上存在较大的区域性差异，但通过对比同一州或领地的不同大学发现，成员类型数量分布具有极强的相似性。

2. 多元利益的集合，具有广泛性特征

澳大利亚公办大学的理事会是一个多元利益的集合，理事会作为大学的核心治理机构、参与大学治理的主体，具有鲜明的广泛性特征。这种广泛性突出表现在理事会成员类型、产生方式及其知识背景。通过对 37 所公办大学理事会的成员构成的数据统计，可以发现，成员类型上，囊括了学术人员、专职人员、学生、校友以及社会人士，兼具大学内部和外部成员；产生方式上，理事会成员主要通过不同主体任命、选举、聘任等多种途径产生。以澳大利亚国立大学为例，2015 年 6 月重新修订完成的《澳大利亚国立大学法案 1991》规定，澳大利亚国立大学理事会成员应包括 2 名当然成员、3~6 名理事会任命人员、3~6 名政府任命的外部人员，其中理事会外部人员数量不少于内部人员数量，且至少有 2 名成员具有商业或财务背景。从澳大利亚国立大学理事会实际成员构成来看，主要包括 2 名当然成员（名誉校长和校长，其中名誉校长来自学校外部）、7 名政府任命的外部人员、3 名学术人员、1 名专职人员以及 2 名学生代表。从理事会在大学治理中扮演的角色及其成员构成来看，澳大利亚大学理事会是一个多元利益相关者参与下的大学治理机构，具有参与主体的广泛性特征。

理事会的广泛性特征不仅体现在成员构成上，还突出体现在维护利益的多元性。理事会作为大学决策主体，成员构成的多元性决定了理事会维护利益的多元性。理事会决策过程必然是多元利益间相互博弈的过程。根据囚徒困境理论，理事会中各利益主体为了实现自身利益最大化，在决策过程中更倾向于选择对自身利益群体更有利的方案，并最终造成理事会成员彼此互补合作的情况，导致决策的僵化或者偏失。为解决利益相关者间的博弈所造成的困局，R. 爱德华·弗里曼建议，"具有较高利益相关者管理能力的组织与利益相关者就一些关键问题进行坦率的协商，寻求自愿地达成协议"[1]。因此，为实现各自利益最大化，理事会中成员必然要通过协调与合作做出最佳选择，并最终满足各利益群体利益，实现最满意决策。

3. 理事会管理的自主性特征

理事会治理的自主性主要体现在两方面：一是理事会外部成员参与大学治理；二是理事会及其下设委员会拥有大学相关事务管理的权责。从理事会内外部

---

[1] ［美］R. 爱德华·弗里曼：《战略管理——利益相关者方法》，王彦华、梁豪译，上海译文出版社 2006 年版，第 93 页。

成员数量分析，发现理事会外部成员总量超出学校内部人员数量。一方面，建立多数的外部人员参与大学治理，不仅打破了传统的政府或学校内部人员单一管理模式，还凸显了改革后的澳大利亚高等院校管理的企业化特征。大学治理的目标不单单着眼于传统的教学和科研，还追求实现高等院校的社会价值，通过对大学商业活动的关注和重视，建立具有财务或商业背景的人士参与大学管理，提高大学治理的经济性、效率性、效益性。另一方面，从理事会和理事会下设委员会权责角度出发，理事会、校长等大学治理主体具有在大学法案、大学章程等规定的职权范围内自主管理大学的权力。从大学与政府的关系视角来看，大学是由政府批准、依据国家或州立法设立的，改革后的大学之间摆脱了对政府的依赖，大学实现自主管理，并通过多途径自筹资金摆脱了对政府拨款的严重依赖，政府的竞争性拨款更是激发了大学间竞争的活力，推动了大学管理对效率、效益的关注和重视。

从大学内部治理来看，理事会作为大学治理主体，在大学重大事项决策、人事任免、管理并监督大学活动等方面享有相当大的权力，但在实际管理中，其权力是有限的，不直接参与大学的管理，而是依托于下设委员会、校长及学术委员会分管相关事务。澳大利亚的 37 所公办大学中，每所大学都设有负责风险管理与评估、财务管理、审计、人事等事务的委员会，并作为大学理事会的咨询机构。以审计委员会为例，澳大利亚 37 所大学都设有分管审计业务的委员会，从理事会下设委员会权责来看，理事会下设委员会享有自主管理大学相关事务的权责。校长作为大学理事会成员、大学行政首脑，享有对大学常规事项决策的权力，同时还享有在紧急情况下做出决策的权力，其中危机情况下的决策只需在下次理事会召开期间向理事会汇报。学术委员会主要负责大学教学和研究事务，并在理事会的批准下授予学位和奖励，确保大学教学和研究水平。

4. 组织管理具有市场化特征

20 世纪 80 年代末，全球范围内掀起了市场化改革的热潮，高等教育市场化改革开始追求大学治理的经济性、效率性和效益性。市场化改革后的澳大利亚公办大学治理具有鲜明的市场化特征。澳大利亚公办大学治理的市场化特征突出表现在理事会的组织定位、组织目标、组织权责及组织成员构成等方面。

市场化改革后的澳大利亚高等院校一方面摆脱了政府的密切控制和管理，另一方面加强了与社会的联系，对内理事会是大学的最高权力机构，对外理事会扮演着大学与政府间"纽带"、大学与社会间"桥梁"的角色，组织定位更加明确并具商业化特征。在管理目标上，理事会旨在提高大学的教育质量，通过加强学校绩效管理，提高大学管理的效率和效益，降低学校管理成本，实现利益最大化。在权责上，理事会通过加强对大学商业活动的管理，提高大学资金使用效率和效益。在成员构成上，通过建立外部成员尤其是具有财务或商业背景的人士参与大学治理，以提高大学运行效率，管理上具有专业化特征。以澳大利亚国立大学为例，财务委员会的现任主席塞缪尔（Grawme Samuel）是来自莫纳什大学商学院的一名教授，同时为莫纳什大学联合业务政策论坛的教授级研究员，此外，他还是老年保健融资机构、澳大利亚经济发展委员会等多个社会组织的成员以及澳大利亚数据管理的主席，具有丰富的管理经验和专业知识背景。审计和风险管理委员会现任主席纳基（Geoff Knuckey）擅长财务报告和分析、风险管理、公司治理和内部审计，具有 32 年会计工作经验，目前是 6 家私营公司的董事或首席执行官，同时也是 23 个政府部门的审计和风险委员会的主席或独立成员。此外，大学法、大学章程、大学规章等从宏观到微观明确规定了大学理事会及其重要成员或机构的权责。校长分管大学行政事务，学术委员会分管大学教学、科研。风险管理委员会、财务审计委员会、薪酬管理委员会等理事会下设委员会作为大学理事会的咨询机构，分别关于大学审计、财务、风险管理等事务向理事会提供咨询建议。

第四节　密歇根大学学院权力体系分析

在大力推进高校学院制改革与管理重心下移的背景下，大学内设学院治理成为当前大学治理体系与治理能力现代化建设的关键问题。美、英国家一流大学在学院治理结构方面有其独特之处，因此，本书选取美国密歇根大学的学院治理结构进行分析，期望为我国研究型大学治理体系与治理能力现代化提供些许启示。

一、密歇根大学院系权力结构

密歇根大学的治理结构历经 100 多年的修正和完善。在学校治理维度上，已经形成了董事会、校长管理团队和大学评议会三权相互独立又相互交融的治理框架。决策系统与执行团队相对独立，专职管理人员与学术人员相得益彰。体现了从决策到执行中各项权力运行的专门化，同时保障了治理的民主化。大学决策系统以董事会为核心，执行系统以校长为核心，学术治理以评议会为核心。清晰明确的治理框架同时减轻了管理者的负担、降低了学校治理的风险，各个治理主体相互独立又相互牵制，有利于调动各方主体的积极性，提升治理的活力。

董事会作为大学内部由外行人组成的最高决策机构，能在最大限度缓冲来自外界压力的同时争取到更多的办学资源。其运作的程序与规则在《密歇根大学董事会章程》中有详细的规定①。该章程篇幅较长，内容全面，详细规定了学校与学院的管理、学术机构的职责划分、董事会的议事规则与程序等。董事会下设全体委员会、特别委员会和 2 个常设委员会，后者作为主要议事机构，有明确的职责分工，在相应领域内为董事会提供咨询和建议。

董事会缺乏专业教育和管理人员，在保留重要事项最终决策权的基础上，将执行权交给校长和大学评议会等拥有经验的专家。学校章程规定，校长由董事会任命。作为大学首席执行官，校长在遵守密歇根州法律和密歇根大学章程的条件下，拥有全面负责学校教学、研究和其他管理事务的广泛权力。以校长为核心，包括两位分校校长、教务长以及所有副校长组成的行政管理团队负责实施管理②。

大学评议会（senate）又称学校理事会，是密歇根大学学术治理的核心，由所有教授级专业人员、行政官团队、各学院院长、由评议会大会按照标准和程序批准聘任的全职高级研究人员与图书馆管理人员，以及由董事会委派的其他主要官员等组成。评论会设有评议会大会和评议会代表大会，成员有明确任期，并实行交错任期制。评议会代表大会同时下设了各级委员会，向行政管理团队提交咨询建议报告。

密歇根大学在董事会章程中详细规定了学校的基本教学组织架构，包括文理学院（colleges）、学院（schools）、系（departments）以及若干研究所和研究中心。其中，1 所文理学院和 18 所专业学院是密歇根大学最主要的教学单位。文理学院是规模最大的学院，有超过 75 个学术部门和项目，为学生提供 100 多个学位。其他 18 所专业学院中，牙科学院、法学院、罗斯商学院等位于美国高校同类学院的前 5 位。从校院关系上看，密歇根大学体现了治理重心下移、以院为主的特点。《密歇根大学董事会章程》从教学、科研与社会服务三个维度清晰地界定了学院的职责与权限。学院自身拥有学校董事会章程尚未包括的一切学院管理权限，包括制定涉及学院内部事务管理的规范和规则的完整权力。系作为学院之下的一个分支，仅有教学的单一职能，但保留独立预算，向上对学院的预算权力机构负责。系的组织结构形式有利于教职员工广泛参与各系事务管理活动。

二、密歇根大学学院权力结构中的两套系统

密歇根大学学院治理结构包括行政管理系统和委员会系统。《密歇根大学董事会章程》中明确了学院治理的基本框架，即在校董事会批准的前提下，学院治理由

---

①② The Bylaws of the University of Michigan Board of Regents，http：//regents. umich. edu/bylaws/bylaws_pref. html.

治理团体（governing faculty）、院长和执行委员会（the executive committee）负责。同时，数量众多的常设委员会（standing committees）及其分支，以及管理咨询委员会（administrative advisory committees）等，作为治理的权力主体之一，对学院学术事务治理施加影响并提供建议。这两大系统共同构成了学院治理的基本结构。

（一）行政管理系统

学院行政管理系统包括治理团体、院长和执行委员会（如图 11 - 6 所示）。治理团体是由学术人员所组成的学院行政管理系统的最高决策中心和权力中心。《密歇根大学董事会章程》以及《密歇根大学学术治理章程》均规定，治理团体负责管理相应学院事务，就董事会章程尚未包括的有关其结构、主要运作程序，以及属于学院治理团体决定权限范围内的事项制定规范，只要获得董事会批准即可载入《学校董事会公报》，同时被授予制定学院内部事务规范和规则的完整权力。学院治理团体包括该院所有教学型、研究型、临床型的教授、副教授、助理教授，以及有一半或者超过一半的时间在学院中任职，且被教授类人员多数赞成票授权的指导员和讲师等其他人员。

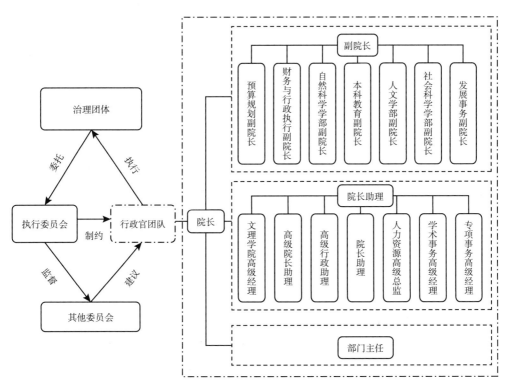

图 11 - 6　密歇根大学文理学院行政管理系统

在大多数学院中，治理团体一般委托执行委员会行使自己的权力。学院的执行委员会是该学院常设委员会之一。其构成以学院院长为当然的主席，外加 3～10 名不等的治理团体代表，实行错峰任期制，即保证每年固定出现 2 个空缺以利于委员的错峰流动。正常情况下，院长虽然担任主席但却不享有投票权，只有当执行委员会的选票数相等时，院长才可以投票①。执行委员会的职能非常复杂，它既可以面向院长的行政团队提出建议，又可以针对学院教育教学政策开展独立的调查，同时作为教师的代表参与学院包括人事选聘与升迁、经费预算与回顾、学术事务最终决策等一系列重要事项决策，同时有权对其他常设委员会的年度报告进行回顾、审议并提出建议。在这个角度上看，执行委员会兼有多种职能。作为治理团体的委托机构，充分代表了学院教师群体的利益，参与学术事务的决策；作为行政管理系统中的重要中介机构，为行政官员团队提供协助与建议；作为最重要的常设委员会之一，对其他委员会的职能履行情况进行评议与监督。执行委员会的设置成为连接学术权力与行政权力的桥梁和纽带，将不同类型和逻辑的权力主体及权力的运行较好地糅合在一起，体现着密歇根学院治理结构的鲜明特色。

由院长为核心的行政官员构成了学院行政管理系统的执行中心。学院院长、主任或行政负责人由董事会依据校长的推荐来任命，在行政管理上直接对主管副校长或者教务长负责。作为学院的首席执行官和执行委员会的主席，院长应履行由董事会、校长、教务长规定的职责，同时履行由学院治理团体制定的规范和规则。院长一般都配备着若干副院长、院长助理、部门主任等辅助人员，后者主要负责协助院长行使其行政职能，分工明确，直接对院长负责，共同构成行政官团队。副院长和各部门主任由院长任命，但同时也需要经过执行委员会的批准。部门主任主要工作有以下三项：第一，负责部门的日常运作；第二，在基层部门教师集体协商的基础上，确定基层组织结构；第三，确定部门对教职员工招聘和发展的需要，报院长审批。行政官团队有责任定期召开会议以讨论学院的问题。

（二）委员会系统

委员会是密歇根大学学院治理中非常重要的权力主体之一。从委员会的数量、治理范围、职责权限等多个角度，将密歇根大学学院治理称为"委员会治理模式"也并不为过，因为委员会已经成为学院治理的核心，同时也是学院各利益主体进行协商与妥协的主要场所。密歇根学院委员会系统主要由常设委员会（standing committees）及其下属委员会（subcommittees of standing committees）以

① Michigan State University Bylaws For Academic Governance，http：//acadgov. umich. edu. cn/ bylaws_html.

及管理咨询委员会（administrative advisory committees）这三类委员会构成。

常设委员会是专门性的委员会，其职责主要是就学院内部某些特定问题进行初步审议、提出建议，并对学院行政管理机构的活动进行监督。常设委员会除分管此事项的副院长自动作为成员但不享有表决权之外，其他成员均由治理团体或各部门的教师投票选举产生。主席由全体委员会成员选举产生，而非由校长或院长任命。这样在确保委员会与行政官团队有效沟通的同时，最大限度上保障了委员会实际运作中的相对独立性。常设委员会都有各自的常委会规则，明确了委员会的职能及其履行。除了向院长提供专项调研结论并提供建议之外，对常设委员会的规定还包括每年向院长办公室提交书面报告，对委员会当年的履职情况及第二年的发展规划进行汇报，以实现行政官团队与常设委员会之间的相互制约和监督。

以牙科学院为例，该学院除执行委员会之外，共设置 5 个常设委员会，分别为任职、升职和终身教职任职委员会，提名与选举委员会，DDS 课程委员会，口腔卫生学课程委员会，章程委员会（见图 11 - 7）。其中，任职、升职和终身教职任职委员会是除执行委员会之外的第二大常设委员会。在委员的组成上，负责教师事务的副院长是当然委员，但无表决权。执行委员会的成员和系主任均没有资格进入该委员会。委员会由 6 位教授委员组成，占所有教授级教职员工的一半以上。该委员会的职责范围包括：向院长和执行委员会提交关于 50% 或者更多的教学研究人员聘用方面的建议；受院长和执行委员会的委托提交关于其他人员任命的建议；向院长和执行委员会提交关于教师升迁与授予终身教职的建议；每年审查教师聘用、升职和终身教职授予相关政策、标准和程序的合理性，并在必要时候提出改革的建议；揭示潜在的利益冲突，并在必要时进行回避。

从委员会的构成与职责来看，常设委员会是治理团体学术治理的延伸，体现着对学院重要事项的高度决策影响力，是学术权力履行的实体机构。依据学校与学院章程的规定，常设委员会有权利就其职能的某一方面设立其下属委员会。

此外，学院一般还设有多个管理咨询委员会，用于加强与促进学院行政管理工作，为学院院长提供有关行政管理的咨询信息或政策建议。管理咨询委员会同样有明确的委员会规则，对委员会的职能及其履行进行详细的规定。管理咨询委员会须每年向院长办公室提交一份书面报告，对委员会当年的履职情况进行汇报，并为来年的行动提出建议。所有管理咨询委员会的成员均由院长、副院长或执行委员会主席任命。主席由院长任命，一般由副院长或副主任担任，任期 3 年，不得连任。仍以牙科学院为例，该院共设置 16 个管理咨询委员会（见图 11 -7）。其中的"战略规划委员会"非常典型。该委员会主席由学院院长担任，成员由院长任命，涵盖了全院教师、职工、学生、治理团体等代表。该委

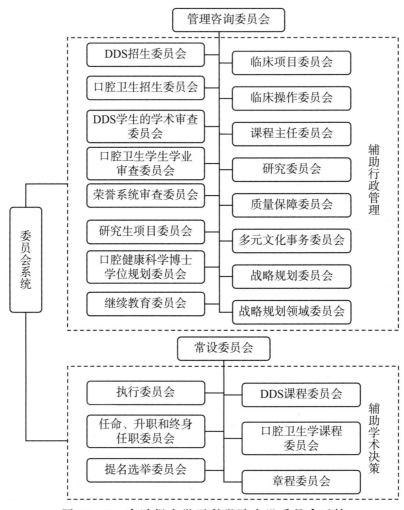

图 11 - 7　密歇根大学牙科学院内设委员会系统

资料来源：Bylaws Committee. Bylaws of the School of Dentistry of university of Michigan，ht-tp：// www. lsa. umich. edu/UMICH/facstaff/Home_pref. html.

员会的职能包括：对学院教学与研究等方面的效益进行分析；每年向行政官团队和执行委员会提交战略规划；和学院教职员工和学生交流战略规划进展；征求来自执行委员会、各委员会主席、行政官团队、教职员工和学生的意见；针对学院战略目标的调整提交建议与报告。可见，管理咨询委员会直接对以院长为首的行政团队负责，接受其直接领导与监督，并就学院行政管理问题提供相应的调查与建议，是学院一级行政管理系统的辅助与建议机构，用来保障行政管理工作的科学性。

三、密歇根大学学院权力结构的启示

当前我国大学治理体系与治理能力现代化建设的空间仍然很大，治理结构的完善是核心问题，学院治理是薄弱环节。密歇根大学的学院治理经验可以从多个角度给我们提供启示。

（一）高校治理体系与治理能力现代化应以治理重心下移为先导

密歇根大学在内部学院设置上体现着典型的美国模式，即以传统多学科综合的文理学院为主体，辅以专业学院来架构。从校院关系来看，各级章程中均明确了学院作为基层办学的主体地位，保留了一切学校董事会章程尚未包括的学院管理的完整权限，学院内部的行政管理系统与委员会系统相得益彰，涵盖了人事、教学、财务等全部学院重大事项的决策，体现着重心在下、以院为主的治理结构特点。这对于我国高校治理体系与治理能力现代化建设的启示是深刻的。

建立和不断完善现代大学制度，促进我国大学治理体系和治理能力的现代化，是深化我国高等教育改革与发展的总体目标。其中，治理重心的下移是问题的关键。从改革实践中也可以发现，权力下行是大势所趋。从党的十八届三中全会提出治理体系和治理能力现代化以后，教育部出台的很多文件都在大力推进这项工作。在中央和地方两级管理部门的关系上，加强省级政府教育统筹权；在政府与高校的关系上，落实学校的办学自主权，承诺"把该放的放掉，把该管的管好，做到不缺位、不越位、不错位"。可见，高校的办学自主权将进一步扩大。高校能否接住和用好这些权力的关键，在于高校治理的重心在哪里。高校多年来形成的行政科层体制与"垂直式"的领导模式已经产生了较多的问题，最直接导致了学院层面办学活力与热情的缺失。复旦大学已经在 2015 年的诸多内部改革中释放了扩大学院办学自主权的信号，引发了国内众多高校的关注①。只有借鉴国外高校的治理经验，实行学校、学院二级办学单位两级管理，以院为主的治理模式，按照增强活力、责权统一的原则，精简管理层级，调适管理跨度，下移管理重心并强化目标管理，才能令高校由下至上释放出办学活力。

（二）学院治理结构的完善应以制度规范建设为先机

包括密歇根大学在内的很多美国大学都是典型的章程治理。密歇根大学及其

---

① 《复旦校改：让第一线了解情况的人做决策》，http：//news. china. com. cn/live/2015－01/16/content_30865722_2. htm。

学院的章程十分规范详尽。《密歇根大学董事会章程》《密歇根大学学术治理章程》以及各学院章程共同构成了该大学治理的制度体系。各项章程均明确了包括治理团体、委员会、院长、副院长、部门主任及相关管理人员的权责关系，以及其他决策机构自身的管理与程序规则，如必须遵循《罗伯特命令规则》中议会程序规则的规定、保留团体决议记录、以书面形式向院长和各级校长以及董事会提交文件等，体现着高度的程序化和规范性。

这些恰恰是当前我国高校内设学院治理最为欠缺之处。我国高校权力配置突出的特点是横向权力配置，如对行政权力、学术权力、政治权力的关系关注得比较多，对纵向权力的配置、学院以及基层办学组织权力配置关注得比较少。就现行法规制度体系来说，对大学内部治理和权力运行的相关规定主要集中在学校层面，对大学内设学院的治理模式、权力关系和运行方式缺乏明确的制度依循。《中国共产党普通高等学校基层组织工作条例》《高等学校学术委员会规程》《学校教职工代表大会规定》等制度文献，除了规定学院"通过党政联席会议，讨论和决定本单位重要事项。支持本单位行政领导班子和负责人在其职责范围内独立负责地开展工作"之外，对党政联席会的运行程序与规则、学院学术委员会等学术权力机构、教职工代表大会等民主权力形式的权限与实施程序没有明确规定，因此给我国高校内设学院管理及权力运行留下了较大空间。当前普遍存在的学院各权力主体职权不清、权力边界不明、权力运行无序、权力之间制约不足、权力监督不够等问题，其首要原因就是权力运行与监督中相应规范与制度缺失，客观上形成了权力过度集中又得不到有效约束的现象。

因此，让学院基层组织用好权力的关键在于学院制度建设，制度包括学校章程中对于学院办学主体的承认与实际赋权以及二级学院自身的章程建设，还包括对目前学院党政联席会议制度、学术委员会制度、教授委员会制度、学院信息公开制度、二级学院纪委监督制度、二级教代会民主监督制度等的完善与规范。制度建立健全以后，就可以从制度上规范各个管理主体的行为，从而保证大学在科学的决策环境下实现分工合理、权责一致、协调运作[①]。明确权力配置，健全权力运行制约与监督制度，提高制度的科学性、约束力和执行力，才能有效地配置办学资源，既能最大限度地激发学院的办学活力，又能防止出现内耗现象和腐败行为。

（三）在学院内部构建以学术权力为主、权力相互制约为辅的集体决策模式

如果不将研究的视角放在学院一级，我们很容易将美国高校治理结构简单理

---

① 刘新民、李佳佳、李芳：《学院制模式下大学运行机制构建》，载于《现代教育管理》2015 年第 3 期。

解为学术权力与行政权力两权分离、又有渗透、各负其责的模式。我们熟悉的由董事会、校长、评议会所构成的学校一级权力体系确实体现了这一特点。但学校与学院的治理结构存在根本差别。学校层面上，以校长为首的行政权力系统和以评议会为代表的学术权力系统相对分离，但在学院，两种权力契合度较高。由于办学的重心在学院，由学术人员所组成的治理团体是学院行政管理系统最高的决策中心和权力中心，由院长为核心的行政官员是学院行政管理系统的执行中心。二者通过常设执行委员会进行软连接，保证了学术权力在学院治理中的硬着陆。数量众多、分工明确的委员会有三个功能：其一，以委员会为核心的集体决策保证了学院治理的科学性与合理性；其二，进一步吸纳更多教职员工及学生参与学院治理，提升了治理的民主性与参与度；其三，通过调查、咨询、建议等职能的实施，保证权力之间的相互制约与监督。例如，各部门主任由院长任命，但同时需要经过执行委员会的批准；执行委员会的主席由院长担任，但一般情况下院长没有投票权；所有常设委员会成员均由治理团体选举产生，但同样受制于院长，须每年向院长提交书面报告，总结年度工作并提出发展规划。由此可见，密歇根大学的学院治理体现着鲜明的以学术权力为主、权力相互制约为辅的集体决策的特点。

反思我国高校学院内部权力关系，可以归纳出两点问题：一是学术权力处于相对弱势地位，二是权力之间缺失相互制约的机制。我们看到学院治理实践中存在的三种现象：学术搭台、行政唱戏；临时组阁、就事论事；权力集中、缺乏监督。有些学院内部各类委员会设置齐全，但章程缺失，委员会组成与产生规程、职责、权利、义务以及议事规则均不明确，无法发挥应有职能，同时沿用科层领导方式造成了行政独大或行政引导学术决策的现象；有的学院缺乏常设的治理委员会系统，在决策时难以形成稳定的治理团队，往往临时随机组成，难以保证治理的科学性与可持续性；还有的学院学术话语权与行政决策权高度集中在少数人身上，难以形成集体决策和保证治理的民主性。

学院决策首先是学术决策，其次应该是集体决策，在决策过程中要保证权力之间的相互制约和民主监督。学院治理的核心是学术治理。学院成员都既是参与者，又是决策者，所应维护的是学院的根本利益，也应是教师和其他成员的根本利益，而非某一权力主体的局部利益。因此，我们现行的党政联席会议制度、教授会制度、学术委员会制度、二级教代会制度等，需要明确各自的职责与实施细则，并在权力的实施过程中保证相互之间的渗透，形成权力之间的相互牵制，最终实现民主集体决策。

总之，随着办学体制和运行模式的变化，高校内设学院作为办学实体的特征更加鲜明，其权力运行呈现复杂性和典型性。本书对加强学院治理结构建设建议如下：其一，完成权力下放与分解过程。在纵向上实现权力重心由学校向学院的转移，同时以一系列规范制度建设为先导；在横向上实现行政权力向各种专业委员会的转移，大大提升治理的专业性，有效避免权力的滥用与失误。其二，明确学院内部各项权力的边界及运行规则，明确有所为有所不能为的底线。其三，构建权力相互制约与监督的体制机制，维持学院内部治理高效的平衡。

第五节　国外大学权力风险防控体系分析

建立健全高校内部风险防控体系，是推进高校治理能力和治理体系现代化的重要手段，是高校权力运行制约与监督的内在要求。近些年来，我国从政府层面上开始推动高校的综合改革，逐步启动了腐败风险防控和内部控制建设等举措。2014年，教育部按照中央部署和要求颁布实施了《关于深入推进高等学校惩治和预防腐败体系建设的意见》，继而制定《教育部直属高校和直属单位基本建设廉政风险防控手册》（2015）等，逐步拉开了我国高校内部风险防控建设的序幕。在十九大报告中，习总书记强调，要加强对权力运行的制约和监督，强化不敢腐的震慑，扎牢不能腐的笼子，增强不想腐的自觉。可以说，反腐倡廉的核心是制约和监督权力，而风险防控则是防治腐败的重要方式。然而，高校风险防控的相关研究在学术上尚未引起足够的重视。

一、美国大学风险防控的理论与实践

本研究系统梳理了高校风险防控的理论基础及其变迁历程，进而剖析美国高校风险防控体系建设以及具体高校的实践探索，以期为当前我国高校的风险防控与内部控制建设提供一些可资借鉴的经验。

（一）风险防控理论的变迁历程

风险防控概念的提出，源自企业界的内部控制与风险管理理论。这两个理论既是相对独立的，又具有内在的统一性。其中，内部控制是规避风险的制度安排和总体框架，而风险管理是内部控制的具体手段和实现路径，两者相伴而生、交互作用、彼此关联、相互耦合，从而构成一套完整的风险防控理论体系。

1. 风险防控理念的萌芽阶段

内部控制理念的萌芽，即出于风险防控的实践需求。20世纪初，随着股份公司规模日益扩大,所有权和经营权进一步分离,实践中逐步出现了一些组织、调节、制约和监督生产经营活动的方法,为了纠错查弊,有些企业建立了简单的内部控制制度①。内部控制概念是由 1936 年美国会计师协会与美国联邦储备委员会联合发布的《注册会计师对财务报表的审查》首次提出,"为保护机构现金和其他资产的安全、检查账簿记录的正确性在公司内部所采用的各种手段和方法"。

内部控制理念经历了不断的扩展与完善。1949 年,美国会计师协会下属的审计委员会发布《内部控制:协调系统诸要素及其对管理部门和注册会计师的重要性》,开始关注到内部控制与系统其他要素之间的关联。1958 年,美国注册会计师协会发布《独立审计人员评价内部控制的范围》,将内部控制分为内部管理控制和内部会计控制两部分。此后,对于内部控制的认识提升到系统论的角度。1988 年,《审计准则公告》对内部控制重新界定,即"是由管理者建立的,旨在以一种有序的和有效的方式进行公司业务,确保其与管理政策和规章的一致性,保护资产,确保记录的完整和正确性的整体系统",并将内部控制分为控制环境、会计制度、控制程序三个要素。可见,内部控制的内涵已得到丰富和深化。

2. 风险防控理论的发展阶段

实践是风险防控理论建构的基础,也是进一步推动实践的动力。20 世纪 70 年代初,水门事件的发生导致美国联邦政府对内部控制的高度重视,借此规避腐败的风险。1977 年,美国联邦政府颁布《反海外贿赂行为法》,强制性要求企事业单位要设计内部控制系统。1982 年的《联邦管理者财务廉洁法案》,则以立法形式规范了内部控制。自此,风险防控在美国乃至全球范围内开始备受关注。

1985 年,美国成立反欺诈财务委员会,旨在调查徇私舞弊的原因。1987 年,该委员会的赞助机构成立了发起人组织委员会(COSO)专门研究内部控制问题。1992 年,COSO 发布研究报告《内部控制——整体框架》,指出内部控制是指"受机构董事会、管理层和其他人员实施的,为实现运行活动的效率效果、财务报告的可靠性、遵循相关法律法规等目标提供合理保证而设计的过程"。具体而言,内部控制模型可描述为一个五层的金字塔,是由相互联系的各要素组成一个内部控制系统。其中,侧面是五个要素维度,包括控制环境、风险评估、信息与沟通、控制活动、监控;底部包括三种控制目标,即财务报告控制、合规性控制、运营控制。由此,内部控制的概念从静态的"方法""系统"转变为动态的"过程"。

该整合框架得到广泛的认可,COSO 报告几乎成为全球各类组织实施内部控制的纲领性文件。在借鉴 COSO 框架的基础上,1999 年美国审计总署特别制定了

---

① 阎达五、杨有红:《内部控制框架的建构》,载于《会计研究》2001 年第 2 期。

新的《联邦政府内部控制准则》，规范行政部门的内部控制。然而，安然事件和世界通信会计丑闻的爆发，对美国市场造成巨大冲击和信任危机。为此，美国国会加速颁布了《萨班斯—奥克斯利法案》，即《SOX 法案》，对上市公司提出合规性要求，使其必须加强控制风险。由此，内部控制从一种自发的治理机制，转变为政府强力推行的制度建设。基于该法案的要求，COSO 修订原报告，于 2004 年发布了《企业风险管理——整合的框架》。该报告指出，风险管理是一个过程，受企业董事会、管理层和其他员工的影响，包括内部控制及其在战略管理和整个公司活动中的应用，旨在为实现经营的效率和效果、公司报告的可靠性以及法规的遵循提供合理保证，从而将风险管理和内部控制整合为一个统一的框架。

该框架是三维的立方体模型，内容也已发生变化。其中，目标层面包括战略目标、经营目标、合规性目标和报告目标；要素层面包括控制环境、目标设定、事项识别、风险评估、风险应对、控制活动、信息与沟通、监控八个要素；结构层面包括企业整体层面的控制、业务活动层面的控制、对分支机构的控制、对子公司的控制四个方面。该框架提出包括风险容量和风险容忍度的风险理论，将风险管理和内部控制拓展到企业的整体范围内，对完善风险防控理论产生深远的影响，而且还被广泛应用于其他的非企业组织中。基于此框架，2004 年世界审计组织——最高审计机关国际组织（INTOSAI）制定和发布了《公共部门内部控制准则指南》，标志着 COSO 风险防控框架得到国际上的普遍认可。

3. 风险防控框架的完善阶段

随着信息技术的快速发展、治理体系现代化、全球一体化等趋势，各类组织所处的内外部环境变得日益复杂，防治腐败和审查贿赂的需求在不断增加。2009 年，国际标准化委员会发布了《ISO 3100——组织风险管理的国际标准》。近年来，德国国际会计公司借助现代信息技术，提出风险智能管理的新思维。这些世界范围内的最新进展，为 COSO 完善风险管理框架奠定了理论和实践基础。

事实上，COSO 内部控制的概念已经成为其他领域制定相关标准的参考，诸如《SOX 法案》要求美国企业拥有与 COSO 相一致的内部控制系统[①]。然而，企业仍沿用以前的框架来保证内部控制的有效性。为此，COSO 在充分应用 IT 系统的基础上，2013 年发布报告《内部控制——整合框架》及配套指南《内部控制体系有效性评估工具示例》和《基于外部财务报告的内部控制：方法与实例概览》等，对原框架进行更新与完善。基于内部控制五要素（控制环境、风险评估、控制活动、信息与沟通、监控），新框架提出 17 项原则与相应的关注点，并

---

① 罗伯特·R. 穆勒：《COSO 内部控制实施指南》，秦荣生等译，电子工业出版社 2013 年版，第 19～20 页。

结合三大目标（运营控制、报告控制、合规性控制），构成一个层次分明的框架。2015 年，COSO 还出版了《网络时代的内部控制》，为防范网络风险提供指导。

为了应对新的挑战，COSO 于 2017 年 9 月发布《企业风险管理——整合战略与绩效》，强调风险作为考虑因素用于企业战略制定和驱动绩效的重要性。该报告将风险管理界定为"组织在创造、保持和实现价值的过程中，结合战略的制定和执行以进行管理风险的文化、能力和实践"。由此可见，2017 年框架将风险管理再次上升到"文化、能力和实践"上，并将风险管理五大要素归结为：治理和文化、战略和目标确定、绩效、审查与修订、信息沟通和报告。并且，新框架不再是金字塔型或立方体型，而是一个曲线交互型的链条模型，将风险管理完全嵌入组织的治理与管理之中。COSO 强调，该框架适用于所有组织。通过历次内部控制和风险管理框架的交替更新（见图 11 - 8），可以发现现代组织的风险防控的内涵从最初的审计领域防御财务风险的"内部控制方法"，进而过渡到系统要素之间协调的"动态过程"，如今已提升到整合战略与绩效的"文化、能力以及实践"层面上。随着风险防控理论的演变历程，风险管理和内部控制的概念已完全整合到组织（enterprise）内部治理的各个环节，对于高校提升风险防控具有重大影响。

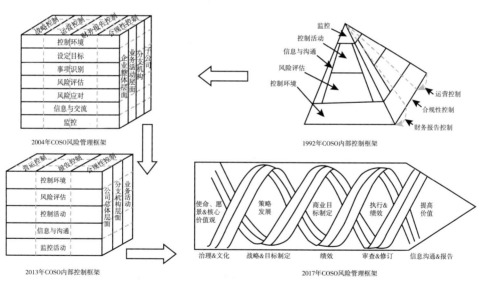

图 11 - 8　风险防控理论框架的四次演变

（二）美国高校风险防控的演进历程

最初源自企业界的风险防控理论，不仅对美国的政府部门而且对高校产生了重大的影响。早在 20 世纪 60 年代，在美国财政紧缩、校园骚乱等影响下，高校遭受巨大的经济压力，风险防控开始备受高等教育领域的关注。1969 年，美国成立大学风险管理和保险协会（URMIA），避免财务风险。1972 年，美国学院和大学商务干事协会（NACUBO）的保险委员会发布《风险管理和保险：高等教育的原则》①，首次系统阐述高校风险管理的概念及其与管理政策的关系。1987 年，美国教育者联合会（UE）成立，为高校提供专业的保险与风险管理等的咨询服务。相似的是，美国高校也经历了从局部的控制逐步拓展到全面风险管理的过程。不同的是，高校最初只是关注保险领域，而后才注重高校组织的整体考虑。

进入 21 世纪，美国高校在实践过程中开始探索如何构建全面风险防控体系。2001 年，NACUBO 与普华永道国际会计师事务所（PWC）联合发布了《采取措施以控制高等教育机构的风险》②。该报告将风险界定为"影响组织能够实现目标的事件"，具体包括战略风险、财务风险、运营风险、合规性风险、声誉风险五种类型。同时，提出高校应制定风险管理计划，并对风险进行有效的评估、管理和监控等。由于高校组织的独特性，此时的美国高校还处于对自身风险防控的尝试和探索阶段。2005 年，NACUBO 和 PWC 发布《实现使命、保护声誉：教育机构的全面风险管理》③，强调高校实施全面风险管理（Enterprise Risk Management，ERM）的必要性，基于 COSO 报告（2004）的风险管理理论，提出高校风险管理的八大要素，即内部环境、确立目标、事件识别、风险测评、风险应对、控制活动、信息与沟通、监控。这意味着高校开始从整体上考虑风险防控体系。

随着实践的探索和理论的进展，美国高校风险防控体系得到不断完善。2007 年，NACUBO 与高校董事协会（AGB）发布《高等教育全面风险管理面临的挑战》④，针对这八个要素提出全面风险管理的双轨对策：对于一种新项目，采取"进攻型"措施；对于现有的和正在进行的项目，采取"防御型"措施。该报告强调风险管理的组织建构，要求高校设置专门的风险管理部门，明确董事会、行政部门、内部审计等的相应职责，为高校实践提供了指南。同年，URMIA 发布《高等教育的全面风险管理》⑤，阐述高校风险管理的基本理论与风险管理文化，

① John F. Adams. 1972. risk management and insurance：Guidelines for Higher Education，New York：Ford Foundation：http：//www. eric. ed. gov/ERIC－WebPortal/contentdelivery/servlet/ERICSSservlet？Accno＝ED072747.

② NACUBO and Pricewater house Coopers. 2001. Developing a strategy to manage enterprise wide risk in higher education，http：//www. ucop. edu/riskmgt/erm/hi_ed_nonprofit. html.

③ NACUBO and PricewaterhouseCoopers. 2005. Achieving goals，procting reputation：Enterprise risk management for educational institution，http：//www. ucop. edu/riskmgt/erm/hi_ed_nonprofit. html.

④ NACUBO and AGB. 2007. Meeting the Challenges of Enterprise Risk Management in Higher Education，http：//www. doc88. com/p－7058947650237. html.

⑤ URMIA. 2007. ERM in higher education，http：//www. urmia. Org/library/docs/reports/URMIA _ERM_ White_Paper. pdf.

增加了风险管理结构、监督和管控，要求高校制订风险管理实施计划，重视风险的识别、分析、评估、应对、监控等过程。2009 年，NACUBO 发布《高校全面风险管理的现状》①，在 AGB 和 UE 对全美高校实践调查的基础上制定了《风险管理的原则：董事会和领导层采取行动步骤》，要求高校应定期开展对风险的识别与评估等，将最重要的风险上报给最高决策者，以便采取更有效的风险防控措施。相对于前期对 COSO 框架的直接借鉴，该阶段开始更加强调高校的组织特性。

近年来，信息技术（IT）已成为风险管理提供了强有力的工具。2009 年，加州大学开发了"全面风险管理信息系统"以协助高校进行评估风险、监控风险和控制风险等，制作商业智能仪表盘（business intelligence dashboards）② 与报告。该系统通过仪表盘提供主要的风险领域、风险评估的工具、控制和问责的追踪平台、风险防控和检测工具以及有关的调查数据。次年，世界权威金融分析机构标准普尔（Standard & Poor's）认可它具有信用价值，推进了风险管理信息系统的普及化。2012 年以来，高校注重以 COSO 框架与《国际标准化组织—ISO 31000 风险管理标准》的共同标准作为最佳的规范。2008～2013 年，NACUBO 与 AGB 对高校领导者关于风险管理的接受程度、实施状况以及态度等进行调查，于 2014 年发布《敲响警钟：当今高校的全面风险管理》③，通过调查结果的比对分析，发现高校风险防控在具体实践中也遇到诸多问题，如在战略决策时没有很好地考虑风险偏好和风险容忍度、没有遵循正式的风险评估程序等。基于此，报告提出高校应确保风险管理成为制度的优先事项，高校管理层应继续实施风险管理，高校理事会要参与风险的监测，并定期讨论和评估高校制度上的风险，分享风险信息等。

基于风险防控理论，美国高校关于风险防控的理念与体系在不断地发展与完善，也经历了一个从"方法、措施"到"过程"的转变，然后又发展到信息化的"全面风险管理"。这个过程体现了从静态到动态、从细节控制到全面风险管理的动态演进，从而为美国大学有效地实施风险防控实践提供了行动指南。

（三）美国高校风险防控的案例分析

通过对美国高校的实证调查与案例分析，发现许多高校设置了专门的风险防控机构，如哈佛大学的风险管理与审计服务、密歇根州立大学的风险管理和保

---

① NACUBO. The State of Enterprise Risk Management at Colleges and Universities Today，http：//www. nacubo. org/Business_and_Policy_Areas/Risk_Management/Enterprise_Risk_Management. html.

② BID 是一般商业智能都拥有的实现数据可视化的模块，是向企业展示度量信息和关键业务指标（KPI）现状的数据虚拟化工具。

③ AGB. A Wake-up Call：Enterprise Risk Management at Colleges and Universities Today，https：//www. agb. org/reports/topic/risk-management-and-legal-compliance.

险、加州大学与威斯康星大学的全面风险管理部门，其风险防控体系援引了风险防控的理论框架，并结合各自特点而构建了风险防控体系。总体上，高校主要从控制环境、风险评估、控制活动、信息与沟通、监控五个方面在高校各层级采取运营控制、报告控制、合规性控制，并重视以信息技术系统为重要工具。

1. 以控制环境为基础

控制环境是高校风险防控体系建设的基础，"包括道德价值观，吸引、挖掘和留住人才，组织架构、适当的权利和责任等[①]"，诸如哈佛大学强调组织架构和职能架构，威斯康星大学重视价值观与校园文化，而加州大学的内涵更丰富，包括道德价值观、人才管理、组织机构等方面。（1）在道德价值观上，加州大学制定"道德与合规性服务计划政策"，鼓励各分校的道德与合规性风险委员会与其内部审计与风险服务部门加强合作，共同制定全面风险评估的流程[②]。由总校的道德和合规性办公室对评估意见进行审查和批准，基于潜在的合规性风险制定道德行为准则。该政策对董事会行为提供规范与监督，确保董事会与高管在诚信和道德上以身作则，形成良好的价值观、管理理念和经营风格。（2）人才管理。一体化人才管理是加州大学人力资源战略的主要内容，将规划、引进、聘任、绩效、学习和继任等功能整合为一体。他们提供招聘、培养和留住各领域最优秀人才所需的机构与资源，帮助其明确自身的胜任能力和职能层级，支持内部控制目标。（3）组织机构。加州大学通过机构建制赋予权责，如董事会负责学校整体的运行，校长办公室负责各分校的行政管理、制定风险防控政策、提供资源支持，总校风险管理办公室主管各分校下属部门，由其与外部风险公司合作并直接管理高风险领域，内部审计部门对内部控制系统的运行和合规性状况进行监控。由此，创造有利的控制环境，确保风险防控的顺畅运行。

2. 以风险评估为导向

风险评估是风险防控的风向标。哈佛大学主要是通过风险和合规性服务、风险策略和保险两个工作组进行识别、测评和应对风险，而加州大学与威斯康星大学则通过目标明确、风险识别、风险测评、风险应对四个步骤：（1）目标是前提。高校风险防控人员，诸如校长、学生事务副校长等[③]应共同确立目标，将风险防控整合到组织文化和战略决策过程，平衡风险管理成本与预期收益，遵照最佳的风险管理实践，制定全系统风险管理战略等。（2）风险识别。风险防控人员

---

① 罗伯特.R.穆勒：《COSO内部控制实施指南》，秦荣生等译，电子工业出版社2013年版，第75~120页。

② University of california Ethics, Compliance and Audit Services Paper, http://www.ucop.edu/ethics-compliance-audit-services/index.html.

③ University of Wisconsin Paper, https://www.wisconsin.edu/risk-management/enterprise-risk-management/.

通常都参与识别风险，并通过电话访谈、调查被采访者、直接报告等来辨识影响目标的潜在风险，如学校的声誉风险、财政风险等。（3）风险测评。工作人员对所有风险进行程度测评，依据可能性分为：低可能性（小于10%）、一般可能性（10%~50%）、高可能性（50%~75%）、极高可能性（大于75%）；依据影响程度分为：低影响、一般影响、高影响、极高影响；依据控制程度分为：弱控制或无控制、有限控制、一般控制、严格控制。（4）风险应对。根据风险测评的结果，高层管理人员可采取风险保留或风险缓控的应对对策，并继续对其进行维护和监视。风险保留是指风险在此时可被接受，暂时保留当前的控制；风险缓控指风险是不可接受时，并且不能被置于风险保留的范围内，则需采取措施。由校园风险管理工作组讨论风险，决定是否同意额外的缓控措施，并将已确定的风险报告提供给校园风险委员会。然后，由校园风险委员会指派的风险责任人确定团队成员，并制订风险缓控计划，在风险委员会的批准后就可以付诸实施。

3. 以控制活动为核心

控制活动包括选择并设定控制活动、通过政策和程序来部署控制活动等。如威斯康星大学系统共有26个分校，是由大学系统的风险管理部门制定风险管理方案、政策和指导方针，确保风险管理目标的实现。在风险管理手册中，规定了其系统风险防控的整个程序。（1）设置风险管理部门，包括系统风险委员会、核心工作组、分校风险管理办公室、系统风险管理、校园工作组等。（2）通过采访高层领导，对校园教职工和学生进行问卷调查等途径，撰写访谈和问卷报告，绘制"风险感知地图"（perceived risk map）。（3）编制风险管理框架，对评估访谈和问卷调查的结果、识别以及额外的风险开展研讨会。（4）汇编研讨会结果，向学校的核心工作组和系统管理提供信息反馈。（5）根据试点机构的经验来确定未来风险管理的新计划。在分校中，风险管理办公室是负责风险管理计划的实施，例如它通过提供风险管理与控制的技术措施，以减少风险损失的频率和严重程度，将实施的情况反馈给系统风险管理部门。此外，内部审计办公室则是通过建立跟踪流程，监督政策措施是否得到有效的实施、高层管理人员是否已接受不采取行动的风险，并确保已识别的风险得到恰当的控制。在哈佛大学与加州大学的案例中，更加注重对于信息技术系统的应用（见后文）。

4. 以信息与沟通为桥梁

信息沟通主要包括"信息的获取、内部控制信息进行内外部沟通"。（1）信息的获取。在加州大学，主要通过"公开发布大学系统风险管理报告与风险新闻[1]"，

---

[1] University of california Risk Services Paper, http：//www. ucop. edu/enterprise-risk-management/re-sources/erm-in-the-news/index. html.

使每一位利益相关者都可以在线获得并及时掌握风险信息，减少大学与第三方的信息不对称。（2）内部控制沟通。高校风险管理负责人的参与至关重要。他们必须明确各自在风险防控中所扮演的角色以及个人行为与他人工作之间的联系，以实现有效的沟通。在系统层面上，风险管理领导层的大学理事会为其风险管理办公室开展的事务提供信息咨询服务，并设置专门的意见交流论坛，促进信息的有效沟通。在分校层面上，风险管理部门负责将本部门在风险管理实践中所遭遇到的问题与信息上报到总校的风险管理办公室，由其对收到的风险信息进行识别，并采取必要的风险管理策略与手段以减少损失和危害。内部审计部门则将内部控制执行情况的详细报告和审计结果直接提交到总校长办公室和董事会。（3）外部控制沟通。总校及其分校的风险管理部门与外部的风险管理公司，如八方风险服务有限公司 Octagon Risk Service 等保持合作，及时将有关风险变化的外部信息传达给总校风险管理办公室，同时下达到各分校风险管理部门。由此，保障风险信息在纵横交错的网络中顺畅地传递。

5. 以监控活动为保障

监控活动是大学评价内部控制有效性的重要工具，主要包括持续性监控、独立性评估，通常两者结合，并将发现结果直接向最高层报告。（1）持续性监控。风险管理人员会实时对风险防控工作进行监控，高层领导通常会每月、每季度召开电话会和碰面会实施阶段性的监控，以系统风险管理办公室为主导的风险管理高层会议则进行年度监控[①]，然后将发现内部控制缺陷的结果直接向董事会报告，并提出有价值的建议。（2）独立性评估。加州大学主要是通过项目评估与自我控制评估等展开的，其中，自我控制评估包括管理风险评估和过程风险评估两种类型，通过评估会议的形式来实施的：会议建立信任感，以吸引参与者；采用选项检测器（匿名的重要投票系统）来调查参与者情况；使用一个既定的概念框架作为管理流程，以确保采取全面性的评估；每个参与者进行总结并讨论行动步骤和目标；根据参与者的访谈，采取备忘录形式的控制。此外，还通过第三方的外部监控等多种手段，使风险团队达到风险控制目标。

6. 以信息系统为支撑

信息系统是人、流程和技术的结合体，是内部风险防控的基本流程。在调查的对象中，加州大学于 2009 年开发了全面风险管理信息系统（ERMIS）并得到国际权威组织的认可。该系统主要包括仪表盘报告主要的风险领域、提供风险评估工具、提供控制和问责追踪平台、提供风险缓控和检测工具以及相关的调查数

---

① 郭洁、郭宁：《美国加州大学风险管理初探》，载于《高教发展与评估》2012 年第 5 期。

据，还包括 ERMIS 的关键绩效考核等[1]。哈佛大学是基于信息和相关技术控制目标框架而创建的信息系统，符合信息技术（IT）控制实践的国际标准[2]。在这个框架下，风险管理与审计服务部门通过整合 IT 治理审计来评估 IT 对大学流程及其实现目标的能力的影响，并为管理和运营技术环境部门设置控制自我评估，利用控制自我评估工具来识别技术环境管理中潜在的风险，及时地采取控制措施降低风险发生的可能性。ERMIS 实质上是推进了信息的"民主化"，因为它有能力向大学各级和各地的人员提供关键的数据和报告，达到信息的共享。而信息网络则使各个风险管理部门相互交织在一起，促进风险信息的快速传递与流通。而且，ERMIS 仪表盘还有助于对风险活动进行评估，为系统风险管理办公室决策提供参考依据，从而推动风险防控的程序化与现代化。

（四）结论与思考

随着风险防控理论的发展及其在企业、政府以及非营利性机构的实践，美国高等教育领域也开始日益关注风险防控的重要性，尤其以哈佛大学、加州大学、威斯康星大学等为代表的一批美国高校，已创建了较为成熟的风险防控体系，以控制环境为基础，以风险评估为导向，以控制活动为核心，以信息沟通与交流为桥梁，以监控活动为保障，以信息系统为支撑，从而成为高校风险防控体系建设的典范。我们所处的环境无时无刻不在发生变化，风险防控理论发展与实践探索仍处于持续的进行时，如新发布的 COSO 风险管理框架（2017）。然而，美国高校仍是采用 COSO（2013/2004）的框架。在新的框架下，高校如何将内部控制与风险管理整合到高校治理之中，如何将风险防控融入高校的组织文化，如何推动风险防控服务于高校的发展战略与绩效等，这些都是亟待考虑的问题。

我国对于风险防控的理论与实践探索较晚，20 世纪 80 年代才开始相关的研究。1996 年，财政部发布《独立审计具体准则第 9 号——内部控制和审计风险》首次阐释了内部控制概念，以后颁发《内部会计控制规范》等一系列规范性文件。2008 年，财政部会同多个部门印发《企业内部控制基本规范》，标志着我国内部控制框架从审计行业拓展到企业管理的范畴。2012 年 11 月财政部颁发《行政事业单位内部控制规范（试行）》，自 2014 年 1 月 1 日开始在行政事业单位实施。在此期间，我国许多高校纷纷成立内部控制办公室或类似机构，尽管建制有所不同，或设置于财务处，或设置于监察处。2016 年，教育部出台《教育部直

---

[1] The ERM Panel. Enterprise Risk Management Report to the Vice Chancellors of Administration and Medical Center CEOs, 2010（2）：6.

[2] University of Havard Risk Management & Audit Services Paper，https：//rmas. fad. harvard. edu/pages/information-systems-audit.

属高校经济活动内部控制指南（试行）》与《教育部内部控制基础性评价指标》，从而为我国高校内部控制与风险管理实践提供了方针政策。然而，由于我国高校实施风险防控尚处于初期，不可避免地会遇到这样或那样的不确定性问题。在这种情况下，美国高校风险防控体系建设的实践探索在框架结构、制度设置、信息技术应用等方面为我们提供了可资借鉴的经验，进而创建中国特色的高校风险防控体系。

二、牛津大学权力风险防控机制

完善高校内部风险防控机制，是提升高校内部治理能力的重要手段。为了规避高校内外部的诸多风险，英国政府在国家层面上构建了以拨款、立法和评估三位一体的高等教育外部监控体系，同时经由高等教育资助委员会要求高校应用风险管理理论和方法，推动其内部风险防控建设。以牛津大学为典型案例，对其内部风险防控机制进行剖析，可发现它主要包括风险目标的设定，识别、评估和应对风险因素，建立风险信息交流与协商平台，全面监控与审查风险因素等，由此形成防控合一的运行机制。基于"机制五要素"进行分析，英国大学内部风险防控机制具体表现在权责明确、程序严密、信息透明、内部监控、追究问责的方面，对于我国高校在"双一流"建设下完善风险管理具有重要借鉴意义。

（一）大学风险防控的国际趋势

完善高校内部风险防控机制，是提升高校内部治理能力的重要手段。自20世纪中后期，在社会改革、产业结构调整以及经济危机的冲击之下，全球高等教育面临的风险日益凸显，迫使高校开始重视风险防控。事实上，这种风险防控的理念是来自企业兴起的内部控制和风险管理理论，并以COSO于1992年颁发的《内部控制——整合框架》报告为重要标志，历经数次的更新与完善，构建了一套风险防控的理论框架，从而成为全球风险防控的纲领性文件。借鉴企业风险防控的成功经验，以美英国家高校为代表的西方大学，率先创建了高校内部风险防控体系和运行机制，并通过多年的实践探索而不断完善。

所有的组织，无论大小，其内外部因素给它们能否实现目标而带来了不确定性，这种不确定性的影响就是"风险"，它根植于所有的活动之中①。在2002～2003年，世界经济合作与发展组织的高等教育管理项目办公室（OECD IMHE）

---

① ISO 31000：2009（en）. Risk management – Principles and guidelines，https：//www. iso. org/standard/44651. htmI.

与英国高等教育资助委员会（Higher Education Funding Council for England，HEF-CE）就高等教育机构的财务管理和治理展开了专题调研，共八个国家参加了此项目①：澳大利亚、英国、德国、爱尔兰、日本、挪威、瑞典、美国，并发布了题为《处于边缘：确保高等教育的可持续未来》（On the Edge：Securing a Sustainable Future for Higher Education）的研究报告②。该研究报告主要聚焦于高校所面对的风险问题（诸如外部环境的市场风险、运行风险等），并认为，高校亟待建立一个全局性的和整合性的风险测评和风险管理系统来有效地应对这一复杂的风险问题③。

从我国来看，高校内部风险防控的实践才刚起步，学术界的相关研究依然较少，且集中于财务审计领域。然而，高校风险并不仅存在于财务方面，而且还涉及内部治理的诸多方面。历经多年的实践探索，英国大学已形成较为成熟的风险防控机制。通过对英国的宏观和微观分析，以期为我国高校提供一定的经验借鉴。

（二）英国大学风险防控的实践历程

在 20 世纪 80 年代，各国都面临着较大范围的经济危机，给高等教育发展带来许多方面的风险。为了实现经济、效率和效益的目标，英国政府一方面大幅缩减高等教育经费，将大学推向市场，另一方面则不断提升高等教育经费分配的选择性，将成本与效益的概念引入高等教育领域④。1992 年，英国政府颁布《继续和高等教育法》，要求高等教育拨款委员会对其投资的所有高校进行高等教育质量评估。同年，又成立了两套不同的高等教育质量外部评估监控体系⑤：（1）在院校层次上，是进行学术质量和标准审查的高等教育质量委员会（Higher Education Quality Council，HEQC）；（2）在学科层面上，是进行教学和学术质量评估的高等教育拨款委员会，即 HEFCE。由此，英国政府创建了一套以立法、拨款和评估三位一体的高等教育外部质量监控体系。

英国高校主要是经由 HEFCE 所管理的，所以它要为高校的风险管理规制负责。为了应对高校面临的潜在风险危机，HEFCE 相继制定并颁发了一系列的风险管理政策文件，为高校风险管理提供了实践指南和准则。而且，在企业界风险管理成功经验的影响下，HEFCE 于 2000 年就开始要求高校积极应用风险管理的

---

① ② Australia, England, Germany, Ireland, Japan, Netherlands, Sweden, USA, www.oecd.org/edu/highe.

③ OECD. 2004. On the Edge：Securing a Stutainable Future for Higher Education, http：//www.hefce.ac.uk/Partners/world/projects/oecd.Htm.

④ 郑文：《英国大学权力协调与制衡》，北京大学出版社 2001 年版，第 83～84 页。

⑤ 陈欣：《高等教育问责制度国际比较研究》，中央编译出版社 2014 年版，第 52～87 页。

理论和方法，并采取相应的管理措施。2001 年，基于 COSO 内部控制框架，HEF-CE 发布了《风险管理——高校制度优秀实践指南》（Risk management：A guide to good practice for higher education institutions），其目的是向高校大力引进风险管理，以帮助他们评估目前的风险管理活动是否获得满意。该报告对风险管理界定为"运用管理政策、管理实践系统地对风险进行分析、评估、诊断、监控与报告的过程"，并为该过程制定了框架，主要包括：首先制订风险管理计划：诊断风险管理阶段—制定措施阶段—制定风险管理政策；其次实施风险管理计划：风险识别—风险评估—预警机制；最后根据实际情况，对计划做出改善，为高校风险管理提供了依据。此后，HEFCE 又颁发《风险管理——给管理者与高级管理人员的简要指示》等文件。

2004 年，COSO 委员会发布《全面风险管理：整合框架》，对内部控制框架进行了更新。基于此，英国完善了集风险管理和内部控制为一体的风险防控报告《特恩布尔报告》（Turnbull Report）。该报告指出"完备的内部控制所应具备的基本特征：（1）它根植于组织的运行之中，形成组织文化的一部分；（2）针对组织所面临的不断变化的风险，具有快速反应的能力；（3）具有对管理中存在的缺陷或失败进行快速回应的能力，并且能及时地采取纠正措施①"。虽然与企业相比，高校有多样化的目标，但也可以引用"特恩布尔"框架，有助于正确地管理和控制风险，而非减少风险。在此基础上，HEFCE 调查了不同类型和规模的高校，并结合该报告的要求，于 2005 年制定了《高等教育风险管理：优秀的实践指南》（Risk management in higher education：A guide to good practice），开始关注高校风险管理的各个战略层面、操作层次以及构成要素。该报告强调，要感知风险，增强风险意识，并要注重对数据库、电子表、风险注册表等技术的使用来共享数据，以确保恰当的风险管理活动有效地运行。为了更好地应对风险，还提出保留风险、分担风险和控制风险的方法等，为高校的风险管理和内部控制提供指南。

正是在 HEFCE 这个强大监管机构施加的压力之下，英国高校在决策及其执行过程中，必须合理而谨慎地防御和控制风险，以提高他们在满足社会目标方面的效率和有效性。这一形势产生的结果是，HEFCE 要为高校的风险负责，并要为其风险管理提供指导。总体来说，HEFCE 关于高校风险防控的标准是基于 2001 年的文件。它对风险的界定是"某行为、事件在正面或负面上影响某组织实现目标能力的可能性"。这个定义直接涉及风险和目标的关系（见表 11 – 9）②。

---

① *Internal Control：Guidance for Directors on the Combined Code（The Turnbull report）*. London：Institute of Chartered，1999：15.

② Huber，C. Risks and Risk – Based Regulation in Higher Education Institutions. *Tertiary Education and Management*，2009，15（2）：83 – 95.

由此，两者之间的这种联系可以帮助我们识别不同级别的风险，它们是基于组织中存在的不同层面的目标。对于不同层次的风险，需要明确其风险的类型。而风险的类型是多样的，那么为了更好地了解各种类型的风险，就需要分析不同类型风险诱导因素，并事先建立一个预警机制，从而将风险降到最低。HEFCE 对高校的风险提供了清单列表，从学校声誉、学生经验、教职工问题、资产与设施、财政问题、商业问题、组织问题、信息技术的 51 个危险元素及其诱因（见表 11 – 10）。

表 11 – 9   不同层面上风险和目标之间的关系

层面	目标（objective）	风险（risk）
学校或者战略层面	成为世界一流大学	无法与美国机构的资源优势相竞争
学院层面或者教师层面	吸引与留住世界一流的学术人员	各学院的现状不足以吸引优秀学术人员
学术部门层面	维持与提高科研评估（Research Assessment Exercise，RAE）等级	重要研究人员离职
财政部门层面	在预算的时间和范围内构建新的教学楼	建筑公司终止协议
个人层面	被学生认可的一流讲师	研究活动消耗的时间比预期要多

表 11 – 10   风险元素及其诱因[①]

分类	元素	诱因
学校声誉（reputation）	例如：未能确定和传达适当和关注的策略；未能吸引高品质的优秀学生；未能吸引和留住高水平的优秀教师；未能获得投资	目标不明确；市场定位不当；政府政策的变革；经济变革；人口变化；院校形象不明确
学生经验（student experience）	未能提供课程范围和框架来满足学生的期望，或者提供质量不高的课程；未能吸引优质的学生；收入减少	对市场和雇主的要求不理解；无法吸引优质的研究人员；对市场研究不佳

---

① HEFCE.（2008）. Risk management guidance：Risk prompt list for higher education institutions, http：// www. hefce. ac. uk/ finance/ assurance/ guide/ promptlist. Doc.

371

续表

分类	元素	诱因
教职工问题 （staffing issues）	未能吸引有才干和有声望的学术人员；未能吸引高质量的学生；研究水平低下	薪水和福利不到位；职业前景不好；学术/研究声誉不佳
资产与设施 （estates and facilities）	现有空间不足，限制了教学和科研活动的开展；未能扩展并提供合适的课程；未能吸引生源	高校所在的地缺少适当的资产；过去没有完整的资产规划
财政问题 （financial issues）	学院和部门未能执行预算控制；亏损机构的存在；在到期时，无法偿付债务	财政规划不到位；不准确/不可靠的财务信息；预算开支到年底
商业问题 （commercial issues）	无法按计划获取商业投资或捐款；未能最大限度地发挥高校收入潜在的优势	工作人员在商业事务方面缺乏经验；发展资源不足；冲突的存在
组织问题 （organisational issues）	重大灾难；运行困难；教学和服务部门的中断	未制订持续运行的计划；持续运行的规划未经检验；安全状况不好
信息技术 （information and IT）	网络安全的破坏；不遵守数据保护法规；不能使用网络	网络安全工作做得不到位

HEFCE 指出，风险管理就是"运用管理政策和管理实践系统地对风险进行分析、评估、诊断、监控与报告的过程"。一旦发现潜在的风险元素，就需要找到其相应的风险诱因，由此提升高校的风险意识，然后积极采取相应的措施，实施有效的风险管理。事实上，HEFCE 制定的风险管理框架是以企业治理为基础制定的风险管理政策，并适用于高校内部的各个机构与部门。其核心要义是，通过高校内部控制系统，保障风险管理政策的顺利实施，再通过监控和评估来检验其运行的结果，最后反馈到审计委员会。从这一过程可以看出，审计委员会在风险管理中扮演着重要角色，它可以质疑风险评估是如何实施的，质疑控制的有效性，查看副校长每年对内部控制有效性的评估结果，定期检测高层次（及其他重要）风险的报告，保障风险管理政策有效地实施，从而降低风险发生的可能性。

根据不同程度的风险，需要采取不一样的风险管理策略。"风险管理策略，就是指组织用以解决风险，采取应对行动时所持的基本思路与观点，根据风险发生的可能性和影响程度采取不同的策略①"。HEFCE 中提到风险管理策略，主要

---

① 郭洁：《美国多校园大学风险管理》，教育科学出版社 2009 年版，第 34 页。

包括风险的"承受、转移、控制"。当组织面临的风险造成的影响，风险发生的可能性也较低时，组织将采取风险承受的措施。当风险发生的可能性与所造成的损失提高到中等程度时，组织可采取风险转移或风险分担的措施。当风险发生的可能性与造成损失的程度都很高时，组织可同时采取风险降低和风险控制两种措施。在 HEFCE 的规范之内，各高校可结合自身特定创建其风险防控的机制框架。

（三）牛津大学风险防控框架的案例分析

基于在 HEFCE 的基本规范，我们对牛津大学的风险防控体系机制进行案例剖析。通过个案研究，发现牛津大学主要是基于 COSO 风险管理框架而建立的风险防控模型（见图 11-9），进而从以下 6 个环节来进行实施风险防控的，主要包括：风险目标的设定；识别、评估和应对风险因素；建立风险信息交流与协商平台、全面监控与审查风险因素等，从而形成一套防控合一的高校内部运行机制。

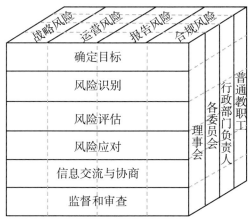

图 11-9 风险防控运行机制基本框架

1. 确立目标

高校内部风险防控目标的确立，主要在于发现和提前规避风险。依据相关文件，牛津大学的风险防控目标主要概括为："（1）将风险防控与大学的目标保持一致；（2）按照最佳的做法，以系统化、结构化的方式及时地评估和管理风险；（3）加强决策，优先排序和系统规划；（4）实现稳定与创新的适度平衡；（5）确定风险防控的范围、标准以及各委员会的职责①"，例如理事会，在风险防控中发挥着根本的作用，它负责管理大学风险防控目标和决定如何管理风险，并通

---

① University of Oxford risk management Paper，http：//www. hefce. ac. uk/pubs/year/2014/CL，252014/.

过定期收到的战略风险报告，及时地了解不同部门的风险管理情况。在对大学规划的分析中，对关键的战略风险进行评估，并不断审查和定义大学的风险偏好，采取对应的措施等职责，以尽量发现和提前规避风险。风险目标的设定为牛津大学的风险防控机制确定了方向，从而保障风险管理和内部控制措施的有效实施。

2. 风险识别

风险识别是风险防控机制中最基本的环节。在牛津大学的风险管理中，是由一般事务委员会（General Purposes Committee，GPC）负责识别风险和管理其审查程序。GPC 在大学活动中为了履行识别风险责任，首先要根据理事会确定的风险管理和内部控制的整体计划，定期地审查和更新大学的风险登记；其次，GPC 通过风险管理报告来监控风险登记，以确保信息的真实可靠，包括明确参与者，确定书面审查文件、调查文件等技巧的使用；再次，通过风险登记来识别风险类型（风险登记是以一种通过一致的、连贯的方式来识别和分类风险并分配风险职责的一种结构化的方法），例如学校的声誉风险、财政风险等；最后，GPC 向理事会提交风险识别的结果。通过这些过程可以发现，不同类型的风险需要采用不同的风险识别方法。GPC 通过 "一对一采访、团体采访和研讨会等[①]" 方法的使用，来确定各种类型的风险，并准确地描述，从而为风险评估提供基础。

3. 风险评估

在风险防控过程中，需要在风险识别的基础上进行风险评估。其一，牛津大学管理层是通过书面讨论、研究讨论等方式对固有风险进行评估，确定 20 人研讨会，并通知参与者隐秘地完成调查问卷，确保每位参与者实行决策的权利。然后，由大学管理层制定风险缓解措施后，来确定剩余风险的水平。其二，从可能性/概率（probability）和影响（impact）两个方面来评价潜在事项的风险。最后，以概率和影响的乘积来确定风险暴露（见图 11 - 10）。然后，以此作为评估固有风险和剩余风险的指标，来确定风险的优先顺序，并决定哪些风险需要优先处理。因为风险暴露（exposure）与概率论有关，它是以概率和影响的组合计算的，即：$E = P \times I$。其中，"P" 以百分比表示，"I" 以数量单位表示。评估风险是为了选择一个旨在使风险发生的可能性和影响处于可接受程度之内的应对措施。

---

① HEFCE. Risk management：A guide to good practice for higher education institutions. Bristol：HEFCE. 2001.

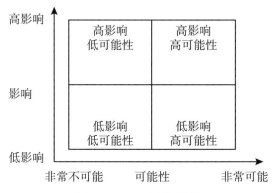

图 11 – 10　风险暴露

4. 风险应对

在风险评估基础之上，需要采取风险应对，这是完善风险防控机制所应对的措施。依据风险偏好，牛津大学理事会确定了三种类型的大学风险暴露：（1）低影响、低可能性；（2）高影响、低可能性和低影响、高可能性；（3）高影响、高可能性。例如当学校声誉受到重大的和持久的损害，或者学生、工作人员、合作者、合作伙伴或访客的生命受到伤害等。当大学面临的风险所造成的影响较小，风险发生的可能性也较低时，理事会将采取风险承受的措施。当风险发生的可能性较高（较低），风险所造成的影响较小（较高）时，理事会采取与第三方共同分担风险。当风险发生的可能性与造成的影响都很高时，理事会通过建立预警机制采取控制风险措施。但大学的应对及控制活动等都会随着时间的推移而变化，这需要风险管理者保持交流与协商，以便及时采取防控措施。

5. 信息交流与协商

优良的风险防控运行机制，要以真实、准确、及时和完整的风险信息为基础，它贯穿于风险管理整个流程中。首先，大学理事会从审计和审查委员会（the audit and scrutiny committee）获得年度意见。审计和审查委员会通过询问理事会对风险评估是如何实施的方面进行交流，以向理事会关于大学风险管理计划提供充分性和有效性的年度意见。由内部审计师（the internal auditors）对该计划进行审核。其次，为了促进该计划在各个部门顺利地实施，系主任、部门主任、教师委员会主席和大学服务主任（heads of division, heads of department, faculty board chairs and heads of university services）对各个领域内的工作人员关于该计划进行相关的解释性指导。同时，每个工作人员（every member of staff）会对于不明确的流程向风险咨询小组（the risk advisory group）进行咨询。最后，为了与诸如 PPH 和 NHS 等第三方进行信息沟通，牛津大学与他们保持密切合作。因此，牛津大学风险防控运行做到与内外部利益相关者之间的及时交流与协商。

6. 监督和审查

在风险管理和内部控制的监督和审查中，其一，理事会要根据《特恩布尔报告》来确认、评估和管理重要风险的持续性监督程序，以判断内部控制与风险管理的执行情况是否符合要求。其二，通过接受诸如 PPH 和 NHS 等第三方的检查监督，及时获取反馈信息，汇总分析意见。其三，审计和审查委员会向理事会提交 HEFCE 风险年度报告及相关资料的审阅报告，并充分考虑内部审计师提出的注意事项。其四，内部审计师负责对大学风险防控计划的审核工作。其审计部门的重点是审查内部风险防控规划并对其有效性进行测试，以识别潜在的漏洞，并向理事会推荐可供选择的方案及对决策有用的信息。在风险监督和审查中，审计和审查委员会及时发现新出现的以及随着时间推移而发生变化的风险，然后向理事会进行反馈。根据反馈结果，各相关部门重新进行风险识别、风险评估和应对。

（四）牛津大学风险防控机制的主要特点

通过案例的分析，可以发现牛津大学内部风险防控机制是以其内部治理体系为载体，使高校内部各种权力分布于每一个学院、系、部门，以及每一个运行流程，甚至针对每个责任人都制定出针对性的防控措施，确保权力在阳光下透明运行。张德祥教授曾提出权力运行制约与监督机制的五要素，即权责、程序、透明、监控、问责。而且，这五个要素环环相扣、彼此关联，从而形成一个科学严密的并具有可操作性的权力运行制约与监督机制[①]。事实上，大学风险防控机制是内部治理的一部分，是权力运行制约与监督机制的一种表现形式。基于"五要素说"来审视英国大学内部风险防控运行机制，可发现具有以下特征。

1. 权责分配明确

在风险防控机制中，高校风险管理相关负责人的共同参与是至关重要的，他们必须明白个人在风险管理和内部控制中所扮演的角色以及个人行为与他人的工作之间如何联系。根据牛津大学风险管理政策的规定，相关的副校长对大学组织和风险管理负有最终的责任。大学理事会在风险防控中发挥着根本性作用，其中包括从整体上把握风险管理和内部控制政策的实施，制定风险战略等职责；而一般事务委员会对风险管理的战略问题承担主要的责任。审计和审查委员会负责向理事会就关于风险防控计划提供年度意见；而内部审计师负责审核该项计划，并由注册部主任（The Registrar）向 GPC、委员会以及学院诠释和实施风险计划，

[①] 张德祥、韩梦洁：《权责程序透明监控问责——高校内部权力运行制约与监督机制》，载于《中国高教研究》2018 年第 1 期。

诸如风险报告以及风险升级的情况等，以确保对政策的实施和维护。系主任、部门主任、教师委员会主席和大学服务主任负责确保各个部门相关人员了解该政策。同时，每个工作人员都有责任熟悉风险管理政策，要提高参与全面风险管理的意识，以保障风险管理政策在牛津大学的各层面上的实施。从纵向的角度看，牛津大学风险防控机制的权责分配从学院、系、部门到教职工。从横向的角度看，审计委员会、内部审计员、一般事务委员会等各司其职，做到分工明确，权责分明。由此，牛津大学防控机制做到权责分配明确，使各项管理工作皆有章可循，并得以有条不稳地开展工作，减少各工作部门之间的摩擦，同时做到权有所属，责有所归，避免工作部门互相推诿的现象，构建更加稳定有序的风险防控机制。

2. 程序严密规范

程序严密规范是落实风险防控政策、解决风险问题、调和不同利益相关者矛盾的最重要环节，也是大学开展有效的风险防控的关键。管理强调的是组织"如何做"，而非"做什么"的问题，包括组织如何设计程序和结构来实现目标，组织之间以及于核心利益相关者之间如何相互作用，如何处理组织成员的利益诉求等[1]。牛津大学制定了相当规范的风险管理程序，包括调整风险管理政策的四个阶段。第一阶段是风险管理的早期阶段，理事会首先要制订风险管理计划，明确所要达到的目标。其次，要了解风险管理的潜在好处，如支持大学发展战略和运行规划，安抚利益相关者等。最后，要制定风险管理政策。在该阶段必须完成之后，才可进入第二阶段，即关注风险管理的过程。根据相关的政策文件，此阶段包括七个步骤："制定风险管理政策，并提交给理事会；获得高层管理人员的认可；制定预期的办法；实施计划启动流程；保障程序运行的连续性；建立报告机制；最后依据风险曝光等级，以改进操作程序[2]"。只有在风险管理计划已获得良好发展，并已明确要达到的目标及如何实施的方法的情况下，才进入第三阶段，即重新调整战略风险。由 GPC 识别战略风险；理事会确定内部控制和风险管理过程的评估；最终，理事会依据风险评估的结果制定战略并采取措施。通过此三个阶段的进程，理事会正确合理地评估风险，对高校的风险管理采取改进措施，风险防控机制有效地帮助组织实现策略目标，说明风险管理策略与机制是成功的，富有成效的。

3. 信息公开透明

风险信息的公开和透明即确保信息在大学内外部有序地流动，同时也保证风

---

① MeredithEdwards. Universitygovernance：a mapping and some issues，https：//www. atem. org. au/eknowl-edge-repository/command/download_file/id/24/filename/Univeristy_Governance_Meredith_Edwards_2000. pdf.

② HEFCE. Risk management：A guide to good practise for higher education institutions by Pricewaterhouse-Coopers. Bristol：HEFCE.

险信息能够自上而下、自下而上地贯穿于整个大学。为了保证风险信息的公开和透明，牛津大学委员会、学院、部门、系和其他学术和服务单位主办的风险登记来记录战略风险、运营风险、报告风险、合规风险等主要风险。由理事会通过战略风险登记册来管理这些风险（风险登记册是大学面临总体风险的总结）。为了保证战略风险登记信息的可靠真实，通过风险管理报告对其进行监控（风险管理报告是管理风险、考虑风险容忍度、记录控制情况、缓解当前和未来风险状态的结构化方法，也是提供监控战略风险登记一种方法）。并且，牛津大学的每个教职员、学生等可以对风险管理报告监控的结果进行评论。随后，"将风险登记和风险管理报告结果在大学网站上公布[①]"，从而使每一位利益相关者都可以在线获得相关信息，尊重所有人的知情权，以保证大学的每个成员及时掌握有关风险信息，并减少大学与第三方的信息不对称。同时，也可以接受广泛师生和社会的审查和监督，并在这种监督之下不断提高风险防控水平。信息的公开保障各级管理人员能够及时得到本部门所需的风险信息，对风险进行分析与交流，采取相应的风险应对措施。这种信息公开和透明，为大学风险管理工作的开展和权力正确的行使提供了约束力。同时也保障权力在阳光下运行，以避免风险防控运行在权力黑箱中操作。

4. 内部风险监控

风险监控覆盖风险管理的全过程，这样才能够通过事前的风险识别、事中的风险监测以及事后的风险应对，避免潜在的风险造成更大程度的损失与后果。根据将风险管理与内部控制合为一体的《特恩布尔报告》综合准则，大学理事会用于确认、评估和管理重要风险的持续性监督程序。其程序包括事前的预警机制建立，它可以有效并合理地进行风险评估与监控。首先，GPC 通过风险登记识别风险类型，如学生声誉等。其次，确定学校声誉风险的构成要素，包括未能吸引与留住优秀教师、未能积极管理正面宣传和负面宣传、质量下降或研究成果欠佳等，并分析其诱因，例如不明确大学形象、责任不明确、策略不当、项目规划不当等。最后，依据其诱因建立相应的预警机制，包括建立内部宣传的监控，适当降低质量标准，为科研评估做好准备等。关于事中的民主监督，相关的风险登记和风险管理报告在大学网站上公布，接受利益相关者的监督，包括各系、部门主任、教师和学生等对风险信息提出质疑，并向风险咨询小组进行咨询，从而保证其防控过程得到公众监督。事后的专业监督，是内部审计师对大学风险防控计划负责其审核监督工作。其审计重点是审查内部控制规划并对其有效性进行测试，以识别潜在的漏洞，并向理事会推荐可供选择的方案及对决策有用的信息。

① Council Secretariat, http：//www.admin.ox.ac.uk/councilsec/.

5. 追究问责到位

问责的目的在与强化利益相关者的风险意识，强调相关机构或负责人的责任和绩效，包括内部问责和外部问责。其中，内部问责是风险防控运行问责实施的基础。牛津大学根据 HEFCE 的"问责和审查实践指导"（Accountability and Audit Code of Practice）要求，审计和审查委员会的年度报告必须包括委员会对风险管理实际情况的评价意见。在内部审查报告中，一般要包括内部审查的绩效措施，诸如，如何达成最初的审查规划等，并必须包括内部审计员关于风险控制和效果改善方面适当和有效的意见等内部问责体系。而外部问责是内部问责体系健全的强大推动力。根据"会计准则"（Accounts Direction）的要求，大学要发布内部控制和风险管理声明，该声明必须包括风险管理的实施情况，以及风险评估和内部控制是如何嵌入到组织的运作之中。牛津大学首先通过理事会对风险管理和内部控制过程进行评估，再由副校长签署内部控制声明，并通过年度财政报告对财政和风险等情况进行明确说明，据此外部利益相关者可以清楚地了解大学的财政情况和风险情况。为了减轻大学的问责负担，一般事务委员会的秘书履行风险和问责协调员职责（risk and accountability cordinator），"负责快捷地识别出关键的战略风险和设定内部控制机制，协调委员会对风险管理的组织安排，提高机构的风险意识和评估、报告技能"[1]，最终做到协调问责过程中各方关系。因此，牛津大学风险防控机制做到了权必有责、有责要担当，用权受监督、失职要问责。

通过本研究，我们可以发现牛津大学风险防控机制做到了权责明确、程序严密、信息透明、内部监控、追究问责到位，从而保障其内部风险防控机制的未来性、目标性、增值性、学习性、主动性、信息性以及嵌入性，达到风险防控的多重标准。反思我国，高校风险防控目标定位缺乏科学性、竞争性和连续性，领导职责不清晰，风险认识不全面，仍缺乏较为完善的风险防控机制。然而，我国高等教育领域面临国际化市场竞争，国家政策和监管施加压力，高等院校、部门和个人的风险行为等问题，亟待完善高校内部风险防控机制。尤其在加快世界一流大学和一流学科的"双一流"建设过程中，完善我国高校风险防控机制建设是非常重要的环节，英国大学风险防控机制为我们提供了可借鉴的经验。

---

① 陈欣：《高等教育问责制度国际比较研究》，中央编译出版社 2014 年版，第 52～87 页。

第十二章

中国特色高校内部权力运行
制约与监督体系建构

构建符合中国特色的高校内部权力运行制约与监督体系，是本研究的重中之重。在本研究过程中，基于对高校内部权力运行制约与监督的理性分析、对我国各级各类普通高校内部权力运行的实证调研，以及对国外高校内部权力运行制约与监督的比较分析，我们构建了以"体制""机制""技术""文化"为四个维度的高校内部权力运行制约与监督体系框架。

在这四个维度中，"体制"是我国高校内部权力运行制约与监督体系建构的根本保障，只有符合并适应于我国宏观政治经济体制环境的体系才是最有效与可行的，否则将无法扎根于中国大地；"机制"是我国高校内部权力运行制约与监督体系建构的核心内容，可细化为以"权责""程序""透明""监控""问责"为要素的，在我国高校内部权力结构中联动运行的关系网络系统；"技术"是我国高校内部权力运行制约与监督体系建构的重要手段，在信息时代对技术系统的应用是确保权力运行的程序化与规范化，是推动高校内部权力运行制约与监督体系现代化的有效途径；"文化"是我国高校内部权力运行制约与监督体系建构的基础形态，充分发挥高校组织文化的整合功能与凝聚力。

第一节　高校内部权力运行制约与监督体系构建的基本设想

构建符合高等教育规律、符合中国国情的高校内部权力运行制约与监督体系，是本研究的基本目标，也是本研究的重中之重。为了实现这一目标，在课题研究之初就精心设计了本研究的基本思路和框架，然后进行了大量的实证调研、理论分析与国际比较，已经取得了一些重要的阶段性研究成果，为最后的体系架构奠定了坚实的基础。

一、高校内部权力运行制约与监督体系构建的原则

高等学校权力运行制约与监督体系的构建，应建立在坚实的理论研究与实证研究基础上。在课题伊始，通过分析高校的内部权力结构的基本特征，理性研究了权力制约与监督的一般规律，并在此基础上而提出"两维多体多向"的分析框架。基于此，我们对校级层面、院系级层面、职能部门层面的权力运行制约与监督的现状，通过文本分析、案例分析、调查问卷等方式进行了大量的实证研究，深入分析了高校在这三个层面权力运行制约与监督存在的问题及其背后的原因、改进的策略。同时，我们选择了几所国外高校，对其内部权力运行制约与监督状况进行了比较研究。正是建立在这些实证研究和理性分析的基础上，我们认识到高校权力制约与监督体系的建构要遵循一些基本原则，在这个基础上再探索我国高校内部权力运行制约与监督体系建构。我们认为，高校内部权力运行制约与监督的体系构建应遵循以下几个基本原则：

首先，高校内部权力运行制约与监督体系应覆盖我国高校内部重要权力运行的主要方面和主要过程。基于最初的研究设计，笔者认为我国高校内部权力结构是以党委权力、行政权力、学术权力为核心的多元权力结构。这些权力在高校内部运行的主要场域是学校层面、院系层面、职能部门；同时，高校权力的运行要经过许多过程，但是，基本的和主要的过程无外是决策、执行和监督，即决策权、执行权、监督权的发挥作用。在这些重要的场域和过程中，权力可能会正确的发挥作用，也可能出现权力的滥用或失范，因此，为保持高校内部权力健康运行，高校内部权力制约与监督体系必须要覆盖高校内部主要权力运行的主要场域、主要过程。

其次，高校内部权力运行和制约体系应在重要事项动态的过程中实现对权力的制约和监督。高校的权力总是和高校的事务联系在一起的，也就是说，权力是在事务运行的过程中体现它的存在以及它的影响和力量。高校的事务表现在流动的运行过程中，权力也是随之流动运行，并且，事物流到哪里，权力也会到哪里，权力的运行和事务流的运行总是一致的。高校的重大事务主要体现在人事干部、教学科研、设备采购、招生工作、基本建设、资金财务等领域。这些工作的运行都是表现为一个由诸多环节所组成的过程，每一项工作都是一个事务流，是

由决策、执行、监督等构成的动态"流"，不仅如此，事务流的起点可能是职能部门，经过院系到达学校层面，也可能是从院系开始，经过职能部门到达学校层面，等等。总之，事务总是"流经"许多层面、许多环节、许多过程，在事务流动的过程中，各种权力参与其中，实现它的影响力，因此，在高等学校，权力就是与这些事务流一起存在和发挥作用的。学校重大事务流是权力运行的重点领域，也是权力可能产生失范、成为风险点乃至腐败的重点领域。因此，高校内部权力运行制约与监督必须与之相适应，在事务动态的流动过程中实现对权力的制约与监督。

最后，高校内部权力运行制约与监督体系应符合我国高等学校权力运行制约与监督的实际需要，做到可操作性与可评价性。本项课题是一个强调问题导向的研究，研究的过程和结果不仅要注重学理分析和理论研究，也不仅是通过实证分析得到一般现状的认知，更重要的是要通过这些研究找到解决问题的途径，即构建一个基于现实而又科学和有效的高校内部权力运行制约与监督体系架构。因此，这个体系就需要解决我国高校内部权力运行制约与监督的主要的和基本的问题，所提出的政策建议也要能够推动更好地实现我国高校内部权力运行制约与监督的突出的和重要的问题，这个体系既需要一定的理论性，又需要具有操作性、可评价性。

二、高校内部权力运行制约与监督体系的四个维度

基于对高校内部权力运行制约与监督的理性分析，对我国各级各类普通高校内部权力运行的实证调研，以及对国外高校内部权力运行制约与监督的比较分析，提出了以"体制""机制""技术""文化"为四个维度来构建高校内部权力运行制约与监督体系的基本思想。

(一) 体制维度

坚持和完善党委领导下的校长负责制，充分发挥党委管党治党的主体责任和纪委的监督责任，完善大学治理结构，建设现代大学制度，是实现高等学校权力运行制约与监督的体制环境，是本体系建构需考虑的首要因素。

高校内部权力运行的制约与监督，说到底是大学治理的问题，而大学治理本质上是不同的权力主体在治理中所处的地位和作用不同而形成的一种制度设计。大学的不同权力在大学治理中处于不同的地位，并发挥着不同的作用，相互协调而完成大学治理的任务。不同的权力存在，就形成了不同的权力关系，如党委权力与行政权力的关系、行政权力和学术权力关系、行政权力与学生权力关系等。

在这些权力关系中，党委权力和行政权力关系是一个重要的和基本的权力关系，它构成了大学的领导体制，在学校治理体系中发挥统领性的作用。我国高校内部党委权力和行政权力关系以及由此形成的大学领导体制，就是党委领导下的校长负责制。近二十年的高等教育实践，证明了这一体制是符合高等教育规律、符合我国国情的，并对于促进我国高等教育事业的快速发展发挥了不可替代的重要作用。

坚持完善党委领导下的校长负责制，是我国高校坚持党的领导，坚持社会主义办学方向的基本前提，也是实现高校内部权力运行制约与监督的体制保障。本课题关于校级层面、职能部门与院系级层面权力运行制约与监督的现状研究，也证明了这一点。因此，构建我国高校内部权力运行制约与监督体系，首要的就是要坚持和完善"党委领导下的校长负责制"。构建高校内部权力制约与监督体系，还必须充分发挥党委管党与治党的主体责任，以及纪委的监督责任，始终保持党委在实现权力运行制约与监督中的领导地位。构建高校内部权力运行制约与监督机制体系，必须构建与完善以党委领导下的校长负责制为核心的、包括教授治学和社会参与的高校内部治理结构，这个治理结构本身就包含着权力运行制约与监督问题，这是学校内部权力运行制约与监督体系的重要组成部分。同时，构建高校内部权力运行制约与监督体制，还要落实好高校纪委的监督责任，健全高校内部纪检监察工作管理体制。

此外，构建高校内部权力运行制约与监督体系，还必须要关注院系的体制和治理结构问题。院系是多种权力运行的主要场域，也是许多重大事务流运行的场域。如果不能很好地解决院系的体制和治理结构问题，就会影响到权力运行制约与监督的具体实施。

（二）机制维度

为实现高校内部权力运行的有效制约和监督，必须加强权力运行与制约的机制建设，使机制在权力运行中充分发挥作用，从而保证权力合规、健康的运行。因此，机制是高等学校权力运行制约与监督体系的核心因素。机制是一个结构化、系统化的概念。基于机制的概念，权力运行制约与监督机制即是指能够对权力运行进行有效制约与监督的要素以及这些要素相互关联并协调发挥作用的过程和方式。当前的权力理论并未有一套现成的、可操作性的权力运行制约与监督机制，而且在现实中也难以自然而然地形成一套这样的机制。

构建行之有效的高等学校权力运行制约与监督体系，既需要依据权力制约与监督的一般理论，同时又要建立在对高校内部权力运行现状的实证研究基础之上。在权力运行的过程中，权责、程序、透明、监控、问责是实现权力运行制约与监督的五个关键要素。每一个要素在权力运行过程中，都是不可缺少的制约与监督手段，都发挥独特的作用。而且，这五个关键的要素之间存在着内在的关联性。如果每个要素单独发挥作用并不能实现对权力运行制约与监督的任务，而只有这五个要素同时都发挥作用，并且相互关联、相互协调构成一个逻辑体系，才能够发挥"一加一大于二"的系统功能。

为了验证这个机制假设，我们课题组做了一项实证研究。通过对教育部直属高校巡视组向 39 所高校反馈报告的分析，挖掘出了高校内部权力运行的核心问题，发现在权力的运行和监督与制约上，存在着责权不对等、程序不遵从、信息不公开、监控薄弱和问责不到位等问题，这些环节和要素恰恰是影响高校内部权力运行与制约的关键环节和要素，从而验证了我们提出的高校内部权力制约与监督的机制假设。这项实证研究也说明了高校要实现权力运行制约与监督，必须构建一套行之有效的权力运行制约与监督的机制。

（三）技术维度

这里讲的技术是指信息技术。当前，信息技术改变着人类社会的生活方式、工作方式。对于管理者来说，信息技术不仅有助于降低组织的运行成本、提高效率、便捷服务、科学决策等，而且还对于规范用权、防范风险，实现权力运行制约和监督发挥着重要作用。如今，信息技术在政府、企业和事业单位的行政管理中已得到广泛的应用，使权力运行呈现"规则显性化、执行程序化、过程可视化、结果透明化、职责明晰化[①]"等特点。由此而形成的技术规制，使工作流程各个环节变得具有可控性，强化了责任确定和程序的规范，增强了透明度，减少了工作人员的自由裁量权，降低了权力运行中的寻租行为。

信息技术是实现权力运行透明、实现权力在阳光下运行的重要手段。运用信息技术可以实现许多重要事项在决策前听取各方面意见，有利于广大群众参与讨论和论证，保证决策的科学性和民主性。运用信息技术可以使广大群众了解各种决策是如何执行的，其结果如何，有利于广大群众的参与权、知情权和监督权的实现，有利于权力运行制约与监督。近年来，最初源于企业的风险防控的理论和实践受到政府和事业单位的重视，风险防控成为政府、企业、事业单位降低成本，提高效率，防范风险的重要手段。2014 年，教育部按照中央部署和要求颁布实施了《关于深入推进高等学校惩治和预防腐败体系建设的意见》，继而制定《教育部直属高校和直属单位基本建设廉政风险防控手册》（2015）等文件，推动了我国高校内部风险防控建设的进程。风险防控强调了环境控制、风险评估、

---

① 张锐昕、刘红波：《电子政务反腐败的效力表现与提升策略》，载于《行政与法》2013 年第 10 期。

活动控制、信息和交流、有效监控等。从国内外的经验看，实现风险防控的这些环节中，信息技术发挥着重要作用。

（四）文化维度

文化具有治理的功能，具体地说，文化具有育人、导向、激励和社会控制等功能，往往具有"更基本、更深沉、更持久的力量"。在权力运行制约与监督的实践中，体制、机制、技术是重要的，但是，这些背后的支撑和驱动力量是文化。发挥好文化的治理功能，能够切实有效地实现权力运行制约与监督。因此，文化也是权力运行制约与监督体系的重要因素。

一个组织的文化，是组织成员在长期社会实践中所共生、共享、传递的思维方式、行为方式的总和。不管人们是否意识到、是否承认，一个组织内部都存在一定的文化。它潜移默化、润物无声，影响着人们对问题的看法，影响着人们的价值选择，影响人的行为。正因为文化有如此的作用，20世纪80年代以来，文化在管理中的作用受到广泛关注，"文化管理理论"应运而生。近年来，治理的理念被广泛的接受，并被付诸国家、社会、和社会组织的治理实践，"文化治理理论"也受到重视。由此，文化治理已成为国家治理、社会治理和组织治理的重要形式。在一个组织内部，制度的实施是基于一定的文化基础上。也就是说，再好的制度，如果不被组织的个体和群体所认同，制度的实施就会大打折扣。所以，文化是制度背后的隐形秩序、隐形规制。权力的运行同样受到文化的影响。权力的主体是人，人如何行使手中的权力，一定会受到一定的观念、价值观的影响。因此，与权力运行相关的文化，就成为权力运行的重要影响因素。

高校内部权力运行深受高校内部的政治文化、政治生态的影响。习近平总书记在党的十八届六中全会上强调，"党内政治生活、政治生态、政治文化是相辅相成的，政治文化是政治生活的灵魂，对政治生活具有潜移默化的影响"[①]。一个单位、一个地区的政治文化、政治生态是这个单位和地区文化的重要组成部分，具有统领的作用。有好的政治文化、政治生态，就会有好的党风、政风、社会风气；反之，风气就会被破坏、弊病丛生，那么权力失范、腐败也就难免。有的单位出现"塌方式"的腐败、"断崖式"的腐败，就是这个单位的政治文化、政治生态出了大问题。因此，高校要实现权力运行制约与监督，就要重视政治文化和政治生态的建设。

在权力制约与监督的研究中，学者还提出要重视道德对权力的制约。道德是文化的重要组成部分，也是制约权力的重要力量。权力失范和腐败的产生，很多

---

① 习近平：《严肃党内政治生活》，引自《习近平谈治国理政》第二卷，外文出版社2017年版。

时候是由于道德制约权力失去了效力。如有的学者指出，"权力主体层面，表现为道德信念的蜕化；道德自身层面，表现为道德他律的缺失；组织环境层面，表现为道德氛围的衰败。"[①] 在现实中，许多党员、领导干部，包括高校的一些人员出了问题，乃至腐败，很重要的一个原因就是理想信念的蜕变、道德伦理的缺失。因此，高校内部权力运行深受高校内部个体和群体道德水平的影响。反过来，高校要实现权力运行制约与监督，就要重视道德建设。

由此可见，大学文化是由政治文化、道德文化、学术文化等组成的综合体。无论哪个方面出问题，都会影响到权力运行制约与监督，导致权力失控、权力失范。因此，文化建设是高校实现权力运行制约与监督体系中不可缺少的重要因素。

三、高校内部权力制约与监督体系中四个维度之间的关系

高校内部权力运行制约与监督体系的四个维度，每个维度都是实现高等学校权力运行制约与监督不可缺少的，每个维度都有其丰富的内容，发挥着特定功能，需要认定目标，持之以恒地建设。同时，这四个维度体现在高校内部权力制约与监督体系中是一个整体，共同作用于高校权力运行制约与监督过程。这四个维度的每一个维度又是体系的子系统，发挥着各自的功能和作用。具体地说，它们各自发挥着体制功能、机制功能、技术功能、文化功能。但是，四个维度在体系中的地位是不同的。

坚持和完善党委领导下的校长负责制，是实现高校内部权力运行制约与监督的根本保证。因为只有坚持党委领导下的校长负责制，才能统筹领导高校内部权力运行制约与监督体系的建构，才能发挥党委管党、治党的主体责任和纪委的监督责任，才能从根本上完善高等学校的治理结构。

建设高等学校权力运行制约与监督机制，是实现高校内部权力运行制约与监督的核心内容。只有建设一个行之有效的高等学校权力运行制约与监督机制，才能使权力运行制约与监督落到实处，才能使各个权力在不同场域的运行中受到前后相连、逻辑一致的有效制约与监督。

信息技术在权力制约与监督中的应用，成为实现高等学校权力制约与监督的重要手段。信息技术为我们提供了权力制约与监督的便利条件，并且在权力运行制约与监督的实践中越来越受到重视和应用。为此，我们应该充分利用和开发技术，推动信息技术在高校内部权力运行制约与监督体系中的应用。

---

① 陈国权：《权力制约监督论》，浙江大学出版社 2013 年版，第 1 页。

发挥文化的治理功能，是实现高校权力运行制约与监督的内在基础。文化在组织内部是一种"软"的要素。然而，文化是主导方向的，是影响人们价值观的、管人心的。没有好的文化，再好的体制、机制、技术都不能很好地发挥作用。因此，在高校内部权力运行制约与监督体系建设中，必须高度重视文化的建设。

尽管高校内部权力运行制约与监督体系的建设任重道远，但是只要我们坚定信心，扎实工作，大力发扬习近平总书记提出的"钉钉子"精神，坚持不懈地努力，就一定能实现既定的目标。

第二节　高校内部权力运行制约与监督的体制保障

一、体制保障与权力运行制约与监督的关系

实现高校内部权力运行的制约与监督，"体制"居于最重要的维度。之所以说"体制"是高校内部权力运行制约与监督的根本保障，是因为"体制"既是权力运行的主要组织化载体，也为权力运行提供基本结构化遵循，对权力运行与制约监督起着根本的"制序"作用。

反过来，加强高校内部权力运行的制约与监督，也要首先从完善体制入手。具体可以从三个方面展开：一是领导体制，重在加强党对高校的全面领导，坚持和完善党委领导下的校长负责制，夯实党委管党治党、办学治校的主体责任；二是治理模式，重在完善中国特色大学内部治理结构，从横向和纵向两个方面加强权力运行制约与监督，扎紧制度笼子；三是监督体系，要重在夯实纪委监督责任，统筹完善高校纪检监察工作体制。

(一) 领导体制与权力运行制约与监督

领导体制是领导者与被领导者之间建立关系、发生作用的桥梁与纽带，是权力运行的组织依托与载体。党委领导下的校长负责制是我国公办高校法定的领导体制，是实现党对高校的集中统一领导、保障高校健康发展的体制基石，是中国特色现代大学制度的核心。因此，加强高校内部权力运行制约与监督，坚持和完善党委领导下的校长负责制既是根本保障，也是核心议题。

党委领导下的校长负责制在职权的分工配置上体现如下特点：一是落实党对高校的集中统一领导，高校党委主要职责是"把方向、管大局、做决策、抓班

子、带队伍、保落实"，在从严治党以及加强内部权力运行制约与监督中肩负主体责任；二是党对高校的领导方式上，坚持党委集体领导与个人分工负责相结合，贯彻民主集中制，在重大问题上行使权力需要遵循"集体领导、民主集中、个别酝酿、会议决定"原则，从领导体制上体现了内部权力制约与监督的要求；三是在党委集体领导下，实行行政领导人（校长）负责制，形成党委统一领导、党政分工协作、协调配合的权力配置和运行格局。

党委领导下的校长负责制经多年运行的实践检验证明，这是符合我国高校实际的根本领导体制，必须在坚持中加以完善。一是在认识上，要把党委领导下的校长负责制视为一个整体，不能割裂去看；二是在实践中，要进一步加强党的领导，夯实从严治党和办学治校主体责任，同时要更好地支持校长依法独立负责地行使职权；三是在制度上，要进一步明确党委书记和校长的职权分工。

（二）治理结构与权力运行制约与监督

西方大学加强内部治理是其获得自治权后的历史实然。我国大学完善内部治理有中国语境，是改革开放以来党和政府不断落实和扩大高校"办学自主权"的应然。2010年教育规划纲要颁布后，我国公办高校大学内部治理迈入新的历史阶段，治理变革的主要动因逐渐由校外转向校内，成为高校落实办学自主权，推进治理现代化，推动内涵式发展的内在要求。治理的重点逐渐由"以大学内部领导体制探索为中心"向"以大学内部管理体制改革为重点"，最后走向"以完善中国特色现代大学制度为主旨"的系统建设；从权力运行制约与监督的角度来看，由主要协调党委权力和行政权力的关系转变为协调党委权力、学术权力与行政权力之间的关系，这三者也构成中国现代大学治理的基本内核，体现了高校从校级层面加强权力运行制约和监督的客观要求。

近年来，加强院系等二级单位治理，成为完善高校内部治理的又一重点领域。无论是根据大学"底部沉重"的特点和"激活学术的心脏地带"的要求，还是出于我国高校院系层面权力制约与监督的现实需要，处理好学校和院系关系已然成为公办大学内部治理变革的核心问题，相较于大学校级治理的"规定动作"，院系治理则带有更多探索意涵，反映了大学治理加强校—院纵向权力配置的新变化。近年来，国家从教育体制改革的高度，实行高校试点学院改革，也有一些高校先行先试，推进"院办校""院为实体"的两级管理体制改革，但总的看来，改革的力度需要进一步加大，改革取得的经验需要进一步推广，改革中遇到的问题政策供给不足问题亟待破解。

建设现代大学制度是教育规划纲要确立的一项战略任务，大学制度要通过制度化的方式把大学内部治理结构固化下来。大学章程是现代大学制度的主要载体，从权力角度，其主要功用是规制大学权力运行，其主要内容是大学的权力关系，本质上反映的是治理结构和治理体系。具体说来，大学章程主要包括如下几个方面：第一，规范大学与政府之间的权力关系。第二，规范大学内部各群体之间的权力关系。第三，规范大学与院系之间的权力关系。我国高校在推进现代大学制度建设，实现"一校一章程"的过程中，出现"大学章程现象"，表现为章程同质化、"章程脱藕"等问题，关键要推进章程落实，加快构建以大学章程为纲领和牵引的大学制度体系，织密、织实制度之网，使之成为有效约束大学内部权力运行的"制度笼子"。

（三）监督体系与权力运行制约与监督

"没有监督的权力必然导致腐败，这是一条铁律"。纪检监察体系是中国特色大学治理的重要组成部分，是加强高校内部权力运行制约与监督的重要体制性安排。

党的十九届三中全会审议通过《中共中央关于深化党和国家机构改革的决定》要求："深化党的纪律检查体制改革，推进纪检工作双重领导体制具体化、程序化、制度化，强化上级纪委对下级纪委的领导。"在国家监察体制改革方面，《中共中央关于深化党和国家机构改革的决定》要求："完善权力运行制约和监督机制，组建国家、省、市、县监察委员会，同党的纪律检察机关合署办公，实现党内监督和国家机关监督、党的纪律检查和国家监察有机统一，实现对所有行使公权力的公职人员监察全覆盖。完善巡视巡察工作，增强以党内监督为主、其他监督相贯通的监察合力。"

推进高校纪检监察工作体系现代化是高校治理现代化的重要内容，主要任务是要适应反腐倡廉建设工作的新要求，理顺高校纪检监察机关与上级纪委的关系，将"双重领导、双向负责"的体制要求和"两个为主"的改革目标落到实处。当前和今后一段时期，要重点破解三个体制方面的问题：一是高校纪委"双重领导体制"落实不到位，对同级党委监督不力问题；二是高校内设监察机构定位不清，纪委监察相互补充的纪法衔接问题；三是构建高校内部全覆盖的监督体系问题。

二、体制保障的实现路径

（一）领导体制：坚持和完善党委领导下的校长负责制

1. 夯实主体责任，加强党的领导

从权力结构的视角来看，在高校治理结构中，党委权力处于目标决策层，也

就是权力结构的最高层，对高校发展的战略全局和根本性问题负有决策的权力和责任。但党委权力并非单指党委书记的个人权力，而是由学校党委领导班子组成的集体权力。因此，明确和规范党委权力，关键要贯彻民主集中制，将集体领导和个人分工结合起来，贯彻"三重一大"（七重一大）制度规定，逐步完善重大问题和重要事项决策前的咨询制度、党内民主生活会制度等，使党委的集体领导权力既能够落到实处，又能够处于监督之下。

从党委履行主体责任来看，高校党委的主体责任可分为从严治党和办学治校两个方面，又可以从权力运行制约与监督角度出发具体概括为六点：一是支持校长履职责任，强调党委领导下的校长负责制是一个有机整体，必须在坚持党的领导的前提下，支持校长独立负责地行使职权。二是选人用人责任，强调从严治党的关键是树立正确用人导向，必须坚持党管干部原则，充分发挥学校党委在选人用人工作中的领导把关作用，防止出现选人用人腐败。三是作风建设责任，强调加强作风建设是党的一切工作的生命线，要深入落实中央八项规定精神，坚持不懈纠正"四风"，营造立德树人的风清气正环境。四是源头治理责任，强调有效制约和监督权力是防范和解决腐败问题的治本之策，按照权责统一原则，把权力关进制度笼子，让权力在阳光下运行。五是支持保障责任，强调主体责任和监督责任统一于全面从严治党的政治责任之中，要旗帜鲜明支持学校纪委履行监督执纪问责职责，保证监督权的相对独立性和权威性。六是表率示范责任，强调党委书记是第一责任人，既要管好自己和身边人，也要管好班子、带好队伍，做廉洁从教的表率。

2. 协调党政关系，明晰职权分工

在实践中要克服党委"不管论"和党委"包办论"两种倾向，前者在集体领导和集体负责中忽视了党委对行政权力的领导权力，而仅将职责集中于党的建设和思想政治工作方面，从而弱化了党委的领导核心作用；后者则是在集体领导和集体负责中单纯强化了党委的作用，将党委权力完全覆盖了行政权力，不利于发挥行政权力履职尽责的积极性。

在具体工作中，党委按照"总揽全局、协调各方"的原则统一领导学校工作，如对党的组织进行直接领导，对行政组织进行宏观领导，对学术组织加强政治领导等。校长在党委领导下负责主持教学、科研和行政管理工作，要对党委负责，实施党委集体讨论决定的重大事项，依照党和国家法律法规包括学校章程、学术委员会章程等规章制度，对教学、科研和行政管理工作做出具体决定并付诸实施，或提交党委研究决策后具体组织实施。需要明确的是，在法定的职权范围内或党委的授权下，校长履行职权实行的是行政首长负责制，通过召开校长办公会等方式处理有关事项，同样也要贯彻民主集中制，但是校长具有职权范围内的行政决策权。

从权力运行制约与监督的角度，具体有三个方面建议：一是加强高校党委常委班子建设，协调党委常委会与行政班子成员的构成比例关系，推进决策权、执行权与监督权的相对分离。二是要落实好民主集中制，重大事项必须经过集体讨论决定，然而在实践中，什么是重大事项常常是模糊的，因此，对重大事项的界限应予以明晰。三是抓紧相关制度的完善，在《关于坚持和完善普通高等学校党委领导下的校长负责制的实施意见》基础上，进一步明晰党委书记的职权，更好地协调发挥党委书记和校长的办学"主心骨"作用。

（二）治理模式：完善中国特色大学内部治理结构

1. 加强权力横向制约，完善大学内部治理结构

加强权力运行制约与监督，在学校治理层面重在完善内部治理结构，在党委"统一领导学校工作"前提下，统筹协调好党委领导、校长负责、教授治学、民主管理的关系，促进党委权力、学术权力、行政权力和民主权利的良性互动，有序、有效、有度地扩大校内各群体参与学校治理的广度和深度，适当加强权力的制约与监督。

要保障学术委员会为主要载体的学术权力。在高等学校实际运行中，学术事务能不能按规定提交学术委员会审议，尚缺乏一套机制和程序保证。学术委员会作用发挥如何，仍然和学校领导的认识和工作习惯有关，学术委员会在很大程度上还处于"想起来就用一用，想不起来就不用""不好决策的时候就用一用，方便决策的时候就不用"的状态。高等学校长期形成的行政导向的管理思维与运行模式，仍然有很大的惯性，表现为工作层面长期形成的行政方式的"路径依赖"。学术委员会从目前的形式制度化到实质制度化还需要做很多工作，学术委员会在一定程度上还处于"虚化"状态，距离真正的制度化还有很大距离，需要学校领导带头宣传教授治学的重要性，带头执行教授治学的相关规定，带头完善教授治学的制度设计。

要依法落实教代会的民主管理民主监督权利。高校教代会制度建设是建设现代大学制度的应有之意。现代大学制度建设中的一个关键环节就是推进高校民主建设，完善内部管理，理顺内部关系，建立起一套行之有效的自我管理和监督的机制，才能为高校自主办学的进一步发展创造良好的前提条件。在依法治国的背景下，高校要依法治校。为了让教代会能够有法可依，教育部和各省市自治区直辖市的教育主管部门要积极探索能够完善教代会职能方面的法律法规建设，在具体操作流程、评议标准等方面有法律依据可循。各高校要依据《学校教职工代表大会规定》，不断完善细化本单位的教代会运行体制机制，真正把教职工的知情

权、参与权、监督权落到实处，实现对高校内部权力运行的有效制约和监督。

2. 加强权力纵向制约，完善校院两级管理体制

加强高校内部权力运行制约与监督，大学—院系构成一个重要的纵向维度，要在校院两级管理体制的框架下，通过纵向权力配置，构建新型校院（系）关系，实现校—院（系）权力的相互制衡和良性互动。

院系是大学组织的基本单元，是大学完成知识传播、知识发现、知识应用、知识理解等知识生产活动的基本学术单位。近年来，随着高等教育快速发展，我国大学的院（系）单位普遍规模不断扩大，有的甚至有几千名学生、几百名教师，同时，随着事业发展和学校下放权力，院（系）单位的人、财、物方面的权力也在扩大。大学的院（系）治理越来越表现为紧迫而重要，大学院系的治理成为大学治理的重要组成部分，理顺学校与院系关系、搞好院（系）的治理已成为保证大学事业健康发展的内在要求。

完善院系治理，一方面要实行校—院（系）两级管理体制，构建新型校—院（系）关系。要按照权责一致的原则，积极稳妥地推进管理重心下移，赋予院系在人财物等方面更大的自主权，持续激发基层办学活力；要转变学校机关职能，改进作风，优化管理，加强对院系发展的服务支撑。另一方面要在完善高校内部治理的大框架下，加强院系治理。要健全院系领导体制，完善院系党政联席会议制度；要强化教师在院系学术治理中的作用，夯实基层学术委员会、教授会建设；要吸收师生员工参与院系治理，通过基层教代会、学代会等扩大参与面并畅通表达渠道。

3. 扎紧制度笼子，完善中国特色现代大学制度体系

近年来随着中国特色现代大学制度建设步伐的加快，公办高校实现了"一校一章程"。从无章办学到有章办学，是一个很大的进步；而从有章办学到按章办学，普遍认为还有相当距离。也有一种观点认为，制订章程是完成"作业"，因此大学章程并没有和本校的制度体系之间建立有机而系统的联系。近些年来，高校所暴露出来的违法违纪问题多发，而且这些问题很少是从内部暴露的，更多是在外部介入的情况下发现或浮现的。这里面反映的制度问题至少有三个：一是制度的执行可能存在问题，制度没有执行，就形同虚设，没有生命力和约束力。二是制度的建设还不够完善，制度没有形成闭环，比如缺乏问责环节，导致制度缺失。三是可能陷入"制度陷阱"，以制度套制度，但未抓到实质和关键，难以落实。但也必须看到，目前大学章程已经提供了一种现代大学制度和内部治理结构的框架，今后要据此进一步进行系统化，一方面完善制度体系，另一方面完善治理结构。值得注意的是，完善现代大学制度需要把国家政策主导与激发大学内生动力结合起来。鉴于我国高等教育规模大，结构复杂，国家的政策应该保持一定

的张力，关键是激发大学自身建设现代大学制度的内生动力，而避免过度的政策导向。制度建设是一个迫切的任务，但也是一个慢功夫。

（三）监督体系：健全高校内部纪检监察工作管理体制

1. 强化对高校纪委垂直领导，强化纪委对同级党委监督

落实"双重领导"机制和"两个落实"等要求，强化上级纪委的垂直领导。目前地方院校纪委的领导体制相对比较清晰，部属院校纪委应明确上级为驻部纪检组，接受同级党委和纪检组的双重领导，具体可有两种模式：一是二级派驻，由驻部纪检组再次派驻至高校，相对独立；二是保持现状，但强化驻部纪检组的领导。还可以考虑实行属地化管理，纳入地方纪委工作体系，接受地方省一级纪委的领导，驻部纪检组可进行业务指导。在明确上级领导的前提下，认真落实"两个为主"，各高校纪委接受上级纪委的考核，不再受同级党委考核。在查信办案方面，实施报告、报备制，轻微违纪问题自行处置，向上级纪委报备；严重违纪问题向上级纪委请示报告。问题线索核查处置过程中必要时可由上级纪委进行授权，到校外开展调查取证工作等。

2. 统筹构建高校内部监察体制，实现高校监察全覆盖

高校监察体制与地方有较大不同，高校目前的监察机构并没有执法权，而重在定位于行政监察执纪。因而既要考虑到监委与纪委合署办公，监委工作体系与纪委工作体系的统一协调性；又要考虑到监委政治机关的属性，避免单纯成为执纪工具。可有两种模式：一种是派驻方式，纪委、监委都是上级纪委、监委的派驻机构，相对独立，高校监察行使上级监察机关委托的职责权限；另一种是学校单独成立监察委员会，接受学校党委领导。监委委员可由学校教职工代表大会选举产生，学校党委审定后报上级党委、纪委、监委批准。监委由校纪委委员代表、民主党派代表、教职工代表、学生代表组成。监察委员会对校内人员职务违法、职务犯罪进行监督调查处置，对学校机构及人员具有检查权、调查权、建议权和处分权。超出学校范围行使有关权限，可向上级纪委、监委请示，按照"一事一授权"的模式办理。其中，监察对象应予以明确，将全体校内行使公权力人员纳入监察对象范围。

3. 加快建立高校巡察工作体系

按照中央关于建立巡视巡察上下联动的监督网的相关要求。高校可参照市县巡察工作开展情况，结合高校实际，建立高校巡察工作体系。要建立由党委主要领导牵头的巡察工作领导体制，制定出台巡察工作办法。要突出政治巡察，聚焦基层党委坚持和加强党的全面领导、新时代党的建设总要求、全面从严治党等方面存在的问题。巡察发现的违规违纪问题线索要及时向学校纪委移交，并限期办

393

结。要强化巡察整改，巡察结束后要及时向被巡单位党组织反馈意见，并限期整改。巡察整改情况纳入学校纪委监督范围，定期开展专项督查、检查。

第三节　高校内部权力运行制约与监督的机制核心

完善高校内部权力运行制约与监督机制是中国特色高校内部权力运行制约与监督体系构建的核心内容。所谓机制，即是指各要素之间的结构关系和运行方式。而权力是以组织系统及其辅助设施为载体的，表现为一种控制力、支配力和强制力。那么，高校内部权力运行制约与监督机制是以高校内部权力结构为载体的，权力制约与监督的要素之间相互协调、彼此联动的结构关系与运行方式。

一、机制要素与权力运行制约与监督的关系

在本研究设计中，我们提出"权力运行的过程"与"权力制约与监督的方式"为两个分析维度。事实上，有学者对权力制约与监督机制做了分析，如周义程提出"权力运行制约与监督机制，是由对权力主体分配和行使权力的过程进行约束、限制、观察和纠正的机制相互联系而形成的统一体。"[1] 桑学成等指出，权力运行制约与监督，要以机制建设为抓手[2]。而历次的政策文件对权力的要求，集中反映在"结构合理、配置科学、程序严密、公开透明、责任到位、制约有效"等方面。基于此，张德祥指出，权力运行制约与监督机制是一个由"权责、程序、透明、监控、问责"五大核心要素所构成的权力系统[3]。简而言之，这五个机制要素的基本内涵、地位与功能主要体现在：

权责。只要有权力的地方，就一定要有责任。权责是权力运行制约与监督机制的逻辑起点。权责包括两个方面的内涵，即：（1）权责要明确。权力运行制约的前提是分权，其核心是不同权力之间的制衡。没有分权，就没有制约；没有权力之间的平衡，权力制约也难以落实到位。（2）权责要对等。有什么样的权力，就要伴随着什么样的责任；拥有多大的权力，就要伴随着多大的责任。

程序。所谓程序，是指掌权者在行使权力的过程中，要遵循已规定好的原

---

① 周义程：《权力运行制约和监督体系的概念界说》，载于《政治学研究》2014 年第 7 期。
② 桑学成、周义程、陈蔚：《健全权力运行制约和监督体系研究》，载于《江海学刊》2014 年第 5 期。
③ 张德祥、韩梦洁：《权责程序透明监控问责——高校内部权力运行制约与监督机制》，载于《中国高教研究》2018 年第 1 期。

则、步骤、方式、方法等规矩和秩序，确保权力运行制约与监督。程序正当是权力运行制约与监督的重要途径。程序正当，才能规范。任何权力的行使都应遵从正当的程序规则，否则自我扩张属性将导致权力运行陷入混乱无序的泥潭。

透明。即指信息公开，确保"权力在阳光下运行"。一方面，透明是确保公民的知情权。另一方面，透明是确保公民的监督权。公共行政学关于腐败的方程式是"腐败 = 专权 + 自由裁量权 - 问责 - 廉政性 - 透明度"，充分体现透明的重要性。透明公开是权力运行制约与监督的重要手，否则将容易导致权力的寻租。

监控。所谓监控，包括监督与控制两个方面，即指对权力运行的综合监督以及对权力运行的内部控制。监控是权力运行制约与监督的重要保障。所谓的监督，即包括党内监督、民主监督、法律监督和舆论监督在内的多主体、多方式监督。所谓的控制，则源自企业风险管理中的内部控制概念。

问责。即是对行为做出解释并承担责任。当权力被赋予时，对等的责任相伴而生。问责是权力运行制约与监督机制的启动装置，具有以下内涵：问责与权力及其合法性是密不可分的；问责是一种责任关系，权力的代理方有责任就其权力的行使如何，向权力委托方做出解释和交代；问责是一种震慑和惩戒。

这五大要素各自拥有丰富的内涵，在权力运行中发挥着相对独立的作用，但它们又是彼此关联、环环相扣、相互耦合、集群联动的。以此为抓手，强调结构化、规范化、理性化的权力系统，形成科学严密的权力运行制约与监督机制。

二、完善高校权力运行制约与监督机制的实现路径

正如前面章节中关于高校内部权力运行制约与监督的机制分析，将权力运行制约与监督机制及其要素应用于高校内部权力系统的分析，而构建了三维立方体的"3 - 5 - 3 - 5"机制模型。其基本内涵是：（1）我国高校拥有一个以党委权力、行政权力、学术权力为核心的多元权力系统。这些权力拥有各自不同的价值观和利益追求，并基于不同的权力哲学与运行逻辑。（2）高校内部权力系统存在于两个权力场域中：其一是基于纵横交错的学校组织结构的权力场域，体现在校级层面、院级层面与职能部门；其二是基于高校内部重大事务流的权力场域，表现为以干部人事、招生工作、基础建设、物资采购、科研经费等高校重大事务运行过程中的权力场域。

（一）完善高校内部权力运行制约与监督机制的基本思路

完善我国高校内部权力制约与监督机制，要明确我国高校是一个"党委权力、行政权力、学术权力"为核心的多元权力系统，无论哪一种权力主体，都应

该受到高校内部权力运行制约与监督机制中"权责、程序、透明、监控、问责"五要素的规约。在权责方面，这三种权力都要明确各自的权责边界，并承担相应的责任，避免权力的随意侵犯或僭越，诸如高校内普遍出现党委与行政、党委书记与校长的边界模糊，存在大学权力行政化、学术权力被弱化或缺位等问题。在程序方面，这三种权力都应依据合法的程序，保证权力严格按照正当的规章制度行使，避免人情关系的干扰以及权力寻租等问题的出现。在透明方面，这三大权力要确保信息透明，在阳光下运行。在监督方面，这三大权力的行使要接受多主体多方式的监督，遵从严密的内部控制框架。在问责方面，对于这三种权力的运行，都应严格实施责任追究机制，保持对各种权力腐败问题的零容忍，加强问责的惩戒和警示功能，保障高校内部权力运行制约与监督的良性机制。

完善我国高校内部权力制约与监督机制，要重视我国高校内部权力运行场域的层级性特征，包括校级层面、院系层面以及职能部门等。它们也都受到五要素的规约，各自按照权责、程序、透明、监控、问责的要求，遵从相应的权力运行制约与监督机制。通常而言，在学校层面上是以重大事务决策为核心的党委权力场域，职能部门是以决策事务执行为核心的行政权力场域，而院系层面上是聚焦于教学科研等活动的学术权力场域。然而，在现实的高校内部权力运行过程中，在院系和职能部门存在权责的边界不清、程序规制模糊、信息透明度低、监控实效微弱、问责不到位等现象，为权力僭越、权力失范、权力滥用乃至权力腐败留下空间。随着体制改革的深化，高校办学自主权下放到高校，而高校则进一步下放到二级院系层级。然而，随着权力越大，风险越大，权力运行制约与监督越重要。

完善我国高校内部权力制约与监督机制，要强调我国高校内部权力系统中基于重大事务流的权力场域。在高校的重大事务流中，干部人事、招生工作、基础建设、物资采购、科研经费是典型的代表，在高校发展中具有重大的战略地位与意义。在这五个重大事务流的权力场域中，权力不是仅由高校的职能部门所承载的，而是从高校的顶层决策机构，流经中层职能部门的重要关口，进而纵向贯穿到底层的院系级，甚至在职能部门和院系层级上横跨不同的部门或院系，从而形成一个纵横交错的复杂权力网络。为了提高我国高校内部风险防控能力，近年来我国还加强从政府层面上大力推动高校实施风险管理。因此，从重大事务流的起点到终点的过程，从事务决策到执行、反馈的各环节中，都要严格地按照"权责、程序、透明、监控、问责"的要求，加强权力运行制约与监督的良性机制。

（二）完善高校权力运行制约与监督机制的对策建议

完善我国高校内部权力制约与监督机制，要坚持"党委领导下的校长负责制"的核心制度，维护以大学章程为主的立法依据，以权力运行制约与监督的五大要素为抓手，构建高校内部权力运行制约与监督的"三权力—五要素—三层级—五重大事务流"机制模型，大力推动高校内部权力运行制约与监督的"五大建设"。

1. 加强权责清单制度建设，划定不同权力与责任范围的边界

权责是权力运行制约与监督过程的逻辑起点。权力与责任是彼此对应的概念，两者是相伴而生的。只要有权力的地方，就一定要有相应的责任。在过去，我们通常强调机构要建立"权力清单制度"。但是，随着权力问责制的逐渐兴起，责任与权力的对等性越来越受到更多关注。2018年，"中共中央关于深化党和国家机构改革的决定"中指出，"全面推行政府部门权责清单制度，实现权责清单同'三定（定职能、定机构、定编制）'规定有机衔接，规范和约束履职行为，让权力在阳光下运行"。这就要求作为事业机构的高校，首先要强调高校内部管理的相关法规制度，树立立法意识，不断完善以"大学章程"为核心的高校法制法规建设。

在权力运行中，决策权、执行权、监督权要明确分工，这就意味着权力决策的责任、执行的责任以及监督的责任也要跟随其后。在高校内部权力运行的过程中，应将决策或执行某项公共事务的权责划分为几个不同的程序或环节，分别交给处于不同岗位的人或机构依次分担，以保障权力的行使不被某一方的意愿和利益所左右。这种权责的分工与细化，既要体现在高校内部不同类型的权力系统（党委权力、行政权力、学术权力）之中，而且还要体现在高校内部权力运行的不同的权力场域中，诸如校级、院系、职能部门以及以五大事务流为代表的重大事务中。无论在时间上还是空间上，都应该确保高校内部权力制约与监督机制，从而使其成为一个权力与责任总是彼此牵制、制约与监督的权责网络。

2. 加强程序规则体系建设，规范高校内部权力运行的全过程

程序制度是程序的规范化，有助于防范权力恣意妄为、防止权力独断乃至杜绝权力的"暗箱操作"，从而达到制约权力，确保权力运行合规和有序的作用。把权力行使的价值问题转化为程序问题，是规避权力自由裁量权过大风险的明智选择。当前，我国高校内部权力运行程序建设严重滞后于实践。高校的校级层面的某些领域以及若干院系或部门，甚至缺少基本的法制规章制度。由此，缺乏程序规则体系建设，将导致高校内部权力在实际运行中缺乏现有的程序规制，导致事务决策存在大量的随意性，难以规范权力的正当实施，更难以追究权力主体的相应责任。

程序规则体系建设是完善高校内部权力运行制约与监督机制的基础性工程。为了确保高校内部权力沿着正确的轨道而运行，必须要制定科学而严密的权力运行的程序规则体系，而且不仅要包括权力运行制约的程序规则体系，而且还包括权力运行监督的程序规则体系。为此，我国高校的程序规则制度建设，要从权力制约与权力监督的两个维度，不仅体现在制度建设中关于权责的分配，而且还体现在权力运行过程中的各个环节，以及各权力主体在这些环节中的行为要求。著名的罗伯特规是一部包罗万象的议事程序大全，从中可发现程序的复杂性和重要性。其中，仅就动议程序就包括主动议、附属动议、优先动议、偶发动议、再议类动议等诸多种类，而且每一类型的动议又包括了各自所属的议事程序规则。为此，高校人员要在实践中不断积累经验，不断规范化和制度化高校内部权力运行中的程序规则，才能够实现和确保权力得到有效的制约与监督。

3. 加强信息透明制度建设，确保权力民主化与监督路径的畅通

高校内部信息透明制度建设，既包括要保障公众的知情权得到实现，提升权力参与的民主化水平；又包括保障公众的监督权得到发挥，推动权力监督路径的畅通无阻。2010年，我国颁布了《高等学校信息公开办法》，对高校信息公开透明的内容、途径和要求、监督和保障等方面做了相应的规定，提出高校应建立健全信息公开的工作考核、监督检查、年度报告、社会评议、举报处理、责任追求等要求，奠定了我国高校内部信息透明制度建设的政策基础。然而，通过对我国高校内部信息透明现状的实证调研，发现在此方面仍然存在着信息透明的随意性、零碎化、公开程度低等问题，相应的制度建设亟待进一步完善。

在此情况下，我国高校首先应该树立正确的观念，提升其确保信息透明的责任和义务。作为一个公共组织，公立高校的许多经费来自国家或各级政府的财政拨款，因而有责任和义务向社会公开其内部权力运行的重要信息，诸如招生、经费的使用、干部选拔、职称评聘等，以便于高校内部权力的运行得到自身监督和社会监督。作为服务于"顾客"（包括学生、企业、政府等利益相关者）的普通组织，高校同样也有责任和义务确保信息透明，并保障利益相关者的参与权和监督权，而且还有助于增强他们的主体责任感，如此推动利益双方的信息对称与平衡。其次，要严格按照《高等学校信息公开办法》的规定进行信息公开，并在实践中不断积累经验，不断完善和加强高校信息公开制度，从根本上杜绝权力在黑箱中运行，从而有效地防范权力的寻租行为，确保权力得到有效的制约与监督。

4. 加强内部监控制度建设，保障高校内部权力运行处于正确轨道

这里的"监控"包括监督与控制两个方面的内涵。其一是加强高校内部权力监督的制度建设，这就要实现一种以党内监督、民主监督、法律监督以及舆论监督等多主体、多方式、多维度、全过程的监督。这些都是我国政策文件中明确要求的监督方式，同样也适用于高校机构。其二是加强高校内部控制的体系建设，这是要求高校应树立内部控制与风险管理的新理念，如世界反欺诈委员会的COSO 组织公布的关于内部控制与风险管理的重要框架，对于高校内部监控具有重要的意义。高校可结合自身特点来构建起内部控制框架，通过对权力运行的持续性监控与独立性评估（如项目评估和自我控制评估），有时也可通过第三方外部监控等方式来保障权力制约与监督。

近年来，我国高度重视高校内部监控制度建设，颁布了一系列的政策文件，包括《行政事业单位内部控制规范（试行）》《关于深入推进高等学校惩治和预防腐败体系建设的意见》《教育部直属高校和直属单位基本建设廉政风险防控手册》以及《教育部直属高校经济活动内部控制指南（试行）》等，都是致力于从内部监控的角度来规范权力。事实上，即使不是由于外界的压力和要求，高校自身也应该加强内部监督和内部控制的制度建设。伴随着高等教育市场化和国际化的进程，国内外高校之间的竞争已演变得越来越激烈，我国高校也面临着越来越大的风险和挑战。为了避免更多决策上的失败和运营中的损失，高校内部权力在运行中必须得到有效的监督和控制，通过各种方式来检测高校重大事务的决策与执行以及各种工作的运行状况。如此，一旦发现任何风险，就能进行及时地处理和解决，确保高校内部权力在正确的轨道中，进而保障各项工作的正常运行。

5. 加强问责追究制度建设，启动权力运行制约与监督的耦合机制

所谓权力的问责，不仅要强化制度对权力行使主体的问责，而且还要强化制度对权力监督执纪主体的问责。权力问责追究的环节，是高校内部权力运行制约与监督机制形成闭合循环系统的一个决定性步骤。基于权责对等的原则，通过有效的问责制度对权力主体进行追究，乃至终身追究，才能对那些回避责任的权力主体起到警示与震慑作用。如果权力违规得不到惩处、正义得不到彰显，必然导致权力腐败的日益恶化。因而，问责是推动高校内部权力运行制约与监督机制的启动设置。只有实施责任追究制，才能引发权力运行中权责、程序、透明、监控的联动。

我国高校要确立高校内部权力问责追究的制度化，只有这样才能够从源头上消除因某些权力主体的不作为或违规行为而导致的权力真空现象。首先，问责制的起点是权责的对等分配，即是要在权力被赋予的同时就要匹配相应的责任，从源头就开始规约权力主体对于权力行使的正当性；其次，要在权力运行的过程中持续地以责任的标准来衡量权力主体的工作绩效，确保权力主体把责任始终放在行使权力之中；最后，要以责任的"军令状"形式来判断权力主体所达成目标的效果，进而惩处与追究高校内部权力被滥用乃至违法的现象。然而，高校内部权力具有多元化和复杂性的特点，因此要在实践过程中不断强化高校内部权力与责任的对等性，不断地推动与完善高校内部权力问责追究的制度化建设，从而维护高校内部权力运行的健康生态系统，进一步确保权力得到有效的制约与监督。

总体而言，健全我国高校内部权力制约与监督体系，一定要以高校内部权力运行制约与监督机制为抓手，加强权责清单制度建设、程序规则制度建设、信息透明制度建设、内部监控制度建设、问责追究制度建设等，并将之实施到以党委权力、行政权力、学术权力为核心的多元权力系统，使其贯穿于校级、职能部门、院系层级的权力场域之中，并切实落脚到以干部人事、招生工作、基础建设、物资采购、科研经费等重大事务流之中，从而以五大要素来规约多元权力在不同层级和不同重大事务流中运行的"3－5－3－5"高校内部权力运行制约与监督机制。由此，在实践中不断积累权力制约与监督的经验与教训，通过上述的"五大制度建设"——权责清单制度、程序规则制度、信息透明制度、内部监控制度、问责追究制度，不断完善中国特色的现代大学制度建设，推动我国高校内部治理体系与治理能力的现代化，从而规避高校内部权力运行的风险点、风险环节、风险领域。

第四节　高校内部权力运行制约与监督的技术支撑

信息权力在现代国家治理中的重要性不言而喻。有效信息的占有即是权力的获得，当今社会的"权力正在从'拥有雄厚的资本'转向'拥有丰富的信息'"①。基于对获取信息行动的稀缺性，信息在扩散之前，对新信息及时做出反应的能力是一种至关重要的权力资源。信息是高校组织内部的重要资源和手段。信息即权力。权力对世界的统治，很大程度上依靠的就是对信息的垄断。网络成为当今社会信息的最便捷、最普遍的载体，信息在网络上的流动就构成了权力的流动，因此对于权力的制约与监督，就演化成为对于网络上信息的监控。我们由此提出要建立全新的"管理信息控制系统"。

一、信息技术与权力运行制约与监督的关系

（一）信息技术系统

管理信息控制系统是一个具有高度复杂性、多元性和综合性的人机系统，它

---

① ［美］约瑟夫·S. 奈：《硬权力与软权力》，门洪华译，北京大学出版社 2005 年版，第 3 页。

全面使用现代计算机技术、网络通信技术、数据库技术，以及管理学、运筹学、统计学、模型论和各种最优化技术，为经营管理与组织决策服务。高校是人才、知识、资产与技术等资源的集聚地，高校之所以设计并实施管理信息控制系统，其实质就是全面实现高校管理的数字化、信息化、网络化以及科学化，以便能够及时、快捷地组织各项活动，准确做出决策。这个系统不是传统意义上的信息管理系统，是要对整个高校中的各种信息（资源）的控制，控制的目的不是限制权力的运行、更不是阻碍信息（资源）的流动，而是通过对信息（资源）的控制，使高校的内部权力在受到制约和监督的前提下，更好地发挥作用。

基于一般理论与对现实的理性思考，本书总体上提出权力运行制约与监督机制的五大要素，即权责、程序、透明、监控、问责。[①] 这五个方面既可以作为制约与监督机制的五个要素，也可以称为五个机制，即权责明确、程序正当、透明公开、监控及时和反馈问责机制，[②] 这五个机制的共同实施，实现总体的权力运行制约与监督目标。

机制虽然已经提出，但是要保证机制的可行性和有效性，还需要根据机制设计理论（mechanism design theory）的两个衡量标准：第一是信息成本问题，即所制定的机制是否只需要较少的信息运行成本；第二是机制的激励问题，即在所制定的机制下，每个参与者即使追求个人目标，其客观效果是否也能正好达到设计者所需要实现的目标。[③] 根据机制设计理论，机制的可行与有效的重要前提是信息成本，在现代大学组织中，如果仅仅依赖传统的人工信息收集和简单的信息管理系统，信息收集必然成为一个难题，高校在时间和资源上无法承担这样巨大的信息收集成本，而且有一些隐藏和滞后的信息无法收集到，这就导致了权力运行制约与监督机制的无效。我们要建立的管理信息控制系统，能够大量地降低控制信息的收集成本，解决信息隐蔽和滞后的问题，实现对权力运行的有效制约与监督的目标。

信息技术的进步，为权力运行制约与监督提供了更大的技术可能。一是互联网技术的发展，使各类社会组织的运作方式，包括内部权力运行的载体和介质发生了重大变化，不仅为更及时、覆盖面更广的信息公开提供了可能，而且随着技术手段的进步，已经出现倒逼办事规范、倒逼管理流程优化、倒逼信息公开等趋势，对权力运行中的失范问题，提供了更多技术约束手段，如阳光招生、选人用人校内公示、权责清单和办事流程公开等，网络上留下的电子痕迹相对纸质文本

---

① 张德祥、韩梦洁：《权责程序透明监控问责—高校内部权力运行制约与监督机制》，载于《中国高教研究》2018 年第 1 期。

② 桑学成、周义程、陈蔚：《健全权力运行制约和监督体系研究》，载于《江海学刊》2014 年第 5 期。

③ 田国强：《经济机制理论：信息效率与激励机制设计》，载于《经济学》2003 年第 1 期。

更容易追索也保存更长久；二是大数据技术的发展，使得传统的权力运行制约与监督手段相形见绌，对于权力运行中的失范与异动，通过大数据的采集与分析，能够较为容易地发现问题和症结所在，如大额资金使用、大宗采购、资产使用、招生录取等都能够通过大数据进行有效监测分析；三是综合廉政信息平台建设，通过打破校内信息孤岛，提高信息共享，对纪检、监察、审计、财务、资产、组织、人事、学生、后勤等部门赋予不同权限，可以实现廉政相关信息的有效集成，及时进行风险预警和干预，有些地方已经进行了探索。

（二）信息技术的功能

管理信息控制系统的功能是在高等学校组织中，保证内部管理信息的正常流动和管理目标的实现，同时通过实施权责明确、程序正当、透明公开、监控及时和反馈问责的机制，实现对内部权力的制约与监督的实现，下面详细论述这五个机制的实现路径。

1. 权责明确——角色权力授权

权力的授予是权力运行的首要环节，权力被授予后，被委托者才能够使用权力。权力的授权对于管理信息控制系统就是授予能够访问信息资源的范围，访问控制权是不同级别的人员（组织）对于信息的掌控具有不同级别，控制权代表了不同的权力授予，访问控制权决定了一个用户是否有权对某一特定的资源执行操作。访问权限控制主要的任务是给用户授权，让不同级别和层级的用户能够访问和调动不同级别和层级的信息资源，访问控制权也要阻止非法用户访问到不应访问的资源。

随着计算机技术的发展，用户可访问的数据资源的结构越来越复杂，规模越来越大。大型信息系统向着多应用和多用户的方向不断发展，传统的直接向操作者授权的方式已经不能满足要求。由于直接授权的复杂性，所以产生了对于角色授权的技术，所谓角色是在计算机中的位置，通过建立用户—角色、角色—权限的映射问题关系，简化了授权的复杂性和容易发生的错误，当一个用户的职位更改时，信息系统仅仅将用户与新的角色匹配即可，角色是基于角色访问控制模型（Role - Based Access Control，RBAC）核心概念①，角色概念的提出，可以防止过度授权和授权不足的现象，能够有效地管理组织的权力使用。

信息管理控制系统中的信息是按照流程在流动，流程化的信息要求每一个操作者都要执行自己的操作，担当自己的责任，否则流程就无法继续运转下去，履

---

① 翟志刚、王建东、曹子宁、毛宇光：《最小扰动混合角色挖掘方法研究》，载于《计算机研究与发展》2013 年第 5 期。

行职责是每一个操作者必须完成的使命，正是由于流程化的信息系统的控制，使得授权和履职相互协调统一，相互嵌入配合，达到完美的统一。流程控制是按照高校的流程再造梳理出来的事务流程，组成完整的信息控制系统，不同的职位和层级的操作者对于信息（资源）的操作是按照流程进行的，这就使得操作者不能越权去使用信息（资源），达到了制约的目的，也达到了权责的统一。

2. 程序正当——权力运行流程再造

"数字化生存"不仅针对个体，各类社会组织同样面临这个重大转变。因而信息技术不仅是一种技术架构，也可以为搭建有效的组织治理架构所用，规范权力结构和运行机制，减少"权力任性"和自由裁量的可能。近几年随着计算机、通讯以及互联网技术的飞速发展，云计算、大数据、"互联网＋"等新理念、新技术也在高校管理中得到了广泛应用。目前在高校常见的信息管理系统，如办公自动化系统、教务系统、人事系统、财务系统、档案管理系统和固定资产管理系统等都以学校核心业务、部门纵向业务为主，各种教师信息、学生信息、教学信息、选课信息、消费信息和管理信息等各种信息流在高等学校内部运行，各种资源在各个部门和院系中流动。这些信息系统的建立，在一定程度上满足了高校的发展需求，有效提升了高校的管理效率和服务水平。

由于高校内部对于各职能部门间信息资源规划缺失，各部门以自己部门的业务需求为导向进行应用系统建设，往往不会按照统一的技术标准规范进行开发，这样就导致了各系统之间兼容性较差、数据异构现象严重、格式产生冲突，数据的通用性和可扩展性也会比较差。这样独立开发的应用系统往往不具备开放的操作接口，难以统一进行系统集成，也往往潜藏着局部和个人利益，成为权力失范的庇护所。高校为了整合各种业务信息系统，已经开始着手整合这些系统，但是这种整合后的系统部分解决了"信息孤岛"的问题，减少了高校日常行政管理的人力和物力的投入，提高了学校的管理效率。但是，这种整合只是停留在信息的融合层面上，并没有嵌入对内部权力的制约与控制功能，各个高校的领导、职能部门和学院学部之间没有依靠信息控制而相互关联。信息控制系统的建立，需要对高等学校的事务流进行完全重新的梳理和规划，需要实现跨部门、跨机构之间的沟通与控制，需要对高等学校的主要事务流进行流程再造。高校行政流程再造是充分利用现代信息技术，对学校的支持性流程进行全面彻底的变革，消除部门内部的本位主义，改善学校与师生员工之间的关系，从而保证学校教学与科研的正常开展。

流程再造[①]，首先将高等教育组织的主要活动分为教学活动、科研活动、人

---

① 丁烈云：《基于流程再造的高校管理改革探析》，载于《中国高等教育》2007 年第 22 期。

事活动、学生活动、财务活动和基建活动等，并在这些流程层面上重新定义各部门在流程中的职责以及它们之间的协调关系。然后再进一步将这些流程分解为一系列相关作业集合，并结合业务的信息化程度来定义作业岗位以及对应的岗位责任制度。也就是说，流程再造应以教学和科研为中心，结合高校流程特点、信息化程度、人员素质、风险类型与大小进行全盘考虑；围绕高等学校的总体目标，重新审视原先组织的职能界限与任务划分，尽可能将跨越不同职能部门并由不同专业人员完成的工作环节集合起来，形成适应流程管理与控制的高等教育组织结构，使流程再造能保障决策点、控制点位于工作执行地方，能将信息处理工作纳入产生这些信息的实际工作中，并与员工信息的使用权、决策权相匹配，切合流程职位的控制信息需求以成功运用这些信息。

3. 透明公开——信息的外部可见

透明公开是将组织的内部信息在不影响组织正常运行的基础上的对外公开。信息公开使得对信息（资源）的操作是公开透明的，可以接受监督。权力运行的公开透明是全方位监督的基本方式。最大限度的公开透明是一种最经济、最有效的民主监督方式。公开透明，不仅把权力运行置于其他权力的监督之下，而且把权力运行置于广大人民群众的监督之下。

信息技术的运用与成熟为高校信息公开带来技术上的更新与改革。较之于传统的传播方式，新型信息技术尤其是互联网技术，不仅使数字资源的网络无障碍流通突破了时空限制，提高了信息的价值效用，为信息资源的获取及传播提供了广阔的空间和自由度，而且形成一种促进信息公开内容扩大的倒逼机制，能够快捷且高效地实现利益相关者的知情权与信息自由，较大程度满足利益相关者的关切。

信息公开机制的实施，目前还有很多问题，从高校的行政要求上，信息公开已经成为一种制度性的规定，必须执行。但是现阶段信息公开监督体制不健全，高校的信息公开缺乏应有的规范制约，信息主体往往自愿地选择公开的内容，重要的信息和敏感的信息往往不愿意公开，按照机制设计理论激励相容性原则，即机制的设计对于个体（部门）和组织都具有激励作用，而信息公开仅仅对于组织目标具有激励作用，对于个体（部门）没有激励作用，因此需要寻找具有相容性的激励机制，比如在程序的设计上，加上信息公开的检验，目前以（党政信息）公开促（高校信息）公开、以技术（手段）促（信息）公开、以（执法、执纪和绩效）问责促（信息）公开正成为一种普遍趋势，可以促使个体（组织）由被动到主动进行信息公开，信息公开的范围也必将逐步扩大。

4. 监控及时——大数据技术

对于组织权力运行的监控主要分为两个部分，一是流程监控，流程控制是将信息管理控制系统将所有操作都要记录在案、进行存储，为控制提供足够的信息。流程监控就是按照权力运行的程序来约束流程的正常进行，通过流程监控可以加强高校对内部权力的控制，建立对实施过程的检查监督，发现内部控制缺陷，及时加以改进，通过流程监控，完善内部控制体系，提高高校内部权力运行的有效性。高校的流程控制主要以财务流程控制为主，通过建立统一财务核算平台和核算准则，以财务管理为核心，集成教学管理、科研管理、学生管理、采购管理、库存管理和人事管理等搭建横向一体化的平台，最终实现财务和业务一体化，通过财务风险控制，监督和控制其他的业务流程，进而达到对权力运行的有效监控。

二是通过大数据进行监控。大数据可以作为高等学校内部权力运行制约与监督的主要手段。大数据技术的监控主要体现在以下两个方面：

网络舆情监督：网络舆情是指在一定的社会空间内，通过网络围绕中介性社会事件的发生、发展和变化进行监督，掌握民众对公共问题和社会管理者产生和持有的社会政治态度。网络舆情的数据来源除了教育系统外部网络舆情数据，还包括教育系统内部网站网络舆情，其中网络包括新闻及网络媒体站点、论坛及博客和个人空间、微信和微博等平台、政府教育意见收集网站以及其他网络载体。教育网络舆情监控与分析可以及时了解高等学校的内外部的师生对于各种事件的态度，及时了解权力运行中的失范问题和可能引发的大规模的集体事件，引导社会舆论的发展方向，辅助决策层及时作出正确的决策，保证学校的日常教学活动的开展。

内部数据挖掘：教育网络大数据囊括教育各级、各阶段、各年份、各个部门、各个基层组织的数据。对于这些数据，传统的信息管理系统都是各自为政，信息相互很少沟通和交流。教育网络大数据挖掘，首先是要将这些独立的数据进行相互的联通比对，并利用大数据挖掘技术进行分析研究，保证数据的全面性、整体性。不仅要对网络教育大数据进行分析，还要将网络数据即教育系统外部数据和内部数据进行比较分析，从而从这些数据中挖掘出对高等学校的基建、采购、财务、招生、后勤等方面的独有信息，监控整个高等学校系统平稳而有序地进行。

5. 反馈问责——评价分析

问责是对于权力运行的制约与监督的最为具体的实施阶段。但是高校的内部权力的问责却存在一些固有的问题。在纵向权力关系方面表现为上级政府因信息不对称而难以及时启动问责，在横向层面上表现为对主要领导人决策权的问责乏力，管理信息控制系统能够掌握全部的程序性的信息，可以及时发现权力失控和滥用权力带来的后果，确保问责的及时和有效。而对于主要领导人决策权的问责，可以通过设计良好的程序加以规范，通过程序的执行进行问责。

问责是对于没有达到行为目标的一种惩戒手段，也是对于权力的失范和滥用的一种控制机制，同时还具有纠正组织运行的偏差，及时调整发展方式和发展路径的功能。问责的基础是要掌握权力运行的信息，没有权力行使者的具体行为信息，就无法衡量比较以发现其权力行为的变异与偏差，也就无从着手进行反馈控制。

从系统上看，管理信息控制系统一个有机整体，在这个体系中，评价机制实际上是一种反馈机制，这个机制能够使对高校内部权力的控制形成一个完整的闭环。系统通过对内部决策的健全性、有效性及经济性进行准确评价，以实现对内部控制体系的"再控制"。通过对权力实施和决策的全面性价，诊断出单位内部各个流程中权力运行中的不足、缺陷与问题。对于权力运行中的不足，采取措施强化实施力度；对于权力运行中的缺陷，则要适时进行制度上改进和修订；对于滥用权力而造成的权力的"失范"，则要通过系统来明确权力者，追究权力者的责任。

二、信息技术系统的实现路径

任何一种控制方式都是在掌握和处理大量信息的基础上进行的。信息控制不是一种独立的控制方式，它与权力制约和控制交融在一起，呈现虚拟现实特征。

高等学校信息控制系统是具备了内部权力控制功能的信息系统。内部权力控制实现基础是对高等学校开始实施的内部控制。内部控制最早来源于企业管理，企业的内部控制主要集中于对财务信息的审计和监督层面上。对于高等学校内控的职能与范围，直到今天还是有所争议。[①] 我们认为高校的内控不仅仅是对于财务信息（资源）的控制，而是对整个高校中的各种信息（资源）的控制，内控的目的不是限制权力的运行、更不是阻碍信息（资源）的流动，而是通过对信息（资源）的控制，使高校的内部权力在受到制约和监督的前提下，更好地发挥作用。

对于组织权力的控制，主要基于以下的几种方式的实现的控制，信息控制作为一个系统，其系统要素间信息的流动（包括时间和空间）、加工处理和使用是控制相关主体行为的基础，也是大学治理过程的动态优化、有效运作和制衡关系确立的有效手段与根本保障。正是有了信息权（获取权、使用权和发布权）的存在，才使得高校的利益相关者的权利得以维护和保障，决策有了科学的基础和依

[①] 目前实施内控的高等学校多数将内控的管理机构设置在财务处，而大连理工大学将内控办公室设置在了学校的纪委监察处。

据，监督职能得以实施。

图 12 - 1 中显示了高校系统中的信息权力控制的流动形式，一个完善的控制系统要求权力是闭环的，因此从权力从授予履职到目标的达成后再到反馈问责形成了一个闭环系统。在这个闭环系统中，还有一个小的闭环系统，就是对于信息公开的限制，信息公开需要在程序上作为一个限制点，对于应该公开而没有公开的个人（部门），在程序上予以限制，再回复到程序设定的原点，这样就能够有激励地去公开组织的重要信息。

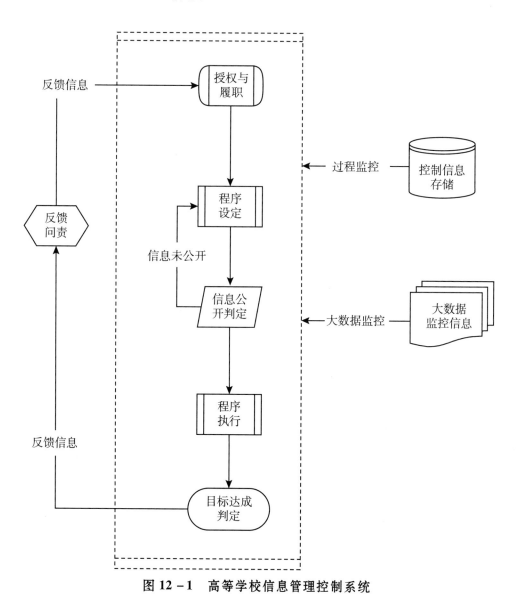

图 12 - 1　高等学校信息管理控制系统

信息控制系统使用交互的方式，为学校的决策者和高层和中层的管理者提供方便的计算服务、方便的菜单和屏幕的信息访问。系统提供了一个有效的从文件的收集、存储、组织和检索信息的接口。系统为决策者和决策的支持人员提供了通过电子方式访问战略资源、制度规章、政策审查、年度报告、预算报告和评审报告等服务信息。通过这些交互式的工具，系统能够提供他们所需要的信息，这些信息能够帮助决策者通过自己的判断来对大学组织进行更加有效和及时的决策。[①]

需要特别强调的是，由于历史的原因，高等学校内部的信息资源都分散在各个业务职能部门中，使用的都是各自定义的数据格式，将这些数据的格式进行统一，是建立信息控制系统的前提。高校还有大量的信息都是非格式化的，存储在学校的信息中心（或者信息管理部门）里，将这些已有的信息进行整合、清洗和格式化本身就是一个巨大的信息工程。建立完善的信息控制系统，需要在对高校全部信息整合统一的基础上，对数据进行深层次的分析、挖掘，并建立相应的分析模型，这也是一项持久性的工作。因此，建立一个有效的信息控制系统需要耐心和毅力，这是一个不断发展和完善的过程，可能需要数年时间，而且需要在各机构之间进行合作开发和应用交流。

第五节　高校内部权力运行制约与监督的文化基础

运用文化治理的思维和方法构建中国特色高校内部权力运行制约与监督体系的文化维度，是实现我国大学内部治理结构与治理能力现代化的重要举措，也是高校内部权力主体从"不敢腐、不能腐"到"不想腐"自觉意识养成的重要途径。文化治理具有的内化认同、系统整合、激励约束和柔性协调等功能，共同构成了文化治理模式匹配于高校内部权力运行制约与监督体系的适配机理。可见，文化治理是构建和调适中国特色高校内部权力运行制约与监督体系的重要手段、核心要素。

一、文化治理与权力制约与监督体系的关系

文化是一个高度复杂且内涵极其丰富的多学科概念，它往往与权力紧密联系

---

① Glover, Robert H. Designing Executive Reporting and Decision Support Systems for Colleges and University [J]. *Journal of Computing in Higher Education*, 1990, 1 (2): 27-48.

在一起。在"文化—权力"二维体系中,文化通过文化场域表达文化建构主体的意识、思想、道德、观念①,实现对文化客体的教化、规范和约束。当然,"文化"和"权力"两个核心概念之间要产生内在关联、迸出火花、结出硕果,还需要运用"治理"的手段;同样,"治理"也需要借助"文化"的力量才能达到"善治"的理想状态,因为文化才是"更基本、更深沉、更持久的力量";于是便产生了文化治理概念及其理论。就权力概念而言,文化治理不是治理的文化,也不是文化的治理,而是针对权力运行制约与监督在文化层面上对治理的思想、理念、方法、手段加以深度化的系统整合,并在文化场域中实现对权力结构、权力运行和权力主客体行为的有效治理,是权力运行制约与监督体系从强制约束走向文化自觉深层面治理阶段的必由之路。

关于文化与制度的关系,新制度学派的阐释具有启发意义。在诺思看来,与成文制度所形成的"正规约束"相比,文化传统等"非正规约束"具有潜在性、长期性、互易性等特点。制度制约的复杂性将导致正规和非正规制约的各种组合,它们构成了一个内在联系的网络,通过各种组合确定了各种逻辑下的选择集合。他认为"非正规的制度制约是不能直接观察到的",但是"文化信念具有极大的生存能力""非正规约束在制度的渐进的演进方式中起重要作用""从文化上衍生的非正规约束不会立即对正规规则的变迁作迅速反应"。"从非成文的传统向成文法的漫长而不平稳运动绝不是单向性的""正规规则能贯彻和增进非正规制约的有效性,它们可能会降低信息、监督和实施成本""正规规则也可能被用于修正、修改或代替非正规制约"②。高校是世界上现存的最为古老的文化机构之一,其文化属性与文化功能在"教化"这一核心价值层面实现契合。一般认为,"大学文化是大学师生在对高深知识的创造、理解、传授、保存、加工和创新的过程中产生并共同享有的生活方式。这种生活方式是一个动态形成的过程,其形成的内容既包括价值观、信仰等一套基本假设,也包括在此基础上形成的行为方式、制度章程和饰物装饰等"③。随着社会发展和大学在价值上的"回归",文化在塑造大学品格方面将发挥更基本、更深沉、更持久的作用。光有外在的结构和制度,大学只是一具空壳,而文化才能给予其灵魂,使其迸发出活力。④ 反之,正如英国社会学家英格尔斯所说:"再完美的现代制度与管理方式,再先进

① 张良:《论国家治理现代化视域中的文化治理》,载于《社会主义研究》2017年第4期。
② [美]道格拉斯·诺思:《制度、制度变迁与经济绩效》,刘守英译,上海三联书店1994年版,第50~90页。
③ 姜雪、张德祥:《组织文化理论视域下的大学文化形成》,载于《教育科学》2015年第2期。
④ 赵丽娜:《共同治理视野下的美国州立大学内部权力制约机制——以弗吉尼亚大学为例》,载于《高教探索》2016年第3期。

的技术工艺，也会在一群传统人的手中变成废纸一堆。"①

大学文化并不能总是对权力运行实现有效制约与监督，从而出现"文化失灵"现象，导致大学文化向消极暗示的负功能方向发展。所谓文化失灵，是指文化作为组织的一种整合机制不能有效地发挥作用，背离组织目标的"投机"行为得不到有效控制，组织成员的利益得不到有效协调的情况。这里，"投机"是经济学中交易成本学派的一个重要概念，是指"通过欺骗手段寻求私利"的一种行为②，在权力方面主要体现于"权力寻租"。

二、大学文化在权力运行中的文化治理功能

精神文化从来不是脱离客观世界的存在，任何个人、任何组织（权力主体）并非生而自觉。大学文化是在大学制度变迁基础上演化、在日常办学实践中升华得来的，并反助大学制度建设、办学实践行为，体现大学文化的自反性（self - reflectivity），发挥一种文化统摄、整合、制序的作用，因而体现出大学文化对权力运行的"制序"功能，具体表现为以下四个方面：

（一）文化治理的内化认同功能

文化治理通过文化场域最大限度地发挥了文化的教化功能，使治理主体的思想、意识、观念、价值取向充盈和遍布于整个文化治理场域，并通过文化辐射和文化张力的形式渗透到了治理体系当中的每一个治理中心、治理环节和各类权力主体，在规章制度、体制机制等物质化基础支持下，以文化辐射、文化浸润、文化熏陶等文化育人方式面向治理场域内的相关权力主体进行思想的引导、理念的灌输、道德的伸张与价值的诠释，使得文化治理场域内的相关权力主体在权力运行过程中接受和执行了文化治理主体的治理意图，在多轮次多环节的权力运行实践中普遍认同和固化了治理主体的思维方式、价值观念，进而转化为内化了的思想和行为的自觉；在这一过程中，治理对象逐渐升华为治理主体，从而扩张、强化和壮大了原有文化治理场域，构成了文化治理场域存系、发展和演化的内生动力。

（二）文化治理的系统整合功能

文化治理的系统整合功能通常包括主动式整合和自发式整合两种类型，其中

---

① ［英］阿历克斯·英格尔斯：《人的现代化》，殷陆君译，四川人民出版社 1985 年版，第 4 页。
② 金顶兵：《论大学组织中的文化失灵与文化重建》，载于《清华大学教育研究》2006 年第 2 期。

主动式整合过程多指文化治理主体基于整合目标而开展的主动干预、文化注入和文化渗透，这种文化整合方式是建立在文化的建构性和可塑性属性之上的，体现了文化治理主体的意志和决心，是文化具有先进性的标志；自发式整合是建立在文化包容性基础上的文化自发行为，以保留被整合文化特色的方式，保障整个文化治理场域的多元文化取向，从而保证了文化治理场域的开放性。本研究认为，针对高校内部权力运行制约与监督体系的文化整合策略，应更多采取主动式整合为主、自发式整合为辅的策略。这是因为，我国高校内部权力运行制约与监督体系的文化治理主体及其文化整合的思想、意图、目标是一贯的清晰的明确的，集中体现了中国特色大学文化治理场域的构建方向。

（三）文化治理的激励约束功能

文化治理的激励功能在文化整合及治理实践中发挥着重要的催化作用，它既是推动文化治理全局发展、完善权力运行制约监督体系构建、加快大学文化治理场域内相关权力主体自觉意识和行为养成的反应器、变速器，也是正向引导相关权力主体观念和行为一致性的加速器，有利于调动相关权力主体的积极性、主动性和创造性；文化治理激励功能的实现方式通常包括精神激励、榜样激励、荣誉激励、组织形象激励等激励形式和手段。确保文化治理激励功能的有效性，需要关注文化治理激励的一致性、友好性和公平性，这将直接影响文化治理场域内相关权力主体对于文化治理主体推崇的道德规范及行为准则的感知、认同和理解，关系着文化治理场域发展的动力与前景①。激励与约束是一对相辅相成的好搭档，激励在先、约束在后成就了文化治理的激励约束功能。文化治理的约束功能，是指作用于文化治理场域内的各个治理中心和权力主体间建立在文化认同基础上的权力主体相互之间或权力主体自身行为的监督、限制和约束行为，进而形成有序的、规范的、公认的权力运作方式，主要包括制度规范、内部控制、技术监管、民主监督、舆论监督和道德约束等，体现了文化约束的强制性与自律性的统一。

（四）文化治理的柔性协调功能

文化治理的柔性协调功能体现了文化治理结构的弹性和体系的张力，是文化治理模式的优势所在。由于文化治理认同功能的作用，确保了文化治理场域内不同类型权力主体间的价值追求和思维方式是一致的，使得文化治理场域具有较强的自适应调节机能；所以，日常出现的一般性摩擦并不需要治理主体的裁判和调节，这也是文化治理的柔性协调功能更具效率的原因所在。当权力主体间矛盾无

---

① 阎亮、余宝琦：《组织文化激励性与公平性对组织承诺的影响》，载于《软科学》2011年第9期。

法自行消解的时候，文化治理主体将通过综合运用道德规范、法律法规、制度政策、资源调配及组织内部的公信力等工具充当利益冲突后的仲裁者、规章制度的解释者和优化体制机制的规制者。因此，柔性协调功能使得文化治理较之科层式制下的管制更具人本，比单纯的民主式协商更具效率。

三、文化治理模式的实现路径

基于对文化治理适配于权力运行制约与监督体系机理的分析与研究，结合我国高校内部权力运行制约与监督体系构建和运行的实际，建议从以下三方面工作着手，加快中国特色高校内部权力运行制约与监督体系文化治理模式的构建步伐。

（一）坚定理想信念培树社会主义核心价值观

大学文化建设，核心是信仰和人生观、世界观、价值观问题。信仰缺失，"三观"不正，必然导致文化不昌、风气不正。党的十八届四中全会提出"形成不敢腐、不能腐、不想腐的有效机制"，这是一个综合施策的体系，有其内在的层次关系，包括自律和他律，要通过严格的法律制度、完善的治理结构和高度的文化自觉和道德自律多管齐下、综合施策，关键要靠制度，根本要靠文化机制。

高校是文化之地，更是信仰之地。大学文化建设重在以文化人，根本任务是培养德智体美劳全面发展的社会主义建设者和接班人。包括高校领导者、教师和管理者在内的教育工作者，承担着传播知识、传播思想、传播真理的历史使命，肩负着塑造灵魂、塑造生命、塑造人的时代重任，加强先进的大学文化建设，不仅可以示范学生、教化学生，同时也必将辐射社会、延及未来。因此，在高校大力培育包括廉洁文化在内的社会主义先进大学文化，具有基础性、战略性和前瞻性的重大意义，其核心是理性信念教育和社会主义核心价值观教育，培养广大师生正确的人生观、价值观和世界观，自觉在校园形成对腐朽落后文化抵制的"免疫力"。

（二）优化高校内部权力运行与制约体系依存的文化生态

"文化"与"生态"互为因果、相互转化，[①] 二者共同构成了文化治理场域，由此构成了支撑和匹配场域内体系、结构、机制等均衡存在并有序运行的"软

---

① 辛鸣：《论党内政治文化》，载于《北京日报》2017 年 1 月 16 日。

件"。党的领导是中国特色大学文化治理场域葆有的最大特色和优势所在，因此，党领导下的高校政治文化自然也就成为高校内部权力运行与制约体系所依存文化生态的决定力量和支配力量。由于高校内部权力运行与制约体系的构建水平和运行质量，直接关乎中国特色大学内部治理体系与治理能力现代化建设的成效；为此，需通过文化整合的方式重塑中国特色大学文化治理场域，破除"科层制"权力治理结构掣肘、推动治理重心下移，重点明晰高校内部权力清单、厘清权力边界，以法律、制度、规章等文化固化形式，着力提升高校党委驾驭学校事业发展的政治引领力、教育引导力、人心凝聚力和组织动员力，切实履行好把方向、管大局、做决策、保落实的责任。

优化高校内部权力运行与制约体系依存的文化生态，其一是要把实现高校权力的文化治理战略构想，以党和国家的重要文件、政策法规等形式予以体现和确认，使其成为推动高等教育内涵式发展、加快高校内部治理体系构建、规范高校内部权力运行制约与监督的重要依规。其二是要把文化治理的思想和理念全面贯彻和整合到深化高校体制机制改革的方案制订与实施规划当中，确保文化治理与高校内部权力运行与制约体系建构能够始终相向而行。其三是要把文化治理的原则、方法、载体、实现路径、表达方式和保障机制等内容明确写入大学章程之中，将文化治理模式置于高校内部权力运行制约与监督体系构建的顶层设计中。

（三）实现面向高校内部权力主体及其权力行为的多维度协调

在中国特色大学文化场域中，形成以政治权力、行政权力、学术权力为核心交织而成的多元权力系统。不同的权力主体信守不同的大学理念，衍生出三种相互作用、相互影响、相互制约的权力文化，即党委价值导向的政治文化、行政管理绩效导向的行政文化和学者群体以知识导向的学术文化。

实现以文化治理方式对高校内部权力主体及其权力行为进行多维度协调，要坚持和加强党的全面领导，在文化治理中发挥核心作用。大学文化建设要体现高度、厚度和容度。"高度"要求大学文化的先进性，"厚度"强调大学文化的底蕴积淀，"容度"体现大学文化的包容性。要破除大学治理中的不同权力（利）主体的文化隔阂，以高尚的精神为大学文化治理注入灵魂，以健全的制度为大学文化治理提供遵循，以广泛的思想认同为大学文化治理提供共识。从权力运行制约与监督的视角而言，要在大学治理过程中加强文化基因的有机融入，从更深层次影响权力运行监督与制约体系的构建，发挥文化潜移默化、润物无声的效应，以期更好地发挥文化与制度、体制的合力。

参 考 文 献

［1］Sunwoong Kim、韩梦洁：《美国公立大学共同治理制度的新挑战》，载于《中国高教研究》2016 年第 7 期。

［2］毕宪顺、刘庆东：《高校内部权力的科学配置及其运行机制研究》，载于《国家教育行政学院学报》2010 年第 8 期。

［3］毕宪顺：《决策·执行·监督：高等学校内部权力制约与协调机制研究》，教育科学出版社 2013 年版。

［4］毕宪顺：《试论高等学校领导管理体制的构建——一个政治学研究的视角》，载于《教育研究》2005 年第 11 期。

［5］别敦荣、冯昭昭：《论大学权力结构改革——关于"去行政化"的思考》，载于《清华大学教育研究》2011 年第 6 期。

［6］别敦荣：《我国高等学校管理权力结构及其改革》，载于《辽宁高等教育研究》1998 年第 5 期。

［7］别敦荣：《论我国大学章程的属性》，载于《高等教育研究》2014 年第 2 期。

［8］边燕杰、刘翠霞、林聚任：《中国城市中的关系资本与饮食社交：理论模型与经验分析》，载于《开放时代》2004 年第 2 期。

［9］陈扉南、陈浩：《将程序正义引入学术评审领域的探讨》，载于《科研管理》2008 年第 1 期。

［10］陈国富：《委托—代理与机制设计》，南开大学出版社 2003 年版。

［11］陈国权、毛益民：《权力法治与廉政治理》，中国社会科学出版社 2018 年版。

［12］陈国权：《权力制约监督论》，浙江大学出版社 2013 年版。

［13］陈嘉文、姚小涛：《组织与制度共同演化：组织制度理论研究的脉络剖析及问题初探》，载于《管理评论》2015 年第 5 期。

［14］陈瑞华：《程序正义理论》，中国法制出版社 2010 年版。

［15］陈瑞华：《看得见的正义》，北京大学出版社 2017 年版。

［16］陈瑞华：《刑事审判原理论》，北京大学出版社 2003 年版。

［17］陈欣：《高等教育问责制度国际比较研究》，中央编译出版社 2014 年版。

［18］程勉中：《大学学院制管理改革中责权利关系的调整》，载于《云南民族大学学报》（哲学社会科学版）2005 年第 2 期。

［19］丁烈云：《基于流程再造的高校管理改革探析》，载于《中国高等教育》2007 年第 22 期。

［20］丁笑梅、关涛：《校长与董事会：美国大学治理结构中的核心关系研究》，载于《教育科学》2012 年第 6 期。

［21］董琼华：《论历史制度主义解析制度变迁的逻辑框架》，载于《嘉兴学院学报》2010 年第 4 期。

［22］樊耘、阎亮、余宝琦：《组织文化激励性与公平性对组织承诺的影响》，载于《软科学》2011 年第 9 期。

［23］冯向东：《大学学术权力的实践逻辑》，载于《高等教育研究》2010 年第 4 期。

［24］付俊文、赵红：《利益相关者理论综述》，载于《首都经济贸易大学学报》2006 年第 2 期。

［25］傅国良、肖龙江：《新中国高校内部领导体制的演变述评——兼与国外之比较》，载于《教育发展研究》2006 年第 16 期。

［26］费孝通：《社会学讲义》，华东师范大学出版社 2019 年版。

［27］甘晖：《基于大学治理能力现代化的大学治理体系构建》，载于《高等教育研究》2015 年第 7 期。

［28］高超：《论我国公立大学董事会的功能定位与制度完善》，首都师范大学硕士学位论文，2013 年。

［29］高小平：《行政学》，上海人民出版社 2003 年版。

［30］《高校信息公开当完善问责机制》，载于《京华时报》2014 年 7 月 30 日第 2 版。

［31］龚洋浩：《高校缘何腐败频发》，载于《中国纪检监察报》2015 年 4 月 17 日第 4 版。

［32］郭桂英：《学科群与学院制》，载于《高等教育研究》1996 年第 6 期。

［33］郭卉：《我国大学学术权力制度演进的历史考察》，载于《现代教育科学》2007 年第 7 期。

［34］郭卉：《我国高校教职工代表大会制度变迁的历史考察》，载于《高教探索》2007 年第 2 期。

［35］郭洁、郭宁:《美国加州大学风险管理初探》,载于《高教发展与评估》2012年第5期。

［36］郭洁:《美国多校园大学风险管理》,教育科学出版社2009年版。

［37］郭莉:《当代中国大学学术权力与行政权力的共轭机理研究》,中国矿业大学博士学位论文,2013年。

［38］郭书剑、王建华:《论学院的治理及其意义》,载于《江苏高教》2016年第5期。

［39］韩水法:《世上已无蔡元培》,载于《读书》2005年第4期。

［40］郝维谦、龙正中:《高等教育史》,海南出版社2000年版。

［41］何东昌:《中华人民共和国重要教育文献(1976—1990)》,海南出版社1998年版。

［42］何俊志:《结构、历史与行为——历史制度主义的分析范式》,载于《国外社会科学》2002年第5期。

［43］何俊志:《结构、历史与行为——历史制度主义对政治科学的重构》,复旦大学出版社2004年版。

［44］何俊志:《论历史制度主义的制度生成理论》,引自《中国制度经济学年会论文集》,2003年。

［45］何俊志:《新制度主义政治学译文精选》,天津人民出版社2007年版。

［46］何晓芳、宋冬雪:《美国密歇根大学内设学院治理结构分析》,载于《现代教育管理》2017年第2期。

［47］何增科:《高校腐败及其治理状况的调查与研究》,载于《广州大学学报》(社会科学版)2013年第11期。

［48］贺永平:《公办大学董事会治理制度建构研究》,西南大学博士学位论文,2012年。

［49］胡建华等:《大学制度改革论》,南京师范大学出版社2006年版。

［50］胡赣江:《"边缘腐败"的边界特征、预防难点及破解路径探析》,载于《领导科学》2013年第9期。

［51］胡胜强、龚会莲:《交易匹配、风险规避与中间人参与型腐败机理研究》,载于《云南财经大学学报》2018年第7期。

［52］黄健荣、余敏江:《论公共管理与宪政》,载于《江苏社会科学》2004年第2期。

［53］季卫东:《程序比较论》,载于《比较法学研究》1993年第1期。

［54］季卫东:《中文版序二:决策的程序和语法》,引自《罗伯特议事规则》,格致出版社、上海人民出版社2007年版。

［55］季卫东：《法律程序的意义》，中国法制出版社 2012 年版。

［56］贾效明、焦文俊：《大学学院实体化建设中学院治理结构的改革与调整》，载于《北京理工大学学报》（社会科学版）2005 年第 6 期。

［57］姜华、吴桥阳、李小宾：《三类大学权力结构差异性的实证研究》，载于《云南师范大学学报》（哲学社会科学版）2014 年第 1 期。

［58］姜雪、张德祥：《组织文化理论视域下的大学文化形成》，载于《教育科学》2015 年第 2 期。

［59］蒋树声：《以制度创新建设一流大学》，载于《光明日报》2005 年 11 月 30 日第 6 版。

［60］金顶兵、闵维方：《论大学组织中文化的整合功能》，载于《北京大学教育评论》2004 年第 3 期。

［61］金顶兵：《论大学组织中的文化失灵与文化重建》，载于《清华大学教育研究》2006 年第 2 期。

［62］阚阅、许迈进：《重塑学术圣洁与公共信任：高等教育问责的国际经验与策略选择》，载于《教育研究》2014 年第 8 期。

［63］康京涛、张庆晓：《我国高校信息公开制度的现状与反思——基于 820 所本科院校门户网站的调查分析》，载于《南昌师范学院学报》2014 年第 5 期。

［64］李成恩、常亮：《协商共治：我国大学院系有效治理的可行模式》，载于《中国高教研究》2017 年第 6 期。

［65］李扉南、陈浩：《将程序正义引入学术评审领域的探讨》，载于《科研管理》2003 年第 1 期。

［66］李福华、尹增刚：《论大学治理的理论基础——国际视野中的多学科观点》，载于《比较教育研究》2007 年第 9 期。

［67］李国良：《加强高校廉洁文化建设的路径》，载于《学习时报》2017 年 1 月 9 日第 4 版。

［68］李后卿：《论职称评审中的程序正义》，载于《经济体制改革》2007 年第 4 期。

［69］李建华：《公共政策程序正义及其价值》，载于《中国社会科学》2009 年第 1 期。

［70］李景鹏：《权力政治学》，北京大学出版社 2008 年版。

［71］李立国、张翼：《美国研究型大学学院治理模式探析》，载于《清华大学教育研究》2016 年第 6 期。

［72］李立国：《大学治理：治理主体向治理规则的转向》，载于《江苏高教》2016 年第 1 期。

[73] 李立国：《高校人事制度改革的走向》，载于《光明日报》2014 年 6 月 3 日。

[74] 李庆刚：《建国以来我国高等教育管理体制改革演变论略》，载于《当代中国史研究》2001 年第 3 期。

[75] 李枭鹰、唐德海：《中国大学治理的"三元文化"冲突论纲》，载于《高校教育管理》2018 年第 1 期。

[76] 李婷婷、郑玉昕：《不作为不担当专项治理失灵的反思与矫治思路》，载于《领导科学》2019 年第 4 期。

[77] 罗迪：《高校边缘腐败的成因分析与预防对策研究》，载于《中国管理信息化》2018 年第 1 期。

[78] 联合国教科文组织：《反思教育：向"全球共同利益"的理念转变》，教育科学出版社 2017 年版。

[79] 林品：《权力腐败与权力制约》，山东人民出版社 2009 年版。

[80] 刘仿强：《论美国大学教师地位的变迁》，载于《中国高教研究》2016 年第 4 期。

[81] 刘广安：《委托代理与监督机制》，武汉大学硕士学位论文，2004 年。

[82] 刘家兴：《新中国民事程序理论与使用》，中国检察出版社 1997 年版。

[83] 刘军：《整体网分析：UCINET 软件实用指南（第二版）》，格致出版社、上海人民出版社 2014 年版。

[84] 刘克利：《现代大学制度框架下学院层面的权力配置和运行》，载于《大学教育科学》2009 年第 6 期。

[85] 刘鎏：《我国高等学校内部权力运行的逻辑》，载于《苏州大学学报》（教育科学版）2016 年第 3 期。

[86] 刘明、孙福胜：《浅论我国的大学治理结构》，载于《高教研究与实践》2014 年第 3 期。

[87] 刘献君、张晓冬、刘皓：《高校权力运行制约机制：模式、评价与建议》，载于《中国高教研究》2013 年第 6 期。

[88] 刘献君：《论大学内部权力的制约机制》，载于《高等教育研究》2012 年第 3 期。

[89] 刘向东、陈英霞：《大学治理结构剖析》，载于《中国软科学》2007 年第 7 期。

[90] 刘新民、李佳佳、李芳：《学院制模式下大学运行机制构建》，载于《现代教育管理》2015 年第 3 期。

[91] 刘亚荣、高建广、梅强、张金刚、李华、计建炳、孙毅：《我国高校

实行校院两级管理体制改革的调研报告》，载于《国家教育行政学院学报》2008年第3期。

［92］刘亚荣、李志明、唐宁、韩东平、韩景义、肖刚：《高校校院两级管理模式研究》，载于《教育与经济》2010年第2期。

［93］刘尧：《大学内部行政管理要由官本位向学本位转变》，载于《广东工业大学学报》（社会科学版）2006年第1期。

［94］刘宇、彭淳、丁馨妍：《熟人社会礼尚往来之"异化人情"——基于秭归县茅坪镇的调研分析》，载于《三峡论坛》（三峡文学·理论版）2016年第2期。

［95］梁漱溟：《中国文化要义》，上海人民出版社2005年版。

［96］卢现祥：《新制度经济学》，武汉大学出版社2004年版。

［97］麻宝斌、郭蕊：《权责一致与权责背离：在理论与现实之间》，载于《政治学研究》2010年第2期。

［98］马怀德：《公立高校信息公开研究》，中国法制出版社2012年版。

［99］马静慧：《政事分开视角下的中国高等教育管理体制改革研究》，吉林大学博士学位论文，2014年。

［100］马陆亭：《我国高等教育管理体制改革30年——历程、经验与思考》，载于《中国高教研究》2008年第11期。

［101］马培培：《论美国大学治理中的学生参与》，载于《高等教育研究》2016年第2期。

［102］慕彦瑾、段晓芳：《大学组织的文化性及其基本功能》，载于《国家教育行政学院学报》2015年第4期。

［103］牛军明、张德祥：《高校信息公开的缘由、现状与策略研究》，载于《中国高教研究》2018年第2期。

［104］欧阳光华：《董事、校长与教授：美国大学治理结构研究》，高等教育出版社2011年版。

［105］欧阳康：《大学校园文化建设的价值取向》，载于《高等教育研究》2008年第8期。

［106］潘懋元：《多学科观点的高等教育研究》，上海教育出版社2001年版。

［107］彭英、魏银霞：《推动大学章程建设构建以学术权力为主导的院（部、系）管理体制》，载于《Proceedings of 2015 5th International Conference on Applied Social Science（ICASS 2015 V82）》，2015。

［108］彭泗清：《信任的建立机制：关系运作与法制手段》，载于《社会学研究》1999年第2期。

［109］戚万学：《大学是一种文化存在》，载于《光明日报》2016 年 12 月 19 日第 16 期。

［110］戚业国、王徐波：《我国高校内部管理体制改革 30 年——历程、经验与发展趋势》，载于《中国高教研究》2008 年第 11 期。

［111］钱理群、高远东：《中国大学的问题与改革》，天津人民出版社 2003 年版。

［112］秦晖：《权力、责任与宪政》，载于《社会科学论坛》2005 年第 2 期。

［113］乔德福：《健全治理党政机关庸政懒政怠政制度化常态化机制——基于十八大以来官网报道的典型案例调查思考》，载于《理论与改革》2019 年第 3 期。

［114］全国人民代表大会常务委员会：《中华人民共和国高等教育法》，1998 年 1 月 1 日。

［115］任建明：《责任与问责：填补权力制度体系的要素空白》，载于《理论探索》2016 年第 5 期。

［116］桑学成、周义程、陈蔚：《健全权力运行制约和监督体系研究》，载于《江海学刊》2014 年第 5 期。

［117］厦门大学档案馆、厦门大学校史研究室编：《厦门大学校史（第二卷）1949—1991》，厦门大学出版社 2006 年版。

［118］上海交通大学数学系编：《数学系八十年》，上海交通大学出版社 2013 年版。

［119］石中英：《大学办学院还是"学院办大学"》，载于《光明日报》2016 年 5 月 16 日。

［120］史华楠、王日春：《党委领导下的校长负责制的演进、实践及其完善》，载于《扬州大学学报》（高教研究版）2004 年第 2 期。

［121］世界银行专家组：《公共部门的社会问责：理念探讨及模式分析》，中国人民大学出版社 2007 年版。

［122］司晓宏：《关于推进现阶段我国大学章程建设的思考》，载于《教育研究》2014 年第 11 期。

［123］斯蒂格利茨：《自由、知情权和公共话语——透明化在公共生活中的作用》，载于《环球法律评论》2002 年第 8 期。

［124］苏渭昌、雷克啸、章炳良主编：《中国教育通史·中华人民共和国卷（下）》，北京师范大学出版社 2013 年版。

［125］孙冰红、衣学磊、杨小勤：《澳大利亚的大学治理结构与运行模式及启示》，载于《中国高等教育》2011 年第 17 期。

［126］孙良国：《关系契约理论导论》，科学出版社 2008 年版。

[127] 孙阳春：《大学治理中的道德风险防范：剩余权力的视角》，载于《高等教育研究》2018 年第 2 期。

[128] 邵士庆：《党内不准搞人身依附关系》，载于《红旗文稿》2016 年第 23 期。

[129] 唐汉琦：《论我国高等学校内部权力的构成、来源与性质》，载于《江苏大学学报》（教育科学版）2016 年第 3 期。

[130] 田国强：《经济机制理论：信息效率与激励机制设计》，载于《经济学》2003 年第 1 期。

[131] 王凤娥、杨克瑞：《公共权力与教育寻租》，载于《当代教育科学》2007 年第 11 期。

[132] 汪洋：《学术权力组织化形态的生成与运行研究》，南京农业大学博士学位论文，2015 年。

[133] 王道红：《高校党委领导下的校长负责制：内涵、关系及完善》，载于《思想理论教育》2015 年第 1 期。

[134] 王丰超：《我国研究型大学内部治理结构研究》，上海交通大学博士学位论文，2013 年。

[135] 王建华：《重思大学的治理》，载于《高等教育研究》2015 年第 10 期。

[136] 王庆林：《论"去行政化"背景下大学学院的学术权力》，载于《江苏高教》2015 年第 4 期。

[137] 王少安：《构建高等学校院（系）领导体制的探索与实践》，载于《中国高等教育》2011 年第 12 期。

[138] 王寿林：《权力制约和监督研究》，中共中央党校出版社 2007 年版。

[139] 王义、任君庆：《中国高校校级领导权力运行风险与预防》，载于《高教发展与评估》2017 年第 6 期。

[140] 王雨磊、王宁：《人情债与人情味：农村宴席中的关系再生产》，载于《中州学刊》2012 年第 4 期。

[141] 翁浩浩、陈阳：《腐败窝案频现"中间人"身影　成贪腐蔓延重要推手》，载于《决策探索（上半月）》2013 年第 1 期。

[142] 汪庆华、叶小翠：《庇护关系视角下党政秘书腐败成因及其治理路径探析》，载于《秘书》2019 年第 5 期。

[143] 文崇一：《历史社会学：从历史中寻找模式》，三民书局 1995 年版。

[144] 魏宏：《权力论》，上海三联书店 2011 年版。

[145] 魏礼群：《新形势下的社会管理——挑战与机遇》，国家行政学院出版社 2005 年版。

［146］温儒敏：《北京大学中文系百年图史（1910—2010）》，北京大学出版社 2010 年版。

［147］习近平：《全面落实党内监督责任》，引自《习近平谈治国理政》第二卷，外文出版社 2017 年版。

［148］习近平：《严肃党内政治生活》，引自《习近平谈治国理政》第二卷，外文出版社 2017 年版。

［149］中共中央文献研究室编：《从严治党必须从严管理干部》，载于《习近平总书记重要讲话文章选编》，2016 年版。

［150］谢安邦、阎光才：《高校的权力结构与权力结构的调整》，载于《高等教育研究》1998 年第 2 期。

［151］谢凌凌：《大学学术权力行政化及其治理——基于权力要素的视角》，载于《高等教育研究》2015 年第 3 期。

［152］辛鸣：《论党内政治文化》，载于《北京日报》2017 年 1 月 16 日。

［153］熊万曦：《冲突与合作：美国研究型大学教师评议会运作机制的案例研究》，载于《高等教育研究》2012 年第 7 期。

［154］徐来群：《美国公立大学系统治理模式研究》，上海交通大学出版社 2016 年版。

［155］徐琪、姜华：《大学内部权力结构和决策角色研究——基于社会网络分析的视角》，载于《清华大学教育研究》2016 年第 1 期。

［156］宣勇：《论大学的校院关系与二级学院治理》，载于《现代教育管理》2016 年第 7 期。

［157］徐勇：《"关系权"：关系与权力的双重视角——源于实证调查的政治社会学分析》，载于《探索与争鸣》2017 年第 7 期。

［158］闫凤桥、康宁：《中国大学管理结构变化实证分析》，载于《高等教育研究》2004 年第 9 期。

［159］阎凤桥：《修订中有关高校与政府关系的法律分析》，载于《学园》2008 年第 1 期。

［160］阎云翔：《礼物的流动——一个中国村庄中的互惠原则与社会网络》，上海人民出版社 2019 年版。

［161］严蔚刚：《我国高校学院基本议事制度的现状、问题及探讨》，载于《中国高教研究》2016 年第 9 期。

［162］阎达五、杨有红：《内部控制框架的建构》，载于《会计研究》2001 年第 2 期。

［163］杨东平：《大学之道》，文汇出版社 2003 年版。

［164］杨克瑞、祁型雨：《高等学校的政治权力及其监督》，载于《复旦教育论坛》2007 年第 5 期。

［165］杨国枢主编：《中国人的心理》，桂冠图书公司 1988 年版。

［166］俞可平：《权力与权威：新的解释》，载于《中国人民大学学报》2016 年第 3 期。

［167］佚名：《十八届中央第十二轮巡视公布 14 所高校巡视反馈情况》，载于《中国纪检监察报》2017 年 6 月 17 日第 4 版。

［168］佚名：《十八届中央第十二轮巡视公布 15 所高校巡视反馈情况》，载于《中国纪检监察报》2017 年 6 月 22 日第 4 版。

［169］叶裕森：《高等学校实行决策民主化、科学化浅议》，载于《水利电力高教研究》1987 年第 1 期。

［170］叶战备、龚基云：《从委托—代理理论看权力监督的理论依据与体系建构》，载于《求实》2004 年第 9 期。

［171］尹晓敏：《高校公权力规制——信息公开的视角》，载于《教育发展研究》2010 年第 7 期。

［172］尹晓敏：《高校信息公开若干疑难问题解析》，载于《高等教育研究》2011 年第 7 期。

［173］俞可平：《走向善治》，中国文史出版社 2016 年版。

［174］俞可平：《什么造成社会的官本位文化》，载于《社会科学报》2013 年 9 月 26 日第 6 版。

［175］俞可平：《治理与善治》，社会科学文献出版社 2000 年版。

［176］翟志刚、王建东、曹子宁、毛宇光：《最小扰动混合角色挖掘方法研究》，载于《计算机研究与发展》2013 年第 5 期。

［177］湛垦华：《系统科学的哲学问题》，陕西人民出版社 1995 年版。

［178］湛中乐、苏宇：《论政府信息公开排除范围的界定》，载于《行政法学研究》2009 年第 4 期。

［179］张德祥、韩梦洁：《权责程序　透明　监控　问责——高校内部权力运行制约与监督机制》，载于《中国高教研究》2018 年第 1 期。

［180］张德祥、方水凤：《1949 年以来中国大学院（系）治理的历史变迁》，载于《中国高教研究》2017 年第 1 期。

［181］张德祥、李洋帆：《二级学院治理：大学治理的重要课题》，载于《中国高教研究》2017 年第 3 期。

［182］张德祥：《高等学校的学术权力与行政权力》，南京师范大学出版社 2001 年版。

[183] 张德祥：《1949 年以来中国大学治理的历史变迁——基于政策变革的思考》，载于《中国高教研究》2016 年第 2 期。

[184] 张德祥：《我国大学治理中的若干关系》，载于《高等教育研究》2018 年第 7 期。

[185] 张德祥等：《大学治理：权力运行制约与监督》，科学出版社 2016 年版。

[186] 张德祥：《大学治理的分析框架论纲》，载于《中国高等教育评论》2019 年第 1 期。

[187] 翟学伟：《中国人的关系原理：时空秩序、生活欲念及其流变》，北京大学出版社 2011 年版。

[188] 张学敏：《论教育供给中的政府失灵》，载于《高等教育研究》2004 年第 1 期。

[189] 张昭俊、马若驰：《"共同治理"逻辑下的企业剩余收益问题研究》，载于《科学管理研究》2011 年第 3 期。

[190] 郑淑屏、尤英夫：《法律顾问百科全书》，阳明书局 1989 年版。

[191] 郑文全：《剩余收益能够间接分享吗？——基于终身教职制度性质的系统解释》，载于《管理世界》2014 年第 2 期。

[192] 张海洋、李永洪：《元治理与推进中国国家治理能力现代化的耦合逻辑及实现理路》，载于《理论导刊》2016 年第 9 期。

[193] 张红峰：《大学内部权力博弈的模型分析与制度反思》，载于《国家教育行政学院学报》2012 年第 7 期。

[194] 张建初：《现代大学制度下的大学治理结构》，载于《教育评论》2009 年第 5 期。

[195] 张康之：《寻找公共行政的伦理视角》，中国人民大学出版社 2002 年版。

[196] 张良：《论国家治理现代化视域中的文化治理》，载于《社会主义研究》2017 年第 4 期。

[197] 张明杰：《开放的政府——政府信息公开法律制度研究》，中国政法大学出版社 2003 年版。

[198] 张锐昕、刘红波：《电子政务反腐败的效力表现与提升策略》，载于《行政与法》2013 年第 10 期。

[199] 张天华：《高校院（系）党政联席会议制度演变与内涵分析》，载于《国家教育行政学院学报》2013 年第 3 期。

[200] 张维迎：《大学的逻辑》，北京大学出版社 2012 年版。

［201］张应强：《精英与大众——中国高等教育60年》，浙江大学出版社2009年版。

［202］张月铭：《高校管理重心下移后的行政权力和学术权力》，载于《辽宁教育研究》2002年第9期。

［203］张田、罗家德《圈子中的组织公民行为》，载于《管理学报》2015年第10期。

［204］赵丽娜：《共同治理视野下的美国州立大学内部权力制约机制——以弗吉尼亚大学为例》，载于《高教探索》2016年第3期。

［205］赵文华、龚放：《现代大学制度：问题与对策》，上海交通大学出版社2007年版。

［206］赵新亮：《论高校内部治理结构的权力失衡与变革路径——基于权力分配的视角》，载于《国家教育行政学院学报》2015年第5期。

［207］郑文：《英国大学权力协调与制衡》，北京大学出版社2001年版。

［208］郑毅等：《组织结构视角下的中国大学行政权力泛化》，载于《高等教育研究》2004年第9期。

［209］郑勇、徐高明：《权力配置：高校学院制改革的核心》，载于《中国高教研究》2010年第12期。

［210］赵建国：《中国式关系批判》，新华出版社2013年版。

［211］中共中央办公厅：《关于坚持和完善普通高等学校党委领导下的校长负责制的实施意见》，2014年10月15日。

［212］中共中央纪律检查委员会、中共中央文献研究室：《习近平关于党风廉政建设和反腐败斗争论述摘编》，中央文献出版社2015年版。

［213］中国高等教育：《关于深化高等教育体制改革的若干意见》，载于《中国高等教育》1995年第10期。

［214］中国教育年鉴编辑部编：《中国教育年鉴（1949—1981）》，中国大百科全书出版社1984年版。

［215］中国社会科学院语言研究所词典编辑室：《现代汉语词典》，商务印书馆1999年版。

［216］中国社会科学院语言研究所词典编辑室编：《现代汉语词典（第6版）》，商务印书馆2012年版。

［217］中华人民共和国教育部：《高等学校学术委员会规程》，2014年1月29日。

［218］教育部：《中共教育部党组关于抓好赋予科研管理更大自主权有关文件贯彻落实工作的通知》，http：//www.moe.gov.cn/srcsite/A16/s7062/201904/

t20190417_378380. html.

[219] 中央教育科学研究所编：《中华人民共和国教育大事记（1949—1982）》，教育科学出版社 1984 年版。

[220] 中组部、中宣部、国家教委党组：《关于加强高等学校领导班子建设工作的若干意见》，1995 年。

[221] 钟勇为：《社会网络视角下的二级学院决策的策略选择——以 W 学院专业优化决策为例》，载于《教育发展研究》2014 年第 1 期。

[222] 周川：《"现代大学制度"及其改革路径问题》，载于《江苏高教》2014 年第 6 期。

[223] 周光礼、吴越：《我国高校专业设置政策六十年回顾与反思——基于历史制度主义的分析》，载于《高等工程教育研究》2009 年第 5 期。

[224] 周湖勇：《大学治理中的程序正义》，载于《高等教育研究》2015 年第 1 期。

[225] 周雪光：《组织社会学十讲》，社会科学文献出版社 2003 年版。

[226] 周叶中：《宪法至上：中国法制之路的灵魂》，载于《法学评论》1995 年第 6 期。

[227] 周义程：《权力运行制约和监督体系的概念界说》，载于《政治学研究》2014 年第 7 期。

[228] 周作宇：《大学治理行动：秩序原理与制度执行》，载于《清华大学教育研究》2020 年第 2 期。

[229] 朱光磊、于洋：《决策同心圆：关于规范大学"党政关系"的一个建议》，载于《中国机构改革与管理》2013 年第 Z1 期。

[230] 朱岚：《中国传统官本位思想生发的文化生态根源》，载于《理论学刊》2005 年第 11 期。

[231] 朱永新：《中国教育改革大系：高等教育卷》，湖北教育出版社 2016 年版。

[232] 转引陈瑞华：Michael D. Bayles，*Procedural Justice*. Kluwer Academic Publishers，1990：3.

[233] 曾明、郑旭旭、章辉腾：《治理结构，权力机制与高校腐败——基于 117 个高校腐败案例的分析》，载于《廉政文化研究》2015 年第 2 期。

[234] 成春艳：《高校亚腐败问题研究——习近平全面从严治党战略的高校腐败治理视角》，载于《学理论》2018 年第 3 期。

[235] 褚宏启：《教育法学的转折与重构》，载于《北京师范大学学报》（社科版）2013 年第 5 期。

[236] 韩喜平、曲海龙:《教育领域寻租特征、原因及其治理》,载于《东北师大学报》(哲学社会科学版) 2014 年第 4 期。

[237] 郝保伟、毛亚庆:《高等教育寻租的制度分析》,载于《清华大学教育研究》2006 年第 5 期。

[238] 新华网:《十八大报告(全文)》,http://www.xj.xinhuanet.com/2012 – 11/19/c_113722546_5.htm.

[239] 新华网:《依法治国依规治党坚定不移推进党风廉政建设和反腐败斗争——在中国共产党第十八届中央纪律委员会第五次全体会议上的工作报告》,http://news.xinhuanet.com/politics/2015 – 01/29/c_1114183996.htm.

[240] 中国新闻周刊:《高校非净土,教育部敲山震"校虎"》,http://news.inewsweek.cn/detail – 2401.html。

[241] 联合国开发计划署:《联合国反腐败实践纪要》,pacity.undp.org/governance/docs/AC – PN – Chinese.pdf。

[242]《教育部关于进一步推进直属高校贯彻落实"三重一大"决策制度的意见》,http://old.moe.gov.cn/publicfiles/business/htmlfiles/moe/s3143/201107/xxgk_122256.html。

[243] 联合国开发计划署:《联合国反腐败实践纪要》,http://capacity.undp.org/governance/docs/AC – PN – Chinese.pdf。

[244]《澳洲国立大学和墨尔本大学中国留学生比例分析》,http://au.aoji.cn/daxuepaiming/20170309_176005.html。

[245]《牛津大学学院章程(2015 – 今)》,https://www.merton.ox.ac.uk/sites/merton.ox.ac.uk/files/attachments/Merton – College – Statutes.pdf。

[246]《学院联合会组织架构》,http://www.confcoll.ox.ac.uk/html/main/about_The_conference.html。

[247]《学院学术治理团体(2017 – 2018)》,https://www.merton.ox.ac.uk/sites/merton.ox.ac.uk/files/attachments/College – Handbook – 2017 – 18.pdf。

[248]《复旦校改:让第一线了解情况的人做决策》,http://news.china.com.cn/live/2015 – 01/16/content_30865722_2.htm。

[249] [美] 约翰·范德格拉夫:《学术权力——七国高等教育管理体制比较》,王承绪等译,浙江教育出版社 1986 年版。

[250] [美] 伯顿·R.克拉克:《高等教育系统——学术组织的跨国研究》,王承绪等译,杭州大学出版社 1994 年版。

[251] [美] 约翰·S.布鲁贝克:《高等教育哲学》,王承绪等译,浙江教育出版社 2001 年版。

[252] [美] 罗伯特·伯恩鲍姆：《大学运行模式——大学组织与领导的控制系统》，别敦荣等译，中国海洋大学出版社 2003 年版。

[253] [美] 菲利普·阿特巴赫：《比较高等教育：知识、大学与发展》，人民教育出版社教育室译，人民教育出版社 2000 年版。

[254] [英] 安东尼·吉登斯：《社会的构成：结构化理论纲要》，李康、李猛译，中国人民大学出版社 2016 年版。

[255] [美] 道格拉斯·C. 诺思：《制度、制度变迁与经济绩效》，杭行译，格致出版社 2014 年版。

[256] [美] 詹姆斯杜特斯达：《21 世纪的大学》，刘彤等译，北京大学出版社 2008 年版。

[257] [美] 理查德·L. 达夫特：《组织理论与设计》，王凤彬等译，清华大学出版社 2017 年版。

[258] [美] 伯顿·克拉克：《高等教育新论》，王承绪等译，浙江教育出版社 1988 年版。

[259] [法] 皮埃尔·布尔迪厄：《科学的社会用途——写给科学场的临床社会学》，刘成富等译，南京大学出版社 2005 年版。

[260] [美] 罗纳德·G. 埃伦伯格：《美国的大学治理》，沈文钦等译，北京大学出版社 2010 年版。

[261] [美] 理查德·斯科特等：《组织理论：理性、自然与开放系统的视角》，高俊山译，中国人民大学出版社 2011 年版。

[262] [美] 沃尔特·W. 鲍威尔：《组织分析的新制度主义》，姚伟译，上海人民出版社 2008 年版。

[263] [英] 阿历克斯·英格尔斯：《人的现代化》，殷陆君译，四川人民出版社 1985 年版。

[264] [美] 布莱恩·阿瑟：《技术的本质》，曹东溟、王健译，浙江人民出版社 2014 年版。

[265] [美] 迈克尔·D. 科恩、詹姆斯·G. 马奇：《大学校长及其领导艺术》，郝瑜译，中国海洋大学出版社 2006 年版。

[266] [美] 菲利浦·G. 阿特巴赫：《大众高等教育的逻辑》，载于《高等教育研究》1999 年第 2 期。

[267] [美] 克拉克·科尔：《大学的功用》，陈学飞等译，江西教育出版社 1993 年版。

[268] [美] 戴维·诺克、杨松：《社会网络分析》，李兰译，格致出版社、上海人民出版社 2012 年版。

[269] [美] 罗伯特·R. 穆勒：《COSO 内部控制实施指南》，秦荣生等译，电子工业出版社 2015 年版。

[270] [美] 史蒂文·卢克斯：《权力：一种激进的观点》，彭斌译，江苏人民出版社 2008 年版。

[271] [法] 孟德斯鸠：《论法的精神》，张雁深译，商务印书馆 1961 年版。

[272] [英] 约翰·弥尔顿：《论出版自由》，吴之椿译，商务印书馆 1958 年版。

[273] [美] P. F. 德鲁克：《知识管理》，杨开峰译，中国人民大学出版社 1999 年版。

[274] [法] 让－雅克·拉丰、大卫·马赫蒂摩：《激励理论委托—代理模型》，中国人民大学出版社 2002 年版。

[275] [美] 约瑟夫·S. 奈：《硬权力与软权力》，门洪华译，北京大学出版社 2005 年版。

[276] [美] 埃伦伯格主编：《美国的大学治理》，沈文钦、张婷姝、杨晓芳译，北京大学出版社 2010 年版。

[277] [美] 詹姆斯·杜德斯达、弗瑞斯·沃马克：《美国公立大学的未来》，刘济良译，北京大学出版社 2006 年版。

[278] [美] R. 爱德华·弗里曼：《战略管理——利益相关者方法》，王彦华、梁豪译注，上海译文出版社 2006 年版。

[279] [美] 赫伯特·西蒙：《现代决策理论的基石》，杨烁等译，北京经济学院出版社 1989 年版。

[280] [法] 让－雅克·拉丰、让·梯若尔：《政府采购与规制中的激励理论》，石磊等译，格致出版社 2014 年版。

[281] [美] 理查德·D、宾厄姆等：《美国地方政府的管理：实践中的公共行政》，陈玲玲等译，北京大学出版社 1997 年版。

[282] [法] 孟德斯鸠：《论法的精神（上卷）》，张雁深译，商务印书馆 1961 年版。

[283] [英] 迈克尔·帕尔马：《灰色地带：反腐败法律的文化分析》，载于《现代法学》2008 年第 5 期。

[284] [英] 亨利·梅因：《古代法》，商务印书馆 1996 年版。

[285] [法] 埃哈尔·费埃德伯：《权力与规则：组织行动的动力》，张月等译，上海人民出版社 2005 年版。

[286] [英] 尼克·克罗斯利：《走向关系社会学》，刘军、孙晓娥译，格致出版社、上海人民出版社 2018 年版。

[287]［美］斯科特·普劳斯：《决策与判断》，施俊琦、王星译，人民邮电出版社 2004 年版。

[288]［英］罗德里克·马丁：《权力社会学》，丰子义、张宁译，生活·读书·新知三联书店 1992 年版。

[289]［美］L. 科塞尔、顾晓鸣：《权力的概念：理论的发展》，载于《社会》1985 年第 5 期。

[290]［法］米歇尔·福柯：《规训与惩罚：监狱的诞生》，刘北成、杨远婴译，生活·读书·新知三联书店 1999 年版。

[291]［法］米歇尔·克罗齐耶、埃哈尔·费埃德伯格：《行动者与系统——集体行动的政治学》，张月等译，上海人民出版社 2007 年版。

[292]［英］阿什比：《科技发达时代的大学教育》，滕大春译，人民教育出版社 1983 年版。

[293] AGB. A Wake – up Call：Enterprise Risk Management at Colleges and Universities Today. （2014 – 1）［2018 – 1 – 12］https：//www. agb. org/reports/topic/risk – management – and – legal – compliance.

[294] Aghion et al. Higher Aspirations：An Agenda for Reforming European Universities. http：//www. bmwf. gv. at/fileadmin/user _ upload/europa/bologna/BPJULY2008University_1_. pdf.

[295] Akerlof G. A. , Yellen, J. L. The Fair Wage – Effort Hypothesis and Unemployment. *Quarterly Journal of Economics*，1990，105（2）：268.

[296] Al – Najjar N Incomplete Contracts and the Governance of Complex Contractual Relationships. *American Economic Review*，1995（2）：432 – 436.

[297] Aronson J. A pragmatic view of thematic analysis. *The Qualitative Report*，1994，2（1）：16 – 18.

[298] Australia, England, Germany, Ireland, Japan, Netherlands, Sweden, USA.. （2004 – 7）［2017 – 11 – 15］www. oecd. org/edu/highe.

[299] Australian National University Act1991. https：//www. legislation. gov. au/Details/ C2014C00377.

[300] Baird D. G. , Rasmussen R K. Control Rights, Priority Rights, and the Conceptual Foundations of Corporate Reorgannizations. *Virginia Law Review*，2001（5）：921 – 959.

[301] Baker G. , Gibbons R. , Murphy, K. J. Relational Contracts and the Theory of The Firm. *Quarterly Journal of Economics*，2002，117（1）：39 – 84.

[302] Braun V. , Clarke V. Using thematic analysis in psychology. Qualitative

Research in Psychology, 2006, 3 (2): 77 - 101.

[303] Burke, J. C. The Many Faces of Accountability. Burke, J. C. *Achieving Accountability in Higher Education: Balancing Public, Academic, and Market Demands.* San Francisco: Jossey - Bass, 2005: 1.

[304] Burke, Joseph C. *Achieving Accountability in Higher Education: Balancing Public, Academic and Market Demands.* San Francisco, CA: Jossey - Bass, 2005.

[305] Bylaws Committee. Bylaws of the School of Dentistry of university of Michigan. http: // www. lsa. umich. edu/UMICH/facstaff/Home_pref. html. 2016 - 8 - 12.

[306] Bylaws of the Board of Regents of the University of Wisconsin System. https: //www. wisconsin. edu/regents/download/BYLAWS - February - 2017. pdf.

[307] 36. 09 (3). Chapter 36 Uuniversity of Wisconsin System. (2016, 11, 30) [2017, 01, 04] http: //docs. legis. wisconsin. gov/statutes/statutes/36. pdf

[308] 36. 09 (2). Chapter 36 Uuniversity of Wisconsin System. (2016, 11, 30) [2016, 11, 21] http: //docs. legis. wisconsin. gov/statutes/statutes/36. pdf.

[309] 36. 07 (6). Chapter 36 Uuniversity of Wisconsin System. (2016, 11, 30) [2016, 11, 21] http: //docs. legis. wisconsin. gov/statutes/statutes/36. pdf.

[310] Cheng - Hai Y U, Cheng J K. Dilemma, Reform of Shared Governance in Contemporary American Universities and Its Inspirations. *Journal of Higher Education*, 2014.

[311] Clare College. (2015 - 07 - 15) [2019 - 02 - 25] http: //www. clare. cam. ac. uk/Stautes - and - Committees/.

[312] Clugston, M., Howell, J. P., & Dorfman, P. W. Does cultural socialization predict multiple bases and foci of commitment? *Journal of Management*, 2000, 26: 5 - 30.

[313] Council Secretariat. (2009 - 8) [2017 - 11 - 28] http: //www. admin. ox. ac. uk/councilsec/.

[314] Deborah Blackman., Monica Kennedy. Knowledge Management and Effective University Governance. Journal of Knowledge Management, 2009, 13 (6): 547 - 563.

[315] Dickie, C. Winning the PhD game: Evocative playing of snakes and ladders. The Qualitative Report, 2011, 16 (5): 1233.

[316] Dong X. Student Participation in the "Shared Governance" of Modern Universities. *Global Education*, 2015.

[317] Dyer J. H., and Chu, W. The role of trustworthiness in reducing transac-

tion costs and improving performance: empirical evidence from the United States, Japan, and Korea. *Organization Science*, 2003 (1): 57 - 68.

[318] Ganesan S., Determinants of Long - Term Orientation in Buyer - Seller Relationships. *Journal of Marketing*, 1994: 1 - 19.

[319] Garry D. Carnegie. Understanding the ABC of University Governance. *The Australian Journal of Public Administration*, 2010: 431 - 441.

[320] George Seldes. *The Great Thoughts*, Ballantine Books, 1985: 299.

[321] Goles, T. The Impact of the Client-vendor Relationship on Outsourcing Success, Unpublished Dissertation, University of Houston, 2001.

[322] Greenwald, A. G., Pratkanis, A. R., The Self. In R. S. Wyer, T. K. Surll (Eds.), *Handbook of Social Congnition*. Hillsadle, NJ: Erlbaum, 1984: 129 - 178.

[323] Grossman S. J., Hart O. D. The costs and benefits of ownership: a theory of vertical and lateral integration. *Journal of Political Economy*, 1986 (4): 691 - 719.

[324] Growing Esteem 2010. http: //about. unimelb. edu. au/strategy - and - leadership#plan. 2017 - 1 - 12.

[325] Hart O. D. Incomplete Contracts and Public Ownership: Remarks, and an Application to Public - Private Partnerships. Centre for Market and Public Organization, 2002 (486): 69 - 76.

[326] Hart O., Moore J. Property rights and the nature of the firm. *Journal of Political Economy*, 1990 (6): 1119 - 1158.

[327] HEFCE. Risk management: A guide to good practice for higher education institutions. Bristol: HEFCE, 2001.

[328] HEFCE. Risk management guidance: Risk prompt list for higher education institutions. (2008 - 3) [2017 - 11 - 17] http: //www. hefce. ac. uk/finance/assurance/guide/promptlist. Doc.

[329] Heide J. B., John, G. Do Norms Matter in Marketing Relationships? *Journal of Marketing*, 1992, 56 (1): 32 - 44.

[330] Hellmann T. F., Murdock K. C., Stiglitz J. E. Liberalization, Moral Hazard in Banking, and Prudential Regulation: Are Capital Requirements Enough? *American Economic Review*, 2000, 90 (1): 147 - 165.

[331] Hofstede G. Motivation, Leadership, and Organization: Do American Theories Apply Abroad. *Organizational Dynamics*, 1980, 9: 42 - 63.

[332] Huber, C. Risks and Risk - Based Regulation in Higher Education Institu-

tions. *Tertiary Education and Management*, 2009, 15 (2): 83 – 95.

［333］ Hwang K. K. Face and Favor: The Chinese Power Game. *American Journal of Sociology*, 1987, 92 (4): 944 – 974.

［334］ ISO 31000: 2009 (en). Risk management—Principles and guidelines. (2009 – 11) ［2017 – 11 – 12］ https: //www. iso. org/standard/44651. html.

［335］ Jamil Salmi. *The Challenge of Establishing World – Class Universities.* 2010: 8.

［336］ John F. Adams. 1972. risk management and insurance: Guidelines for Higher Education. (2007 – 05 – 03) ［2018 – 01 – 03］ New York: Ford Foundation: http: //www. eric. ed. gov/ERIC – WebPortal/contentdelivery/servlet/ERICSServlet? Accno = ED072747.

［337］ John W. Meyer and Brian Rowan. Institutionalized Organizations: Formal Structure as Myth and Ceremony. *American Journal of Sociology*, 1977, 83 (2): 340 – 363.

［338］ Justice William O. *Douglas' Comment in Joint Anti – Fascist Refugee Comm. v. Mcgrath*, see United States Supreme Court Reports (95 Law. Ed. Oct. 1950 Term), The Lawyers Cooperative Publishing Company, 1951: 858.

［339］ Kovac Vesna, Ledic Jasminka, Rafajac Branko. Academic Staff Participation in University Governance: Internal Responses to External Quality Demand. *Tertiary Education and Management*, 2003, 9 (3): 215 – 232.

［340］ Liu H. The Change and Steadiness of the Shared Governance Mode in American Research Universities. *Journal of Higher Education*, 2013.

［341］ Meredith Edwards. University governance: a mapping and some issues. (2009 – 11 – 22) ［2017 – 11 – 27］.

［342］ Michael Dobbins. , Christoph Knill. , Eva Maria Vögtle. An analytical framework for the cross-country comparison of higher education governance. *Higher Education*, 2011, 62 (5): 665 – 683.

［343］ Michigan State University Bylaws For Academic Governance. http: //acad-gov. umich. edu. cn/ bylaws_html. 2016. 7. 15.

［344］ Morest V. S. Accountability, Accreditation, and Continuous Improvement: Building a Culture of Evidence. *New Directions for Institutional Research*, 2009 (143): 17 – 27.

［345］ Morton College. (2015 – 07 – 15) ［2019 – 03 – 15］ https: //www. merton. ox. ac. uk/sites/default/files/2018 – 12/Merton – College – Statutes. pdf.

［346］ Mulder M. Power Equalization Through Participatron. *Administration Sciencc*

Quarterly, 1979, 24（1）：38 – 39.

［347］NACUBO and AGB. 2007. Meeting the Challenges of Enterprise Risk Management in Higher Education.（2007 – 06 – 02）［2018 – 1 – 9］http：//www. doc88. com/p – 7058947650237. html.

［348］NACUBO and PricewaterhouseCoopers. 2005. Achieving goals, procting reputation：Enterprise risk management for educational institution.（2007 – 06 – 02）［2018 – 1 – 8］http：//www. ucop. edu/riskmgt/erm/hi _ed _nonprofit. html.

［349］NACUBO and Pricewater house Coopers. Developing a strategy to manage enterprise wide risk in higher education.（2007 – 08 – 04）［2018 – 01 – 08］http：//www. ucop. edu/riskmgt/erm/hi _ed _nonprofit. html.

［350］NACUBO. The State of Enterprise Risk Management at Colleges and Universities Today.（2009 – 1）［2018 – 1 – 9］http：//www. nacubo. org/Business_and_Policy_Areas/Risk_Management/Enterprise_Risk_Management. html.

［351］OECD. 2004. On the Edge：Securing a Stutainable Future for Higher Education.（2007 – 4 – 3）［2017 – 11 – 18］http：//www. hefce. ac. uk/Partners/world/projects/oecd. Htm.

［352］Offices of University of Wisconsin System.［2017 – 01 – 03］. https：//www. wisconsin. edu/offices/.

［353］Paul M. , John R. *Economics Organization and Management.* Englewood cliffs：Prentice – Hall, 1992：126 – 311.

［354］Pfeffer, Jeffrey. *New Directions for Organization Theory：Problems and Prospects*, New York：Oxford University Press, 1997：137.

［355］Poppo, L. , and Zenger, T. Do formal contracts and relational governance function as substitutes or complements? *Strategic Management Journal*, 2002（8）：707 – 725.

［356］Rodney A. Smolla. The Constitution goes to college：Five Constitutional Ideas That Have Shaped the American University. New York：New York University press, 2011：190.

［357］Shared Governance at UW – Madison.［2017 – 01 – 04］http：//acstaff. wisc. edu/wp – content/uploads/2015/03/Shared – Governance – Flow. pdf.

［358］Steve Rayner, Mary Fuller, Lindsey McEwen, Hazel Roberts. Managing leadership in the UK university：a case for researching the missing professoriate? *Studies in Higher Education*, 2010, 35（6）：617 – 631.

［359］Strategic Plan 2015 – 2020. http：//about. unimelb. edu. au/strategy – and –

leadership#plan. 2017 – 1 – 12.

［360］Telser, R. G. A theory of self-enforcing agreements. The Journal of Business, 1980, 1: 27 – 44.

［361］The Bylaws of the University of Michigan Board of Regents. http: // regents. umich. edu/bylaws/bylaws_pref. html, 2016 – 9 – 20.

［362］The ERM Panel. Enterprise Risk Management Report to the Vice Chancellors of Administration and Medical Center CEOs, 2010 (2): 6.

［363］The University of Melbourne statistics. http: //about. unimelb. edu. au/tradition – of – excellence/university – statistics. 2017 – 7 – 28.

［364］The University of Melbourne Strategic Plan 2015 – 2020 Growing Esteem. http: //about. unimelb. edu. au/strategy – and – leadership#plan. 2017 – 2 – 10.

［365］Trow, M. Comparative Reflections on Leadership in Higher Education. *European Journal of Education*1985, 20: 143 – 159.

［366］Trow M. Trust, Markets and Accountability in Higher Education: A Comparative Perspective. *Higher Education Policy*, 1996, 9 (4): 309 – 324.

［367］Turnbull N. Internal Control: Guidance for Directors on the Combined Code (The Turnbull report). London: The Institute of Chartered Accountants in England, 1999: 15.

［368］University College London. (2012 – 12 – 28) ［2019 – 03 – 09］https: //www. ucl. ac. uk/srs/sites/srs/files/charter – and – statutes. pdf.

［369］University of california Ethics, Compliance and Audit Services Paper. ［2018 – 01 – 10］http: //www. ucop. edu/ethics – compliance – audit – services/index. html.

［370］University of california Risk Services Paper. ［2018 – 01 – 13］http: // www. ucop. edu/enterprise – risk – management/resources/erm – in – the – news/ index. html.

［371］University of Havard Risk Management & Audit Services Paper. ［2018 – 01 – 23］https: //rmas. fad. harvard. edu/pages/information – systems – audit.

［372］University of London. (2018 – 12 – 20) ［2019 – 03 – 08］https: //london. ac. uk/sites/default/files/governance/Statutes – 20 – Dec – 2018_0. pdf.

［373］University of Melbourne Act 2009. http: //www. legislation. vic. gov. au/ domino/. pdf. 2017 – 1 – 26.

［374］University of Melbourne Act 2009. http: //www. legislation. vic. gov. au/ domino/Web_Notes/LDMS/LTObject_Store/ltobjst9. nsf/DDE300B846EED9C7CA

257616000A3571/ 6FFE63E5C50EF8CCCA257F2A00024454/% 24FILE/09 – 78aa006% 20authorised. pdf.

［375］ University of Oxford. （2012 – 01 – 01） ［2019 – 03 – 12］ http：// www. admin. ox. ac. uk/statutes/781 – 121. shtml.

［376］ University of Oxford risk management Paper. （2009 – 3） ［2017 – 11 – 25］ http：//www. hefce. ac. uk/pubs/year/2014/CL, 252014/.

［377］ University of Wisconsin Paper. ［2018 – 01 – 12］ https：//www. wisconsin. edu/risk – management/enterprise – risk – management/.

［378］ University of Wisconsin System Administration Organizational Chart. （2016. 12） ［2017, 01, 04］. https：//www. wisconsin. edu/download/UWSA – Presidents – Leadership – Sept – 2016. pdf.

［379］ University of Wisconsin System. *Fact Book* 14 – 15. University of Wisconsin System, 2015.

［380］ URMIA. 2007. ERM in higher education. ［2007 – 11 – 02］ http：// www. urmia. Org/library/docs/reports/URMIA_ ERM_ White_Paper. pdf.

［381］ Wrightsaman L. S. , 1990. Interpersonal Trust and Attitude to Human Nature, In J. P. Robinson, P. R. Shaver L. S. Wrightsman （eds. ）. *Measures of Personality and Social Psychological Attitudes*. New York：Academic Press.

［382］ Zumeta W. Public University Accountability to the State in the Late Twentieth Century：Time for a Rethinking? *Policy Studies Review*, 1998, 15 （4）: 5 – 22.

后 记

　　2014 年 9 月，教育部哲学社会科学研究重大课题攻关项目《高校内部权力运行制约与监督体系研究》通过投标获得批准。至 2015 年 1 月 31 日，教育部哲学社会科学研究重大课题攻关项目"高校内部权力运行制约和监督体系研究"开题报告会在大连理工大学举行，邀请中国农业大学原党委书记、时任中国高教学会会长瞿振元教授，时任厦门大学副校长、中国高教学会副会长邬大光教授，时任浙江农林大学党委书记宣勇教授，时任辽宁省教育厅纪检组长任伟教授，大连理工大学人文与社会科学学部原部长西宝教授等，他们对课题设计与研究思路和研究内容等提出宝贵意见。2018 年 6 月，课题完成预期目标，向教育部社会科学司上报了课题终结报告书。2019 年 3 月，项目获得顺利结题。

　　高等学校的权力问题一直是我关注和研究的领域。1994 年我荣幸考入厦门大学，师从潘懋元先生攻读博士学位。我的博士论文选题是"高等学校的学术权力和行政权力"，尽管当时没有找到国内关于高等学校内部学术权力和行政权力的研究文献，但是学习高等教育相关理论和担任高等学校领导职务的经历，使我深深认识到高等学校的学术权力和行政权力关系是高等学校管理中必须解决好的重要课题。当时我认为，只有处理好两者的关系，发挥好两者的作用，建立有效的协调模式，才能深化高校内部管理体制改革，这是做好高校管理的关键问题。我的想法得到潘懋元先生的热情鼓励，在潘先生的悉心指导下，我于 1997 年 7 月完成博士论文，并顺利答辩。此后，我一直把高等学校权力问题置于办好大学、完善大学治理的框架中持续的关注和思考。与此同时，也看到这个问题受到越来越多研究者的关注，逐渐形成学术热点，很多学者就这个问题发表了很多高水平的论著。

　　20 多年来，在对高校权力问题的关注中，我感到有许多问题需要继续深入探究，非常荣幸的是 2014 年 9 月，我主持申报教育部哲学社会科学研究重大课题攻关项目《高校内部权力运行制约与监督体系研究》通过投标获得批准，这为我在高校权力问题研究上提供一次新的、富有挑战性的机会，我非常珍惜这次机会，也非常高兴我能和更多的专家、学者以及我的学生一道再做深入的探究。

基于课题的要求和对课题的理解，我认为，研究高等教育学校权力运行制约与监督，首先要回答高校权力结构问题。我在做博士论文的时候，曾遇到这个问题，即高校党委的权力是否需要研究。当时，考虑到一篇博士论文可能无法把高校的所有权力问题都作为研究对象，同时，在当时党委权力也是一个较为敏感的概念，所以就将研究聚焦于学术权力和行政权力的关系问题，把党委权力放入广义的行政权力中。随着高等教育体制改革的进程，高校的党委权力发挥着越来越重要而独特的作用，与行政权力之间的界限也变得越来越明晰，并在高校内部治理中处于不同的地位，扮演着不同的角色，发挥着不同的作用，因而，党委权力应当作为高校内部权力结构的重要组成部分加以研究。在我国学术界，关于高校权力结构存在"二元论""三元论""四元论""多元论"等观点，不断丰富了对高校权力结构的认识。除了党委权力、行政权力、学术权力以外，学生权力和其他利益相关者的权力也很重要。然而，如果从高校权力运行制约与监督的角度来看，党委权力、行政权力和学术权力是最重要的，因此，在本研究中，把高校权力结构界定为"高校权力结构是以党委权力、行政权力、学术权力为核心的多元权力结构"，并将此作为整个研究的出发点。

由于本课题主要研究高等学校权力运行与制约的体系问题，所以，在明确高等学校权力结构之后，我们依据权力制约与监督的理论视角，构建了"两维—多体—多向"的分析框架，展开关于高校内部权力运行制约与监督的深入研究。在对高校权力运行制约与监督的历史和现实分析之后，提出了健全高校权力运行制约与监督机制，这个机制中包括"权责、程序、透明、监控、问责"五大要素，建构了我国高校内部权力运行"五要素—三层级—五大事务流"的机制模型。最后，提出基于"体制""机制""技术""文化"四个维度的高校内部权力运行制约与监督体系框架，即以党委领导下的校长负责制为根本、以权力运行制约监督机制为核心、以现代信息科学技术为手段、以良好的高校组织文化为基础，构建和完善中国特色的高校内部权力运行制约与监督体系。

本课题是一项跨国、跨校、跨部门的联合攻关项目，主要成员来自日本广岛大学高等教育研究开发中心、美国威斯康星大学经济学院、厦门大学教育研究院、河南大学教育科学学院以及大连理工大学纪委监察处、发展规划处、学校办公室、高等教育研究院等。历时三年半的研究，本课题取得了丰硕的研究成果，包括 3 本著作、40 余篇 CSSCI 期刊论文，其中多篇研究成果被《新华文摘》与"人大复印报刊资料"全文转载，并在研期间连续主办了三次大型的国际和国内学术会议，分别以"大学治理：权力制约与监督""二级学院治理：权力制约与监督""大学风险防控：权力制约与监督"为主题，在学术界产生了较大反响。在研究过程中，本项目得到中纪委驻教育部纪检组、教育部监察局、中国高等教育学会、《中国高教研究》《复旦教育论坛》等期刊以及科学出版社等给予的大力支持；本项目也得到大连理工大学校领导、文科建设办公室等相关部门多方面的大力支持，在此一并深表谢意。

本课题的完成，是集体劳动的成果，本书各章节完成者如下：

第一章：张德祥。

第二章：别敦荣、唐汉琦、王严淞、刘鎏、齐明明、陈晨、汤俊雅。

第三章：张德祥（第一节）；张德祥、方水凤（第二节）；宋伟、卢娜（第三节）。

第四章：姚化成、刘世丽、王维坤、高超、张玲玲。

第五章：杨炳君、姚化成、袁媛、张亮。

第六章：张德祥、李洋帆（第一节）；迟景明、何晓芳、康乐、任祺、张弛、何志程（第二节）；黄帅、姜华（第三节）。

第七章：孙阳春。

第八章：黄帅、姜华。

第九章：张德祥、韩梦洁（第一节）；姜华、黄帅、杨玉凤（第二节）。

第十章：林杰（第一节）、李洋帆（第二节）、牛军明（第三节）、贾泉（第四节）、苏永建、李冲、李易飞（第五节）。

第十一章：韩梦洁、胡玲玲（第一节）；韩梦洁、赵明明（第二节、第五节）、韩梦洁、白晋延、柳方怡（第三节）；何晓芳、宋冬雪（第四节）。

第十二章：张德祥、李成恩（第一节）；姚化成（第二节）；张德祥、韩梦洁（第三节）；姜华（第四节）；李成恩、常亮（第五节）。

在课题研究过程中，李成恩教授积极协助推进课题并与有关部门沟通取得支持；黄福涛教授积极协助联系国外、境外专家参与本课题举办的国际研讨会；姜华教授和韩梦洁副教授为课题的组织和推进做了大量工作；李泉鹰教授积极协助课题推进和参与研究；王旭副教授作为子课题负责人，负责数据库和网站建设，做了大量工作。此外，刘盛博副教授、解德渤博士以及高等教育研究院的许多老师和博士、硕士同学也为课题研究和成书做出了贡献。

全书由张德祥负责设计、统稿和审校，姚化成、韩梦洁在全书统稿过程中做了大量基础性工作，王晓玲协助对全书的技术要求做了统一处理。

至此研究成果出版之际，作为首席专家，我衷心感谢课题组的同志们，感谢对课题研究给予大力支持和指导的各位专家，感谢所有为课题付出智慧和辛勤劳动的同志们！

张德祥

2020 年 7 月 13 日

教育部哲学社會科學研究重大課題攻關項目
成果出版列表

序号	书　名	首席专家
1	《马克思主义基础理论若干重大问题研究》	陈先达
2	《马克思主义理论学科体系建构与建设研究》	张雷声
3	《马克思主义整体性研究》	逄锦聚
4	《改革开放以来马克思主义在中国的发展》	顾钰民
5	《新时期　新探索　新征程 ——当代资本主义国家共产党的理论与实践研究》	聂运麟
6	《坚持马克思主义在意识形态领域指导地位研究》	陈先达
7	《当代资本主义新变化的批判性解读》	唐正东
8	《当代中国人精神生活研究》	童世骏
9	《弘扬与培育民族精神研究》	杨叔子
10	《当代科学哲学的发展趋势》	郭贵春
11	《服务型政府建设规律研究》	朱光磊
12	《地方政府改革与深化行政管理体制改革研究》	沈荣华
13	《面向知识表示与推理的自然语言逻辑》	鞠实儿
14	《当代宗教冲突与对话研究》	张志刚
15	《马克思主义文艺理论中国化研究》	朱立元
16	《历史题材文学创作重大问题研究》	童庆炳
17	《现代中西高校公共艺术教育比较研究》	曾繁仁
18	《西方文论中国化与中国文论建设》	王一川
19	《中华民族音乐文化的国际传播与推广》	王耀华
20	《楚地出土戰國簡册［十四種］》	陈　伟
21	《近代中国的知识与制度转型》	桑　兵
22	《中国抗战在世界反法西斯战争中的历史地位》	胡德坤
23	《近代以来日本对华认识及其行动选择研究》	杨栋梁
24	《京津冀都市圈的崛起与中国经济发展》	周立群
25	《金融市场全球化下的中国监管体系研究》	曹凤岐
26	《中国市场经济发展研究》	刘　伟
27	《全球经济调整中的中国经济增长与宏观调控体系研究》	黄　达
28	《中国特大都市圈与世界制造业中心研究》	李廉水

序号	书 名	首席专家
29	《中国产业竞争力研究》	赵彦云
30	《东北老工业基地资源型城市发展可持续产业问题研究》	宋冬林
31	《转型时期消费需求升级与产业发展研究》	臧旭恒
32	《中国金融国际化中的风险防范与金融安全研究》	刘锡良
33	《全球新型金融危机与中国的外汇储备战略》	陈雨露
34	《全球金融危机与新常态下的中国产业发展》	段文斌
35	《中国民营经济制度创新与发展》	李维安
36	《中国现代服务经济理论与发展战略研究》	陈　宪
37	《中国转型期的社会风险及公共危机管理研究》	丁烈云
38	《人文社会科学研究成果评价体系研究》	刘大椿
39	《中国工业化、城镇化进程中的农村土地问题研究》	曲福田
40	《中国农村社区建设研究》	项继权
41	《东北老工业基地改造与振兴研究》	程　伟
42	《全面建设小康社会进程中的我国就业发展战略研究》	曾湘泉
43	《自主创新战略与国际竞争力研究》	吴贵生
44	《转轨经济中的反行政性垄断与促进竞争政策研究》	于良春
45	《面向公共服务的电子政务管理体系研究》	孙宝文
46	《产权理论比较与中国产权制度变革》	黄少安
47	《中国企业集团成长与重组研究》	蓝海林
48	《我国资源、环境、人口与经济承载能力研究》	邱　东
49	《“病有所医”——目标、路径与战略选择》	高建民
50	《税收对国民收入分配调控作用研究》	郭庆旺
51	《多党合作与中国共产党执政能力建设研究》	周淑真
52	《规范收入分配秩序研究》	杨灿明
53	《中国社会转型中的政府治理模式研究》	娄成武
54	《中国加入区域经济一体化研究》	黄卫平
55	《金融体制改革和货币问题研究》	王广谦
56	《人民币均衡汇率问题研究》	姜波克
57	《我国土地制度与社会经济协调发展研究》	黄祖辉
58	《南水北调工程与中部地区经济社会可持续发展研究》	杨云彦
59	《产业集聚与区域经济协调发展研究》	王　珺

序号	书 名	首席专家
60	《我国货币政策体系与传导机制研究》	刘 伟
61	《我国民法典体系问题研究》	王利明
62	《中国司法制度的基础理论问题研究》	陈光中
63	《多元化纠纷解决机制与和谐社会的构建》	范 愉
64	《中国和平发展的重大前沿国际法律问题研究》	曾令良
65	《中国法制现代化的理论与实践》	徐显明
66	《农村土地问题立法研究》	陈小君
67	《知识产权制度变革与发展研究》	吴汉东
68	《中国能源安全若干法律与政策问题研究》	黄 进
69	《城乡统筹视角下我国城乡双向商贸流通体系研究》	任保平
70	《产权强度、土地流转与农民权益保护》	罗必良
71	《我国建设用地总量控制与差别化管理政策研究》	欧名豪
72	《矿产资源有偿使用制度与生态补偿机制》	李国平
73	《巨灾风险管理制度创新研究》	卓 志
74	《国有资产法律保护机制研究》	李曙光
75	《中国与全球油气资源重点区域合作研究》	王 震
76	《可持续发展的中国新型农村社会养老保险制度研究》	邓大松
77	《农民工权益保护理论与实践研究》	刘林平
78	《大学生就业创业教育研究》	杨晓慧
79	《新能源与可再生能源法律与政策研究》	李艳芳
80	《中国海外投资的风险防范与管控体系研究》	陈菲琼
81	《生活质量的指标构建与现状评价》	周长城
82	《中国公民人文素质研究》	石亚军
83	《城市化进程中的重大社会问题及其对策研究》	李 强
84	《中国农村与农民问题前沿研究》	徐 勇
85	《西部开发中的人口流动与族际交往研究》	马 戎
86	《现代农业发展战略研究》	周应恒
87	《综合交通运输体系研究——认知与建构》	荣朝和
88	《中国独生子女问题研究》	风笑天
89	《我国粮食安全保障体系研究》	胡小平
90	《我国食品安全风险防控研究》	王 硕

序号	书　名	首席专家
91	《城市新移民问题及其对策研究》	周大鸣
92	《新农村建设与城镇化推进中农村教育布局调整研究》	史宁中
93	《农村公共产品供给与农村和谐社会建设》	王国华
94	《中国大城市户籍制度改革研究》	彭希哲
95	《国家惠农政策的成效评价与完善研究》	邓大才
96	《以民主促进和谐——和谐社会构建中的基层民主政治建设研究》	徐　勇
97	《城市文化与国家治理——当代中国城市建设理论内涵与发展模式建构》	皇甫晓涛
98	《中国边疆治理研究》	周　平
99	《边疆多民族地区构建社会主义和谐社会研究》	张先亮
100	《新疆民族文化、民族心理与社会长治久安》	高静文
101	《中国大众媒介的传播效果与公信力研究》	喻国明
102	《媒介素养：理念、认知、参与》	陆　晔
103	《创新型国家的知识信息服务体系研究》	胡昌平
104	《数字信息资源规划、管理与利用研究》	马费成
105	《新闻传媒发展与建构和谐社会关系研究》	罗以澄
106	《数字传播技术与媒体产业发展研究》	黄升民
107	《互联网等新媒体对社会舆论影响与利用研究》	谢新洲
108	《网络舆论监测与安全研究》	黄永林
109	《中国文化产业发展战略论》	胡惠林
110	《20 世纪中国古代文化经典在域外的传播与影响研究》	张西平
111	《国际传播的理论、现状和发展趋势研究》	吴　飞
112	《教育投入、资源配置与人力资本收益》	闵维方
113	《创新人才与教育创新研究》	林崇德
114	《中国农村教育发展指标体系研究》	袁桂林
115	《高校思想政治理论课程建设研究》	顾海良
116	《网络思想政治教育研究》	张再兴
117	《高校招生考试制度改革研究》	刘海峰
118	《基础教育改革与中国教育学理论重建研究》	叶　澜
119	《我国研究生教育结构调整问题研究》	袁本涛 王传毅
120	《公共财政框架下公共教育财政制度研究》	王善迈

序号	书 名	首席专家
121	《农民工子女问题研究》	袁振国
122	《当代大学生诚信制度建设及加强大学生思想政治工作研究》	黄蓉生
123	《从失衡走向平衡：素质教育课程评价体系研究》	钟启泉 崔允漷
124	《构建城乡一体化的教育体制机制研究》	李 玲
125	《高校思想政治理论课教育教学质量监测体系研究》	张耀灿
126	《处境不利儿童的心理发展现状与教育对策研究》	申继亮
127	《学习过程与机制研究》	莫 雷
128	《青少年心理健康素质调查研究》	沈德立
129	《灾后中小学生心理疏导研究》	林崇德
130	《民族地区教育优先发展研究》	张诗亚
131	《WTO 主要成员贸易政策体系与对策研究》	张汉林
132	《中国和平发展的国际环境分析》	叶自成
133	《冷战时期美国重大外交政策案例研究》	沈志华
134	《新时期中非合作关系研究》	刘鸿武
135	《我国的地缘政治及其战略研究》	倪世雄
136	《中国海洋发展战略研究》	徐祥民
137	《深化医药卫生体制改革研究》	孟庆跃
138	《华侨华人在中国软实力建设中的作用研究》	黄 平
139	《我国地方法制建设理论与实践研究》	葛洪义
140	《城市化理论重构与城市化战略研究》	张鸿雁
141	《境外宗教渗透论》	段德智
142	《中部崛起过程中的新型工业化研究》	陈晓红
143	《农村社会保障制度研究》	赵 曼
144	《中国艺术学学科体系建设研究》	黄会林
145	《人工耳蜗术后儿童康复教育的原理与方法》	黄昭鸣
146	《我国少数民族音乐资源的保护与开发研究》	樊祖荫
147	《中国道德文化的传统理念与现代践行研究》	李建华
148	《低碳经济转型下的中国排放权交易体系》	齐绍洲
149	《中国东北亚战略与政策研究》	刘清才
150	《促进经济发展方式转变的地方财税体制改革研究》	钟晓敏
151	《中国—东盟区域经济一体化》	范祚军

序号	书 名	首席专家
152	《非传统安全合作与中俄关系》	冯绍雷
153	《外资并购与我国产业安全研究》	李善民
154	《近代汉字术语的生成演变与中西日文化互动研究》	冯天瑜
155	《新时期加强社会组织建设研究》	李友梅
156	《民办学校分类管理政策研究》	周海涛
157	《我国城市住房制度改革研究》	高 波
158	《新媒体环境下的危机传播及舆论引导研究》	喻国明
159	《法治国家建设中的司法判例制度研究》	何家弘
160	《中国女性高层次人才发展规律及发展对策研究》	佟 新
161	《国际金融中心法制环境研究》	周仲飞
162	《居民收入占国民收入比重统计指标体系研究》	刘 扬
163	《中国历代边疆治理研究》	程妮娜
164	《性别视角下的中国文学与文化》	乔以钢
165	《我国公共财政风险评估及其防范对策研究》	吴俊培
166	《中国历代民歌史论》	陈书录
167	《大学生村官成长成才机制研究》	马抗美
168	《完善学校突发事件应急管理机制研究》	马怀德
169	《秦简牍整理与研究》	陈 伟
170	《出土简帛与古史再建》	李学勤
171	《民间借贷与非法集资风险防范的法律机制研究》	岳彩申
172	《新时期社会治安防控体系建设研究》	宫志刚
173	《加快发展我国生产服务业研究》	李江帆
174	《基本公共服务均等化研究》	张贤明
175	《职业教育质量评价体系研究》	周志刚
176	《中国大学校长管理专业化研究》	宣 勇
177	《"两型社会"建设标准及指标体系研究》	陈晓红
178	《中国与中亚地区国家关系研究》	潘志平
179	《保障我国海上通道安全研究》	吕 靖
180	《世界主要国家安全体制机制研究》	刘胜湘
181	《中国流动人口的城市逐梦》	杨菊华
182	《建设人口均衡型社会研究》	刘渝琳
183	《农产品流通体系建设的机制创新与政策体系研究》	夏春玉

序号	书　名	首席专家
184	《区域经济一体化中府际合作的法律问题研究》	石佑启
185	《城乡劳动力平等就业研究》	姚先国
186	《20世纪朱子学研究精华集成——从学术思想史的视角》	乐爱国
187	《拔尖创新人才成长规律与培养模式研究》	林崇德
188	《生态文明制度建设研究》	陈晓红
189	《我国城镇住房保障体系及运行机制研究》	虞晓芬
190	《中国战略性新兴产业国际化战略研究》	汪　涛
191	《证据科学论纲》	张保生
192	《要素成本上升背景下我国外贸中长期发展趋势研究》	黄建忠
193	《中国历代长城研究》	段清波
194	《当代技术哲学的发展趋势研究》	吴国林
195	《20世纪中国社会思潮研究》	高瑞泉
196	《中国社会保障制度整合与体系完善重大问题研究》	丁建定
197	《民族地区特殊类型贫困与反贫困研究》	李俊杰
198	《扩大消费需求的长效机制研究》	臧旭恒
199	《我国土地出让制度改革及收益共享机制研究》	石晓平
200	《高等学校分类体系及其设置标准研究》	史秋衡
201	《全面加强学校德育体系建设研究》	杜时忠
202	《生态环境公益诉讼机制研究》	颜运秋
203	《科学研究与高等教育深度融合的知识创新体系建设研究》	杜德斌
204	《女性高层次人才成长规律与发展对策研究》	罗瑾琏
205	《岳麓秦简与秦代法律制度研究》	陈松长
206	《民办教育分类管理政策实施跟踪与评估研究》	周海涛
207	《建立城乡统一的建设用地市场研究》	张安录
208	《迈向高质量发展的经济结构转变研究》	郭熙保
209	《中国社会福利理论与制度构建——以适度普惠社会福利制度为例》	彭华民
210	《提高教育系统廉政文化建设实效性和针对性研究》	罗国振
211	《毒品成瘾及其复吸行为——心理学的研究视角》	沈模卫
212	《英语世界的中国文学译介与研究》	曹顺庆
213	《建立公开规范的住房公积金制度研究》	王先柱